Allgemeiner
ROMAN-PREISKATALOG

Preisführer für deutschsprachige Romanhefte, Bücher von Karl May und Leihbücher

Mit Jugend- und Musikzeitschriften

von Joachim Knüppel, Werner Knüppel
und Helmut Rohde

Neue erweiterte 10. Auflage

herausgegeben vom
Comicladen-Kollektiv Hamburg

An der **Preisdiskussion** in Hamburg nahmen teil:
Rainer Gräbert (Berlin), Heiner Jahncke (Hamburg), Joachim Knüppel, Werner Knüppel (Hamburg), Frank Luley (Bremen), Frieder Maier (Esslingen), Helmut Rohde (Hamburg).

Für **bibliographische Hinweise** danken wir besonders Andreas Ecker, Heinz J. Galle, Wolfgang Hermesmeier (Karl May) und Heiner Jahncke.

Wertvolle Hinweise lieferten außerdem:
Klaus Ahrens, Ekkehard Bartsch (Karl May), Hans Burlich, Rainer Gräbert, Jochen Grimm, Peter Hubl, Andreas Hüttner, Dieter Huschbeck, Edmund-Kara Jendrewski (Karl May), Nico Mathies, Bernd May, Claus-Jürgen Mönnich, Wolfgang Neidl, Johann Pichlmeier, Rolf Pönnighaus, Andreas Runge, Joachim Simon, Franz Szanwald, Rudolf Zenker und viele andere.

Umfangreiches Bildmaterial wurde uns zur Verfügung gestellt von:
Peter Hubl, Heiner Jahncke, Heinz J. Galle, Wolfgang Hermesmeier (Karl May), Edmund-Kara Jendrewski (Karl May), Andreas Ecker und andere.

Wir bedanken uns auch bei Bernhard Schmid vom Karl-May-Verlag, bei Thomas Götze, bei Detlef Lorenz sowie bei Helge Knüppel für ihre Unterstützung.

Wenn Sie bibliographische Hinweise zu diesem Katalog geben möchten, wenden Sie sich bitte an:

Comicladen-Kollektiv
Fruchtallee 130, 20259 Hamburg
Tel.: (040) 40 77 81
info@comicladen-kollektiv.de

An alle Roman- und Zeitschriftensammler, -leser, -forscher, -hersteller und -vertreiber!

Zur Vervollständigung meines Archivs suche ich ständig Material und Informationen zu den in diesem Katalog behandelten Bereichen. Wer meint, hier etwas Interessantes zu haben, den bitte ich, sich mit mir in Verbindung zu setzen. Umgekehrt kann das auch jeder tun, der selber Wünsche oder Fragen hat.

Heiner Jahncke, Sierichstraße 156, 22299 Hamburg,
Tel.: 040/47 21 34, Fax: 040/460 52 57

Herausgeber: Comicladen-Kollektiv
Inhaber: Werner Knüppel
Fruchtallee 130, 20259 Hamburg
Tel. (040) 40 77 81
info@comicladen-kollektiv.de

ISBN 978-3-00-34171-7

INHALTSVERZEICHNIS

VORWORT

Nach fast vier Jahren liegt er nun endlich vor:
der neue, der 10. „Allgemeine Roman-Preiskatalog“! Vier Jahre ist es auch her, dass der Verleger Norbert Hethke, der letzte Herausgeber dieses Kataloges, leider viel zu früh gestorben ist.
Norbert Hethke schätzte die Raritäten aus Bereichen, die man auch Populäre Kultur nennt: vor allem Comics, Romanhefte, Leihbücher usw. und hat daher auch den „Allgemeinen Comic-Preiskatalog“ und den „Allgemeinen Roman-Preiskatalog“ verlegt. Soweit es diesen betrifft, werden wir das Erbe Norbert Hethkes von Hamburg aus weiterführen und den Roman-Preiskatalog regelmäßig herausbringen.

Die Sammelgebiete des vorliegenden Kataloges sind uns natürlich nicht fremd. Das Comicladen-Kollektiv gibt es seit fast 19 Jahren in Hamburg, und seit dem Eröffnungstag kaufen und verkaufen wir Objekte aus diesen Sammelgebieten.
Trotzdem haben wir den Katalog natürlich nicht allein gemacht. Er ist ein Gemeinschaftsprodukt. Wir schätzen, dass über 40 Sammler und Liebhaber direkt oder indirekt an dem Katalog beteiligt waren: mit Hinweisen auf Neuerscheinungen und Ergänzungen, als Teilnehmer der Preisdiskussion, durch die Bereitstellung von Abbildungsmaterial oder als Korrekturleser usw. Wir danken an dieser Stelle allen Helfern, besonders Heiner Jahncke, Heinz J. Galle und Andreas Ecker.

Der nun vorliegende Roman-Preiskatalog bietet viele Neuerungen – und wie wir hoffen, Verbesserungen. Erstmals sind alle **rund 1000 Abbildungen** in Farbe. Viele Hefte kommen erst in Farbabbildungen richtig zur Geltung. Genau wie bei den Comics sollten vor allem die meist farbenprächtigen und gemalten Titelbilder die Kunden an den Kiosken zum Kauf der bunten Hefte animieren. Sehr gesucht sind inzwischen die meist deutlich größeren Originalzeichnungen der Künstler, die diese Titelbilder schufen. Nach Günther König, Willi Kohlhoff und Günther Rohde, die im letzten Katalog porträtiert wurden, stellen wir diesmal in einem Artikel Rudolf Sieber-Lonati vor.

Wir haben außerdem damit begonnen, weitere Sammelgebiete aufzunehmen – nach und nach sollen die Taschenbücher, die zu Romanheftserien erschienen, hinzukommen und auch die Verlags-Sammelmappen. Außerdem wurden die ersten Werberomanhefte eingearbeitet.

Anlässlich des 100. Todesjahres von Karl May (1842–1912) haben wir erstmals die wichtigsten **Karl-May-Bücher** von 1876 bis 1980 in den Romankatalog aufgenommen: die grünen Leinenbände vom Fehsenfeld-Verlag (Freiburg) und dem Karl-May-Verlag (Radebeul, Bamberg) sowie die Ausgaben aus dem Münchmeyer-Verlag u.a. Besonders freut es uns, dass bei der Zusammenstellung der Karl-May-Bücher die Experten Ekkehard Bartsch und Wolfgang Hermesmeier mit an Bord waren. Auch ihnen und weiteren Karl-May-Sammlern danken wir herzlich für ihre Mitarbeit!
Im Unterschied zu vielen anderen Schriftstellern um 1900 sind Bücher von Karl May immer noch sehr gesucht und werden oft sehr teuer gehandelt. Da es bisher jedoch keinen Preisführer für seine Werke gab, liegt nun erstmals eine Übersicht vor, an der man sich orientieren kann.

Viele Bücher werden von Verkäufern zeitlich falsch eingeordnet und vom Sammlerwert oft über- oder unterschätzt. Die vorgeschlagenen Preise für sehr gut erhaltene, gebrauchte Bücher sind als Durchschnittspreise zu sehen. Selbstverständlich kann ein Verkaufspreis auch höher oder niedriger ausfallen. Wir freuen uns über Kritik und Ergänzungen gerade zum Karl-May-Teil.

Gegenüber dem letzten Preiskatalog gibt es in allen Sammelgebieten zahlreiche **Neuaufnahmen,** u.a. durch Neuentdeckungen (allein über 100 neuentdeckte Romanhefte zu bestehenden Serien!) und Neuerscheinungen (bisher etwas vernachlässigt). Auch **Preisveränderungen** fanden in allen Sammelgebieten statt, diesmal besonders bei den Vorkriegsheften (siehe Marktreport und den Artikel von Heinz J. Galle).

Österreich haben wir als separates Kapitel belassen und das Sammelgebiet DDR als eigenständiges Kapitel wiedereingeführt. So finden Sammler dieser Länder eher ihre Serien.

Bei den Leihbüchern haben wir aus Platzgründen einige Titelauflistungen zu Serien herausgenommen, wenn die Sammlerpreise zum einen gleich sind und zum anderen die Titel bisher auf mehreren Seiten aufgelistet werden mussten und so unverhältnismäßig viel Platz einnahmen. Die meisten Sammler haben ja die letzte Katalog-Ausgabe von 2007 und können hier die Titelauflistungen finden. Diese vorige Ausgabe kann man jedoch auch bei uns portofrei für 19,95 Euro nachbestellen.

Für die nächsten Monate planen wir, die Website

www.roman-preiskatalog.de

mit Leben zu füllen. Geplant sind Ergänzungen zum Katalog, die aus Platz- und Zeitgründen nicht mehr aufgenommen werden konnten, Artikel zu Romanheftserien und Ähnliches. Wir würden uns freuen, dafür aus dem Leserkreis Beiträge z.B. über Lieblings-Serien, -Autoren oder -Illustratoren zugeschickt bzw. gemailt zu bekommen.

Nun hoffen wir, dass der neue Roman-Preiskatalog gefällt und vielleicht den einen oder anderen sogar zum Sammeln neuer Bereiche anregt.

Joachim Knüppel Werner Knüppel Helmut Rohde

ÜBERSICHT DER ANZEIGENKUNDEN

10249 Berlin: Roman & Comicladen Rainer Gräbert, Ebertystr. 22 .... Seite 129
20259 Hamburg: Comic-Laden Kollektiv,
Fruchtallee 130 .... Seite 6, 7, 88, 137, 269, 449, 529, 535
28199 Bremen: Bremer Comic Mafia, Friedrich-Ebert-Str. 18 .... Seite 275, 535

32657 Lemgo: Lemgoer Roman- und Comicversand, Georg Kiper,
Heinrich-Heine-Str. 11 .... Seite 189

44388 Dortmund: Buchladen Hennemann, Bövinghauser Str. 17 1/2 .... Seite 153

50169 Kerpen: Romantruhe Buchversand, Röntgenstr. 79 .... Seite 177
51065 Köln: Kölner Comic Messe, Jan-Wellem-Str. 2, Stadthalle .... Seite 23
51465 Bergisch-Gladbach: Joh. Heider Verlag, Paffrather Str. 102-116 .... Seite 241
51556 Windeck: Blitz-Verlag, Postfach 1168 .... Seite 201
56068 Koblenz: Sammlerecke Frieder Maier,
Hohenzollernstr. 40 .... Seite 9, 589-592

63741 Aschaffenburg: Antiquariat Elfi Duensing, Uhlandstr. 7 .... Seite 147

71665 Vaihingen: NikMa Musikbuchverlag, Eberdinger Straße 37 .... Seite 575
72622 Nürtingen: Sammlerecke Frieder Maier,
Kirchheimer Str. 4 .... Seite 9, 589-592
73730 Esslingen: Sammlerecke Frieder Maier,
Hindenburgstraße 169 .... Seite 9, 589-592
76133 Karlsruhe: Terminal Entertainment, Zähringerstr. 57-59 .... Seite 265
79280 Au: DEJOWI Andrea-Frank Witz, Im Merzental 17 .... Seite 265

85291 Reichertshausen: Gemi Verlags GmbH, Postfach .... Seite 253, 467

90419 Nürnberg: Romanschatztruhe Peter Hubl, Nordwestring 70 .... Seite 147
90455 Nürnberg: Harrys World, Mindelheimer Str. 12 .... Seite 223
96047 Bamberg: Karl-May-Verlag GmbH, Schützenstr. 30 .... Seite 439

Österreich:
A-1010 Wien: Comics Hutterer, Rotenturmstr. 21, SCS Shopping City Süd .... Seite 173
A-1030 Wien: Comics Hutterer, Landstraßer Hauptstraße 126 .... Seite 173
A-1080 Wien: Comic-Galerie Günther Polland, Albertgasse 24 .... Seite 231
A-1121 Wien: Die Sprechblase, Postfach 2 .... Seite 21, 129

Romanhefte vor 1945

Wo sind nur diese Schätze der Vergangenheit geblieben?
Trotz mancher Auflagenhöhe von 50.000, 100.000 oder in einigen Fällen sogar noch wesentlich mehr blieb von vielen Serien und Reihen nur ein Hinweis in Nachschlagewerken übrig. Deshalb ist es auch nicht verwunderlich, dass immer wieder „neue" alte Hefte entdeckt werden, auch von Serien, die im Katalog schon aufgelistet sind.
Diesmal konnten jedoch relativ viele Hefte neu nachgewiesen werden. Von der Serie „Phil Morgan" ist die Nr. 179 aufgetaucht – im letzten Katalog steht sie nur bis zur Nr. 157. Von „Jedermanns Roman" wurde die Nr. 9 entdeckt – vorher war diese Serie nur bis zur 4 bekannt gewesen. Von „Klar zum Gefecht" ist die Nummer 25 (Neue Folgen Nr. 5) bekannt geworden. Von der Serie „Aus allen Welttheilen" tauchte eine Variante der Nr. 1 als „Unterhaltungsbibliothek" auf. Von „Sven Berndts" ist jetzt die Nummer 9 nachgewiesen, vorher war nur die Nr. 1 bekannt.
Diese Serien sind alle sehr selten und kaum ein Heft wurde in den letzten Jahren angeboten, daher ist es nicht verwunderlich, dass die wirkliche Anzahl der Ausgaben oft nicht bekannt ist. Dafür ist es umso erstaunlicher, wenn von einer längeren und nicht sehr seltenen Serie ein weiteres Heft wiederentdeckt wird: Von der Serie „Bob Hunter" ist die vermutlich letzte Nummer aufgetaucht und zwar die 112.
Um das Thema Neuentdeckungen von Heften vor 1945 abzuschließen, noch eine Ergänzung. Von der nicht sehr beliebten Serie (da es sich meist um Liebesromane handelt) „Das große Erlebnis" aus den Jahren 1939-1941 konnte die Nr. 58 nachgewiesen werden, vorher war die Serie nur bis 56 bekannt.
Diverse Serien finden sich darüber hinaus im aktuellen Katalog zum ersten Mal verzeichnet, sodass dieser Katalog insgesamt eine überraschende Vielzahl und Vielfalt an Neuentdeckungen bietet. Bis auf die relativ häufigen Serien, z.B. „Junge Falken", „aktuelle Filmbücher" oder „Bunte Bücher", sind viele Serien selbst spezialisierten Sammlern kaum bekannt.

Andere Serien, obwohl bekannt, wurden nicht im Katalog aufgelistet, sei es wegen fehlender Belegexemplare oder weil sie inhaltlich nicht interessant genug erscheinen (christliche oder sonstige „erbauliche" Themen- und Propagandahefte, z.B. „Christrosen").
Dann wiederum gibt es Serien, bei denen zwar Beleghefte vorliegen, zu denen aber bisher noch nicht genügend Hintergrundinformationen gesammelt werden konnten.
Für den nächsten Katalog versuchen wir u.a. die vielen Serien der Jahrhundertwende (1900) aufzulisten. Da wären „Gustav Kühns Jugendschriften", die „Münchner Volksbücher", „Unterhaltungsbibliothek" aus dem Weichert Verlag, „Bibliothek interessanter Erzählungen" aus dem Bagel Verlag oder „Neue Volksbücher" aus dem Ensslin Verlag, um nur einige zu nennen.

Der Markt für Romanhefte vor 1945 hat sich weiterhin sehr stabil bis dynamisch gezeigt und die Preise der meisten Serien wurden erhöht. Über manche vor allem im Internet erzielten Preise kann man sich zwar nur wundern, aber auch sie reflektieren einen Teil des Marktes. Wundern deswegen, weil Hefte, die im Preiskatalog einen Wert von 15,- Euro im Zustand (1) haben, auf einmal im Zustand (2) für 195,- Euro verkauft wurden (Serie: „Fahrten und Abenteuer"). Natürlich können wir nicht aus einem einmaligen Verkauf den Katalogpreis hochrechnen, das wären dann im Zustand (1) 400,- Euro. Daher haben wir die Preise zwar prozentual deutlich erhöht, aber doch kulant und auch berechenbar

– nicht aus Selbstzweck, sondern auch um Spekulationen vorzubeugen. Außerdem kann ein zweites angebotenes Heft wieder einen ganz anderen Preis erzielen. Die Serie „Fahrten und Abenteuer“ wurde also von 15,- auf 70,- Euro erhöht. Dieses Prinzip der Preisgestaltung haben wir bei einigen Serien angewendet.
Als Sammler muss man auch immer bedenken, dass es Serien gibt, bei denen man froh sein kann, überhaupt ein Heft zu besitzen – egal ob im Zustand (2) oder (3) – da von ihnen kaum ein Heft im Zustand (1) bekannt ist.
Es gibt jedoch auch Serien – egal ob von 1938 oder 1920 – bei denen Hefte im Zustand (1) zwar ebenfalls relativ selten sind, aber keine wirklichen Raritäten! Hierzu gehören u.a. „Tom Shark“, „Billy Jenkins“ (1934-39), „Der Detektiv“ (1919-1924) oder „Durch Wüstenglut und Urwald“ (1928-1929), um nur einige zu nennen. Dagegen ist mir kein Heft der Serien „Hans Stark“, „Phil Morgan“ oder „Minx“ im Zustand (1) bekannt.

Nichts gegen mäßige Risse oder gelegentliche Klebungen (das ist eher normal bei Heften, die teilweise 100 Jahre und älter sind), aber vergammelte, miefende Hefte haben in meinen Augen zumindest keinen materiellen Wert, egal was der Verkäufer versucht zu erzählen. Manche derartige Hefte, die angeboten werden – und die ich nicht würde anfassen wollen, egal wie selten sie auch sein mögen – erzielen trotzdem hohe Preise. Da siegt die Gier über den Verstand.

Österreichische Romanhefte vor 1945

Wenn wir ein Problem hatten, trotz intensiven Suchens genügend Abbildungen für den neuen Katalog zu bekommen, dann für dieses Kapitel. Für alle anderen Bereiche hatten wir entweder selbst viele Originale oder die Hilfe von Sammlern. Leider konnten wir nicht auf die Bilder der früheren Kataloge zurückgreifen, denn entweder existieren sie nicht mehr oder nur in schwarz-weiß.
Die meisten uns bekannten Sammler von Heften vor 1945 haben selber kaum österreichische Ausgaben aus dieser Zeit. Der eine hat zwei Hefte, der andere drei und häufig sind es auch noch Hefte der gleichen Serie. Dieses Kapitel ist also das einzige, bei dem wir nicht zu allen Buchstaben Abbildungen haben. Aber genau das spiegelt die große Seltenheit dieser Hefte wider. Die meisten österreichischen Serien aus der Zeit vor 1945 haben wir noch nie irgendwo angeboten gesehen.

Nicht umsonst steht im letzten Roman-Preiskatalog im Kapitel „Österreichische Romanhefte vor 1945“ häufig nach der höchsten bekannten Nummer ein „?“ – also weiteres Erscheinen unbekannt; manchmal gilt das sogar für Ausgaben mitten in der Erscheinungsfolge – sie sind unbekannt.
Selbst die sehr preiswerten Serien – „Moment“ oder der „Wiener Roman“ (bis 1945) – wurden in den letzten Jahren nur sehr selten angeboten, viele exotische Serien gar nicht – also weder „Blendlaterne“, noch „Billig Romane“, „Ferro der Roboter“ oder „Intime Zeitung“. Da ist es natürlich sehr schwer, einen Wert zu ermitteln.
Wir haben die Wertangaben der Hefte bis auf ein paar Ausnahmen erhöht, zum einen, da die Sammlerpreise der entsprechenden deutschen Serien auch gestiegen sind, zum anderen, da keine dieser Heftserien auf dem Markt vorhanden sind.
Trotzdem haben wir auch einige neue Serien in dieses Kapitel aufnehmen können. „Der Trapper“ und „Intime Geschichten“ sind solche Neuentdeckungen. Die Serie „Der Trapper Detektiv und Abenteuer Geschichten“ im Zeitungsformat wurde wahrscheinlich

hauptsächlich in Wien vertrieben. Von der Serie „Intime Geschichten" liegen uns zwei Hefte vor, die nur einen Heller-Preis haben und als Verlagsangabe „C. Hölzer Wien". Diese wurden wahrscheinlich zeitgleich oder nur unwesentlich später als Neuauflage der deutschen Serie aus dem Metropol Verlag herausgegeben. Ob alle Nummern in Österreich herausgekommen sind, entzieht sich unserer Kenntnis.
Die Serie „Falt-Bücher" stand zwar bereits im letzten Preiskatalog, jedoch nur sehr unvollständig und außerdem in einem falschen Kapitel (Romanhefte nach 1945). Diese Serie ist sehr selten und wahrscheinlich zeitgleich in Deutschland und Österreich herausgekommen.

Romanhefte seit 1945

In den letzten vier Jahren hat sich einiges auf dem Romanheftmarkt getan. So hat sich der Trend weiter verstärkt, dass Sammler für Hefte in sehr schönem Zustand (Zustand 1 und besser) nicht selten bereit sind, einen viel höheren Preis zu bezahlen, als den im Katalog angegebenen. Natürlich nicht bei allem, aber bei seltenen Serien und Einzelheften wurde manche Preis-Schallmauer durchbrochen.
Nehmen wir als Beispiel das Einzelheft „Polizeiromane" aus dem Optimum Verlag – das hätten wir ohne Probleme 10 x verkaufen können und dies zum doppelten Katalogpreis. Anfragen nach seltenen Einzelheften oder Kurzserien sind bei vielen Händlern ergebnislos.
Ich will die im letzten Roman-Preiskatalog 2007 erwähnten Serien nicht wieder alle aufführen, aber die Nachfrage nach diesen seltenen Heften ist noch mehr gestiegen, als dass sie hätte befriedigt werden können. Das betrifft besonders die seltenen utopischen Kleinserien oder Einzelhefte, die kaum ein Händler in seinen Angebotslisten hat. Und falls doch, dann meistens nur für kurze Zeit. Viele solche Hefte gehen sogar direkt an interessierte Kunden weg, ohne dass sie in den Listen oder im Internet auftauchen. Dies gilt z.B. für „Surholt's Kurzroman" 1-2, „Sten Nord" 1-3, „Königs-Romane / Mondrakte 1 startet", „Dr. Bendany" 1-3, um nur einige zu nennen. Die stärkere Nachfrage spiegelt sich auch in den erhöhten Katalogpreisen wider. Aber nicht nur bei vielen Einzelheften und Kurzserien wurden die Werte angehoben, sondern auch bei längeren Serien, die kaum noch auf dem Markt vorhanden sind oder nach denen die Nachfrage stetig gestiegen ist.
Das betrifft nicht nur alte, sondern auch relativ neue Serien, zumindest bestimmte Ausgaben davon. So wurden z.B. die Preise einiger Nummern der Serien „Seewölfe" und „Vier Musketiere" aus dem Pabel Verlag angehoben. Und besonders die Serien von „Dr. Morton" haben es im Moment den Sammlern angetan. Die Preise der überformatigen Hefte des „Dr. Morton Kriminalmagazin International" (die seit langem besonders schwierig zu bekommen sind) haben sich, von ihrem bereits hohen Niveau aus, ebenso verdoppelt wie diejenigen der noch häufigeren, normalformatigen Romanserie selbst.
Auch gesuchte längere „Kult-Serien" wurden im Wert angehoben, selbst wenn es häufig nur den unteren Nummernbereich betrifft. Hierzu gehören u.a. „Jerry Cotton", „Bastei Kriminalroman" und „Utopia" um nur drei Beispiele zu erwähnen.
Nun könnte man den Eindruck gewinnen, die Preise aller Hefte seien gestiegen. So ist es wirklich nicht.
Wo die Nachfrage nicht gestiegen ist, da sind auch die Wertangaben unverändert geblieben. Was letztendlich sogar eine kleine Wertminderung bedeutet, da das in solche Hefte investierte Geld auf einer Bank während der letzten vier Jahre mit etwas Glück und

Anlagegeschick doch eine spürbare Rendite hätte erbringen können.
Darüber hinaus haben wir die Wertangaben vieler Serien gesenkt, bei denen die Nachfrage doch deutlich weniger geworden ist. Während früher die Sammler der Westernromane die Garanten des Verkaufserfolges dieser Hefte gewesen sind, ist es nun viel ruhiger um dieses Genre geworden. Die Sammler haben ihre begehrten Hefte inzwischen oder tauschen diese nur noch gegen solche in besseren Zustand aus. Ergebnis: Die Nachfrage ist gesunken. Daher haben wir die Sammlerpreise einiger Serien um 10% gesenkt. Das betrifft u.a. die „Billy Jenkins"-Hefte 1-115 sowie die fast kompletten Serien „Bob Hill", „Buffalo Bill", „Kansas Jack" und „Flying Jack". Natürlich wurden auch Einzelhefte, Kurzserien oder Hefte innerhalb einer Serie gesenkt, wenn bei ihnen die Nachfrage gesunken ist oder sogar ein kleiner Lagerbestand aufgetaucht ist. Daher wurden u.a. die beiden Ausgaben der Mini-Serie „Billy Hix" sowie die Nummern 3 und 4 der Kriminal- und Abenteuer-Serie „Rangers gestern und heute" entsprechend im Wert korrigiert.

Außer den Preisen hat sich im Kapitel der Romanhefte nach 1945 noch einiges getan. So wurden die ersten Taschenbuchserien aufgenommen, was im nächsten Katalog verstärkt fortgesetzt werden soll.
Ebenso wurde eine erste Auswahl an Werberomanheften eingearbeitet, auch dies nur als erster Schritt, dem weitere folgen sollen.

Auch aus dem Zeitraum nach 1945 wurden viele Romanhefte neu entdeckt, entweder als ganz neue Einzelausgabe oder Serie mit eigenem Eintrag oder als zusätzlich nachgewiesene Nummer innerhalb bereits bekannter Serien bzw. Reihen. Ein Beispiel für letzteres ist der „Panther Roman" Nr. 3 im Überformat, denn vorher waren nur die Nummer 1 und 2 (in normalem Format) bekannt. Neu aufgetaucht sind auch die Nummern 7 und 8 der Serie „Jugend-Roman". Zu den vielen bisher unbekannten Einzelheften, die neu aufgelistet werden konnten, gehören u.a. „Die wahre Geschichte" oder „Die Strandräuber" . Auch einige Serien wurden neu aufgenommen, so die „Roman-Post" und „Feierabend".

Österreichische Romanhefte seit 1945

Die Hefte aus Österreich nach 1945 werden jetzt bestimmt im Wert anziehen, so haben wahrscheinlich etliche Sammler gedacht. Viele schöne, naive Titelbilder, teilweise nette Inhalte, außerdem noch viele alte Ausgaben im akzeptablen unteren Preisniveau, also unter 10,- Euro.
Genau diese Hefte werden jedoch in der Regel im Moment nicht oder kaum gesucht. Die geringe Nachfrage betrifft auch hier besonders die vielen Western-Serien. Natürlich hoffe ich, dass ich im nächsten Marktreport eine attraktivere Marktlage beschreiben kann. Es gibt zwar auch die eine oder andere Werterhöhung bei den preiswerten Heften, jedoch nur als Ausnahme von der Regel.
Beispielsweise stieg der „Abenteuer Roman" von 5,- auf 20,- Euro, „Dein Roman", die „Ergon Romanserie"und „Hill Billy" erhöhten sich jeweils von 5,- auf 8,- Euro, „Das Geheimnis um Kobo" von 7,- auf 15,- Euro.
Zur Zeit werden hauptsächlich die seltenen Hefte gesucht, die kaum angeboten werden. „Phantom", „Pie Grieche", „Kurzweil Roman", „Der Zukunftsroman", „Woka-De der weisse Häuptling", „Dr. Mc Minaha" oder „Jerry Clifford" sind Beispiele für solche gesuchten Raritäten. Deshalb wurden u.a. gerade diese Serien in der Wertangabe angehoben, die meisten anderen Serien oder Einzelhefte bleiben dagegen konstant.
Zu den Heften, die im Preis gesenkt wurden, gehören die beiden Ausgaben von „Abenteuer der Pionierzeit", da sie häufiger im Internet angeboten wurden, auch wenn dies nun schon ein Jahr her ist. Weitere Beispiele sind die Serien „Kanada", „Der Club der Abenteurer", „Mac Thomson", „Rolf Murat", „Rolf Torrings Abenteuer" (1947-1949), „Tim

Berry“ und „Tom Sharg“. Auch die Wertangaben von drei Heften der oberen Preisskala wurden leicht nach unten korrigiert: „Rob Ward“, „Welt der Abenteuer“ Nr. 49 und das Einzelheft „Welt der Abenteuer – Der Herr der Welt“.
Insgesamt hat sich der addierte Katalogwert aller verzeichneten österreichischen Ausgaben seit 1945 zwar leicht erhöht, aber wahrscheinlich nur um 2 bis 3 Prozent.

Auch in diesem Kapitel haben wir einige interessante Serien und Einzelhefte – insgesamt etwa zehn – neu aufgenommen, u.a. „Spannung – Entspannung“ und „Texas-Kurier“, um nur die reizvollsten zu nennen.

Bücher vor 1945

Die pauschale Bezeichnung Leihbücher für Bände vor 1945 ist zum Teil etwas irreführend, wenn man dabei nur an die typischen Leihbücher vor allem der 50er und 60er Jahre denkt.
Kommerzielle, von privater Hand betriebene Leihbüchereien gab es bereits im 18. Jahrhundert. Während anfangs noch viele ein eher anspruchsvolles, breites Programm boten, setzte sich im Laufe des 19. Jahrhunderts mehr und mehr die Unterhaltungs- und Trivialliteratur durch. Nach einem zeitweisen Abschwung aufgrund vielfältiger Konkurrenz (billige Heftromane, Klassikerausgaben, Zeitungen, Zeitschriften usw.) fand der Leihbuchhandel zu der Form, in der er von etwa den 20ern bis Mitte der 60er Jahre erfolgreich war. Heute verstehen Sammler unter Leihbüchern die vor allem in die Zeit ab 1945 von spezialisierten Verlagen hergestellten, in ihrem Äußeren weitgehend normierten Bände mit besonders dickem Papier, stabilem Einband und meist einer Schutzhülle aus Supronyl (Plastikeinband), der zum Schutz vor Verschmutzungen diente.
Leihbücher vor 1945 haben dagegen zum einen meist eine etwas andere Ausstattung, die mehr „normalen“ Büchern ähnelt, manchmal auch stabile Einbände, die von den Leihbüchereien selbst hergestellt bzw. angefertigt lassen wurden. Zum anderen fand sich in den frühen Leihbibliotheken eben ein breiteres Spektrum volkstümlicher Literatur, von den echten, klassischen Volksbüchern über gesammelt gebundene Lieferungsromane bis zu den schon eigens für diesen Vertriebstyp hergestellten Trivialromanen.

In diesem Bereich gab es keine herausragenden Entwicklungen.
Die Preise für „Kansas Jack“, „John Kling“ und „Billy Jenkins“ wurden leicht nach unten korrigiert. Die Preisangaben für die seltenen Schutzumschläge blieben dabei in der Regel konstant. Dagegen wurden die Werte für „Detektiv Frank-Romane“, „William Tex“ und „Percy Brook“ etwas erhöht. Als einzige fällt „Burmester's Abenteuer Serie“ aus dem Rahmen, denn ihre Bände wurden deutlicher erhöht.

Dafür wurden diesmal besonders viele neue Einträge vorgenommen, so die zahlreichen Kriminal- und Abenteuer-Bücher aus dem Münchmeyer Verlag, dem Rekord Verlag, Uhlmann Verlag und Willi Sauerberg Verlag sowie als Einzeltitel die „Marsprinzessin“ von Edgar Rice Burroughs. Auch im nächsten Roman-Preiskatalog wird es wieder die eine oder andere Ergänzung geben.

Die Wertangaben der neu erfassten Bücher und ihrer Schutzumschläge haben wir nicht gleich auf einen hohen Preislevel gesetzt, denn zuerst einmal müssen die nächsten drei Jahre bis zum Erscheinen des neuen Kataloges zeigen, ob eine stärkere Nachfrage nach diesen Titeln besteht.
Eines ist auf jeden Fall sicher: Viele dieser Bücher werden nur selten angeboten und besonders selten mit Schutzumschlag.

Leihbücher seit 1945

Dieses Kapitel haben wir im Umfang etwas reduziert. Dabei sind aber alle Serien weiterhin im Katalog vorhanden, nur wurden bei einigen nicht mehr alle Einzeltitel aufgelistet. Das betrifft vor allem preiswerte und längere Serien, so etwa „Lockender Westen“, die im letzten Roman-Preiskatalog mit allen 252 Einzeltiteln auf 6 Seiten aufgelistet wurde. Der Katalogpreis war fast immer der gleiche, nur drei kleine Wertangaben waren minimal anders. Indem wir z.B. diesen Eintrag nun sehr reduziert haben, konnten wir an anderer Stelle neue und interessantere Romanhefte und Leihbücher aufnehmen. Wir hoffen, das war im Interesse der meisten Sammler.
Wer sich für die vollständigen Titelauflistungen interessiert, findet sie ja in den älteren Katalogausgaben, die in der Regel noch gut zu bekommen sind – die letzte (9.) Ausgabe direkt über uns, frühere antiquarisch. Wahrscheinlich werden wir diesen Weg auch künftig weiter beschreiten.

Die Nachfrage nach Leihbüchern ist laut Aussagen verschiedener Händler sehr unterschiedlich. Während die Berliner mit dem Verkauf in der Regel zufrieden sind, ist es hier in Hamburg oder in Frankfurt genau das Gegenteil. Ob es wirklich regional unterschiedliche Interessen gibt oder alles einfach nur Zufall ist – es gibt jedenfalls nur wenige gleichlautende Aussagen.
Bei den meisten laufen die alten „Western“-Leihbüchern mehr schlecht als recht. Die SF-Leihbücher behaupten sich mal gut, mal weniger gut, wobei allerdings die „Perry Rhodan“-Ausgaben nach wie vor sehr gesucht sind. Piraten- und andere Abenteuer-Titel verkaufen sich ebenfalls meistens sehr gut, genau wie „G-Man Jerry Cotton“ als bekannte Serie, aber auch alle Leihbücher mit mysthischer Thematik.
Die meisten Preise blieben somit konstant, und wenn einige etwas erhöht wurden, dann meistens nur um maximal 10% beziehungsweise einige wenige Euros.
Noch ein paar Worte zu den Schutzumschlägen.
Wenn die Leihbücher ein Vollbild haben, dann sind die Schutzumschläge in der Regel nicht so verkaufsfördernd, als wenn das Buch in Halbleinen ohne Vollbild herausgekommen ist. Daher werden Schutzumschläge von Leihbüchern mit einem gleichen Vollbild in der Regel nur bis 10% des Leihbuchpreises gehandelt. Ausnahmen sind die „Billy Jenkins“- und „Tom Prox“-Bücher, da es für sie besonders viele Sammler gibt. Bei Halbleinenbänden ohne Vollbild sind die farbigen Schutzumschläge natürlich viel attraktiver und daher bewegen sich deren Preise zwischen 40 und 60% des Leihbuch-Wertes.

Zum Abschluss kurz in eigener Sache:
Ein Katalog kann natürlich nur dann wirklich gut werden, wenn viele Sammler sich am Erstellen beteiligen.
Über Anregungen, positive und auch negative Kritik würden wir uns freuen. Ebenso über ergänzende oder korrigierende Angaben zu bestehenden Einträgen bzw. Daten zu neuen Titeln, die noch nicht im Katalog enthalten sind (Liebesromane, christliche oder sonstige erbauliche Schriften ausgenommen). Dabei ist es wichtig, dass wir außer schriftlichen Informationen – per Post oder Mail – auch Kopien bzw. Scans der wichtigsten Seiten (vor allem Titelseite und Impressum, ggf. auch Rückseite oder andere) erhalten, da wir natürlich nur etwas in den Katalog aufnehmen, wenn wir es überprüfen können.

Werner Knüppel, Comicladen-Kollektiv, Fruchtallee 130, 20259 Hamburg

Preisgestaltung und Zustände

Alle Preise sind in Euro angegeben und gelten für ein einzelnes Heft oder Buch. Bei allen Angaben handelt es sich lediglich um Richtwerte, die das Preisfindungsgremium in Zusammenarbeit mit vielen Händlern und Sammlern auf der Basis intensiver Marktbeobachtungen ermittelt hat.
Dabei wurden sowohl Veränderungen in der Beliebtheit, der angebotenen Quantität und Qualität und somit der stärkeren oder schwächeren Nachfrage bestimmter Romane berücksichtigt als auch z.B. die Auswirkungen gleichbleibend hoher Nachfrage bei anhaltend geringem (bis manchmal überhaupt nicht vorhandenem) Angebot.

Dennoch ist selbstverständlich jeder Preis frei verhandelbar und kann je nach persönlicher Interessenlage (auf Seiten des Sammlers wie des Anbieters) und spezieller Marktsituation (Flohmarkt, Sammlerbörse, ebay usw.) erheblich schwanken.

Die Katalogpreise gelten jeweils für Zustand 1.
Die Preise für andere Zustände können auf Basis der folgenden Staffelung leicht errechnet werden. Sie gilt im Prinzip für alle Sparten, egal ob es sich um Hefte aus Deutschland oder Österreich handelt oder um Leihbücher, um Vor- oder Nachkriegspublikationen. Dabei muss jedoch berücksichtigt werden, dass viele Hefte, die vor 1945 und besonders vor 1925 erschienen sind, kaum oder nur im schlechten Zustand angeboten werden. Dies kann je nach Sammler zu verschiedenen Reaktionen führen: Wer auch in diesem anspruchsvollen Bereich besonderen Wert auf gute bis sehr gute Zustände legt, wird zumindest bei sehr seltenen Heften immer wieder einmal noch über die Obergrenze der bereits starken Preisstaffelung hinausgehen (müssen). Wem dagegen vor allem an einem Zuwachs seiner Sammlung gelegen ist, wird beim Zustand eher Abstriche machen, sollte dann aber auch nicht mehr bezahlen als angegeben. In jedem Fall aber müssen die Zustände selbst immer nach den gleichen Richtlinien bewertet werden, egal ob es sich um ein Heft aus dem Jahr 1980 oder 1910 handelt.

Alle Zustands-Richtlinien wurden sorgfältig überarbeitet, so dass die meisten Angaben sicher auch für den Romanheft- und Buchmarkt der nahen Zukunft gültig bleiben werden.

Die Abstufung wurde folgendermaßen festgelegt:

Zustand 0 = 120 - 200% des angegebenen Katalogwertes

Zustand 1 = 100%

Zustand 2 = 50%

Zustand 3 = 25%

Zustand 4 = 10%

Besondere Zustandsmängel

Vor der allgemeinen Beschreibung der Zustandsstufen hier die wesentlichsten einzelnen Mängel, die zu einer Herabstufung führen müssen und daher stets angegeben werden sollten!

Restaurierungen:
Eine professionelle Restaurierung kann den optischen Zustand eines Bandes sicherlich verbessern. Dennoch ist ein restaurierter Band ein beeinträchtigtes Stück, nur eben im günstigsten Fall weniger beeinträchtigt als vorher. Hier muss sorgfältig geprüft werden, zu welcher Zustandskategorie die ursprünglichen Schäden geführt hätten und ob durch die „Behandlung“ wirklich eine Verbesserung erreicht wurde. Zumindest erkennbare Restaurierungen (nicht nur von außen, sondern auch innen!) sollten immer angegeben werden.
Pauschale Einstufungen sind hier schwierig, da die Spannweite der Möglichkeiten viel zu groß ist. So ist es letztlich auch eine Restaurierung, wenn z.B. ein mit Bleistift geschriebener Namenszug so behutsam wegradiert wurde, dass er nicht mehr zu sehen ist (und auch die Druckfarbe nicht erkennbar gelitten hat). Und wenn ein Riss zu reparieren ist, so kann man dies mit Teppichklebeband, Tesa, Filmoplast, Japanpapier, Flüssigkleber usw. tun, außerdem geschickt oder ungeschickt – mit jeweils entsprechendem Ergebnis. Geklebt ist also nicht gleich geklebt, und eine entsprechende pauschale Angabe eines Anbieters sollte vom Interessenten immer hinterfragt werden - z.B. bringt ein mit Tesastreifen restaurierter Heftrücken oder Riss den Band in aller Regel in die Kategorie 3, sofern er nicht durch weitere Beeinträchtigungen noch mehr herabgestuft werden muss.

Stempel, Namenszüge u. ä.:
Vor allem auf Titelseiten können sie den Gesamteindruck stark beeinträchtigen, aber auch hier kommt es auf den Einzelfall an. So muss man unterscheiden zwischen „offiziellen“ Stempeln (etwa für Berliner Sonderpreise) und privaten, zwischen dezent platzierten und solchen, die mitten auf dem Motiv sitzen. Auch die Anzahl der Stempelungen außen und innen (vor allem bei Leihbüchern) spielt eine Rolle. Für Namenszüge, handschriftlich reduzierte Preise (etwa bei Stücken, die aus früheren Tauschläden stammen) usw. gilt Entsprechendes. Grundsätzlich sollten diese Mängel bei sonst gutem Zustand bis einschließlich 1-2 immer angegeben werden, bei mehrfachen oder sonst besonders störenden Stempeln usw. vor allem auf dem Cover auch noch bei etwas weniger guten Zuständen.

Verleihkarten:
Bei Leihbüchern sollte bis zu einem sonstigen Zustand von 1-2 angegeben werden, ob sie eine eine eingeklebte Verleihkarte enthalten, falls ja, ob diese beschriftet bzw. gestempelt ist, falls nein, ob sie entfernt wurde und Spuren hinterlassen hat.

Gebundene Hefte:
Auch hier gilt: Der Zustand muss genau und kritisch bewertet werden. Besonders teure Hefte sollten einzeln mit ihrem jeweiligen Zustand aufgelistet werden. Das Grundschema der Preisstaffelungen bleibt das gleiche, nur werden bei einem gebundenen Buch, egal ob privat oder vom Verlag, nur noch 40% des sonst gültigen Preises berücksichtigt (wenn die Umschläge mit eingebunden wurden). Falls die Hefte stark beschnitten sein sollten, auch nur noch 25%.
Hefte, die aus Sammelbänden oder Privateinbänden gelöst wurden, sind höchstens mit

Zustand 3 zu bewerten. Falls sie auch noch deutliche Gebrauchspuren haben oder sehr beschnitten sind, reduziert sich dies auf Zustand 4.

Gelochte Hefte:
Bei ihnen ist ein so großer Eingriff vorgenommen worden, dass sie höchstens mit 30% des nach ihrem sonstigen Zustand gültigen Preises bewertet werden sollten.
Beispiel:
Ein Heft, das im Zustand 1 einen Katalogpreis von 10,- Euro hat, sollte im Zustand 2 bei 50% gleich 5,- Euro liegen, gelocht dann bei 30% davon, also rund 1,50 Euro.

Remittenden-Exemplare:
Im regulären Handel unverkauften Heften, die an Verlag oder Vertrieb zurückgeschickt wurden, schnitt man zur Kennzeichnung oft eine Ecke ab. Solche Exemplare sollten mit 50% ihres sonstigen Zustandspreises bewertet werden.
Beispiel:
Katalogpreis 10,- Euro, Zustand 2 gleich 5,- Euro, davon 50% gleich 2,50 Euro.

Fehlende Sammelmarken:
– auf den vorderen Umschlagseiten: maximal Zustand 3
– auf den hinteren Umschlagseiten: maximal Zustand 2
Beides sollte immer extra mit angegeben werden.
– auf Innenseiten: maximal Zustand 2
Hier kann auf die Angabe verzichtet werden,
wenn das Heft ansonsten schlechter als 2+ ist.

Zustandsdefinitionen

Zustände werden nach den fünf Hauptstufen 0, 1, 2, 3, 4 bewertet, sowie nach insgesamt 12 Zwischenstufen: 0-, 0-1, 1+, 1-, 1-2, 2+, 2-, 2-3, 3+, 3-, 3-4, 4+.

Mathematisch ausgedrückt entspricht z.B. Zustand 2- einer 2,25, Zustand 2-3 einer 2,5 und Zustand 3+ einer 2,75.
Es gibt jedoch keine 0+, weil ein besserer Zustand als perfekt nicht möglich ist.
Eine 4- gibt es ebenfalls nicht, weil „sehr schlecht“ nun einmal „sehr schlecht“ ist. Unvollständige oder sonstige „Schrott“-Bände sind für den Sammlermarkt in der Regel uninteressant.

Mit diesem 17-stufigen System, das sich mittlerweile weitestgehend etabliert hat, lassen sich sehr differenzierte und genaue Bewertungen vornehmen.

Zustand 0
Perfekt, druckfrisch.
Nicht der Hauch eines Mangels. Solche Hefte oder Bücher sind praktisch kaum auf dem Sammlermarkt, schon nicht für die Jahre von 1945-1960 und natürlich erst recht nicht für die Zeit davor. Zwar gibt es auch alte Bände aus Lagerbeständen oder Archiven, die sich in wunderschönem Zustand befinden, aber druckfrisch sind sie meistens doch nicht.
Druckfrisch bedeutet jetzt auch, dass nicht der kleinste Fehler vorhanden ist, egal ob minimale Beschädigung durch das Umblättern oder durch nicht sachgemäße Handhabung der Schneidemaschine.

Also Lupe nehmen und Hefte beurteilen – irgendwas gibt es fast immer zu bemängeln, auch wenn es nur ein ganz kleiner winziger Fehler ist – es ist einer, also ist der Zustand nicht perfekt.

Zustand 1

Minimale Mängel.

Winzige Stockflecken, kleine gestauchte Ecken, ganz leicht angerostete Original-Klammern (bei Heften), im Bereich der Klammern kann das Papier kleine Spuren aufweisen, der Rücken darf unten oder oben maximal 2 Millimeter offen sein. Blitzer sind erlaubt, solange sie nicht gehäuft auftreten. Ein Heft also, das glatt liegt, mit kräftigen, frischen Coverfarben und auf den ersten Blick ohne Mängel.

„Berlin-Stempel", „Verlagsstempel", „Schilling-Stempel" u.a. dürfen auf dem Cover sein, sollten jedoch fairerweise immer mit angegeben werden.

Das Heft hat außer den erwähnten Mängeln keine weiteren.

Es ist jedoch legitim, wenn auch eingebundene Hefte mit Zustand 1 bewertet werden, sofern dies angegeben wird und sie dann eben nur mit 40% des 1er-Preises angesetzt werden.

Bei den Leihbüchern ist es ähnlich, auch da dürfen keine sofort auffälligen Mängel auftreten. Der Gesamteindruck ist auch hier entscheidend. Die Ecken dürfen wirklich nur minimal angestaucht sein. Ein einzelnes Eselsohr im Buch kann vorhanden sein. Die Innenseiten müssen noch ursprünglich hell sein, höchstens mit einem kleinen Gelbstich. Bücher vor 1945 dürfen auf Grund Ihres Alters und des verwendeten Papiers eine etwas dunklere Erscheinung haben.

Die meisten Leihbücher wurden ab 1945 von den Verlagen mit einen Schutzumschlag bzw. zusätzlichen Einband aus transparenter Folie (Supronyl) versehen. Er muss noch vorhanden sein und darf auch nur die allerkleinsten, auf den ersten Blick kaum erkennbaren Abnutzungserscheinungen haben.

Bücher aus Leihbüchereien haben häufig Stempel und auch handschriftliche Eintragungen, entweder direkt im Buch oder auf einer eingeklebten Karte. Dies ist mit leichten, bei mehrfachem Auftreten mit entsprechend stärkeren Abschlägen zu bewerten.

Titel, die für Leihbüchereien produziert wurden, gab es häufig auch für den normalen Buchhandel. Diese Ausgaben waren zwar relativ teuer, dafür jedoch gab und gibt es sie ohne die Beeinträchtigungen (Stempel, Verleihkarte usw.), die etliche Sammler als störend empfinden. Auch wurden diese Ausgaben ohne Supronyleinband hergestellt und teilweise sogar in eigener Ausstattung, z.B. als Leinenbände, die das Titelmotiv nur auf dem separaten Schutzumschlag (SU) zeigen. Leihbuchausgaben hatten in der Regel ebenfalls einen Schutzumschlag, doch ist das Titelmotiv bei ihnen meist bereits auf dem vorderen Buchdeckel zu sehen. Schutzumschläge werden im Katalog gesondert aufgelistet und bewertet. Auch ihr Zustand muss korrekt und genau angegeben werden.

Auch Romanhefte oder Comics gab es in den Leihbüchereien, trotzdem werden entsprechende Stempel u.Ä. als großes Manko angesehen und so ist es letztendlich auch bei den Leihbüchern. Deshalb sollten derartige Mängel, obwohl sie früher zur normalen Benutzung gehörten, immer extra angegeben werden. Umgekehrt ist es für viele Sammler besonders attraktiv, Bände zu bekommen, die nie durch eine Leihbücherei gelaufen sind.

Fazit: Zustand 1 gilt für Bände, die man auch im Regal mit Neuware finden könnte – die sich schon einige Kunden angesehen und dabei kleinere Spuren hinterlassen haben.

Zustand 2
Leichte Mängel.
Sehr viele Hefte oder Leihbücher sind in diese Rubrik einzuordnen.
Solche Bände haben einige Abnutzungserscheinungen. Stempel und Namenszug können außen oder innen vorhanden sein. Sie können extra erwähnt werden, müssen es jedoch nicht (außer, wenn sie sehr störend sind). Einzelne Eselsohren oder andere geringfügige Knickspuren und kleine Farbabschabungen am Umschlag bzw. Einband sind möglich, kleinere (!) Einrisse können vorhanden sein. Bei Heften ist ein Lesewulst möglich, bei Büchern ein etwas schief gelesener Rücken. Leichte Verschmutzungen sind erlaubt, solange der Gesamteindruck nicht zu sehr beeinträchtigt wird.
Kleine Risse von einigen Millimetern bzw. Randläsuren können mit Spezialklebeband (z. B. Filmoplast) restauriert sein. Falls größere oder viele kleinere Risse auf diese Weise restauriert wurden, dann ist der Band maximal als Zustand 3 einzustufen.
Die Klammern können leicht verrostet oder sogar durch andere gleichartige ersetzt sein, das Papier darf jedoch nur sehr minimal davon betroffen sein.
Kleine Beschädigungen des Plastikeinbandes sind bei gelaufenen Leihbüchern möglich, genauso angestauchte und eingedrückte Ecken. Der Buchrücken kann verblichen sein, auch einige kleinere Beschädigungen sind möglich, minimaler Papierverlust ebenso, jedoch ohne dass der Text davon betroffen ist.
In Heften darf die Sammelmarke fehlen, wenn der Romantext nicht betroffen ist. Dann sollte es, braucht aber nicht extra angegeben zu werden. Die Sammelmarke kann auch auf der Umschlagrückseite fehlen, wenn sie sorgfältig herausgetrennt wurde, dies sollte jedoch immer extra erwähnt sein.
Bei Büchern ist der Buchblock fest zusammen und hängt stabil im Einband. Es gibt keine losen Seiten.
Ein Heft bzw. Leihbuch, das gut gelagert, jedoch auch häufiger gelesen wurde. Ein Zustand, der von den meisten Romanheftsammlern für den Zeitraum vor 1970 gesammelt wird. Da das Titelbild den Gesamteindruck am stärksten prägt, ist auch hier dessen Eindruck am wichtigsten. Der Gesamteindruck ist gut, kleinere Mängel sind erkennbar, wobei auch verschiedene gleichzeitig vorhanden sein können, sofern sie das Gesamtbild nicht zu sehr beeinträchtigen.

Zustand 3
Erhebliche Mängel.
Bei Heften sind mehrere Einrisse möglich, auch mehrfache Eselsohren können vorhanden sein. Bei Leihbüchern kann sich der Buchblock gelockert haben, eventuell ist ein Blatt lose. Hefte in sonst gutem Zustand mit leichtem Wasserschaden sind auch hier einzuordnen. Größere Farbabschürfungen beim Leihbuch oder ein sehr verblasstes Heft sind ebenfalls als Zustand 3 zu bewerten.
Ebenso sind alle erkennbar restaurierten Hefte oder Bücher (Ausnahmen unter Zustand 2) in diese Kategorie einzustufen, sofern die Reparatur mit nicht zu großen Eingriffen und Papierergänzungen verbunden ist. Alle mit Klebestreifen o.Ä. geflickten Bände fallen also unter Zustand 3, es sei denn, sie sind dadurch oder durch andere Mängel so beeinträchtigt, dass sie eher dem Zustand 4 zuzuordnen sind.
Bei Leihbüchern kann die Supronylhülle ganz fehlen (falls es eine gab, entfernte Folien hinterlassen immer Spuren) und der Buchrücken stärker beschädigt sein, auch kleinere Papierverluste können in Buch oder Heft vorhanden sein.
Die Sammelmarke kann ebenfalls wieder im Heft oder auf der Rückseite fehlen, ohne dass es extra angegeben sein muss. Namenszug und Stempel sind bei diesem Zustand ebenfalls oft anzutreffen, teilweise gehäuft. Eventuell darf eine unbedruckte Seite eines

Leihbuches fehlen – jedoch muss dies immer extra angegeben werden.
Eine fehlende Sammelmarke auf der Vorderseite sollte immer extra erwähnt werden.
Kurz: Ein Band, der sehr häufig gelesen wurde und dessen Beliebtheit auch meistens auf den ersten Blick zu erkennen ist.

Zustand 4
Starke Mängel.
Verstärkt können kleinere bis mittelgroße Papierverluste vorhanden sein, die jedoch nicht mehr als 20% vom Cover oder von einer Seite betragen sollten. Bände mit größerem Papierverlust bzw. solchem auf mehreren Seiten sind Schrott und haben in der Regel keinen Sammlerwert.
Hefte aus Sammelbänden oder gebundenen Büchern, die stark beschnitten sind, gehören ebenfalls in diese Kategorie. Außerdem sind hier die Hefte einzuordnen, die am Falz mit einem sehr breiten Klebeband verunstaltet wurden.
Gesamteindruck: ein sehr schlechtes, häufig sehr geklebtes Heft, jedoch bis auf eventuelle leere Seiten immer komplett, ohne Kopien oder Ergänzungen von Seiten aus einem Nachdruck.
Alle Hefte oder Leihbücher mit fehlenden Seiten, ob ergänzt mit Kopien oder nicht, sind schon nicht mehr Zustand 4, genauso Hefte, die nur noch als Fragmente erhalten sind. In der Regel werden solche Hefte auch nicht von Sammlern gesucht.
Hierzu gehören auch Privatbindungen von Büchern ohne den ehemaligen oder vorgesehenen Buchdeckel.
Verschimmelte, angeschimmelte, stark verschmutzte oder sonst unappetitliche Bände sollten natürlich sofort entsorgt werden.

Verzeichnis der Abkürzungen

A	- Autor(en)
Ab	- Abenteuerroman
g.E.	- geschnittene Ecke
Jg.	- Jahrgang
K	- Kriminalroman
KG	- Kurzgeschichte(n)
L	- Liebesroman (Frauenroman, Arztroman)
La	- Landserroman
Le	- Legionärsroman
ND	- Nachdruck
NK	- Nachkrieg (nach 1945 erschienen)
Nr.	- Nummer
o.A.	- ohne Autorenangabe
o.Nr.	- ohne Nummernangabe
o.O.	- ohne Ortsangabe
o.P.	- ohne Preisangabe
P	- Piratenroman
S	- Sittenroman
SH	- Sonderheft
SU	- Schutzumschlag
TB	- Taschenbuch
u-p	- utopisch-phantastischer Roman
VK	- Vorkrieg (vor 1945 erschienen)
W	- Wildwestroman
x	- indiziert
...	- eventuell mehr erschienen

Aufbau des Kataloges

Die Katalogisierung erfolgt in der Regel nach folgendem Schema:

1. Haupttitel
2. Untertitel
3. Verlag
4. Zeitraum des Erscheinens
5. Preis (Tagespreis)
6. Seitenzahl
7. Format (es wurde z.T. 1/2 cm ab- bzw. aufgerundet)
8. Autor
9. Anzahl der erschienenen Hefte und ihr Einzelpreis
10. Hinweis (allgemeine Informationen zu einer Serie)

VK-Hefte, die in der Inflationszeit erschienen sind, haben manchmal den Aufdruck „Mark" oder „MK" ohne Zahlenangabe. Hier sollte damals der jeweilige Tagespreis eingesetzt werden. Die Nennung der Autoren erfolgte nach der Anzahl ihrer Werke innerhalb einer Serie. Autoren, von denen wir annehmen, daß sie von besonderem Interesse sind, haben wir auch dann aufgeführt, wenn sie nur einmal auftreten.

Im Rahmen des letzten Roman-Preiskataloges (2007) haben wir damit begonnen, euch Illustratoren und Coverzeichner vorzustellen, die mit ihren herausragenden Arbeiten den Heftroman- und Leihbuchsektor über Jahrzehnte ganz entscheidend geprägt haben. Diese "Tradition" führen wir im Jubiläumskatalog 10 nun fort. Damals habt ihr etwas über **Günther König**, **Günther Rohde** und **Willi Kohlhoff** erfahren – heute geht es um:

Rudolf Sieber-Lonati (1924-1990)

Rudolf Sieber - Lonati, der seine Werke in der Regel mit dem Kürzel **Lo** signierte, dürfte neben Günther König der produktivste Cover-Illustrator der deutschsprachigen Heftroman- und Leihbuchszene gewesen sein.

Geboren wird Lonati am 16.10.1924 in Wien, über ihn persönlich - seine Jugend und seine Ausbildung – ist zumindest dem Außenstehenden nichts bekannt.

Erste nennenswerte Arbeiten erscheinen ab Anfang der 50er Jahre beim Fritz Mardicke Verlag/Hamburg. Lonati illustriert diverse Ausgaben der Abenteuer-, Kriminal- und Westernromane der „Erdball"-Serien.

Ab 1953 arbeitet er genreübergreifend für den Erich Pabel Verlag/Rastatt. Nicht nur seine aktionsgeladenen Cover für die „UTOPIA" - Reihen faszinieren die Leser – hervorzuheben sind auch die Titel-Illustrationen für die Serien „DIE ROTHAUT" und „KOMMISSAR X" (beide starten 1959).

Mitte der 60er Jahre wechselt Lonati zum Zauberkreis – Verlag und wird hier ebenfalls für die gesamte Verlagspalette an Heftromanen tätig.

Als 1968 mit den „SILBER GRUSEL- KRIMI"s des Autors Jürgen Grasmück alias Dan Shocker eine erste Grusel-Welle angestoßen wird, entfaltet Lonati sein ganzes Können und erschafft in seinen Bildern (meist eng an den Romaninhalt geknüpfte) wahre Albtraum - Welten für die Reihe. Gleiches gelingt ihm bei Grasmücks Horror/Fantasy-Epos „MACABROS", das 1973 an den Start geht.

Mit oft humorigen, häufig völlig skurrilen Covern prägt der Künstler dazu über Jahre das äußere Erscheinungsbild der „BUTLER PARKER“- Romane.

Auch für den Western hat er ungezählte bizarre, düster-dämonische, geradezu angsteinflößende Werke entworfen. Seine „DAN OAKLAND“ Motive spiegeln das wider, was Dieter Weidmann in seinem Artikel “WESTERN-Romanhefte” (erschienen im TRÖDLER Ausgabe 09/2007) schreibt:

„Lonati hat es in erstaunlichem Masse verstanden, die schräge Dämonie des Western-Genres, seine Todesverliebtheit und perverse Düsternis herauszupräparieren. In seinen Bildern wimmelt es von Fieslingen und gespenstischen Gestalten, die eher von finsteren Kräften, als von Edelmut und Heldentum geleitet werden. Seine Protagonisten irrlichtern durch düstere Szenerien und sind nicht selten in ein Glutrot wie in einen Widerschein der Hölle getaucht. Häufig stoßen wir auf ausgemergelte, schnurrbärtige, grotesk und fremdrassig anmutende Visagen, doch auch der Held, wenn er überhaupt einmal auftritt, ist eine eher zwielichtige Figur. Holzschnittartig kräftig und kontrastreich werden die sparsamen Lichter und das teilweise ins satte Schwarz versinkende Dunkel gegeneinander gesetzt. Markante Vordergrundfiguren, nicht selten auf den Kopf und einzelne Körperteile beschränkt, werden gegen perspektivisch dramatische Hintergrundmotive effektvoll in Szene gesetzt. Zugunsten einer wirkungsvollen grafischen Idee, bleiben Anforderungen des Realismus souverän ausgeblendet, ohne in Manierismus (Gekünsteltes) zu verfallen. Im Kampf des Guten mit dem Bösen behält, zumindest künstlerisch das Böse eindeutig die Oberhand, sodass selbst der Gute nur etwas weniger böse erscheint.“

Zu den Verlagen vermeidet Lonati jeden persönlichen Kontakt - bekannt ist den Redakteuren nur eine Postfachadresse in Bad Tölz, an die die Originale nach Verwendung zurück gesandt werden müssen. Angeblich hat von Verlagsseite niemand den Künstler je gesehen.

Rudolf Sieber-Lonati stirbt am 27.04.1990 in Bad Tölz.

Helmut Rohde
Hamburg, März 2011

Quellenangaben:

Thomas Schmitt: „Zauberkreis – Verlag“ im TREFFER Ausgabe 33 / Juni 2005
Dieter Weidmann: „WESTERN-Romanhefte“ im TRÖDLER Ausgabe 09/2007
Vielen Dank an Herrn Damir Todorovac für die freundliche Genehmigung zum Abdruck der Fotos seiner Webseite www.rs-lonati.de. Sie sei allen Lonati-Begeisterten sehr empfohlen!

Romanschätze ab 1900

von Heinz J. Galle

Heftausgaben gelten im buchhändlerischen Sinne als nicht erschienen, dementsprechend rudimentär ist die Informationslage auf diesem Sektor. Die Sammler selbst haben im Laufe der letzten Jahrzehnte dieses Handicap wettgemacht, der nun vorliegende zehnte Roman-Preiskatalog ist der lobenswerte Beweis für diese Behauptung.
Was ist das Heft XY wert? Im Prinzip immer den Betrag, den der Käufer bezahlen will. Trotzdem sollte man bei Preisfestsetzungen nicht die Bodenhaftung verlieren. Ein seltenes Heft, welches im Monat Mai Unsummen erbringt, kann ein paar Monate später nur noch die Hälfte erbringen. Wenn erst einmal der oder die zwei bis drei engagierten und finanziell unbelasteten Sammler ihre Bestände aufgefüllt haben, finden sich unter Umständen nicht noch einmal Käufer, die diese Preise bezahlen. Im Internet wird zum Beispiel manchmal ein Heft der nicht so gesuchten monographischen Serien für über 500,- Euro angeboten. Dazu ist zu sagten, das man alles übertreiben kann, es ist eben nicht so leicht für einen Laien dieses Genre`s, realistische Preise anzusetzen.
Dem Wunsch der Verkäufer hohe Preise zu erzielen, stehen die Nachdrucker entgegen, inzwischen gibt es für viele seltene Serien simple Nachdrucke. Wer nur am Text interessiert ist, wird derartige Nachdrucke erwerben und kaum bereit sein, für das Original später noch einmal tief in die Tasche zu greifen.
Es wird kolportiert, dass die Sammler gerade **die** Serien später noch einmal erwerben, die sie einst lasen und besaßen. Nun - von den Lesern, die 1908 ein Exemplar der Reihe DIE BLUTFAHNE DER FLIBUSTIER besaßen, lebt heute wohl keiner mehr ... Hier trifft also die Behauptung nicht zu, trotzdem werden besonders solche Reihen gesammelt. Dann liest man immer wieder, dass die Romanheftsammler aussterben, sie wären überaltert, der Boom bei Internet-Auktionshäusern zeigt jedoch, dass dies nicht stimmen kann. Tatsache ist allerdings, dass bis vor wenigen Jahren im Prinzip hauptsächlich die großen Serien der dreißiger Jahre (BILLY JENKINS, JOHN KLING, HARALD HARST, SUN KOH, ROLF TORRING) gesucht wurden. Man kaufte quasi seine Jugenderinnerungen zurück.

Generell ist zu sagen, dass alle Serien aus der Inflationszeit 1919-1924 selten sind, dies gilt besonders für die Reihen der Gebrüder Krömer, Breslau/Leipzig (Rekord/Sonnen Vlg.) sowie für die extrem seltenen Publikationen des Leipziger Modernen Volksbücherverlages.

Die Exemplare der großformatigen Reihen (Quartformat 25-35 cm) wurden einst von den Lesern geknickt in der Rocktasche transportiert, manchmal sogar doppelt - längs und quer gefaltet. Bei dem verwendeten, holzhaltigen Papier führte dies dazu, dass die Hefte im Laufe der Zeit an den Knickstellen zerbrachen und daher nicht so viele unbeschädigte Exemplare erhalten sind.
Auch ist das „Zeitfenster" der **großformatigen** Heftserien verhältnismäßig klein (1905-1914) - dazu kann lediglich noch ein kurzes Aufflackern in den zwanziger und dreißiger Jahren gezählt werden.
Mit Ausnahme der weit verbreiteten Reihen BUFFALO BILL, NICK CARTER, SHERLOCK HOLMES sowie HURRA DURCH ALLE WELT, sind aus den oben erwähnten Gründen alle anderen Großformatserien rar und sollten dementsprechend bewertet werden. Zu den vergrabenen Schätzen zählt beispielsweise die ziemlich unbekannte

Reihe OBERST LONGARM des Deutschen Volksliteratur Verlages, Berlin aus den Jahren 1906-1907.
Relativ unbekannt sind auch KAPITÄN MARRYAT`S REISE-UND SEEGESCHICHTEN, des Berliner Weichert Verlages, sowie - die Trouvaille - WANDA VON BRANNBURG, Meteor Verlag, Dresden, es ist die einzige Detektivserie im Quartformat mit einer weiblichen Protagonistin. Exemplare dieser Reihe sind kaum auffindbar.
Zu den absoluten Raritäten der größeren Formate gehört unzweifelhaft TEDDY DER SCHATZJÄGER - in den vergangenen Jahrzehnten sind nur sehr wenige Hefte angeboten worden.

Bleiben wir kurz bei den Raritäten - natürlich gehören die beiden Robert Kraft-Serien des Münchmeyer Verlages AUS ALLEN WELTTHEILEN, sowie AUS DEM REICHE DER PHANTASIE dazu.

Im Vergleich zu den Sammlerpreisen dieser beiden Reihen waren bisher die Exemplare der Heftserie PHIL MORGAN DER HERR DER WELT, geradezu preiswert vermerkt, es dürfte leichter fallen ein Heft der Reihe AUS DEM REICHE DER PHANTASIE zu bekommen, als ein zerfledertes, kleinformatiges Heft der PHIL MORGAN-Serie.

Sehr selten ist auch jene Piratenreihe, die unter dem Serientitel DIE BLUTFAHNE DER FLIBUSTIER herauskam, glücklich wer ein Beleg sein Eigen nennen kann.

Zu BOB BOLDENSCHMIDT sagte einmal eine Koryphäe des Heftsektors, für den Katalogpreis würde er sofort alle Exemplare erwerben. Zur heutigen Seltenheit führt die Tatsache, dass spaßbetonte Reihen damals nicht so verkauft wurden. Der Sammlerpreis wurde jetzt verdoppelt!

DER BUND DER RÄCHER, diese utopisch angehauchte Reihe, ist selbst im neuen ROMANPREISKATALOG noch moderat (250,- statt bisher 100,-) bewertet, es ist äußerst schwierig, davon ein Exemplar zu erwerben.

Dies gilt ebenfalls für ETHEL KING EIN WEIBLICHER SHERLOCK HOLMES, weibliche Detektivinnen sind vor 1945 absolut selten gewesen. Hier scheint mir der derzeitige Preis aber trotz einer leichten Erhöhung angemessen. Übrigens - im Zustand (1) wird man sowieso kaum einmal ein derartiges Heft bekommen.

Absolut zu billig war bisher die, für damalige Verhältnisse - anrüchige Reihe - FEINE HAVANNA - Pikante Lektüre, des Berliner Verlages für moderne Lektüre, der Verfasser dieser Zeilen versucht seit ewigen Zeiten, ein Belegexemplar seiner Sammlung einzuverleiben.

Die Preisgestaltung in Bezug auf HANS STARK DER FLIEGERTEUFEL ist, trotz der Erhöhung, im Rahmen des Vertretbaren - utopisch-phantastische Serien sind vor 1945 rar gesät, daher werden sie heute von der Science Fiction-Generation fieberhaft gesucht.

Im Vergleich zu den utopisch-phantastischen Publikationen sind Reihen wie die ILLUSTRIERTEN SITTENROMANE trotz einer Preisverdoppelung immer noch unterbewertet - man muss bedenken, dass diese Sittenromane, die aus heutiger Sicht absolut harmlos erscheinen, damals von den Sittenwächtern erbittert bekämpft wurden. Verleger und Vertreiber wurden angezeigt, es wurde Druck auf die Verkaufsstände ausgeübt, die Lehrerschaft mobilisiert.

IM RADIO CLUB, diese ebenfalls etwas utopisch-angehauchte Reihe, wurde im Preis deutlich angehoben; was erklärbar ist, denn Exemplare dieser Hefte sind und waren schon seit Jahren selten.

In Sachen JACK NELSON VOM TRIC-TRA-TRIC kam im Jahre 2010 einmal ein größeres Angebot auf den Markt, es dürfte aber Jahre dauern, bis erneut Hefte dieser Serie in den Umlauf kommen. Daher ist die Anhebung des Katalogpreises auch für derartige utopisch-phantastische Raritäten erklärlich.

Praktisch nicht zu bekommen sind die utopisch-phantastischen Hefte der Serien WUNDER DER ZUKUNFT und ILLUSTRIERTE COLLECTION HEYMANN.

Zu den seltenen Ausgaben zählt auch JACK BOWDEN aus der Inflationszeit, Auflage und Papierqualität sind die Gründe für die Seltenheit und den hohen Preis, der ungeachtet dessen akzeptabel ist. Ein Sammelobjekt ist eben immer nur soviel Wert, wie die Sammlergemeinde bereit ist, dafür zu bezahlen.

Robert Kraft-Fans würden beispielsweise gern die 16 NOBODY-Hefte zu den Katalogpreisen erwerben, leider werden so gut wie nie Exemplare angeboten.

Da utopisch-phantastische Serien besonders gesucht sind, gehört auch TIMM FOX - DER KÖNIG DER DETEKTIVE zu den empfehlenswerten Kaufobjekten, man denke nur an die Nr. 45 *„Das Geheimnis der Marsbewohner“*.

Auch Belegexemplare der Serie TRAPPER TREUHERZ würde der Autor dieser Zeilen liebend gern zu den derzeitigen Katalogpreisen ankaufen.
Mein Wunschtraum ist, mit der Zeitmaschine des H. G. Wells in das Berlin der Zwanziger Jahre zu fahren und einen ganzen Kiosk leer zu kaufen.

Heinz J. Galle

KAPITEL 1

Romanhefte vor 1945

Abenteuer aus aller Welt
Berlin: Hanns-Jörg Fischer-Verlag
1940-41
0,25, 64 Seiten (Nr. 51-53 = 80 Seiten)
17 x 24 cm, (einige 14,5 x 22,5 cm)
A: Karl May, Hans Reinhard (33, 37, 68) u.a
1-4 20,00
5 (Karl May) 45,00
6-23 20,00
24 (Karl May) 45,00
25-70 20,00
Hinweis:
Von folgenden Nummern gibt es 2 verschiedene Ausgaben: Nr. 12: Die Buschmänner vom Strom - Im Lande der schwarzen Despoten. Nr. 40: Die glückhafte Fahrt des Dr. Peters - Kämpfe um Bankhi-Bazar. Nr. 47: Diamanten in Lüderitzbucht - Der Meisterdieb der unbekannten Welt. Nr. 50: Die Rache der Meinoten - Die schwarzbraunen Hunde. Nr. 64: Toceah oder die weiße Rose - Die Blume der Prärie. Nr. 67: Der Gefangene des Mohammed Achmed - Das Lied von Allah-Udal. Von Nr. 4 gibt es 2 verschiedene Titelbilder. Von Heft 5 (Karl May) gibt es eine Ausgabe als „Sonderdruck für die Luftwaffe" in einem etwas kleineren Format. Diese Ausgabe war nicht für den Handel bestimmt: Der Boer van het Roer (1942).

(Die) Abenteuer des Arsene Lupin
Berlin: Schreitersche Verlagsbuchhandlung
1925-27
1,00, 94-96 Seiten, 17,5 x 23,5 cm
A: Maurice Leblanc
1-16 70,00
Hinweis:
Serientitel bei Nr.1 nur innen. Bandnummerierung auf der Rückseite. Siehe MZ.

Die Abenteuer des John Halifax
Düsseldorf: Metro-Verlag
1928
0,30, 40 Seiten, 15 x 21 cm
A: Harris Elgin, Ben Bennet
1 Das gestohlene Haus 350,00
2 Ein Staatsgeheimnis 350,00

Die Abenteurer
Leipzig: Speka /Dietsch Verlag
1921-22
o. P., 64 Seiten,12 x 16 cm
A: Diverse
1 200,00
2 – 26 180,00
Hinweis: Die Serie ist in Zyklen aufgeteilt, Nacherzählungen amerikanischer Sensationsfilme.

Die Abenteurer
Aus den Tagen von Buffalo Bill (21-28)
Leipzig: Dietsch Verlag
1924
o. P., 60 Seiten, 12 x 16 cm.
A: Diverse
21-35 140,00

Abenteuer zur See
Berlin: Ulrich Meyer GmbH
1906
30 Pf., 48 Seiten, 15 x 22 cm
A: Friedrich Meister
1 Die Seeräuber von Mosambik 320,00
2 Das Blutopfer 320,00
3 Die Seejungfrau 320,00
4 Das Totenschiff 320,00
?
Sammelband 300,00
Hinweis: Es gibt ein Sammelband mit den Heften 1-4. Es wurden die Originalhefte von 1906 verwendet. Der jeweilige Coverumschlag wurde entfernt. Die Hefte wurden dann jeweils mit einem neuen Titelbild eingebunden.
Die neuen Titelbilder hatten keinen Preisaufdruck.

Afrika-Bücherei
München: Fichte-Verlag Paul Wustrow
1941-42
0,20, 32 Seiten, 15 x 21 cm
A: Diverse
1 Kriegsfackel in Südwest 25,00
2·Die Helden von Mora 25,00
3·Karl Peters ein Kämpfer für Deutschland 25,00

4 Sturm auf Namutoni 25,00
Hinweis: Vorher unter dem Titel: AUS WEITER WELT.

Aktuelle Bibliothek
Berlin: Verlagshaus für Volksliteratur und Kunst
1912-15
0,25, 32 Seiten, 15 x 22 cm
A: Diverse
1-13 35,00
Hinweis: Es gibt eine unnummerierte Neuauflage ohne Serienbezeichnung.

Aktuelle Bibliothek
Neue Folge
Berlin: Verlagshaus für Volksliteratur und Kunst
1927-29
0,25 (1-2), o.P. (3), 32 Seiten (1-2), 79 Seiten (3), 15 x 22 cm
A: Diverse
1 Der tollkühne Ozeanflug Chamberlains und Levines 35,00
2 Der deutsche Heldenflug Europa-Amerika...... 35,00
3 Großfürstin Anastasia lebt! 35,00

Aktuelle Filmbücher
Berlin: Carl Curtis Verlag
1940-41
0,10, 28–40 Seiten, 11 x 15 cm
A: Diverse
1 10,00
2,3 7,00
4-250 5,00
251–256 12,00
Hinweis:
Meistens ist der betreffende Film als Roman wiedergegeben. Es gab innerhalb dieser Serie eine Sonderreihe mit dem Titel: „Aus der Welt des Films“. In diesen Heften (Film, Schauspieler, Technik etc.) wurde der Inhalt nur dokumentarisch erläutert.
Filmprogramm. Mit vielen Filmfotos.

Alaska Jim
Ein Held der kanadischen Polizei
Heidenau: Verlagshaus Freya, 1935-39
0,15, 48 Seiten, 11 x 17,5 cm
A: Big Ben (1- 102), F.L. Barwin (ab 103)
1 30,00
2-150 17,00
151-200 20,00
201-220 30,00
221-225 35,00
226 180,00
Nachdrucke 5,00
Hinweis: Wurde 1939 fortgesetzt als STURMVÖGEL.

Al Capone
Berlin: Neues Verlagshaus für Volksliteratur
1932-33
0,10 (1)/0,15 (ab 2), 16 Seiten, 15,5 x 22 cm
A: o.A.
1 55,00
2-50 45,00
Nachdrucke 3,50

Allan Scott
Der berühmte Meisterdetektiv (1-5...)/
Der Welt-Detektiv (ab ...8)
Münster: Norddeutsche Verlagsgesellschaft
ca. 1930
o.P./0,20, 32 Seiten (1-5), 48 Seiten (ab 6)
11 x 14,5 cm
A: o.A.
o.Nr. Das Strahlenauge 85,00
2-5 75,00
6-10 95,00
11-15... 125,00

Der alte Waldläufer
Dresden: Blockhaus-Verlag,
1919-20
0,25, 24 Seiten, 11 x 18 cm
A: William Taylor
1-26 60,00

Amboshefte
Stuttgart: Verlag Otto Nieerecker
ca. 1916
0,10, 24 Seiten, 14,5 x 20 cm

A: Diverse
1 15,00
2-16 10,00

Amboßhefte
München: Verlag Müller & Königer (1-60)/Pasing: Amboß-Verlag (ab 61), 1917-18
0,60 (1-59)/0,20 (ab 60), 16-24 Seiten,
14,5 x 20 cm
A: Diverse
1 15,00
2-94 10,00

Apachen
Aus dem Dunkel der Großstadt
Berlin: Diana-Verlag (1-32)/Monopol-Verlag (ab 33)
1920-21
0,50/0,75, 24 Seiten, 12,5 x 18,5 cm
A: o.A. (Heinz Stahleck?)
1 50,00
2-68... 40,00
Nachdrucke 5,00
Hinweis:
Nr. 3-4, 31-32, 36 erschienen auch als MONOPOL ABENTEUER ROMAN Nr. 4 (A: Heinz Stahleck)

Argus Kriminal-Bibliothek
Berlin: Verlag moderner Lektüre, ca. 1912-16
0,10, 96-128 Seiten
11 x15 cm
A: Diverse
1 15,00
2-189 10,00
Walther Kabel-Hefte 30,00
Hinweis: W. Kabel: 9, 12, 86-87, 91, 99, 108, 111, 116, 120, 125, 139, 145, 179, 186.
Detektiv Schaper (A: Walther Kabel) 102, 124, 127, 129, 132, 135

Astoria-Romane
Leipzig: Mitteldeutsche Verlagsgesellschaft
1928
0,20/0,25, 64 Seiten
11 x 14,5 cm
A: Diverse
1, 3, 5, 7, 9, 11-12, 14 (L) 8,00
2, 4, 6, 8, 10, 13, 15-16 (K) 20,00

Aufwärts-Jugend-Bücherei
Berlin: Aufwärts-Verlag
1940-45
0,20, 40 Seiten (Nr. 5 = 48 Seiten)
15 x 21,5 cm
A: O.H. Breucker (94) u.a.
1-32 15,00
32 „Das Vermächtnis..." 32,00
33-95 15,00
96 17,00
97-98 40,00
Hinweis: Ab Nr. 32 Titel nur innen. Von Nr. 32 gibt es 2 Ausgaben: „Aufruhr im Sudan" und „Das Vermächtnis des Ingenieurs Eigk".

Aus allen Welttheilen
Dresden: Verlag H.G. Münchmeyer
1898-99
0,10, 32 Seiten
12,5 x 17 cm
A: Graf Leo v. Hagen (Robert Kraft)
1-5 250,00
Hinweis: Siehe UNTERHALTUNGS-BIBLIOTHEK.

Aus dem Reiche der Phantasie
Dresden: Verlag H.G. Münchmeyer
1901
0,10, 40 Seiten (1), 32 Seiten (ab 2)
12,5 x 17 cm
A: Robert Kraft
1-10 (u-p) 500,00
Es gibt Nachdrucke

Aus den Geheimakten des Welt-Detektivs
siehe DETECTIV SHERLOCK HOLMES UND SEINE WELTBERÜHMTEN ABENTEUER

Aus den Geheimakten eines Weltdetektivs
Leipzig: Rekord-Verlag Krömer & Co.
1921
o.P., 24 Seiten, 10 x 15 cm bis 10 x 16 cm

50 ₰
Apachen
Aus dem Dunkel der Großstadt
Nr. 8 Der Kampf um die Macht.

60 ₰
Apachen
Aus dem Dunkel der Großstadt
Nr. 29 Aristokraten der Gosse.

—.15
Apachen
Aus dem Dunkel der Großstadt
Nr. 43 Ein unverhofftes Wiedersehn.

—.15
Apachen
Aus dem Dunkel der Großstadt
Nr. 48 Das Millionenrezept

A: o.A.
1 Die Puppeninsel 250,00
2·Der Millionendefraudant 250,00
3 Das Femgericht um Mitternacht 250,00
Hinweis:
Timm Fox-Texte mit neuem Umschlag. Nr. 1 = Timm Fox Nr. 22 (Das Geheimnis des Ingenieurs). Nr. 2 = Timm Fox Nr. 21 (Die Mör-derschule von St. Franzisco). Nr. 3 = Timm Fox Nr. 19 (gleicher Titel).

Aus den Geheimnissen eines Meisterdetektivs
Frankenstein (Schlesien): Athena-Verlag H. Dege, aber teilweise überklebt mit Leipzig: H. Dege
1934
0,20/o.P., 48/64 Seiten, 12 x 18 cm
A: o.A.
1 Der verräterische Siegelring 110,00
2 Das vergiftete Heiligenbild 110,00
3 Das unheimliche Haus 110,00
4 Selbstmord oder Verbrechen? 110,00
5 Der Doppelgänger 110,00
6 Um 250000 Dollar! 110,00
Hinweis: Serienfigur ist „John Bull", sein Gehilfe „Masterbob" auch bei FRED PINKERTON!

Aus fremden Landen
Berlin: Verlagshaus für Volksliteratur und Kunst
1913-14
0,10, 32 Seiten, 14 x 20 cm
A: Friedrich Gerstäcker (6-7, 14, 22) u.a.
1-22 35,00

Aus großer Zeit
Von Deutschlands Ehr' und Wehr
Berlin: Neues Verlagshaus für Volksliteratur
1933-34
0,10, 32 Seiten, 13,5 x 21,5 cm
A: Diverse
1 15,00
2-80 10,00
Nachdrucke 3,50
Hinweis:
Neuauflage von UNTER FAHNEN UND STANDARTEN

Aus weiter Welt
Reutlingen: Enßlin & Laiblin
1925-40
0,20, 32 Seiten, ca. 12 x 17,5 cm
A: diverse
1-151 10,00

Backfischstreiche
Dresden: Columbia-Verlag (1-172)/Mügeln (Bez. Dresden): Mitteldeutsche Verlagsanstalt (ab 173)
1913-18
0,10/0,15, 24 Seiten, 13,5 x 20,5 cm
A: o.A.
1 12,00
2-200 10,00

Baron Bunnys Erlebnisse
Dresden: Mitteldeutsche Verlagsanstalt und Heidenau: Verlagshaus Freya
1922
300,00/z.T. o. P., 144 Seiten, 13 x 19 cm
A: Th. Offenstetten
o.Nr. Der Meisterdieb 220,00
o.Nr. Er oder der Andere 220,00
o.Nr. Das Haus am Kanal 220,00
o.Nr. Das Hotelgespenst 220,00
o.Nr. Der Mann mit der eisernen Maske 220,00
Hinweis:
Freie Nacherzählungen, Anlehnung an die Filmserie. Bände mit Filmfotos aus dem jeweiligen Film.

Baronet Duncan
Aus düsteren Kellern und Kaschemmen (1-17)/ der Kampf um 218 Millionen (ab 18)
Leipzig: Moderner VolksbücherVerlag
1922-23
5,00/o.P., 16 Seiten (1-17), 14 Seiten (ab 18)
15 x 23 bis 16 x 23 cm
A: William Harrison-Newyork
1 200,00
2-38 170,00
Nachdrucke 3,50
Hinweis: Farbige Titelbilder (1-17 schwarz-weiße Titelbilder (ab 18).

Berühmte Indianerhäuptlinge
Berlin: Verlagshaus für Volksliteratur und Kunst
1906-09
0,10, 32 Seiten
15,5 x 22,5 cm
A: o.A. (Guido von Fels)
1 50,00
2-180 33,00
Sitting Bull, Erstauflage 35,00
Hefte mit Aufklebern 40,00
Hinweis:
Die Erstauflage erschien als SITTING BULL (Nr. 1-39), ab Nr. 41 hieß der Serientitel BERÜHMTE INDIANER-HÄUPTLINGE, ebenso die Zweitauflage der Anfangsnummern. Später erschienen einige Nummern auch mit einem Aufkleber auf der Titelleiste, der die Serienfigur benannte: DER ROTE NAPOLEON (= Sitting Bull), BLACK HORSE u.a.

Serienfiguren: Sitting Bull 1-45,58-63,78-83,90-95, 114-119, 138-143, 155, 156, 159-162,173-176.
Bloody Hand 46-57, 64, 65, 136-137
Black Horse 66-77, 96-101, 157-158
Ma-Thopa 84-89, 102-105, 149-150
Wennonga 106-113, 120-129, 144-148, 163-168, 171, 172, 177-180.
Tecumseh 130-135, 151-154, 169-170

Berühmte Indianer-Häuptlinge
Berlin: Neues Verlagshaus für Volksliteratur
1931-33
0,20, 32 Seiten, 15,5 x 22,5 cm
A: o. A. (Guido von Fels)
1 30,00
2-140 18,00
Sondernummer 77a, 80a, 81 a 25,00
Nachdrucke 5,00
Hinweis:
Neuauflage der 1. Serie in anderer Nummernfolge und kleinen Textänderungen. Serienfiguren: Sitting Bull 1-76, 109-117. Wennonga 77-108, 77a, 80a, 81a. Ma-Thopa 118-129. Tecumseh 130-140.

Berühmte Räuber - Aller Länder
Berlin: Berliner Roman-Verlag
1908
0,20, 32 Seiten, ca. 21,5 x 27,5 cm
A: o. A.
1-17 280,00
Hinweis: Rinaldo Rinaldini (1-5), Antonio Gasparone (ab 6).

Berühmte Räuber der Welt
Dresden: Dresdner Roman Verlag
1909
0,10, 48 Seiten, 13,5 x 21 cm
A: o.A.
1 180,00
2-30 150,00

Bibliothek der Abenteuer
Berlin: Verlagsgesellschaft Berlin (1-7)/Berlin: K. Voegels-Verlag (ab 8), 1906-07
0,20, 32 Seiten, 20,5 x 29 cm
A: o.A.
1-10 220,00
Hinweis: Frei nach Retcliffs „Nena Sahib" erzählt.

Bibliothek der Geheimnisse
Dresden: Dresdner Romanverlag
ca: 1908
0,10, 48 Seiten, 11 x 15,5 cm
1-21 200,00
Hinweis: u-p.

Bibliothek intimer Geschichten:
Siehe: INTIME GESCHICHTEN

Bill Cannon
Amerikas berühmtester Kriminalkommissar
Berlin: Mitteldeutsche Verlagsanstalt
1908
0,10, 32 Seiten, 21,5 x 28,5 cm
A: o.A.
1-21 350,00
Hinweis: In Österreich als
DER KRIMINALKOMMISSÄR erschienen.

Bill Cnox
der Gummimensch
Leipzig: Moderner Volksbücher Verlag
1922-23
o.P., 24 Seiten, ca. 10,5 x 16 cm
A: o.A.
1-28 480,00
Nachdrucke 3,50

Billy Jenkins
Leipzig: Vereinigte Verlagsgesellschaft Werner Dietsch Verlag und Speka Verlag
ca. 1931
o.P., 32 Seiten, 13,5 x 19,5 cm
A: o.A.
1 Der Kampf mit dem Grislybären 1500,00
2 Der Überfall auf die Postkutsche 2000,00
3 Die Pferdediebe 1500,00
4 Das Tal des Todes 1500,00
Nachdrucke 5,00

Billy Jenkins
Leipzig: Werner Dietsch-Verlag
1934-39
0,30, 96 Seiten, 12 x 16,5 cm
A: Frank Astor, Oscar Herbert Breucker, Max Goot, Paul Pitt u.a.
1 200,00
2-255 110,00
256-263 300,00
264 1500,00
Nachdrucke 5,00
Hinweis: Siehe auch Bücher und NK-Serie sowie HANS STOSCH SARRASANI.

Black Bird
Der schwarze Vogel von Scotland Yard
Heidenau: Verlagshaus Freya
1933-34
0,20, 64 Seiten, 11 x 17,5 cm
A: Harald West
1 40,00
2-32 35,00
33 60,00
Nachdrucke 2,50

Blau-gelbe Jugendbücher
Berlin: Voco-Verlag 1929
o.P., 62 Seiten, 12 x 17 cm
A: Diverse
o.Nr. Der Vetter von Tui-Tao 10,00
o.Nr. Der Wanderzirkus 10,00
o.Nr. Der Ruf aus Grönland 10,00
o.Nr. Peter Krafft, der Segelflieger 10,00
o.Nr. Der große Sommerpreis 10,00
o.Nr. Sanbergos Enkelin 10,00

Blau-Weisse Hefte
Basel (Schweiz): Münsterverlag, 1944-1945
45 Rappen, 48-66 Seiten, 12 x 17 cm
A: Friedrich Gerstäcker, E.A. Poe, u.a.
1-33 6,00
5, 16, 18, 20, 31 (u-p) 12,00

Die Blutfahne der Flibustier
Kapitän Franz Drake der Erzpirat.
Dresden: Dresdner Roman-Verlag
1908-ca. 1909
0,10, 32 Seiten, 14 x 21,5 cm
A: o. A.
1-30 250,00

Bob Hunter
auf Indianerpfaden
Heidenau: Verlagshaus Freya, 1937-39
0,15, 48 Seiten, 11 x 17,5 cm
A: Mark Elling (1-45), F.L. Barwin (ab 46)
1 50,00
2-100 30,00
101-110 33,00
111 95,00
112 500,00
Nachdrucke 5,00
Hinweis: Siehe auch nach 1945.

Bob Reid
Der Meister Detektiv
Leipzig: Werner Dietsch Verlag
1922
o.P., 24-32 Seiten, 11 x 15,5 cm

A: o.A.
1-16... 150,00

Bold Boldenschmidt - Ein neuer Eulenspiegel
Breslau: Rekord-Verlag
1920-21
0,60, 24 Seiten, 12 x 18 cm
A: o.A.
1... 40,00
2-25... 30,00

Buffalo Bill
der Held des wilden Westens
Dresden: A. Eichler Verlagsbuchhandlung
1905-12
0,20, 32 Seiten, 21,5 x 27,5 cm
A: o. A.
1... 100,00
2-100... 65,00
101-300... 75,00
301-386... 90,00
Nachdrucke... 5,00

Buffalo Bill
Der Held des wilden Westens
Leipzig: Gustav Kühn Verlag
1930-33
0,30, 24 Seiten, 21,5 x 27 cm
A: o.A.
1... 60,00
2-100... 40,00
101-120... 45,00
121... 80,00
122... 130,00
Hinweis:
Bearbeitete Neuausgabe der 1. Serie in anderer Nummernfolge.

Der Bund der Rächer
Leipzig: Stern Bücher Verlag
1921-22
o. P., 24 Seiten (1-20), 16 Seiten (ab 21)
12,5 x 17,5 cm
A: o.A.
1-33... 250,00
Hinweis: Kampf gegen den Ku-Klux-Klan.

Der Bund der Sieben
Lustige Knabenstreiche
Berlin: Verlag moderner Lektüre
1921-23
o.P., 64 Seiten, 15 x 21,5 cm
A: Rudolf Berg
1... 30,00
2-80... 20,00

Bunte Bücher
Reutlingen: Ensslin & Laiblin Verlag
1908–1943
0,10-0,20, 16–32 Seiten,
A: Diverse
1-321... 8,00
401-415... 15,00
Hinweis: Es gibt verschiedene Neuauflagen.
Nr. 401 – 415 erschien unter den Titel: „Unsere Wehrmacht im Krieg und im Frieden". Es gibt Sammelbände (5 Hefte) zu 1,00 Mark

Bunte Jugendbücher
Reutlingen: Ensslin & Laiblin Verlag
1911-1939
0,15-0,20, 32-48 Seiten
1-180... 8,00
Hinweis: Mehrere Neuauflagen. Mindestens 23 verschiedene Sammelbände bekannt.

Bunte Jugendbücherei
Breslau: Sonnen-Verlag, Gebr. Krömer
1920
0,50, 24 Seiten, 13 x 20 cm
A: diverse
1-8... 20,00

Bunte Sammlung interessanter Erzählungen
Heilbronn: Otto Weber Verlag
1907-26
0,20/0,25/0,30/o.P., 80-112 Seiten
12 x 18 cm (1-88)/11 x 16,5 cm (ab 89)

A: Diverse
1 20,00
2-121 10,00

Carlo Aldini
Der tollkühne Abenteurer
Leipzig: Vereinigte Verlagsgesellschaft Werner Dietsch Verlag und Speka Verlag
1924-25
o.P., 64 Seiten, 12 x 16,5 cm
A: o.A. (Alfred Bienengräber)
1 250,00
2-24... 200,00

Claude Duval
Dresden: A. Eichler-Verlag
1907-08
0,25, 64 Seiten, 17 x 25 cm
A: Charlton Lea
1 140,00
2-46 120,00

Claus Timm
Der Held von Kamerun
Heidenau: Verlagshaus Freya
1934-35
0,20, 32 Seiten, 13,5 x 20,5 cm
A: Hein Snut
1-19 220,00
Nachdrucke 5,00

Collection Geister- und Gespenster Romane
Berlin: Weichert Verlag
1904
o. P., 96 Seiten
A: verschiedene
(1) 220,00
2-10 185,00
Hinweis: Nr. 1 „Das Gespenst im Kaiserschlosse“ ohne Nummer.

Daniel Boon
Der Held von Wildwest
Berlin: Diana-Verlag
1920-21
0,25-0,60, 32 Seiten (1-26)/24 Seiten (ab ...30)
12,5 x 18 cm
A: o.A.
1 45,00
2-25 28,00
26-47... 30,00
Nachdrucke 5,00

DAR Serie
Detektiv & Abenteuer Romane
Berlin: Eden-Verlag
1927
0,60, 96 Seiten, 12,5 x 18,5 cm
A: Diverse
1-10 80,00
Hinweis: Neuausgaben von Heften der Serien MONOPOL ABENTEUER ROMANE, MONOPOL DETEKTIV ROMANE.

Die Denkmaschine
Dresden: Alfred Eichler Verlag
1909
0,20, 96 Seiten
A: Jaques Futrelle
1 Die japanische Götze 220,00
2 Der entlarvte Glockenspieler 220,00
Hinweis: Weiteres Erscheinen im Rahmen der Tribunal-Bibliothek: Nr. 27 „Die Denkmachine“, Berlin, Henschel Verlag, 1924, 195 Seiten.

Detectiv Sherlock Holmes und seine weltberühmten Abenteuer (1-10)/
Aus den Geheimakten des Welt-Detektivs (11-230 und Zweitauflage von 1-10)
Berlin: Verlagshaus für Volksliteratur und Kunst
1907-11
0,20, 32 Seiten, 22,5 x 28 cm
A: Theo von Blankensee,
Kurt Matull (meist o.A.)
1-10 1. Ausgabe 100,00
1-10 2. Ausgabe 70,00
11 -230 (Nr. 84 u-p) 60,00
Nr. 137,138 75,00

Hinweis: Nr. 137, 138 mit Manolescu. Nr. 160, 166, 170, 173, 176, 183, 194, 208, 220, 227 sind Erzählungen um den Polizeihund „Lady Florence“ (A: Theo von Blankensee), meist ohne Sherlock Holmes. Nr. 1, 42 erschienen mit unterschiedlichen Titelbildern. Beim Verlag Gustav Müller erschien ab 1912 ein Lizenznachdruck. Siehe auch DER WELTDETEKTIV, DER WELTDETEKTIV SALON-AUSGABE, HARRY TAXON.

Der Detektiv (1-175)/
Harald Harst (ab 176, Titel z.T. nur innen)
Berlin: Verlag moderner Lektüre
1919-34
0,20 bis 3,00, meist o.P., 120-160 Seiten (1-6)/
96-126 Seiten (7-11)/
64 Seiten (7-11, 2. Ausgabe, 12-372)
14,5 x 21,5 cm (1-50)/
11,5 x 15,5 cm (51-332)/
11,5 x 17 cm (ab 333)
A: Max Ladenburg (1-6), Max Schraut,
Walt(h)er Kabel (7-372)

1-6 ... 60,00
7-10 1.Ausgabe (je 3 Erzählungen) ... 75,00
11 1.Ausgabe (3 Erzählungen) ... 90,00
7-11 2. Ausgabe (je 2 Erzählungen) ... 35,00
12-50 ... 30,00
51-332 ... 20,00
333-362 ... 28,00
363-370 ... 35,00
371 ... 55,00
372 ... 140,00
Nachdrucke ... 3,00

Hinweis: Nr. 1-6 sind Pat Conner-Geschichten, Hauptfigur ab Nr. 7 ist Harald Harst. Die Zweitauflage der Nr. 7-42 hat ein anderes Titelbild. Ein Teil der Auflage von Nr. 151-194 hat ein Ornamentmuster als Titelbild. Ab Nr. 333 Filmbilder als Titelbilder. Siehe auch HARALD HARST (Ausgabe von 1929), KABEL KRIMINAL-BÜCHER. Nr. 14, 147-148, 185, 204-211, 267, 363-368 (u-p).

Detektiv-Abenteuer des Kapitän Seehorst
Lübeck: Verlag Otto Wessel
1919-20
0,20/0,25, 32 Seiten, 12 x 17,5 cm
A: o.A.

1 ... 150,00
2-20 ... 120,00

Detektiv Brown´s Abenteuer
Berlin: F. Fechner Verlag
1919
o. P., 16 Seiten, ca. 11 x 17cm

1 ... 140,00
2-12 ... 125,00

Detektiv Frank
Sopron (Ungarn): Verlagsanstalt
Gustav Röttig & Sohn
1916-17
75/90 Heller, 62-66 Seiten, 11,5 x 20 cm
A: U. Tartaruga

1-7... ... 130,00

Detektiv John Spurlock
Der Mann mit den 1000 Gesichtern
Dresden: Mignon-Verlag
1915-1916 0,10, 32 Seiten (1-33)/24 Seiten (ab 34)
14 x 20,5 cm
A: o.A.

1 ... 70,00
2-36 ... 60,00

Hinweis: Siehe auch DER NEUE EXCENTRIC CLUB.

Detektiv Robby IX (1-48)/
Detektiv Robby King (ab 49)
Heidenau: Verlagshaus Freya
1935-37
0,20, 64 Seiten, 11 x 17,5 cm
A: Paul Hain (1-61, 63), E. Ney (62, 64-85)

1 ... 40,00
2-85 ... 30,00
Nachdrucke ... 5,00

Hinweis: Kein Zusammenhang mit der NK-Serie ROBBY KING. Siehe auch NK-TOM SHARK.

Detektiv-Romane
Berlin: Phönix-Verlag
1924

o.P. (0,80), 96 Seiten, 12 x 18 cm
A: diverse
1-7 30,00

Detektiv Schlager Bibliothek
1921-1922
Leipzig: Schlager Verlag
o. P. 64 Seiten 11,5 x 14,5 cm
A: Paul Rosenhain
1-26 50,00
Hinweis:
Nr. 1-6 unter dem Seriennamen „Paradiesbücher“, Nr. 7-12 als „Kleine Schlager Bibliothek“ erschienen.

Deutsche in aller Welt
Packende Schicksale aus der Geschichte der deutschen Kolonisation
Dresden: Neuer Buchverlag
1937-38
0,25, 48 Seiten, 11 x 17 cm
A: Karlheinz Arens (16) u.a.
1 50,00
2-30 30,00

Deutsche Taten
Dresden: Verlag Theodor Remmert
1917-18
0,10/0,15, 32 Seiten, 11,5 x 21,5 cm
A: Diverse
1 60,00
2-95 30,00

Dick Turpin‘s
Abenteuer des Fürsten der Landstraße
Berlin: Metropol Verlag
1908
0,10, 32 Seiten, 17,5 x 25,5 cm
A: Charlton Lea
1 180,00
2-12 120,00
13-29 140,00
30-36 180,00

Der 30 Pfennig-Roman
Berlin: Aufwärts-Verlag
1936-44
0,30, 94-96 Seiten, 15 x 22,5 cm
A: Agatha Christie, Conan Doyle (63, 127, 141, 147), Bret Harte (240, 245, 256), Nobert Jaques, Anton Maly u.a.
1 20,00
2-62 12,00
63 15,00
64-280 12,00
281-313 10,00
314 25,00
Hinweis: Etwa 1/3 Abenteuer- und Wildwestromane, etwa 2/3 Kriminalromane.
Siehe auch DER AUFWÄRTS-ROMAN. Nr. 12, 55, 81, 164, 243, 279, 311 (u-p).

Drei von der Feme
Berlin: Verlag moderner Lektüre, 1933
0,10, 64 Seiten, 10,5 x 16,5 cm
A: Max Schraut
1-3 200,00
Nachdrucke 2,50
Hinweis: Fortsetzung von OLAF K. ABELSEN.

Durch Länder und Meere
Fahrten und Abenteuer eines Weltreisenden
Dresden: A. Eichler Verlag, 1912-16
0,10, 48 Seiten, 13,5 x 19 cm
A: o.A.
1 35,00
2-170 25,00
Nachdrucke 4,00
Hinweis:
Serienfigur ist der Deutsche „Clemens Rubby“.

Durch Wüstenglut und Urwald
Berlin: Verlagshaus für Volksliteratur und Kunst
1928-29
0,15, 24 Seiten, 13,5 x 21 cm
A: Diverse
1 35,00
2-23 25,00

Dux-Kriminal-Romane
Leipzig: Verlagsanstalt Vogel & Vogel, 1921
o.P., 80 Seiten, 11,5 x 16 cm (1-5)/
11 x 15 cm (ab 6)
A: Diverse
1-10 35,00

Eddy Polo-Serie
Leipzig: Vereinigte Verlagsges. Dietsch und Speka
1923-24
o.P., 64 Seiten, 12 x 16,5 cm
A: o.A.
1 110,00
2-57 80,00

Eddy Polo der Zirkus König
Leipzig: Werner Dietsch Verlag
1922
o.P., 64 Seiten, 12 x 16,5 cm
A: o.A.
1-6 150,00

Eddy Polo Zirkus Gray
Leipzig: Werner Dietsch Verlag
1923
o.P., 64 Seiten, 12 x 16,5 cm
A: o.A.
1-8 150,00

Ein deutscher Junge fliegt um die Welt
Berlin: Verlagsanstalt Paul Schmidt, ca. 1940
0,20, 64 Seiten, 11,5 x 15 cm
A: Hans Warren
1-10 150,00

Ein Hitlerjunge erlebt
Heidenau: Verlagshaus Freya
1934
0,15, 48 Seiten, 11,5 x 17,5 cm
A: Paul Hain
1-14 150,00

Ein neuer Robinson
Berlin: Verlag moderner Lektüre
1912-13
0,10, 32 Seiten, 14 x 20 cm
A: Heinz Waldau
1 50,00
2-60 35,00

Ein Warenhausmädchen
Schicksal einer Gefallenen
Berlin: Verlag für moderne Lektüre
1909
0,20, 96 Seiten, 14 x 20 cm.
A: Alexander Sternberg
1 120,00
2-15 100,00

Das Eiserne Kreuz
Berlin: Verlag moderner Lektüre, 1914-15
0,10, 32 Seiten, 13,5 x 20 cm
A: W. Kabel (1-11) u.a.
1-11 40,00
12-30 25,00

EL-Kriminal-Erzählungen
(Titel innen)
Hannover: Verlag Ernst Letsch, 1921
o.P., 80 Seiten, 12 x 16 cm
A: Diverse
1-4 30,00

Enßlins bunte Romane
Reutlingen: Enßlin & Laiblin
1930-33
0,30/o.P., 64-80 Seiten, 11 x 15,5 cm
A: diverse
1-37 10,00

Enßlins Kriminalbücher
Reutlingen: Enßlin & Laiblin
1930-33
0,30/o.P., 64-80 Seiten, 11 x 15,5 cm
A: diverse
1-49 15,00

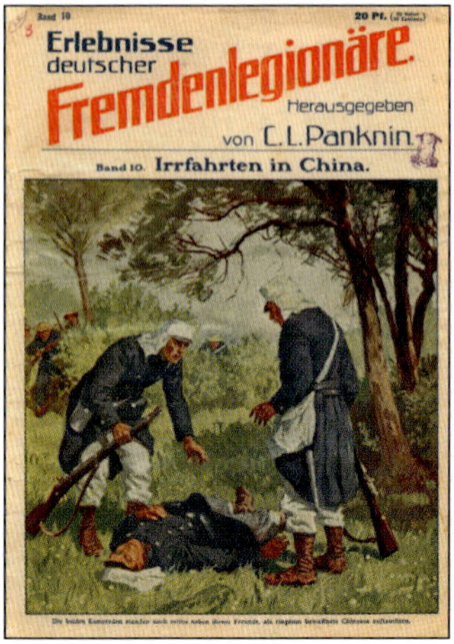

Erlebnis-Bücherei
Berlin: Steiniger-Verlage
1940-45
0,20, 32 Seiten, 15 x 21 cm
A: Paul 0. Erttmann (29, 65), Ralph Garby (69), Curt Riedel (45, 62), Heinz Volcker (6) u.a.
1 22,00
2-90 20,00
91-100 22,00
101-104 30,00
105 45,00
Nachdrucke 4,00
Hinweis: Nr. 99 erschien mit 2 verschiedenen Titelbildern. Nr. 6, 22, 103 (u-p).

Erlebnisse berühmter Geheimpolizisten
Berlin: Verlag Deutscher Volksliteratur, ?
0,10, 32 Seiten, 15 x 22 cm
A: o.A.
1 220,00
2-50 160,00
Hinweis: Vermutlich identisch mit IM KAMPF MIT VERBRECHERN.

Erlebnisse des Detektiv Frank
Gotha: Verlagsanstalt & Druckerei Bartholomäus
1907
o.P. 192 Seiten
A. Robert Heymann
1-5 120,00

Erlebnisse deutscher Fremdenlegionäre
Berlin: Verlagshaus für Volksliteratur und Kunst
1914
0,20, 32 Seiten, 20,5 x 29 cm
A: C.L. Panknin (Hrsgb.)
1 180,00
2-40 150,00
Nachdrucke 5,00

Erlebnisse einsamer Menschen
Berlin: Verlag moderner Lektüre, 1916-20
0,10/0,15, 64 Seiten (1-8)/48 Seiten (9-44)/ 32 Seiten (ab 45 und alle Nr. der 2. Auflage)
11 x 15 cm
A: W. Belka
1 1. Auflage 110,00
2-8 1. Auflage 75,00
2-8 2. Auflage 60,00
9-128 75,00
Hinweis: Die 2. Auflage der Nr. 1-8 ist gekürzt. Nr. 106-110 (u-p).

Es war einmal
Eine Sammlung der besten Märchen aus aller Weit
Dresden: Jugendschriften-Verlag/
Mügeln: Mitteldeutsche Verlagsanstalt/
Heidenau:Verlagshaus Freya
1910-23
0,10/0,15/Tagespreis, 64/48/32 Seiten
14 x 21cm/14 x 19cm/13,5 x 21 cm
A: Diverse
1 1.Auflage 45,00
1 höhere Auflagen 15,00
2-50 1.Auflage 25,00
2-50 höhere Auflagen 10,00
51-662 10,00

„Es war einmal“
Märchen aus aller Welt
Heidenau: Verlagshaus Freya
1925-29
0,20, 32/24 Seiten, 13,5 x 21 cm
A: Diverse
1 15,00
2-136 10,00
Hinweis: Neuausgabe der ersten Serie mit anderer Nummerierung.

Ethel King
Ein weiblicher Sherlock Holmes
Dresden: Dresdner Roman-Verlag
ca. 1908-14
0,10, 32 Seiten, 14 x 21,5 cm
A: o.A.
1 300,00
2-180 200,00
181-200... 240,00

Der Bund der Rächer
Heft 32
UNTER EISENBAHNRÄUBERN
„Hier gibt's wohl Lebensmüde?" riefen rauhe Stimmen drohend.

Band 1
Jeder Band ist abgeschlossen.
Preis 10 Pfg.
Deutsche Taten
Im Trommelfeuer.

10 Pfennig.
DICK TURPIN
No 6
DER SCHURKE BLAUHAUT
10 Pfg.
Dick lachte. „Wollt Ihr die Güte haben, auszusteigen mein Herr Lord?"
10 Pfg.

Heft 26
Preis: 25 Pfg.
Jack Nelson
vom
Tric-Trac-Tric
Der Panzermensch
Ein grausiges Ungetüm stampfte heran

Excentro
illustrierte Wochenbibliothek
Berlin: Verlagsanstalt Müller
ca. 1924
0,10/o.P., 32 Seiten, 10 x 13,5 cm
A: Diverse
1-10 ... 90,00

Exotische Abenteuer
Berlin: Astra/Dr. Mehlers Verlag
ca. 1910-1912
0,10, 32 Seiten, 14 x 21 cm
A: Diverse
1-14 ... 50,00

Die Fahne hoch!
Die braune Reihe
Berlin: Neues Verlagshaus für Volksliteratur
1933-34
0,15, 24 Seiten, 13,5 x 21 cm
A: o.A. (Hrsgb. H. Gerstmayer)
1 ... 40,00
2-44 ... 30,00

Fahrten und Abenteuer
Leipzig: Verlag deutsche Scholle
1924-25
o.P., 64 Seiten, 11,5 x 15 cm
A: Diverse
1 ... 90,00
2-14 ... 70,00

DAS FALT-BUCH
Siehe Hefte vor 1945 Österreich

Feinde ringsum!
Reutlingen: Enßlin & Laiblins Verlagsbuchhandlung
1915-17
0,10, 24 Seiten, 14 x 22 cm
A: Diverse
1 ... 18,00
2-100 ... 12,00

Feine Havanna
Berlin: Verlag moderne Lektüre
1906-07
0,10, 32 Seiten, 12 x 15,5 cm
A: diverse
1-25 ... 100,00
Hinweis: Sittenroman

Felsenherz (1-16)/
Felsenherz der Trapper (ab 17)
Berlin: Verlag moderner Lektüre
1922-23
anfangs 3,00, später o.P., 64 Seiten (1-16)/
32 Seiten (ab 17), 11,5 x 15,5 cm (1-16)/
11 x 15 cm (ab 17)
A: William Käbler
1 ... 200,00
2-16 ... 150,00
17-34 ... 250,00

Fink und Peter
die knorken Jungens
Berlin: Jugendfreude-Verlag Paul Schmidt
ca. 1919
0,10, 32 Seiten, 11,5 x 15 cm
A: Hans-Willy Hocke
1-5 ... 40,00

Firma F.
Das geheimnisvolle Unternehmen
Leipzig: Atlantic-Verlag
ca. 1930
0,35, 40 Seiten, 14,5 x 20,5 cm
1-2 ... 100,00
Hinweis: u-p.

Fischers Romanschatz
Berlin/Leipzig: Hans-Jörg Fischer-Verlag
1939-42
0,25, 64-80 Seiten, 15,5 x 22,5 cm
A: Karl May u. a.
1 ... 20,00
2-30 ... 7,00
31 Karl May ... 45,00
32-44 ... 7,00

45 (u.p.) 25,00
46-57 7,00
58 Karl May 45,00
59-103. 7,00
Kriminalromane 15,00
Hinweis: Meistens Liebesromane. Band 31 Der Dukatenhof, Band 58 Die Rose von Ernstthal,

Flieger-Abenteuer
Berlin: Ernst Steiniger Verlag
1939
0,20, 32 Seiten, 15 x 22,5 cm
A: Diverse
1-6 30,00
Nachdrucke 5,00
Hinweis: Auch als Buch „Der fliegende Sancho“ (A: Peter Supf), Nürnberg: Olympia-Verlag, 1949. Dieses Buch ist auch Anfang der 50er Jahre beim Reutlingen: Verlag Ensslin & Laiblin erschienen

Der Fliegerteufel
Berlin: Verlag P.Lehmann
1914
0,10¸ 32 Seiten, 13,5 x 22,5 cm.
A: o.A.
1-22 300,00
Nachdruck von Luftpiraten Nr. 1, 66-86.
Siehe auch DER LUFTPIRAT

Florian Geier's
Kampf mit den Raubrittern
Berlin: Verlag moderner Lektüre
1907
0,10, 32 Seiten, 14 x 21 cm
A: o.A.
1 70,00
2-50 60,00
Hinweis: In Österreich als „Illustrierte Wochenschrift für Jung und Alt“.

Florian Geier
Kämpfe mit den Raubrittern
Berlin: Verlag moderner Lektüre, 1914-15
0,10, 32 Seiten, 14 x 21 cm
A: o.A.
1 60,00
2-50 40,00
Hinweis: Neuauflage der 1. Serie.

Das Forum
Die deutsche Kriminalreihe
Berlin-Leipzig: Verlag Hermann Hillger, 1943-44
0,30/o.P., 80 Seiten, 15 x 22 cm
A: Diverse
1-5 10,00

Frank Allan
der Rächer der Enterbten
Leipzig: Verlag Vogel & Vogel
(später Ostra-Verlag), 1920-32
o.P., 48 Seiten, 11 x 15 cm
A: o.A.
1 50,00
2-600 25,00
601-612 30,00
Nachdrucke 3,00
Hinweis: Siehe auch NK-Serien. Nr. 19, 245, 407, 411-413, 423, 427, 461, 472, 487, 502, 504, 516 (u-p). Nr. 121 „Knackerfranz“ ist eventuell auch noch mit dem Titel „Der Todessturz beim Rhönsegelwettflug“ erschienen.

Frank Allan
der Rächer der Enterbten
Leipzig: Ostra-Verlag, 1930-32
o.P. (0,50), 112-128 Seiten, 11,5 x 16,5 cm
A: o.A.
1 85,00
2-55 65,00
Nachdrucke 5,00

Frank Faber‘s Abenteuer (1-52)/
Fred Faber‘s Abenteuer (ab 53)
Niedersedlitz: Vaterhaus Verlag
1939-41
0,20, 64 Seiten, 12 x 17 cm
A: Karl Richard
1 35,00

2-123 25,00
124 30,00
Nachdrucke 3,00

Frauen der Liebe
Heidenau: Freya Verlag
1921-31
o.P. (0,70),
128 Seiten, 11,5 x 18 cm
A: Diverse
1 15,00
2-100 10,00
101-140 12,00
141-146 15,00

Frauen von heute
Heidenau: Verlagshaus Freya
1931-37
0,20,
64 Seiten, 11 x 17,5 cm
A: Luise Reinhard, Luise Sydow
(d.i. wahrscheinlich Hans Reinhard) (59, 105),
W. Schlutow (d.i. wahrscheinlich Wilhelm Reinhard)
(103) u.a.
1 35,00
2-171 22,00
Nr. 59, 103, 105 28,00

Fred Caterpink
der Fürst der Hochstapler
Drei Jahre im Kampf gegen Wucher- u. Schiebertum
übersetzt aus dem Amerikanischen von William Harrison-Newyork
Leipzig: Moderner Volksbücher-Verlag
1922-23
o.P.,
16 Seiten (1-6), 14 Seiten (ab 7)
15,5 x 23 cm
A: o.A.
1 220,00
2-27 180,00
Nachdrucke 3,50
Hinweis: Farbige Titelbilder (1-6), schwarz-weiße Titelbilder (ab 7).

Fred ex Voto
der Schlangenmensch
Leipzig: Moderner Volksbücher-Verlag, 1923
o. P., 24 Seiten, 11,5 x 16 cm
A: o.A.
1-14 300,00
Nachdrucke 2,50
Hinweis: Schwarz-weiße Titelbilder (1-9)
bräunlich-schwarz-weiße Titelbilder (ab 10).

Fred Gunthers Abenteuer
Leipzig: Verlag Carl Findeisen, 1919
1,00, Nr. 1-3 von Seite 1-180 durchnumeriert,
Nr. 4 = 64 Seiten, 13,5 x 18,5 cm
A: Gustav Winter
1-4 180,00
Hinweis: Inhalt von Nr. 1-3 wahrscheinlich vorher als Buch „Zivil-Soldaten“ erschienen.

Fred Parker
Die Erlebnisse des großen Unbekannten
Berlin: Verlag Hugo Richter Nachf.
1920-23
0,30/0,40/0,50/0,60/1,00/1,50,
32 Seiten (1-20, 99-104)/24 Seiten (21-98, ab 105)
11,5 x 17 cm - 13 x 18,5 cm
(Nr. 99-104: 11 x 15,5 cm)
A: o.A.
1 45,00
2-146 30,00
147-149 65,00
Hinweis: Siehe auch NK-Serie.

Fred Pinkerton
Amerikas Meisterdetektiv
Breslau (später Leipzig): Rekord-Verlag
ca. 1919-22
0,50/0,60, 24 Seiten, 13,5 x 20,5 cm (1-12)/
12 x 18 cm (ab 13)/später 10 x 16 cm
A: o.A.
1 60,00
2-130 40,00
131-138 55,00

Fred Tarmun
Dresden: Mignon-Verlag, 1928-29
0,20, 24 Seiten, 12,5 x 18,5 cm
A: Olaf Nesie
1 65,00
2-100 55,00
Nachdrucke 4,00

Fritz Stagarts Abenteuer.
Dresden: Verlag „Meteor", ca. 1907-09
0,10, 48 Seiten, 12,5 x 18,5 cm
A: Max Ladenburg (1-60, 71-80)
1 120,00
2-40 80,00
41-80 90,00
Hinweis: Bei ILLUSTRIERTE COLLECTION HEYMANN erschien der Einführungstext „Das Perlen-Kollier". Siehe KRIMINAL-BIBLIOTHEK, METEOR ROMANE. Einige Texte erschienen auch im Wiener „Neuigkeits-Welt-Blatt", 1905-06.

Fröhliche Bücher
Berlin: Heinrich Beenken Verlag
...1938...
0,50, 80 Seiten (1-18...), 64 Seiten (ab ...20)
13 x 18 cm
A: Peter Purzelbaum u.a.
1 12,00
2-28... 10,00

Fürst Petroff
Der König der Hochstapler
Berlin: Verlag moderner Lektüre
1908
0,10, 32 Seiten, 13,5 x 22 cm
A: o.A. (Robert Heymann)
1 250,00
2-10 180,00
Hinweis:
Unter dem Titel „Der Fürst der Hochstapler" erschien im gleichen Verlag als ND 1.) Broschüren mit jeweils mehreren Nummern, A: E. Karasoff, ca. 1925, 2.) ein Buch, A: Georg Hartmann, 1920.

Das Geheimbuch des berühmten amerikanischen Detectivs John Wilson
Dresden: Dresdner Roman-Verlag
?
0,20, 32 Seiten, 21,5 x 27,5 cm
A: o.A.
1-12 200,00
Hinweis:
Identisch mit JOHN WILSON, aber anderes Kopfbild.

Geheimnisse der Wüste (1-16)/
Old Ironhand der Trapper (ab 17)
Berlin: Verlag moderner Lektüre
1908-09
0,10, 32 Seiten, 13,5 x 21,5 cm
A: Karl Held
1 100,00
2-16 60,00
17-20 80,00
1-20 Nachauflage 55,00
Hinweis: Die Nachauflage (blau-weißes Bild) erschien durchgehend als GEHEIMNISSE DER WÜSTE. Es gibt Bücher: „Im Reich der Beduinen"
(A: Karl Held), „Am Ufer des Nil" (A: Friedrich Meister) und einen Broschur-Sammelband: „Old IRONHAND, der Trapper" (A: Karl Held). In Österreich als DER REISEONKEL erschienen.

Geheimnisse des Thrones
Leipzig: Vereinigte Verlagsgesellschaft
Werner Dietsch Verlag und Speka Verlag
1927-28
o. P., 96 Seiten, 12 x 16,5 cm
A: Heinz Bruno Hart u.a.
1-15... 120,00

Geister- und Gespenster Romane – siehe COLLECION GEISTER- UND GESPENSTER ROMANE

Gekrönte Häupter
Zur Naturgeschichte des Absolutismus
Berlin: Baake-Verlag
1893-95

0,20, 64 Seiten, ca. 10,5 x 15 cm
A: diverse
1-25 25,00

General Villa
der mexikanische Rebellen-Führer
Lübeck: Verlag Otto Wessel
1914-16, 1920-21
0,30/0,40, 32 Seiten, 12 x 17,5 cm
A: o.A.
1 120,00
2-50 90,00

Gerstäcker
Bad Saarow/Mark, später Naumburg/Saale: Verlag für Militärgeschichte und Deutsches Schrifttum
1942-43
0,20/o.P., 32 Seiten, 15 x 20 cm
A: Friedrich Gerstäcker
1 Das Fort an der Salzfurt 10,00
2 Das unheimliche Wrack 12,00
3 Die Rache der Cayota 12,00
4 König Zambiri 12,00
5 Der Mexikaner 12,00
6 Die Schmuggler 12,00
7 Der Waldläufer 12,00
8 Eine Reise nach Amerika v. 100 Jahren 10,00
9 100 Pfund auf Jack London 12,00
10 Der rote John 12,00
Hinweis:
Serientitel innen „Fr. Gerstäckers Reise-und Abenteuerromane aus allen Teilen der Welt!"

Gespenster-Bücher
Hamburg: Hummel-Verlag
1921
o.P., 32 Seiten, 13,5 x 19,5 cm
A: diverse
1-3 60,00

Graf Harras von Kraft
Der Vorkämpfer deutscher Auferstehung
Leipzig: Moderner Volksbücher Verlag
1923
o.P., 24 Seiten, 11,5 x 16 cm
A: o.A.
1-15 200,00

Das große Erlebnis
Wiesbaden/Darmstadt: Freizeit-Buchverlag
1939-ca. 41
0,30, 64 Seiten, 16,5 x 23 cm
A: diverse
1-58 10,00
Kriminal Geschichten 20,00
Hinweis: Meist Liebesromane.

Große Kriminal-Bücher
Breslau: Sonnen-Verlag
1920
0,30/0,40/o.P., 24 Seiten, 13 x 18,5 cm
A: diverse
1-3 10,00

Der große Kundschafter
Berlin: Verlag Gustav Müller
1911
DER GROSSE KUNDSCHAFTER, MIT BÜCHSE UND LASSO.
1-100 40,00
Hinweis: Nachdruck der Serie: TEXAS JACK

Der große Unbekannte
Heitere und ernste Erzählungen
Berlin: Verlagshaus für Volksliteratur und Kunst
1909
0,20, 80-96 Seiten, 12,5 x 20 cm
A: o.A. (Nr. 1 K.M.)
1-37 150,00
Hinweis:
ND von LORD LISTER in anderer Nummernfolge.

Großstadt Romane
Berlin: Phönix Siwinna Verlag
1922-1924
o. P , 96 Seiten
A: o.A.
1-12 50,00

Die guten Vergißmeinnicht-Romane
(1-60...)/Vergiß mein nicht
(...348-400)/Vergißmeinnicht-Romane (ab 401)
Berlin: Verlag moderne Lektüre
1920-22
o.P./0,10/o,15, 64-96 Seiten, 10,5 x 14,5 cm
A: W. Kabel u.a.
1-428 10,00

Hannibal Blunt
der Schrecken der Verbrecherwelt
Leipzig: Stern Bücher Verlag Koch & Co.
1921
o. P., 32 Seiten, 11 x 14,5 cm
A: o.A.
1 75,00
2-40 60,00
41-47... 75,00
Nachdrucke 5,00
Hinweis: Siehe auch VOLKS-KRIMINAL-ROMANE.

Hans Stark
der Fliegerteufel
Berlin: Verlag Willi Pinkert
1914 (1-30) und 1919 (ab 31)
0,10 Pf./15 Heller (1-30)/0,25 (ab 31),
48 Seiten (1-31...),
32 Seiten (ab ...33), 10,5 x 15 cm
A: o.A.
1 (u-p) 450,00
2-38 (u-p) 400,00

Hans Stosch-Sarrasani
Fahrten und Abenteuer
Dresden: Mignon-Verlag und Sarrasani-Verlag
1923-24
o.P., 24 Seiten, 11 x 17 cm
A: o.A.
1 35,00
2-80 25,00
Nr. 10, 13, 27, 48 200,00
Nachdruck Nr. 10, 13, 27, 48 5,00
Limitierte Luxusausgabe: enthält alle 4
Billy Jenkins-Ausgaben + Sonderbeilage 35,00
43 (Ausgabe 1923) Sein letzter Trick 25,00
43 (Ausgabe 1929) Der Goldfund auf dem
Pic Paddington 25,00
46 (Ausgabe 1923) Seine drei Frauen 25,00
46 (Ausgabe 1929) Die Rache des
Said Sanussi 25,00
Hinweis: Nr. 10, 13, 27, 48 mit Billy Jenkins.

Hans Stosch-Sarrasani
Fahrten und Abenteuer
Dresden: Sarrasani-Verlag
ca. 1929
o.P., 16 Seiten, 15,5 x 21,5 cm
A: o.A.
1 35,00
2-98 20,00
Nr. 10, 13, 27, 48 150,00
Hinweis: Nr. 1-80 textgleich mit der 1. Serie.

Hansa-Kriminal und Detektiv-Romane
Lübeck: Otto Wessel Verlag
1921
o.P., 96 Seiten, 12 x 17 cm
A: Diverse
1 30,00
2-16... 25,00

Hansa-Romane
Lübeck: Verlag Otto Wessel
1914-20
0,10 bis 0,30 (z.T. o.P.), 64-128 Seiten
11,5 x 15,5 cm
A: Diverse
1 20,00
2-238 12,00

Harald Harst
(Titel nur innen)
Berlin: Verlag moderner Lektüre
1929
o.P., 64 Seiten, 11,5 x 15,5 cm
A: Max Schraut
1-8 50,00
Nachdrucke 3,00

Hinweis: Neuausgabe der jeweils ersten beiden Geschichten aus DER DETEKTIV Nr. 7-11 (1. Ausgabe).

Harold Lloyd „Er!"
Der Welt amüsantester Taugenichts.
Lustige Filmgeschehnisse
Leipzig: Luna Bücher Verlag
1924
0,30, 64 Seiten, ca. 12 x 18 cm
A: Paul Hain
1-5 350,00
Nachdrucke 3,50
Hinweis: Je 2 Geschichten.

Harry Hill
Der Weltmeister der Sensationen
Leipzig: Werner Dietsch Verlag, 1921-22
0,30, 64 Seiten, 12 x 17 cm
A: o.A.
1-23 65,00
24 50,00
25-28 65,00

Harry Piel
der tollkühne Detektiv (1-67)/
Die Erlebnisse des Detektivs (ab 68)
Leipzig: Speka-Verlag, 1920-23
o.P., 32 Seiten (1-71)/24 Seiten (ab 72)
11 x 15 cm
A: o.A. (Karl Lütge)
1 50,00
2-67 40,00
68-80 50,00
81-91 60,00
Nachdrucke 3,50

Harry Piel (1-18)/
Harry Piel Abenteuer (12-94/
Harry Piels Abenteuer (ab 95)
Der Abenteurer-König und Verächter des Todes (1-18)
Leipzig: Speka-Verlag (1-18)/
Vereinigte Verlagsges. Dietsch und Speka (ab 19)
1921-26
o.P., 78-80 Seiten (1-19)/64 Seiten (ab 20)
12,5 x 18 cm
A: Ernst Czerwonka (111-112), o.A.
1 70,00
2-18 50,00
11 mit Beilage 90,00
19-94 40,00
95-130 60,00
131-150 80,00
Hinweis:
Kein Zusammenhang mit der 1. Serie.
Nachfolgeserie ist HARRY PITT'S ABENTEUER.
Nr. 11 mit loser Beilage –
Antwort Harry Piel auf Kritik in einer Zeitschrift.

Harry Piel-Abenteuer
Leipzig: Xenien-Verlag, 1928
o.P.(2,00), 56 Seiten, 12 x 16 cm
A: Heinz Barkhoff
o.Nr. Der Klub der Selbstmörder 300,00
Nachdruck 5,00

Harry Pitt's Abenteuer
Leipzig: Vereinigte Verlagsgesellschaft
Werner Dietsch-Verlag und Speka-Verlag
1927
o.P., 64 Seiten, 12,5 x 18 cm
A: o.A.
1-28 200,00

Harry Taxon
und sein Meister
Berlin: Verlagshaus für Volksliteratur und Kunst
1908-09
0,20, 86-96 Seiten, 13 x 20 cm
A: meist o.A.
1 300,00
2-97 250,00
Hinweis:
Hauptfigur ist Sherlock Holmes, H.T. ist sein Gehilfe. Vermutlich ging die Serie bis Nr. 107 und wurde dann als DER WELT-DETEKTIV Salon-Ausgabe fortgesetzt.

JAMES ROBERTSON
12 Heft
10
DER WELTDETEKTIV
Die Spionin des Kapitän Baker

JAMES ROBERTSON
DER
40
-,60
WELTDETEKTIV
Das indische Götzenbild

James
Robertson
Der Weltdetektiv
Heft 105
50
Die Jagd nach der Spionin

James Robertſon
Der Weltdetektiv
Heft 116
1,00
Das Tagebuch des Kapitän Baker

Heim-Bücher
(Titel nur auf der Rückseite, z.T. ohne Titel)
Berlin-Basel: Heim-Verlag
ca. 1935-36
o.P., 48 Seiten, 12,5 x 18,5 cm
A: Conan Doyle (14, 17, 20),
Hermann Hilgendorff (9), Jack London (10) u.a.
1 Wenn zwei sich lieben 25,00
2 Der verhängnisvolle Pelz 25,00
3 Tragödie der Liebe....................................... 25,00
4 Das Recht auf Liebe 25,00
5·Ein Mädchenschicksal................................. 25,00
6 Opfergang der Liebe 25,00
7 Zandelaars wunderbare Errettung................. 25,00
8 Die Deportierten von Neukaledonien 25,00
9 Das Fort des Todes 25,00
10 Der Rennwolf.. 25,00
11 Der Wolf in der Hürde.................................. 25,00
12 Zweimal Treff-König 25,00
13 Die Schreckensnacht auf der
Südsee-Insel... 25,00
14 Der Mord in der Abbey Grange 25,00
15 Kampf um Lady Evelyn 25,00
16 Die rätselhafte Karte..................................... 25,00
17 Die Reise der Toten 25,00
18 Der Gattenmörder 25,00
19 Die Wachsbüste 25,00
20 Ein unheimlicher Patient............................... 25,00
Hinweis:
Meistens o.Nr. erschienen. Nr.1-6 = L, Nr. 7-13 = Ab, Nr. 14-20 = K. Nr. 13 = JOHN BAXTER-Text (A: Arthur v. Riha).

Hein Class
Leipzig: Werner Dietsch Verlag
1936-37 (1-80)/1939-41 (ab 81)
0,20, 64 Seiten, 12,5 x 16,5 cm
A: Oscar Herbert Breucker, Max Goot,
Paul Pitt u.a.
1... 40,00
2-158 25,00
Nachdrucke 2,50
Hinweis: Siehe auch NK-Serie.

Heinz Brandt
der Fremdenlegionär (1-161)/
der frühere Fremdenlegionär (ab 162)
Dresden: Mignon-Verlag, 1913-21
0,10/0,15/0,20/0,25, 32 Seiten (1-165...)/
24 Seiten (ab ...176), 14 x 20,5 cm
A: o.A.
1.. 50,00
2-80 25,00
81-332 20,00
Nachdrucke 5,00
Hinweis: Nr. 57, 309 (u-p).

Heitere Geschichten
Dresden: Verlag Theodor Remert,
1915-1918
0,15, 64 Seiten, 11 x 13 cm
A: Friedrich Gerstäcker (8, 12, 31) u.a.
1.. 25,00
2-72... 18,00

Helden der Luft
Episoden aus Fliegerfahrten und Kämpfen in Feindesland
Berlin: Verlagshaus für Volksliteratur und Kunst
1915
0,10, 24 Seiten, 13,5 x 20 cm
A: o.A.
1.. 50,00
2-75 30,00

Helden der Luft
Berlin: Neues Verlagshaus für Volksliteratur, 1934
0,20, 32 Seiten, 13,5 x 21 cm
A: Diverse
1.. 50,00
2-16 35,00
Hinweis: Neue Texte.

Helden der Nation
im Kampf um Recht und Freiheit
Dresden: Neuer Buchverlag, 1933-36
0,20, 64 Seiten, 11,5 x 17 cm
A: Diverse

1 40,00
2-80 25,00

Die Helden der Wildnis
Leben, Kämpfe und Abenteuer berühmter Trapper, Farmer, Jäger, Kundschafter usw.
Dresden: Verlagsbuchhandlung Karl Urban
ca. 1908
0,10, 32 Seiten, 14,5 x 22 cm
A: o.A.
1 100,00
2-15... 90,00

Henker und Gehenkte
Innen: Rote Galgen Bücher
Dresden: Neuer Buchverlag
1930-1931
o.P. 64 Seiten
A: Diverse
1-12 50,00

Horst Kraft
der Pfadfinder
Dresden: Mignon-Verlag
1913-16, 1919-21
0,10/0,15, 32 Seiten (1-147)/24 Seiten (ab 148)
14,5 x 21 cm
A: o.A.
1 40,00
2-100 25,00
101-313 20,00

Hurrah!
Soldatenstreiche aus Krieg und Frieden(1-82)/
Hurrah!
Durch alle Welt (ab 83)
Dresden: Verlag Münchmeyer, 1907-12
0,20, 32 Seiten, 20 x 28,5 cm
A: Diverse z.T. o.A.
1 35,00
2-253 20,00

Hyänen auf dem Schlachtfelde des Lebens
Der große Abenteuer-Film-Cyklus
Breslau: Rekord-Verlag, 1921
o.P., 32 Seiten, 10,5 x 15,5 cm
A: o.A.
1 350,00
2-18 250,00
Hinweis: TIMM FOX-Texte.

Illustrierte Adler Bibliothek
Eine Sammlung spannender Erzählungen, Kriminalgeschichten, interessante Erlebnisse und Reisebeschreibungen allererster Autoren des In- und Ausland.
Berlin: Georg Gellert W. Helert Verlag
1910-1912
0,10, 32 Seiten
A: Diverse
1 50,00
2-100 35,00
Hinweis: Es wurden auch Sammelbände (5 Hefte) themenbezogen zusammengestellt.
Halbleinen, 160 Seiten.

Illustrierte Adler Bibliothek
Berlin: Richard Ahrens Verlag
1912-1914
0,20, 32 Seiten
1-50 25,00
Hinweis: Neuauflage der 1.Serie.
Jedoch mit anderer Nummerierung.

Illustrierte Collection Heymann
Gotha: H. Bartholomäus Verlag
1908
o. P., 109-122 Seiten (109,116,118,122)
14 x 22 cm
1-5 Aus dem Reiche der Illusionen
6-10 Die Abenteuer des Sergeant Puck
11-16 Johann Orth,die Abenteuer des Erzherzoges
A: Robert Heymann
1-5 500,00
6 400,00
7 500,00
8-16 400,00
Hinweis: Zeichner Oscar Bernhardt. Nr. 1-5, 7 u-p.

Illustrierte Großstadtromane
Leipzig: Rekord-Verlag 1921-25
0,80 (1-27)/1,00 (ab 28), 64-128 S., 11 x 16 cm
A: diverse
1-48 20,00
Hinweis: Vorher unter dem Titel
ILLUSTRIERTE SITTENROMANE.
Nr. 28 und 29 je zwei verschiedene Titel:
Nr. 28: „Der Weg nach Golgatha“ und „Karneval“
Nr. 29: „Die schwarze Schande“ und „Zu jung“.

Illustrierte Kriminal Bücherei
Leipzig: Verlagsanstalt Vogel & Vogel, 1916
0,25, 80 Seiten, 11,5 x 18 cm
A: Diverse
1.................... 35,00
2-14.................... 25,00

Illustrierte Kriminalromane
Berlin: Verlag Es werde Licht, 1923
o.P., 80-128 Seiten, 12 x 18 cm
A: Diverse
1-4 35,00

Illustrierte Sittenromane
Breslau: Rekord-Verlag
1920
o.P. (1,00-3,00), 117-128 Seiten, 11 x16 cm
A: diverse
1-27 30,00
Hinweis: Fortgesetzt unter dem Titel
ILLUSTRIERTE GROSSTADTROMANE.

Illustrierte Weltall Bibliothek
Fesselnde Erzählungen aus allen Gebieten
Des Weltalls
Karlsruhe/Leipzig: Friedrich Gutsch Verlag
1915-1917
(0,50-1,20), 64–192 Seiten, 12 x 17 cm.
A: Diverse
1.................... 150,00
2.................... 60,00
3-4 40,00
5.................... 60,00
6-7 40,00
8.................... 60,00
9,.................... 40,00
10.................... 120,00
11-18 35,00
19.................... 70,00
20-24 35,00
Hinweis: 1,2,5,8,10,19 u.p
Mit aufgeklebten Farbbild. Es gibt 2 Auflagen. Die 1. Auflage hat die Grundfarbe Silber.

Im Flugzeug um die Welt
Berlin: Verlag moderner Lektüre 1924
o.P., 32 Seiten, 11 x 14,5 cm
A: o.A. (Walther Kabel)
1.................... 180,00
2-20 150,00
Nachdrucke 5,00

Im Kampf mit Verbrechern
Abenteuer berühmter Geheimpolizisten aller Länder
Berlin: Verlag Deutscher Volksliteratur
1906-07
0,10, 32 Seiten, 15 x 22 cm
A: o.A.
1.................... 180,00
2-50 150,00
Hinweis: Vermutlich identisch mit ERLEBNISSE BERÜHMTER GEHEIMPOLIZISTEN.

Im Kugelregen
Mit unserer Garde in Feindesland
Dresden: Mignon-Verlag
1914-15
0,10, 32 Seiten, 14,5 x 21 cm
A: o.A.
1.................... 40,00
2-10.................... 25,00

Im Radio-Club
Aus dem Tagebuch des Ingenieurs Joe West
Berlin: Verlagshaus für Volksliteratur und Kunst
1924-25
0,15, 32 Seiten, 11 x 16,5 cm

A: o.A.
1-24 (u-p) 350,00

In Feindesland
Berlin: Verlag Heilbrunn & Co.
1914
0,10, 32 Seiten, 14 x 20,5 cm
A: Diverse
1 30,00
2-13... 20,00

Interessante Bibliothek
Leipzig: O. Zöphel
ca. 1910-13
0,10, 69-78 Seiten, 12 x 17,5 cm
A: diverse
1-71 18,00

Internationale Kriminal-Bibliothek
Berlin: Verlag Reinhold Klinger
1929
o.P., 88-96 Seiten, 12 x 18,5 cm
A: W. Kabel (8) u.a.
o.Nr. Die Kreuzspinne 25,00
o.Nr. Das Gespenst der „Alsatia“ 25,00
o.Nr. Der Totspieler 25,00
o.Nr. Im Banne der Schuld 25,00
o.Nr. Die Brüder vom Schwarzen Haus 25,00
o.Nr. Die Schreckensnacht auf Schloß Ochrill ... 25,00
o.Nr. Wenn die Toten sprechen 25,00
o.Nr. Der Kobrakopf 45,00
o.Nr. Schloß der Rätsel 25,00
o.Nr. Der Oilswamp 25,00
o.Nr. Klatsch 25,00
o.Nr. Patient Nummer Vierzehn 25,00
o.Nr. Der Tod der Inge Sonland 25,00
o.Nr. Fürchte die Toten 35,00
o.Nr. Kabine Nummer Drei 25,00
o.Nr. Mord 25,00
o.Nr. Der Unsichtbare 25,00
o.Nr. Die Rosenkreuzer 25,00
o.Nr. Das getupfte Menschenhaar 25,00
o.Nr. Das Rätsel von Düsterwald 25,00
o.Nr. Der Paparadscha-Saphir 25,00
o.Nr. Die drei Revolver 25,00
o.Nr. Der Andere 25,00
o.Nr. Das Rätsel des Hauses Kronau 25,00
Hinweis: Neuausgabe von NEMESIS-KRIMINAL-ROMANE Nr. 1-8, 10-24, 27. Nr. 14 = Jens Rolf-Text.

Intime Geschichten
Berlin: Berliner Roman-Verlag
(später Metropol-Verlag), 1903-10
0,10, 47-64 Seiten, 13,5 x 20 cm
A: diverse
1-326 18,00
Sammelbände 30,00
Hinweis: Sammelbände mit dem Serientitel „Bibliothek intimer Geschichten“. Nr. 1-5 bekannt.

Intimes
Berlin: Verlag moderne Lektüre, 1919-22
o.P., 64 Seiten, 12 x 15,5 cm
A: diverse
1-60 18,00

Jack Bowdens Fahrten und Abenteuer
Leipzig: Ostra-Verlag 1922
o.P. (1,20), 16 Seiten, 11,5 x 16 cm
A: o.A.
1 250,00
2-12 180,00

Jack Franklin
Der Weltdetectiv
Dresden: Dresdner Roman-Verlag Th. Remert
1909-10
0,10, 32 Seiten (1-25)/24 Seiten (ab 26)
13,5 x 20,5 cm
A: o.A.
1 65,00
2-41 50,00
Nachdrucke 5,00

Jack Mylong
Der abenteuerliche Hochstapler
Leipzig: Werner Dietsch-Verlag
1921-22

o. P., 80 Seiten (1-2)/64 Seiten (ab 3), 12 x 17 cm
A: o.A.
1 300,00
2-30 250,00
Hinweis:
Texte entsprechen vermutlich den Filmen mit Jack Mylong-Münz.

Jack Nelson
vom Tric-Trac-Tric
Dresden: Mignon-Verlag 1925-26
0,25, 16 Seiten, 20,5 x 27 cm
A: Diverse
1 (u-p) 400,00
2-30 (u-p) 250,00

Jack Patterson
der Meisterdetektiv
Leipzig: Metropol-Verlag 1920
0,50, 48 Seiten, 12 x 16 cm
A: Lothar Wolffen
1 150,00
2-8 120,00

James Robertson
Der Weltdetektiv
Berlin: Monopol-Verlag, 1919-22
0,25/0,15/0,60/0,50, 32 Seiten (1-56)/ 24 Seiten (ab 57), 12,5 x 18,5 cm
A: o.A. (z.T. Kurt Falkenstein)
1 35,00
2-100 25,00
101-120 30,00
121-136 40,00
Nachdrucke 5,00
Hinweis:
Siehe auch MONOPOL DETEKTIV ROMANE.

James Robertson
Der Weltdetektiv
Berlin: Monopol-Verlag
1924
10 Goldpfennige, 32 Seiten, 12,5 x 18,5 cm
A: o.A.
1 35,00
2-14 25,00
15-18... 40,00
Hinweis: Nachdruck der 1. Serie mit leicht bis völlig geänderten Titelbildern.

Jan Mayen
Leipzig: Verlag A. Bergmann
1936-38
0,20, 48 Seiten, 12 x 17 cm
A: Lok Myler
1 (u-p) 50,00
Nr. 1 als Beilage 100,00
2-50 (u-p) 20,00
51-90 (u-p) 22,00
91-100 (u-p) 25,00
101-110 (u-p) 30,00
111-119 (u-p) 35,00
120 (u-p) 120,00
Nachdrucke 2,50
Hinweis: Siehe auch NK-Serie. Nr. 1 auch als kostenloses Werbeheft (Beilage von SUN KOH Nr. 148).

Jedermanns Romane
Brüssel-Berlin: Verlag Branchen Universum, B. Betnar, später B.Betnar Berlin.
1937
0,10, 64 Seiten, 11 x 15 cm
A: Diverse
1 Autos im Nebel 50,00
2 Das schwerste Brot 50,00
3 Eine Frau gegen drei Männer 50,00
4 Ein Glas Bier in Liang-Ho 50,00
5 Amerika mischt sich ein 60,00
6 Zurück in die Hölle 80,00
7 Der Kurier von Durango 80,00
8 Jamson´s 3 Leben 80,00
9 Der Mann ohne Hose 80,00
Angekündigt Nr. 10 „Die verschlossene Tür" (K)

Jens Rolfs
mystisch-abenteuerliche Erlebnisse
Dresden: Berga-Verlag, 1922-23
o.P., 158 Seiten, 12,5 x 18 cm

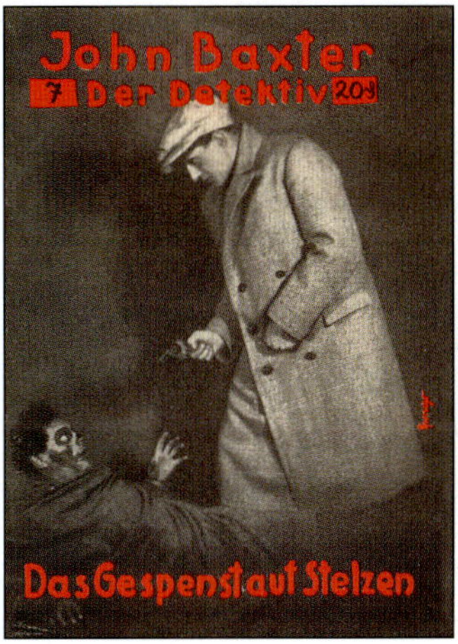

A: Diverse
1-9 200,00
Hinweis:
Siehe auch NEMESIS-KRIMINAL-ROMANE.

Jesse James
Amerikas grösster Abenteurer
Berlin: Berliner Romanverlag ca. 1906
0,20, 32 Seiten, ca. 20 x 27 cm
A: o.A.
1-5 160,00

Jesse James
Amerika's gefürchtetster Brigant (1-13)/
Verwegene Abenteuer
Aus dem Westen Amerikas (ab 14)
Dresden: Dresdner Roman-Verlag
1906-07
0,20, 32 Seiten, 21 x 28 cm
A: W.B. Lawson
1-28 150,00
Hinweis: Kein Zusammenhang mit der Serie vom Berliner Romanverlag.

Jim Buffalo
Der Mann mit der Teufelsmaschine
Leipzig: Moderner Volksbücherverlag
1922-23
3,00/o.P., 32 Seiten, (1-2)/24 Seiten (ab 3),
11 x 16 cm
1-30 400,00
Nachdrucke 5,00
Hinweis: Farbige Titelbilder (1-15), grün-weiße Titelbilder (16-20), schwarz-weiße Titelbilder (21-30).

Jochen Rindshaars lustige Tierstreiche
Hannover: L. Otto Verlag
1920
o. P.
1-3 100,00

Jörn Farrow's U-Boot-Abenteuer (1-242)/
Jörn Farrow's Abenteuer (ab 243)
Berlin: Neues Verlagshaus für Volksliteratur
1932-39
0,20,
64 Seiten, 12 x 17 cm
A: Hans Warren (1-183), Hans Reinhard,
Peter Carr u.a.
1 70,00
2-200 45,00
201-283 50,00
284 65,00
285-300 50,00
301-350 75,00
351-356 100,00
357 1000,00
Nachdrucke 2,50
Hinweis: Siehe auch NK-Serie. Nr.49 (u-p).

John Baxter
Der Detektiv
Berlin: Monopol-Verlag Georg Ehrlich
1929-31
0,20, 32 Seiten (1-46)/64 Seiten (ab 47)
12,5 x 18 cm (1-46)/12 x 17 cm (ab 47)
A: o.A. (Nr. 49 von Rudolf Nehls)
1 60,00
2-46 35,00
47-49 70,00
Hinweis: Siehe auch HEIM BÜCHER.

John Kling
siehe WELT-KRIMINAL-BÜCHEREI

John Klings Erinnerungen
(Titel z.T. nur innen)
Leipzig: Werner Dietsch Verlag
1931-39
0,50 (meist o.P.), 192 Seiten,
12 x 16,5 cm
A: Heinz Krafft, Paul Pitt, Max Wing u.a.
1 110,00
2-3 100,00
4 120,00
5 100,00
6 220,00
7-103 100,00
104 150,00

105-214 100,00
215.. 220,00
Nachdrucke 2,50
Hinweis Die Bände zwischen 73 und 115 erschienen ohne Nr., Titelauflistung siehe Katalog 1987. Nr. 7, 15, 19, 22, 33, 45, 52, 63,85, 92, 95, 100, 101, 116, 117, 119, 125, 133, 137, 140, 142, 149, 159, 178, 181, 183, 191, 199, 206 (u-p). Siehe auch NK-Serie.

John Spurlock
Siehe DETEKTIV JOHN SPURLOCK

John Wilson
Aus dem Geheimbuch des berühmtesten amerikanischen Detektivs
Dresden: Dresdner Roman-Verlag
1908-10
0,20,
32 Seiten, 21,5 x 27,5 cm
A: o.A.
1... 180,00
2-56 150,00
Hinweis: Siehe DAS GEHEIMBUCH DES BERÜHMTEN AMERIKANISCHEN DETECTIVS JOHN WILSON.

Jürgen Peters
der Schiffsjunge
Dresden: A. Eichler Verlag (1-165)/
Mügeln (Bez. Dresden): Mitteldeutsche Verlagsanstalt (ab 166), 1914-23
0,15/0,20/0,25/0,30/0,40, 24 Seiten, 14 x 21 cm
A: o.A.
1 35,00
2-445 22,00
446-448 40,00
Nachdrucke 5,00
Hinweis:
Nr. 124, 177 (u-p). Ab Nr. 370 wurden z.T. Titelbilder unterer Nummern wiederverwendet.

Der Jugendbund
Wochenschrift für Unterhaltung, Spiel, Sport und Jugendwandern
Berlin: Verlag für moderne Lektüre
1911-12
0,20, 64 Seiten, ca. 13,5 x 20 cm
A: diverse
1-50 10,00
Hinweis: Zeitschrift mit Kurzgeschichten, vorher unter dem Titel JUGENDWOCHE.

Jugendstreiche
Breslau: Sonnen-Verlag (Gebr. Krömer)
1919-20
0,20/0,20 + 0,05 Teuerungszuschlag/
0,25/0,30/0,40,
24 Seiten, 13,5 x 21 cm
1-13 15,00

Jugendwoche
Der Bund der Sieben
Berlin: Verlag für moderne Lektüre
1909-11
0,20, 64 Seiten, ca. 13,5 x 20 cm
A: diverse
1-100 12,00
Hinweis:
Vorher unter dem Titel JUNGENS-STREICHE, fortgesetzt mit DER JUGENDBUND.

Jungens-Streiche
Rüpeleien, Geheimnisse und Abenteuer unserer Jugend
Berlin: Verlag für moderne Lektüre
1907-09
0,10, 32 Seiten, ca. 13,5 x 20 cm
A: diverse
1-100 25,00
Hinweis:
Fortgesetzt unter dem Titel JUGENDWOCHE.

Junge Falken
Spannende Erzählungen für Jung und Alt
München: Junge Falken Verlag
1932
1-4 o. P., ab 5: 0,20, 24 Seiten, 13,5 x 20,3 cm
A: Diverse
1... 25,00

Jungens-Streiche
Rüpeleien, Geheimnisse und Abenteuer unserer Jugend.
10. Band
Prinz Lackstiebel.
Karl Moor und der Prinz bemühten sich, den Schrank zum Fenster hinauszuwerfen; die in demselben befindliche Bombe konnte jeden Augenblick explodieren.
Preis 10 Pfennig
Jeder Band ist abgeschlossen

Jungens-Streiche
Rüpeleien, Geheimnisse und Abenteuer unserer Jugend.
39. Band
Der Indianer als Bauchredner.
10 Pfg.
„Ich frage Dich, Schwein, ob Du hören kannst?" sagte der Indianer. Da bewegte es die Schnauze und deutlich erklangen die Worte:

Jungens-Streiche
Rüpeleien, Geheimnisse und Abenteuer unserer Jugend.
44. Band
Die Menschenjagd.
10 Pfg.
„So mein verehrter Herr Sklavenschiffskapitän," sagte Karl Moor, „jetzt bist Du in unserer Gewalt, und ich rate Dir nicht, etwa um Hilfe zu rufen."

Jungens-Streiche
Rüpeleien, Geheimnisse und Abenteuer unserer Jugend.
49. Band
Auf der Koralleninsel.
10 Pfg.
Georg hatte das Beil ergriffen und eilte Appelquist zu Hilfe. Mit Aufbietung aller Kraft schlug er auf die scheußlichen Fangarme ein.

2,3,4 10,00
5 25,00
6,7, ... 10,00
8 30,00

Kabel Kriminalbücher
Berlin: Verlag moderner Lektüre
1923-25
o.P. (0,25), 96 Seiten, 11,5 x 16 cm
A: Walter Kabel (außer Nr. 41)
1 60,00
2-45 50,00
Nachdrucke 5,00
Hinweis: Nr. 13, 19, 21, 22, 26-45 sind Harald Harst-Texte. Hefte wurden bis 1931 nachgedruckt.

Kapitän Axel Holms Abenteuer
Dresden: Blockhaus Verlag
1919-20
0,20/0,35, 24 Seiten, 11 x 18,5 cm
A: Jürn Brodersen
1 200,00
2-18 120,00
Nachdrucke 5,00

Kapitän Marryats Reise- und Seegeschichten
Berlin: Weichert Verlag ca. 1908
0,20, 32 Seiten, 28 x 22 cm
A: o. A.
1 200,00
2-10 180,00

Kapitän Seehorst
Siehe DETEKTIV-ABENTEUER DES KAPITÄN SEEHORST

Kapitän Stürmer's
Fahrten und Abenteuer zu Wasser und zu Lande
Dresden: Verlag H.G. Münchmeyer
1906-08
0,20, 32 Seiten, 20,5 x 28,5 cm
A: Harry Strong
1 120,00
2-75 80,00

Kelters Wochen-Roman (1-4)/
Kelter-Romane (ab 5)
Hamburg: Martin Kelter, 1939-41
0,25, 48 Seiten (1-4)/64 Seiten (ab 5),
22 x 30 cm (1-4)/16 x 23 cm (ab 5)
A: diverse
1 20,00
2-118 10,00
Hinweis: Kelter Romane ab 1952 müßten mit Nr. 119 weiterzählen, es gibt also die Nr. 115-118 zweimal.

Kino-Bibliothek
Berlin: Lichtbildbühne 1926
30 Pf., 32 Seiten ; A: verschiedene
1 65,00
2-9 55,00
10 Verlorene Welt (u.p.) 85,00
11-12 55,00
Hinweis:
Kleinformatiges Heft. Mit vielen Filmfotos.
Wiedergabe des Films in Romanerzählung.
Angekündigt: Nr. 13 „Buster Keaton der Matrose".
Voraussichtlich weitere Nummern erschienen

Klar zum Gefecht
Berühmte Seeleute Entdecker und Eroberer
Berlin: Verlagshaus für Volksliteratur und Kunst
1909-10
0,10, 32 Seiten, 15,5 x 22 cm
A: Diverse
1 70,00
2-20 50,00
21-22 (Neue Folgen Nr. 1-2) 90,00
23-25 (Neue Folgen Nr. 3-5) 400,00

Klaus Störtebecker
der gefürchtete Herrscher der Meere
Berlin: Verlagshaus für Volksliteratur und Kunst
1908-09
0,10, 32 Seiten, 15,5 x 22,5 cm
A: o.A.
1 50,00
2-60 30,00

Klaus Störtebecker
der gefürchtete Herrscher der Meere
Berlin: Neues Verlagshaus für Volksliteratur
1932-33
0,20, 32 Seiten, 15,5 x 22,5 cm
A: o.A.
1 35,00
2-54 20,00
Nachdrucke 5,00
Hinweis: Neuausgabe der 1. Serie in geänderter Nummernfolge.

Kleine Detektiv-Romane
Abenteuer des Detektivs Will Morton
Dresden: Mignon-Verlag
1919-27
0,40-0,60/Tagespreis, 64 Seiten (1-51)/
48 Seiten (ab 52), 11 x 14,5 cm
A: E. Ney (353) u.a.
1 30,00
2-365 20,00
366-370 33,00
Hinweis: Siehe auch WER WAR ES?, INTERESSANTE FÄLLE.

Kleine Kriegshefte
Berlin: Zentralverlag der NSDAP,
Franz Eher Nachf.
1940-41
0,10 (Nr. 5/6 = 0,20), 24-32 Seiten
(Nr. 5/6 = 48 Seiten), 15 x 21 cm
(Nr. 10, 11 im Querformat)
A: Diverse
1-4 15,00
5/6 (Doppelnr.) 15,00
7-9 15,00
10-11 18,00
12 40,00
Hinweis: Magazin mit Presseberichten usw.

Kleine Kriminal-Bücher
Dresden: Mignon-Verlag, 1919-26
0,30-0,75 (1-76)10,20 (ab 77), 96/80/64/48 Seiten
10,5 x 14,5 cm
A: Diverse
1 25,00
2-280 12,00
Hinweis: Viele Serienfiguren, z.B. Fred Carter (A: Paul Hain, Paul Rosenhain) (115, 118, 129, 132, 189), George Keller (A: Franz Scott) (9, 11, 13), John Ribbeck.

Kleine Meister-Romane
(Titel auf der Rückseite)
Werdau: Verlag Oskar Meister
1925-26
60 Goldpf., 96 Seiten, 11,5 x 17 cm
A: Paul Hain (27) u.a.
1 15,00
2-42... 10,00

Der König der Pariser Apachen
Berlin: Verlag für moderne Lektüre
1910
o.P., 32 Seiten, 13 x 20 cm.
1 180,00
2-16 150,00

Kolonial-Bücherei
Berlin: Steiniger-Verlage
1940-42
0,20, 32 Seiten, 15 x 21 cm
A: Paul O. Erttmann (55),
Gino von Moellwitz (41, 46, 56, 57, 60, 69, 74, 80, 82) u.a.
1 30,00
2-80 20,00
81-87 25,00
88 30,00
Nachdrucke 4,00

Konrad Götz
Der Wandervogel
Dresden: Mignon-Verlag
1914-16
0,10, 32 Seiten, 13 x 20,5 cm
A: o.A.
1 80,00
2-46... 60,00

Der Krieg
Verlag für Militärgeschichte
1939-1940
1-8 20,00

Krieg und Liebe
Erzählungen aus großer Zeit
Berlin: Verlagshaus für Volksliteratur und Kunst
1914-19
0,10/0,15, 96 Seiten, 11 x 14,5 cm
A: Diverse
1 15,00
2-160 10,00
Hinweis:
Nr. 3-4, 7, 9, 11, 13, 15 sind doppelt belegt!

Kriegsbücherei der deutschen Jugend
Berlin: Steiniger-Verlage
1939-45
0,20, 32 Seiten, 15 x 21 cm
A: Henri Nannen (144) u.a.
1 35,00
2-50 20,00
51-125 15,00
126-140 18,00
141-150 20,00
151-154 30,00
155 60,00
156 80,00
Nachdrucke 3,00
Hinweis:
Von Nr. 150 gibt es 2 Ausgaben mit unterschiedlichen Titelbildern. Nr. 108 hat den verkürzten Serientitel KRIEGSBÜCHEREI.

Kriegsbücherei der deutschen Jugend
Unverkäuflicher Sonderdruck
Berlin: Steiniger-Verlage
1942-45
o.P., 32 Seiten, 15 x 21 cm
A: Diverse
o.Nr. Handstreich gegen Kowno 100,00
o.Nr. Die Männer von Swadkina 100,00
o.Nr. Im Sturmgeschütz gegen Nowgorod 100,00
o.Nr. Kamjenka 100,00
o.Nr. Wikingerfahrt nach Dagö 100,00
o.Nr. Siebente - marsch! 100,00
o.Nr. U-Boote feindwärts 100,00
o.Nr. Kradschützen brechen durch 100,00
o.Nr. Panzer nach Kreta 100,00
o.Nr. Sturmgeschütze jagen Panzer 100,00
o.Nr. Schnellboote vor Afrikas Küsten 100,00
o.Nr. Das Gerät Dora X 100,00
o.Nr. Die roten Ruinen 180,00
o.Nr. 13 Tage hinter sowjetischen Linien 100,00
o.Nr. Flakstützpunkt 7 hält durch 300,00
Nachdrucke 5,00

Kriegsfreiwillig
Erlebnisse eines Primaners
Berlin: Verlagshaus für Volksliteratur und Kunst
1914-17
0,10/0,15, 24 Seiten, 14 x 21 cm
A: Kurt Matull u.a. (teilweise o.A.)
1 20,00
2-150 10,00
Hinweis: Nr. 3, 8, 13, 15 sind doppelt belegt!

Kriminal-Bibliothek
Die besten Kriminal-Novellen aller Länder.
Fritz Stagart's Abenteuer.
Dresden: Verlag „Meteor", 1905-07
0,10, 48 Seiten, 12,5 x 18,5 cm
A: Max Ladenburg (1-60, 71-80),
Walter Brügge (61-70)
1 70,00
2-80 55,00
Hinweis: Textgleich mit FRITZ STAGARTS ABENTEUER. Erschien in Österreich als „Detektiv-Bibliothek".

Kriminal Bibliothek
Breslau: Sonnen-Verlag Krömer, 1919
0,25/0,30, 16 Seiten, später 24 Seiten,13,5 x 21 cm
A: Hermann Dreßler u.a.
1 60,00
2-30 45,00

20 Pfg. (In Oesterreich 35 Groschen)
Jeder Band enthält eine selbständige, abgeschlossene Erzählung
Klaus Störtebecker
der gefürchtete Herrscher der Meere
Nr. 1. Ein Kapitän von achtzehn Jahren
„Hinunter von meinem Schiffe, elende Schergen und Pfeffersäcke!" donnerte Klaus Störtebecker.

20 Pfg. (In Oesterreich 35 Groschen)
Jeder Band enthält eine selbständige, abgeschlossene Erzählung
Klaus Störtebecker
der gefürchtete Herrscher der Meere
Nr. 2. Die Seeschlacht von Helgoland
Mit einem gewaltigen Satze war Klaus Störtebecker an Deck des Piraten gesprungen.

20 Pfg. (In Oesterreich 35 Groschen)
Jeder Band enthält eine selbständige, abgeschlossene Erzählung
Klaus Störtebecker
der gefürchtete Herrscher der Meere
Nr. 8. Ein Kampf gegen zehnfache Uebermacht
Mit Waffen in beiden Händen wehrte Klaus Störtebecker die wütenden Angreifer ab.

20 Pfg. (In Oesterreich 35 Groschen)
Jeder Band enthält eine selbständige, abgeschlossene Erzählung
Klaus Störtebecker
der gefürchtete Herrscher der Meere
Nr. 10. Vom Schafott gerettet
„Zurück!" donnerte Klaus die entsetzten Henkersknechte an.

Kriminal Geschichten
Hamburg: Uhlenhorst Verlag
etwa 1930
0,50, 80 Seiten, 17 x 24 cm.
1 30,00
Hinweis: Magazin mit Kurzgeschichten.

Kriminal-Romane der Wirklichkeit
Leipzig: Rekord Verlag Krömer & Co.
1923-24
o.P., 64-96 Seiten, 12 x 17 cm
A: Diverse
1.......... 60,00
2-17.......... 45,00

Kriminal Spiegel Siehe Romanhefte nach 1945

Kriminal- und Detektivromane
Lübeck: Otto Wessel Verlag
1921-25
0,30, 72-96 Seiten, 12 x 17,5 cm
A: Paul Hain (17-19, 22) u.a.
1.......... 30,00
2-22.......... 25,00

Kurt Gafran's Reise-Abenteuer
Leipzig: Verlag von Ewald & Co. Nachfolger
1922-32
o.P., 32 Seiten (1-21)/64 Seiten (ab 22)
16,5 x 23,5 cm (1-21)/12,5 x 18 cm (ab 22)
A: o.A. (Kurt von Gagern-Frankenthal)
1.......... 33,00
2-21 35,00
22-55.......... 20,00
Hinweis: Auch in Buchform erschienen.

Kurz Roman
Berlin: Karl Curtius Verlag 1940-1941
A: verschiedene 30 Pfennige 96 Seiten 11x20cm
Drei Wochen im Dünensand.......... 7,00
Flucht ins Unbekannte 7,00
Die große Versuchung 7,00
Ein Mann bricht sein Wort 7,00
Kameraden in Alaska.......... 12,00
Nächte in Mississippi 12,00
Die Silbermine von „Santa Sabrina" 12,00
Tod in der Wildnis.......... 12,00

Lebende Vorzeit
Dresden: Verlagsanstalt Meinhold & Söhne
1938-40
0,30, 32-36 Seiten, 14 x 21 cm
A: Diverse
1 Eib, der Schwimmer.......... 25,00
2 Björn.......... 25,00
3 Der Herr der Ferne 25,00
4 Der Wogenhengst.......... 25,00
5 Das Totenhaus.......... 25,00

Lee Parry
Die tollkühne Abenteuerin
Leipzig: Luna Bücher Verlag
1924
o.P., 64 Seiten, 11,5 x 15,5 cm
A: o.A. (Paul Timpe)
1.......... 200,00
2-34.......... 150,00
Nachdrucke.......... 5,00

Lene und Lotte
lustige Mädchenstreiche
Berlin: Verlag moderner Lektüre
1922
o. P. (1-8), 2,00 bis 10,00 (9-18), o.P. (ab 19)
32 Seiten, 11,5 x 15,5 cm
A: Walther Neuschub
1.......... 35,00
2-24.......... 25,00
Hinweis:
Geschichten in Versform mit vielen Illustrationen im Stil von Wilhelm Busch.

Lersten's Kriminalreihe
Rothwasser: Verlag Walter Nestler
1939
0,20, 32 Seiten, 15 x 21 cm
A: T. Lersten
1-2 12,00

Die Liebesabenteuer der Bella Polini.
Leipzig: Speka Verlag
ca. 1922
o.P., 80 Seiten, 12 x 17,5 cm
A: o.A.
1 10 Uhr 15! 450,00
2 Unter Bestien 450,00

Lord Lister
genannt Raffles der Meisterdieb (1-7)/
genannt Raffles der grosse Unbekannte (ab 8)
Berlin: Verlagshaus für Volksliteratur und Kunst
1908-11
0,20, 32 Seiten, 20 x 27 cm
A: o.A. (Kurt Matull u.a.?)
1 90,00
2-80 70,00
81-110 80,00
Hinweis:
Es gibt einen Lizenznachdruck vom Verlag Gustav Müller, Berlin. Siehe auch DER GROSSE UNBEKANNTE. In Österreich als DIE BLEND-LATERNE erschienen. Nr. 43, 88 (u-p).

Lord Lister
genannt Raffles der große Unbekannte
Berlin: Verlagshaus für Volksliteratur und Kunst
1911
0,40,
64 Seiten, 14 x 21 cm
A: Kurt Matull
1-29 80,00
Hinweis: Salonausgabe mit schwarzem Cover.

Lord Lister
genannt Raffles der grosse Unbekannte
Berlin: Neues Verlagshaus für Volksliteratur
1932-35
0,20, 80 Seiten (1-24)/64 Seiten (ab 25)
12 x 17 cm
A: o.A.
1 50,00
2-80 35,00
81-83 40,00
Nachdrucke 5,50
Hinweis:
Bearbeitete Neuausgabe der 1. Serie in geänderter Nummernfolge.

Lord Percy vom Excentric Club (1-44)/
Percy Stuart vom Excentric Club
(1-44 2. Auflage, ab 45)
der Held und kühne Abenteurer
in 197 geheimnisvollen Aufgaben
Dresden: Mignon-Vedag
1913-16
0,10,
32 Seiten, 14,5 x 21 cm
A: o.A.
1 35,00
2-120 25,00
121-130 30,00
131-133 45,00
Hinweis: Siehe auch DER NEUE EXCENTRIC-CLUB. Nr. 13, 47, 88, 95, 103 (u-p).

Lord Stuart
der grosse Abenteurer
Leipzig: Rekord Verlag Krömer & Co.
1919-25
o.P./15 Goldpfennige (ab ...54), 16 Seiten (1-6...)/
12 Seiten (...11-32)/10 Seiten (33-37...)/
32 Seiten (ab ...54), 15,5 x 23,5 cm (1-37...)/
11,5 x 16,5 cm (ab ...54)
A: o.A. (Ernst Friedrich Pinkert)
1 140,00
2-75 110,00

Loreley-Romane
Berlin: Verlagshaus für Volksliteratur und Kunst
1921-27
1,00/Inflationspreise/o.P./0,30, 96 Seiten,
11 x 15 cm A: diverse
1-224 10,00

Luciano Albertini
Leipzig: Vereinigte Verlagsgesellschaften
Werner Dietsch-Verlag und Speka-Verlag

1923
o.P., 64 Seiten, 12 x 16,5 cm
A: o.A.
1 250,00
2-15 200,00
Hinweis: Texte entsprechen vermutlich den Filmen mit Luciano Albertini.

Der Luftpirat
und sein lenkbares Luftschiff (1-93)
Berlin: Druck- und Verlagsgesellschaft (1 -93)/
Verlag moderner Lektüre (ab 94)
1908-11
0,10, 32 Seiten, 13,5 x 22,5 cm bis 15 x 23 cm
A: o.A.
1 (u-p) 400,00
2-93 (u-p) 320,00
94-110 (u-p) 370,00
111-165 (u-p) 450,00
Hinweis: Hauptfigur ist Kapitän Mors (kein Zusammenhang mit der NK-Serie).
Siehe auch der DER FLIEGERTEUFEL
Es gibt Nachdrucke.

Lukas Hull
Detektiv-Romane
Hamburg: Gnom-Verlag
1920-21
o.P., 125 Seiten, 12,5 x 18 cm
A: Willy Reese (1, 3), Karl Lütge (2, 4)
1-5 70,00

Lu und Lo
die beiden Rangen
Dresden: Mignon-Verlag
1915-16
0,10, 32 Seiten, 14,5 x 21 cm
A: o.A.
1 18,00
2-36 10,00

Luxroman
Luxemburg: Fr. Bourg-Bourger
1940-49
0,25, 64 Seiten (1-66)/48 Seiten (ab 67),
15 x 22 cm (1-66)/16 x 25 cm (ab 67)
A: diverse
1-94 8,00
Hinweis: Meistens Liebesromane

Mädchenhändler
Berlin: Verlag moderner Lektüre
ca. 1913
0,10,
32 Seiten, 13,5 x 20 cm
A: o.A.
1 130,00
2-31 80,00

Männe und Max
lustige Lausbubengeschichten
Berlin: Verlag moderner Lektüre
1921-22
o.P. (0,75), 32 Seiten, 12 x 16 cm
A: Walther Neuschub
1 40,00
2-56 28,00
Hinweis: Wurde bis etwa 1934 Nachgedruckt
Geschichten in Versform mit vielen Illustrationen im Stil von Wilhelm Busch.

Männe und Max
1938
o. P., 32 Seiten, 12 x 16 cm
Neuauflage von Nr. 1-56, ab 57 Neue Geschichten
A: W. Neuschub (1-56), ab Nr. 57 G.Forst ,
Reinhold Hansche
1-150 20,00
151-157 25,00
Hinweis: Geschichten in Versform mit vielen Illustrationen im Stil von Wilhelm Busch. Sie wurden bis etwa 1941 nachgedruckt.

Manolescu
Leipzig: Vereinigte Verlagsges. Dietsch und Speka
1927-28
o.P. (0,30), 96 Seiten, 12 x 16,5 cm
A: Max Wing, Heinz Bruno Hart,

Ernst A. Czerwonka
1 160,00
2-27 150,00
Nachdrucke 5,00

Mascotte-Bücher
Sittenroman
Dresden: Mignon-Verlag
1920-22
1,20/1,50, 96 Seiten (1-2)/80 Seiten (ab 3)
11 x 14,5 cm
A: Diverse
1 25,00
2-64 12,00

Master King
der Gentleman-Detektiv
Leipzig: Rekord Verlag
1923
o.P., 10 Seiten, 15,5 x 23,5 cm
A: o.A.
1 200,00
2-24... 95,00

Max Wing's
tolldreiste Abenteuer
Berlin: Neues Verlagshaus für Volksliteratur
1933
0,10 (1)/0,20 (ab 2), 80 Seiten, 12 x 17 cm
A: Max Wing
1 70,00
2-9 50,00
Es gibt Nachdrucke

Mein Märchenbuch
Königshütte: Sonnen-Verlag
1919
0,25, 24 Seiten, 13 x 20 cm
A: diverse
1-16 12,00

Mein neuer Roman
Siehe DER NEUE ROMAN

Mess Mend
oder die Yankees in Leningrad
Berlin: Neuer Deutscher Verlag und
Wien: Moderner Verlag
1924-25
0,20, 32 Seiten, 14,5 x 21,5 cm
A: Jim Dollar (d.i. Marietta Schaginjan),
Ren T. Marc (Sonderheft)
1-6 (u-p) 550,00
Sonderheft: Mess Mend der Leiter der
deutschen Tscheka (u-p) 550,00
Hinweis: Zuvor in Moskau herausgekommen. Dort erschienen insgesamt 10 Hefte. Auch als Fortsetzungsroman u. a. in der „Roten Fahne" erschienen. 1925 erschien eine Buchausgabe mit 191 Seiten.
Es gibt einen Nachdruck im Anabas-Verlag, Gießen, 1987, Buchausgabe, 360 Seiten.

Mignon-Romane
Dresden: Mignon-Verlag
1915-20
0,10/0,20/0,25/0,30/0,40/0,50, 96-128 Seiten,
10,5 x 14,5 cm
A: diverse
1-350 12,00

Mignon-Romane
Dresden: Mignon-Verlag
1938-41
0,20, 32 Seiten (1-55)/64 Seiten (ab 56),
22 x 29 cm (1-55)/15 x 22 cm (ab 56)
A: diverse
1-159 7,00
Hinweis: Liebesromane.

Minx
Der Geister-Sucher (1-4...)
Berlin: Neuer Verlag
1908
0,20, 32 Seiten, 21 x 27,5 cm
A: o.A.
1-10 (u-p) 600,00
Nachdrucke 5,00

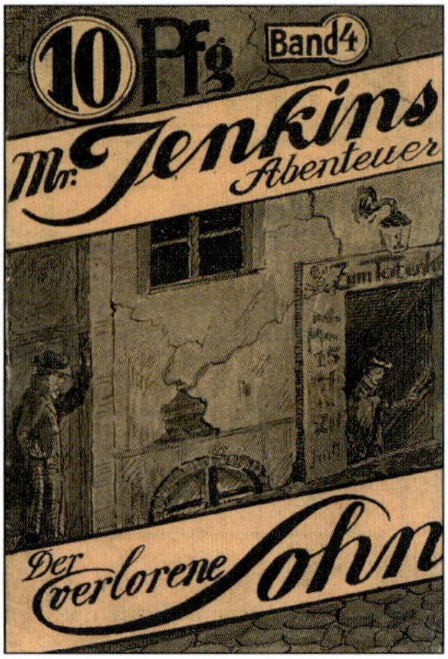

Mit Büchse und Lasso
Siehe TEXAS JACK

Mit fliegenden Fahnen
Berlin: Verlagshaus für Volksliteratur und Kunst
1914-17
0,10/0,20, 24 Seiten, 13,5 x 20,5 cm
A: Diverse (teilweise o.A.)
1 18,00
2-125 12,00
Hinweis:
Nr. 1, 3-4, 8-9, 15, 21-22 sind doppelt belegt.

Mit Stanley im dunkelsten Afrika
Leipzig: Vereinigte Verlagsges. Dietsch und Speka
1923
o.P., 64 Seiten, 12 x 16,5 cm
A: o.A.
1 160,00
2-12 140,00
Hinweis:
Dem gleichnamigen 6-teiligen Film nacherzählt.

Moderne Kriminal-Bibliothek
Berlin: Verlag moderner Lektüre
ca. 1915
0,10, 32 Seiten, 14,5 x 21 cm
A: Max Ladenburg
1 100,00
2-30 80,00
Hinweis: Zweitausgabe von PAT CONNER mit neuem Umschlag.

Moderne Kriminal-Bücher
Berlin: Verlag moderne Lektüre
ca. 1920
o.P. (0,25), 96 Seiten,
11 x 15 cm (1-12)/12 x 16,5 cm (ab 13)
A: W. Kabel u.a.
1-32 35,00

Moderne Romane
Niedersedlitz: Münchmeyer
1909-10
0,10, 48 Seiten, 15,5 x 22,5 cm
1-30 25,00

Monopol Abenteuer Romane
Berlin: Monopol-Verlag
1921-22
0,50, 96-128 Seiten, 12 x 18 cm
A: Diverse
1 50,00
2-12 35,00
Hinweis: Nr. 4 enthält APACHEN Nr. 3, 4, 31, 32, 36. Nr. 9 enthält vermutlich JAMES ROBERTSON-Texte.

Monopol Detektiv Romane
Berlin: Monopol-Verlag
1921-24
o.P. (0,50), 96-128 Seiten, 12,5 x 18,5 cm
A: Diverse
1 40,00
2-20 25,00
Hinweis: Nr. 3, 6 enthalten JAMES ROBERTSON-Texte (A: Kurt Falkenstein). Siehe NEUE KRIMINAL-BIBLIOTHEK.

Monopol Kriminal Serie
Berlin: Monopol-Verlag
1920-21
0,50, 24 Seiten, 12 x 18,5 cm
A: Diverse
1 50,00
2-16 35,00

Mr. Jenkins Abenteuer
Berlin: Verlagsbuchhandlung C.F. Pilger & Co.
1932
0,10, 32 Seiten, 11 x 17 cm
A: Mark Schaffer
1 110,00
2-21 60,00
Nachdrucke 5,00
Hinweis: Keinen Zusammenhang mit BILLY JENKINS

Muckimacki
der lustige Kobold

Heidenau: Verlagshaus Freya
1935
0,10, 32 Seiten, 11 x 15 cm
A: W. Reynold
1-20 25,00
Hinweis:
Geschichten in Versform mit vielen Illustrationen im Stil von W. Busch.

MV Abenteuer Romane
Dresden: Mignon-Verlag
1939
0,20, 64 Seiten
15 x 22,5 cm
A: Diverse
1-5... 18,00

MV Kriminal Romane
Dresden: Mignon-Verlag
1939-40
0,20, 64 Seiten, 15 x 22 cm
A: Diverse
1.. 20,00
2-16 15,00
17 nicht erschienen
18.. 15,00

MV Romane (1-4)/
MV Fesselnde Romane (ab 5)
Dresden: Mignon-Verlag
1939-40
0,20, 64 Seiten, 16,5 x 22 cm
A: Diverse
1.. 18,00
2-72 10,00

Nat Pinkerton
Der König der Detectivs
Dresden: Dresdner Roman-Verlag
1907-16
0,10, 32 Seiten (1-470)/24 Seiten (ab 471)
13,5 x 20,5 cm
A: o.A.
1.. 100,00
2-476 55,00
Hinweis: In Österreich als ILLUSTRIERTE DETEKTIV-ZEITUNG.

Nemesis-Kriminal-Romane
Berlin: Verlagshaus für Volksliteratur und Kunst
1925-26
o.P. (0,50), 88-96 Seiten, 12,5 x 18,5 cm
A: W. Kabel (8) u.a.
1.. 35,00
2-7 25,00
8.. 40,00
9-31 25,00
Hinweis: Siehe INTERNATIONALE KRIMINAL-BIBLIOTHEK.

Der neue Buffalo
Dresden: Mignon-Verlag
1920-22
0,25-1,00, 32 Seiten (1-106)/24 Seiten (ab 107)
11 x 14,5 cm
A: Diverse
1.. 45,00
2-110 30,00

Der neue Excentric Club
Spannende Sport-Erzählungen
Dresden: Mignon-Verlag
1920-27
0,15/Tagespreis, 32 Seiten (1-136)/
24 Seiten (ab 137), 11 x 17 cm
A: Diverse
1.. 35,00
2-300 17,00
301-500 20,00
501-533 28,00
534.. 45,00
Nachdrucke 2,50
Hinweis: Serienfigur ist Percy Stuart. Bearbeitete Neuausgabe, in geänderter Nummernfolge, von LORD PERCY VOM EXCENTRIC CLUB und neue Texte. Nr. 131-166 erschienen vorher (in anderer Nummernfolge und mit Namensänderung) als DETEKTIV JOHN SPURLOCK. Nr. 13, 74, 108, 115, 179, 232 (u-p).

Neue Kriminal-Bibliothek
Berlin: A. Weichert-Verlag
?
o.P., 96 Seiten, 12 x 16 cm
A: Diverse
1 30,00
2-10 20,00
Hinweis:
Nr. 1, 7, 9 auch in MONOPOL DETEKTIV ROMANE als Nr. 15, 4, 10 mit anderen Titelbildern.

Neue Kriminal-Bibliothek
Heidenau: Verlagshaus Freya
1926-30
0,20, 64 Seiten, 11,5 x 17,5 cm
A: H. Hard (d.i. Hans Reinhard), E. Ney, Hans Bundler, Ph. Collin, Bernhard Zecht (= Pseudonyme von Elisabeth v. Aspern), u.a.
1 30,00
2-170 20,00

Der neue Lederstrumpf
Dresden: Dresdner Roman-Verlag (1-76...)/
Mügeln (Bez. Dresden): Mitteldeutsche Verlagsanstalt (...373-531)/Heidenau: Verlagshaus Freya (ab 532)
1912-25
0,10 bis 0,30/Tagespreis, 48 Seiten (1-196)/
32 Seiten (ab 197), 11 x 15,5 cm
A: o.A.
1 30,00
2-550 20,00
551-586 25,00
587 45,00
Hinweis: Siehe auch NK-Serie
ZACK LEDER-STRUMPF-STORIES.

Der neue Nick Carter
Der Weltdetektiv
Leipzig: Verlag A. Bergmann, 1929-30
0,20, 48 Seiten, 11,5 x 15,5 cm
A: o.A. (Hermann Gerstmayer: 32, 37, 44, Eugen von Saß, Karl Berger, Rudolf Nehls u.a.)
1 80,00
2-44 65,00
Hinweis:
Nachdruck auch in ROTE-GALGEN-BÜCHER.

Neuer Märchenschatz
Berlin: Verlagshaus für Volksliteratur und Kunst
1919-21
0,30/0,40, 48 Seiten, 11 x 16 cm
1-40 20,00

Der neue Roman (1-7)/
Mein neuer Roman (ab 8)
Berlin-Wien: Verlagshaus Werner & Co.
ca. 1939-40
0,25 (1-13)/0,20 (ab 14), 64 Seiten
15, x 22,5 cm
A: Diverse
1 12,00
2-25 6,00
Kriminal- u. Abenteuerromane 12,00
Hinweis: Überwiegend Liebesromane.

Der neue Wochenroman (1-16)/
Der neue Moewig-Roman (ab 17)
Dresden: Moewig-Verlag
1938-41
0,25, 35 Seiten (1-16)/64 Seiten (ab 17),
21,5 x 30 cm (1-16)/16 x 22,5 cm (ab 17)
A: diverse
1-118 10,00

Nick Carter
Amerika's grösster Detectiv (1-163)
Dresden: A. Eichler Verlagsbuchhandlung
1906-13
0,20, 32 Seiten
21,5 x 27,5 cm
A: Nick Carter
1 120,00
2-150 45,00
151-250 55,00
251-300 65,00
301-375 80,00
Nachdrucke 5,00

Nick Carter
Amerika's grösster Detectiv
Leipzig: Gustav Kühn Verlag
1930-32
0,30, 24 Seiten, 21,5 x 27 cm
A: Nick Carter
1 55,00
2-50 35,00
Hinweis: Etwas bearbeitete Neuausgabe der 1. Serie in geänderter Nummernfolge.

Nic Pratt
Amerikas Meisterdetectiv
Berlin: Verlag moderner Lektüre
1922-23
o.P./Tagespreis, 30-32 Seiten, 10 x 14,5 cm
A: o.A. (Walter Kabel)
1 280,00
2-32 220,00

Nobody
30 Jahre im Dienste einer Weltzeitung
Dresden-Niedersedlitz: Verlag H.G. Münchmeyer
1921-23
o.P., 96 Seiten, 11,5 x 16,5 cm
A: Robert Kraft („für den Film bearbeitet")
1 150,00
2-16... 100,00
Hinweis: Neuausgabe des Romans „Detektiv Nobodys Erlebnisse und Reiseabenteuer".

Norbert Falk
in der Fremdenlegion
Dresden: Mignon-Verlag
1931-33
0,20, 64 Seiten, 11 x 17,5 cm
A: Max Wing u.a.
1 40,00
2-105 25,00
Nachdrucke 3,50
Hinweis: Nr. 28 (u-p).

Oberst Longarm
Der gefürchtete Chef der Indianerpolizei erzählt seine Erlebnisse und Abenteuer im Wild West mit Indianern und Räubern
Berlin: Deutscher Volksliteratur Verlag (Verlagsbuchhandlung Bruno Sellin)
1906-1907
0,15, ab Nr. 9: 0,10, 32 Seiten
16,5 x 24,5 cm, ab Nr. 9: 15,3 x 22,8 cm
1 200,00
2-8 180,00
9-15 160,00
Hinweis: Es gibt Nachdrucke

Olaf K. Abelsen
Abenteuer abseits vom Alltagswege
Berlin: Verlag moderner Lektüre
1929-33
o.P. (0,50), 192 Seiten (1-27)/160 Seiten (ab 28)
11,5 x 17 cm
A: Max Schraut
1-10 70,00
11-25 85,00
26 110,00
27-30 85,00
31-40 90,00
41-47 120,00
48-49 135,00
50 150,00
Nachdrucke 2,50
Hinweis: Fortsetzung in DREI VON DER FEME.
Es gibt auch VK- und NK-Bücher. Nr. 26 (u-p).

Old Ironhand der Trapper
Siehe GEHEIMNISSE DER WÜSTE

Ostheftreihe
Berlin: Junge Generation
1942
0,20, 32 Seiten, 14 x 20,5 cm
A: diverse
1-4 15,00

Paradiesbücher:
Siehe **DETEKTIV SCHLAGER BIBLIOTHEK**

Pat Conner
der Meisterdetektiv
Berlin: Verlag moderner Lektüre
1908
0,10, 32 Seiten, 13,5 x 22 cm
A: Max Ladenburg
1 250,00
2-30 200,00
Hinweis: Siehe DER DETEKTIV, MODERNE KRIMINAL-BIBLIOTHEK.

Percy Stuart
Siehe LORD PERCY VOM EXCENTRIC CLUB
und DER NEUE EXCENTRIC CLUB

Phil Morgan
Der Herr der Welt
Breslau (später Leipzig): Rekord Verlag
1914-1916 (1-65)/1920-1922 (ab 66)
o. P., 48 Seiten (1-11)/38 Seiten/24 Seiten
10,5 x 16 cm
A: o.A.
1 450,00
2-157... 400,00
158-179... 550,00
Hinweis: u-p

Phil Morgan
Der Herr der Welt
Moderner Volksbücher Verlag,Leibzig, 1924
11,5 x 16 cm.
1 (u-p) 350,00
Nachdruck von Nr. 1 der Serie aus dem Jahr 1914

Pinkerton
Amerika's grösster Detektiv
Berlin: Verlag Herbert Protz
1929
0,20, 48 Seiten, 10,5 x 15,5 cm
A: o.A.
1 120,00
2-11 100,00
Nachdrucke 5,00

Piraten Entdecker
Dresden: Neuer Buchverlag
1937-38
0,25, 64 Seiten, 11 x 17 cm
A: Diverse
1 40,00
2-30 25,00

Der Polizeibericht meldet
Spannende Kriminalfälle
Berlin: Paul Schmidt Verlagsanstalt
o. J., um 1940
0,30, 64 Seiten, 15,5 x 22,5 cm
A: Diverse
1 40,00
Hinweis: Um 1940, da das Titelbild aus einem Film aus dem Jahr 1939 stammt. Zusätzlich als „Spannende Kriminalfälle Nr. 5" bezeichnet, evtl. aufgrund eines Titelwechsels.

Polyp Kriminal- u. Detektiv-Romane
Berlin: Verlag Reinhold Klinger
1919-20
0,75 (1-9...)/o.P., 120-128 Seiten (1-9...),
80 Seiten (ab ...15), 11 x 15,5 cm
A: Walther Kabel (2, 11, 25) u.a.
1 60,00
2-31 60,00
o.Nr. Das Rezept des Dr. Milton 60,00
o.Nr. Der Schrei über den Ozean 60,00
o.Nr. Der Todesblick 60,00
o.Nr. Der Einbruch in die Goldbank 60,00
o.Nr. Das singende Haus 60,00
o.Nr. Der Mord im Blockhaus 60,00
o.Nr. Der Mann ohne Namen 60,00
o.Nr. Der stumme Zeuge 60,00
W. Kabel-Nummern 80,00

Prinzessin Übermut
Eine Serie lustiger Backfischstreiche
Dresden: A. Eichler-Verlag (1-222)/
Mügeln (Bez. Dresden): Mitteldeutsche Verlagsanstalt (ab 223)
1914-21

0,10 bis 0,40, 32 Seiten (1-130)/
24 Seiten (ab 131), 13,5 x 21 cm
A: o.A.
1 20,00
2-400 10,00

Prinzeß-Romane
Dresden: Mignon-Verlag
1916-20
0,15/0,20/0,25/0,30/0,40/0,50, 96-128 Seiten,
10,5 x 14,5 cm
A: diverse
1-159 10,00

Raketen-Bücherei
Dresden: Walter Stolle
1931
0,20, 64 Seiten, 11 x 14,5 cm
1 60,00
Hinweis: Kriminalroman.

Ralf Clifford
Siehe SIR RALF CLIFFORD

Ralph Garby
Siehe WESSEL'S KRIMINAL-BÜCHEREI

Rama Singh
Indische Kriminal-Romane
Leipzig: Ostra-Verlag
1925
25,00, 72-80 Seiten (1-6), 11,5 x 15,5 cm
A: Fritz Lange (1-8), Maximilian Blochert (9-10)
u.a.?
1 180,00
2-10 150,00

Die Raubzüge der Totenkopf-Flieger
Leipzig: Werner Dietsch Verlag
1922
o.P., 64 Seiten, 11 x 17 cm
A: o.A.
1-4 350,00
Nachdrucke 2,50
Hinweis: Nach dem gleichnamigen Film.

Reise- und Abenteuer-Erzählung
Leipzig: Werner Dietsch Verlag
1920
o.P., 32 Seiten, 11,5 x 16,5 cm
A:Olaf Eljens
1-12... 120,00

Reise- und Abenteuer-Erzählung
Leipzig: Werner Dietsch Verlag
1920
o.P., 128 Seiten, 11,5 x 16,5 cm
A:Olaf Eljens
1-6... 120,00

Reise- und Abenteuer-Erzählung
Leipzig: Werner Dietsch Verlag
1920
o.P., 200 Seiten, 11,5 x 16,5 cm
A:Olaf Eljens
1-3... 120,00

Rekord Kriminal- und Kurzweil-Bücher
(Titel nur auf der Rückseite, 1-14...)
Kleine Rekord-Kriminal-Romane (ab ...28)
Leipzig: Rekord Verlag
1923-24...
o.P., 14 S eiten (1-14...)/32 Seiten (ab ...28)
15,5 x 23 cm (1-6...)/11,5 x 16,5 cm (...9-14...)
12 x 17 cm (ab ...28)
A: Hermann Dreßler (4, 7-8),
Hermann Falk (11-12) u.a.
1 Der Weibsteufel 50,00
2 Das dumme Herz 50,00
3 Das Schicksal der armen Monika 50,00
4 Selbstmörder 50,00
5 Eine pikante Idee 50,00
6-43 50,00
Rolf Brand-Nummern 85,00
Hinweis:
Die ersten Titel z.T. ohne Serientitel und ohne Nummer. Nr. 3 mit Untertitel „Kriminalroman der Wirklichkeit". Serienfigur: Rolf Brand (A: A. Asten, Bert Walder, Max Winter) Nr. 9, 14, 27, 30, 38... siehe eigene Serie.

Rekord-60 Pfg.-Romane
Breslau: Rekord-Verlag
1920
o.P. (0,60), 24 Seiten, 13,5 x 20 cm
A: diverse
1-24 ... 10,00

Reo Ratt
Im Kampf gegen List und Gewalt
Dresden: Mignon-Verlag, 1924-25
o. P., 24 Seiten, 10 x 16 cm
A: Diverse
1 ... 100,00
2-80 ... 70,00

Reporter Flax
Leipzig: Moderner Volksbücher Verlag, 1922
o.P., 64 Seiten, 11,5 x 16 cm
A: Bert Oehlmann
1-10... 120,00

Ritterkreuzträger des Heeres
Aufwärts Verlag
40er Jahre
30 Pfg.
1-2 ... 20,00
Hinweis:
Es existieren auch unverkäufliche Sonderhefte.

Robby IX/Robby King
Siehe DETEKTIV ROBBY IX

Robert Ramm
(interner Serientitel)
Leipzig: Werner Dietsch Verlag, 1939-40
o.P., 96 Seiten, 11,5 x 16,5 cm
A: Hermann Falk (1, 4), O.H. Breucker (2, 7), Hans Geisler (3, 8-9), P.O. Erttmann (5), W.L. Gebauer (6), A.E. Thoman (10)
1 Der Mann aus dem Schattenreich ... 250,00
2 Der schwarze Salamander ... 250,00
3 Drei Tonnen Tod ... 250,00
4 Der Schuß um Mitternacht ... 250,00
5 Abenteuer in der Sierra ... 250,00
6 Edelsteine aus Peru ... 250,00
7 Banditenjagd ... 250,00
8 Der Herr des Feuers ... 250,00
9 Die Sage vom Krötenberg ... 250,00
10 Der unsichtbare Feind ... 250,00
Hinweis:
Einige (evtl. alle) Texte sind unveröffentlichte, umgeschriebene John Kling- u. Billy Jenkins-Manuskripte.

Rolf Brand
Der deutsche Sherlock Holmes
Breslau: Sonnenverlag Gebr. Krömer,
Hrsgb. Rolf Brandenstein, 1919-20
0,25/0,30/0,40, 24 Seiten, 13,5 x 20,5 cm
A: o.A.
1 ... 120,00
2-34 ... 100,00
Nachdrucke ... 5,00
Hinweis: Siehe RECORD-60 PF. ROMANE, REKORD-KRIMINAL- UND KURZWEIL-BÜCHER.

Rolf Karsten
der Schrecken der Berliner Unterwelt
Berlin: Verlag Richard Dietze, 1930
0,20, 50 Seiten, 11,5 x 15,5 cm
A: o.A.
1-4... 220,00

Rolf Rodewalds Reise um den Erdball
Berlin: Verlagshaus für Volksliteratur und Kunst
1908-09
0,10, 32 Seiten, 14,5 x 20,5 cm
A: Dr. Adrian Mohr
1 ... 80,00
2-50 ... 50,00
Nachdrucke ... 5,00

Rolf-Serie
Abenteuer aus aller Welt
Stuttgart: Verlag R. Zimmer, 1919
o.P., 24 Seiten, 14,5 x 21 cm
A: o.A. (1), Hermann Gerstmayer (ab 2)
1-6... 50,00

Die Juwelen des Radscha von Tongapur
Kriminal-Roman aus Vorder-Indien von F. Lange
Band 1
RAMA SINGH
Band 1
Indische Kriminal-Romane

Das Geheimnis der sieben Pagoden
Kriminal-Roman von F. Lange
Band 2
RAMA SINGH
Band 2
Indische Kriminal-Romane

Die Diamanten von Golkonda
Kriminal-Roman von F. Lange
Band 4
RAMA SINGH
Band 4
Indische Kriminal-Romane

Die Rache des Kalifen
Kriminal-Roman aus Bagdad von F. Lange
Band 5
RAMA SINGH
Band 5
Indische Kriminal-Romane

Rolf Torring's Abenteuer
Berlin: Verlagshaus für Volksliteratur und Kunst/
später Neues Verlagshaus für Volksliteratur
1930-39
0,20, 64 Seiten, 12 x 17 cm
A: Hans Warren (1-307), Peter Carr,
Hans Reinhard u.a.

1	75,00
2-5	30,00
6 Auf der Teufelsinsel	35,00
6 Kapitän Larrins Entlarvung	20,00
7 Chinesische Piraten	35,00
7 Der Tiger von Singapore	20,00
8 Im gelben Singapore	35,00
8 Das Auge Buddhas	20,00
9-113	20,00
114 Der Turan Teufel (mit Dr. Mack)(u-p)	35,00
114 Der Turan Teufel	20,00
115-125	20,00
126	32,00
127-161	20,00
162 Der Feuertanz	35,00
162 Das Haus des Schreckens	20,00
163-200	20,00
201-213	25,00
214 Das Geheimnis der Pyramide	43,00
214 Die lebende Mumie	25,00
215-242	25,00
243	35,00
244-300	25,00
301-400	28,00
401-440	50,00
441-444	100,00
445	750,00
Nachdrucke	2,50
Werbebildheft (je ein ND verschiedener Texte mit neuem, stets gleichem, Titelbild)	40,00

Hinweis:
Von Nr. 6-8, 114, 162, 214 gibt es 2 Ausgaben mit unterschiedlichen Texten. Von Nr. 6-8, 85, 92, 149, 150, 153, 162, 209 gibt es 2 Ausgaben mit unterschiedlichen Titelbildern. Folgende Nr. sind umgeschriebene TOM SHARK-Texte (in Klammern die Shark-Nr.): 355 (11), 377 (47), 378 (13), 403 (34), 404 (49), 423 (150). Siehe auch NK-Serie. Nr. 74, 75, 114, 122, 171, 215, 305, 310 u-p.

Der Roman Erzähler
Köln: Rufu-Verlag, 1940-41
0,25, 50-56 Seiten, 17 x 25 cm (1-12)/
17 x 24 cm (ab 13)
A: Diverse

1-21	20,00
Nr. 7, 9 (K)	40,00

Hinweis: Einige Texte auch in der NK-Ausgabe.

Romane zur Freude (1-39)/**Romane zur Freude und zur guten Unterhaltung** (ab 40)
Berlin: Verlagsanstalt Paul Schmidt
1939-41
0,20, 64 Seiten, 15 x 22 cm
A: diverse

1-57	10,00

Roman-Perlen
Berlin: Verlagshaus für Volksliteratur und Kunst (1-835)/Berlin: Neues Verlagshaus für Volksliteratur (ab 836)
1911-1940
0,10/0,20 (z.T. Tagespreis), 64-96 Seiten,
11 x 14 cm bis 11,5 x 15 cm
A: Walter Kabel (501),
Wilhelm Reinhard (859, 872),
A: Müller (923, 932, 934) u.a.

1	13,00
2-1150	8,00
Nr. 501, 923, 932, 934	15,00

Roman-Sterne
Leipzig: Verlag A. Bergmann
1929-35
0,20, 64 Seiten, 12 x 15,5 cm
A: Lok Myler (100, 103, 106, 109, 112, 119) u.a.

1	15,00
2-119	10,00
Lok Myler-Nummern	30,00

Romanwoche
Leipzig: Verlagsanstalt Vogel & Vogel
1919
0,25/0,30, 80-96 Seiten, 10,5 x 13,5 cm
A: diverse
1-24 10,00

Roosevelts Rauh-Reiter
Dresden: Columbia-Verlag
1911
0,20, 64 Seiten (1-19)/48 Seiten (ab 20)
16,5 x 24,5 cm
A: Otto Hoecker
1.. 180,00
2-30 150,00

Die Rose von St. Pauli
Jan Felters Liebesabenteuer
Ernst Oehrlein Verlag
1932
o. P., 64 Seiten, 12,5 x 18,3 cm. ,
A: o. A.
o. Nr... 35,00
Hinweis: Sittenroman, es gibt mehrere Auflagen

Rote Galgen Bücher:
Siehe HENKER UND GEHENKTE

Rot-Gelb-Romane
Hamburg: Rot-Gelb-Roman-Verlag
ca. 1930
o.P., 64-96 Seiten, 11 x 15 cm
A: Diverse
1.. 15,00
2-50 10,00

Der rote Handschuh
Leipzig: Werner Dietsch Verlag (1-10)/
Vereinigte Verlagsgesellschaft Werner Dietsch-Verlag und Speka-Verlag (ab 11), 1922-23
o.P., 64 Seiten, 12 x 16,5 cm
A: o.A.
1.. 250,00
2-30... 220,00

Hinweis:
Serienfigur ist die „Abenteuerin" Billy Preston.

Rotsiegel Kriminalromane
Dr. Ulmo's Erlebnisse
Berlin: Rotsiegel-Verlag, 1929-30
o.P. (0,30), 94 Seiten, 11,5 x 16 cm
A: Richard Beaufort
1-4 100,00

Rund um die Welt
Erlebnisse und Schicksale merkwürdiger Menschen
München: Verlagsanstalt „Sect", 1907-09
0,20/0,25, 32 Seiten, 21,5 x 27,5 cm
A: o.A.
1.. 80,00
2-100 55,00
101-116 70,00
Hinweis: Viele Serienfiguren, z.B. Buffles der Einbrecherkönig (57, 74, 82), Detektiv-Klub „Monte Christo" (105-106), Dr. Ferlier (3, 20, 35, 67, 92), Francois Pitaval (27, 31, 34, 40), Frank Harding (43, 45, 64), Harriet Bolton-Rheydt (13, 21, 53). Es gibt auch eine österreichische Ausgabe.

Rund um die Welt
Breslau: Sonnen-Verlag Gebr. Krömer
1919-20
0,20 + 0,05 Teuerungszuschlag/0,25/0,30,
24 Seiten, 13,5 x 20,5 cm
A: o.A.
1.. 60,00
2-13 45,00

Salto Mortale
Elefantenkarls Erlebnisse
Berlin: Neues Verlagshaus für Volksliteratur
1937-38
64 Seiten, 12 x 16,5 cm
A: Wilhelm Franz
1.. 60,00
2-31 40,00

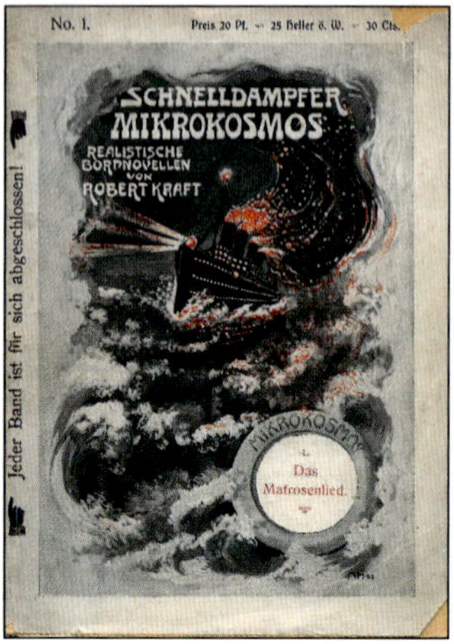

Sar Dubnotal
Der grosse Geisterbanner
Dresden: Verlagsbuchhandlung A. Eichler
ca. 1909
0,20, 32 Seiten, 21 x 29 cm
A: o.A.
1-8... 550,00

Schlumperfritz und Schlumperfranz
Leipzig: Ostra-Verlag
1922
o.P., 16 Seiten, 11 x 15 cm
1-32 25,00
Hinweis: Geschichten in Versform mit vielen Illustrationen im Stil von W. Busch.

Schnelldampfer Mikrokosmos
Realistische Bordnovellen
Dresden: Verlag H.G. Münchmeyer
1904
0,20, 32-64 Seiten, 16 x 21,5 cm
A: Robert Kraft
1-7 300,00
Nachdrucke 3,50
Hinweis: Immer gleiches Titelbild. Als „Schiffsnovellen" erschien Nr. 1-5 im Sammelband.

Schönste Geschichten aus Brehms Tierleben
Berlin: Bruno Merker Verlagshaus für Volksliteratur und Kunst
1929-32
0,20, 24 Seiten, 12 x 18 cm
A: o. A.
1 25,00
2-57... 18,00
58-60 24,00
Hinweis. Mit Illustrationen. Siehe auch Romanhefte nach Mai 1945

Schuld und Sühne
Berlin: Verlagshaus für Volksliteratur und Kunst
1919-21
0,50/0,75, 96 Seiten, 11,5 x 16,5 cm
A: Diverse
1 20,00
2-40 10,00

Das schwarze Buch
Dunkle Existenzen und geheimnisvolle Menschen
München: Verlagsanstalt „Sect"
ca. 1910
0,10, 32 Seiten, 14 x 21,5 cm
A: o. A.
1 180,00
2-8 120,00
9 Die letzte Beichte Manolescus 200,00
10-14 120,00

Seltsame Abenteuer
Varel: Ad Allmers
1930
0,50, 48 Seiten, 19,5 x 26 cm
A.: Diverse
8 30,00
Hinweis:
Grenzfall. Magazin mit Kurzgeschichten.
2 Kurzgeschichten u-p. (Okkultes Erlebnis und Der Werwolf) Nur 7 von 48 Seiten Romanerzählungen. Ob es bei den anderen Nummern ähnlich ist, das wissen wir nicht. Mehr bisher nicht bekannt.

Seltsame Geschichten
Dresden: Verlagshaus A. Eichler
1915-16
0,10, 32 Seiten, 14 x 21 cm
A: o.A.
1-30 (u-p) 100,00

Seltsame Geschichten
Leipzig: Werner Dietsch Verlag
1940-41
0,30, 96 Seiten, 12 x 16,5 cm
A: Fr. Gerstäcker (5-6),
E.A. Poe (10) u.a.
1-13 55,00
Hinweis: Fast alle Texte wurden von Paul Erttmann bearbeitet.

Seybold Volksbücher
Leipzig: Seybold Verlagsbuchhandlung
1921-1924
0,30, 80 Seiten, 13 x 19 cm
A: Ferdinand Emmerich
1-20 55,00
Hinweis: Zeichner Fritz Bergen

Sherlock Holmes
Siehe DETECTIV SHERLOCK HOLMES, DER WELT-DETEKTIV
DER WELTDETEKTIV SALONAUSGABE

Sieg-Heil!
Heidenau: Verlagshaus Freya
1933-34
0,20, 64 Seiten, 11 x 17 cm
A: Diverse
1 40,00
2-60 30,00

Singers kleine illustrierte Detektivserie
Leipzig: Josef Singer Verlag
1921-22
1,00 (1-5)/o.P. (ab 6), 32 Seiten, 12 x 18,5 cm
A: Ferdinand Runkel
1 65,00
2-16 50,00
Hinweis: Hauptfigur ist Martin Gisander.

Sir Ralf Clifford
der unsichtbare Mensch oder das geheimnisvolle Vermächtnis des Fakirs
Dresden: Mignon-Verlag
1921-25
0,25 (z.T. Inflationspreise oder o. P.), 24 Seiten
11,5 x 16,5 cm
A: Diverse
1 (u-p) 60,00
2-192 (u-p) 30,00
Nachdrucke 3,00

Sitting Bull
Siehe BERÜHMTE INDIANERHÄUPTLINGE

Die Sklaven-Befreier
Für Menschenrecht und Menschenwürde
Leipzig: Verlag H.W. Kleine
1921
0,50, 24 Seiten, 12 x 17 cm
A: o.A.
1 200,00
2-17... 150,00

Spannende Geschichten
Gütersloh: C. Bertelsmann Verlag
1926-28
0,15, 16 Seiten, 14 x 21 cm
A: Diverse
1 20,00
2-32 12,00
Hinweis: Es gibt eine Zweitausgabe in 8 Bänden à 4 Hefte, Halbleinen mit Farbtafeln, 1928-34.

Spannende Geschichten
(Titel auf Rückseite)
Gütersloh: C. Bertelsmann Verlag
1935-42
0,20, 32 Seiten, 14 x 20,5 cm
A: diverse
1 20,00
2-118 10,00
119-125 12,00
126 16,00
Zweitausgaben (siehe Hinweis) 12,00
Hinweis: Kein Zusammenhang mit 1. Serie. Nr. 26, 27, 29, 45, 54, 73, 78, 95 sind als Nr. 1-8 in der NK-Serie (Bertelsmann-V.) mit gleichen Titelbildern erschienen. Von folgenden Nr. erschien eine Zweit-ausgabe mit neuen Texten: 14 Bei den Kopfjägern im Urwald, 16 Hilfskreuzer vom Geschwader Spee, 28 Vom Glaserjungen, der uns die Sterne näher brachte, 32 Leuthen, des Königs Schlacht, 57 Abenteuer in der Mandschurei.

Die spannenden Bücher
(Titel z.T. nur innen)
Berlin: Ullstein Verlag, 1921-22
o.P. (0,40), 48-64 Seiten, 16,5 x 24 cm
A: Sven Elvestad (3), Hanns Heinz Ewers (4),

Norbert Jaques (12), E.A. Poe (15) u.a.
o.Nr. Therese Raquin 10,00
o.Nr. Leidenschaften 10,00
o.Nr. Der schwarze Stern 10,00
o.Nr. Die blauen Indianer 15.00
o.Nr. Die Serpolette 10,00
o.Nr. Der Schatten 15,00
o.Nr. Hofrat Eysenhardt 10,00
o.Nr. Yvette 10,00
o.Nr. Ein junges Mädchen 10,00
o.Nr. Frau Tarnotzis feinster Coup 10,00
o.Nr. Der Sprung nach drüben 15,00
o.Nr. Die Zwei in der Südsee 15,00
o.Nr. Nachtstücke 10,00
o.Nr. Lucifers Auge 15,00
o.Nr. Die Geschichten vom Detektiv Dupin 25,00
o.Nr. Colibri 10,00
o.Nr. Der rote Nebel 15,00
o.Nr. Der Fall der Witwe Lenoir 10,00
Hinweis: Band 4,6,11,14,17: (u-p).

Spione
Dresden: Mignon-Verlag
1914
0,10, 24 Seiten, 14 x 21 cm
A: o.A.
1 180,00
2-12 120,00

Spuk- und Geistergeschichten
Berlin: Metropol Verlag
1909
0,10, 32 Seiten, 13 x 19 cm
1-5 ? 250,00

Stiel und Strumpf
Lustige Abenteuer in aller Welt
Berlin: Paul Schmidt Verlagsanstalt
1939
0,10, 32 Seiten, 11 x 15 cm
A: Karl Krahner
1-23 18,00
Hinweis: Grenzfall, Buschiade,
Zeichnungen Erich Schwertmann

Störtenbeker
Berlin: Verlag C. Bartels
?
o.P., 64 Seiten, 12,5 x 18,5
A: o.A.
o.Nr. Störtenbeker, der grösste Seeräuber
aller Zeiten 45,00

Stolle Verlag (interner Serientitel)
Dresden: W. Stolle Verlag
1941/1942
0,50, 80 Seiten, 10,5 x 19,5 cm
A: Friedrich Kipp Band 1,2 E.W.A. Reinhart 3
Geheimnis der Ruine... 28,00
2.Auflage 6-65 Tausend 18,00
Die Pirateninsel 35,00
2.Auflage 6-55 Tausend 20,00
Abenteuer in Haiti 50,00

Sturmvögel
Mit Büchse und Toboggan durch die
Arktis (1-41)/
Abenteuer zwischen Urwald und Prärie (ab 42)
Heidenau: Verlagshaus Freya
1939-41
0,15, 48 Seiten, 11 x 17,5 cm
A: F.L. Barwin
1 32,00
2-30 20,00
31-50 22,00
51-70 28,00
71-80 30,00
81 55,00
Nachdrucke 3,00
Hinweis: Im Verlag B. Langer & Co. erschienen als Buchausgaben: „Pontiac" (1943) mit Nr. 42-46, 48-51 und „Der Verrat von Detroit" (1944) mit Nr. 53-55, 57-61, 64-65.

Sun Koh
Der Erbe von Atlantis
Leipzig: Verlag A. Bergmann
1933-36
0,20, 64 Seiten, 11,5 x 15,5 cm

A: Lok Myler
1 (1. Auflage) 35,00
1 (höhere Auflagen) 25,00
2-47 (1. Auflage) 25,00
2-47 (höhere Auflagen) 15,00
48-149 (1. Auflage) 18,00
48-149 (höhere Auflagen) 15,00
150 (1. Auflage) 60,00
150 (höhere Auflagen) 45,00
Nachdrucke 2,50
Hinweis:
Die 2. und 3. Auflage hat neben der Bandnummer einen kleinen Stern. Sie ist z.T. stark bearbeitet und hat z.T. neue Titel und Titelbilder. Nr. 148 erschien mit JAN MAYEN Nr. 1 als Beilage (siehe dort). Siehe auch Bücher und NK-Serien.

Sven Berndts
phantastische Abenteuer
Dresden: Verlagsanstalt W. Opitz
1924
o.P., 136 Seiten, 12 x 18 cm
A: Karl Müller-Malberg
1 Die Söhne des Galgens 150,00
2-8 150,00
9 220,00

Tatsachen!
Heidenau: Verlagshaus Freya
1939-41
0,25, 64 Seiten, 17 x 24 cm später 15,5 x 23 cm
A: Diverse
1 15,00
2-87 10,00
Hinweis: „Begebenheiten aus dem Leben berühmter Persönlichkeiten, die auf Tatsachen beruhen."

Teddy, der Schatzjäger
Abenteuer in aller Welt
Berlin: Berliner Buchdruckerei und Verlagsanstalt
ca. 1908
0,10 bis 0,15,
32-48 Seiten
14,5x 23 cm bis 15,5 x 23 cm
A: Teddy de Ruyter
1-8 350,00

Tex Bulwer
Abenteuer im Wilden Westen (ab 3)
Berlin: Neues Verlagshaus für Volksliteratur
1936-38
0,20, 64 Seiten, 12 x 16,5 cm
A: Peter Carr (53, 60, 64, 66, 70),
Hans Reinhard (37, 39),
Wilhelm Reinhard (32, 35, 40) u.a.
1 60,00
2-79 40,00
80 60,00
Nachdrucke 2,50
Hinweis:
Nr. 1-4, 11, 53-57 haben Filmtitelbilder.

Texas Jack
der berühmteste Indianerkämpfer (teilweise)
Berlin: Verlagshaus für Volksliteratur und Kunst (1-46) Neues Verlagshaus für Volksliteratur (ab 47)
1906-11
0,10, 32 Seiten, 15,5 x 22,5 cm
A: o.A.
1 50,00
2-215 35,00
Nachdrucke 5,00
Hinweis: Siehe auch DER GROSSE KUNDSCHAFTER

Texas Jack
Der große Kundschafter
Berlin, Verlagshaus für Volksliteratur und Kunst (1-43...) Neues Verlagshaus für Volksliteratur (ab...54)
1930-32
0,20, 32 Seiten
15,5 x 22,5 cm
A: o.A.
1 35,00
2-120 20,00
Hinweis: Neuausgabe der 1. Serie in geänderter Nummernfolge. Nr. 72 mit Untertitel: Der Held des Wilden Westens.

Texas Jack
der grosse Kundschafter - Neue Folge
Berlin: Neues Verlagshaus für Volksliteratur
1932-33
0,20, 32 Seiten, 15,5 x 22,5 cm
A: o.A.
1 30,00
2-75 18,00
Hinweis: Neuausgabe der 1. und 2. Serie in geänderter Nummernfolge.

Timm Fox
Der König der Detektive/Der König der Abenteurer
Leipzig: Rekord-Verlag
1921
o.P., 24 Seiten, 10 x 15,5 cm
A: o.A.
1 120,00
2-45 100,00
46-48 110,00
Hinweis: Siehe HYÄNEN AUF DEM SCHLACHTFELDE DES LEBENS, AUS DEN GEHEIMAKTEN EINES WELTDETEKTIVS.

Tollkühne Abenteuer und Erlebnisse
Siehe UNSERE FELDGRAUEN

Tom Hypnos
der König der Geheimwissenschaften
Mülheim-Ruhr: Bison Verlag, ca. 1922
o.P., 32 Seiten, 11 x 15 cm
A: o.A.
1-6... 500,00
Hinweis: metaphysisch, sozialistisch angehaucht, Kampf gegen die Auswirkung des Kapitalismus.

Tom Shark
Der König der Detektive (1-499)
Heidenau: Verlagshaus Freya
1929-39
0,20, 64 Seiten, 11 x 17,5 cm
A: Pitt Strong (Pseudonym für Elisabeth von Aspern, einige Texte sind jedoch von Hans Reinhard, Hanns Zomack u.a.)
1 45,00
2-74,74a,75-300 28,00
301-400 35,00
401-500 40,00
501-553 55,00
Nachdrucke 2,50
Neuausgaben Ganzbiller 571-660 3,00
Hinweis: Von Nr. 8 erschienen 2 Ausgaben mit unterschiedlichen Titelbildern. Siehe auch NK Serie. Nr. 20, 33, 59, 79, 132, 199, 367, 506 (u-p).

Tom Shark
Heidenau: Verlagshaus Freya
1939
0,50, 128 Seiten, 11 x 17,5 cm
A: Pitt Strong
1-13 70,00
Nachdrucke 5,00

Tosca-Romane
Dresden: Mignon-Verlag
1923
o.P. (0,20), 64 Seiten, 11,5 x 14,5 cm
A: diverse
1-20 10,00

Trapper Treuherz
Erlebnisse aus dem Wilden Westen
Leipzig: Moderner Volksbücherverlag, 1922-23
o.P., 24 Seiten, 11 x 16 cm
1-14 75,00
Hinweis:
Grün-weiße Titelbilder (1-6), schwarz-weiße Titelbilder (7-14).

Uhlmann-Bücher
Gute Romane fürs deutsche Volk
Siegmar-Chemnitz: Otto Uhlmann Verlagsanstalt
1917-19
0,15/0,10, 11 x 15 cm
A: Diverse
1 25,00
2-26 10,00

Um den Erdball
Berlin: Verlagshaus für Volksliteratur und Kunst
1911-13
0,10, 32 Seiten, 14 x 21 cm
A: Diverse
1 50,00
2-80 25,00
81-120 30,00
Hinweis: Nr. 1 ist doppelt belegt: 1) „Die Letzten ihres Stammes" (z.T. auch als „Probenummer"), 2) „Mit dem Kronprinz durch Indien".

Um Deutschlands Ehre
Berlin: Verlag moderner Lektüre, 1914-15
0,10, 16-32 Seiten, 13,5 x 20 cm
A: Diverse
1 40,00
2-28... 20,00

Universal Kriminal Romane
Berlin: Verlagshaus für Volksliteratur und Kunst
1928-29
0,20, 64 Seiten, 11,5 x 17,5 cm
A: Hans Reinhard (43) u.a.
1 20,00
2-48 12,00

Unsere Feldgrauen
Deutscher Soldatengeist vor dem Feinde
Dresden: Mignon-Verlag, 1915-16
0,10/0,15, 32/24 Seiten, 14,5 x 21 cm
A: o.A.
1 20,00
2-165 10,00
Hinweis: Serienfigur ist Helmut von Steinberg. Einige Hefte mit Aufkleber TOLLKÜHNE ABENTEUER UND ERLEBNISSE.

Unsere Wehrmacht in Krieg und Frieden
- siehe auch BUNTE BÜCHER

Unter deutscher Flagge
Berlin: Verlagshaus für Volksliteratur und Kunst
1911-16
0,10, 32 Seiten, 15,5 x 22,5 cm/13,5 x 20,5 cm
A: Diverse
1 30,00
2-240 15,00
6 Sonderhefte 15,00
Nachdrucke 5,00
Hinweis: Ab Nr. 226 als „Neue Folge" Nr. 1-15.

Unter deutscher Flagge
Berlin: Neues Verlagshaus für Volksliteratur
1933-34
0,20, 32 Seiten, 15 x 22,5 cm
A: Diverse
1 30,00
2-35 15,00
Hinweis: ND der 1.Serie in anderer Nummernfolge.

Unter Fahnen und Standarten
Erzählungen aus den Freiheitskriegen
Berlin: Verlagshaus für Volksliteratur und Kunst
1912-14
0,10, 32 Seiten, 13,5 x 21 cm
A: Diverse
1 38,00
2-85 20,00
Hinweis: Siehe AUS GROSSER ZEIT.

Unterhaltungs-Bibliothek
Dresden: Verlag H.G. Münchmeyer
o. J., (um 1898)
0,10, 32 Seiten
12,5 x 17 cm
A: Graf Leo v. Hagen (Robert Kraft)
1 250,00
Hinweis:
Titelbild fast identisch mit der Ausgabe AUS ALLEN WELTTHEILEN. Vermutlich erschienen auch die Nummern 2-5.

Unter schwarzer Flagge
Abenteuer des berühmten
Piraten-Kapitäns Morgan/
ab 101: Abenteuer des Piratenkapitäns Morgan.
Berlin: Verlag moderner Lektüre

1907-10
0,10, 40 Seiten, ab 109: 32 Seiten
(Nr. 2 = 45 Seiten) 12 x 22,5 cm, (1-108/
14 x 22,5 cm (ab 109)
A: o.A.
1 50,00
2-108 35,00
109-240 45,00
Nachdrucke 5,00

Vagabunden des Schienenwegs
Die Abenteuer des Jimmie Jackson(1-5...
Die Erlebnisse des Detektivs
Jimmie Jackson (ab ...7
Berlin: Momus-Verlag
ca. 1930-31
0,15, 32 Seiten (Nr. 1 = 36 Seiten) 11,5 x 16,5 cm A:
Doug J. Layton
1-16... 220,00

Vergiß mein nicht
Vergißmeinnicht-Romane
Siehe DIE GUTEN VERGISSMEINNICHT-ROMANE

Verwegene Abenteuer Siehe JESSE JAMES

Vineta-Romane
Berlin: Verlagshaus für Volksliteratur und Kunst
1927-28
0,15, 32 Seiten, 11 x 15 cm
A: Diverse
1 15,00
2-60 10,00

Volks-Kriminal-Romane
Leipzig: Verlag Georg Görlitz
1929
o.P. (0,40), 94-96 Seiten, 11,5 x 15,5 cm
A: Paul Hain (8), Paul Rosenhain (13) u.a.
1 22,00
2-17 15,00
18 22,00
19-24 15,00

Hinweis: Nr. 17 auch als DETEKTIV-ROMANE/ STERN BÜCHER Nr. 1. Nr. 18 hat als 2. Erzählung „Das Verbrechen der Filmdiva" = HANNIBAL BLUNT Nr. 10.

Von deutscher Treue
Deutsche Heldentaten in aller Welt, zu Wasser und zu Lande
Berlin: Verlagshaus für Volksliteratur und Kunst
1912-14
0,10, 32 Seiten, 15 x 22,5 cm
A: Diverse
1 30,00
2-130 18,00
Hinweis:
Serienfiguren sind die „Gebrüder Ernst und Georg Wackermann". Erschien auch als Zeitschrift „Jugendpost" und gebunden als „Der Jugendkamerad".

Wahre Detektiv Geschichten
Berlin: Verlag „Es werde Licht", 1930-33
0,25/0,50, 32-80 Seiten, 19,5 x 26,5 cm
A: Edgar Wallace u.a.
1. Jahrg. 1-20 25,00
2. Jahrg. 1-12 25,00
3. Jahrg. 1-12 25,00
4. Jahrg. 1-2 35,00
Hinweis: Kriminalmagazin mit Fortsetzungskrimis, Krimi-KG und Kriminalistik.
Hinweis: Nach der amerikanischen Pulp-Serie „Master Detective". Titelbilder von Edward Dalton Stevens.

Wama-Schatz-Bücher
Berlin: Wama-Verlag
1926-27
o.P./0,20 (ab 9), 32 Seiten, 11,5 x 14,5 cm
A: diverse
1-12 15,00
Hinweis: Die Nummern 1-8 erschienen als: Romanausgabe (1-4) und Kriminalausgabe (1-4).

Wanda von Brannburg
Deutschlands Meister Detectivin
Dresden: Verlag „Meteor", 1907-08

0,20, 32 Seiten, 22 x 28 cm
A: Diverse
1 250,00
2-22 220,00

Der Welt-Detektiv
Berlin: Verlagshaus für Volksliteratur und Kunst
1929-30
0,20, 48 Seiten (1-16) 64 Seiten (ab 17),
11,5 x 15 cm
A: o.A., Nr. 55 von Friedrich A. Seyffert
1 65,00
2-62 55,00
Nachdrucke 5,00
Hinweis: Serienfigur ist Sherlock Holmes. Kein Zusammenhang mit DETECTIV SHERLOCK HOLMES UND SEINE WELTBERÜHMTEN ABENTEUER.

Der Welt-Detektiv
Salon-Ausgabe
Berlin: Verlagshaus für Volksliteratur und Kunst
1909
0,30, 96 Seiten, 13 x 20 cm
A: o.A.
108-146 120,00
Hinweis:
Hauptfiguren sind Sherlock Holmes und Harry Taxon. Nr. 1-107 evtl. als HARRY TAXON erschienen.

„Welt" Film-Roman
Berlin: Junge Dame Verlag
1933
0,35, 48 Seiten 14.5 x 20 cm
A: A. Poltzer
1 50,00
2-4 35,00
5 50,00

Welt-Kriminal-Bücherei (1-299)/
John Kling/John Kling's Abenteuer
(Titel z.T. nur innen) (ab 300)
Leipzig: Vereinigte Verlagsges. Werner Dietsch Verlag und Speka Verlag/ später nur Werner Dietsch Verlag
1926-39
0,30, (meist o.P.), 96 Seiten,
(anfangs bis 125 Seiten), 12 x 16,5 cm
A: Hermann Falk, Heinz Krafft, Paul Pitt, Max Wing u.a.
1 120,00
2-15 100,00
16 70,00
17-21 90,00
22 110,00
23-33 70,00
34 85,00
35-50 70,00
51-100 65,00
101-200 60,00
201-250 50,00
251-526 45,00
527-528 70,00
529-591 45,00
592 70,00
Nachdrucke 5,00
Hinweis: Von Nr. 129 gibt es 2 Ausgaben mit unterschiedlichen Titelbildern. Die Bände zwischen 300 und 379 erschienen ohne Nr., Titelauflistung siehe Katalog 1987. Nr. 305 „Der Schwindel mit Vilma" erschien auch als Tarnschrift (Hrsgb. KPD).
Serienfiguren:
John Kling 22-35, 43-592.
Bruno Mahr (A: H.B. Hart) 40-42
Tobias Sayler (A: Erich Hanka) 20, 21.
Siehe auch Bücher und NK-Serie.
Nr. 2, 25, 28, 30, 31, 35, 55, 56, 67, 80, 94, 96, 99, 163, 172, 183, 195, 242, 256, 266, 270, 287, 298, 314, 325, 327, 329, 330, 335, 346, 351, 360, 370, 404, 412, 428, 449, 462, 465, 479, 480, 487, 494, 504, 522, 526, 555, 556 (u-p).

Welt-Pirat England
Berlin: Otto Uhlmann Verlag
1939-42 (2. Auflage 1942)
0,30,
40-48 Seiten, 14,5 x 20,5 cm
A: Otto Kindler, Friedrich Wencker-Wildberg
1 45,00
2-20 .... 35.00

Wer war es?
Gute Kriminalromane
Mügeln: Mitteldeutsche Verlagsanstalt (1-153)/Heidenau: Verlagshaus Freya (ab 154)
1919-26
0,50 bis 1,50/0,20/Inflationspreise
96 Seiten (1-61)/64 Seiten (ab 62), 11,5 x 17,5 cm
A: Diverse
1 40,00
2-366 18,00
Hinweis: Nr. 267 ist ein WILL MORTON-Text.

Wessel's Kriminal-Bücherei
Die Erlebnisse und Abenteuer des Detektivs Ralph Garby (ab 17)
Hamburg: Verlag Georg Horstmann, später Claus Wessel Verlag
1929-30
anfangs o.P./0,20, 64 Seiten, 10,5 x 17 cm
A: O.H. Breucker (13-24) u.a.
1 35,00
2-24 25,00
Hinweis: Serienfigur ab Nr. 13 ist Ralph Garby.

Wildtöter
Neue Erzählungen aus dem Wilden Westen
Berlin: Verlagshaus für Volksliteratur und Kunst
ca. 1915-ca. 1921 (höhere Auflagen bis ca. 1930)
0,10 bis 1,00, z.T. o.P., (2. Auflage ab 0,15)
24 Seiten (einige Ausgaben 32 Seiten)
14 x 21 cm
A: o.A.
1 30,00
2-200 15,00
201-300 18,00

Wild-West
Dresden: A. Eichler's Verlag
1906-07
0,15, 32 Seiten, 16,5 x 25 cm
A: o.A.
1 120,00
2-25 80,00
Nachdrucke 5,00

Wild West Bibliothek
Breslau: Sonnenverlag Gebr. Krömer
1919-20
0,20, 24 Seiten, 13,5 x 21 cm
A: Friedrich Gerstäcker (2, 6) u.a., meist o.A.
1 75,00
2-19 55,00

Wild West Bibliothek
Dresden-A.: A. Eichler's Verlag
?
o.P., 32 Seiten
1-40 35,00

Willkommen
Berlin/Leipzig: H. Hillger-Verlag
1914-15
0,10, 93-98 Seiten, 11 x 16 Seiten
A: diverse
1-56 10,00

Will Morton Siehe KLEINE DETEKTIV-ROMANE

Winoga
Der letzte Mohikaner
Berlin: Verlagshaus für Volksliteratur und Kunst
1921-24
0,15 bis 0,60, 24 Seiten, 13,5 x 20,5 cm
A: o.A.
1 50,00
2-30 30,00
31-90 35,00
Nachdrucke 5,00

Wolf Greif
Heidenau: Verlagshaus Freya
1939-41
0,20, 64 Seiten, 11 x 17,5 cm
A: P. Strunz
1 35,00
2-35 30,00
36 35,00
37-59 30,00
60 50,00

„WELT" FILM-
ROMAN
Band 1
35 Pf.
„Wie du mich wünschst"

„WELT" FILM-
ROMAN
JOHANNISNACHT

„WELT" FILM-
ROMAN
Band 3
35 Pf.
Die weiße Schwester

„WELT"
FILM
ROMAN
Band 5
35 Pf.
Liebeslied der Wüste

61 75,00
Nachdrucke 2,50
Hinweis: Die 2. Ausgabe von Nr. 37 („Das Geheimnis des Sammlers") ist wahrscheinlich nicht erschienen. Nr. 34-36 sind umgeschriebene TOM SHARK-Texte (Nr. 511-513).

Wunder der Zukunft
Romane aus dem dritten Jahrtausend
Leipzig-Berlin: Verlag Julius Püttmann
1909-1910
1,00, 96 Seiten, 14 x 22 cm
A: Robert Heymann
1 Der unsichtbare Mensch vom Jahre 2111 750,00
2 Der rote Komet 700,00
3 Die über und unter der Erde 750,00
4 Die Seele des ägyptischen Priesters 750,00
Hinweis: Es gibt auch eine Buchausgabe. „Wunder der Zukunft" Roman in 3 Teilen von Robert Heymann. Enthält die Nummern 1-3. Wahrscheinlich handelt es sich vom Verlag neu aufgebundene Remittenden.

Zehn Jahre in der Fremdenlegion
Dresden: Verlag Georg Streicher
1913-14
0,10, 32 Seiten, 13,5 x 21 cm
A: o.A. (W. Dann)
1 55,00
2-65 40,00
Nachdrucke 5,00

Zum Wochenend
Dresden: Neuer Buchverlag
1929-32
0,30, 64 Seiten, 11,5 x 17 cm
A: E. Ney (46), Hans Zomack (48) u.a.
1 18,00
2-100 10,00

KAPITEL **2**

Österreichische Romanhefte vor 1945

ARGUS-BÜCHER
1919 Mittelformat 128 Seiten
C. Barth's Verlag, Wien-Leipzig
ohne Preisangabe A: Harald Torén
Der vermißte Millionär.
Ein Detektivabenteuer und Anderes 25,00
Hinweis: Ohne Nummerierung, Haupterzählung ergänzt durch mehrere Kurzgeschichten.

BILLIGE ROMANE
1876 (Erscheinungsdatum Band 7 = 1.4.1876, erschien jeden 1. und 15. d. Monats)
Kleinformat 96 Seiten
F. J. Singer, Wien,
Herausgeber O.F. Berg (d.i. Ebersberg)
20 Kronen A: ohne Angabe
1 450,00
2-7 350,00
angekündigt, Erscheinen fraglich: 8

BILLY DOGG;
DER BLINDE MEISTERDETEKTIV
Unerhörte Erfolge und spannende Abenteuer des blinden Detektivs in zwölf Folgen
(Gesamttitel: Die Jagd nach dem Golde)
1931 Kleinformat
Neuer Akademischer Verlag, Wien
1 Schilling A: ohne Angabe
1 60,00

DIE BLENDLATERNE
Kriminalistische Rundschau
1909 Großformat
„Die Blendlaterne" (R. Hölzer), Wien
25 Heller A: ohne Angabe
1 100,00
2-32 80,00
Hinweis:
Österreich-Ausgabe der Serie LORD LISTER des Verlagshauses für Volksliteratur und Kunst, Berlin – in geänderter Nummernfolge und mit eigenem Umschlag-Logo, ergänzt durch Zusatzseiten „Kriminalistische Rundschau", „Allerlei", und ähnlichem. Haupttext und Bild entsprechen der Originalausgabe.

DIE BRAUTNACHT
Zeitraum,Verlag, Autor,Verkaufspreis ohne Angabe
Druck: David Löbl, Budapest
Die Brautnacht 10,00
Hinweis: Monografische Erzählung (zugeklebter Umschlag)

DER DETEKTIV Siehe DER WELTDETEKTIV

DETEKTIV-BIBLIOTHEK
Die besten Kriminal-Novellen Aller Länder
Fritz Stagart's Abenteuer
ca. 1907 Mittelformat
48 Seiten C. Hölzer, Wien 15 Heller
A: Max Ladenburg (d.i. Robert Heymann), Max Brügge
1 85,00
2-10 65,00
11 50,00
12-32 55,00
Hinweis: Österreichausgabe der „KRIMINAL-BIBLIOTHEK", Verlag Meteor, Dresden.

DETEKTIV FRANK
U. Tartaruga' Romanserie
1916-1918 schmales Mittelformat
64-70 Seiten
Verlagsanstalt Gustav Röttig & Sohn, Sopron
75 Heller, 50 Pf.
A: U. Tartaruga (d.i. E.O. Ehrenfreund)
1 100,00
2-6 75,00

DURCH ALLE WELT Illustrierte Wochenschrift
ca. 1910 Großformat
Josef Fischer, Wien 25 Heller
A: Fritz Grafeneiche, Charles Nin, Wilhelm v. Trotha u.a., z.T. ohne Angabe
1 50,00
2-28 40,00
Hinweis: Österreich-Ausgabe der Serie HURRAH! DURCH ALLE WELT, Verlag H.G. Münchmeyer, Dresden-Niedersedlitz. Nummernfolge und Umschlag-Logo geändert, Text und Bilder entsprechen der Originalausgabe.

EIN BLICK DURCHS SCHLÜSSELLOCH
1902 Mittelformat 64 Seiten
Walter Rubinstein, Wien 20 Kr. = 40 Heller
A: Guy de Rossant, Boleslaw v. Tepoff u.a.
Österreich-Ausgabe der Serie des Dresdner Roman-Verlages
1 60,00
2-47 35,00

ETHEL KING
Ein weiblicher Sherlock Holmes
Erscheinungszeitraum? (ca. 1913)
Mittelformat ca. 42 Seiten
B. Weingarten, Wien 18 Heller, 15 Pf.
A: ohne Angabe
1-2 ?
3 Die Verbrecherhochzeit
(= Originalband Nr. 44) 220,00
Hinweis: Österreich-Ausgabe der Serie „Ethel King" des Dresdner Roman-Verlages, in geänderter Nummernfolge und ergänzt durch „Wochenschau"-Kurzartikel (vgl. auch „INTIME ZEITUNG")

EXOTISCHE WELT REISEABENTEUER
Band 1: DIE EXOTISCHE WELT
Fahrten des berühmten Selvan Sil
Band 4: DIE EXOTISCHE WELT
Illustrierte Zeitschrift
ca. 1930, Mittelformat 28-36 Seiten
„Exotische Welt", Wien
36-50 g / 25-30 Pf., Band 1 = 3600 Kronen
A: Egon Schott
1 40,00
2-4 30,00
Hinweis: Es gibt mindestens zwei Auflagen.
Als Beleg ist Band 3 vorhanden, und zwar mit: 1. Preisaufdruck 36 g / 25 Pf., 2. Preisaufdruck 50 g / 30 Pf.

DAS FALT-BUCH
Wien-Berlin: Verlag Waldheim Eberle 1930
0,50, 94 Seiten, 10 x 24,5 cm
A: R.L. Stevenson (7) u.a.

1 Leidenschaften (Bruno Frank) 70,00

2 Das Schicksal eines Staatsanwaltes (Alfred Freiherr v. Bergen) 70,00

3 Die Diva und die Unscheinbare (H.Kalisch)... 70,00

4 Die Fahrt in die Stadt (F. Gaupp) 70,00

5 Ich, der Hochstapler Ignatz Strassnoff (Ignatz Strassnoff)... 70,00

6 Der Henker von Paris (Henry Sanson) 70,00

7 Der Selbstmörderklub oder verrückte junge Leute (u-p) (Robert Louis Stevenson)......... 150,00

8 Wie ich mich durchs Leben stahl – 1. Ich brenne durch (Ernest Booth) 70,00

9 Die Geheimnisvollen im Schloß zu Eishausen (Friedrich Bülau) 70,00

10 Interessante Männer (Nikolaj S. Leskov) 70,00

11 Die Hand durchs Fenster (Wolf Durian) 70,00

12 Wie ich mich durchs Leben stahl – 2. Junge Komplicen (Ernest Booth) 70,00

13 Der Pfahlmann (Karl May) 150,00
Hinweis: In Klammern die Namen der Autoren.
Etwa zur gleich Zeit in Deutschland und in Österreich erschienen.
Da der Verlag bis 1933 seinen Hauptsitz in Wien hatte, haben wir diese Serie in die Rubrik Österreichische Romanhefte vor 1945 aufgenommen.
Abgebildet ist die deutsche Ausgabe.

FERRO DER ROBOT
1936 Kleinformat 132 Seiten,
Broschüre mit losem Schutzumschlag.
Preßvereinsdruckerei St. Pölten
2,40 S A: Karl Dolezal
1 (mit Schutzumschlag).................................. 250,00
1 (ohne Schutzumschlag)................................ 150,00

FILM-BÜCHEREI
Erscheinungszeitraum? (nach 1925)
Miniatur-Kleinformat 32 Seiten
Otto Maaß' Söhne Ges.m.b.H., Wien
ohne Preisangabe
A: nacherzählt von Fau-Pé (10) - das ist vermutlich Dr. Viktor Pollitzer, sonst ohne Angabe
1-9 20,00
10 Abenteuer im Nachtexpreß (Harry Piel-Abenteuerfilm) 40,00
Hinweis: Kinoprogramme in Romanheftform (nacherzählte Filmhandlungen mit Filmbildern).

FISCHER'S HERRENBIBLIOTHEK
ca. 1905 Kleinformat,
ca. 96 Seiten Josef Fischer, Wien
40 Heller (im Einzelverkauf 50 Heller)
A: Dumas, Kock u.a.
1-37 35,00

FISCHER'S VOLKS- UND JUGENDBIBLIOTHEK
ca. 1900 Kleinformat ca. 64 Seiten
Josef Fischer, Wien, 20 Heller
A: Heinrich Wilde (13)
1 Der letzte Mohikaner 60,00
2 Der weiße Adler 60,00
3 Der letzte Häuptling der Nachiko's 60,00
4 Der Fallensteller 60,00
5 Der Skalpjäger 60,00
6 Ein neuer Robinson 60,00
7 An Bord des Piratenschiffes 60,00
8 Die Tigerkatze oder der Häuptling der Osagen 60,00
9 Panterzahn, der Indianerhäuptling 60,00
10 Rinaldo Rinaldini 60,00
11 Die Sklavenhändler am Kamerunfluß 60,00
12 Der Sohn des Freibeuters 60,00
13 Witamorah, der graue Adler 60,00

DER GRAF VON MONTE CHRISTO
Ein Filmwerk in 8 Epochen
ca. 1920 Mittelformat 32 Seiten
Pathé Fréres, Wien
o. P A: Alexander Dumas
Der Graf von Monte Christo 40,00
Hinweis: Filmroman mit Szenenfotos, vergleiche „MADAME DUBARRY".

DER GRAUE BÜFFEL ERZÄHLT...
ca. 1938 Mittelformat 32 Seiten. 25 Pf.
Verlagsanstalt R. & M. Jenny, Innsbruck
A: Rudolf Habisreutinger
1 50,00

DER HARLEKIN
Illustrierte Zeitschrift für Theater, Kunst und Humor
1912 Kleinformat 32 Seiten
Franz Wolfbauer, Wien 24 Heller
A: in Klammern
1 Das elektrische Trinkgeld (Eduard Pötzl) So du mir, so ich dir (Friedrich Gerstäcker) 20,00

DIE HELDEN DER WILDNIS
Leben, Kämpfe und Abenteuer berühmter Trapper, Farmer, Jäger, Kundschafter usw.
(ab Band 14 ohne Untertitel)
1908-1909 (?) Mittelformat 32 Seiten
Verlagsbuchhandlung Karl Urban, Dresden-N.
14 Heller A: ohne Angabe
1 100,00
2-29 70,00
Hinweis: Aufgrund des Preisaufdruckes: 14 Heller (sonst keine Währungsangabe) wurde angenommen, dass es sich dabei um eine Österreich-Ausgabe handelt. Ob alle 29 Nummern tatsächlich erschienen sind, ist noch nicht bekannt bzw. belegbar. Es gab auch eine deutsche Ausgabe (= Originalserie) in derselben Titelfolge (Preis: 10 Pfg.).

ILLUSTRIERTE DETEKTIV-ZEITUNG
Sensationelle Wochenschrift
ca. 1908 Mittelformat
C. Hölzer, Wien, 20 Heller
A: ohne Angabe
1 70,00
2 - 38 60,00

ILLUSTRIERTE ROMAN-REVUE
1930-31 Mittelformat
64 Seiten (Einzelbände)
Betty Ferch, Wien
80 Gr. / 50 Pf., Doppelnummer 1,50 S
A: Johann Ferch
1 20,00
2-3 15,00
4/5 20,00
Es wurden weitere Titel angekündigt
Hinweis: Sozialkritische Romanhandlungen.

ILLUSTRIERTE WOCHENSCHRIFT FÜR JUNG UND ALT
ca. 1907 Mittelformat
Josef Fischer, Wien 16 Heller
A: ohne Angabe
1 80,00
2-3 60,00
4 ?
Hinweis:
Österreich-Ausgabe der Serie FLORIAN GEIER's KAMPF MIT DEM RAUBRITTERN, Verlag moderne Lektüre, Berlin, mit geändertem Umschlag-Logo (Bild und Text ident.). Zusätzlich auf beiden Umschlaginnenseiten Witzerzählungen.

IM FLUGE DURCH DIE WELT
Kriminalmagazin / Das neue Kriminalmagazin
1. Jg. 1932 Mittelformat
64 Seiten
Hans Fischer u. Bruder, Wien
35 Gr. / 30 Pf.
A: Paul Rosenhayn, Hans Stein, Franz Heller u.a.
1 60,00
2-7 45,00
8-12 60,00
Hinweis: Haupterzählungen (Bandtitel) sind Abenteuer der Serienfigur „Reporter Fred Walker", ergänzt durch Kurzgeschichten, Denksportaufgaben und „Kuriositäten aus aller Welt".

IM LANDE DER GEFAHREN
Erzählungen aus dem Westen Nordamerikas
1912 Mittelformat 32 Seiten 20 Heller
A: Anton Witt
1 Titel = Serientitel 60,00

IN DER ELEKTRISCHEN
Illustrierte Romanzeitung für alle Stände
Erscheinungszeitraum ? (ca. 1907)
Kleinformat, 128 Seiten
Josef Fischer, Wien 30 Heller
A: in Klammern
1-6 Titel noch nicht bekannt
7 Die Tochter des Piratenkapitäns (Adolph Lynn) = Bd.43 „WEBER'S MODERNE BIBLIOTHEK" .. 60,00

„INTERESSANTE ERZÄHLUNGEN"
Heftreihe ohne aufscheinende Serienbezeichnung, gewählte Serienbezeichnung in Anlehnung an Heftrückseite, Bandreihenfolge - ohne Nummerierung - entspricht ebenfalls der Titelnennung auf der Rückseite.
Erscheinungszeitraum ? (vor 1900)
Kleinformat, 32-48 Seiten
C. Fritz / Wilhelm Hegenauer, Wien
o. P. A: ohne Angabe

Das Köhlermädchen im Dornbacher Walde....... 50,00
Graf Monte-Christo 50,00
Der Fischer, der Geist und der König
der schwarzen Inseln.................................. 50,00
Die vier Heymonskinder 50,00
Prinz Habed und der Zauberer.......................... 50,00
Das Moosweibchen... 50,00
Die bezauberte Elster 50,00
Dornröschen... 50,00
Schneewittchen.. 50,00
Dr. Faust's Höllenfahrt 50,00
Rothkäppchen 50,00
Das Bergmännlein 50,00
Aschenbrödel 50,00
Das Raubschloß 50,00
Der baierische Hiesel....................................... 50,00
Ritter Blaubart 50,00
Karl und Agnes 50,00
Das Räubermädchen von Baden 50,00
Johann Georg Grasel, der
Räuberhauptmann.................................... 50,00
Die Räuberhöhle... 50,00
Kaiser Josef und die Glückswaberl.................. 50,00
Anekdoten und Charakterzüge aus
dem Leben des Kaiser Josef II........................ 50,00
Die schöne Müllerstochter 50,00
Till Eulenspiegel... 50,00
Der daumenlange Hansel 50,00
Rosza Sandor, der ungarische Räuber.............. 50,00
Die zwölf schlafenden Jungfrauen 50,00
Das Kremser-Mandl ohne Kopf......................... 50,00
Wendelin von Höllenstein, oder die
Todtenglocke 50,00
Abenteuer des Robinson Crusoe 50,00
Rübezahl... 50,00
Das hölzerne Kreuz 50,00
Rinaldo Rinaldini... 50,00
Belagerung Wiens durch die Türken 50,00
Hulda, die Spinnerin am Kreuz......................... 50,00
Die Oster-Eier 50,00
Das Blumenkörbchen.. 50,00
Der Weihnachtsabend 50,00
Das Täubchen 50,00
Der Zauberer von Plön 50,00
Emma v. Finkenstein 50,00
Der Gewissenswurm 50,00

INTIME GESCHICHTEN
Vermutlich: 1903-10
15 Heller, 47-64 Seiten, 13,5 x 20 cm
Herausgeber C. Hölzer, Wien
A: Diverse
1-151 15,00
Nachdruck der deutsche Ausgabe (Metropol Verlag). Diese hat nur einen 10 Pfennig Preis oder einen Pfennig plus Heller Preis.
Ob alle Nummern nur mit einen Heller Preis und auf Seite 2 Verlagsangabe C.Hölzer, Wien herausgekommen war, das Wissen wir nicht.
Uns liegen nur die Nummer 7 und 151 vor.

INTIME ZEITUNG
Pikante Wochenschrift
Erscheinungszeitraum ? (ca. 1912)
Mittelformat 48 Seiten
Herausgeber C. Hölzer, Wien 20 Heller
A: ohne Angabe
1-14 Titelfolge noch nicht bekannt
15 Das Skelett im Piano (19) 220,00
16 Zuchthaussträfling Nummer 888 (20).......... 220,00
17 Der Einbruch in die Nationalbank (21)......... 220,00
Hinweis:
„ETHEL-KING"-Serie in geänderter Nummernfolge und ergänzt durch Feuilletons (Original-Bandnummer in Klammern).

JEDERMANNS ROMANE
Literarische Zeitschrift
ca. 1923 Mittelformat 64 Seiten
Herausgeber Georg Schöpf, Wien
5000 Kronen
A: Maupassant, Alexander Puschkin u.a.
1 Yvette. Ein seltsames Abenteuer (1.Folge)...... 15,00
2 Dubrowskij. Ein seltsames Abenteuer.
Schluß (2.Folge).. 15,00
Hinweis:
„Weltliteratur" in Romanheftform (abgschlossene Erzählung ergänzt durch Erzählung in Fortsetzung).

JUGENDWOCHE
der Bund der 7
ca. 1910 schmäleres Mittelformat
Josef Fischer, Wien 25 Heller
A: Rudolf Berg
1 Erlebnisse in London /? (25) 50,00
2 Ixos Meisterstück (26) 40,00
3 Die Fahrt im Schleifstein / Die imitierten Bundesbrüder (27) 40,00
4 Die verwechselte Schauspielertruppe / Die Zwecke unter schwerem Verdacht (28) 40,00
5 Das verhexte Landhaus / Der Schweinediebstahl (29) 40,00
6 Ein Landsmann der Bundesbrüder / Die vertauschten Hosen (30) 40,00
Hinweis: Österreich-Ausgabe der Serie JUGENDWOCHE - DER BUND DER 7, Verlag moderne Lektüre, Berlin, in geänderter Nummernfolge. Die Titel scheinen auf dem Umschlag nicht auf. Überwiegend zwei Erzählungen pro Heft, im Anhang „Briefkasten", „Humor", „Spiel und Sport", u.ä. Laut Angabe des Josef Fischer-Verlages erschienen die Hefte 1-20 auch in zwei Bänden gebunden (jeweils 10 Hefte zusammen). In Klammer die Bandnummern der Originalausgabe.

DIE JUNG-ADLER-HEFTE JUNGADLERHEFTE
(Serientitel, Nummerierung und Preisaufdruck nur auf der Umschlagrückseite)
1936, Mittelformat
Tyrolia-Verlag, Innsbruck-Wien 40 Groschen
A: in Klammern
1 Der Riese David und der kleine Goliath (Eugen Andergassen) 10,00
2 Im letzten Augenblick (Richard Kögl) 10,00
3 Das Geheimnis des Blockhauses (Robert Anton) 20,00
4 Der Adlerbub (innen zusätzlich: und andere Geschichten) (Josef Markus Rainer) 10,00
5 Kämpfer für Österreich (zusammengestellt von Herbert Buzas) 10,00
6 Laurins Zauberreich (Augusta Lechner) 10,00
7 Franzl will ein Schnitzer werden (Ilse Brugger) 10,00
8 Lust und List (Robert Skorpil, Franz Baumann) 10,00
Hinweis: Teilweise Sagen und Märchen, bzw. „heitere Kurzgeschichten". Band 3 ist eine Parodie auf „Detektivschmöcker" (speziell TOM SHARK).

KLAMBT'S MODERNE BIBLIOTHEK
ca. 1905 Kleinformat ca. 144 Seiten
Herausgeber Philipp Fruchter, Wien
20 Heller A: Matthias Blank
1. Jahrgang: ?
2. Jahrgang: 1 25,00

KLAMBT'S MODERNE BIBLIOTHEK
ca. 1910 Kleinformat ca. 144 Seiten
Klambt's Moderne Bibliothek, Wien
20 Heller A: ohne Angabe
1. Jahrgang: 1-4 25,00
2. Jahrgang: 1-4 25,00
Hinweis: Österreich-Ausgabe der deutschen Serie MODERNE ZEHNPFENNIG-BIBLIOTHEK, mit geänderter Reihenfolge der Texte.

KLEINE KRIMINAL-ZEITUNG
Moderne Wochenschrift
ca. 1907/1908 Mittelformat 48 Seiten
B. Weingarten, Wien 20 Heller
A: ohne Angabe
1 70,00
2 - 20 60,00
Hinweis: Österreichausgabe von „NAT PINKERTON" in geänderter Nummernfolge, ergänzt durch Feuilletons „Wochenschau" u.a.
Vergleiche auch „ILLUSTRIERTE DETEKTIV-ZEITUNG".

DIE KLEINE TASCHENBUCHREIHE
(Front und Heimat)
1940-41 Kleinformat 128-160 Seiten
Herbert v. Marouschek, Wien - Leipzig
RM 1,-- A: in Klammern
1 Das Wunder an Frau Strasilla (Franz Meinharding) 15,00
2 Privatdetektiv Langheinz (Ferdinand Gradl) 15,00
3 Wiener Geschichten (Fritz Stüber) 15,00

2. Jahrg. Weltenbummler 1937
DIE VIER MUSKETIERE
Die Insel der verlorenen Schiffe
Nr. 12
Preis 25 g

1. Jahrg. Weltenbummler 1936
Die vier Musketiere
Abenteuer-Serie
Nr. 27
Preis 35 g
Der rote Stern

SING-SING-KRIMINALREIHE 20
23. RALPH GOULDS
DIE TODESHELFER

SING-SING-KRIMINALREIHE 20 Pfg.
18. PAUL HAUS:
Die entscheidende Sekunde

4 Verwischte Spuren (F. Gradl)
(=Detektiv Langheinz-Erzählung) 15,00
Hinweis: Vergleiche monografische Detektiv-Langheinz-Erzählung „VON BRILLANTEN GEBLENDET".

DER KRIMINAL-KOMMISSÄR (PAT CONNER)
Illustr. Wochenschrift
ca. 1909 Mittelformat
Josef Fischer, Wien 15 Heller
A: siehe Hinweis
1-7 Titelfolge noch nicht bekannt
8 Das geheimnisvolle Haus in Stepney (9) 250,00
9 Eine Explosion im Bergwerk (10) 250,00
Hinweis: Österreichausgabe der Serie PAT CONNER vom Verlag modernder Lektüre, Berlin. Geschrieben von: Max Ladenburg (d.i. Robert Heymann sen.).

DER KRIMINALKOMMISSÄR (BILL CANNON)
Illustr. Wochenschrift
ca. 1910 Großformat
Josef Fischer, Wien 20 Heller
A: ohne Angabe
1 280,00
2-8 250,00
Hinweis: Österreich-Ausgabe der Serie BILL CANNON der Mitteldeutschen Verlagsanstalt, Berlin.

MADAME DUBARRY
ca. 1919 Mittelformat, 64 Seiten
ohne Angabe (Buch- und Kunstdruckerei Steyrermühl, Wien)
3 Kronen A: Jean Role
Serientitel = Romantitel
Madame Dubarry 40,00
Hinweis: Filmroman mit Szenenfotos, vgl. „DER GRAF VON MONTE CHRISTO".

MOMENT
Jede Woche ein Roman
1932/33 Großformat 22 Seiten
Moment-Zeitschriftenverlag G.m.b.H.
20 Groschen
A: in Klammern, die restlichen ohne Angabe
1 Grenzstation Bellegarde (Béla Zsolt) 15,00
2 Casanova in der Bridgestube (Otto Soyka) ... 12,00
3 Gefährlicher Sommer
(Oskar Maurus Fortuna) 12,00
4 Film der Geheimnisse
(Leo v. Westermayer) 12,00
5 Fräulein Hexe (Viktor Kelemen) 12,00
6 Juwal (Robert Michel) 12,00
7 Mutter und Tochter (Herbert Eulenberg) 12,00
8 Der Dollarhut (Eugen Kálmán) 12,00
9 Ein Mädchen nimmt Rache
(Felix Langer) 12,00
10 Margot fährt nach dem Süden
(H. A. Löhlein) 12,00
11 Der russische Pelz (Emerich Berkes) 12,00
12 In geheimer Mission (Horace Wilton) 12,00
13 Zweimal Lisa Ohlsen (Peter Hall) 12,00
14 Der grüne Pinguin (Louis Preinerstorfer) 12,00
10 Die Unbekannte (Frank Arnau) 12,00
16 Frau Rita - ich warne Sie! 12,00
17 Der tote Gast (Joachim Rügheimer) 12,00
18 Liebe und Öl (Essad Bey) 12,00
19 Bengalische Nacht (Catherina Godwin) 12,00
20 Namenlos! (Ferdinand Kögl) 12,00
21 Schöne Frau für Alle (Kurt Heynicke) 12,00
22 Frauen im Hörsaal 12,00
23 Bist du es ...? (Frank F. Braun) 12,00
24 Gestohlene Seele (Max Eulenberger) 12,00
25 Prinz Don Juan (Friedrich Wallisch) 12,00
26 Der schwarze Domino (Mela Escherich) 12,00
27 Nur keine Weiber (Thomas Moly) 12,00
28 Wechsler und Tänzerin(W. Noltens-Meyer) ... 12,00
29 Eine Frau allein... (Gertrud Diamant) 12,00
30 Ein Glas Sekt (Peter Hall) 12,00
31 Das unterirdische Reich (Allan J. Parker) 12,00
32 Flucht aus dem Harem
(Heinz Becker-Trier) 12,00
33 Geliebter von Übersee
(Paula Stuck v. Reznicek) 12,00
34 Schwalben am Strand (Tristan Bernard) 12,00
35 Attentat in Schönbrunn (Kurt Heynicke) 12,00
36 Die ehrliche Verbrecherin (Paul King) 12,00
37 3 Wochen Liebe (Herbert A. Löhlein) 12,00
38 Lehrerin für Amerika (Goldi König) 12,00
39 Manuela (Essad Bey) 12,00
40 Bimalas Seelenwanderung (Erny Dorell) 12,00
41 Die Tänzerin Toutcha (Charles Henry
Hirsch) 12,00
42 Der Fall Dr. Mortimer (Allan J. Parker) 12,00
43 Umwege zu Darius (Johanna Waldeck) 12,00
44 Kiekindiewelt sucht sich einen Mann
(C. Doris) 12,00
45 Servers Rache (Marie Amelie Freiin
von Godin) 12,00
46 Tagebuch eines modernen Mädchens
(Ad. von Werner) 12,00
47 Bank gegen Bank (Allan J. Parker) 12,00
48 Gabrielle fährt durch den Tag
(Dora v. Landa) 12,00
49 Gabrielle fährt durch die Nacht
(Dora v. Landa) 12,00

MÜLLER'S ROMAN-SERIE
1920 Kleinformat 160 Seiten
W. Müller, Wien ohne Preisaufdruck
A: Hugo Bettauer
1 15,00

NEUE DETEKTIV-ZEITUNG
Illustrierte Kriminal-Wochenschrift
1907 Großformat 16 Seiten
Verlagshaus f. Volksliteratur und Kunst, Berlin
(Herausgeber f. Österreich J. Fischer, Wien)
12 Heller A: ohne Angabe
1-5 60,00
6 ?
Hinweis: Vermutlich Österreich-Ausgabe der Zeitschrift „Waage und Schwert", Haupterzählung in den Bänden 1-5 ist „Salon Igel oder Die Geheimnisse eines verrufenen Hauses", ein Vorabdruck von Band 167 „AUS DEN GEHEIMAKTEN DES WELTDETEKTIVS" (erschien in dieser deutschen Reihe erst 1910). Kein Bandtitel auf dem Umschlag.

NEUE GLOBUS VOLKSBÜCHER
1919 Kleinformat
Gustav Kübart, Wien und
Kommissionsverlag Josef Rubinstein, Wien
50 Heller / 25 Pfennig
A: E. Marke, Felix Lacroix, Conan Doyle, Edgar Klein u.a.
1-6 60,00

NEUE KRIMINAL-BIBLIOTHEK
ca. 1906 Mittelformat
64 Seiten Carl Hölzer, Wien
nicht bekannt
A: Lincoln Moore (8), Rolf Gattersberg (36), sonstige von Heinrich Büttner
1-51 50,00
Hinweis: Vermutlich Vorläufer der NAT PINKERTON-Serie vom Dresdner Roman Verlag. Serienheld der NEUEN KRIMINAL-BIBLIOTHEK ist Pinkerton (ohne Vorname, einmal Tom Pinkerton).

NEUE VOLKS- UND JUGEND-BÜCHER
ca. 1905 Kleinformat 64 Seiten
Alois Neubert, Starkenbach (Böhmen)
15 Kr. / 25 Pf.
A: A.B. Grafwetter u.a.
1 60,00
2-8 50,00
9 60,00

PINKERTON-SERIE
Kriminal- und Detektiv-Romane
1919-1920 Kleinformat 80-200 Seiten
Josef Deubler, Wien o. P.
A: W. Hopkins
1 100,00
2-7 60,00

REISEABENTEUER Siehe EXOTISCHE WELT

DER REISEONKEL
Illustriertes Unterhaltungsblatt
ca. 1909-1910 Großformat
Josef Fischer, Wien 20 Heller
A: Karl Held
1 90,00
2-14 80,00
Hinweis: Österreich-Ausgabe der Rehe GEHEIMNISSE DER WÜSTE vom Verlag moderner Lektüre, Berlin, in geänderter Nummernfolge und ergänzt durch „Buntes Allerlei". Nicht zu verwechseln mit dem Kurzgeschichten-Magazin DER REISEONKEL des Verlages Alois Tauber, Graz (Administration Josef Fischer, Wien).

ROBINSON IM WILDEN WESTEN
ca. 1920 Kleinformat
Selbstverlag Karl Gründler, Wien und ab Band 4
Selbstbuchverlag M. Strobl, Wien
nicht aufgedruckt - handschriftlicher Innenvermerk in Band 2 und 3 = 6 Kronen
A: Karl Gründler (lt. Österr. Nationalbibliothek)
1 100,00
2-16 70,00
Hinweis: Auf jedem Heft befindet sich eine Titelliste bis Band 50, jedoch ist keine Nummer über Band 16 hinaus bekannt.

ROMAN DER MILLIONEN
1924-25 Großformat
32 Seiten (Band 3), 48 Seiten (Band 4)
Panorama-Verlagsgesellschaft, Wien
5000 Kronen (Band 3), 50g (Band 4)
A: in Klammern
1. Jahrgang:
1 Die Träume eines Morphinisten (José Más) 20,00
2 Stabskapitän Rybnikow (Alexander Kuprin) 20,00
3 Die Nachtwandlerin (Hans Janson) 20,00
4 Der Mann, der die Stadt plünderte (Sven Elvestad) 20,00
5 Meine halbe Orange (Felipe Trigo) 20,00
6 Feuer auf See (Jack London) 20,00
Hinweis: Ankündigung in Band 4: „In Vorbereitung: Romane und Novellen von Marie Madelaine, Maurice Leblanc (Arséne Lupin), Grete Urbanitzky, André Leòn, Stefan Fero, Frank Heller, José Más, Agatha Christie und Fernando Gil Mariscal".

DER ROMANLESER
Eine Auswahl der besten Romane und Erzählungen aus der Weltliteratur
ca. 1910 Mittelformat
Josef Fischer, Wien
20 Heller / Jahrgang 1.
A: Robert Heymann, H.C. Carly, R. Wolters
1-3 30,00

Hinweis: Österreich-Ausgabe der Serie MODERNE ROMANE des Verlages H. G. Münchmeyer, Dresden-Niedersedlitz. Geändertes Umschlag-Logo, Text entspricht der Originalausgabe.

ROMANTISCHE WELT MAGAZIN DER REISEN UND ABENTEUER
1929 Kleinformat
32 Seiten (Band 1), 30 Seiten (Band 2)
Alexander Papp, Wien 22 Gr.
A: Joe Southfield, Mac Wanderwell, William Fox u.a.
1-2 45,00
Hinweis: Keine Titelangabe auf dem Umschlag, Haupterzählung ergänzt durch Kurzberichte und Rubrik „Nur wenige wissen es!“

RUND UM DIE WELT
Interessantes Unterhaltungsblatt, ab etwa Band 50: Erlebnisse und Schicksale merkwürdiger Menschen
ca. 1907-1909 Großformat
Ig. Goldblatt, Wien 25 Heller / 20 Pfennig
A: ohne Angabe
1 70,00
2-49 55,00
50-116 50,00
Hinweis: Es sind 116 Bände bekannt. Ob alle vom Wiener Goldblatt-Verlag herausgegeben wurden, ist fraglich, wurde bei der Bewertung jedoch angenommen. Die Hefte sind vermutlich parallel zur deutschen Serie RUND UM DIE WELT der Münchner-Verlagsanstalt „Sect“ erschienen, und zwar etwa 50 Bände mit geändertem Umschlag-Logo und eingeklebtem Vorsatzblatt mit Notizen „Aus aller Welt“. Danach Weiterführung der Serie mit der Umschlaggestaltung des „Sect“-Verlages und teilweise (bis ca. Band 80) mit Vorsatzblatt.
Ab Band 101 Umschlagtitel-Zusatz: Aus dem Geheimarchiv des Detektiv-Klubs „Monte Christo“, ausgenommen Band 110 und 112.

SING-SING-KRIMINALREIHE
ca. 1930 Kleinformat
Markstein & Hochstät, Wien,
ab Band 13: Verlag Leo Fischer, Wien
je nach Auflage und Auslieferung diverse Preisaufdrucke - ö.S. 0,35 / RM. 0.20-20 Pfg. oder Dinar 4,-
A: Paul Haus, Sven Fjord, Alexander Eller u.a.
1 50,00
2-28 45,00

SPANNUNG
Zeitschrift für Kriminalistik, Spionage etc. teilweise mit Zusatz „Joe Websters Abenteuer“
ca. 1930 Mittelformat 32 Seiten
Markstein und Hochstät, Wien
30 g / 20 Pf / Kc 1,80
A: Paul Haus (d.i. Paul Weidenhaus) vergleiche „Sing Sing – Kriminalreihe“, u.a.
1-2 60,00
3-4 ?
5 60,00
Hinweis:
Haupterzählungen mit Serienfigur „Detektiv Joe Webster“, ergänzt durch Kurzgeschichten, „Anekdoten“ u.a.

„THRILL“ KRIMINALMAGAZIN
ca. 1930 Kleinformat
Herbert Bratassewic, Wien 20 Pfennig
A: Paul Haus, Iwan Podgorski
1 40,00
2 60,00

DER TOD IM GLASE
1923 kleineres Mittelformat 102 Seiten
Carl Konegen (Ernst Stülpnagel), Wien-Leipzig
ohne Preisangabe A: Edith Heralth
Der Tod im Glase. Abenteuer eines Amateurdetektivs 80,00

DER TRAPPER
Detektiv – und Abenteuer Geschichten
1936....? Zeitungsformat 15 Groschen
18 Seiten, illustriert
Hrsg., Druck & Verlag Österreichische Journal A-G., Wien
A: Diverse

Am Anfang alle 2 Wochen, dann ab Nr. 26 wöchentliche Erscheinungsweise.
1 75,00
2-42..? 60,00

Verlags-Sammelband
1 (mit 20 Heften) 350,00
2 (mit den Nummern 22-42) 350,00
Hinweis:
Kurzgeschichten. Kriminal-, Western- und Abenteuer- Geschichten, teilweise (wenige) mit u-p. Inhalten. Desweiteren Kreuzworträtsel, Kinoprogramm, Sport.

Aus den Jahren 1936 und 1937 liegen uns viele Hefte vor. Nach Aussagen eines Sammlers lief die Serie jedoch bis Anfang der 40er Jahre hinein.Teilweise unter anderem Serientitel. (keine gesicherte Erkenntnis).

U. TARTARUGA' ROMANSERIE
siehe DETEKTIV FRANK

UNTERHALTENDE UND BELEHRENDE ERZÄHLUNGEN FÜR DIE JUGEND
ca. 1905 Kleinformat 32 Seiten
Alois Neubert, Starkenbach (Böhmen
10 Kr. / 15 Pf. A: ohne Angabe
1. Auflage: 1-8 40,00
2. Auflage:
1-8 nicht bekannt, event. identisch mit 1. Auflage
9-26 40,00
Hinweis: Vermutlich zwei Auflagen in verschiedener Nummernfolge.

UNTER SCHWARZER FLAGGE
Abenteuer des berühmten Piraten-Kapitäns Morgan
ca. 1910
schmäleres Mittelformat (ca. 11,5 x 22,5 cm)
Josef Fischer, Wien (siehe Hinweis)
Band 1-8: 15 Heller (Nr. 5 mit 10 Pfg.), Band 9-46: 10 Pfg. = 15 Heller, Band 47-?: 10 Pfg. (15 Heller)
A: ohne Angabe
1 50,00
2-85 35,00

DIE VIER MUSKETIERE
2. Auflage des 1. Jahrganges und 2. Jahrganges mit zusätzlichem Titel: WELTENBUMMLER
1935, 1. Jg. / 1.+ 2. Auflage, Kleinformat
1936, 2. Jg., kleines Mittelformat
Preßvereinsdruckerei St. Pölten
1. Jg. 35 Groschen / 2. Jg. 25 Groschen
A: Karl Pöltner
1. Jahrgang:
1 120,00
2-37 70,00
38-41 75,00
2. Jahrgang:
1-11 120,00
12 200,00

VON BRILLANTEN GEBLENDET
Ca. 20er Jahre Mittelformat 136 Seiten
Verlagsbuchhandlung Raimund Fürlinger, Wien
ohne Preisaufdruck
A: Ferdinand Gradl Serientitel = Romantitel
Von Brillanten geblendet 20,00
Hinweis:
Monografische „Detektiv Langheinz"-Erzählung.

WAS MAN NICHT LAUT ERZÄHLT!
ca. 1910 Großformat
Josef Fischer, Wien 20 Pf. / 25 Heller
A: E.M. Goslich, Theodor Berkes, Hans Hyan u.a.
1 100,00
2-55 70,00
Hinweis: Es gibt auch eine Berliner Ausgabe, mit Preisaufdruck nur in Pfennigen.

DIE WELT DER ABENTEUER
Eine Sammlung guter Bücher für jung und alt
ca. 1919 Mittelformat 44-48 Seiten
A. Haase, Prag – Wien – Leipzig
nicht aufgedruckt (Kc 4,80 + 2% Umsatzsteuer)
A: in Klammern, weitere ohne Angabe
1 Die Flucht über die Cordilleren (Fr. Gerstäcker)
Die Silbermine im Ozarkgebirge 40,00
2 Der mexikanische Jaguar und andere
Jagdgeschichten 30,00

3 Der Pilgerzug nach Mekka (F.W. Hackländer) An der Wiege des Islam (G. Arnaud) 30,00
4 Seltsame Inselwelt (A. v. Chamisso) / Von Kalifornien nach den Sandwichinseln 30,00
5 In der Prärie verirrt / Charles Sealsfield (Karl Postl) 30,00
6 Hali-Jong, der Götzenfabrikant in Tibet (K. Gutzkow) / Im Kampf mit dem Nilpferde (A.E. Brehm) 30,00
7 Das rätselhafte Insekt (E.A. Poe) 30,00
8 Ein fahrender Schüler (Thomas Platter) / Der Schweizer Zug (O. Wiener) 30,00
9 Erlebnisse eines Schiffsjungen / Kapitän Marryat / Jagd auf ein Sklavenschiff 30,00
10 Die Vertreibung der Mormonnen aus Missouri (Fr. Gerstäcker) / Eine Wette 30,00

Hinweis:
Abenteuererzählungen der „Weltliteratur“ in Heftform.

DER WELTDETEKTIV
Criminelle Wochenschrift
DER DETEKTIV (ab etwa Band 11)
ca. 1909-1910 Großformat
R. Hölzer, Wien
15 Heller A: ohne Angabe
1 70,00
2 - 42 55,00
Hinweis: Österreich-Ausgabe der Serie JOHN WILSON des Dresdner-Roman-Verlages, ergänzt durch „Neues aus der Woche“, „Gerichtssaal“, „Aus aller Welt“ und durch Kriminalromane in Fortsetzungen – „Der geheimnisvolle Mord im Hause Calmon“, bzw. ab Band 31 „Die Toteneiche“ (von Heinrich Büttner, mit Detektiv „Pinkerton“). Umschlag-Logo und Nummernfolge gegenüber Originalausgabe geändert, Text und Bilder gleich, Bandtitel scheint auf Umschlag nicht auf. Erscheinen aller 56 Originaltitel als Österreich-Ausgabe fraglich.

WELTENBUMMLER
siehe DIE VIER MUSKETIERE

WELTFUNKHAUS „NOPLUL“
1924 Mittelformat 68 Seiten
Verlag der Reconstruction Publishing Co., Wien
A: Heinz Steinrück
Serientitel = Romantitel
Weltfunkhaus „Noplul“ 50,00

WIENER KRIMINALGESCHICHTEN
Erinnerungen eines Wiener Detektivs
1910 Kleinformat 16 Seiten
Verlagsbuchhandlung Sigmund Pollak, Wien
A: ohne Angabe
1 ?
2 50,00

WIENER ROMAN
1939-1944 Mittelformat
Südostdeutscher Verlag T. Kepler & Cie, Wien
15 Pf. A: Ferdinand Kögl, Franz Fr. Oberhauser, Otfried Hanstein, A. v. Satzenhofen, Josef Robert Harrer u.a.
Jahrgang 1 und 2 (1939/40):
1 15,00
2-49 10,00
Jahrgang 3 (1941):
50-65 10,00
66?
67-75 10,00
Jahrgang 4 (1942):
76-82 10,00
Jahrgang 5 (1943):
1-7 ? 12,00
Jahrgang 6 (1944):
8 12,00
Hinweis: Die Serie wurde nach dem Krieg fortgesetzt, siehe Österreichische Romanhefte nach 1945. Die ersten Hefte wurden von Band 1-82 fortlaufend durchnummeriert, ab Jahrgang 5 gab es eine neue Nummerierung. Für die Jahrgänge 5-7 liegen die Daten nur sehr lückenhaft vor..

WOGEN UND WELLEN
ILLUSTRIERTE WOCHENSCHRIFT
Mit der Beilage Abenteuer des Piratenkapitän Morgan
ca. 1911 Mittelformat
Verlag B. Weingarten 15 Heller
A: ohne Angabe
1 Wie Kapitän Seefests Weltreise endete/?(129) 60,00
2 In der Gefangenschaft der Spanier/?(130) 45,00
3 Bei dem König von Frankreich / ? (131) 45,00
4 Das Flibustierduell im Orangenwald/?(132) 45,00
5 Der Flibustierzug nach Granada (133) 45,00
6 Wie Granada von den Flibustiern gebrandschatzt wurde (134) 45,00
7 Der Untergang des „Sturmvogel“ (innen: Wie der „Sturmvogel“ verlorenging (135) 45,00
8 In der Prärie (136) 45,00
9 Der Zug nach Carthagena (innen: Der Flibustierzug nach Cartagena (137) 45,00
Hinweis: Österreichische Neuauflage der Serie UNTER SCHWARZER FLAGGE mit geändertem Umschlag-Logo und vier Zusatzseiten „Die österreichische Marine“ und „Aus weiter Welt“. Originalbandnummern in Klammern. Für die Bände 1-4 liegen noch keine Belegexemplare vor, die Titel wurden aus der Original-Reihenfolge rückgeschlossen.

KAPITEL **3**

Romanhefte seit 1945

Abenteuer-Bestseller Siehe BESTSELLER

Die Abenteuer des Dr. Goncelin
Schrobenhausen: Dr. Wilhelm Berg (Hrsgb.)
ca. 1950
0,50, 40 Seiten, 14,5 x 20 cm
A: o. A.
o.Nr.: Die Insel der toten Augen (u-p) 250,00

Die Abenteuer des Zauberers Pimpinello Mystifex
Hamburg: „Drei Heinzelmännchen"
1950
0,30, 32 Seiten, 15 x 20,5 cm
A: Henry H. Hill
1 (u-p) 65,00
3, 5 (u-p) 55,00
7 (u-p) 75,00
9, 11, 13 (u-p) 55,00
Hinweis: Die geraden Nummern erschienen als Comic-Serie „Michael Track".

Abenteuer eines Weltreporters
Wuppertal: Verlag „Die Lampions" (1),
Düsseldorf: Wilhelm Borchert (2)
1948-49
0,50/0,40, 32 Seiten, 14,5 x 20,5 cm
A: Wolf Oltwill
1: Die schwarze Mamba 125,00
2: Dschungelgespenster 125,00

Abenteuer im Weltenraum
Hamburg: Alfons Semrau Verlag
1958-59
1,00, 96 Seiten, 17 x 23,5 cm (1-4), 15 x 22,5 cm (ab Nr. 5)
A: Philip K. Dick (7-9), Kurt Laßwitz (5-6), Jack Vance (12, 18) u.a.
1 30,00
2-4 25,00
5-6 14,00
7-9 15,00
10-11 14,00
12 10,00
13 erst als 18 (mit nachträglich geänderter Nr.) erschienen
14-18 9,00
19 12,00

Abenteuer-Roman
Siehe BASTEI ABENTEUER-ROMAN

Abenteuer Roman
Landau: Neuzeit-Verlag
ca. 1975
1,20, 64 Seiten, 15,5 x 22,5 cm
A: Allan Scott (34-44), Washington Scott (45)
1-33 nicht erschienen
34-45 2,50
Hinweis: ND von Büchern.

Der Abenteuer Roman
Auf der Suche nach verborgenen Schätzen
Hamburg: Martin Kelter Verlag
2011
1,60, 66 Seiten, 15,5 x 22,5 cm
A: Diverse
1-heute (2) 1,00
Hinweis:
Fortsetzung der Taschenheft-Serien ROBERTA LEE und DAVID JOHNSON im Heftroman.

Abenteuer, Spannung, Kameradschaft
Bad Salzuflen: Zelt-Verlag
1950
0,30 + 0,50, 36 Seiten, 15 x 21 cm
A: S.N. Sukron
1 Spuk im Moor 25,00
Folgende angekündigt (noch nicht nachgewiesen)
2 Ole Peters, 3 Strabanzerl, 4 Das Lied der Wüste
5 Silberland

Abenteuer und Alltag
Karlsruhe: Rudolf K. Moll Verlag
1953-1954
0,50, 24 Seiten, 22 x 30,5 cm
A: Conan Doyle, Kibi Williams u.a.
1. Jg. 1-2 80,00

2. Jg. 1-9 80,00
Hinweis: Magazin mit KG usw. (u.a. ein Aufsatz über Karl May).

Abenteuer- und Kriminal Blick
Strasbourg: Sociètè „Edco" (1-146),
Editions de la coupole (ab 147)
1948-56
50/55/70 frs, 56-64 Seiten, 15,5 x 24 cm
A: Hermann Hilgendorff (158) u.a.
1 25,00
2-50 10,00
51-159 5,00

Abenteuer und Spionage
Sinsheim: G. Becker'sche Buchdruckerei
ca. 1948
0,50, 32 Seiten, 15,5 x 23 cm
A: Frank Lenbach
o.Nr. „Die grüne Spinne" 100,00

Abenteuer unter Indianern
Köln: Volker-Verlag
1950
0,40, 46 Seiten, 15 x 23,5 cm
A: Peter Arellano
1-4 120,00
Hinweis: Nr. 1 enthält einen Nachdruck von KAJU BÜCHEREI Nr. 1.

Abenteuer zwischen Rio und Shanghai
Hamburg: Martin Kelter Verlag
1983-84
1,70, 66 Seiten, 15 x 22 cm
A: Rolf Hermes u.a.
1-24 2,50
Hinweis: ND von Bastei: ABENTEUER ROMAN, CALLGIRL 2000, ROLF HERMES Büchern.

Die Abenteurer
Auf der Suche nach den letzten Rätseln der Erde
Bergisch Gladbach: Bastei-Verlag
1992-93
2,00, 66 Seiten, 15,5 x 22,5 cm
A: Diverse
1 9,00
2-10 6,00
11-38 4,00
Hinweis: Viele (u-p).

Die Abenteurer
Bergisch Gladbach: Bastei-Lübbe
1996-2000
A: Diverse
1-5 3,00
Hinweis: Neuauflage der Heftromane in Taschenbüchern. Im Band 5 wurde der erste, in den Heftromanen nicht abgeschlossene Zyklus , mit zusätzlichen neuen Romanen zu Ende gebracht.

Die Abenteurer
Schwelm: Zaubermond Verlag
2000-2002
€ 12,95/13,95, 256 Seiten
A: Diverse
1-14 7,00
Hinweis: Zweiter Zyklus mit neuen Romanen, die chronologisch an den Band 5 der Taschenbücher anschliessen. Hardcover mit Schutzumschlag

Abenteurer der Liebe
ab (5): Mattiacum Roman-Reihe/
Tatsachenberichte
Wiesbaden: Hartmannshenn-Verlag, ab (5): Mattiacum Verlag (5 und 6? mit Zusatz: Dr. Hiort)
um 1950
0,50, 48 Seiten, später 64 Seiten, 14,5 x 19,5 cm, später 15 x 21 cm
A: Egon Fredman (1-6), Joachim Hagen (7-8)
1: Die tolle Marquise 25,00
o.Nr. Der gekrönte Don Juan 25,00
o.Nr. Ninon die Vielgeliebte 25,00
o.Nr. Die Tochter des Trompeters 25,00
o.Nr. Gefährliche Liebe 25,00
o.Nr. Der Graf von Cagliostro 25,00
o.Nr. Der heilige Teufel 25,00
o.Nr. Asew, der Verräter 25,00
angekündigt:
Liebesnächte in Paris (A: Georg Flambeau)

Abgeschlossene Kriminalgeschichten
München: Verlag Dr. Graf Soltikow
ca. 1953
0,60, 48 Seiten, 15,5 x 22,5 cm
A: Alexander Bennecke
1 Drahtseil in Halshöhe 50,00

Action
Hamburg: Martin Kelter Verlag
1980-81
1,40/1,50, 66 Seiten, 15 x 22,5 cm
A: Diverse
1-32 1,50
Hinweis:
Teilweise ND von älteren Texten des Verlags (JACK HILTON usw.). Es gibt auch eine (Remittenden-) Ausgabe ohne Verlagsangaben und o.P.

Action (Bastei-Verlag) Siehe S:F ONE

Action Krimi
Augsburg/Landau: Neuzeit-Verlag
ca. 1981
1,60, 64 Seiten, 15 x 22 cm
A: Kommissar Burkley, Phil E. Sanders
...3-4... 1,50
...303-304 ... 306... 1,50
Hinweis: ND von Kommissar Burkley-Texten.

Action Krimi Norton (301-306)/
Krimi Knüller (ab 307)
Augsburg: Neuzeit-Verlag
ca. 1980
1,40, 64 Seiten, 15 x 22 cm
A: Pat Wilding, Mac Driving u.a.
1-300 nicht erschienen
301-314... 4,00
Hinweis:
ND von Leihbuchtexten. Nr. 307-314 sind Pit Comber-Texte. Siehe NORTON GREIFT EIN.

Die aktuelle internationale Kriminal Revue
Siehe HANS GOLDMANNS INTERNATIONALE KRIMINAL REVUE

Der aktuelle Krimi/Der aktuelle Kriminal Roman
Siehe KELTER-KRIMINAL-ROMAN

Der aktuelle Liebesroman
Siehe MICHAEL

Die aktuellen Hefte
Rosenheim: Hans Bentzinger Verlag
1960
1,00, 60 Seiten, 15,5 x 22 cm
A: o.A.
1 Margarets Weg zum Glück 6,00
Hinweis: Als Romanheft (mit Fotos) gestaltete Lebensgeschichte von Prinzessin Margaret, der Schwester Königin Elizabeth II.

Der aktuelle Roman
Hamburg: Hans Müller Verlag
1969
1,00, 64 Seiten, 17 x 24 cm
A: Diverse
1-14... 3,00
Hinweis: Liebes- u. Kriminalromane mit einem Fotoroman auf der Rückseite.

Der aktuelle Sport- und Kriminalroman
Lage(Lippe): Eichenverlag
ca. 1950
0,50, 48 Seiten, 14,5 x 20,5 cm
A: Wilhelm Wehmeier
o.Nr. ten Bergh und sein Schatten 50,00

Aladdin/„Aladdin"-Kurzroman/
Aladdin Romane
(teilweise ohne Serientitel)
Wuppertal: Verlag „Die Lampions"
1948
o.P.,32-152 Seiten,14,5 x 20,5 cm bis 15 x 21,5 cm
A: Diverse
ohne Nummer:
Die Ratte (K) 12,00
Die Frau, die zu schön war.................................. 9,00
Der letzte Mohikaner 12,00
Robinson Crusoe.. 12,00

Es ging um Sissy Greene 6,00
Der blaue Schmetterling (K) 12,00
Hinweis: „Es ging um Sissy Greene" erschien auch als ROMANE VON TAUSEND LAGERFEUERN unter dem Titel „Der Blutsbruder".

Aladdin-Kinderfreuden
(Titel innen)
Wuppertal: Verlag „Die Lampions"
1948
0.P., 16 Seiten, 14,5 x 20,5 cm
A: Paul Vogelpoth
o.Nr. Der Kampf auf der Ballonwiese - ein Fußballbuch.. 12,00

Alarm
Frankfurt: Verleger-Union (1-3)/Fr. Rudl-Verlag (4)
1950-52
0,40, 32-36 Seiten, 14,5 x 21 cm
A: Diverse
1 Atom Spion XB (u-p)...................................... 50,00
2 Alarm in Korea.. 40,00
3 Mord im Schacht Molotow............................. 40,00
4 Anschlag auf Kran 7 50,00

Al Capone
Hamburg: Kelter Verlag
2006-2007
1,50, 65 Seiten, 15 x 22,5 cm
A: Al Cann
1-16 1,00
Hinweis: Nachdrucke von Eliot Ness.

Alfred Hitchkock's Krimi-Stunde
Bergisch Gladbach: Bastei-Verlag
1987-1988
A.: Diverse
3,50, 164 Seiten, 13,5 x 18,9 cm
1-40 3,00
Hinweis: Taschenheftserie - Anthologien mit teils klassischen Kriminal-Kurzgeschichten zumeist aus dem englischen Sprachraum - ab Band 13 auch Kurzgeschichten deutscher Leser.

Alibi
Spannende Stories für Anspruchsvolle
Berlin/Stuttgart: Pandion-Verlag
1950
0,60, 96 Seiten, 13 x 19 cm
A: Diverse
1.. 55,00
Hinweis: Sammlung von Kriminal-KG.

Alk-Romane
Frankfurt/ Main: Wilhelmsche Verlagsanstalt
1949
0,50, 48 Seiten, 14 x 19 cm
A: Otto Schwerin
o.Nr. Der letzte Trumpf 55,00
Hinweis: Hauptfigur ist Dr. Lutz.

Allan Pinkerton (1-24)/
Pinkerton (25)
Eulenthal: Anker-Verlag (1-13)/
Bad Harzburg: Verlag Karl Sasse (14-25)
1948-50
0,50 (1-10)/0,40 (11-13, 22-25)/0,30 (14-21)
32 Seiten, 14,5 x 20 cm
A: Frank Astor
1, 4-11 40,00
12... 35,00
13-14 40,00
15-17 35,00
18-21 50,00
22-24 70,00
25.. 110,00
Nachdrucke 5,00
Hinweis: Nr. 2 und 3 sind nur als ALLIANZ ROMAN erschienen. Siehe auch DER 50 PFENNIG ALLIANZ ROMAN. Der Autor bediente sich z.T. seiner John Kling VK-Texte.

Alla Serie
(interner Serientitel)
Wuppertal und Hamm: Marées-Verlag (meist ohne Verlagsangabe)
ca. 1948
0,50 (meist o.P.), 64 Seiten,

16 x 22,5 cm bis 18 x 23,5 cm
A: Diverse
1 Die Fahrt in den Tod 20,00
2 Die geheimnisvolle Erbschaft
(auch o.Nr. erschienen) 20,00
o.Nr. Geheimnisse um Bors (K) 20,00
o.Nr. Ille und ihre 13 Männer 10,00
5-7 (noch nicht nach gewiesen)
8 (Titel nicht bekannt) 20,00
9 Die Reise nach Kairo (Ab) 20,00
Hinweis: Bisher bekannte Serientitel:
ALLA'S HERVORRAGENDER FRAUENROMAN (4), ALLA'S ROMANREIHE (3, 8-9), ALLA'S SPANNENDE ABENTEUERROMANE (2), ALLA'S SPANNENDE KRIMINALROMANE (1).

Allianz Roman/
Der 50 Pfennig Allianz Roman
Solingen: „Allianz"-Verlag
1948-49
0,50 (z.T. o.P.), 32 Seiten
13,5 x 18 cm (Nr. 1 hellbraun)/15 x 20 cm
A: Frank Astor u.a.
1 Der Mann aus dem Jenseits (u-p)
(hellbraunes Bild) 66,00
(gelbes Bild) 132,00
(weißes Bild) 168,00
2 Ein gewisser Dr. Arden 54,00
3 Ein Blatt Papier 78,00
4 Der Goldraub im London-Expreß 132,00
5 Die Wahnsinnswette (innen:
Die Wahnsinnswette im Manhattan-Club) 132,00
6 Das Experiment des Dr. Mystere (u-p) 120,00
7 Die Brücke nach dem Jenseits (u-p) 120,00
8 Der geheimnisvolle Rubin 78,00
9 Wird ein unschuldiger hingerichtet? 132,00
o.Nr. Konkurrenz der Mörder (u-p) 90,00
o.Nr. Der Pakt mit dem Tode (u-p) 90,00
o.Nr. Die unterirdischen Verließe 110,00
o.Nr. Liebe fragt nicht... 27,00
Nr. 14 Rätsel um Döllinger 132,00
Hinweis:
Nr. 3-5, 7, 9 sind Allan Pinkerton-Hefte (siehe dort). „Die unterirdischen Verließe" ist ein neuer Allan Pinkerton-Text (A: E.A. Spring)!!!
Nr. 8 ist identisch mit
DER GUTE ANKER ROMAN Nr. 3.

American-Western
Köln: Wolfgang Marken Verlag
1984-85
1,70, 66 Seiten, 15 x 22,5 cm
A: Diverse
1-18 4,00

!Amerika!
Die unglaublichen Abenteuer des deutschen Auswanderers Jacob Adler in der Neuen Welt
Bergisch Gladbach: Bastei-Verlag
1995-96
2,20, 66 Seiten, 15,5 x 22,5 cm
A: J.G. Kastner
1 8,00
2-22 5,00

Amora
Zärtlicher Sex für Sie
Schmiden: Verlag Decker Nachf.
1971-72
1,50, 64 Seiten, 14 x 21,5 cm
A: Diverse
1-20 15,00

Die andere Seite
Bad Godesberg: Uta-Verlag
1959-60
0,60, 64 Seiten, 15,5 x 22,5 cm
A: Diverse
1-10 10,00
11-20 12,00
21-26 15,00

Andy
Wildwest Roman
Speyer: Intergrossa-Verlag
1963-65
0,70/0,80/0,90, 64 Seiten, 15,5 x 22 cm
A: Diverse

1 6,00
2-103 3,00
Hinweis: Nachdrucke von SILBER WILDWEST, ROLAND WILDWEST u.a. mit neuen Titeln und Autorennamen.

Anker Hefte
Siehe SEEFAHRT IN ALLER WELT.

Die Anwältin
Bergisch Gladbach: Bastei-Verlag
2002-2003
1,35 Euro, 64 Seiten, 15,5 x 22,5 cm
1-30 3,00

Apache Cochise
Hamburg: Martin Kelter Verlag
1981-83
1,60, 66 Seiten, 15 x 22,5 cm
A: Diverse
1 9,00
2-36 6,00

Apache Cochise
Hamburg: Martin Kelter Verlag
2004-2005
1,35/1,45, 66 Seiten, 15 x 22,5 cm
A: Diverse
1 3,00
2-28 1,50

Arca Romane
Hamburg: ARCA-Verlag
1948-49
0,50/1,10, 48-128 Seiten, 16 x 23 cm
A: Diverse
1 32,00
2 16,00
3-4 18,00
5 16,00
6-7 18,00
8 16,00
9-10 18,00
11, 13 12,00
14-15 18,00
16-17 12,00
18, 21 18,00
22 12,00
33-34 12,00
46 12,00
50 18,00
58 12,00
Hinweis: Abenteuer-, Heimat- und Kriminalromane. Es sind nur oben angeführte Nummern erschienen. Titel- und Innenbilder von Günter Rohde: 1, 3-4, 6, 9-10, 14-15, 18, 21, 34, 50. Titelbild von G.R.: 7. Innenbilder von G.R.: 2, 5, 8.

Arena-Heft/Arena-Jugendheft
Würzburg: Arena-Verlag
1950
0, 50 (1)/o.P. (2-3), 52 Seiten (1-2)/40 Seiten (3)
17 x 23,5 cm
A: Berthold Lutz (1), Thomas Burger (2-3)
1 U-ZET hat einen blinden Passagier
an Bord 30,00
(2) Mit Freddy Murrison am Akkordeon 34,00
3 Heinz macht Kurzschluß in M3 (u-p) 50,00
Hinweis: Je 2 Erzählungen.

Argus Kriminal Roman
Rosenheim: Inngauverlag/
Gauting: Verlag A. Habel/Ludwigsburg und Stuttgart: Argus-Roman Verlag
1948-51
0,50, 48-64 Seiten
14,5 x 20,5 cm bis 15,5 x 22,5 cm
A: C.V. Rock
o.Nr. Bankfach 17 12,00
o.Nr. Furcht vor der Nacht 12,00
o.Nr. Unter den Augen der Polizei 12,00
o.Nr. Alarm der M-Kommission 12,00
o.Nr. Gesichter im Nebel 12,00
Jg 1950 Nr. 1-3 12,00
Jg 1951 Nr. 1-3 12,00
Nr. 4 Das Haus des Irren (u-p) 25,00
Nr. 5 12,00
Hinweis: Nr. 5/1951 („Verbrechen") ist eine Neu-

ausgabe von „Unter den Augen der Polizei" mit anderem Bild. Keine „Reg Chappell"-Geschichten.

Argus-Reihe
Koblenz: Rhenania Druck- und Verlags-G.m.b.H.
o.J. (50er)
0,50,
48 Seiten, 15 x 21,5 cm
A: H.J. Brennecke (1), Carl Lejeune (2)
1 Ich zündete die „Bremen" an 40,00
2 Geheimagent Wb 13....................................... 40,00
angekündigt:
3 Das Spiel der Fürstin Nazaroff (A: C. Lejeune)
Hinweis: Romane nach Tatsachen. Kein Bezug zum ARGUS KRIMINAL ROMAN.

Arizona
Wildwest-Roman
Karlsruhe: Constantin-Verlag/
später Hans Schaper-Verlag
1968-72
0,70 bis 1,00, z.T. o.P.,
64-66 Seiten, 15 x 22,5 cm
A: Diverse
1-200 nicht erschienen
201-389... 2,50
Hinweis: ND von LUNA-WESTERN, PABEL-WESTERN u.a. Im höheren Nummernbereich z.T. ND unterer Nummern.

Arizona
Hamburg: Martin Kelter Verlag
1996-97
2,20, 66 Seiten, 15 x 22,5 cm
A: Diverse
1-20... 1,50
Hinweis: Serie wurde mit Band 13 in ARIZONA WESTERN umbenannt

Arizona Star
München: Moewig-Verlag
1965-67
0,70/0,80, 66 Seiten, 15,5 x 22,5 cm
A: Robert Ullman, Glenn Stirling u.a.
1.. 7,00
2-128 3,00
Hinweis: Serienfigur Bill Jackson (A: H.S. Sharon) 27, 29, 32, 36, 38, 40, 44, 51, 54, 57,60, 63, 64, 68, 72, 81, 86-87, 92, (ND in PABEL WILDWEST ROMANE).

Arizona Tiger
Kaiserslautern: Verlag Georg Schäfer
1951-52
0,40, 32 Seiten, 14,5 x 20,5 cm
A: Erwin Banzhaf (1-5),
Ralph Garby (6, 8, 10-12, 14, 16),
Frank Wolter (7, 9, 13, 15)
1-2 100,00
3-4 30,00
5-8 18,00
9-15 12,00
16.. 40,00
Hinweis: Siehe auch Bücher.

Arko Wild-West Romane (1-2)/
ASV Wild-West Roman-Reihe (ab 3)
Hamburg: Alfons Semrau Verlag, ca. 1955-58
0,50, 48 Seiten, 15 x 22 cm bis 15,5 x 22,5 cm
A: Diverse
1-2 14,00
3-76 6,00
46, 49, 60, 62, 64... 12,00
Hinweis:
Nr. 46, 49, 60, 62, 64 mit Texasreiter Jim Hatfield. Nr. 76 ist ein zweiteiliger Roman, der 2. Teil ist MOEWIG WILDWEST-ROMAN Nr. 59.

AS-Kriminalroman/AS-Roman/AS-Liebesroman/ AS-Taschenbuch
Hamburg: Alfons Semrau Verlag
ca. 1954
1,00, 110-164 Seiten
12 x 19 cm bis 12,5 x 20,5 cm
A: Diverse
1-16 6,00
Hinweis: Teilweise unnumeriert.
K: Nr. 1, 5, 7-16. Ab: Nr. 2. L: Nr. 3, 4, 6.

Assia Roman
Chefpilot Arne Erikson
Frankfurt a.M.: Assia-Verlag
1967
0,80, 64 Seiten, 15,5 x 22 cm
A: o.A.
1-2 10,00

Astra-Roman
Berlin: Druckhaus Lichterfelde
1956-1960
0,25, 50 Seiten, 15,5 x 21,5 cm
A: Diverse
1-80 2,50
Kriminalromane 5,00
Hinweis: Kriminal- und Liebesromane.

ASV Wild-West Roman-Reihe
Siehe ARKO WILD-WEST ROMANE

Atlan
München: Moewig-Verlag/
später: München: Moewig-Verlag und
Rastatt: Pabel-Verlag
1969-1988
0,90-2,20, 66 Seiten/Nr. 100,200 usw. 74-82 Seiten, 15,5 x 22,5 cm
A: K.H. Scheer u.a.
1 25,00
2-10 7,50
11-50 3,00
51-99 1,50
100 9,00
101-299 1,00
300 12,00
301-480 1,50
400 mit Poster 20,00
481-599 1,00
500 mit Poster 25,00
600 1,50
600 mit Poster 20,00
601-749 1,00
750 6,00
750 mit Poster 20,00
751-800 2,00
801-830 8,00
831-849 12,00
850 25,00

2. Auflage
1 7,50
2-20 1,50
21-99 1,00
100 6,00
101-299 1,00

Atlan
Rastatt: Pabel-Moewig Verlag
Traversan-Zyklus
1998, 3,00, 66 Seiten, 15,5 x 22,5 cm
A.: Diverse
1-12 1,50
Hinweis: Zum Traversan-Zyklus erschien ein ATLAN-EXTRA Sonderband.
Centauri-Zyklus
2003, 1,65, 64 Seiten, 15,5 x 22,5 cm
A: Diverse
1-12 1,00
Obsidian-Zyklus
2004 1,65, 64 Seiten, 15,5 x 22,5 cm
A: Diverse
1-12 1,00
Die Lordrichter (Zyklus)
2004-2005, 64 Seiten, 15,5 x 22,5 cm
A: Diverse
13-24 1,00
Der Dunkelstern (Zyklus)
2005, 64 Seiten, 15,5 x 22,5 cm
A: Diverse
25-36 1,00
Intrawelt (Zyklus)
2005-2006, 64 Seiten, 15,5 x 22,5 cm
A: Diverse
37-48 1,00
Flammenstaub (Zyklus)
2006, 64 Seiten, 15,5 x 22,5 cm
A: Diverse
49-60 1,00

A. Tobos
München: Tobos-Selbstverlag
1949
1,00, 96 Seiten, 15 x 21 cm
A: A. Tobos
1 Die Ratten von London 60,00
2 Was will denn Trent 100,00
o.Nr. Der Start zum Mond (u-p) 300,00
Hinweis: Nr. 1-2 sind Nachdrucke von VK-Texten.

Auf guter Fahrt
Bad Ems: Verlag Jugendpresse
1947
o.P., 32 Seiten, 14,5 x 21 cm
A: Edgar Allan Poe
1 Der Goldkäfer (u-p) 75,00
Hinweis: Reihentitel nur innen.

Der Aufwärts-Roman
München-Berlin: Aufwärts-Verlag Maxim Klieber
ca. 1948-1955
0,50, 64-80 Seiten, 15 x 22 cm
A: Diverse
311-334 6,00
335 Der Hellseher (u-p) 9,00
336-345 5,00
Hinweis: Fortsetzung der VK-Serie „DER 30 PFENNIG ROMAN“ (1-314), Nr. 311-314 sind nicht identisch mit den entsprechenden VK-Nummern. Abenteuerromane: 314, 319 Liebesromane: alle geraden Nummern ab 324. Kriminalromane: alle anderen Nummern.

Das Auge der Anubis
Villach: Verlag Moritz Stadler
1948
o.P. (3,00), 88 Seiten, 14,5 x 20,5 cm
A: Karl Gustav Bittner
o.Nr. Das Auge des Anubis (u-p)
(mehrere KG) 100,00
Hinweis: Ohne Serientitel.

Aus aller Welt
Neumünster: Karl Wachholtz-Verlag
1949
0,50, 48 Seiten, 15 x 21 cm
A: Rudolf Brasil
o.Nr. Mord im Zirkus Rondelli 60,00

Die aussergewöhnlichen Abenteuer Obersts Cody genannt Buffalo-Bill
Siehe Buffalo-Bill. Die aussergewöhnlichen Abenteuer Oberst Cody's

Axel Berger
Hamburg: Martin Kelter Verlag
1980-1983
1,50 bis 1,70, 66 Seiten, 15 x 22,5 cm
A: Axel Berger
1-80 1,50
Hinweis: ND früherer Texte. Nr. 34, 36, 38, 40 sind Neuauflagen unterer Nr. mit einheitlichem Titelbild.

AX Kriminal-Magazin
München: Münchener Verlagsbuchhandlung
1949
0,60, 48 Seiten, 15 x 22 cm
A: Oscar Breucker u.a.
1. Jg Nr. 1-4 15,00
Hinweis: Nr. 1-3 auch als Sammelband.

Bachems neue Jugendschriften (1-4)
Bachems spannende Reihe (ab 5)
Köln: Verlag J.P. Bachem
1949-1950
0,70 (1)/0,50 (ab 2), 64 Seiten (1)/48 Seiten (ab 2)
17 x 24cm
A: J.F. Cooper (2), E.A. Poe (2) u.a.
1 12,00
2 (u-p) 25,00
3-9 12,00
10 SOS vom Mond (u-p) 35,00

Bad Earth
von Manfred Weinland
Bergisch Gladbach: Bastei-Verlag
2003-2004
1,75, 64 Seiten, 15 x 22,5 cm
1-45 2,00
Hinweis: Band 25 erschien mit einem Variant-Cover.

BASTEI-ROMANE
50 ₰
Der heulende Derwisch
VON HEINZ BRUNO DECKER
KRIMINALREIHE Nr. 22

BASTEI-ROMANE
50 ₰
Die brennende Kugel
VON HEINZ BRUNO DECKER
KRIMINALREIHE Nr. 25

BASTEI-ROMANE
50 ₰
Rache auf der Luxus-Jacht
VON HEINZ BRUNO DECKER
KRIMINALREIHE Nr. 27

BASTEI
KRIMINAL-ROMAN
mit Filmteil
G-man Jerry Cotton:
Ich suchte den Gangster-Chef
50 Pfg. Bd. 68
Abgeschlossener Kriminal-Roman

Bad Earth
Radolfzell: HJB-Verlag
2003-2007
15,90, 352-384 Seiten
A: Diverse
1-7 4,00
Hinweis:
Neuauflage der Heftromane in gestraffter, thematisch neu geordneter Form jeweils mit einem einleitenden Vorwort. Hardcoverausgabe.

Bad Earth
Köln: Mohlberg-Verlag
2007
17,95, 352-384 Seiten
A: Diverse
8-11 4,00
Hinweis:
Neuauflage der Heftromane in gestraffter, thematisch neu geordneter Form jeweils mit einem einleitenden Vorwort. Hardcoverausgabe.Schliesst an die Bände des HJB-Verlages an.

Bad Earth
Schwelm: Zaubermond-Verlag
2005-heute
€ 13,95/14,95 256 Seiten
A: Diverse
Hardcover mit Schutzumschlag
1-heute (24) 7,00
Hinweis: Neue Romane.

Bajadere
Hamburg: ZVG Zeitschriften Verlags Ges.m.b.H.
o.J. (1950)
0,50, 40 Seiten, 15 x 21 cm
A: Peter Grenöhl
1-3 20,00
Nr.1 mit Banderole 25,00
Hinweis:
Magazinartiges Romanheft mit Fotos (z.T. Aktaufnahmen). Das Heft wurde mit einer grünen Werbebanderole herausgegeben.

Balzac's dreissig tolldreiste Geschichten
Ulm: Honika-Verlag
1949-1950
0,60, 64 Seiten, 15 x 19,5 cm
A: Balzac
1-10 20,00

Der Baron (1-24)/**Der tollkühne Baron** (25-44)/
Sir Bronx (ab 45)
Köln: Wolfgang Marken Verlag
1972-75
0,90 bis 1,20,
66 Seiten, 15 x 22,5 cm
A: o.A.
1 8,00
2-44 5,00
45-72 2,00

Bastei Abenteuer-Roman
Bergisch Gladbach: Bastei-Verlag Gustav Lübbe
1960-64
0,60/0,70, 66 Seiten, 15 x 22,5 cm
A: F.L. Barwin (31), Freddy Koweit u.a.
1 50,00
2 35,00
3-10 25,00
11 (u-p) 30,00
12-33 18,00
34 20,00
35-46 15,00
47 40,00
48-61 15,00
62 40,00
63-65 15,00
66-122 12,00
123 25,00
124-194 15,00
195 25,00
196 40,00
Werbebeilage (Einzelblatt) 25,00
Serienfigur Jonny Kent: 1, 17, 21, 28, 33, 41, 50, 58, 68, 74, 78, 82, 86, 92?, 95, 100, 103, 128, 135.
Hinweis: Nr. 34, 123 mit James Garret von der kanadischen Polizei (Buchserie). Nr. 42 textgleich mit

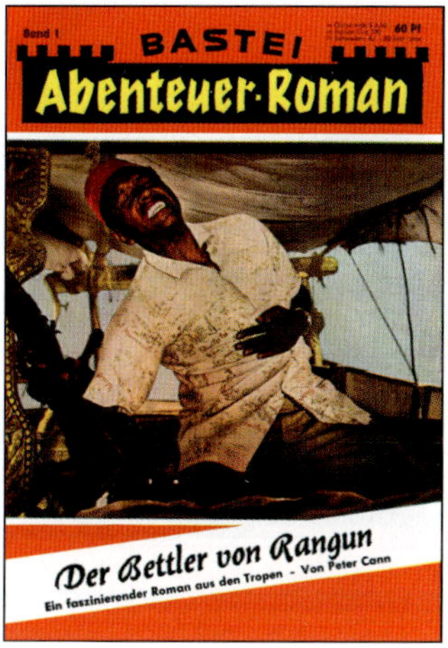

UV Tatsachen Nr. 29. Einzelne Nummern wurden auch als Leseprobe mit entsprechendem Stempel auf der Titelseite und eingelegtem Werbeblatt verteilt - (bekannt: Nr. 47, 62) mit Beilage 40,00

Bastei Prominent-Roman Siehe PROMINENT

Bastei-Romane (21-31...)/**Bastei Kriminal-Roman** (...33)
Köln: Bastei-Verlag Ilse Tormin/
Bergisch Gladbach: Bastei-Verlag Gustav Lübbe
1950-69
0,50/0,60/0,70/0,80
Anfangs 50-66 Seiten, später 66 Seiten,
Nr. 204, 212, 250-252 haben 80 Seiten.
14,5 x 20 cm (21-45...)/15,5 x 22,5 cm (...49)
A: Heinz Bruno Decker (21-27, 30, 32, 41, 76, 84, 90), Hermann Hilgendorff (34), Günter Hein (67, 135), Heinz Günther Konsalik (40), Glenn Stanley (404) u.a. Siehe auch Hinweis.

(1-20 siehe DER ROMAN-ERZÄHLER)
21 200,00
22 100,00
23-27 60,00
28-50 40,00
51-70 25,00
71-100 15,00
101-215 8,00
216-300 5,00
301-800 3,50
801-863 7,00
864-897 nicht erschienen
898 Der Satan mit dem Seidenhaar
(Frank Gordon) 120,00
899 Susan und die Todesbar (Cliff Corner) 120,00
900 Zur Hochzeit spielt die Tommy Gun
(Fred Parker) 120,00
901 Ein Satan läßt die Bestien los
(Cliff Corner) 120,00
902 Der Boss schickt seinen besten Mann
(Fred Parker) 120,00
903 Ein Toter nimmt Rache (Cliff Corner) 120,00
904 Die Mörder aus der Rauschgiftbar
(Bob Marvin) 120,00
905 Wir zähmten die rote Hexe
(Cliff Corner) 120,00
906 Eine Kugel für O'Hara (Fred Carter) 120,00
Nr. 898-906 sind 1968 erschienen, vermutlich nur in Bayern
Jerry Cotton-Nummern:
68 400,00
104, 133, 143 (bisher ohne Nachauflage) 120,00
Alle anderen J.C.-Nr. 100,00
Butler Parker-Nummern:
214 20,00
Alle anderen B.P.-Nr. 15,00
Sammelband mit Nr. 21-25 (siehe Hinweis) 35,00
Hinweis: Von Nr. 28-33 gibt es 2 Ausgaben mit unterschiedlichen Titelbildern. Nr. 21-25 auch als Sammelband mit dem Titel „Unter der Sichel des Todes". Als Fortsetzung von DER ROMAN-ERZÄHLER erschien parallel zur Kriminalreihe ebenfalls ab Nr. 21 „Der Bastei-Liebes-Roman", später „Bastei Silvia-Roman".
Die wichtigsten Serienfiguren:
Jerry Cotton (o.A.) 68, 71, 75, 79, 83, 88, 91, 97, 104, 109, 114, 123, 127, 133, 137, 143, 149, 151, 156, 159, 165, danach eigene Serie.
Butler Parker (A: Glenn Larring, Dan Cillingh) 214, 219, 229, 235, 254, 277, 284, 289, 294, 307, 322, 328, 333, 338, 345, 351, 357, 362, 366, 371, 377, 382, 388, 393, 402, 409, 413, 417, 421 (siehe auch SILBER-ROMAN),
Joe Brand (A: Walter L. Gebauer) 86, 87, 115, 166, 189, 201 (z.T. ND aus gleichnamiger Buchserie).
Mike Lester (A: James Falker) 111, 117, 120, 124, 128, 132, 146, 168, 172, 181, 185, 188, 196, 200, 203, 208, 212, 217, 227, 234, 241, 252, 256, 268, 275, 279, 283, 287, 291, 295, 298, 300, 306, 311, 349, 354, 361, 370, 376, 381, 391, 399, 405, 418, 422, 426, 440, 460, 466, 476, 503, 507, 513, 518, jede gerade Nr. bis 546, 549, 550, jede ge-rade Nr. bis 584, 589, 592, 595, 598, 599, 604, 786, 794, 802, 810, 820, 828, 836, 852.
Reg Chappell (A: C.V. Rock) 78, 80, 81, 92, 93, 96, 99, 106, 154, 158,163, 164, 169, 197, 202, 204, 210, 250, 267, 273.
Cliff Corner (A: Cliff Corner) 609, 615, 617, 623, 625,

628, 631, 635, 639, 643, 647, 649, 651, 653, 655, 659, 661, 663, 665, 667-669, 671, 673, 674, 676, 678, 680, 681, 683, 685, 687, 689, 690, 693, jede ungerade Nr. bis 751, 753-759, jede ungerade Nr. bis 855, 856, 858, 859, 862, 899, 901, 903, 905 danach eigene Serie.
Larry Kent (A: Larry Kent) 834, 838, 842, 846, 850, 854, 857, 860, 863, danach eigene Serie.
Nr. 26, 28, 30, 31, 36, 41, 52, 128, 132, 139, 178, 184, 185, 189, 200, 203, 210, 230, 329, 409, 411, 503-504, 506, 614, 697, 715, 780, 825 = u-p.

Bastei Western - Doppelt
Zwei neue Wildwest-Romane (Zwei grosse Wildwest-Romane)
Bergisch Gladbach: Bastei-Verlag
1970-1974
1,40, 116 Seiten, 15,0 x 22,5 cm
A: diverse
1-67 7,00

Bastei Wildwest-Roman
Bergisch Gladbach: Bastei-Verlag
1957-1997
0,60-2,20, 66 Seiten, 15,5 x 22,5 cm
A: G.F. Unger, Axel Berger u.a.
1 100,00
2 60,00
3-10 35,00
11-20 20,00
21-50 15,00
51-100 10,00
101-200 6,00
201-300 4,00
301-600 2,50
601-1858 2,00
1859 12,00
Rocky Steel-Nummern 9,00
Captain Concho-Nummern 12,00
Die wichtigsten Serienfiguren:
Rocky Steel (A: Ralph Forell): 141, 146, 152, 156, 161, 165, 169, 173, 177, 181, 185, 189, 194, 198, 202, 206, 209, 213, 218, 223, 227, danach eigene Serie.
Captain Concho (Fortsetzung der eigenen Serie, A: Bill Murphy): 1500, 1508, 1512, 1521,?.
Grisly Jim: 155. Kid Cylone-Story: 3, 7. Texas Ranger Jim Cornal: 69, 77, 88, 102, 110, 114, 196? (siehe Bücher Texas Ranger und Barring).
Tex Hondo: Nr. 600, 603, 612, 614, 620, 623, 627, 631, 642, 644, 646, 667, 673, 677, 679, 698, 709.

Bastei Wildwest-Roman Sonderausgabe
Titel wechselte wie folgt:
BASTEI WILDWEST-ROMAN SONDERBAND/
BASTEI WILDWEST-ROMAN SONDERBAND-NEUER ROMAN/BASTEI WESTERN-HIT
Bergisch Gladbach: Bastei-Verlag
1961-1999
0,70-2,20, 66 Seiten, 15,5 x 22,5 cm
A: G.F. Unger u.a.
1 20,00
2-10 12,00
11-50 5,00
51-100 2,50
101-500 2,00
501-1925 1,50
1926 10,00
Die wichtigste Serienfigur/Subserie:
Fort Aldamo (A: Bill Murphy, Frank Callahan) 1048, 1070, 1073, 1077, 1081, 1089, 1094, 1102, 1103, 1113, 1119, 1123, 1127, 1131, 1139, danach eigene Serie, 1263, 1267
.... 5,00
Hinweis: Die Sonderausgabe Band 23 ist mit zwei unterschiedlichen Titelbildern erschienen.
Ab Nr. 417 als BASTEI WESTERN-HIT.

Baustein Roman
Dillingen: Baustein-Verlag
...1949-50...
0,50, 64 Seiten, 15 x 22 cm
A: Diverse
1-14
Abenteuer 5,00
Krimi 6,00
Liebe 4,00

Bea-Trix Roman Siehe TRIX ROMAN

Beech-Nut Krimi
Hamburg : Glücksklee
Werberomanheft
Ca. 60er Jahre
36 Seiten 15,7 x 22 cm
A : Heinz Werner Höber
1 20,00
Hinweis: Werbung für Kaugummis. Im Vorwort wird auf die Arbeiten des Autors hingewiesen. Dabei werden – ohne Nennung des Namens! – auch Jerry Cotton und seine Filmserie erwähnt, in der "ein berühmter Hollywoodstar" den Romanhelden verkörpert.

Die Beichte
Liebeserinnerungen eines großen Künstlers und Lebemannes
Hannover-Berlin: Diamant-Verlag
1952
1,00, 32 Seiten, 13 x 20 cm
A: Marie-Madelon (1-11), o.A. (12)
1-12 20,00

Ben Bolt der Abenteurer
Regensburg: I.K.-Verlag
ca. 1949
0,30, 32 Seiten, 10,5 x 15 cm
A: o.A. (wahrscheinlich Helmut Brandl)
1-5 30,00
Hinweis: In Österreich erschienen 21 Nummern in anderer Reihenfolge.

Ben Cribbs
der melancholische Detektiv
Hann. Münden: Walter Lehning Verlag
ca. 1948
0,60, 32 Seiten, 15 x 20,5 cm
A: W. Christinger
o.Nr. Das tote Haus 270,00

Berliner Verbrechertum
Hamburg: Hamburger Fockbohm-Verlag Henry Schenck
1949
1 60,00
Hinweis: Als Obertitel der geplanten Reihe war vorgesehen: Interessante Kriminal-Prozesse.

Berühmte Liebespaare
Bad Pyrmont: Neues Verlagshaus für Volksliteratur
1953-54
0,60, 64 Seiten, 15,5 x 22,5 cm
A: Paul Hain (11), u.a.
1 15,00
2-14 10,00

Berühmte und Berüchtigte Westmänner
Hamburg: Martin Kelter Verlag, 1984
2,80, 64 Seiten, 21 x 27 cm
A: John Grey (1), Frank Retlow (2)
1 The Story of Jesse James 14,00
2 The Story of Bat Masterson 14,00

Der beste Pariser Sittenroman aus der Gegenwart
Frankfurt a.M.: Wahl-Verlag
1950 1. Auflage ca. Februar, 2. Auflage März, 3. Auflage ca. April, 4. Auflage Mai
1,20 (2.Auflage) und 1,00 (4.Auflage), 64 Seiten, 13,5 x 19,5 cm
A: Hagece
22 Flucht in den Abgrund (1.Auflage) 40,00
22 höhere Auflagen 35,00
Hinweis: Nr. 1-21 wahrscheinlich nicht erschienen.

Bestseller (1-4)/
Abenteuer-Bestseller (ab 5)
Köln: Wolfgang Marken Verlag
1980-82
2,50/2,80, 130 Seiten
14 x 19,5 cm (1-16), 15 x 22,5 cm (ab 17)
A: James F. Cooper (3, 6, 11, 18),
Alexandre Dumas (23, 24),
Friedrich Gerstäcker (9, 15),
Ernst F. Löhndorff (2, 5, 8, 12, 17, 20-22, 25-28),
Jack London (1, 4, 7, 10, 13, 16,19),
Charles Sealsfield (14).
1-22 7,00
23 12,00
24-28 7,00

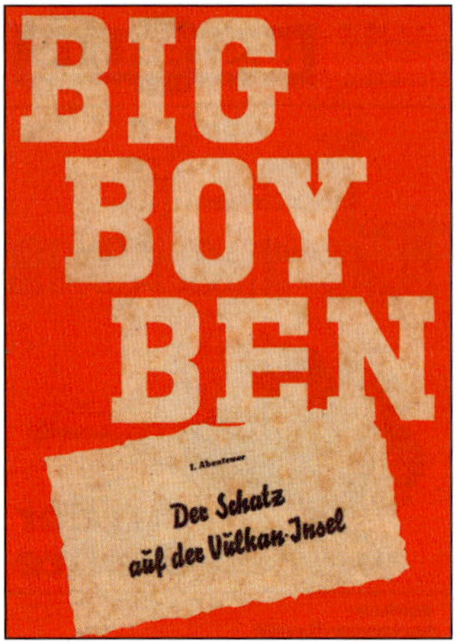

Big Boy Ben
Berlin: Verlag Die neue Lese
1947-1948
o.P. (0,60) (1-4)/0,25 (5),
24 Seiten (1-4)/16 Seiten (5)
14,5 x 20,5 cm
A: Nils Rissow
1-5 50,00
Hinweis: Nr. 1-4 haben keine Titelbilder, sondern sind neutral in jeweils einer Farbe gehalten mit einem weißen Feld für den Bandtitel. Es existieren zwei verschiedene Auflagen.

Big-Joe's
Wildwest-Abenteuer
Köln: Saxonia-Verlag,
1955-56
0,50/0,60, 64 Seiten (1-6)/48 Seiten (7-34)
14 x 20,5 cm
A: Glenn Stirling (1-18, 21-34),
Marc Reling (19, 20)
1 35,00
2-6 20,00
7-28 17,00
29-34 20,00

Bill Alamo der Texas-Ranger
Siehe DER NEUE MOEWIG-WESTERN

Bill Garry
der schwarze Reiter
Dillingen, Donau: Zwerg-Verlag/Bill Garry-Verlag/
Verlag K. Steidle-M. Busse
1949-52
0,25/0,30/0,40, 32 Seiten, 15 x 21 cm
A: Max Busse
1 30,00
2 27,00
3 25,00
4 27,00
5 90,00
6 60,00
7-13 30,00
14-17 14,00
18-21 35,00
22 20,00
23 30,00

Bill Geyer
Kommissar von Scotland-Yard
Landshut: Verlag Max Rieback, ca. 1949
0,20/z.T. o.P., 32 Seiten, 10,5 x 15 cm
A: K. Eberhard
1 Unheimliches Gift 200,00
Hinweis: Es gibt 2 Ausgaben: a) Nr. 1, Kopfbild links oben; b) o.Nr., ohne Kopfbild.

Bill Harris
Taten und Abenteuer
Giessen: Rotar-Verlag
ca. 1948
0,30, 32 Seiten, 15 x 22,5 cm
A: Ralph Black
1 Der Raub der Atombombe (u-p) 350,00
2 Cojeyamenia, der Schrecken des
Urwalds (u-p) 500,00
Nachdrucke 5,00

Bill Rocky
München: Kauka-Verlag (1-53)/
Rastatt: Erich Pabel Verlag (ab 54)
1950-54
0,50 (1-28)/
0,40 (ab 29)
64 Seiten (1-28)/32 Seiten (ab 29),
12 x 17 cm (1-28)/15,5 x 22,5 cm (29-32)/
14,5 x 21,5 cm (ab 33)
A: o.A. (1, 11-63)/Karl Dwen (2-10)/
Charly Grant (64-91)/Jim Gray (92-108)
1 35,00
2-4 30,00
5-21 25,00
22 14,00
23-28 25,00
29-39 20,00
40-60 25,00
60 mit Sammelbildern 360,00
61-63 25,00

Raritäten von utopisch-phantastischen Kurzserien

64, 64a 27,00
64a mit Sammelbildern 420,00
65-69 27,00
70 30,00
71-81 27,00
82-84 35,00
85-101 27,00
102 (u-p) 40,00
103, 104 40,00
105, 106 (u-p) 40,00
107 (u-p) 70,00
108 45,00
Nachdrucke 5,00

Hinweis: Für Nr. 60 und 64a gibt es je 25 Sammelbilder zum Einkleben. Einige Hefte sind überarbeitete BILLY JENKINS VK-Texte. Nr. 37-43 auf den letzten Seiten mit der Bildergeschichte „King der Grenzreiter“. Das Sammelbilderalbum „Der Wide Westen in Bildern“ (Pabel-Verlag) enthält ein Bill Rocky Abenteuer.

Billy Hix
Der König der Cowboys
Berlin: Vertriebsvereinigung
Berliner Zeitungsgrossisten
ca. 1949
0,30, 32 Seiten, 12,5 x 17 cm
A: o.A.
1-2 15,00

Billy Jenkins Essen: Uta-Verlag (1-30)/
Sinzig: Uta-Verlag (31-185)/
Bad Godesberg: Uta-Verlag (186-299)/
Rastatt: Pabel-Verlag (ab 300)
1949-63
0,40-0,70, 32 Seiten (1-159)/48 Seiten (161-264)/
64 Seiten (160, 265-370)
14,5 x 20,5 cm (1-264)/15,5 x 22,5 cm (ab 265)
A: Rolf Randall (26, 31, 32, 188, 191, 193, 197, 199, 203, 207, 213, 217, 221, 225, 229, 234, 237, 241, 245, 249, 254, 270, 275, 277, 280, 284, 286, 288, 292, 296, 316, 336),
G.F. Unger, Frank Dalton u.a.
1 (frühere Aufl. holzhaltiges Papier) 650,00
2 (frühere Aufl. holzhaltiges Papier) 230,00
3 (frühere Aufl. holzhaltiges Papier) 140,00
4-5 (frühere Aufl. holzhaltiges Papier) 110,00
6 (frühere Aufl. holzhaltiges Papier) 90,00
1 (spätere Aufl. glattes Papier) 450,00
2 (spätere Aufl. glattes Papier) 140,00
3 (spätere Aufl. glattes Papier) 90,00
4-5 (spätere Aufl. glattes Papier) 75,00
6 (spätere Aufl. glattes Papier) 65,00
7-14 Nr. 12 (u-p) 40,00
15-17 30,00
18 25,00
19-20 28,00
21-24 32,00
25-26 35,00
27-29 28,00
30-34 18,00
35 15,00
36-42 18,00
43 35,00
44-45 18,00
46-49 15,00
50 28,00
51-54 23,00
55-62 15,00
63-115 12,00
116 mit Beilage zum Tod von Billy Jenkins) 70,00
116-130 14,00
131-149 12,00
150-160 14,00
161-264 12,00
265-330 25,00
331-340 35,00
341-342 60,00
343 300,00
344-346 60,00
347 70,00
348-352 65,00
353-365 40,00
366-367 60,00
367 (mit Beilage) 100,00
368 70,00
369 210,00
370 360,00
Nachdrucke: 1-50 1,50

Nachdrucke (Hethke):.. 6,00
Hinweis: Ab Nr. 208 farbige Titelbilder. Ab Nr. 265 sind viele Texte der NK-Buchserie entnommen. Alle VK-Ausgaben haben andere Texte.
Siehe auch BILLY JENKINS SONDERBÄNDE (Fan-Publikationen), CAPTAIN BILLY JENKINS, SILBER-ROMAN Wildwest, TOM MIX.

Billy Jenkins
Wilfersdorf (Österreich): Hobby-Druck
K. Ganzbiller
1992 (Heft)/1996 (Buch)
o.P
A: William Tex (kein Zusammenhang mit H. Hilgendorff, dem Autor der WILLIAM TEX-Romane)
Heft (138 S., 12 x 16,5 cm) Es reitet das Grauen - Wie alles begann 30,00
Buch (210 S.) Captain Phil Morel und die Herz-Ranch 60,00
Hinweis: Heft = Roman um die Vorgeschichte von BILLY JENKINS.

Billy Jenkins Sammel-Album
Sinzig: Uta-Verlag
1952-53
o.P., 34 Seiten (1)/32 Seiten (2), 14,5 x 21 cm
A: Holly Gay (1)/Jo Reuter (2)
1 Die feindlichen Rancher 240,00
mit Sammelbildern 680,00
2 Ein „G-Man“ kam nach Lato 240,00
mit Sammelbildern 680,00
Einzelbilder 10,00
Nachdrucke mit Bildern....................................... 6,00
Hinweis: Sammelbilderalben à 32 Bilder mit je einer neuen Jenkins-Geschichte. Die Sammelbilder waren Beilagen von Kaugummipäckchen (OK Kaugummi und BBB Ballon Bon-Bon).

Black Bill
Berlin-Darmstadt: Jupiter-Verlag
1951
0,15 (1-4)/0,20 (5-8)/0,25 (ab 9)
14 Seiten (1-8)/18 Seiten (ab 9), 15 x 21 cm
A: o.A., Freddy Weller (10 und 11)
1-3 200,00
4... 165,00
5-8 220,00
9-11 275,00
Nachdrucke 5,00

Blaue Jungs
Berlin: Gerstmayer Verlag
1957
0,50, 32 Seiten, 16,5 x 24 cm
A: Helmut Nolte (1, 6, 8),
Harry Prinz Urbano (2, 3, 5, 7),
Thorak Thomsen (4)
1-8 30,00
Hinweis: Ab Nr. 9 Comicserie „Ahoi“. Es gibt Sammelbände mit je 4 Heften. Einige Nummern erschienen in verschiedener Grundfarbe (Nr. 2 z.B. in rot und blau). Es existieren auch Hefte ohne Nummern auf dem Cover.

Der blaue klingende Roman (1-2)
Klingender Roman - Der Landser (3-8)
Der Landser - mit Schallplatte (9-12)
Rastatt: Erich Pabel Verlag
1959
1,00, 48 Seiten (1-6)/32 Seiten (ab 7), 17,5 x 25 cm
A: Diverse
1-12 20,00
mit Schallfolie 130,00

Der blaue Paradies Roman
Stuttgart: Paradies Verlag
0,80, 48 Seiten, 14,5 x 21 cm
A: ?
o.Nr. Ich.....ein Photomodell 25,00
Hinweis:Sittenroman, siehe auch gleichen Titel unter: DER NEUE PARADIES ROMAN.

Blauer Kriminal Roman
Speyer: Jaegersche Verlagsanstalt/
Wien: Hiro-Verlag (ab 125)
1960
o.P., 64 Seiten, 15,5 x 21,5 cm

A: Diverse
1-100 nicht erschienen
101-136... 1,50
Hinweis: Remittenden (mit neuem Umschlag) von Serien des Zauberkreis-Verlages, CONSTANTIN KRIMINAL-ROMAN und (ab 125) DER KRIMINAL-ROMAN DER WOCHE.

Blaulicht Siehe Kapitel DDR

Blaulicht Siehe MR. CHICAGO

Die Blauröcke
Hamburg: Martin Kelter Verlag
1982-83
1,60/1,70, 66 Seiten, 15 x 22,5 cm
A: Diverse
1... 8,00
2-48... 4,00

Blinklicht-Hefte
Lahr/ Baden: Verlag Moritz Schauenburg
1953
0,40, 32 Seiten, 15 x 21 cm
A: Diverse
1-8... 6,00

Der Blitz-Roman
Düsseldorf: Renaissance-Verlag
1948
0,30, 21 Seiten, 22 x 30cm
A: M. Hohenstein
1... 10,00
Hinweis: Liebesroman.

Blizzard-Bill
Castrop-Rauxel: Verlag Buch und Presse
1949
0,40, 32 Seiten, 14,5 x 20,5 cm
A: Fred Falkland
1 Nanuk, der Bär... 200,00
Hinweis: Bearbeitete Neuausgabe von VK-HEIN CLASS Nr. 95.

Der blonde Panther
Wuppertal: Engelbert Pfriem Verlag
1952
0,40, 32 Seiten, 14,5 x 20,5 cm
A: Gunter Kappel
1... 50,00
2... 15,00
3... 30,00
4... 70,00
Hinweis: Nr. 2 ist ein gekürzter ND aus der Buchserie.

Blutschande Siehe HANS ICHGUT

Bob Hill
Köln: Franke Verlag (1-6)/
Leverkusen: Franke Verlag (ab 7)
1949-51
0,30 (1-13)/0,40 (ab 14)
64 Seiten (1-4), 10,5 x 14,5 cm
32 Seiten (ab 5), 14,5 x 21 cm
A: Bob Walden (1-30), Daniel Denver (31-41), J.H. Wayne (ab 42)
1... 90,00
2-4... 65,00
5-20, Nr.9, 10, 13, 14, 17 (u-p)... 27,00
21-40... 22,00
41-81... 18,00
82-84... 27,00
85-87... 30,00
88... 40,00
Nachdrucke... 5,00
Hinweis: Kriminalromane 1-20, Wildwestromane ab 21. Nr. 31-41 sind bearbeitete ND aus den VK-Serien BILLY JENKINS und HEIN CLASS.

Bob Hunter
Bad Godesberg: Uta-Verlag Sklenka und Pabel
1958-59
0,50,
48 Seiten, 14,5 x 20,5 cm (1-24),
15,5 x 22,5 cm (ab 25)
A: F.L. Barwin (1-3, 5, 7, 9-30), Henry Hill (4, 6, 8)
1... 16,00
2-25... 10,00

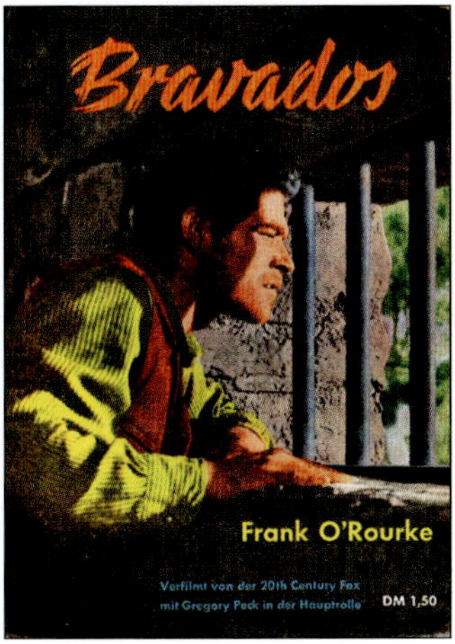

26 16,00
27 10,00
28 16,00
29, 30 18,00
Hinweis: Die Texte von F.L. Barwin sind bearbeitete Neuausgaben der VK-Serie.

Bob Morgan Thriller
Karlsruhe: Hans Schaper Verlag
ca. 1965-66
0,90/1,00, 64-66 Seiten, 15 x 22,5 cm
A: o.A.
1-24 2,00
25-49 nicht erschienen
50-61 2,00
Hinweis: Siehe MEPHISTO KRIMINAL-ROMAN.

Bogan
Speyer: Trifels Verlag
Mitte der 50er
A: Herbert Reinecker
1 Bogan der Dschungelgott 100,00
2 Bogan und seine Tiere 100,00

Braunes Gold
Krefeld: C.J. van Houten Zoon, GmbH.
Werberomanheft
o.J. (1958)
76 Seiten (inkl. Anhang), 14,5 x 20,5 cm
A: Walter Hansen
o.Nr. 5,00
Hinweis:
In erzählender Form gehaltene und illustrierte Geschichte des Kakaos, als Anhang 7 einseitig bedruckte, perforierte Blätter (I-VII) mit
Insgesamt 27 s/w Zeichnungen zum Thema.
Eine erste Ausgabe, noch ohne den Anhang, erschien bereits 1942.

Bravados
Rastatt: Pabel Verlag
ca. 1958
1,50, 128 Seiten
A.: Frank O'Rourke
o. Nr. 15,00
Hinweis: Filmroman. Zwei unterschiedlich farbige Rückseiten bekannt.

Brehms Tierleben
Siehe DIE SCHÖNSTEN SCHILDERUNGEN AUS BREHMS TIERLEBEN

Bronson
Köln: Wolfgang Marken Verlag
1984-86
1,70, 66 Seiten, 15,5 x 22,5 cm
A: Diverse
1-51 4,00

BSV Kriminal-Roman
Deilinghofen: Verlag Schälter & Co. und
Aachen: Bildschriften Verlag
ca.1967
0,80, 64 Seiten, 15 x 22,5 cm
A: Diverse
1-100 nicht erschienen
101-103... 4,00
Hinweis: Neuausgaben von KRIMI-BESTSELLER (Hallberg).

BSV Western
Deilinghofen: Verlag Schälter & Co, und
Aachen: Bildschriften Verlag
ca. 1967
0,80, 64 Seiten, 15 x 22 cm
A: Jeff Klaiber
1-100 nicht erschienen
101-102... 4,00
Hinweis: Neuauflage von HALLBERG-Romanen.

Der Bub des Vorstehers Börke
Hannover: Adolf Sponholtz Verlag
o.J. (Anfang 50er?)
o.P., 44 Seiten, 15 x 21 cm
A: Helmut Schemmel
o.Nr. Der Bub des Vorstehers Börke 20,00
Hinweis: Ohne Serientitel.

Bücher der Liebe
Augsburg: Romanverlag Augsburg
1949-50
0,50, 48-50 Seiten, 14,5 x 21 cm
A: Gena de Bernée
1-5 25,00
Hinweis: Angekündigt als 10-bändige Ausgabe (nur in 4, Nr. 1-5 sind nachzuweisen).

Die Bücherkiste
Sportserie
Wiesbaden: Dreilinden-Verlag
ca. 1948
0,40, 24 Seiten, 14,5 x 20 cm
A: Diverse
o.Nr. 4 in der Kurve 7,00
o.Nr. Die Igelbiers kommen nicht an 7,00
o.Nr. Zwomal Halifax und einmal Achim 7,00
o.Nr. ...und alles wegen Bläulich 7,00
o.Nr. Halbzeit 3:1 7,00
o.Nr. Kiku und die elf Tscherokesen 7,00
o.Nr. Die Forsthaus-Buben 7,00

Die Bücherkiste
Irmli Kinderserie
Wiesbaden: Dreilinden-Verlag
ca. 1948
0,40, 24 Seiten, 14,5 x 20 cm
A: Diverse
o.Nr. Irmli und der kleine Freund 6,00
o.Nr. Irmlis letzte Feindin 6,00
o.Nr. Irmli und die Autofahrt 6,00

Buffalo Bill
Zürich (Schweiz): J.S. Editors
1947
55 cts., 1: 18 Seiten, 2: 24 Seiten, 15 x 21 cm
A: Jim Strong
1 Der Ruf aus den Wolken 300,00
2 Das Geheimnis der gelben Mondbrüder 300,00
Nachdrucke 10,00
Hinweis: Jim-Strong-Kriminal-Abenteuer, die im Wilden Westen spielen. Die Titelbilder von 1 und 2 sind gleich, die Texte in Schreibmaschinenschrift.

Buffalo Bill
Goslar: Volksbücherei-Verlag
1949-51
0,40 (1-46)/0,50 (47-65)
64 Seiten, 10,5 x 15 cm (1-10),
32 Seiten, 14,5 x 20,5 cm (11-65)
A: Diverse (d.i. Sigfred Taubert)
1/2 (Doppelnr.) 70,00
3/4-7/8 (Doppelnr.) 60,00
9/10 (Doppelnr.) 70,00
11 80,00
12 15,00
13-15 13,00
16-30 10,00
31-45 13,00
46-49 Nr.47-48 (u-p) 18,00
50-56 22,00
57-58 27,00
59-60 30,00
61-63 35,00
64 45,00
65 80,00
Hinweis: Kein Zusammenhang mit gleichnamigen VK-Ausgaben. Ein Teil der Auflage von Nr. 7/8 („Überfall der rächenden Engel“) ist mit Nummernaufdruck 9/10 („Drei gegen Fünfzig“) erschienen und umgekehrt. Siehe auch Bücher.

Buffalo-Bill. Die aussergewöhnlichen Abenteuer Obersts Cody's
Strasbourg: Société Edco
1948-49
25 ffr., 16 Seiten, 18,5 x 27,5 cm
A: Jean Weiss
o.Nr. Der Todesritt nach Mexico 250,00
1-6... 250,00

Bund der 8
Hannover-Berlin: Diamant-Verlag
1952
0,40, 32 Seiten, 14,5 x 20, 5 cm
A: o.A. (1), E. Stubbe (2-4), Elin (5)
1 35,00
2-5 50,00

Der Bundesbulle
Ein-Mann-Soko Peter Mattek
Bergisch Gladbach: Bastei-Verlag
2000-2001
2,60, 64 Seiten, 15,5 x 22,5 cm
A: Peter Hebel und Horst Friedrichs
1-14 3,00
15 (Fehldruck mit Textinhalt „Wiener Blut") 10,00
16 (vom Verlag zurückgezogen) 20,00
16-38 3,00
Hinweis: Bei den Heften 1, 5, 11 und 22 handelt es sich um neue Romane. Die übrigen Hefte sind Neuauflagen der BASTEI-Serie PETER MATTEK - DER MANN FÜR SONDERFÄLLE. Heft 16 erschien zweimal mit den Titeln „Wiener Blut" und „Vendetta". „Wiener Blut" wurde vom Verlag zurück gezogen.

Bunte Kriminalreihe
Rastatt: Zauberkreis-Verlag
ca. 1959
0,50, 64 Seiten, 15 x 22 cm
A: Ch. E. Kohler
o.Nr. Der Mann, der um sein Leben kämpfte 4,00
o.Nr. Dorothy greift ein 4,00
Hinweis: ND von GOLD-ROMAN Nr. 1, 2 mit neuem Umschlag.

Der bunte Kriminal-Roman
Rastatt: Hebel-Verlag
ca. 1965
0,70, 64 Seiten, 15 x 21,5 cm
A: Diverse
1-7 2,00
Hinweis: Vermutlich ND von SILBER-KRIMINAL-ROMAN.

Die bunten Hefte
Hannover: Verlag Henri Nannen (1-8)/
Alfeld/ Leine: Alpha-Verlag (ab Nr. 9)
1948-49
0,30/0,40, 24-32 Seiten, 14,5 x 21 cm
A: Diverse
1-10 7,00
11 Sarrasani „Willenskraft - Wege schafft!" 12,00

Bunte Reihe
Berlin: Verlag Freund der Jugend
ca. 1949
o. P., 32 Seiten, 10,5 x14,5 cm
A: Diverse
1 Karl und die Vogeldiebe 25,00
2 Tap, der Schiffsjunge 25,00
.
Bunte Romanwelt (1-4/
Romanwelt (5)
Hamburg: Neuer Roman-Verlag
1958-59
0,50/0,60, 40 Seiten/48 Seiten, 18,5 x 25,5 cm
A: Diverse
1-5 6,00
Hinweis: Magazin mit Kurzgeschichten.

Der bunte Toxi Film-Roman
Hannover: Karl Langhelm-Verlag
1956
0,60, 54 Seiten, 15,5 x 22,5 cm
A: o.A. (1), Oswald Kolle (2)
1 Die Halbstarken 15,00
2 Die jungen Liebenden 15,00

Bunte Welt-Bücherei
Hamburg: Verlag Bunte Welt-Bücherei
1949
0,50, 32 Seiten, 15 x 20 cm
A: K.H. Boldwig
1 Tod im Atlantik 25,00
.
Der bunte Wildwest-Roman
Rastatt: Hebel-Verlag
ca. 1965
0,70, 64 Seiten, 15 x 22 cm
A: Diverse
1-7 2,50
Hinweis: Remittenden von SILBER WW ROMAN mit neuem Umschlag.

Buntsegel Ahoi!
St. Ottilien: Eos-Verlag
ca. 1955-62

o.P. (0,50), 48 Seiten, 11,5 x 20 cm
A: Diverse
1-18 5,00
Hinweis: Die Hefte erschienen in verschiedenen Auflagen bis ca. 1962. Es gibt auch Sammelschuber für die Reihe.

Butler Parker
Rastatt: Zauberkreis-Verlag
1972-92
1,00-2,00, 64-66 Seiten, 15 x 22 cm
A: Günter Dönges u.a.
1-118 siehe Hinweis
119-300 5,00
301-589 4,00
Hinweis:
Bis zur Nr. 118 hat der Zauberkreis-Verlag bereits vorhandene Texte nachgedruckt (aus 134 Heften), ab Nummer 119 dann neue Texte. Siehe auch BASTEI KRIMINAL-ROMAN, PARKER-KRIMI, Z-EXKLUSIV. Es gibt auch Bücher.

Butler Parker Neuauflage und **Butler Parker 2. Auflage** Siehe PARKER-KRIMI NEUAUFLAGE

Butler Parker 3. Auflage (1-72)
Butler Parker Auslese (ab 73)
Rastatt: Zauberkreis-Verlag
1983-1989
1,60-1,80, 64-66 Seiten, 15,5 x 22,5 cm
A: Günter Dönges u.a.
1 4,00
2-333 2,00
Hinweis: ND früherer Texte.

BW Jugendschriften
Märchen – Sagen – Erzählungen
Deggendorf: BW Jugendschriften Verlag
0,30 später 0,40 32 Seiten
1950: 1-6 12,00
1951: 1-12 10,00
1952: 1-12 10,00
1953: 1-3 10,00

Callgirl 2000 (1-32)/**Callgirl Krimi** (ab 33)
Hamburg: Hans Müller Verlag
1975-78
1,20, 66 Seiten, 15 x 22 cm
A: o.A. (1-88), diverse
1 8,00
2-142 3,00
1 (2. Auflage) 3,00
ab 2 (2. Auflage) 2,00
Hinweis: 2. Auflage (Martin Kelter Verlag, 1990-91,Preis 1,90) Nr. 1-30 (=Neuauflage von Nr. 1-23, 26-32 mit geänderter Nummernfolge).

Captain Billy Jenkins
Köln: Adler-Verlag, Schönmann & Co.
1956
0,50, 48 Seiten, 14,5 x 20 cm
A: Oliver Colt
1 Der Sieger 125,00
Hinweis: Das Heft kam nicht in den Handel. Von der gedruckten Auflage sind ca. 150 Exemplare bekannt. Siehe auch BILLY JENKINS.

Captain Concho
Der Rebell aus Texas
(zus.Untertitel ab Heft 37):
Die außergewöhnliche Western-Reihe
von Bill Murphy
Bergisch Gladbach: Bastei-Verlag,
1983-85
1,60/1,70, 66 Seiten, 15,5 x 22,5 cm
A: Bill Murphy
1 7,00
2-10 6,00
11-50 4,00
51-73 5,00
74-75 7,00
Hinweis:
Fortsetzung in BASTEI WILD-WEST-ROMAN.

Captain Morris (1-46)/
Cliff Morris (ab 47)
München: Arthur Moewig-Verlag, 1965-67
0,70/0,80, 66 Seiten, 15,5 x 23 cm

A: o.A. (Peter Dubina u.a.)
1 6,00
2-92 4,00

Carmen Roman
Köln: Verlag K. Dormagen, 1949
0,50, 48 Seiten, 14,5 x 20 cm
A: Erika Fröndgen (1), W.L. Doret (2)
o.Nr. Tyrannen der Liebe 20,00
o.Nr. Der Ring des Glücks 20,00

Casanova
Galante Abenteuer
Osnabrück: Verlag Gerhard Okwieka
ca. 1949
0,50, 64 Seiten, 15 x21 cm
A: o.A.
1 Die Eroberung der schönen Catharina 25,00
2 Casanova in Paris 25,00
3 Über allem die Liebe 25,00
4 Geliebte Veronika 25,00

Casanovas Abenteuer
Pfaffenhofen: Obosrenie-Verlag
1948
0,50, 32 Seiten, 15 x 20,5 cm
A: o.A.
1 Casanova und die Schwestern 25,00
2 Casanova und Lucrezia 25,00
3 Casanova der Kavalier 25,00
Hinweis: Bd.1 (eventuel auch 2 und 3) sind in der II.Auflage mit neuem Titelbild und unter dem Titel CASANOVA, Innentitel CASANOVAS ABENTEUER, erschienen.

Checkpart Siehe MR. CHIKAGO

Chery Roman
Rosenheim: Willy Neumayer Verlag
ca. 1948
0,50, 64 Seiten, 15 x 20,5 cm
A: Therese Thompson
o.Nr. Bennets verhängnisvoller Weg 25,00

Chez Morell
Winterthur/Zürich (Schweiz): Schloss-Verlag
1946-1947
70 Rappen, 32 Seiten, ca. 17 x 24,5 cm
A: Max Morell
1 Der gelbe Engel (u-p) 190,00
2 Arsenik 95,00
3 Das Grab auf dem Mond (u-p) 190,00
4 Verbrechen als Wissenschaft 95,00
5 Insel der Götter (u-p) 190,00
6 Flucht in den Tod 95,00
7 Vanel und die weissen Augen (u-p) 140,00
8 Exzentrisches Abenteuer 95,00
9 Rätsel im Strand-Hotel 95,00
10 Geburtstagsfeier in Villa Pan 95,00
11 Der Dämon im Blut 95,00
12 Drei schwarze Streichhölzer 95,00
13 Frauen mit Masken 95,00
14 Tödlicher Traum 95,00
15 Letztes Abenteuer 140,00
Hinweis: Die Serienhelden aller Hefte sind Paul Vanel und sein Begleiter Otto Hilberg. Nr. 1, 3 und 5 bilden eine SF-Trilogie, 7 ist unabhängig davon u-p, die übrigen Romane enthalten Detektiv-Abenteuer. Nr. 1-6 sind illustriert (1 von E. Schönenberger, 2-6 von Jean Leffel). Ab Nr. 7 haben die Hefte Fotocover und keine Innenillustrationen mehr. Die Serie endet damit, daß Paul Vanel, nachdem seine Geliebte erschossen wurde, seine Detektivlaufbahn aufgibt und sich in den Dschungel zurückzieht.
Die Serie ist bisher nur ein einziges Mal (durch einen kompletten Satz) nachgewiesen, müsste aber zumindest in der Schweiz selbst bekannter sein. Wer hierzu Informationen hat bzw. wem Ausgaben vorliegen, wird um Mitteilung an die Herausgeber gebeten.

Chicago
Bergisch Gladbach: Bastei-Verlag
2006
1,50, 64 Seiten, 15 x 22 cm
1-25 1,50
Hinweis: Neuauflage von 16 Heften der Chicago-Reihe als Bastei-Serie PAT CONNOR in 2010.

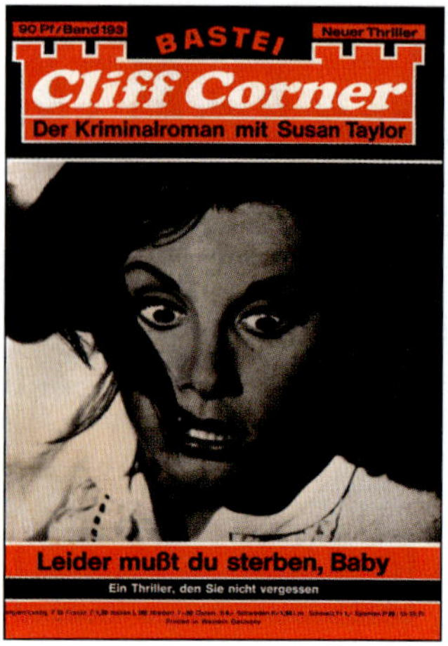

Cimarron
Neuer Western zum Fernseh-Erfolg
Bergisch Gladbach: Bastei-Verlag
1978-79
1,20/1,30, 66 Seiten, 15,5 x 22,5
A: Diverse
1 7,00
2-24 5,00

City Club Roman (1-45)/**Club Roman** (ab 46)
München-Hamburg: Alfons Semrau Verlag Hamburg: Club-Roman Verlag
1949-53
0,50, 64 Seiten/später 48-60 Seiten
15,5 x 20,5 cm (1-67)/15,5 x 22,5 cm (ab 68)
A: Sax Rohmer (68) u.a.
1 12,00
2-29 4,50
30 (u-p) 6,00
31-69 4,50
70-83 6,00
Liebesromane 3,00
Hinweis: Abenteuer-, Liebes- und Kriminalromane. Von Nr. 2 gibt es 2 verschiedene Titelbilder. Serienfigur: „Ilse Brinkmann, die Frau des Mord-kommissars" (A. Paul Ernest) 70,74 76, 78, 80, 82.

City Club Roman Sondernummer
Hamburg: Verlag Max Gröhn & Co.
1950
1,00, 96 Seiten, 15 x 20,5 cm
A: Hedwig Courths-Mahler
1-2 12,00

C Kriminal Roman/
Constantin Kriminal-Roman (ca. ab 13)
Karlsruhe: Verlag Werner Constantin
ca. 1961-64
0,70, 64 Seiten, 15,5 x 22 cm
A: Robert Arden, Kurt Selter (84) u.a.
1 6,00
2-12 3,00
13-145 1,50
36, 52 (u-p) 3,50

Hinweis: Nr. 1-12 sind Nachdrucke aus THRILLER (Pabel Verlag) in anderer Nummernfolge. Siehe MEPHISTO KRIMINALROMAN.

Classic Western
Hamburg: Martin Kelter Verlag
1990-91
1,90, 66 Seiten, 15 x 22,5 cm
A: Diverse
1-20 2,50
Hinweis: Teilweise Leihbuch-ND. Die Kioskausgabe erschien mit orangefarbenem Heftrahmen. Die Kaufhausversion erschien mit roter (ungerade Nummern) und gelber (gerade Nummern) Umrandung - wobei die Hefte verschiedene Romane enthalten können.

Cleveland Western
Aachen: Bildschriftenverlag, 1971
1,00, 94 Seiten, 12,5 x 20 cm
A: Diverse
1-6 6,00

Cliff Copper
Siehe RED ROCK RANCH

Cliff Corner/Larry Kent
Bergisch Gladbach: Bastei-Verlag Gustav Lübbe
1969-73
0,80/0,90/1,00, 66 Seiten, 15,5 x 22,5 cm
A: o.A.
101-239 3,50
Hinweis: CLIFF CORNER von 101-173 jede ungerade Nummer, ab 175 alle Nummern.
LARRY KENT von 102-174 jede gerade Nummer. Die Serie beginnt erst mit Nummer 101, da beide Serienfiguren vorher in BASTEI KRIMINAL-ROMAN erschienen, allerdings mit zusammen 133 Heften.

Cliff Morris
Siehe CAPTAIN MORRIS

Club Kriminal Magazin
Siehe NEUES KRIMINAL MAGAZIN

Der Club-Kriminal-Roman
München-Hamburg: Alfons Semrau Verlag
1951
0,50, 48 Seiten, 15 x 20 cm
A: Alfred Cobler
1 Die geheimnisvollen Brände 9,00

Der Club-Kriminal-Roman
Hamburg: Alfons Semrau Verlag
ca. 1954
0,50, 30 Seiten/46 Seiten, 15,5 x 23 cm
A: Peter Thomas, James Gordon
o.Nr. Kopf oder Zahl 3,50
o.Nr. Das zweite Gesicht 3,50
Hinweis:
„Kopf oder Zahl" ist ND von CLUB-ROMAN Nr. 18

Club-Roman
Hamburg: Alfons Semrau Verlag
1949
0,20, 32 Seiten, 15 x 21 cm
A: Diverse
1 9,00
2-16 4,50
17 Der Mann aus den Sümpfen (u-p) 6,00
18-26 4,50
Liebesromane 1,50
Hinweis: Abenteuer-, Kriminal- und Liebesromane.

Club-Roman Siehe CITY CLUB ROMAN

Colombo
München: Kauka-Verlag
1953
0,50, 32 Seiten, 15 x 21 cm
A: Diverse
1-3 50,00
Hinweis: Jugendmagazin mit je einer Geschichte von und mit Ralph Renn.

Colorado Western
Die Top-Bestseller der grossen Bastei-Autoren
Bergisch Gladbach: Bastei-Verlag
2000-2003
2,50/2,60/2,70, 1,35, 66 Seiten, 15,5 x 22,5cm
A.: Diverse
1 3,00
2-142 1,50
Hinweis: Hauptautor ist Günter Bajog unter seinen diversen Pseudonymen. Alle Cover stammen von Günther König. Neuauflage der Serie unter dem Titel „WINCHESTER" ab 2007

Colorado Western Story
Balve: Verlag „Das Taschenbuch" (1-87)/
Rastatt: Pabel-Verlag (ab 88)
1960-ca. 65
0,60-0,80, 64 Seiten, 15,5 x 22,5 cm
A: G.F. Unger u.a.
1 10,00
2-10 7,00
11-180 4,00
181-306... 3,00
134 = Nd. Billy Jenkins Lb VK Nr. 55 13,00
Hinweis: Nummern ab 181 sind ND von PABEL WW ROMAN ab 402.

Colt 45
Neue spannende Western
Bergisch Gladbach: Bastei-Verlag
1989-91
1,80, 1,90, 66 Seiten, 15,5 x 22,5 cm
A: Diverse
1 3,50
2-100 2,50

Colt Wildwest Roman
Karlsruhe: Schaper-Verlag
1968-72
1,00 (z.T. o.P.), 64 Seiten, 15,5 x 22,5 cm
A: Diverse
1-100 nicht erschienen
101-198 2,00
Hinweis: Nachdrucke von diversen früheren Serien.

Colt Western
Hamburg: Martin Kelter Verlag
2002-2003

?, 66 Seiten, 15,5 x 22,5cm
A.: Diverse
1-34 1,00

Colt Western
Hamburg: Martin Kelter Verlag
2009-2010
1,60, 66 Seiten, 15,5 x 22,5cm
A.: Diverse
1-72 1,00

Colt Western
Rastatt: Pabel-Verlag
1972-74
1,00/1,20, 66 Seiten, 15,5 x 22,5 cm
A: Diverse
1 6,00
2-90 3,00
Hinweis: Serienfigur Fargo (A: John Benteen) Nr. 8, 16, 25, 29, 57, 61, 69.

Commander Scott
Bergisch Gladbach: Bastei-Verlag
1975-76
1,20, 66 Seiten, 15,5 x 22,5 cm
A: Gregory Kern
1 (u-p) 7,00
2-40 (u-p) 6,00
41-42 (u-p) 7,00

Condra
Rastatt: Erich Pabel Verlag, 1963-64
1,00 (1-16)/0,70 (ab 17)
96 Seiten (1-16)/64 Seiten (ab 17)
13,5 x 18,5 cm (1-8)/15 x 22,5 cm (ab 9)
A: W.W. Bröll u.a.
1-16 3,00
17-20 4,50
21-30 6,00

Conny
Porta: Conny-Verlag
o.J. (frühe 50er)
0,50, 64 Seiten, 14,5 x 20,5 cm
A: Paul Walter Gent (1), Conny Tyssen (2)
1 Die Flucht des Dr. Burton (K) 30,00
2 Die rote Lola (A) 40,00
3 Man muss weiterleben… (L) 15,00
angekündigt: 4 Das Spiel um Kara (K)
Hinweis: In Nr. 2 gibt es auch eine Figur namens Conny. Inhalt ist ein Südseeabenteuer mit Piraten, U-Boot usw.

Conny Cöll
Augsburg: Kleinbuch-Verlag Konrad Kölbl
1951-52
0,50 (1-2)/0,40 (ab 3)
40 Seiten (1)/32 Seiten (ab 2), 15 x 20,5 cm
A: o.A. (1-2), Konrad Kölbl (3-19),
Bill Hastings (20)
1 240,00
2 60,00
3-13 45,00
14, 15 60,00
16 70,00
17-18 60,00
19 70,00
20 120,00
Hinweis: Diese und weitere Conny Cöll-Texte in SILBER-ROMAN Wildwest-Reihe, ROLAND ROMAN, RODEO-WESTERN, NEUZEIT-WILD-WEST, NEUER WESTERN, RAUHER WESTEN, ROMAN-QUELLE, CONSTANTIN-WILDWEST-ROMAN,KANSAS WILD-WEST. Es gibt auch Buch- und TB-Serien.

Constantin Kriminal-Roman
Siehe C KRIMINAL ROMAN

Constantin Wildwest-Roman
Siehe C-WILDWEST ROMAN

Continent Bücherei
Hamburg: Continent Verlag
1949-50?
0,40, 40-56 Seiten, 15 x 21,5 cm
A: W. Löbsack (1), u.a.
1-4 25,00

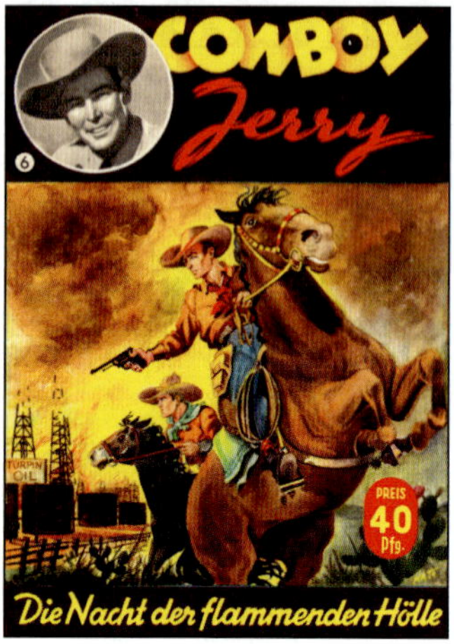

Contra
Hannover: Adolf Sponholtz Verlag
1953-54
0,50/0,40, 32 Seiten, 14,5 x 21 cm
A: Diverse
1 9,00
2-6 6,00
7 (u-p) 12,00
8-23 6,00

Corinna Martin
Bergisch Gladbach: Bastei-Verlag
1997-98
2,30, 66 Seiten, 15,5 x 22,5cm
A: Diverse
1-46 3,00
Hinweis: Neuauflage bei Bastei als DIE ANWÄLTIN

Cowboy Jerry (1-12)/**Jerry Gray** (ab 13)
Hamburg: Verlag R. Glöß & Co.
1951
0,40, 32 Seiten, 15 x 21 cm
A: Nic C. Roland (1-12), Helm Greenow (13-14), Henry McSpitfire (15-20)
1 27,00
2-8 20,00
9-12 27,00
13-19 20,00
20 27,00
Nachdrucke 5,00

Der Cowboy Roman
Nürnberg: Masta-Verlag Walter Madel (1-78)/
München: Arthur Moewig Verlag (ab 79)
1951-62
0,50/0,60/0,70
48 Seiten (1-100)/64 Seiten (ab 101)
14,5 x 21 cm bis 15,5 x 22 cm
A: Walter den Marl, Max Brand (175, 184, 188) u.a.
1 160,00
2-3 65,00
4-10 40,00
11-20 18,00
21-80 10,00
81-100 12,00
101-179 7,00
180 15,00
181-200 8,00
201-204 10,00
Hinweis: Serienfigur Rio Kid Nr. 189, 191, 193, 195, 204. Nr. 180 (A: Joachim Rennau) ist ein ND von ROLF RANDALL-Buchserie Nr. 3.

Der Cowboy Roman Sonderheft
Nürnberg: Masta Verlag Walter Madel/
später München: Arthur Moewig Verlag
1956-58
1,00, 96 Seiten, 15,5 x 22 cm
A: Fred Roberts, Walter den Marl u.a.
1-32 13,00

Coyote
Offenbach: Karl Drott Verlag (1)/
Frankfurt a.M.: Deutscher Kleinbuch-Verlag Werner Nowack (2-21)/Hamburg: Deutscher Kleinbuch-Verlag (22-29)/Hamburg: Verlag Friedrich Petersen (ab 30)
1949-55
1,00 (Nr. 16/17: 1,50)
64 Seiten (1, 24-26), 80 Seiten (2-15, 18-23, 27-74), 112 Seiten (16/17), 14,5 x 20,5 cm
A: Josè Mallorqui
1 100,00
2 60,00
3 35,00
4, 5 27,00
6-7 12,00
8-14 10,00
15 12,00
16/17 (Doppelnr.) 10,00
18-41 8,00
42-49 12,00
50-56 10,00
57-62 12,00
63-68 16,00
69-71 27,00
72 45,00
73 70,00
74 120,00

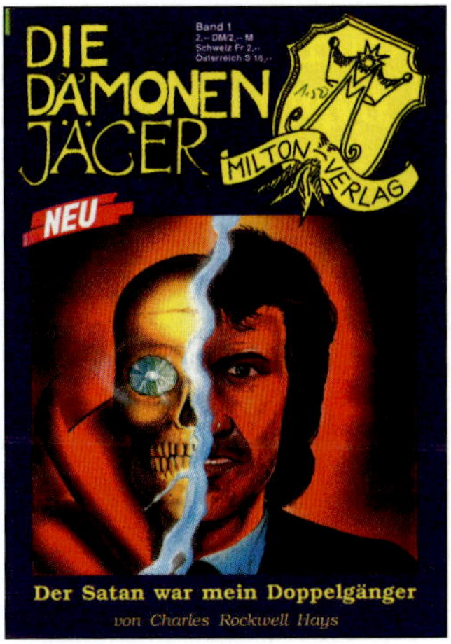

Hinweis: Gleiche Texte in der Buchserie und in mehreren österreichischen Serien. Folgende österr. Texte sind in der deutschen Serie nicht erschienen: EL COYOTE SONDERNUMMER 2, 3 und EL COYOTE SPEZIALNUMMER.

Crash
Hamburg: Martin Kelter Verlag
1984-85
1,70, 66 Seiten, 15 x 22 cm
A: Diverse
1-28 1,50
Hinweis: Überwiegend ND von Büchern (HANNS HART, HELLO AMBOSS, CHIKAGO 3139, AL BORDEN u.a.)

Crime
Das gute Kriminalmagazin (-39/1965)
Der gute Kriminalroman (ab 40/1965)
Koblenz: Rhenania Druck- und Verlags-GmbH
1964-70
0,70/o.P./1,00/0,60, 50/66/48 Seiten
16 x 24 cm bis 17 x 25 cm
A: Diverse
1964: ...6-52 5,00
1965: 1-52 2,00
1966: 1-53 2,00
1967: 1-52 2,00
1968: 1-52 2,00
1969: 1-52 2,00
1970: 1-52 2,00
Hinweis: Nr. 5-52 von 1965 erschienen ohne Jahrgangsangabe. „Sensation in Cofax City“ (o. Nr. erschienen) = Nr. 46/1970. Nr. 42/1965-50/1966 = ND von MIKE TAYLOR. Ansonsten überwiegend ND von Kriminalromanen aus dem Kelter Verlag. Nr. 46 (oder 47?) 1964-40/1965 mit Magazinteil. Die Auslieferung erfolgte vermutlich ausschließlich über Lesezirkel.

Chronos–Tierreihe
Berlin: Chronos (G. Spielberg) Verlag
ca. 1949-51
o.P. 48 Seiten
1-12 8,00

C-Wildwest-Roman (1-24)
Constantin Wildwest-Roman (25-160)
Texas Wildwest-Roman
Texas Wild-West Wild-West (ab 161)
Karlsruhe: Verlag Werner Constantin
1963-ca. 1966
0,60/0,70, 64 Seiten, 15,5 x 22 cm
A: Heinz Steuer (133 „Black Horse“),
James Garrett (165, 169, 178, 182) u.a.
1 8,00
2-24 5,00
25-201 3,00
Nr. 15 9,00
Nr. 133, 165, 169, 178, 182 4,50
Hinweis:
Teilweise ND von PABEL WESTERN und anderen Serien. Die Nr. 15 ist ein Wolf Morland-Text (bearbeitete Neuauflage des Billy Jenkins VK-Buches „Don Panchos wilde Reiter“). Conny Cöll: 90, 94. Jim Hollister (A: Heinz Squarra) 35, 53, 64, 92. Percy Stuart: 34, 62. Siehe GRÜNER WILD-WEST ROMAN.

Die Dämonenjäger
Wiesbaden: Milton-Verlag, 1990-91
2,00, 66 Seiten, 15,5 x 22,5 cm
A: Diverse
1-17 4,00
18 nicht erschienen
19 4,00

Dämonenkiller
Rastatt: Pabel-Verlag, 1973-77
1,20, 66 Seiten, 15,5 x 22,5 cm
A: Diverse
1-17 siehe VAMPIR HORROR-ROMAN
18-50 4,50
51-100 3,50
101-143 3,00

Dämonenkiller
Rastatt: Pabel-Verlag,
1975-1980
2,80/3,00/3,80, 144-162 Seiten, 11,5 x 18,0 cm
A: Diverse

1-63 4,00
28,31,52-58,60 8,00
Hinweis: Taschenbuchserie.
Nr.28,31,52-58,60 Serienfigur Coco Zamis

Dämonenkiller Neuauflage (1-130)/
Dämonenkiller Neue Romane (ab 131)
Rastatt: Pabel-Verlag
1983-86
1,60/1,70, 66 Seiten, 15,5 x 22,5 cm
A: Diverse
1-33 2,00
34 12,00
35-130 2,00
104 (Neuer Text) 3,50
131-150 5,00
151-175 10,00
Hinweis: Nr. 7 der Erstauflage wurde ausgelassen. Somit ist Nr. 7 der Neuauflage gleich die Nr.8 der Erstauflage usw. bis zum Einschubband Nr. 34 (neuer Text). Ab Nr. 35 sind beide Serien identisch bis zum Ende der Neuauflage (Neuauflage zum Teil stark überarbeitet). Nr. 115 und 121 haben einen neuen Titel mit altem Text.

Dämonen-Land
Die besten Horror-Romane der letzten 20 Jahre.
ab Band 5: Die besten Horror-Romane unserer Zeit
Bergisch Gladbach: Bastei-Verlag,
1989-96
1,80-2,20, 66 Seiten, 15,5 x 22,5 cm
A: Diverse
1 4,50
2-176 2,00
107, 114 (neue „Der Hexer“-Texte) 4,50
23, 50,75, 86, 100, 109, 111, 120, 132, 136,
141, 145, 150, 168 (neue Texte) 3,00
Hinweis:
ND aus diversen Gruselserien des Bastei-, des Pabel-, und des Zauberkreis Verlages.
Tony Ballard: 52, 75, 86, 100, 109, 111, 132, 136, 141, 145, 150, 152, 168.

Damona King
Die Bezwingerin der Finsternis
Bergisch Gladbach: Bastei-Verlag, 1979-83
1,30 bis 1,60, 66 Seiten, 15,5 x 22,5 cm
A: Jason Dark (1, 50) u.a.
1 6,00
2-107 3,50
Hinweis: Fortsetzung in GESPENSTER-KRIMI.

Dan Berry
der geheimnisvolle Reiter
Berlin: Oswald Arnold-Verlag/
Darmstadt: Verlag für moderne Literatur
1951-52
0,40, 32 Seiten, 14,5 x 20,5 cm
A: Freddy Weller (1, 7, 9, 10), Tumleh Etlon (2-6, 8)
1 65,00
2-9 50,00
10 65,00
Nachdrucke 5,00

Dan Oakland Story
Rastatt: Zauberkreis-Verlag, 1976-79
1,20, 64 Seiten, 15 x 22,5 cm
A: U.H. Wilken
1 7,00
2-10 4,50
11-82 4,00
Hinweis: Teilweise (leicht gekürzte) ND aus SILBER-WILDWEST-ROMAN.

Dan Shockers Larry Brent Siehe LARRY BRENT

Dan Shockers Macabros Siehe MACABROS

David Johnson
Auf der Suche nach verborgenen Schätzen
Hamburg: Martin Kelter Verlag
2010
2,40 , 128 Seiten, 12,5 x 18 cm
A: Diverse
1-4 1,00
Hinweis: Taschenheft. Der angekündigte Band 5 erschien als Band 1 der 2011 gestarteten Heftserie DER ABENTEUER ROMAN

Dein illustrierter Roman
Paris: Verlag Presse-Expansion (Druck: Fr. Petersen, Husum) (1-12)/Berlin: Verlagsanstalt Dreyer (13-14...)/ Weinheim: Verlag „Drei Heinzelmännchen" (ab ...22)
1948-50
0,30/0,40, 24 Seiten (1-22...)/48 Seiten (ab ...33)
22,5 x 29,5 cm (1-22...)/14,5 x 20,5 cm (ab ...33)
A: Diverse
o.Nr. Susan auf falschen Wegen 12,00
o.Nr. Der Club der roten Herzen 12,00
o.Nr. Robert Barnys dunkle Stunden(K-L) 18,00
o.Nr. Die Entdeckung des Dr. Dufois 12,00
o.Nr. Die letzte Fahrt der Carpiento 12,00
o.Nr. Tatort Saturnstraße 15 18,00
o.Nr. Die goldene Maske der Tänzerin 12,00
o.Nr. Schicksalsfäden in Dianas Hand 12,00
o.Nr. Abenteuer eines Kap-Mädels 12,00
o.Nr. Verbrechen im Liebestaumel 12,00
o.Nr. Borchers wird entlarvt 12,00
o.Nr. Ich heirate meine Mörderin 12,00
o.Nr. Rajewska im Strudel 12,00
o.Nr. Margret im Wilden Westen 12,00
Band 15-21 eventuell auch o.Nr.
22-41 10,00
Hinweis: Abenteuer-, Kriminal- und Liebesromane.

Delphin Grossband (1-3)/
Delphin Roman Grossband (ab 4)
Rastatt: Erich Pabel Verlag
1957-58
1,00, 96 Seiten (1-9)/112 Seiten (ab 10)
14 x 20,5 cm
A: Hedwig Courths-Mahler (10) u.a.
1-15... 4,50
Hinweis: Liebesromane. Nr. 1-6 aus dem Französischen übersetzt.

Delphin Roman/Delphin Schwalben Romane
Siehe DER NEUE FILMROMAN

Der deutsche Film Roman
Heidelberg: Verlag Der Deutsche Filmroman
ca. 1952
0,50, 48 Seiten, 15,5 x 22 cm
A: o.A.
1 Schwarze Augen 12,00

Diamant-Roman Siehe VOCO-ROMAN

Dico Tatsachen
Hannover: Verlag Ditzell & Co.(1)/
Verlag Heinrich Kölling (ab 2), 1958
0,45, 32 Seiten, 15 x 21 cm
A: Diverse
1 Ich starb auf dem elektrischen Stuhl (u-p) 9,00
2-5 4,00
Sammelband (mit Hefte 1-5) 10,00

Dino Land
Bergisch Gladbach: Bastei-Verlag
1993-94
2,50, 66 Seiten, 15,5 x 22,5 cm
A: o.A.
1-15 4,00

Doc Holliday
Hamburg: Martin Kelter Verlag
1962-64
0,70, 66 Seiten, 15 x 22 cm
A: Frank Laramy
1 15,00
2-20 10,00
21-36 12,00

Doc Holliday
Hamburg: Kelter-Verlag
1983-84
1,70, 66 Seiten, 15 x 22,5 cm
A: Frank Laramy
1-36 2,50
37-38 6,00
Hinweis: Nr. 1-36 = ND der 1. Serie. Nr. 37-38 = ND von DIE WYATT EARP STORY Nr. 79, 69. Andere Titelbilder.

Doc Holliday
Hamburg: Kelter-Verlag
2005-07

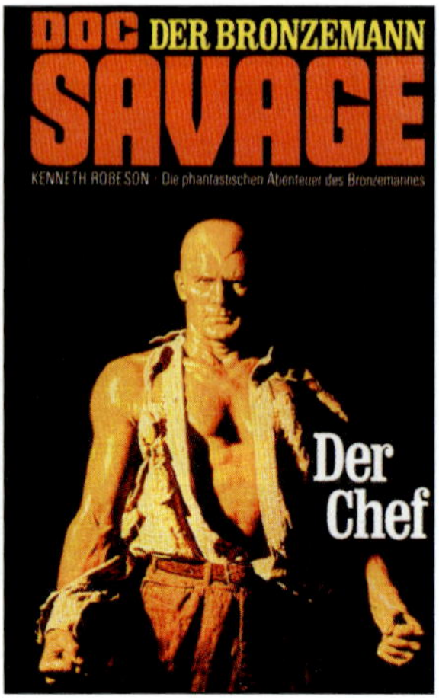

1,50, 66 Seiten, 15 x 22,5 cm
A: Frank Laramy
1-36... 1,50

Doc Savage - Der Bronzemann
Die phantastischen Abenteuer des Bronzemanns
Rastatt: Erich Pabel Verlag
1972-1980
2,80/3,00/3,80, ca. 146 Seiten, 11,5 x 18,0 cm
A: Kenneth Robeson (Lester Dent u.a.)
1 ... 15,00
2-10 ... 8,00
3-89 ... 5,00
Hinweis:
Taschenbuchserie. Cover - Illustrationen von James Bama, Boris Vallejo, Bob Larkin u.a.

Domino Sex Roman
Hannover und Berlin: Domino Verlag
o.J. (70er ?)
4,50, 68 Seiten (inkl. Umschlag), 14 x 20 cm
A: Michael Tibor
1 Wilde Spiele ... 5,00
Hinweis: Mit Fotos illustriert. Mehr nicht bekannt.

Dragon
Söhne von Atlantis
Rastatt: Pabel-Verlag
1973-75
1,00/1,20, 66 Seiten, 15,5 x 22 cm
A: Diverse
1 ... 7,00
2-39 ... 4,50
40-55 ... 6,00

Dr. Bendany
Der Kriminalroman der Zukunft
Nürnberg: E.V. Anding Verlag
1949
0,60 (1)/0,50 (2-3), 64 Seiten (1)/48 Seiten (2-3),
13 x 19 cm (1-2)/14,5 x 21,5 cm (3)
A: Sam Grafner
o.Nr. Verbrechen in Atomstadt (u-p) ... 500,00
2 Wo blieb Vitao? (u-p) ... 400,00
3 Liebe und Rache Emulugettas (u-p) ... 700,00

3 Groschen-Roman
Osnabrück: Verlag Gerhard Okwieka
ca. 1949
0,30, 32 Seiten, 15 x 21 cm
A: K. Roos (1), Walter Breucker (2)
1 Der tanzende Tod ... 12,00
2 Dienstmann Nr. 12 ... 6,00

320 PS-Jim
Köln: Wolfgang Marken Verlag
1982-86
1,60/1,70, 66 Seiten (Nr. 50 = 130 Seiten)
15 x 22,5 cm
A: Diverse
1 ... 6,00
2-106 ... 2,50

Dr. Morton
Grusel Krimi Bestseller
Sasbachwalden: Anne Erber Verlag
1976-77
1,00, 64 Seiten, 15,5 x 22,5 cm
A: John Ball
1 ... 40,00
2-10 ... 30,00
11-40 ... 20,00
41-48 ... 30,00
49 ... 35,00
50-52 ... 40,00
53-54 ... 50,00
Hinweis:
Siehe THRILLER. Es gibt auch TB (Erber Krimi).

Dr. Morton-Grossband
Sasbachwalden: Anne Erber Verlag
1977
1,80, 78-82 Seiten, 14,5 x 22,5 cm
A: John Ball
1 ... 17,00
2-3 ... 30,00

Dr. Morton Kriminal Magazin International (1. Jg. 1-3)/**Kriminal Magazin International** (1. Jg. 4-7)/**Erstes Deutsches Kriminal Magazin International** (ab 1. Jg. 8)
Sasbachwalden: Anne Erber Verlag
1976-77
2,80/1,80
32-36 Seiten, 22,5 x 30,5 cm (1. Jg. 1-9, 2. Jg. 4-8) 82 Seiten, 15 x 22,5 cm (2. Jg. 1-3)
A: John Ball
1. Jg. 1 500,00
1. Jg. 2-9 350,00
2. Jg. 1-3 10,00
2. Jg. 4 150,00
2. Jg. 5-8 250,00
Hinweis: Magazin mit je einer Dr. Morton-Geschichte mit Ausnahme von 2. Jg. Nr. 5. Im 1. Jg. Nr.1-3 auch ein Fortsetzungsroman mit DER LORD.

Dynamit Kriminal-Roman
Rastatt: Rheinischer Buchvertrieb
ca. 1963
0,70 (teilweise o.P.), 64 Seiten, 15,5 x 22,5 cm
A: Robert Arden (9) u.a.
1-13... 1,50
Hinweis: ND von THRILLER (Pabel-Verlag) und anderen Serien.

Edition Top Western
Hamburg: Martin Kelter Verlag
2005-2008
1,50, 66 Seiten, 15,5 x 22,5cm
A.: diverse
1-116 1,00
Hinweis: vermutlich Nachdrucke

Eichel Romane
Bonn: Verlag H.M. Hieromini
1948-49
0,50, 32-48 Seiten, 18 x 24 cm
A: Diverse
o.Nr. Frau Britta 7,00
o.Nr. Kati und die Liebe 7,00
o.Nr. Liebe am Eibsee 7,00

Ein ganzes Leben im Geheimdienst
Stuttgart: Kreuz-Verlag
1947
o.P., 36 Seiten, 15 x 21 cm
A: E. Baum
o.Nr. Ein ganzes Leben im Geheim Dienst 25,00
Hinweis: Ohne Serientitel.

Ellery Queen´s Kriminal-Magazin
Berlin: Maxim Kleber Aufwärts Verlag
1954, 1,50 DM.
A: Diverse
1-7 10,00

El Paso Siehe: PASO, EL

Erber Goldener Western (1-35)/
Neuer Doppelband (ab 36)
Sasbachwalden: Erber + Luther Verlag
1977-79
1,20/1,90, 66 Seiten (1-35)/128 Seiten (ab 36), 15,5 x 22,5 cm
A: Diverse
1-53 2,50
Hinweis: Nr. 7-35 = ND von ERBER WESTERN.

Erber Science Fiction
Sasbachwalden: Anne Erber Verlag
1976-77
2,50/3,00, 96-128 Seiten, 15,5 x 22,5 cm
A: Diverse
1-21 4,00
Hinweis: Überwiegend ND aus ERBER GRUSEL KRIMI, SCIENCE FICTION, TERRA, UTOPIA, UTOPIA GROSSBAND, Z-EXKLUSIV. Nr. 7-8, 11, 13, 15, 17, 19-21 haben je 2 Erzählungen.

Erber's Grusel Krimi (ab Nr. 32 teilweise auch **Erber Grusel Science Fiction**)
Sasbachwalden: Anne Erber Verlag
1976-77
2,00/2,40, 130 Seiten (1-26)/90-98 Seiten (ab 27) 15,5 x 22,5 cm
A: Diverse

1 (u-p) 20,00
2-4 (u-p) 15,00
5-10 (u-p) 12,00
11-42 (u-p) 10,00

Erber Western (1-126...)
Erber Wildwest Roman (ab ...140)
Sasbachwalden: Anne Erber Verlag/
später Erber + Luther Verlag
1976-78
1,20, 64 Seiten, 15,5 x 22,5 cm
A: Diverse
1-141 4,00

Erdball-Romane (1-284)/
Kriminal-Erdball-Romane/
Erdball Kriminal Romane/
bzw. Westmann-Erdball-Romane/Westmann-Romane (285-896 = letzter Kriminalroman)/
Westmann Romane (897-922)/
Westmann (ab 923)
Hamburg: Fritz Mardicke Verlag/
Darmstadt (später Köln): Wolfgang Marken Verlag
1950-ca. 1975
0,50 bis 1,20, (Nr. 1077 = 1,40)
64 Seiten (Nr. 1077 = 130 Seiten), 15,5 x 22,5 cm
A: Paul Stokett (325), Hermann Falk (360), Hannes Kempp (72), Robert Heymann (135), Zane Grey (223), u.a.
1 150,00
2-5 50,00
6-10 30,00
11-20 25,00
21-100 15,00
101-282 8,50
283-922 6,00
923-1000 3,50
1001-1629 2,00
Nr. 82 (John Peppermint) 18,00
alle anderen Peppermint-Nr. 8,50
Kid Hollister-Nr. 13,00
727, 735 (Hopalong Cassidy) 8,50
Nr. 25 (u-p) 22,00
Nr. 148 (u-p) 18,00
Nr. 116, 121, 154, 220 (u-p) 11,00
Nr. 466, 642 (u-p) 8,00
Nr. 659 12,00
Hinweis: Die geraden Nrn. von 898-912 sind nicht erschienen! Erst Abenteuer-, Kriminal- und Wildwest romane in unregelmäßiger Folge. Ab Nr. 333 ungerade Nummern Wildwest, gerade Nummern Kriminal. Anfangs viele ND von VK-Texten.
Serienfiguren: John Peppermint (A: Walter Fürst) 82, 404, 428, 476, 488, 528, 546, 588, 636, 644, 666, 674, 680, 694.
Pat Wilding/Pat Kandler (A: Garry Nash) 298, 350, 468, 480, 510, 516, 574.
Inspektor Mc Cormick 884, 888, 892,896.
Texas Ranger Kid Hollister (A: Tex Mason) 865, 871, 879, 887, 895, 903, 913, 917, 922, 926, 930, 934, 938, 942, 946, 950, 954, 958, 970, 979, 986, 1015, (es gibt auch Bücher).
Colonel Bill Corner (A: John O'Guenther) 263, 285, 361, 369, 377, 385, 405, 435, 449, 463, 479, 495, 503, 519, 529, 543, 555, 565, 573, 581, 591, 601, 609, 617, 625 (siehe DER TEXAS-REITER).
Tom Fox (A: Frank H. Wells) 277, 291, 296, 305, 311, 324, 330, 339, 345, 355, 379, 395, 461, 469, 515, 523.
Hopalong Cassidy 727, 735.
Gary Webb 1027, 1064, 1079, 1084, 1089...
659 (A: Kappler = H. Kempp) Billy Jenkins Neuauflage von VK. Buch „Das eherne Gesetz"
Ab Nr. 922 neue Aufmachung der Titelbilder.

Erde 2000
Köln: Wolfgang Marken Verlag
1978
1,50/1,60,
66 Seiten, 15 x 22,5 cm
A: Diverse
1-34 3,00
35 6,00
36 3,00
37 6,00
38-44 3,00
Hinweis: Nr. 39, 41 sind nicht erschienen! Nr. 35, 37 sind als Werbebände mit je 2 ND unterer Nr. erschienen.

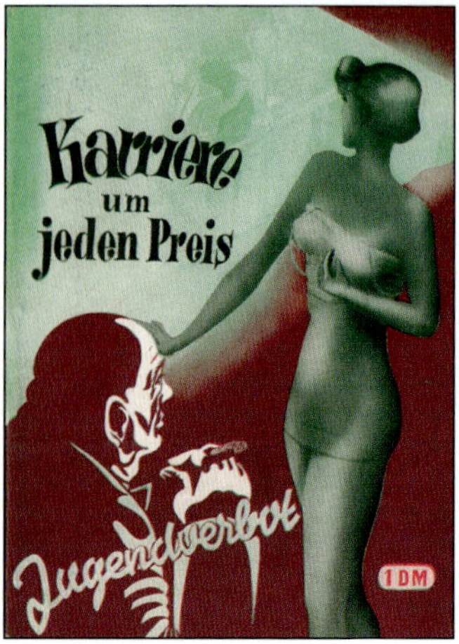

Erdia Romanreihe
ab (2) z.T. Erdia , z.T. ohne Reihentitel
Frankfurt/ Main: Erdia-Verlag
1951-52
0,60 (1)/1,00, 48-64 Seiten, 15 x 21 cm
A: Henri Dubassin, Wladimir Koltow, Piérre Ami u.a.
Nr.1 Vergewaltigung der Sylvia 85,00
o.Nr. Ausschweifungen eines Irren (u-p) 90,00
o.Nr. Verderbtheit in Tibet (u-p) 85,00
o.Nr. Sucht eines Satans (u-p) 70,00
o.Nr. Orientalische Leidenschaften (u-p) 70,00
o.Nr. Straßenmädchen Lu 40,00
o.Nr. Das liebestolle Gespenst 40,00
o.Nr. Verlockender Hafen 40,00
o.Nr. Die Panther Fürstin 40,00
o.Nr. Karriere um jeden Preis 40,00
o.Nr. Vamp des Mammon 40,00
Hinweis: Die oben aufgeführte Reihenfolge der Romane erscheint fraglich. Es liegt eine Ausgabe von «Das liebestolle Gespenst» mit copyright 1952, aber auch eine Ausgabe von «Karriere um jeden Preis» mit copyright 1951 vor. Eventuell gab es mehrere Auflagen.Es gibt auch Sammelbände, Titel : 2 Sitten-Romane, 128 Seiten, 1,- DM.

Erlebnis-Bücherei (1)
Erlebnisbücher (2)
Köln: Verlag J.-H. Nied (1)
Verlag Franz H. Bechen (2)
ca. 1950
o.P., 32 Seiten, 14,5 x 20,5 cm
A: Richard Heinze
1 Kampf um den Südpol 18,00
2 Der weisse Tod 18,00

Erlebnis-Roman
Braunschweig: Planet-Verlag
1948-1949
0,50, 32-47 Seiten, 14,5 x 20,5 cm
A: Diverse (Holk, Freder van u.a.)
o.Nr. Armes Herz in starker Hand 4,50
o.Nr. Barbara steht nicht allein! 4,50
o.Nr. Barnabas kommt zurück 4,50
o.Nr. Endziel Liebe 4,50
o.Nr. Es geht um Rosemarie 4,50
o.Nr. Eine Frau ganz allein 4,50
o.Nr. Geheimnis um Isabell 4,50
o.Nr. Geza und Ilonka 4,50
o.Nr. Glück in Venezuela 4,50
o.Nr. Das Glück kommt durch die Hintertür 4,50
o.Nr. Großes Glück in kleiner Hand 4,50
o.Nr. Herz im Käfig 4,50
o.Nr. Das ideale Mädchen 4,50
o.Nr. Inge bleibt unvergessen 4,50
o.Nr. Ins Leben zurück 4,50
o.Nr. Joan wird strafversetzt 4,50
o.Nr. Der letzte Schritt 4,50
o.Nr. Liebe - gestern und morgen 4,50
o.Nr. Liebessommer in Ragusa 4,50
o.Nr. Ein Mädchen ging vom Wege 4,50
o.Nr. Ein Mann stürzt über Bord 4,50
o.Nr. Ein Mann zwischen zwei Frauen 4,50
o.Nr. Richtfest der Liebe 4,50
o.Nr. Der Schatten neben mir 4,50
o.Nr. Der Überfall auf dem Yangtse 4,50
o.Nr. Der Umweg zum Glück 4,50
o.Nr. Was Liebe vermag 4,50
o.Nr. Wer ist Niemand? 4,50
o.Nr. Zwölf Männer... eine Frau 4,50
Hinweis: Vermutlich Vorläufer von GESCHICHTEN, DIE DU SELBST ERZÄHLST.

Erlebnis Roman
Ganacker: Oase-Verlag
ca. 1975 1,20, 64 Seiten, 15,5 x 22,5 cm
A: Allan Scott (1, 3-7, 9-19), John Robb (2, 8), Washington Scott (20)
1-20 2,50
Hinweis: ND von Büchern. Nr. 10-20 = ND von ABENTEUER ROMAN Nr. 35-45.

Erlebnisromane aus aller Welt
Siehe TATSACHENBERICHTE AUS ALLER WELT

Die Erotik der Weltraumschiffahrt
Kassel: Hauschting-Verlag
1949

0,50, 32 Seiten, 14,5 x 21 cm
A: Marquis Jean de Bernais
(d.i. wahrscheinlich Hans Ichgut)
1 Das blonde „Baby" vom Mars 250,00
Nachdruck 20,00

Der erste aktuelle Sittenroman von beispielloser Suggestivkraft
Nürnberg: Dr. Rudolf Frank & Co.-Verlag
1951
1,00, 66 Seiten, 15,0 x 21,5 cm
A: Henri Milten
Sonderausgabe:
Quer durch Europas Betten 40,00
angekündigt: § 218 Der Fall Angelika Mittendorf

Erstes deutsches Kriminal Magazin international
Siehe DR. MORTON KRIMINAL MAGAZIN INTERNATIONAL

Erzählungen aus dem Wilden Westen
Olten (Schweiz):Kommissions Verlag Adam Walt
o.J. (frühe 50er?)
40 cts. (?), 32 Seiten, 15 x 21cm
1 Wildtöter und Adlerblick 65,00
2 Der Kampf um das Felsennest 65,00
Hinweis: Die Hefte enthalten Wildtöter-Geschichten.

Es geschah in Berlin
Frankfurt a.M.: Verlag August Steinkopf
1952
0,50, 48 Seiten, 12 x 17 cm
A: Werner Brink
1 Fahrerflucht 100,00
2 Mordverdacht 100,00
3 Ein Mann steigt ein 100,00
4 Morphium 100,00
Hinweis: Texte nach der gleichnamigen Hörspielfolge im Berliner Rundfunk.

Es war einmal
Märchen aus aller Welt
Berlin: E. Schwesig (Vertrieb)
1946
0,50, 16 Seiten, ca. 14,5 x 21 cm
A: ?
1 12,00

Es war einmal...
Die schönsten Märchen aus aller Welt
Bad Pyrmont: Neues Verlagshaus für Volksliteratur
1952-53
0,60, 32 Seiten, 14,5 x 21 cm
A: „Kater Murr"
1-10 18,00
Hinweis: Es gibt auch eine VK-Serie.

Eva Romane
Landsberg/Lech: Verlag Richard Cäsar
ca. 1950
0,50, 48 Seiten, 15 x 20,5 cm
A: Peter Riec
o.Nr. Daniela (Kriminal-Sittenroman) 30,00

Der Excelsior-Club
Harry Morris' unheimliche Erlebnisse
Hannover-Berlin: Diamant-Verlag
1950
0,30, 32 Seiten, 14,5 x 20,5 cm
A: o.A.
1 Eine gefährliche Rettung 100,00
2 Gehetzt durch den australischen Busch 100,00

Extra Krimi
München/ Landau: Neuzeit-Verlag
1964-ca.1967
0,70 bis 1,00, 64 Seiten, 15,5 x 22,5 cm
A: Diverse
1-104 2,50
Kommissar Burkley-Nrn.
1, 3, 5, 8, 11, 14, 77-84. 4,50
Pat Wilding-Nrn.
21, 24, 27, 31, 34, 41, 46, 50, 51, 53,
55, 61, 62, 64, 66, 68, 70, 72, 74 3,50
Hinweis: ND von Büchern.
Siehe ROMAN QUELLE (blau).

Fahrt ins Abenteuer
Wuppertal: Lampions Verlag
o.P. , ohne Jahr ca. 1949
A: Wilhelm Meister
o.Nr.. 40,00

Fahrten und Abenteuer
(Titel nur innen)
Bamberg: Bayerische Verlagsanstalt
1951-54
0,50/0,40, 32 Seiten, 15 x 22 cm
A: Charles Sealsfield (7),
Friedrich Gerstäcker (20), u.a.
1-17 6,00
18 Hier spricht Mond (u-p) 30,00
19-25 6,00

Fantasy
Bergisch Gladbach: Bastei-Verlag
1985-86
1,70, 66 Seiten, 15,5 x 22,5 cm
A: Diverse
1 7,50
2-20 5,00
21-25 4,00
26-28 6,00

Der farbige Roman (1-31)
Farbige Romane (ab 32)
München: Kindler und Schiermeyer Verlag
1948-1956
0,30/0,50, 24/64/56 Seiten, 15,5 x 22 cm
A: Diverse
1948/49: 1-30 2,50
1950: 1-26 2,50
1951: 27-269 2,50
Hinweis: Liebesromane. Aus dieser Reihe wurde die Zeitschrift BRAVO (s.d.)! Deren Nr. 1 enthält auf der Titelseite nach die Angabe „Farbige Romane 270“ (August 1956).

FBI Agent Jeff Conter - Berichtet - (1-110)
Jeff Conter Spezial-Agent des F.B.I. (ab 111)
Rastatt: Zauberkreis-Verlag
ca. 1960-65
0,60/0,70/1,00/0,70, 64 Seiten (1-29, 111-238),
96 Seiten (30-86)/112 Seiten (87-110)
15,5 x 22 cm (1-29, 111-238), 10 x 21 cm (30-110)
A: o.A. (meist Günter Dönges)
1 7,00
2-110 3,50
111-238 2,50
Sonderbände 1-5 3,50
Hinweis: Jeff Conter-Hefte erschienen zuerst in SILBER-ROMAN, dann als eigene Serie, dann wieder in SILBER-ROMAN. Einige Nummern ab 111 in Neu - auflage bei Intergrossa, Speyer (Vertrieb vermutlich nur über Kaufhäuser, Supermärkte usw.).

Feia-Roman
Esslingen: Kienzle-Verlag
1949
0,30, 32-34 Seiten, 15,5 x 22,5 cm
A: Hans Jürgen Sorell (1)
o.Nr. Gefährliche Frau - Mademoiselle Docteur,
die bekannteste Spionin des Weltkriegs ... 40,00
o.Nr. Mata Hari Liebe
Leidenschaft und Spionage 40,00

Feierabend Kriminal-Roman
Düsseldorf: Karl Röder Verlag
ca.: 1949 ?
0,30, 20 Seiten, 22,5 x 30,5 cm.
A: Diverse
1.Jahrgang
Nr.1 Auf eigener Spur 45,00
Nr.2 Die vierte Frau 35,00
Nr.3 Das Geheimnis um Mr. Tree 35,00

Ferien Krimi
(Verlag der Zeitung) Neue Westfälische
Werberomanheft
1973
76 Seiten, 10,5 x 21 cm
A: Alexander Borell
o-Nr. Eine stumme Zeugin 5,00
Hinweis: Werbeausgabe zur Urlaubszeit, enthält auch 3 Seiten illustrierte Trimm-Tipps, ein Kreuzworträtsel und 1 Seite direkte Werbung.

Ferner Westen
Land der harten Männer
Hamburg: Kelter Verlag
1960-61
0,60, 66 Seiten, 15,5 x 22,5 cm
A: Robert Ullmann u.a.
1 6,00
2-38 3,50

Ferner Westen
Hamburg: Martin Kelter Verlag, 1983-84
1,70, 66 Seiten, 15 x 22 cm
A: Diverse
1-36 2,00
Hinweis: Serienfigur Shane (A: Joe Juhnke) 18, 22, 24. Kein Zusammenhang mit der 1. Serie.

Fernseh Krimi
Bergisch Gladbach: Bastei-Verlag
1975-1978
3,80, 11,5 x 18,0 cm
A: Diverse
38001 - 38040 6,00
Hinweis: Taschenbücher mit in der Regel übersetzten Romanen zu bekannten Fernsehserien (Columbo / Kojak / Cannon / Rockford).
Siehe auch unter KOJAK

Feuerross
Köln: Wolfgang Marken Verlag
1980-81
1,50/1,60, 66 Seiten, 15 x 22,5 cm
A: Diverse
1-28 4,00
Hinweis: Fortsetzung in UNION PACIFIC.

Filmroman
Lichtenfels a. M.: Sturmvogel-Verlag
1949
0,50 ? 52 Seiten, 15 x 22 cm,
A: Christopher Harm
o. Nr. Der Schwindel um Gitta 40,00
Hinweis: Es handelt sich vermutlich um ein Einzelheft. Ein weiterer Band wird zwar angekündigt (Kriminalroman „Polizeiakte Kr. 16431"), ist aber nicht nachgewiesen. Es gibt unten auf der Titelseite einen ganz kleinen schwachen Stempel mit dem Betrag 0,50.

Film Roman (Kauka-Verlag)
Siehe DER NEUE FILM ROMAN

Fischers Romanschatz
Schemmerberg: Verlag Die Boje
1948-49
0,50, 48-80 Seiten, 15 x 22,5 cm
A: Diverse
1-7 3,50
Hinweis: Liebesromane. Es gibt auch eine VK-Serie mit anderen Texten.

Fix
Bonn: Verlag der Europäischen Bücherei
o.J. (50er)
0,50, 48 Seiten, 51: 15 x 20,5 cm, 52: 17,5 x 26 cm
A: Günther Eduard
1-50 vermutlich nicht erschienen
51 Der Patient von Zimmer 17 (K) 25,00
52 Flug durch die Nacht (L/K) 25,00

Fledermaus Siehe THRILLER

Fliegergeschichten
München: Arthur Moewig Verlag
1953-61
0,50 (1-172), 0,60 (ab 173)
32-40 Seiten, 14,5 x 21 cm (1-172)
64 Seiten, 15,5 x 22,5 cm (ab 173)
A: Diverse
1 6,00
2-113 3,50
114-172 4,50
173-200 8,50
201-202 14,00
203-204 20,00
205 25,00
206 35,00
Hinweis: Fortsetzung in SOLDATENGESCHICHTEN UND FLIEGERGESCHICHTEN. Nr. 62 (u-p).

Fliegergeschichten Handbuch
Luftfahrtfibel
München: Moewig-Verlag
1962
1,50, 96 Seiten, 14,5 x 19,5 cm
A: Karlheinz Kens
o.Nr.: Moderne Verkehrsflugzeuge - der Luftverkehr heute 48,00
o.Nr.: Die AlliiertenLuftstreitkräfte1939-1945 48,00
o.Nr.: Die Luftstreitkräfte der Sowjetunion und der Ostblockstaaten 48,00
o.Nr.: Die Deutsche Luftwaffe 1939-1945 48,00

Fliegergeschichten Sonderband
München: Moewig Verlag
1957-60
1,00, 96 Seiten, 14 x 19,5 cm
A: Diverse
1-10 7,00
11-30 8,00
31-40 12,00
41-45 14,00
46-49 18,00

Flucht aus der Hölle
Bad Salzuflen: Zelt Verlag
1950/51
0,50, 54 Seiten, 10 x 14,5 cm
A: F.K. Berg
Flucht aus der Hölle 25,00

Flucht vor dem Galgen
Mainz: Mainzer Illupress GmbH
ca. 1955
o.P.,
96 Seiten, 15 x 20,5 cm
A: G.E. Smith
o.Nr. Flucht vor dem Galgen 18,00
Hinweis: Ohne Serientitel. Neuausgabe des gleichnamigen KOMMISSAR BURKLEY-Buches.

Flying Jack
Rastatt: Erich Pabel Verlag
1951-53
0,40, 32 Seiten, 14,5 x 21 cm
A: o.A. (Kurt Selter, Hans Joachim v. Koblinski 58, 59, 64)
1 28,00
2-40 22,00
41-55 25,00
56-63 28,00
64 45,00
Nachdruck 5,00
Hinweis: Das Sammelbilderalbum „Der Wilde Westen in Bildern" (Pabel-Verlag) enthält Flying Jack Abenteuer. Es gibt auch Bücher und TB. Siehe: PABEL WW-ROMAN

Fort Aldamo
Die Abenteuer des Master Sergeant Finnewacker
Bergisch Gladbach: Bastei-Verlag
1984-85
1,60/1,70, 66 Seiten, 15,5 x 22,5 cm
A: Bill Murphy, Frank Callahan
1 6,00
2-44 5,00
Hinweis: Siehe auch BASTEI WILDWEST-ROMAN SONDERAUSGABE

Die Ford Action Story
Fordwerke Aktiengesellschaft, Abteilung Pkw-Verkaufsförderung und Schulung
Werberomanheft
o.J. (60er ?)
Nr. 1,2: 56 Seiten, Nr. 3: 60 Seiten 15 x 21 cm
A: Walter Bernschütz
o.Nr. Gefrierkammer für Prominente (u-p) 30,00
o.Nr. Des Generals Geheimwaffe (u-p) 30,00
o.Nr. Der singende Atomreaktor (u-p) 30,00
Hinweis: „Vertraulich, nur zum interne Gebrauch innerhalb der Ford-Organisation bestimmt."
Die Hefte wurden als Motivationsmittel an den Außendienst bzw Ford-Händler verteilt.
Serienfigur ist Verkäufer Mike.

Die Fotobande
Goslar: Volksbücherei-Verlag
1951-53

Werbe-Romanhefte

0,40/0,50, 32 Seiten, 14 x 20 cm
A: Rüdiger v. Kunhardt u.a.
1-3 8,00
4-12 15,00
13-20 30,00
21 100,00
22 200,00
Hinweis: Fortsetzung in der Jugendzeitschrift „Rasselbande". Nr. 7 auch mit angeheftetem 8-seitigem Katalog bekannt.

Fox Film-Romane
Heidelberg: Verlag der Fox Film-Romane
ca. 1953
0,50, 48 Seiten, 17 x 23 cm
A: o.A.
1-12 10,00

Fox Kriminal-Romane
Castrop-Rauxel: Verlag Buch und Presse, 1948
o.P., 32 Seiten, 17 x 24 cm
A: Wolf Dietrich
o.Nr. Die geheimnisvolle Frau 20,00

Franco Solo
Ein Mann allein gegen die Mafia
Rastatt: Pabel Verlag, 1976-81
1,20-1,60, 66 Seiten, 15,5 x 22 cm
A: o.A.
1 5,00
2-258 2,00
Hinweis: Vermutliche Remittenden der Serie wurden als KRIMINALROMAN mit neuem Titelbild (Preis: 1,20) noch einmal veröffentlicht. 29 Hefte sind derzeit bekannt.

Franco Solo
Ein Mann gegen die Mafia
Rastatt: Erich Pabel Verlag
1977–1979
3,00 bis 3,80 DM
1-30 5,00
Hinweis: Taschenbücher

Frank Allan
Der Rächer der Enterbten
Ulm: Honika-Verlag
1950
0,40, 32 Seiten, 14,5 x 21 cm
A: o.A.
1 40,00
2 27,00
3-8 35,00
9-11 (u-p) 50,00
Nachdrucke 5,00
Hinweis: Es gibt 2 VK-Serien.

Franke Kriminal-Roman
Leverkusen: Franke-Verlag
1956-57
0,60, 64 Seiten, 15,5 x 22,5 cm
A: W.L. Gebauer (1, 5, 12, 21), Kurt Selter, C.V. Rock u.a.
1-5 Nr. 2 (u-p) 13,00
6 25,00
7-16 13,00
17-20 Nr. 17 (u-p) 17,00
21-23 19,00
24 30,00
Hinweis: Serienfigur: Joe Brand (1, 5, 12, 21).

Frankfurter Romanreihe
Siehe ILLUSTRIERTE ROMANREIHE

Frank Kenney
Berlin: Verlagsanstalt Dreyer (1-5)
Weinheim-Bergstr. (später Hamburg):
Verlag „Drei Heinzelmännchen" (ab 6)
1949-50
0,50, 64 Seiten, 14,5 x 20,5 cm
A: o.A. (Wilhelm Löbsack)
1 120,00
2 45,00
3 60,00
4 34,00
5 60,00
6-7 34,00
8 45,00

9-10 25,00
11-13 12,00
14-40 8,50
41-45 12,00
46/47 (Doppelnummer) 14,00
Hinweis:
Siehe auch KABINETT DER LEIDENSCHAFTEN.

Frank Robert's Abenteuer
Berlin: E.L. Zimmermann (Herausgeber)
ca. 1947/48
0,20, 30 Seiten, 14,5 x 20,5 cm
A: Ernest Loudovique
o.Nr. Mord auf der Wuhlheide 200,00

Frank Will
der Meister der Maske
Berlin-Hamburg: Pinguin-Verlag
1949-50
0,30, 32 Seiten, 14,5 x 20,5 cm
A: John Garden
1-6 80,00

Frank Wolter
Meisterdetektiv und Weltreporter
Hann.-Münden: Skorpion-Verlag (1-26/27)/
Walter Lehning Verlag (ab 28/29), 1949-50
0,20 (1-17)/0,40 (ab 18/19)
32 Seiten, 11 x 14 cm (1-17),
34 Seiten, 14,5 x 21 cm (ab 18/19)
A: Ralph Garby
1 37,00
2-11 30,00
12 10,00
13-14 30,00
15 10,00
16-17 30,00
18/19 (Doppelnummer) 52,00
20/21-34/35 (Doppelnummern) 30,00
Nachdrucke (Nr.2, 6) 3,00
Hinweis: Siehe auch Bücher. Nr. 2, 5-6, 17, 18/19, 26/27 (u-p).

Frank Yellow
der Meisterdetektiv
Köln: Verlag Friedrich Borgmann, 1949-50
0,50, 32 Seiten (1), 48 Seiten (2-9),
64 Seiten (10-13), 17 x 24,5 cm (1-9),
14,5 x 21 cm (10-13)
A: H.F. Erningham (1-6, 8, 9), Bob Robin (7), John Greebes (10), Conny Carr (11) u.a.
1 50,00
2 30,00
3 (u-p) 35,00
4-9 Nr. 6, 9 (u-p) 30,00
10-12 Nr. 10, 11(u-p) 25,00
13 40,00

Frauen in Paris
Düsseldorf: Rudi Treiber
1949
o.P. 32 Seiten 14,5 x 20,5
A: Gerhard Leo
o.Nr. Frauen in Paris 40,00
Hinweis: Propagandaroman.
Antikriegs- Friedensbewegungs Roman

Die Frau und die Pranke
Bayreuth: Verlag Julius Steeger
1949
1,20, 128 Seiten, 15 x 21 cm
A: Fr. Zeckendorf
o.Nr. Die Frau und die Pranke (K-L) 40,00
Hinweis: Ohne Serientitel.

Fred Allan King
Bispingen-Hamburg-Berlin: Verlagsanstalt Dreyer
1949
0,50, 48 Seiten, 14,5 x 20,5 cm
A: o.A.
o.Nr. Die letzte Nacht (u-p) 110,00
o.Nr. Der Abt von Stephansbeuren 50,00
o.Nr. Der Totentanz 50,00
o.Nr. Farlays rote Hunde 45,00
o.Nr. Evelyn und der schleichende Tod (u-p) 63,00
o.Nr. Spuren im Schnee 40,00

Fred der Detektiv
Paderborn: F.Schöning Verlag
o.P. 56 Seiten, 12 x 17 cm.
Autor: ?
o.Nr. 65,00

Freddy Brix
Der Weltreporter
Mannheim: Wendeband-Verlag (1-5)/
Rastatt: Erich Pabel Verlag (ab 6)
1957-58
0,50, 48 Seiten, 15,5 x 22 cm
A: Freddy Brix
1-3 7,00
4-7 8,50
8-9 11,00
10 17,00
11-13 13,00
14-15 20,00

Fred Holm
Abenteuer aus aller Welt
Dillingen: Zwerg-Verlag
1949-50
0,30/0,35/0,40 (z.T. o.P.)
48 Seiten, 10,5 x 14,5 cm (1),
32 Seiten, 14,5 x 19,5 cm (ab 2)
A: Wolf Kahn
1 Die Nacht des Grauens (u-p) 50,00
2 Der grüne Buddha (u-p) 30,00
3-4 nicht erschienen
5 Der König der Ratten 30,00
6 Der Teufel vom Gran Chaco 35,00
Hinweis: Kein Zusammenhang mit der österreichischen Serie.

Fred Holm's Abenteuer
Karlsruhe-Wien: Rudolf K. Moll Verlag
1949-50
0,40, 32 Seiten, 15 x 21 cm
A: Sir Anthony Lawrence
1-2 noch nicht nachgewiesen
3 Der Fakir mit dem Hanfseil 25,00
4 Der Schuß in der Harrison-Road 25,00
5 Die grüne Spinne 25,00
Hinweis: Identisch mit der österreichischen Serie, aber mit anderen Titelbildern.

Fred Parker
Die Erlebnisse des großen Unbekannten
Hannover-Berlin: Diamant-Verlag, 1950
0,30, 32 Seiten, 14,5 x 21 cm
A: o.A.
1 45,00
2-7 40,00
8 45,00
Nachdrucke 5,00
Hinweis: Gleiche Texte wie Nr. 3-10 der VK-Serie.

Fred Roberts (1-46)
Moewig Wildwest-Roman(e) (ab 47)
München: Arthur Moewig Verlag
1956-62
0,60/0,70, 64 Seiten, 15,5 x 22 cm
A: Fred Roberts u.a.
1 15,00
2-10 10,00
11-46 8,00
47-276 4,00
79, 180 (Hopalong Cassidy) 8,00
101 (Jim Hatfield) 8,00
Bill Alamo-Nummern 8,00
Hinweis: Serienfigur: Bill Alamo der Texasranger (alle ungeraden Nrn. von 235-265). Nr. 59 = 2. Teil von ASV WILD-WEST Nr. 76. Der Titel Fred Roberts verweist auf den Autor, ist somit keine Serienfigur.

Freizeit Roman (1-2)
Simona Roman (ab 3)
Dortmund: Freizeit-Verlag (1-2),
Verlag N. Hang (3), Simona-Verlag (4)
1948
0,30/0,40, 24-32 Seiten, 15 x 21 cm
A: S. Elvestad (1) u.a.
1 Der Mann der die Stadt plünderte 27,00
2 Warum hast Du mir weh getan, Elisabeth? 8,50
3 Das Pokalspiel 12,00
o.Nr. Herzen im Feuer 8,50

Der Fremde aus der Teufelsbar
Herne: Verlag Adolf Fenselau
1948
?, 32 Seiten, 15 x 20 cm
A: Horst Rolf Volkmann
o.Nr. Der Fremde aus der Teufelsbar.................. 60,00
Hinweis: Ohne Serientitel.

Fremdenlegionär Brandt
Hamburg: Richard Danehls Verlag (1-3)/
Berolina Verlag (ab 4)
1956
0,50, 32 Seiten, 14,5 x 21 cm
A: K. Rogge
1.. 6,00
2-3 12,00
4.. 45,00
5.. 35,00

Frische Brise
Stuttgart: Lauxmann-Verlag
1950
0,30, 24 Seiten, 15 x 22 cm
A: Heinrich H. Jungebloed
1-3 14,00

Der 50 Pfennig Allianz Roman
Siehe ALLIANZ ROMAN

50 Pfennig Roman
Mannheim: Dreieck-Verlag
ca. 1948
0,50, 32 Seiten, 14,5 x 20 cm
A: Jan Mills (1), Eric Edorf (2)
o.Nr. Rauschgift.. 30,00
o.Nr. Jack the Ripper.. 30,00
o.Nr. König der Autodiebe.................................. 30,00

Für Euch-Bücherei
Neuwied-Bonn: Verlagsges. Strüder u. Ullrich
ab 8: Hankensbüttel: Für Euch-Bücherei Verlagsges.
1952-53
0,40 (Nr. 10 o.P.), 32 Seiten, 12,5 x 17 cm (1-7)/
15 x 21 cm (ab 8)
1.. 8,50
2-4 6,00
5-9 8,50
10.. 6,00
Hinweis: Nr. 10 erschien erst ca. 10 Monate nach der Nr. 9 in einfacher Aufmachung.
1. und (so bezeichnete) 2. Auflage von Nr. 10 haben unterschiedliche Rückseiten.

Der Fussballer–Roman
Freiburg: Tannenverlag
1948 1,- DM.
A: W.K.Hofer
Zwei Frauen um Erich.. 40,00

Gaby
Eine Zeitschrift für junge Mädchen
Sinzig: Uta-Verlag
1952-54
0,40, 32 Seiten, 14,5 x 20,5 cm
A: Rolf Randall (1-18), Ellen List (19-21),
Dolly Ellen (ab 22)
1.. 50,00
2-18 22,00
19-25 13,00
26-40 11,00
41-50 14,00
51-55 18,00
Hinweis: Fortsetzung ist TRALLALA

Gaby wo bist Du?
Dein illustrierter Sittenroman
Hamburg: Selbstverlag Gertraude Kristekat
ca.1950
0,50, 48 Seiten, 14,5 x 20,5 cm
A: o.A.
1-12 Nr.11 (u-p) 25,00

Galaxis
München: Arthur Moewig Verlag
1958-59
1,50, 128 Seiten, 13,5 x 18 cm
A: Diverse
1.. 25,00

2 20,00
3-14 12,00
15 15,00

Gaslicht
Der Spannungsroman für die Frau
Mitternacht
Hamburg: Martin Kelter Verlag
1999 - heute
2,50, 66 Seiten, 15,5 x 22,5cm
A.: Diverse
1-heute (601) 1,00

Gaslicht-Roman (1-587)/**Gaslicht** (588-1059)
Rastatt: Pabel Verlag
1971-1992
1,00 bis 2,20, 66 Seiten, 15,5 x 22,5 cm
A: Diverse
1 6,00
2-100 3,00
101-500 2,00
501-1059 1,50
Hinweis: GASLICHT AUSLESE (ab 1976) und GASLICHT KRÖNUNG (ab 1983) sind ND. Es gibt auch TB.

Gaslicht Taschenheft
Der Spannungsroman für die Frau
Hamburg: Martin Kelter Verlag
2006-08
2,20/2,30/ 2,40, 128 Seiten
A.: Diverse
1-58 1,00

Gefahren und Abenteuer
Zürich: Prärie Editors, 1947
55 Rappen, 40 Seiten, 12 x 15,5 cm
A: Karl May
1 Auf der Fährte des Todes 100,00
2 Am Höllenmaul 100,00
3 Der Geist des Llano Estakkado 100,00
4 Das singende Tal 100,00
5 Joe Burkers, das Einaug 100,00
6 Der weisse Desperado 100,00

Geheimauftrag für John Drake (1-92)
John Drake (ab 93)
Köln: Wolfgang Marken Verlag
1963-76
0,70 bis 1,20 (Nr.83, 100 = 1,40)
66 Seiten (Nr.83, 100 = 130 Seiten), 15 x 22,5 cm
A: o.A. (Michael Molsner, -ky u.a.)
1 4,00
2-50 2,50
51-99 2,00
100 4,00
101-464 2,00
Hinweis: Nr.48, 90 mit Inspektor McCormick. Siehe auch INSPEKTOR MC CORMICK, KRIMI ELITE. Nr.1, 9, 45, 117, 131, 146, 171, 173, 212, 240, 314, 336, 350, 376, 390 = u-p.

Geheimnis-Roman
Bergisch Gladbach: Bastei-Verlag
1979-85
1,30 bis 1,70, 66 Seiten, 15,5 x 22,5 cm
A: A.F. Morland (161, 172, 189, 194, 209, 214, 218, 226, 228, 235, 242) u.a.
1 6,00
2-316 3,50
A.F. Morland-Nr. 4,50

Geisterfänger
Teuflische Dämonen lauern im Jenseits
Hamburg: Martin Kelter Verlag
2006-2007
1,50, 65 Seiten, 15 x 22,5 cm
A: Henry Taylor, Mike Burger u.a.
1-24... 1,50
Hinweis: Ursprünglich angekündigt als GEISTER-JÄGER. Nachdrucke diverser Texte aus GEISTER-KRIMI, GESPENSTER-KRIMI und VAMPIR-HORROR-ROMAN.

Geister Killer
Hamburg: Martin Kelter Verlag
1982-83
1,60, 66 Seiten, 15 x 22cm
A: W.A. Hary (ungerade Nr.),
Andrew Hathaway (gerade Nr.)

1 4,50
2-32 2,50
Hinweis: Serienfiguren:
Mark Tate (ungerade Nrn.),
Rick Masters (gerade Nrn.)
Vorgänger-Serie ist GEISTER KRIMI.

Geister Krimi
Hamburg: Martin Kelter Verlag
1974-81
1,20-1,60, 66 Seiten, 15 x 22 cm
A: Ralph Garby u.a.
1-3 siehe MR. CHIKAGO
4-10 4,00
11-20 3,00
21-405 1,50
Hinweis: Ab Nr. 373 erschienen die meisten Nummern auch in 2. Auflage. Einige höhere Nummern sind Neuauflagen früherer Nummern. Serienfiguren: Mark Tate (A: W.A. Hary) und Rick Masters (A: A. Hathaway), siehe auch GEISTER THRILLER. ND als KRIMI Gespenster-Geister-Dämonen (Sammelbände à 1,80 mit je 2 Nummern).
Fortsetzung ist GEISTER KILLER.

Geister Krimi 2.Auflage
Hamburg: Martin Kelter Verlag
1990-91
1,90, 66 Seiten, 15 x 22,5 cm
A: Diverse
1-30 1,50
Hinweis: ND der 1. Serie in anderer Nummernfolge.

Geister-Schocker
Kerpen-Türnich: Romantruhe Buchversand
2003-heute
4,95, 68-100 Seiten
A: Diverse u.a. Earl Warren (Walter Appel)
1-heute (96) 2,00
Hinweis: Paperback-Ausgabe. Nachdrucke beliebter Gruselromane und Erstveröffentlichungen. Viele Titelbilder von Rudolf Sieber-Lonati. Es gibt auch Sonderbände.

GeisterStunde
Dunkle Geheimnisse um Liebe und Verrat
Bergisch Gladbach: Bastei-Verlag
2007
1,50, 66 Seiten, 15,5 x 22,5 cm
A: Diverse
1-15 1,00
Hinweis: Hochglanzcover. Nachdrucke aus der Bastei-Serie MITTERNACHTS-ROMAN

Geister Thriller
Hamburg: Martin Kelter Verlag
1983
1,70, 66 Seiten, 15 x 22 cm
A: W.A. Hary, Andrew Hathaway u.a.
1 4,00
2-20 3,00
Hinweis:
Nr.5, 13, 15, 17, 19 sind ND von GEISTER KRIMI.

Geister-Western
Bergisch Gladbach: Bastei-Verlag
1975-76
1,20, 66 Seiten, 15,5 x 22,5 cm
A: Diverse
1 (u-p) 15,00
2-29 (u-p) 10,00
30 (u-p) 20,00

Der Gelbe Krimi
Hamburg: Martin Kelter Verlag
1984
1,70, 66 Seiten, 15 x 22 cm
A: Diverse
1-20 1,50
Hinweis: ND älterer Texte mit neuen Autorennamen. Jack Hilten 1, 3. Inspektor John Dean 2, 5, 7, 9. Hanns Hart 4, 11. Hello Amboss 8, 15, 19. C.V. Rock 10, 12. Al Borden 13, 16.

Die Gelben Editha Romane
Heidenheim: Editha-Verlag
1949
0,50, 48-64 Seiten, 15,5 x 21,5 cm

A: Hanns Vliess (1), Carl Emil Hammer (2),
Peter Sprock (3)
1 Ich suche Inge („Sportroman") 50,00
2 Liebe und Abenteuer auf
anderen Welten (u-p) 220,00
3 Evelynes großer Wurf (Kriminalroman) 30,00

„Die Gelben Hefte"
Sherlock Holmes auf der Suche
Karlsruhe: A. Kindt Verlag
ca. 1949
0,20, 20 Seiten, 16 x 23,5 cm
A: Conan Doyle
1 Fußballspieler vermißt 150,00

Die Gelben Hefte
Karlsruhe: Karl Bäuerle Verlag
ca. 1950
0,50, 32 Seiten, 15 x 20,5 cm
A: Diverse
1-6 8,50
Hinweis: Abenteuer- und Kriminalromane.

Die Gelben Wild-West Romane
Texas Jack
Mannheim: Verlag I.W. Laemmel
ca. 1948
0,50, 32 Seiten, 14,5 x 20,5 cm
A: o.A.
1 Mit Colt und Lasso 75,00
2 Der Postreiter von Eldorado 75,00
Hinweis:
Bearbeitete Neuauflage der VK-TEXAS BILL-Bücher.

Gemini
Science Fiction
Hamburg: Martin Kelter Verlag
1976-77
1,50, 66 Seiten, 15 x 22,5 cm
A: Diverse
1.. 6,00
2-47 3,50

Der Gerichts- u. Kriminal-Reporter
Verlag ?
1,00, 54 Seiten, 16,8 x 25 cm
Ausgabe 1/55 10,00
Hinweis: Das Heft hat Magazincharakter und beinhaltet verschiedene Geschichten und Berichte

Geschichten, die Du selbst erzählst
Braunschweig: Löwen-Verlag
1948
0,50, 32 Seiten, 14,5 x 20,5 cm
A: Diverse
o.Nr. Kehre um.. 4,50
o.Nr. Mutter, mein Werkzeug... 4,50
o.Nr. Der Schatten neben mir.............................. 4,50
o.Nr. Will schwimmt wieder 4,50
Hinweis: Siehe ERLEBNIS-ROMAN.

Gespenster-Krimi
Zur Spannung noch die Gänsehaut
Bergisch Gladbach: Bastei-Verlag
1973-85
1,00-1,70, 66 Seiten, 15 x 22,5 cm
1.. 150,00
2-4 25,00
5 (A: J. Dark)... 100,00
6-10 10,00
11-20 6,00
21-50 4,50
51-100 3,00
101-596 2,00
597.. 7,00
John-Sinclair-Nummern:
10.. 35,00
17-100 10,00
über 100 6,00
Tony Ballard-Nummern:
47.. 12,00
53-112 8,50
bis Nr.200 7,00
bis Nr.300 6,00
über Nr.300... 4,50
Damona King-Nummern 3,50
Der Hexer-Nummern 10,00

Hinweis: Die wichtigsten Serienfiguren:
John Sinclair (A: Jason Dark) 1, 10, 17, 25, 31, 34, 38, 42, 49, 57, 61, 66, 70, 74, 77, 80, 85, 89, 94, 98, 100, 105, 110, 113, 117, 120, 122, 125, 129, 134, 137, 141, 144, 148, 153, 157, 160, 163, 168, 172, 176, 180, 183, 188, 196, 200, 202, 205, 208, 215 (danach eigene Serie).
Tony Ballard (A: A.F. Morland, A.F. Mortimer, Dean Morris, Frederic Collins) 47, 53, 64, 72, 78, 83, 91, 95, 99, 102, 112, 162, 170, 175, 178, 181, 187, 189, 195, 198, 201, 206, 217, 225, 228, 231, 236, 245, 249, 255, 266, 278, 283, 291, 307, 311, 317, 323, 326, 334, 337, 346, 352, 363, 370, 379, 384,388, 394, 398, 406, 409, 416, 420, 429, 436, 439, 442, 446, 449, 453, 456, 460, 464, 467, 470, 473 (danach eigene Serie).
Damona King jede 4. Nr. von 501-585 (vorher eigene Serie).
Der Hexer (A. Robert Craven) 567, 571, 575, 579, 583, 587, 589, 595 (danach eigene Serie).

G.F. Barner
Hamburg: Martin Kelter Verlag
1977-2002
1,20 bis 2,20, 66 Seiten, 15 x 22,5 cm
A: G.F. Barner
1 ... 4,50
2-100 ... 3,50
101-300 ... 2,50
301-1121 ... 1,50
Hinweis: Zweitauflage ab 1986.

G.F.Barner
Hamburg: Martin Kelter Verlag
2008-2009
66 Seiten, 15,5 x 22,5cm
A.: Basner
1-60 ... 1,00

G.F. Barner Erstausgabe
Hamburg: Martin Kelter Verlag
1997-1998
2,20, 66 Seiten, 15,5 x 22,5cm
A.: Basner
1-17 ... 1,00

G.F.Barner Jubiläumsausgabe
Hamburg: Martin Kelter Verlag
2007-2008
1,50, 66 Seiten, 15,5 x 22,5cm
A.: Basner
1-32 ... 1,00

G.F. Unger
Seine grössten Western-Erfolge
BergischGladbach/Köln: Bastei-Verlag
1980-heute
1,50 bis 2,20, 1,35, 66 Seiten, 15,5 x 22,5 cm
A: G.F. Unger
1 ... 4,50
2-100 ... 3,50
101-300 ... 2,50
301-heute (1576) ... 1,50
Hinweis: ND früherer Texte des Autors.

G.F. Unger Western
Rastatt: Zauberkreis-Verlag
1973-80
1,00 bis 1,50, 64 Seiten, 15,5 x 22,5 cm
A: G.F. Unger
1 ... 7,00
2-50 ... 4,50
51-100 ... 3,50
101-400 ... 2,50
Hinweis: Zahlreiche Nachdrucke von früheren Heft- und Buchtexten des Autors, u.a. von TOLLKÜHNER WESTEN. Buchserien BILLY JENKINS, CARAMBA, TOM PROX.

G.F. Waco
Hamburg: Martin Kelter Verlag
1979-96
1,30 bis 2,20, 66 Seiten, 15 x 22 cm
A: G.F. Waco
1 ... 3,00
2-100 ... 2,50
101-250 ... 2,00
251-632 ... 1,50
Hinweis: Serienfigur Marshal David Jericho 41, 44, 47, 50, 54, 57, 62,125, danach eigene Serie.

G.F. Wego
Hamburg: Martin Kelter Verlag
1998
2,30, 66 Seiten, 15,5 x 22,5cm
A.: Basner
1-21 1,00

G.F. Wego Sonderausgabe
Hamburg: Martin Kelter Verlag
2009-2010
1,60, 66 Seiten, 15,5 x 22,5cm
A.: G.F.Wego
1-76 1,00

Gib Gas!
Die spannende Autoreihe
Bad Pyrmont: Neues Verlagshaus für Volksliteratur (1-16)/München: Moewig-Verlag (17)
1954-55
0,50, 14,5 x21 cm
A: Diverse
1-16 12,00
17 35,00

Gitta Abenteuer
Herford: Verlag Amberger & Maschmeyer
1954
0,30, 24 Seiten, 12 x 17 cm
A: ?
1-3... 10,00
4 25,00

Glenn Collins USA Special Agent
Köln: Wolfgang Marken Verlag
1967-70
0,80/0,90, 66 Seiten, 15 x 22,5 cm
A: o.A.
1-100 nicht erschienen
100-103 3,00
104 (u-p) 6,00
105-125 3,00
126 (u-p) 6,00
127-165 3,00
Hinweis: Fortsetzung von INSPEKTOR MC CORMICK.

Der Globus-Kriminal-Roman
München: Arthur Moewig Verlag
ca. 1951
0,60, 64 Seiten, 16 x 23 cm
A: Diverse
1-4... 30,00

Gloria Roman
Köln: Grawa-Verlag
o.J. (Anfang 50er)
0,50, 32 Seiten, 21 x 29 cm
A: Hanni Seppeler-Becker
1 Das Schicksal entscheidet (L) 8,00
Hinweis: angekündigt:
2 Red Bennets Erbe (A) – nicht nachgewiesen
Kein Bezug zur gleichnamigen Frauenroman-Reihe des Lehning-Verlages. Im Impressum als Dreieck-Roman bezeichnet.

Glück im Scheinwerferlicht
Herne-Börnig: Verlag Adolf Fenselau
1948
0,40, 32 Seiten, 15 x 21 cm
A: Senta Recks
o.Nr. Glück im Scheinwerferlicht („Roman einer Tänzerin") 20,00
Hinweis: Ohne Serientitel

Glück und Elend berühmter Frauen
Eulenthal: Anker-Verlag
1948
o.P., 32 Seiten, 15 x 21 cm
A: o.A.
1 Ninon, die Vielgeliebte 20,00

G.-Man Jack Kelly
Siehe KELTER-KRIMINAL-ROMAN

G.-Man Jerry Cotton Siehe JERRY COTTON

G.-Man Jerry Cotton Schoko Krimi
Siehe Schoko Krimi

G-Man John Scott
Der „Kleine" vom FBI
Aachen: Bildschriftenverlag
ca. 1963
0,70, 64 Seiten, 15 x 22 cm
A: Diverse
1-8 6,00
Hinweis: Es gibt auch Bücher.

Golden Star
Speyer: Intergrossa ?
0,90, 64 Seiten, 15,5 x 22 cm
A: Diverse
...107...,134 1,50
Hinweis: ND von ?

Golden Western
Hamburg: Martin Kelter Verlag
2001-03
1,35 Euro, 64 Seiten, 15,5 x 22,5 cm
1-32... 1,50

Gold-Roman (ab 1223: Schicksalsroman)
Bühl/Baden (später Rastatt): Zauberkreis-Verlag
1950-1976
0,50 bis 1,20, 64 Seiten, 15,5 x 22,5 cm
A: Hermann Hilgendorff (21),
H.G. Konsalik (300, 301, 326) u.a.
1 14,00
2 12,00
3 (u-p) 18,00
4-10 8,50
11-50 7,00
51-100 3,00
101-1363 1,50
Abenteuer-und Kriminalromane 4,50
Hinweis: Nr. 1, 3, 5-12, 14-22, 24, 25, 35-38, 42, 48 sind Abenteuer- und Kriminalromane; Nr. 15 „Schloß Moorhouse" (A: Hermann Frauendorf) ist ein Till Marks-Text!! Alle anderen Nummern sind Liebesromane. Siehe BUNTE KRIMINALREIHE.

Gordon Black
Gruselkrimi aus der Geisterwelt
Köln: Wolfgang Marken Verlag
1982-83
1,60/1,70, 66 Seiten, 15 x 22 cm
A: Norman Thackery, Bryan Danger
1 8,50
2-18 3,50
19-20 6,00

Greif Romane
Die Abenteuer des Reporters Dupont
München: Greif-Verlag
1955
0,50, 56 Seiten, 12,5 x 20 cm
A: Georg U. Alexander
1 Mein Freund der Abenteurer 30,00

Das grosse Abenteuer
Planegg/München: Helikon-Verlag
1953-54
0,50, 64 Seiten, 15,5 x 22 cm
A: John Retcliffe (1-5), R.L. Stevenson (6), Charles Sealsfield (7), Friedrich Gerstäcker (8), Fred Roberts (9), Mayne Reid (10)
1-10 20,00

Der grosse Hallberg Spitzen Western
Feucht: Hallberg-Verlag
ca. 1971
1,20, 64 Seiten, 15,5 x 22,5 cm
A: Diverse
1-50 1,50
1-15 1,50
Hinweis: Die 2. Serie (1-15) hat gleiche Titelbilder, aber andere Texte. Wahrscheinlich alles ND.

Die grossen Western
Hamburg: Martin Kelter Verlag
1973-2003
1,00 bis 2,20, 66 Seiten, 15 x 22 cm
A: Diverse
1 18,00
2-10 7,00
11-100 3,50
101-500 2,50
501-1500 1,50

Die grossen Western
Hamburg: Martin Kelter Verlag
2010-heute
1,60, 66 Seiten, 15 x 22 cm
A: Diverse
1-heute (23) 1,00

Die grossen Western
Top Ausgabe
Hamburg: Martin Kelter Verlag
1987-1996
1,70-2,20, 66 Seiten, 15 x 22 cm
A: Diverse
1 4,50
51-480 1,50
Hinweis: ND von früheren Texten.

Grosser Pariser Sittenroman
Für Erwachsene ausnahmsweise erlaubt
Frankfurt am Main: Pe-We-Zeitschriften-Verlag
1951
1,00, 64 Seiten, 14,5 x 20,5 cm
A: F. Paillot
VII/51 Herzbube spielt Grand mit 4 Damen - und verliert... 45,00
Hinweis:
Trotz der Nummernangabe wahrscheinlich Einzelheft.

Die grosse Wildweststory
Feucht: Hallberg-Verlag
ca. 1974
1,40, 64 Seiten, 15,5 x 22,5 cm
A: Diverse
1-20 1,50

Die grüne Maske
Berlin: Spielberg-Druckerei
1949
0,30/0,60 (2 Ausgaben), 96 Seiten; 15 x 22 cm
A: Curt Seibert
o.Nr. Die grüne Maske 40,00
Hinweis: Ohne Serientitel.

Grüner Roman
Oldenburg: Verlag „Grüner Roman"
ca. 1948
0,20, 26 Seiten, 15 x 20,5 cm
A: Mac Gordon
1 Ein gewisser Herr Malin (K) 20,00

Grüner Wildwest Roman
Karlsruhe: Constantin-Verlag
1961
0,70, 64 Seiten, 15,5 x 22,5 cm
A: Diverse
1-24 3,00
Hinweis:
ND von CONSTANTIN WILDWEST-ROMAN Nr. 1-24.

Grusel-Krimi
Siehe SILBER GRUSEL-KRIMI

Grusel Schocker
Bergisch Gladbach: Bastei-Verlag
1999-01
2,50, 2,60, 64 Seiten, 15,5 x 22,5 cm
A: diverse
1 3,50
2-73 2,00

Grusel-Western
Köln: Wolfgang Marken-Verlag
1975-76
1,20, 66 Seiten, 15 x 22,5 cm
A: Dodge McMesser
1 (u-p) 18,00
2-10 (u-p) 12,00
11-40 (u-p) 6,00

Güldensee (1-31)/
Güldensee-Romane (32-43, 49-123)
Das Marken-Buch (44-48)
Hamburg: Fritz Mardicke Verlag (1-31)/
Hamburg (später Darmstadt): Wolfgang Marken Verlag (ab 32)
1950-57
0,90 (1-43)/1,00(44-48)/0,60 (ab 49)

128 Seiten (1-7, 44-48)/96 Seiten (8-43)/
64 Seiten (ab 49)
15,5 x 23 cm (Nr. 44-48: 11,5 x 19 cm)
A: Wolfgang Marken, Fritz Mardicke, O. Richter Tersik (39), Robert Arden u.a.
1 30,00
2-4 11,00
5 (u-p) 18,00
6 11,00
7 (u-p) 18,00
8-38 7,00
39 14,00
40-43 7,00
44-48 11,00
49-70 4,00
71-72 (u-p) 14,00
73-123 4,00
Hinweis:
Liebesromane (im unteren Nummernbereich einige Abenteuer- und Kriminalromane).
Fortsetzung in: ROMAN-FREUND.

Der Guntia Roman
Günzburg: Guntia-Verlag
1950-51
0,50, 64 Seiten, 14,5 x 21 cm
A: R.L. Stevenson, Wilhelm Hauff,
Guy de Maupassant
o.Nr. Das Geheimnis des Dr. Jekyll (u-p) 100,00
o.Nr. Die Bettlerin vom Pont des Arts 20,00
o.Nr. Müssen Frauen so sein? 20,00

Der gute Anker Roman
Eulenthal: Anker-Verlag
1948-49
0,50, 32 Seiten, 14,5 x 20,5 cm
A: Hermann Hilgendorff (4) u.a.
o.Nr. Mord im Imperial-Hotel 15,00
2-7 15,00
8 (u-p) 20,00
9-12 15,00
Hinweis:
Nr. 3 ist identisch mit ALLIANZ ROMAN Nr. 8.

Der gute Kriminal-Roman
Rastatt: Zauberkreis-Verlag
ca. 1965
0,70, 64 Seiten, 15,5 x 21,5 cm
A: Diverse
1-6 2,50
Hinweis: ND von SILBER-KRIMINALROMAN.

Gute Laune Roman
Rastatt: Erich Pabel-Verlag
1975-78
1,20,
66 Seiten, 15,5 x 22 cm
A: Hannes Peter Stolp (1, 5, 15, 18, 23, 25, 29, 33, 50) u.a.
1-63 3,00
H.P. Stolp-Nummern 6,00
Hinweis: Zum Teil ND von HUMOR INS HAUS, DER HUMORISTISCHE ROMAN, DER LUSTIGE KELTER ROMAN.

Hallberg
(wechselnde Serientitel)
Deilinghofen: Verlag Schälter & Co., später
Hallberg-Verlag
ca. 1965-ca. 1968
0,70/0,80, 64 Seiten, 15,5 x 22,5 cm
A: Diverse 1-100 nicht erschienen
101-246 (siehe Hinweis) 1,50
181-207 eventuell nicht erschienen.
Hinweis: Nr. 101-207 erschienen in regellosem Wechsel unter den Titeln SABA-WESTERN, THREE STARS WESTERN, WESTWARD HO, KRIMI-BESTSELLER, SCOTT KELLY und als Frauenromane. Ab Nr. 208 erschienen folgende eigene Serien: HALLBERG-WESTERN (siehe dort), HALLBERG SF (siehe dort), SCOTT KELLY bis 241, MISTER MO bis 246 und einige Frauenromanserien. Viele ND von Buchtexten. Siehe TERRY.

Hallberg-Utopia Hallberg Science Fiction
Deilinghofen: Verlag Schälter & Co.
1966
0,70/0,80, 64 Seiten, 15,5 x 22,5 cm

A: W.W. Shols
140 Der Mann aus dem Jenseits.......................... 6,00
209 Die Welt in der Kugel.................................... 6,00
210 Invasion aus der Tiefe 6,00
211 Tödlicher Staub.. 6,00
212 Gefangen auf Kallisto 6,00
213 Flucht auf den Satelliten............................... 6,00
214 Es brennt auf dem Mond.............................. 6,00
Hinweis: Weitere Nr. sind nicht erschienen. ND von Buchtexten.

Hallberg-Western
Deilinghofen: Verlag Schälter & Co./
Iserlohn (später Feucht): Hallberg-Verlag
1966-ca. 1975
0,80 bis 1,50, 64 Seiten, 15,5 x 22,5 cm
A: Diverse
1-207 siehe Hallberg
208-645 2,00
Hinweis: Nr. 208-214 erschienen auch noch als SABA-WESTERN und THREE STARS WESTERN. Viele ND von Buchtexten.

Halleluja Reverend
Hamburg: Martin Kelter Verlag
1983-84
1,70, 66 Seiten, 15 x 22 cm
A: Tex Williams
1... 6,00
2-18 3,50

Hamburger Romanhefte
Reihe 1: Kriminalromane
Hamburg: Verlag Angermann & Co.
1949
0,50, 48 Seiten, 15 x 21 cm
A: Björn Norrland, Michael Ruhland
o.Nr. Unter der roten Laterne 50,00
o.Nr. Der Vampyr von London........................... 50,00
Hinweis: Von „Unter der roten Laterne“ gibt es 2 verschiedene Titelbilder.

Hammers Abenteuer-Romane
Lippstadt: Lippia Verlag Rudolf Janssen
1948
0,35, 48 Seiten, 15 x 24 cm
A: Frank Wolter
o.Nr. Pedro räumt auf... 40,00

Hannelore-Hefte
Wuppertal: R. Brockhaus Verlag
ca. 1950
0,40/0,45, 16 Seiten, 14,5 x 20,5 cm
A: Berta Schmidt-Eller
1-16... 4,50

Hannoversche Druck- und Verlagsgesellschaft Presse – Reihe (interner Serientitel)
Hannover: Druck- und Verlagsgesellschaft
o.J. (60er J?)
(1) 72 Seiten, (2,3): 100 Seiten (4) 112 Seiten broschiert, je 14,7 x 20,8 cm.
A: (1) H.Ulrich Bissing (2): A. P. Hora (3): Mignon G. Eberhart (4): Mischa Mleinek
o.Nr. Keiner gibt Ihr eine Chance 6,00
o.Nr. Parkstadtsiedlung „Erlenried“ 6,00
o.Nr. Rätsel um Melora.. 6,00
o.Nr. Ich mach die Rechnung/ Tagebuch eines Kriminalfalles 6,00
Hinweis: Nachdrucke von Fortsetzungsromanen aus der in Hannover erscheinenden Zeitung „Presse“ als Werbung verteilt.
Gesamttitel von Band (4) nur innen, außen nur der Untertitel.

Hanns Hart
Goslar: Volksbücherei-Verlag
1951
0, 50 (1-9)/0,40 (ab 10), 32 Seiten, 14,5 x 20,5 cm
A: o.A.
1.. 40,00
2-4 30,00
5.. 33,00
6-9 30,00
10-11 33,00
12-14 30,00
15-17 27,00
18... 35,00

19 ... 100,00
20 ... 95,00
höhere Auflagen 1-17 ... 20,00
Nachdrucke ... 4,00
Hinweis:
Es gibt auch Buchserien sowie Hanns Hart-Geschichten in den Serien: KELTER-KRIMINAL-ROMAN, SILBER-ROMAN, KRIMI (Kelter Verlag), DER GELBE KRIMI (alles andere Texte).
Höhere Auflagen unterscheiden sich durch die Werbung für andere Serientitel und Nummern. (Tom Mix, Buffalo Bill). Genaue Auflistung erfolgt im nächsten Roman Preiskatalog 2014.

Hans Goldmanns internationale Kriminal Revue
(1/49)/Die aktuelle internationale Kriminal Revue (2/49)/Internationale Kriminal Revue (3/49-5/51)/ Internationaler Kriminal Roman (ab 1/52)
Eßlingen: Kriminal-Revue-Verlags GmbH/Kriminal-Roman-Verlagsges. Oechelhäuser (ab 8/52)
1949-52
0,50/0,60, 48-64 Seiten, 14,5 x 20,5 cm (1/49)/ 15,5 x 22,5 cm (ab 2/49)
A: Diverse
1. Jg. 1949 Nr. 1-6 ... 10,00
2. Jg. 1950 Nr. 1-11 ... 10,00
3. Jg. 1951 Nr. 1-6 ... 10,00
4. Jg. 1952 Nr. 7-17 ... 15,00
Hinweis: Von Nr. 1/1950 gibt es 2 verschiedene Ausgaben.

Hans Ichgut
(interner Serientitel)
Berlin: Buch und Kunst GmbH
1951
0,80, 32 Seiten, 15 x 20,5 cm
A: Hans Ichgut
o.Nr. Blutschande ... 25,00

Hans Warren's
Abenteuer
Berlin-Hamburg: Pinguin-Verlag (1-47)/
Berlin-Traisa bei Darmstadt: Jupiter-Verlag (ab 48)
1949-50
0,25 (1-25, 27-37)/0,30 (26, 38-66)
32 Seiten, 15 x 20,5 cm
A: Hans Gordon
1 ... 110,00
2-5 ... 75,00
6-25 ... 55,00
26-38 ... 60,00
39-59 ... 55,00
60-66 ... 75,00
Nachdrucke ... 5,00
Hinweis: ND von Nr. 1 und 2 in Comicserie „Robinson" (Nr. 27-34). Ein Teil der Auflage von Nr.29 („Mboges Giftpfeile") erschien mit Nummernaufdruck 28.

Harmagedon
die sensationelle Zukunfts-Roman-Reihe
Dillingen-Hamburg: Zwerg-Verlag
1949
0,50, 48 Seiten, 15 x 20 cm
A: Wolf Kahn
1 Die geheimnisvolle Estancia (u-p) ... 2000,00

Harry Harras
Regensburg: Verlag „Die Post"
1949
0,30, 32 Seiten, 10,5 x 14,5 cm
A: o.A. (wahrscheinlich Helmut Brandl)
1-7... ... 30,00
Hinweis: In Österreich erschienen 16 Nummern in anderer Reihenfolge.

Die harten Vier
Hamburg: Martin Kelter Verlag
1982-84
1,60/1,70, 66 Seiten, 15 x 22,5 cm
A: Dan Roberts, Frank Callahan
1 ... 4,50
2-44 ... 2,50

Die harten Western
Hamburg: Martin Kelter Verlag
1994-96
2,00, 66 Seiten, 15 x 22,5 cm
A: Diverse

1-52 1,50
Hinweis: Neuauflagen von früheren Texten des Verlages.

Hartmuth der Edeling
Nürnberg: Masta-Verlag Walter Madel
ca. 1953
0,50, 48 Seiten, 15 x 21 cm
A: Hans Bertram
1-2 150,00
3-4 120,00
Hinweis: Fortsetzung als Comic.

Hasi
Eine lustige Serie für junge Mädchen
Berlin-Hannover: Diamant-Verlag
1952
0,50, 32 Seiten, 15 x 20,5 cm
A: Ruth A. von Ravensburg
1-2 18,00
1-2 g.E. 8,50

Hausfreund Roman
Speyer-Hamm: W.W. Ed. Klambt KG
1955
0,75, 64 Seiten, 14 x 20,5 cm
A: A. Hemberger
1 Geheimnis um Ilona 4,00

H.C. Nagel
Hamburg: Martin Kelter Verlag
1984-85
1,70, 66 Seiten, 15 x 22 cm
A: H.C. Nagel
1-24 1,50
Hinweis: ND von früheren Texten des Autors.

Heckenrosen
Wuppertal: Verlag R. Brockhaus
1952-65
0,40/0,45/0,60, 16 Seiten, 14,5 x 20,5 cm
A: Diverse
1 7,00
2-56 2,50

Heimliche Fahne
(Titel nur innen)
Limburg: Lahn-Verlag
1948-52
o.P. (0,50/0,60), 48-64 Seiten, 14,5 x 21 cm
A: Heinrich Hoepers
o.Nr. Die bunten Reiterbuben 8,00
o.Nr. Das wunderschöne Land 8,00
o.Nr. Der Junge an der Reling 8,00
o.Nr. Ein Schiff mit schwarzen Schilden 8,00
o.Nr. Das Schmugglerboot 8,00
o.Nr. Verschwiegenes Abenteuer 8,00
o.Nr. Fernando der Zigeuner 8,00
Hinweis:
Auch als Bücher erschienen.
Parallelreihe zu HERMANN SKOLASTER für junge Leser. Zumindest teilweise illustriert und mit Fotoanhang.

Hein Class
Hohegeiß-Harz: Werner Dietsch-Verlag (bis 33)/
München: Arthur Moewig Verlag (ab 34)
1949-50
0,40 (z.T. o.P.)
64 Seiten, 12 x 16 cm (16, 25, 27, 31, 33)
32 Seiten, 14,5 x 20,5 cm (26, 28-30, 34-36)
A: Diverse
1-15 nicht erschienen
16 33,00
17-24 nicht erschienen
25 25,00
26 30,00
27 25,00
28 18,00
29 35,00
30 27,00
31 25,00
32 nicht erschienen
33 25,00
34-36 20,00
Nachdrucke 5,00
Hinweis: Neuausgabe der VK-Serie.

Das heisse Urwaldweib
Frankfurt a.M.: Zweistern-Verlag
ca. 1952
1,00, 32 Seiten, 14 x 20 cm
A: Gaston Meyer
o.Nr. „Das heisse Urwaldweib" 80,00
Hinweis: Ohne Serientitel.

Der heitere Moewig-Roman
Siehe DER HUMORISTISCHE ROMAN

Helden der Prärie Siehe RED ROCK RANCH

Helden des Wilden Westens
Bad Harzburg: Verlag Karl Sasse
1954
0,50, 40 Seiten (1)/32 Seiten (2, 3)
14,5 x 20,5 cm
A: o.A. (1, 2), Frank Astor (3)
1 40,00
2 35,00
3 60,00
Hinweis: Serienfigur ist Wild Bill Hickok.

Hell Amboss: Siehe KELTER-KRIMINAL-ROMAN

Der Hellseher
Magische Kräfte - Unglaubliche Schicksale
Bergisch Gladbach: Bastei-Verlag
1982
1,60, 66 Seiten, 15,5 x 22,5 cm
A: Barbara Brandenburg, Christian Thorberg, Stefan Ulrich
1 (u-p) 11,00
2-10 (u-p) 7,50
11-26 (u-p) 6,00

Hermann Skolaster
Limburg: Lahn-Verlag
1949-54
32-192 Seiten, 14,5 x 21 cm (einige größer)
A: Hermann Skolaster
o.Nr. Schwester Beata (Missionsroman) 3,00
o.Nr. Revolution in Rom (Liebesroman) 3,00
o.Nr. Sango Matip,
Afrika im Jahre 2000 (u-p) 45,00
o.Nr. Feind aus Irrtum (Abenteuerroman) 8,00
o.Nr. Der Detektiv im Kloster (Krimi) 11,00
o.Nr. Rätsel um den Gerichtsrat (Krimi) 11,00
o.Nr. Auf Geheimbefehl (Krimi) 11,00
o.Nr. Esther Waterson's Fluch (Krimi) 11,00
o.Nr. Der Fall Weichert (Krimi) 11,00
o.Nr. Mord um Mitternacht (Krimi) 11,00
o.Nr. Frau Lucy sucht ihren Mann (Krimi) 11,00
o.Nr. Bruder Justus macht Ferien (Krimi) 11,00
o.Nr. Der bucklige Detektiv (Krimi) 11,00
o.Nr. Nacht über Barcelona
(Abenteuerroman) 11,00
o.Nr. Kriminalrat h.c. (Krimi) 11,00
Hinweis: Serienfigur der Kriminalromane (außer bei „Frau Lucy sucht ihren Mann"): Missionar Bruder Justus. Es gibt auch Sammelbände, z.T. in Neuauflage (1958-60). Es gibt auch eine österreichische Ausgabe und eine vor 1945.

Hermes Film-Roman (1-12)/
Hermes-Film-Roman-Magazin (13-18)
München: Hermes Verlag
1955-56
0,50, 54-68 Seiten, 14,5 x 20,5 cm
A: Diverse
1-18 6,00

Der Herr der Meere
Kaiserslautern: Verlag Georg Schäfer
1951
0,30 (1-3)/0,40 (4-12), 32 Seiten, 14,5 x 21 cm
A: Erich F. Ursus
1-2 50,00
3-5 30,00
6-8 25,00
9-12 30,00
Hinweis: Serienfigur ist Francis Drake.

Herz As Roman
Karlsruhe: Verlag Otto Zipper
ca. 1952
0,60, 64 Seiten, 15,5 x 22,5 cm

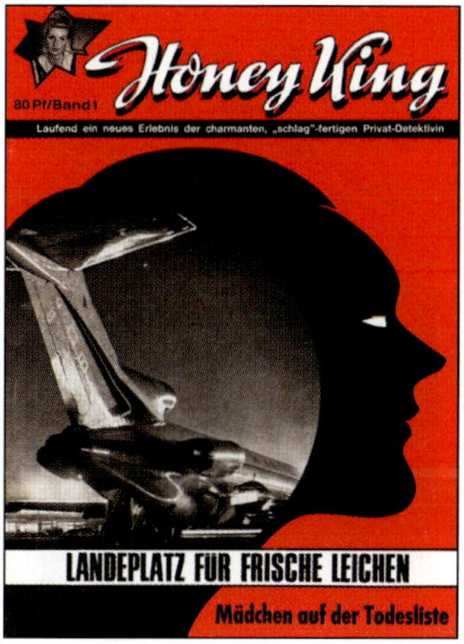

A: Otto Zipper
1 Melancholische Serenade 18,00

Herz As Romane
Radevormwald: Sportverlag Höltken
1948
0,50, 48 Seiten, 14,5 x 20,5 cm
A: Eric Nielsen
1 Renate und der Fußballspieler 25,00

Der Hexer
Die phantastischen Abenteuer des Robert Craven
Bergisch Gladbach: Bastei-Verlag
1985-87
1,70, 66 Seiten, 15,5 x 22,5 cm
A: Wolfgang Hohlbein, Frank Rehfeld u.a.
1 6,00
2-10 4,50
11-49 3,50
Hinweis: „Der Hexer“ erschien zunächst als Unterserie mit acht Romanen im Bastei GESPENSTER-KRIMI (siehe auch dort). Die eigenständige Serie schliesst an diese Hefte an. In der Bastei-Serie DÄMONENLAND wurden vier „Hexer“-Texte, davon zwei in erster Auflage, veröffentlicht (siehe auch dort). Bei Bastei-Lübbe erschien ab 1987 eine 6-bändige überarbeitete Neuauflage mit zusätzlicher Fortführung der Heftromanereignisse im Taschenbuchformat. Der Weltbild-Verlag gab 2003/2004 eine bearbeite, erstmals chronologisch geordnete 24-bändige „Sammler-Edition“ heraus.

Hoboken-Thriller
Stuttgart: Hoboken Verlag
1949
1,00, 72-80 Seiten, 17 x 24 cm
A: J.M. Walsh, J.S. Fletcher
o.Nr. Der Mann aus Harek 35,00
o.Nr. Die unheimliche Sendung 35,00

Die Hölle von Tripolitanien
Basel: Joh. Amrein
ca.1949
35 Cts., 32 Seiten, 12 x 16,5 cm
A: István von Várady
o.Nr. Die Hölle von Tripolitanien 130,00
Hinweis: Ohne Serientitel. Karl May nahempfundener Abenteuerroman. Da die Handlung nicht abgeschlossen ist, sind weitere Bände wahrscheinlich.

Der Höhenrekord
Stuttgart: Mentor-Verlag
1952
o.P., 40 Seiten, 15 x 20,5 cm
A: W. Nemzow
1 Der Höhenrekord 1. Teil 80,00
2 Der Höhenrekord 2. Teil 80,00
Hinweis: Ohne Serientitel. Siehe auch KLEINE JUGENDREIHE.

Honey-King
Berlin: Kölling Verlag
1969-70
0,80, 64 Seiten, 14,5 x 20,5 cm (Teil der Auflage etwas größer)
A: o.A.
1 2,50
2-4 12,00
Hinweis: Von Nr.1 gibt es 2 Ausgaben: 1x mit Kopfbild in der linken oberen Ecke, 1x ohne Kopfbild.

Honika Kriminalroman
Ulm: Honika-Verlag
1950-51
0,50, 48-64 Seiten, 14,5 x 20,5 cm
A: Diverse
1 (u-p) 20,00
2 (u-p) 14,00
3-5 12,00
6 (u-p) 14,00
7-11 12,00

Honika Romane
Ulm: Honika-Verlag
1950
0,30, 32 Seiten, 14,5 x 20,5 cm
A: Hans-Heinz Parry (1, 4) u.a.
1 12,00

2 ... 6,00
3 ... 8,50
4 ... 12,00
5 ... 6,00

Horror Trip
Augsburg: Neuzeit-Verlag
1975
1,60, 64 Seiten, 15 x 22,5 cm
A: Tod Mortimer, Todd Farmer
1 (u-p) ... 15,00
2 (u-p) ... 11,00

Humor ins Haus
Hamburg (später Darmstadt): Fritz Mardicke Verlag und Wolfgang Marken Verlag/
später Köln: Wolfgang Marken Verlag
1950-64
0,90 (1-82)/0,60/0,70 (ab 83)
128 Seiten (1-10 + Nr.36)/
80-118 Seiten (11-82)/64-66 Seiten (ab 83)
15,5 x 22 cm
A: Hannes Peter Stolp (27, 47, 49, 62, 73, 87, 141, 150, 161, 170, 177, 187, 193, 198, 203, 213, 216, 221, 226, 230, 233, 235, 239, 255, 269, 294, 302, 303, 320, 326, 329, 332, 335, 339, 341, 345, 350, 363, 368, 372...),
Fritz Mardicke, Wolfgang Marken, Robert Arden, P.A. Müller, H.G. Konsalik (90), Peter Puck (300) u.a.
1 ... 80,00
2-3 ... 35,00
4-10 ... 22,00
11-20 ... 14,00
21-50 ... 11,00
51-82 ... 7,00
83-100 ... 6,00
101-421 ... 4,00
Hannes Peter Stolp-Nr. bis 100 ... 8,50
über 100 ... 5,00
Nr. 104, 122, 128, 140, 147, 172, 174, 185, 231, 243, 398 (A: P.A. Müller) ... 7,00
Hinweis: Nr. 296, 299, 301, 303, 306 erschienen zweiteilig (a + b). Siehe DER GUTE LAUNE ROMAN.

Der humoristische Roman (1-10)/**Moewig's humoristischer Roman** (11-30)/**Moewig's humoristische Romane** (31-124)/**Der heitere Moewig-Roman** (ab 125)
Darmstadt: Verlag für moderne Literatur (1-4)/
München: Arthur Moewig Verlag (ab 5)
1953-61
0,50 (1-4)/0,60/0,70
64-66 Seiten (Nr.5 = 80 Seiten)
15 x 21,5 cm (1-4)/
16 x 22,5 cm (ab 5)
A: Hannes Peter Stolp (jede ungerade Nr. von 123-153, 161, 164, 167, 169, 177),
Hermann Hilgendorff (5, 10), Orge Eyll (28),
Günter Dönges (63, 73), Paul Hain (77) u.a.
1-4 ... 25,00
5-178 ... 4,50

ich-Serie
(interner Serientitel)
Bonn: Büro Bonner Berichte (Hrsgb.) und
Berlin: Dorn-Verlag
ca. 1957-ca. 1964
o.P. 31-46 Seiten
14,5 x 20,5 cm
A: o.A.
o.Nr. ich „werktätige Mutter“ ... 12,00
o.Nr. ich floh in Casablanca ... 12,00
o.Nr. ich fuhr auf „ROS 127“ ... 12,00
o.Nr. ich fuhr den „Pionier“ ... 12,00
o.Nr. ich war Genosse Kämpfer ... 12,00
o.Nr. ich ging zur roten „Volksmarine“ ... 12,00
o.Nr. ich präsentierte vor Pieck ... 12,00
o.Nr. ich reiste mit dem „volkseigenen“ Zirkus .. 12,00
o.Nr. ich schoß für den Frieden ... 12,00
o.Nr. ich studierte in Greifswald ... 12,00
o.Nr. ich war bei der Reichsbahn ... 12,00
Hinweis: Es gibt mehrere Auflagen. Kostenlose Propagandaromane gegen die DDR.

Illustrierte Kurzgeschichten
Heilbronn: Verlag Hans A. Rümelin
ca. 1949
1,00, 64 Seiten, 14,5 x 19,5 cm

A: Diverse
1 20,00

Illustrierter Filmroman
Berlin: Arani-Verlag
ca. 1949
o.P., 48 Seiten, 15 x 20,5 cm
A: Irene Holck
o.Nr. Die letzte Nacht 30,00
Hinweis:
Nach dem gleichnamigen Film von Eugen York.

Illustrierte Romanreihe (1)
Frankfurter Romanreihe (ab 2)
Frankfurt: Dreistern-Verlag
ab 2: STEMA-Verlag
1950
1,00 (1)/0,50 (2)/0,60 (3, 4), 56 Seiten (1)/
48 Seiten (2-3)/32 Seiten (4), 14,5 x 20,5 cm
A: Diverse
1 35,00
2-4 18,00
Hinweis:
Nr. 1 erschien in Zweitausgabe (0,50) leicht gekürzt als FRANKFURTER ROMANREIHE. Nr. 3 hat 2 verschiedene Titelbilder. Angekündigt wurde als Band 5 der Titel „Vergewaltigung der Sylvia“, der dann als 1. Band der ERDIA ROMANREIHE erschien.

Im Schatten des Lasters
Siehe DER SITTENROMAN DER GEGENWART

Indra Western
Castrop-Rauxel: Indra-Verlag
ca. 1970-73
1,00/1,20, 64 Seiten, 15,5 x 22,5 cm
A: Diverse
1-800 nicht erschienen
801-999 2,50
1000/1-1000/32 2,50
Hinweis:
Nachdrucke von früheren Buch- und Heftserien.

Inferno
Köln: Wolfgang Marken Verlag
1975-77
1,50, 66 Seiten, 15 x 22 cm
A: o.A.
1 8,00
2-22 4,00

Informator - Globus
Frankfurt: Informator Verlag
1956
0,50 ca 10 x 15 cm.
1 Der Taucher Igalo 70,00
Komplett mit 16 Sammelbildern.................... 125,00
2 Abenteuer in Südamerika 70,00
Komplett mit 16 Sammelbildern.................... 125,00
Hinweis: Von Nr. 1 gibt es zwei verschiedene Titelbilder

Inspektor John Dean
Hamburg: Martin Kelter Verlag
1960
0,60, 66 Seiten, 15 x22 cm
A: o.A.
1-10 siehe Hinweis!
11-28 6,00
Hinweis: Die ersten 10 Hefte erschienen in KELTER-KRIMINAL-ROMAN. Nach Beendigung der eigenen Serie erschienen noch einmal 4 Hefte in KELTER-KRIMINAL-ROMAN. Insgesamt 32 Hefte.

Inspektor K Siehe SPINNE IM NETZ

Inspektor Kennedy Siehe MR. CHIKAGO

Inspektor Mc Cormick (1-220)/
Mc Cormick (221-337)/
Mac Cormick (ab 338)
Köln: Wolfgang Marken Verlag
1961- 67
0,60/ 0,70/ 0,80, (Nr. 223, 241 = 1,40)
64-66 Seiten, (Nr. 223, 241 = 130 Seiten)
15,5 x 22 cm
A: Rüdiger v. Kunhardt (4), o.A. (alle anderen)

1 7,00
2-10 3,50
11-50 3,00
51-353 2,00
Hinweis: Nr. 183, 185, 186 mit John Drake. Fortsetzung in GLENN COLLINS. Siehe auch JOHN DRAKE, ERDBALL-ROMANE. Nr. 32 (u-p).

Inspektor Percy Brook
Hamburg: Martin Kelter Verlag
1985-86
1,70, 66 Seiten, 15 x 22 cm
A: Hermann Hilgendorff
1-20 1,50
Hinweis: ND von KELTER-KRIMINAL-ROMAN.

Inspektor Percy Brook
Siehe KELTER-KRIMINAL-ROMAN

Der interessante Kriminal-Roman
Rastatt: Hebel-Verlag
ca. 1970
0,70, 64 Seiten, 15 x 21,5 cm
A: Mike Stuart
1-6... 2,50
Hinweis: Remittenden von SILBER KRIMINAL ROMAN mit neuen Umschlägen. Nr. 1-3 entsprechen Nr. 370, 390 und 417 der Reihe SILBER KRIMINAL ROMAN.

Der interessante Sittenroman
Hann.-Münden: Stella Verlag
1950
0,50, 32/50 Seiten, 14,5 x 20,5 cm
A: Emile Zola
o.Nr. Liebe in Paris 20,00
o.Nr. Verbotene Liebe.. 25,00

Interlit Kriminalreihe
Hirschegg-Lindau: Interlit-Verlag, ca. 1949
0,40, 34 Seiten, 14,5 x 20,5 cm
A: Pierre de Carnot (6), Toni Hilar (7)
1-5 vermutlich nicht erschienen
6 Späte Sühne... 15,00
7 Gangster... 15,00
Hinweis: Nr. 6 mit den Hauptfiguren Fred Wolter und Hans Bäumer. Siehe auch österreichische Serie HAWAI-KRIMINALROMAN.

Internationale Kriminal Revue/
Internationaler Kriminal Roman
Siehe HANS GOLDMANNS INTERNATIONALE KRIMINAL REVUE

Internationaler Film Roman
Heidelberg: Verlag „Der deutsche Filmroman"
ca. 1952
0,50, 48 Seiten, 15,5 x 21.5 cm
A: o.A.
o.Nr. Messalina der Roman einer Kaiserin 12,00

Der internationale Sittenroman (1-8)/
Die internationale Amigo-Reihe (ab9)
Glücksburg: Molit-Verlag
1950-51
1,00, 64 Seiten, 14,5 x 20,5 cm
A: Diverse
1-11 25,00
Hinweis: Laut Angabe in Heft 7 wurden die Bände 2, 3 und 5 vorläufig beschlagnahmt.

Der intime Liebesabenteuer-Roman
Siehe MICHAEL

Der intime Roman (1-2)/
Die intime Roman-Literatur (ab 3)
Nürnberg: Verlag Hans Rieß (1-2)/
Verlag L. Schemm (ab 3)
ca. 1949
0,50, 48 Seiten, 14,5 x 21 cm
A: Diverse
1-5 25,00

Irrlicht
Unheimliche Geschichten
Hamburg: Martin Kelter Verlag
1991-heute
1,90/2,20, 66 Seiten, 15,5 x 22 cm

A: Diverse
1 4,50
2-20 3,50
21-heute (970) 1,00

Irrlicht-Exklusiv
Hamburg: Martin Kelter Verlag
1994-2000
66 Seiten, 15,5 x 22,5cm
A.: Diverse
1-328 1,00

Irrlicht Taschenheft
Hamburg: Martin Kelter Verlag
2006-2008
A.: Diverse
1-40 1,00

Jack Arano
Berlin-Hamburg: Pinguin-Verlag
1950
0,30, 32 Seiten, 15 x 20 cm
A: Günter Fernbach
1 35,00
2-3 30,00
4 25,00
Nachdrucke 10,00

Jack Farland
Hamburg: Martin Kelter-Verlag
1969
0,80, 64 Seiten, 15,5 x 22,5 cm
A: Jonny Kent
1 13,00
2-14 7,00
Hinweis: Vorläufer der Serie in KELTER WESTERN.

Jack Hamilton
der Weltdetektiv
Rottach: Buchdruckerei M. Desing
ca. 1950
0,40, 36 Seiten, 14,5 x 20,5 cm
A: H. Mende
o.Nr. Der goldene Buddha 90,00

Jack Hilten
Der Abenteuerer
Heilsbronn: NOR-Verlag
ca. 1948
0.P., 32 Seiten, 10,5 x 14,5 cm
A: B.T. Norfok
1 Ruf 426757 (noch nicht nachgewiesen)
2 Schoner Huascar (noch nicht nachgewiesen)
3 Der Teufel von Sorato .... 400,00.

Jack Hilten
Der Rächer der Enterbten
Der Meisterdetektiv
Fürth: Nor-Verlag Peter Scheffer
1949-50
0,35 (1-6)/0,40 (7-9), 64 Seiten/
10,5 x 14,5 cm (1-6)/32 Seiten/ 14,5 x 21 cm (7-9)
A: B.T. Norfok
1/2 Ruf 426757 (Doppelnummer) eventuell nicht erschienen
3/4 Der Teufel von Sorato
(Doppelnummer) 27,00
5/6 Prof. Orbegoso - ein Mörder?
(Doppelnummer) 27,00
7 Die blaue Spinne 40,00
8 Hilfe! - Mädchenhändler 40,00
9·Der unheimliche Mr. Yen 40,00
Hinweis:
ND der 1. Serie mit leicht abgewandeltem Bild. Kein Zusammenhang mit der gleichnamigen Serie vom Kelter Verlag.

Jack Hilten (1-50)/
Kelter Krimi Jack Hilten (ab 51)
Hamburg: Martin Kelter Verlag
1964-65
0,70, 66 Seiten, 15 x 22,5 cm
A: o.A. (1-43), ab Nr. 44: Diverse
1 4,50
2-62 2,00
Hinweis:
Jack Hilten-Texte auch in MR. CHIKAGO, CRIME (vermutlich Nachdrucke).

Jack Morlan
der Meisterdetektiv
Berlin-Hamburg: Pinguin-Verlag (1-53)/
Berlin-Traisa bei Darmstadt:
Jupiter-Verlag (ab 54)
1949-50
0,30, 32 Seiten, 14,5 x 20 cm
A: Freddy Weller

1 ... 53,00
2 ... 40,00
3 ... 36,00
4 ... 40,00
5 ... 45,00
6 ... 40,00
7 ... 45,00
8-10 ... 40,00
11 ... 53,00
12 ... 40,00
13 ... 50,00
13 mit Nummernaufdruck 7 ... 36,00
14-39 ... 36,00
40-46 ... 40,00
47-49 ... 45,00
50-59 ... 40,00
60-73 ... 45,00
74-75 ... 40,00
Nachdrucke ... 5,00

Hinweis: Nr. 13 „Die schwarze Spinne“ ist auch mit Nummernaufdruck 7 erschienen. Als „Inspektor Garrett in London“ erschien eine gekürzte Neuauflage von Nr.1 in „Hallo Wundertüten“ (Berlin: Schumann Verlag). Siehe ROLAND ROMAN
Siehe auch Bücher.

Jack Morlan
der Meisterdetektiv
Darmstadt: Jupiter-Verlag (1-15)/
Berlin: Oswald Arnold Verlag (ab 16)
1950-52
0,40, 32 Seiten, 14,5 x 20 cm
A: Freddy Weller

1 ... 100,00
2-5 ... 110,00
6-7 ... 75,00
8-22 ... 45,00
22a ... 53,00
23-28 ... 45,00
29-39 ... 53,00
40 ... 60,00
Nachdrucke ... 5,00

Hinweis: Nr. 1-7 sind Nachdrucke von Nr. 64-66, 69, 70, 73, 74 aus der 1. Serie (neue Titelbilder).

Jack Morlan
Kriminal-Roman
Darmstadt: Verlag für moderne Literatur
1952
0,40, 32 Seiten, 14,5 x 20 cm
A: Freddy Weller

1 (rotes Bild) ... 100,00
1 (blaues Bild) ... 130,00
2 (rotes Bild) ... 100,00
2 (rotes Bild Variante) ... 180,00
2 (blaues Bild) ... 250,00
3-9 ... 100,00
10-11 ... 120,00
12 ... 300,00
13-14 ... 240,00
Nachdrucke ... 5,00

Hinweis: Ein Teil der Auflage von Nr.1-4 erschien als „DER JACK MORLAN KRIMINAL-ROMAN“.
Siehe auch KELTER-KRIMINAL ROMAN, LUNA ROMAN

Jack Morlan
Kriminal-Roman
Berlin: Verlag für nostalgische Literatur
1991
0,40, 32 Seiten, 14,5 x 20 cm
A: Freddy Weller Junior (d.i. Dieter Huschbeck)

1-14 siehe Hinweis
15 Agent X 13 ... 9,00

Hinweis: Fortsetzung von JACK MORLAN 3. Serie vom Verlag für moderne Literatur.

Jack Morlan
der Meisterdetektiv
Berlin-Spandau: Affolter-Ganzbiller

JACK MORLAN
Kriminal-Roman
Nr. 5
40 Pf.
DER TOD GEHT UM!

JACK MORLAN
Kriminal-Roman
Nr. 11
40 Pf.
Todesurteil für Jack Morlan

JACK MORLAN
Kriminal-Roman
Nr. 2
40 Pf.
Die Spur ins Nichts!

DER JACK MORLAN
KRIMINAL-ROMAN
Nr. 2
40 PF.
Die Spur ins Nichts!

1995
o.P., 118 Seiten, 14 x 20 cm
A: Hermann Lienhart
Das grüne Wrack 20,00
Hinweis: Neudruck der Morlan-Texte in MODENZEITUNG FÜRS DEUTSCHE HAUS mit neuem Titelbild.

Jack Ragun
Herford: Verlag Rudolf Busche
1949
0,50, 32 Seiten, 14,5 x 20,5 cm
A: o.A.
1 Die Todesnacht im Bärental (u-p) 1500,00

Jack Slade
Bergisch Gladbach/Köln: Bastei Verlag
1999-heute
2,50/2,60/1,35 Euro, 64 Seiten, 15,5 x 22,5 cm
A: Diverse
1 5,00
2-300 3,00
301-heute (620) 1,00

Jan Mayen
Der Herr der Atomkraft
Backnang: Utopia-Verlag
1949-50
0,50, 36 Seiten, 15 x 21 cm
A: Freder van Holk
1-3 48,00
4-6 65,00
7 80,00
8-10 48,00
Hinweis: Neuausgabe der ersten 10 Nummern der VK-Serie.

Jeden Monat ein Roman
Düsseldorf-Oberkassel: his-Verlag G.m.b.H.
1948 -1949
0,50, 64 Seiten (1), 52 Seiten (3), 12 x 16,5 cm (1) 15 x 20,5 cm (3)
A: Werner Helmuth (1), Rolf Harald Steffens (3)
o.Nr. Glady, Ellen oder Gräfin Helena? (K).......... 30,00
2 noch nicht nachgewiesen
3 Eine Frau geht nach Ceylon (L) 30,00
Hinweis: Der Band enthält auch 6 Seiten Magazin mit Rätseln, Preisausschreiben und Witzen.

Jeff Conter Siehe FBI AGENT JEFF CONTER

Jeff Jäger
Der Meister der Abenteurer
Hamburg: Verlag Raitz v. Frentz
ca. 1949
0,30, 32 Seiten, 14,5 x 20,5 cm
A: Tim Bluster
1 Der Tod fährt 1. Klasse 220,00

Jerry Cotton
(Vollständiger Titel: **G.-Man Jerry Cotton**)
Bergisch Gladbach/Köln: Bastei-Verlag
1956-heute
0,60-2,20, 64 Seiten (Nr. 50 und 500 haben 80 Seiten), 15 x 22,5 cm (Nr. 500: 22,5 x 30,5 cm)
A: o.A. (Heinz Werner Höber, Günter Dönges, u.a.)
1 600,00
2 200,00
3-5 150,00
6-10 100,00
11-12 80,00
13 300,00
14-20 60,00
21-38 40,00
31 mit eingeklebter korrigierter Seite 40 70,00
39-49 30,00
50 120,00
51-100 20,00
101-119 10,00
120-122 15,00
123-150 10,00
151-200 10,00
201-300 6,00
301-499 5,00
500 14,00
500 in Leinen gebunden 600,00
500 mit Stadtplan 45,00
501-999 4,00

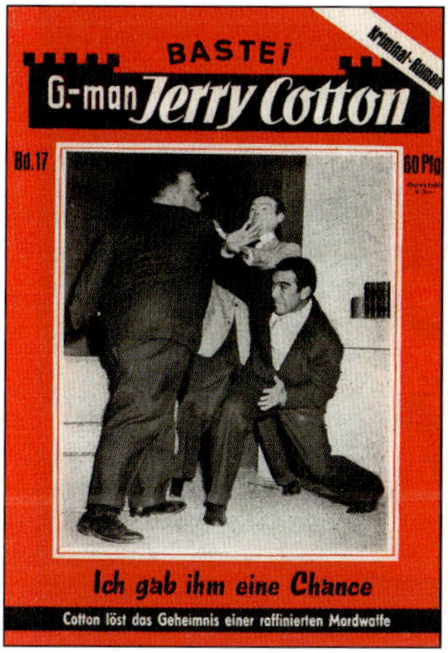

656 mit 4-seitiger eingehefteter Leseprobe
für „Bekenntnisse“ Nr. 1 25,00
1000... 10,00
1000 gebunden (siehe Hinweis) 70,00
1001-heute (2800) 1,00
Achtung: Die Preise gelten nur für die 1. Auflage! Mit Ausnahme von: 2. Auflage/Neuauflage:
56, 82a, 174, 203a, 207a, 210a, 214a, 216a, 220a, 221 a, 227, 229a, 230, 244a, 253, 257, 259, 282a, 296a, 298a, 300a, 307a, 308a, 309a, 311a, 320a, 327a, 333a, 334a, 338a, 793, 819, 833, 841, 852, 864, 896.
22,00
Diese Nr. sind in der Erstauflage nicht erschienen.
Von einigen Heften der Erstauflage gab es neben der regulären Nr. noch eine 2. Ausgabe (nicht als solche kenntlich gemacht und vermutlich nur in Bayern erschienen) mit anderem Text:
698 Fünf zu eins - der Tod spielt mit 145,00
699 Morgen Nacht stirbt ganz New York 145,00
700 Falschgeld-Piraten 145,00
701 Der Boss regiert per Horoskop................. 145,00
702 Heroin in harten Händen 145,00
703 Der Boss schickt die Curare-Killer 145,00
704 Der Rächer aus Sing-Sing........................ 145,00
705 Rauschgift für den FBI............................. 145,00
706 Im Magonn-Club sass mein Henker.......... 145,00
Vermutlich ebenfalls nur in Bayern, als Neuauflage erschienen
530 Endstation Todeszelle................................ 55,00
531 Bis zu lette Atemzug.................................. 55,00
533 Man kassiert nur einmal 55,00
535 Sie wollten mich lebendig begraben 55,00
536 Feuerteufel von Manhattan 55,00
537 Die Lady mit dem Hexengift....................... 55,00
538 Vorm Sterben einen Drink 55,00
Von Nr. 624, 658,... gibt es auch Ausgaben, deren Umschläge nur mit Reklame für die Firma Seidensticker belegt sind
(abweichender Preis: 0,90) 35,00
Ausgabe ohne Nummer – ohne Preis
Generali Versicherung –
Der Russen-Boss von Harlem 20,00
Zwölf Stunden Angst (ohne Nummer/Preis)
Beilage in der Hamburger Morgenpost 5,00

Meine neue Partnerin
Beilage im Kölner Express 5,00

Hinweis: Es existieren mehrere Nachdrucke von Jerry Cotton Nr. 1. Ein Teil der Erstauflage von Nr. 342 („Schnee und schwarze Diamanten“) ist wegen Verwechslung der Umschläge mit dem Text von Nr. 205 der Zweitauflage („Gangster zahlen auch mit Blei“) erschienen. Von Nr. 500 und Nr. 1000 gibt es auch eine in Leinen gebundene Ausgabe in geringer Auflage. Einige Nr. der Zweitauflage haben (bei gleichem Text) andere Titel als die der Erstauflage. Dagegen haben Nr. 174, 203a, 229a, 309a, 334a zwar den gleichen Titel, aber einen anderen Text als die Nr. der Erstauflage. Die Nr. 7a, 11a, 13a, 17a, 24, 26, 29 der Zweitauflage sind zwar nicht in der Erstauflage, aber als BASTEI KRIMINAL-ROMAN erschienen.
Die 3. Auflage (Cotton Bestseller) und die 4. Auflage weicht in der Numerierung grundsätzlich von den ersten beiden Auflagen ab. Neuauflagen einiger Trilogien als JERRY COTTON SPECIAL (4,80 DM, 192 Seiten):
1) Rauschgift, Ratten, Razzien
2) Staatsfeind Nr. 1
3) Wir gegen den Rächer
4) Wir und die Bande des Satans
Die Nr. 925, 1219, 1224, 1226, 1232 sind auch als Hörspielkassette erschienen (Tonstudio Braun, Wiesbaden). Siehe auch TRUCKER KING und Bücher (G.-MAN JERRY COTTON, JEFF BRIE-STER). Es gibt auch TB (andere Texte). In „Bravo“ Nr. 45/1965-3/1966... erschien der Cotton-Roman „Süsse Bienen, blaue Bohnen“.
Es gibt auch Heftausgaben, die nur im Ausland verkauft wurden, mit einer anderen niedrigeren Nummerierung.

Jerry Cotton
(Vollständiger Titel: **G.-Man Jerry Cotton**)
Bergisch Gladbach: Bastei-Verlag
1970
0,60, 32 Seiten, 22,5 x 30,5 cm
A: o.A.
o.Nr.: Tausend G-men und ein
blondes Mädchen.................................. 200,00
Hinweis: Erschien zum 150 millionsten Cotton-Band.

Jerry Cotton - Das Buch zum Film
später: **Der Roman zum Film**
Bergisch Gladbach: Bastei-Verlag
1965-1969
158-185 Seiten, 11,5 x 18,0 cm
1. Schüsse aus dem Geigenkasten (1965) 20,00
2. Fall 2 Mordnacht in Manhatten (1965) 18,00
3.Der Erbarmungslose 15,00
4. Die Rechnung eiskalt 15,00
5. Der Mörder-Club von Brooklyn (1967) 15,00
6. Dynamit in grüner Seide 15,00
7. Der Tod im roten Jaguar 15,00
8. Todesschüsse am Broadway (1969) 15,00
Hinweis:
Taschenbuch-Sonderausgaben mit Filmfotos.

Jerry Cotton Classic-Ausgabe
(Vollständiger Titel: **G.-Man Jerry Cotton Classic-Ausgabe: Die Fälle der frühen Jahre**)
Bergisch Gladbach/Köln: Bastei-Verlag
2005-heute
1,50/1,60, 66 Seiten, 22,5 x 30,5 cm
A: Diverse
1-10 3,00
11-heute (277) 1,00

Jerry Cotton Illustrierte
Bergisch Gladbach: Bastei-Verlag
1976
1,50, 60 Seiten, 22,5 x 30 cm
A: Diverse
o.Nr. Jerry Cotton Illustrierte 120,00
Hinweis: Jerry Cotton-Roman, Aufsätze über New York und das FBI. Erschien zum 1000. Cotton-Roman.

Jerry Cotton Journal
Bergisch Gladbach: Bastei Verlag
1968
0,80, 8 Seiten, 14,5 x 21 cm
A: o.A.
1-mind. 14 (evtl. sogar 22) .... als Set 30,00
.... nur die Beilage 15,00

Hinweis: Beilagen, die überwiegend Kriminalberichte ohne Bezug zu Jerry Cotton enthalten, z.T. aber auch Beiträge zu Cotton-Filmen u.Ä. Je eine Ausgabe wurde zusammen mit einem remittierten Cotton-Heft (Erst- oder Neuauflage) in einem bedruckten Klarsichtbeutel als „Bastei Auslese" zum normalen Preis des Romans allein angeboten. Die Beutel tragen Nummern für das ganze Set sowie den Preis, die Beilagen sind separat numeriert und ohne Preis. Die Zusammenstellung erfolgte offenbar willkürlich, so daß Set- und Beilagen-Nr. meist nicht identisch sind. Als höchste Set-Nr. ist 22 bekannt, als höchste Beilagen-Nr. 14.

Jerry Cotton Schoko Krimi
Siehe Schoko Krimi

Jerry Cotton Sonderausgabe
Bergisch Gladbach: Bastei-Verlag
2002
5,00 Euro, 195 Seiten
o.Nr. 6,00
Hinweis: George Nader zu Ehren. Enthält Nachdrucke der Hefte BASTEI-KRIMINAL-ROMANE Nr. 68 („Mein 1. Fall") und JERRY COTTON Nr. 500 und 1000.

Jerry Cotton Taschenbuch
Bergisch Gladbach/Köln: Bastei-Verlag
1963-heute
DM 2,20 - € 4,99, ca. 160-222 Seiten,
11,5 x 18,0 cm
C1 20,00
C2-C10 18,00
C11-C50 12,00
C51-heute (31596) 3,00

Jerry Gray Siehe COWBOY JERRY

Jessica Bannister
Siehe DIE UNHEIMLICHEN ABENTEUER DER JESSICA BANNISTER

Jim Kay
Stuttgart: Buch- und Presse Verlag
ca. 1949
0,40, 32 Seiten, 15 x 20,5 cm
A: Gerster
1 Jack Borns, der Mann ohne Seele 70,00

Jim Strong
Konstanz: Jim Strong-Verlag
1950-51
0,50 (1-23)/0,40 (ab 24)
64 Seiten (1-13)/48 Seiten (14-23)/32 Seiten (ab 24), 15 x 21 cm
A: o.A.
1 40,00
2-5 35,00
6-9 40,00
10 35,00
11 40,00
12 35,00
13 50,00
14-19 35,00
20-25 35,00
26-29 45,00
30-34 55,00
35 60,00
Hinweis: Deutscher Nachdruck von JIM STRONG ABENTEUER 1-35 mit anderer Nummernfolge und anderen Titelbildern sowie einigen Titel- und Namensänderungen.

Jim Strong
Kreuzlingen (später: Zürich) (Schweiz): Jim Strong Verlag 1950-52
75 bis 65 Rp., 64 Seiten (1-13)/
48 Seiten (14-23)/32 Seiten(24-38)
15 x 21 cm
A: o.A.
1 40,00
2-5 35,00
6-9 40,00
10 30,00
11 40,00
12 35,00
13 50,00
14-19 35,00
20-25 40,00
26-29 50,00
30-34 60,00
35 70,00
36 Der Mörder von Newborough 220,00
37 Die gläserne Spinne 220,00
38 Das Geisterschiff 220,00
Hinweis: Schweizer Nachdruck von JIM STRONG ABENTEUER 1-35, ergänzt um drei neue Ausgaben.

Jim Strong Abenteuer
Zürich (Schweiz): Jim Strong-Verlag/J.S. Editeur
1945-1947
45 Rp. (1-35)/55 Cts. (38, 39)/
55 Rp. (200-203), 36 Seiten (1)/
40 Seiten (2-35)/34 Seiten (38, 39)
12,5 x 16,5 cm (1-35, 200-203)/
11 x 15 cm (38, 39)
A: o.A.
1-35 100,00
34 mit Tarnumschlag
(Titel: Im letzten Westen, statt Titelbild nur eine große Raute und Schrift) 200,00
36-37 nicht erschienen
38 Der Fakir des Todes 275,00
39 Dampfer Black Star fährt in den Tod 300,00
40-199 nicht erschienen
200 Am Tode vorbei 220,00
201 Das unterirdische Labyrinth 220,00
202 Satansland 220,00
203 Das Geheimnis des grauen Hauses 220,00
Hinweis: Die Nebenfigur John Kling heißt in der deutschen Ausgabe Frank Kelly. Die 200er Nummern sind vor Nr. 38 erschienen.
Siehe auch: BUFFALO BILL.

Jo Durand
Vertreter von Sex und Tod
Aachen: Verlag „Der Freibeuter“
1973
1,50, 50 Seiten (1-17)/82 Seiten (18)
19,5 x 27,5 cm (1-17)/14 x 21,5 cm (18)

A: o.A.
1 ... 60,00
2-18 ... 50,00

Joe Brand
der rasende Reporter
Frankfurt a.M.:
Deutscher Reihenbuch-Verlag Nowack
1951-52
0,40, 32 Seiten, 16,5 x 24 cm
A: W.L. Gebauer, Kai Berg, Pieter Wolfen
1-2 ... 50,00
3-4 (u-p) ... 30,00
5-6 ... 80,00
Hinweis: Joe Brand-Texte auch in BASTEI KRIMINAL-ROMAN, FRANKE KRIMINALROMAN, LUNA ROMAN. Es gibt auch eine Buchserie.

Jörn Faber's
Abenteuer in fernen Ländern
Berlin: Pinguin-Verlag
1950
0,30, 32 Seiten 14,5 x 20,5 cm
A: Rolf King
1 Manoa del Dorado,
die Urwaldstadt (u-p) ... 200,00

Jörn Farrow's
U-Boot-Abenteuer
Bad Pyrmont: Neues Verlagshaus für Volksliteratur
1951-60
0,40 (1-166)/0,50 (167-218)/0,60 (219-241)
64 Seiten (1-166, 219-241)/
40 Seiten (167-185)/48 Seiten (186-218)
11 x 15 cm (1-166)/14,5 x 21 cm (167-213)/
15,5 x 22,5 cm (214-241)
A: Hans Warren
1 ... 50,00
2 ... 28,00
3-5 ... 20,00
6-10 ... 15,00
11-12 ... 7,00
13-14 ... 6,00
15 ... 10,00
16-23 ... 6,00
24 ... 30,00
25 ... 6,00
26 ... 30,00
27-30 ... 6,00
31-33 ... 18,00
34-35 ... 6,00
36 ... 35,00
37 ... 6,00
38 ... 15,00
39 ... 6,00
40 ... 20,00
41-47 ... 6,00
48 ... 20,00
49-50 ... 6,00
51 ... 35,00
52-59 ... 6,00
60 ... 28,00
61-63 ... 5,00
64 ... 28,00
65-72 ... 6,00
73 ... 18,00
74-84 ... 6,00
85 ... 28,00
86 ... 8,00
87-125 ... 6,00
126 ... 40,00
127 ... 10,00
128-140 ... 4,00
141 ... 10,00
142-164 ... 4,00
165-166 ... 6,00
167-223 ... 4,00
224-225 ... 10,00
226-229 ... 35,00
230-233 ... 50,00
234-237 ... 70,00
238 ... 90,00
239-240 ... 100,00
241 ... 200,00
Hinweis: Bearbeitete Neuausgabe der VK-Serie, Nr. 19 und die letzten Nummern sind neue Texte. Nr. 12, 32, 35 (u-p).

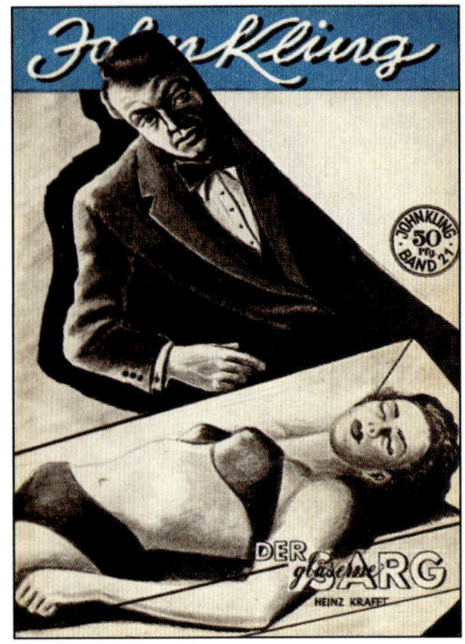

John Cameron
Bergisch Gladbach: Bastei-Verlag, 1973-78
1,00/1,20, 66 Seiten, 15,5 x 22,5 cm
A: o.A.
1 ... 10,00
2-50 ... 5,00
51-138 ... 3,00

John Cliff
Der Weltreporter
Darmstadt: Jupiter-Verlag, ca. 1955
0,20, 32 Seiten, 17 x 11,5 cm
A: o.A.
1 Der gestohlene Professor (u-p) ... 2000,00
Nachdruck ... 20,00

John Drake
Siehe GEHEIMAUFTRAG FÜR JOHN DRAKE

John Gray
Rastatt: Erich Pabel Verlag
1984-86
1,70, 66 Seiten, 15,5 x 22,5 cm
A: John Gray
1 ... 5,00
2-94 ... 2,00

John Hill
Der Meisterdetektiv
Innsbruck-Freiburg i. Br.: Golf-Verlag
1948
0,50(1)/0,40(2), 64 Seiten, 11,5 x15 cm
A: Pitt Moro
1 Der indische Dolch ... 40,00
2 Die verwischte Spur ... 30,00
Hinweis: Österr. Serie, die auch in Deutschland mit entsprechendem Preisaufdruck ausgeliefert wurde.

John Kirby
In seinen atemberaubenden Romanen wird der Wilde Westen wieder lebendig
Bergisch Gladbach: Bastei-Verlag
1997-2003
2,30, 64 Seiten, 15,5 x 22,5 cm
A: John Kirby (Rainer Delfs und Peter Dubina)
1 ... 3,00
2-298 ... 1,50
Hinweis: Ohne Serienfigur.

John Kling
Frankfurt M.: John Kling-Verlag (1-10)/
Frankfurt M.: Deutscher Kleinbuch-Verlag Werner Nowack (11-30)/
Hamburg: Verlag Friedrich Petersen (ab 31)
1949-54
0,50, 64 Seiten (1-30)/48 Seiten (31-161)/
48-49, 51 = 40 Seiten
12 x 16,5 cm (1-16, 21-30)/
13,5 x 18 cm (17-20)/14,5 x 20,5 cm (31-161)
A: Walter L. Gebauer, Rolf Randall, Peter Posse u.a.
1 ... 40,00
2-3 ... 30,00
4 ... 14,00
5 ... 16,00
6 ... 14,00
7-12 ... 12,00
13-14 ... 16,00
15-16 ... 12,00
17-19 ... 14,00
20 ... 24,00
21-30 ... 10,00
31-33 ... 12,00
34-37 ... 10,00
38-39 ... 12,00
40-45 ... 8,00
46 ... 10,00
47-55 ... 8,00
56 ... 12,00
57 ... 14,00
58 ... 10,00
59-61 ... 6,00
62 ... 8,00
63-66 ... 6,00
67 ... 8,00
68-86 ... 6,00
87-89 ... 8,00
90-98 ... 6,00
99-104 ... 7,00

105 24,00
106-126 6,00
127-150 7,00
151 8,00
152 10,00
153-154 8,00
155 10,00
156-160 8,00
161 14,00
Nachdrucke 5,00
Hinweis: Einige Texte sind Neuausgaben der VK-Serie. Es gibt auch eine NK- und eine VK-Buchserie. Nr. 1, 7-9, 13-14, 26, 28, 67 (u-p). Siehe auch REISEABENTEUER.

John Kling's Erinnerungen
Frankfurt M.: Deutscher Kleinbuch-Verlag
Werner Nowack (1-4)/
Hamburg: Verlag Friedrich Petersen (ab 5)
1952-54
1,00, 80 Seiten (1-5)/64 Seiten (6-26)
15 x 20,5 cm
A: W.L. Gebauer, Karlheinz Arens u.a.
1-2 15,00
3 17,00
4 (u-p) 20,00
5-6 25,00
7 17,00
8 40,00
9-10 22,00
11-17 25,00
18-25 30,00
26 50,00
Nachdrucke 5,00
Hinweis:
Einige Texte sind Neuausgaben der VK-Serie.

John Sinclair
Geisterjäger
Bergisch Gladbach/Köln: Bastei-Verlag
1978-heute
1,20 bis 2,20, 66 Seiten, 15,5 x 22,5 cm
A: Jason Dark
1 120,00
2 50,00
3-5 35,00
6-10 20,00
11-20 15,00
21-60 6,00
61-83 4,00
84 7,00
85-100 4,00
101-150 3,00
151-250 2,00
250 mit eingeheftetem Faltblatt
mit 5 Aufklebern und Titellisten 6,00
251-heute (1700) 1,00
1000 Beilage „Mein erster Fall" mit neuem Titelbild und Starfoto Jason Dark, sowie 4 Lesezeichen mit Sinclair-Motiven 5,00
Hinweis:
2. Auflage 1980 - 1990 1-448 und 1996 - 2002 449-749 in Einzelbänden. Dann 2002 - 2003 ab Band 750/51-824/25 in Doppelbänden (Sammler-Ausgabe). Danach Fortführung im JOHN SINCLAIR SPECIAL. 3. Auflage 1985 - 1996 1-448. 4. Auflage 1991 - 1996 1-218. Die Nrn. 1-50 der höheren Auflagen sind Nachdrucke der J. Sinclair-Nrn. im GESPENSTER-KRIMI, ab Nr. 51 Nachdrucke der 1. Auflage von Nr. 1 an.
Bei den Nr. 58, 60, 65, 70, 72, 75, 78 der 4. Auflage wurden die ursprünglichen Texte von Friedrich Tenkrat durch neue Romane von Helmut Rellergerd ersetzt 5,00
2. Auflage 1-50 10,00
Alle anderen Nrn. der 2.- 4. Auflage 1,00

John Sinclair
Kultausgaben
Bergisch Gladbach: Bastei-Verlag
Juli 2003
4,00, 12,5 x 18,5 cm
A: Jason Dark
1-4 3,00
Hinweis: Taschenbücher mit ausgewählten J.S Romanen zum 50 jährigen Bestehen des Bastei Verlages

John Sinclair
Sammler Edition
Bergisch Gladbach: Bastei-Verlag
1996-2001
3,30, 98 Seiten, 13,5 x 19 cm
A: Jason Dark
1-140 2,00
Hinweis: Neuausgabe früher John Sinclair Abenteuer (u.a. der GESPENSTER-KRIMI- Nummern) mit neuen Titelbildern.

John Sinclair
Special
Bergisch Gladbach: Bastei-Verlag
2003-2005
3,00, 129 Seiten, 15,5 x 22,5 cm
A: Jason Dark
1-42 2,00
Hinweis: Doppelbände - enthalten die Fortsetzung der John Sinclair 2. Auflage (1=776) und „Damona King" ab Nr. 1, im Wechsel mit TONY BALLARD Texten aus den Bastei GESPENSTER KRIMIs. Beim Zweitroman in Heft 32 und 33 handelt es sich um neue Texte von Friedrich Tenkrat (A.F.Morland), beim Zweitroman in Heft 37 um einen neuen Text von Walter Appel (Earl Warren).

John Sinclair
Taschenbuch
Bergisch Gladbach: Bastei-Verlag
1981-2007
bis 3,95, ca. 176 Seiten, 11,5 x 18 cm
A: Jason Dark
73001 10,00
73002-73100 4,00
73101-73200 3,00
73201-73311 2,00
73312 5,00
Hinweis:
Viele Tb. auch in höheren Auflagen bekannt.

John Sinclair
Die Welt des John Sinclair
Bergisch Gladbach: Bastei Verlag
2007-heute
6,00 , ca. 416 Seiten, 12,5 x 18,5 cm
A: Jason Dark
73966 - heute (73988) 3,00
Hinweis: Taschenbücher (Themenbände) mit ausgewählten Romanen zu speziellen J.S.-Themen.

John Sinclair
Weltbild Sammler-Ausgaben
Augsburg: Verlagsgruppe Weltbild
ab 1999 320 Seiten,
A: Jason Dark
1-34 5,00
Hinweis: Hardcover Ausgabe mit jeweils 3 ausgewählten J.S. Romanen

John Webb's
phantastische Erlebnisse
Berlin-Traisa bei Darmstadt: Jupiter-Verlag
1950
0,30, 32 Seiten, 14,5 x 20 cm
A: Fred K. Elin
1 110,00
2-20 85,00
21-24 110,00
Nachdruck: 1 10,00

Joker Boys
Köln: Wolfgang Marken Verlag
1982-84
1,60/2,00, 66 Seiten, 15 x 22,5 cm
A: Diverse
1 8,50
2-12 4,50

Jo Marson
Phantastische Abenteuer
eines ungewöhnlichen Mannes
Hagen/Westfalen: Karl Thom Verlag
1950
0,40, 32 Seiten, 15 x 21 cm
A: o.A. (Wilhelm Löbsack)
1 100,00
2 80,00

3 110,00
4-5 60,00
Nachdrucke 5,00

Jonny
Kiel und Neuwied: Radar Verlag
1951
0,40, 32 Seiten, 14,5 x 20,5 cm
A: Hermann Fontaine und Rudolphe
1 Die beiden Spinnen 35,00
2·Sklaven am Roten Meer 35,00
Hinweis:
Von Seite 32 der Nr. 2 gibt es eine zweite Version, die vom Verlag in das Heft eingeklebt wurde.

Jonny Reck
Amerikas größter Revolvermann
Berlin: Oswald Arnold-Verlag (1-6)/
Darmstadt: Drei-Kronen-Verlag (ab 7)
1951-52
0,40, 32 Seiten, 14,5 x 20,5 cm
A: Kassi Stone
1 110,00
2-8 70,00
9-12 90,00
13 170,00
Hinweis:
Nr.13 hat den gleichen Text wie Nr. 9, aber anderen Titel und anderes Bild. Siehe auch Bücher.

Jonny Ringo
Hamburg: Martin Kelter Verlag
1997-2000
2,20, 66 Seiten, 15,5 x 22,5 cm
A: Gerhard Friedrich M. Basner
1-20 1,00

Jugendland
Lesereihe aus Heimat und Welt
Esslingen und München: J.F. Schreiber-Verlag
1949
0,50, 32 Seiten, 15 x 22 cm
A: Diverse
o.Nr. Wenn der Khamsin weht 12,00
o.Nr. Unter Walfischen und Piraten 12,00
o.Nr. Der schwarze Stein 12,00
o.Nr. Ay Tene 12,00

Jugend-Roman
Stuttgart: Jugend-Roman-Verlag
ca. 1954
0,50, 48 Seiten, 15,5 x 22,5
A: Diverse
1-6 10,00
7 15,00
8 20,00

Jumbo-Reihe (1-24)
Jumbo-Heft (ab 25)
(Titel auf Rückseite)
Wuppertal: Aussaat-Verlag
1953-78
0,40-0,60 (z.T. o.P.), 32 Seiten, 11,5 x 16,5 cm
A: Diverse
1 3,50
2-104 2,00
Hinweis: Abenteuer- und Dokumentarberichte.

Junge Welt/J.W.
(unregelmäßig wechselnder Serientitel)
Waibstadt: Kemper-Verlag
1947-49
0,50,
30-48 Seiten, 15 x 21 cm
A: Diverse
1-15 12,00

Kabinett der Leidenschaften
Hamburg: Verlag Frank Märtins
1950
1,00, 80 Seiten, 15 x 21 cm
A: Otto Mielke, Henry H. Hill u.a.
1 (u-p) 25,00
2 (u-p) 50,00
Hinweis: Sammlung von Kurzgeschichten (mit Frank Kenney).

gleiche Heftnummern - Varianten

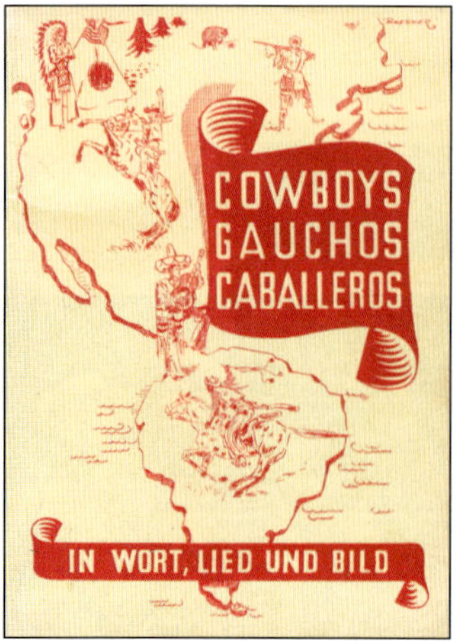

Kaju Bücherei
Aachen: Grenzland-Verlag Heinrich Hollands
1948
0,50, 80 Seiten, 12 x 18,5 cm
A: Peter Arellano
1 Am Rio Biobio 65,00
Hinweis: Siehe auch ABENTEUER UNTER INDIANERN.

Kansas Jack
Hohegeiß i. Harz-Braunschweig: Werner Dietsch Verlag (1-11, 61-75)/
Rastatt: Erich Pabel Verlag (12-60)
1950-53
0,40/SH 1: 0,60/SH 2: 1,00
32 Seiten/SH 2: 56 Seiten
14,5 x 20,5 cm bis 15 x 21,5 cm
A: H.K. Walker u.a.
1 180,00
2-3 50,00
4-8 16,00
9-11 12,00
12-20 16,00
21-36 18,00
37 35,00
38-60 18,00
61-69 .... 7.00
70-71 (u-p) 18,00
72 23,00
73 35,00
74-75 27,00
Sonderheft 1 Der singende Cowboy 25,00
Sonderheft 2 Cowboys, Gauchos, Caballeros 35,00
Nachdrucke 5,00
Hinweis: Siehe auch VK-Buchserie.

Kansas Wildwest
Rastatt: Zauberkreis Verlag
ca. 1965
0,70, 64 Seiten, 15,5 x 22 cm
A: Diverse
1-6 3,00
Hinweis: Neuauflagen älterer Texte des Verlages.

Kapitän Mors
der Luftpirat
Eulenthal: Anker-Verlag
1948
0,50, 32 Seiten, 14,5 x 20,5 cm
A: Frank Astor
1-3 160,00
4 130,00
5 220,00
Nachdrucke 5,00
Hinweis: Von Nr. 1 gibt es eine Zweitausgabe mit leicht abweichender Titelbildgestaltung.

Karl May
München: Arthur Moewig-Verlag
1961-62
0,70, 64 Seiten, 15,5 x 22,5 cm
A: Karl May
1-20 12,00
21-30 10,00
31-35 12,00
36-39 20,00
40 30,00
Hinweis: Nr. 1-5: Der Schatz im Silbersee. Nr. 6-10: Der Ölprinz. Nr. 11-15: Unter Geiern. Nr. 16, 17: Halbblut. Nr. 18-20: Kapitän Kaiman. Nr. 21-29: Durch die Wüste/Allah il Allah. Nr. 30-35: Durchs wilde Kurdistan. Nr. 36-40: Winnetou 1. Es gab verbilligte Restverkäufe, bei denen die zusammengehörigen Hefte vom Verlag zu einem Sammelheft zusammengebunden wurden. (Vorgebundener Deckel mit neuer Preisangabe; Rücken mit grünen Leinenstreifen überklebt und zusammengehalten).

Karl May
Regensburg: Verlagshaus Fritz Vogl (1-14)/
Walhalla und Praetoria Verlag (ab 15)
ca. 1964-67
o.P. (1-14)/0,50 (ab 15), 32 Seiten
14,5 x 21 cm (Neuauflagen meist etwas kleiner)
A: Karl May
1-8 (1. Auflage) 4,50
9-10 1. Auflage) 6,00
1-10 (höhere Auflagen) 3,50

bekannte Varianten bei den höheren Auflagen:
1a Rückseite mit Sparkassen-Werbung 4,50
1b Rückseite leer 6,00
7a Rückseite mit Westbank-Werbung 4,50
7b Rückseite leer 6,00
8a Rückseite mit Westbank-Werbung 4,50
8b Rückseite leer 6,00
11-14 12,00
bekannte Varianten:
12a Rückseite mit Westbank-Werbung 12,00
12b Rückseite leer 14,00
14a Innenpapier rau 12,00
14b Innenpaper glatt/matt 14,00
15-20 50,00
bekannte Varianten:
15a Rückseite mit Filmfoto 50,00
15b Filmfoto mit Westbank-Werbung überklebt 50,00
19a Rückseite mit Sport-Report-Werbung 50,00
19b Sport-Report-Werbung mit Westbank-Werbung überklebt 50,00
Hinweis:
Soweit bekannt, wurden Nr. 1-10, 1. Auflage von Gebr. Held GmbH gedruckt, alle übrigen Nummern und Auflagen vom Walhalla und Pretoria Verlag. Größere Unterschiede gibt es bei Nr. 2 (Umbruch, Layout, Illustrationen gekontert) und 9 (eine Illustration gekontert). Nr. 5, 6 und 10 mit Stempeln zum Österreich-Vertrieb bekannt (ab 15 entsprechende Angaben gedruckt). Bei den Varianten mit Sparkassen- und Bank-Werbung handelt es sich evtl. um Teilauflagen. Wahrscheinlich existieren weitere unterscheidbare Auflagen bzw. Varianten.

Karl May
Sonderausgabe
Hamburg: Martin Kelter Verlag
2005-2006
3,50, 320 Seiten, 15 x 22,5 cm
A.: Karl May
1-8 2,00
Hinweis:
Coverfotos aus den Rialto-Filmen der 60er Jahre

Karl May-Abenteuer
Stuttgart: Weiden-Verlag
ca. 1965
0,80, 64 Seiten, 15,5 x 22,5 cm
A: Karl May
1 Ein Greenhorn 20,00
Hinweis: Aus „Winnetou".

Karl May
Basel,Zürich: Pfeil Verlag
1948
52 Seiten, 12 x18 cm
Der Colorado Mann 40,00

Karriere um jeden Preis
siehe ERDIA ROMANREIHE

Katastrophen Alarm
Celle: Rena-Verlag Renate Stroik
1977
1,50, 64 Seiten, 15,5 x 22,5 cm
A: Diverse
1 6,00
2-12 2,50

Katastrophen auf See
Bremen: Deutsche Gesellschaft zur Rettung Schiffbrüchiger
ca. 1952-81
0,50 (1-7)/1,00 (8)/o.P. (ab 9)
32-48 Seiten (Nr. 8=80 Seiten), 13,5 x 19 cm
A: Diverse
o.Nr. Retter an der Küste 3,50
o.Nr. Untergang der „Teeswood" 3,50
o.Nr. Todesfahrt der Vegesack 3,50
o.Nr. Die Strandung der Bark „Paul" 3,50
o.Nr. Wo bleibt die „Nossan ?" 3,50
o.Nr. Die Rettungstat von Látrabjarg 3,50
o.Nr. Packeis vor Langeoog 3,50
o.Nr. Gestrandet auf Vogelsand 3,50
o.Nr. „Njandoma" funkt SOS 3,50
o.Nr. Hexenkessel Außenweser 3,50
o.Nr. Die Ostsee ist kein Ententeich 3,50
o.Nr. Das Jahr der Stürme 3,50

o.Nr. Notsignale über der Kieler Bucht................ 3,50
o.Nr. Volle Fahrt durch schwere See................... 3,50
o.Nr. Windstärke 12... 3,50
Hinweis: Ab 1975 Zweitausgabe, später Drittausgabe (jeweils ohne Preis) mit neuen Bildern und leichten Textänderungen.

Die Katze
Rastatt: Erich Pabel Verlag
1986-87
1,70, 66 Seiten, 15,5 x 22,5 cm
A: Diverse
1.. 4,50
2-38.. 2,00

Kellock
Keiner war härter
Köln: Wolfgang Marken Verlag
1977-78
1,20, 66 Seiten, 15,5 x 22,5 cm
A: Diverse (z.T. o.A.)
1.. 7,00
2-50.. 5,00

Kelter-Abenteuer und
Kelter Abenteuer-Roman Siehe WILLIAM TEX

Kelter Krimi Siehe MR. CHIKAGO

Kelter Krimi Jack Hilten Siehe JACK HILTEN

Kelter Krimi Mike Taylor (1-25)/
Kelter Krimi Special-Agent 002 ab (26)/
Kelter Krimi mit wechselnden Namenszusätzen (ab 63)
Hamburg: Martin Kelter Verlag
1965-67
0,70/0,80, 66 Seiten, 15,5 x 22,5 cm
A: Hermann Hilgendorff u.a. (Mike Taylor-Nr. o.A.)
1.. 7,00
2-62.. 3,50
63-139.. 2,50
Hinweis: Serienfiguren: Mike Taylor (1-62), Dave Lund (66, 112), Jack Kelly (67, 137), John Dean (78, 81, 86, 89, 92, 96, 100, 105, 108, 116, 120, 124, 128), Percy Brook (79, 83, 91, 98, 103, 135, 139), Toby Gin (97), Mr. Chikago (113, 117, 121). Ab Nr. 63 überwiegend Nachdrucke von KELTER KRIMINAL-ROMAN.

Kelter-Kriminal-Roman (1-294)/
Der aktuelle Kriminal Roman (295-318)/
Der aktuelle Krimi (ab 319)
Hamburg: Martin Kelter Verlag
1953-64
0,50/0,60/0,70
66 Seiten (anfangs z.T. 48 Seiten), 15 x 22 cm
A: Eric Morand, Freddy Weller (8) u.a. Siehe auch Hinweis.
1-2 siehe Hinweis
3-7.. 12,00
8.. 35,00
9-20.. 12,00
21-74.. 6,00
75-294.. 3,00
295-338.. 2,00
Percy Brook- u.
Jack Kelly-Nummern bis 74.............................. 11,00
ab 75.. 4,50
John Dean- u. Hanns Hart-Nummern.................. 4,50
Hello Amboss-Nummern..................................... 3,00
Hinweis: Die ersten beiden Hefte erschienen als KELTER-ROMANE (Nr. 159,162). Nr. 8 = erweiterte Fassung von JACK MORLAN KRIMINAL-ROMAN Nr. 9 mit Namensänderung. Siehe auch DER GELBE KRIMI, INSPEKTOR PERCY BROOK, KELTER THRILLER, KRIMI, TEMPO KRIMINAL.
Serienfiguren: Inspektor Percy Brook (A: Hermann Hilgendorff) 13, 17, 19, 21, 23, 25, 27, 29, 31, 35, 38, 41, 44, jede gerade Nr. bis 76, 79, 85, 95, 101, 148, 150, 152, 154, 156, 158,160, 162, 165, 168, 171, 174, 177, 180, 183, 186, 189, 192, 194, 196, 198, 200, 202, 204, 206, 208, 210, 212, 216, 220, 224, 228, 232, 237, 241, 245, 249, 253.
G. Man Jack Kelly (A: Hermann Hilgendorff) 33, 36, 39, 42, 45, jede ungerade Nr. bis 73, 81, 88, 91, 99.
Inspektor John Dean (A: o.A.) 164, 167, 170, 173, 176, 179, 182, 185, 188, 191, 229, 231, 233, 235, siehe auch eigene Serie.

Toby Gin (A: o.A.) 214, 218, 222, 226, 230, 234, 238, jede gerade Nr. bis 280, danach eigene Serie.
Hello Amboss (A: o.A.) 209, 211, 213, 217, 223, 227, 236, 239, 243, 247, 251, 255, 257, 259, 261, 263, 265, 267, 269, 271, 273, 275, 277, 279, 281-295, 307, 310, 318, 320.
Hanns Hart (A: o.A.) 207, 215, 219, 221, 225.
John Tiger (A: o.A.) 298, 301, 304, 309, 312, 314, 316, 321, 323, 325, 327, 329, 331, 333, 335, 337.
Dave Lund (A: Henry Sherwood) 90, 98, 305, 308.
Lucky Hello (A: o.A.) 322, 324, 326, 328, 330, 332, 334, 336, 338.
Nr. 36, 53, 57, 60, 73, 207, 215, 219, 221, 225, 333 (u-p).

Kelter-Romane
Hamburg: Martin Kelter Verlag
1952-58
0,60/0,50, 66 Seiten (Nr. 273, 277, 281, 286, 291, 296, 302 = 112 Seiten), 15 x 22 cm
A: Robert Arden (240), Richard Blasius (284), Paul Hain (158, 167, 215, 246), H.P. Stolp (201, 217, 221, 247, 249, 252) u.a.
1-118 erschien vor 1945
119-320 1,50
159, 162 (=Kelter-Kriminal-Roman 1-2) 60,00
Hinweis:
Ab Nr. 267 auch unter den Serientiteln:
GROSSE AUSGABE MIT BUNTEM TITELBILD, DER NEUE BERGROMAN, DER NEUE FRAUENROMAN, DER NEUE HEIMATROMAN, DER NEUE SCHICKSALSROMAN.

Kelter Thriller
Toby Gin/Hello Amboss
Hamburg: Martin Kelter Verlag
1980-81
1,50, 66 Seiten, 15 x 22 cm
A: Toby Gin, Hello Amboss
1-32 1,50
Hinweis: Ungerade Nr. = Toby Gin, gerade Nr. = Hello Amboss. ND von KELTER-KRIMINAL-ROMAN.

Kelter Western
Hamburg: Martin Kelter Verlag
1968-75
0,80 bis 1,20, 66 Seiten, 15,5 x 22,5 cm
A: Diverse
1 2,50
2-360 2,00
Jack Farland-Nummern 4,50
Hinweis: Teilweise ND von KELTER-WILDWEST und Buchserien (BILLY JENKINS, TOM PROX, CARAMBA u.a.).
Serienfigur: Jack Farland (A: Jonny Kent) jede ungerade Nr. von 1-33, danach eigene Serie.

Kelter-Wildwest und
Kelter Wildwest-Roman
Siehe WILLIAM TEX

Kennedy Kent
Kaiserslautern: Verlag Georg Schäfer, 1951-52
0,40, 32 Seiten, 14,5 x 20 cm
A: Uwe Breck Larret (1, 3, 5-11), Ralph Garby (2, 4)
1 60,00
2-3 20,00
4-8 10,00
9 20,00
10 10,00
11 20,00

Kentucky
Hamburg: Martin Kelter Verlag, 2005-06
1,50, 66 Seiten, 15 x 22,5 cm
A: Diverse
1-78... 1,00

Kerle Käuze Kavaliere
(interner Serientitel)
Miltenberg: Everwien-Verlag, ca. 1949
0,50, 64 Seiten, 14,5 x 20,5 cm
A: Max Everwien
o.Nr. Kerle Käuze Kavaliere 15,00
Hinweis: Sammlung von 5 Kurzgeschichten. Gekürzte Fassung der VK-Buchausgabe.

Kerob Romane
Detmold (später Kassel): Verlag Horst Borek, 1949-50
0,50, 48 Seiten, 15,5 x 21 cm
A: Diverse
o.Nr. Zwei Männer gehen auf Abenteuer 20,00
o.Nr. Fidelio in Neu-Kölln 20,00
o.Nr. Verbrechen in der Biskaya 25,00
o.Nr. Die Spinne 25,00
o.Nr. Kleines Schneeglück 8,00
o.Nr. Doppelmord im Hypnosegebiet (u-p) 40,00
o.Nr. Die Spur führt zu Buddha 25,00
o.Nr. Irrtum der Liebe 8,00
9 Schicksal auf Vörland 8,00
10 Fliegendes Glück - wohin? 8,00

Kerzenschein Roman
Hamburg: Martin Kelter Verlag
1976-79
1,20/1,30, 66 Seiten, 15 x 22 cm
A: Diverse
1 (u-p) 3,00
2-58 (u-p) 1,50
Hinweis: Siehe LADY ROMANZE.

K.H.Scheer ZBV Serie
Siehe ZBV SERIE (Pabel-Taschenbuch)

Kibi Williams
Hamburg: Martin Kelter Verlag
1990-91
1,90, 66 Seiten, 15 x 22,5 cm
A: Kibi Williams
1-32 1,50
Hinweis: Überwiegend ND von KELTER WILDWEST.

Der klassische Sittenroman
Siehe DER NEUE SITTENROMAN

Klaus Olsen
der Schiffsjunge
Berlin-Hamburg: Pinguin-Verlag
1951
0,40, 32 Seiten, 14,5 x 20 cm
A: Fred K. Elin
1 60,00
2-5 70,00
6-10 80,00

Klaus Störtebeker
Darmstadt: Jupiter-Verlag
1953
0,50, 32 Seiten, 16 x 23 cm
A: o.A. (1, 3-8), Klaus Walter (2)
1 70,00
2a (Titelseite mit blauer Leiste) 25,00
2b (Titelseite mit gelber Leiste) 25,00
3a (Rückseite ohne Linien) 25,00
3b (Rückseite mit Linien) 25,00
4-5 25,00
6a (Rückseite mit einer Doppelleiste) 25,00
6b (Rückseite mit mehreren Leisten und längerem Text) 25,00
7-8 25,00
2-8 g.E. 8,00
Sammelband 40,00
Hinweis: Es gibt einen Sammelband mit den Nr. 2-6 (Titelbild von Nr. 1, Preis 0,95). Siehe auch VK-Serien.

Klaus Störtebeker
Liebe und Abenteuer des Freibeuters
Hamburg: Martin Kelter Verlag
2005-2006
1,50, 66 Seiten, 15,5 x 22,5 cm
A. Diverse (Walter Appel u.a.)
1-12 1,00

Kleine Bibliothek der Spannung
Detmold: Verlag Max v. Engelhardt
1949
0,50, 64 Seiten, 12 x 19 cm
A: Edgar Allan Poe
1 Doppelmord in der Rue Morgue (u-p) 100,00

Kleine Continent Romane
Hamburg: Verlag Friedrich Petersen
1955
0,40, 48 Seiten, 15 x 21 cm
A: Diverse

1-20 5,00
Hinweis: Liebesromane.

Der kleine Edgar Wallace (1-11)/
Roy Mac Coy's kleiner Edgar Wallace (ab 12)
Zürich (Schweiz): Verlag André E. Harmann (1-11), Basel (Schweiz): W. Meyer-Wuillemin (ab 12)
60 Rp., 48 Seiten (1-11), 40 Seiten (ab 12, evtl. inkl. Umschlag), 13 x 19,5 (12 x 20) cm
A: Roy Mac Coy (u.a.?)
1-11 20,00
12 30,00

Kleine Jugend Bücher (1-11)/
Kleine EOS-Bücher (ab 12)
Berlin: EOS Verlag
1948-49
o.P. (0,40/Doppelnr. 0,75/ ab 12: 0,45), 15-64 Seiten
10,5 x 14,5 cm (1-5)/12 x 16 cm (ab 6)
A: Jules Verne (1), Karlheinz Arens (2), E.A. Poe (3/4) u.a.
1 30,00
2 25,00
3/4 20,00
5 15,00
6-12 (7/8, 10/11 Doppelnr.) 10,00
13/14 (u-p) noch nicht nachgewiesen
15 (u-p) 30,00
Die geheimnisvolle Limousine (u-p) 18,00
Kopf in der Schlinge 14,00
Das weisse Horn 12,00
SOS vom Himalaya 12,00

Der kleine Roman
Regensburg: Mittelbayerische Zeitung GmbH (Druck)
ca. 1948
0,50, 48 Seiten, 15,5 x 22,5 cm
A: Robert Martin
o.Nr. Nanna - Die Liebe eines großen Malers..... 10,00

Die kleine Truhe Reisebücherei
Siehe TRUHE-REISE BÜCHEREI

Die kleine Volksbücherei
Landstuhl: K.V.-Verlag (Dr. Karl Vogt)
1950
0,50, 64 Seiten, 14,5 x 20,5 cm
A: Karl A. Vogt
1 Schinderhannes der Räuberhauptmann 20,00
2 Das Dorf der Fahrenden 20,00
Hinweis: Nr. 1 ohne Serientitel.

Klein's Jugendhefte (Titel entweder auf der Rückseite oder gar nicht angegeben)
Lengerich/Westfalen: Kleins Buch- und Kunstverlag, Bischof & Klein-Verlag
1949
0,40 (meistens o.P.), 32 Seiten, 14 x 20,5 cm
A: Oskar Herbert Breucker (55) u.a.
13 (ohne Reihentitel), 16-17, 21-24, 29, 31, 33-35 8,50
43, 49, 54-55 8,50
Hinweis: Andere Nummern vermutlich nicht erschienen. Neuausgabe der VK-Serie MUT UND TAT.

Klingender Roman - Der Landser
Siehe DER BLAUE KLINGENDE ROMAN

Knister Krimi
München: Neuzeit Verlag
ca. 1975
1,20, 64 Seiten, 15 x 22,5 cm
A: Peter Dirk Malten (1-8), Bert Andreas (9)
1-9 1,50

Kobra Roman
(Titel auf Rückseite)
Marktheidenfeld: Werber-Verlag
1949
0,45, 112 Seiten, 15 x 10,5 cm (Querformat)
A: Michael Kobra
1 Das Jagdschloss des Fürsten Saromin......... 250,00

Königs-Romane
Königsberg (Bayern): Königsberger Verlagsanstalt
1949
0,50, 64 Seiten, 14,5 x 20,5 cm

A: Erwin Raimondt
1 Mondrakete 1 startet! 220,00
Hinweis: Die Nr. 2 „Unheimliche Kräfte" wurde angekündigt, ist aber nicht erschienen.

Kojak
Bergisch Gladbach: Bastei-Verlag
1977-78
1,20/1,30, 66 Seiten, 15,5 x 22,5 cm
A: o.A.
1 10,00
2-64 6,00
Hinweis:
Im Rahmen der 40-bändigen Bastei Taschenbuchserie FERNSEH-KRIMI (siehe auch dort) erschienen u.a.16 aus dem Amerikanischen übersetzte Kojak-Romane.

Komet-Roman
Düsseldorf: Komet-Verlag
1949
0,50, 48 Seiten, 15,5 x 22 cm
A: Charles de Coster
o.Nr. Triumph der Liebe 20,00
A: Alfred de Musset (o.Nr.), „bearbeitet von Dr. Peter Krebs" (1)
o.Nr. Die beiden Geliebten 20,00
1 Casanovas Flucht aus den Bleikammern 20,00

Kommissar Burkley
Nürnberg: Verlag Ludwig Liebel
1957
0,50, 64 Seiten, 15 x 22 cm
A: G.E. Smith
1-12 12,00
Hinweis: Weitere Kommissar Burkley-Texte in NEUER KRIMI, NEUZEIT KRIMINAL, EXTRA KRIMI, MR. CHIKAGO, NORTON GREIFT EIN, ROMAN QUELLE, TELEBLICK KRIMI. Siehe auch Bücher.

Kommissar Wilton Taschenheft
Berlin: CORA Verlag
1990
2,50, 100 Seiten, 13 x 18cm
A.: Diverse
1-10 2,00
Hinweis: Es gibt auch eine Österreich-Ausgabe mit Schilling Aufdruck.

Kommissar X
Rastatt: Erich Pabel Verlag
1959-1992
0,60 bis 2,00, 64 Seiten (Nr. 500 = 86 Seiten, Nr.573, 547 = 132 Seiten)
15 x 22 cm (Nr. 500: 22 x 30 cm)
A: anfangs o.A., später 0.H.
Breucker (564, 575, 586) u.a.
1 200,00
2 80,00
3 50,00
4-10 35,00
11-20 30,00
21-50 ....
50 mit Bildbeilage 60,00
51-59 15,00
60 100,00
61-81 10,00
82 100,00
83-100 8,00
101-140 (133 Teil 1+2) 5,00
141-200 4,00
201-253 3,00
254-499 2,50
500 65,00
501-1740 1,50
547,573 Doppelband 3,00
Nr. 169, 200, 255, 400 mit Bildbeilage 6,50
Hinweis: Siehe Bücher. Es erschienen auch 445 Taschenbücher.

Kommissar X
Krimi Bestseller neu (1-14)/
Krimi-Bestseller (ab 15)
Rastatt: PMS Roman- und Zeitschriftenvertrieb, 1986-87
1,70/1,80, 66 Seiten, 15,5 x 22,5 cm
A: o.A.
1 4,50
2-44 1,00

45 (= Nr. 60 der Erstauflage) 15,00
46-64 1,00
65 (= Nr. 82 der Erstauflage) 15,00
66-100 .... 1.00
Hinweis: Ab Nr. 15 ND.

Kommissar X Auslese (1-159...)
Kommissar X Krimi Auslese (...173-295...)
Kommissar X Bestseller (...298-460)
Kommissar X Neuauflage (ab 461)
Rastatt: Erich Pabel Verlag
1963-73
0,70 bis 1,00, 64-66 Seiten, 15,5 x 22,5 cm
A: o.A.
1 7,00
2-50 3,50
51-337 1,50
338 (= Nr. 60 der 1. Auflage) 15,00
339-492 1,50
Hinweis: Neuauflage (andere Reihenfolge und etwas bearbeitet) von KOMMISSAR X-Heften und TB.

Kommissar X
Rastatt: Erich Pabel Verlag
1961-1968
1,90-2,40, ca. 160-174 Seiten
A: Diverse
Kommissar X Nummern im Rahmen der **Pabel-Taschenbücher** („Allgemeine" Reihe):
27 - 353 (152 Bücher) 10,00
Hinweis: Mit Band 354 erfolgte 1969 die Ausgliederung der Kommissar X - Romane als eigenständige Serie.

Kommissar X Taschenbuch
Rastatt: Erich Pabel Verlag
1969-1988
2,40 - 5,80, 150 - 173 Seiten
A: Diverse
354 20,00
355-400 9,00
401-646 4,00

Kranz-Romane Siehe KURZ-ROMANE

Krimi
Hamburg: Martin Kelter Verlag
1977-78
1,20, 66 Seiten, 15 x 22 cm
A: Diverse
1-40 1,50
Hinweis: ND von KELTER-KRIMINALROMAN, MIKE TAYLOR u.a.

Krimi Auslese Siehe KRIMI ELITE

Krimi-Bestseller Siehe HALLBERG

Krimi Bestseller
Hamburg: Martin Kelter Verlag
1983-84
2,80 (1-12)/2,50 (ab 13), 64-80 Seiten (1-12)/
128 Seiten (ab 13) 21 x 27 cm (1-12)/
13,5 x 19 cm (ab 13)
A: James Hadley Chase, Day Keene u.a.
1 4,50
2-12 3,00
13-22 2,00
Hinweis: ND aus TB-Serien.

Krimi Elite (1-22)/
Krimi Auslese (ab 23)
Köln: Wolfgang Marken Verlag
1979-82
1,80/2,00 (1-22)/1,50/1,60 (ab 23)
98 Seiten (1-22)/64 Seiten (ab 23), 15 x 22,5 cm
A: o.A.
1 4,50
2-42 3,00
Hinweis: Nr. 1-16, 21, 22 mit je 2 Geschichten. Überwiegend ND von JOHN DRAKE. Nr. 17-20 = ND von Ullstein Kriminal TB.

Krimi Knüller
Ganacker/München: Neuzeit-Verlag
ca. 1972
0,90 (1. Auflage)/1,20/1,30 (2. Auflage)
64 Seiten, 15,5 x 22 cm
A: Diverse

1-32 1,50
33-34 nicht erschienen
35-117 1,50
Hinweis:
ND von Buchserien. Siehe ROMAN-QUELLE (blau).

Krimi Knüller 2. Serie (300er Nummern)
Siehe ACTION KRIMI NORTON

Krimi Krimi
Ganacker: Oase-Verlag
ca. 1974
1,20; 64 Seiten, 15,5 x 22,5 cm
A: Pit Comber
1-20 1,50
Hinweis: ND von Pit Comber-Büchern. Nr. 10-20 = ND von KRIMI KNÜLLER 35-45.

Kriminal Club
Siehe NEUES KRIMINAL MAGAZIN

Kriminalfälle der Gegenwart
ab 2. Jg.: Kriminalfälle der Vergangenheit
Archiv-Blätter der Terra-Information
Hannover: Informationsdienst
Elisabeth Maletzki (Hrsgb.)
1947-1948
0,40, 18 Seiten, 15 x 21 cm
A: Diverse
1. Jahrgang Nr. 1/2-3/4... 40,00
2. Jahrgang Nr. 1... 40,00
Hinweis:
Kriminalistik-Aufsätze und Anfang eines Kriminalromans von Otto Kroth.

Der Kriminalist erzählt
ohne Ort, ohne Verlag
ohne Jahr (wohl Ende 40er)
o.P., 28 Seiten, 14,5 x 20,5 cm
A: Taif Tarissa, Meggi de maison
o.Nr. 150,00
Hinweis: Der Band enthält zwei Geschichten. Er hat keinen Zusammenhang mit der fast gleichnamigen Ausgabe des „Kurzweil"-Verlages.

Ein Kriminalist erzählt...
Köln: „Kurzweil"-Verlag
ca. 1950
0,50, 64 Seiten, 14,5 x 20 cm
A: Helmut Scholz
1 Der Fall Badurski 150,00

Kriminal Magazin International
Siehe DR. MORTON KRIMINAL MAGAZIN INTERNATIONAL

Kriminal Revue
Tatsachenberichte aus aller Welt
Laufenburg: Verlag Kriminal-Revue/
später Zürich: Verlag Union
1948-55...
90 Rp./1 Fr.; 64 Seiten, 15,5 x 23,5 cm
A: Diverse
1 10,00
2-80... 5,00

Kriminalroman
Mettmann: Verlag Nikolaus Hang
1949
0,40; 32 Seiten, 14,5 x 20,5 cm
A: Cläre Thelen
o.Nr. Wer steht hinter dem Täter? 25,00

Kriminal-Roman
Heidelberg: Jedermann-Verlag Dr. Otto Pfeffer/später Miltenberg: Everwien-Verlag
ca. 1948
0,30 bis 0,50; 36 bis 56 Seiten, 14,5 x 20 cm
A: Gerhard Starcke (Atomgewicht 397), MacEver (alle anderen)
o.Nr. Die Lampe der Madonna 25,00
o.Nr. Der Falschspieler 10,00
o.Nr. Rauschgift 10,00
o.Nr. Blonde Fracht 10,00
o.Nr. Atomgewicht 397 (u-p) 10,00
o.Nr. Die Millionen der Lady 10,00
Hinweis: Serienfigur der Mac Ever-Hefte:
Graf Leonardo de Montebello. Siehe auch SITTEN-KRIMINALROMAN, DER NEUE ROMAN.

Kriminalroman
über Liebe Mord und Mädchenhandel
Hamburg: Franke & Schütt
1949
ohne Preisangabe, 30 Seiten
A: Jo Smets
o.Nr. Unter Mordverdacht................................ 150,00

Kriminal Roman
Giessen: Rotar-Verlag
ca. 1951
0,50; 48 Seiten, 15,5 x 22 cm
A: o.A.
o.Nr. Die Uhr, die 5 Minuten vorging 25,00

Kriminalroman
Verlag: ?
Erscheinungszeitraum ?
1,20, 64 Seiten, 15,5 x 22,5 cm
.... 3,00
Hinweis: Vermutlich Remittenden der Kriminalromanreihe FRANCO SOLO des Erich Pabel-Verlages mit neuen, teils schwarz-weiss, teils farbig gehaltenen Titelbildern. Die Hefte sind unnummeriert - bis heute (Januar 2011) sind 29 Titel nachgewiesen.

Der Kriminal-Roman (Zauberkreis Verlag)
Siehe SILBER-ROMAN

Kriminalroman für Kenner
Wien: Hiro-Verlag/
später Karlsruhe: Hans Schaper Verlag
ca. 1960-66
0,80/0,90/1,00, teilweise o.P.; 64-66 Seiten
14,5 x 21,5 cm/später 15 x 23 cm
A: Diverse
1.. 6,00
2-10 4,50
11-20 3,50
21-50 2,50
51-292... 1,50
Hinweis: Nachdrucke von DER KRIMINAL ROMAN DER WOCHE, INSPEKTOR K, LUNA ROMAN, SILBER-ROMAN u.a.

Kriminal Spiegel
Die spannende Unterhaltungs-Revue
Zürich: Verlag Jean Frey
1942-60
50-80 Rp., 64 Seiten, 15,5 x 22 cm
A: Diverse
1.. 12,00
2-40 6,00
41-67 3,50
68.. 12,00
69-86 3,50
87.. 12,00
88-208 3,50
Hinweis: Nr. 68, 87 mit einer KG von Joachim Rennau bzw. Rolf Randall.

Kriminal-Tragödie eines Freudenmädchens
Hannover: Kreuzworträtsel-Verlag Erwin Kutzner
ca. 1950
0,50, 48 Seiten, 14,5 x 20,5 cm
A: Hanns Berke
o.Nr. Schrei nach Liebe 35,00

Kriminal Welt
Ein Kriminalmagazin in Wort und Bild
Stuttgart: Verlag A. Ackermann, 1950
0,60, 48 Seiten, 15 x 22 cm
A: Diverse
1-2 40,00

Kripo Hamburg
Weidenbach: OMNIA Verlag
2004-2006
1,95, 132 Seiten, 12,5 x 18cm
A:Carla Jensen
1-20 1,00
Hinweis:Taschenheft

Der Kronzeuge
Castrop Rauxel: Stadtpfeiffer Verlag/
später Verlag Buch und Presse, 1948-50
0,35/0,40, 32 Seiten, 15 x 20,5 cm
A: Diverse
1 Zwischen Nacht und Morgen 15,00

2 Skandal um den Berrit-Coup 15,00
3 Sensation im Red Star.................................. 15,00
4 Der Verräter 15,00
5 Mord im Schacht.. 15,00
Hinweis: Siehe auch METEOR.

KTR Luna Kriminal-Taschen-Roman
Hannover: Walter Lehning Verlag
1957-58
1,00, 160 Seiten (1-10)/98 Seiten (11-13)
10,5 x 15 cm (1-10)/14,5 x 21 cm (11-13)
A: C.V. Rock (2, 4) u.a.
1-12 Nr. 6 (u-p) 40,00
13.. 60,00

Der Kundschafter
Castrop-Rauxel: Verlag Alfred Mülbüsch (1-9)/
Hagen, Westf.: Erich Arndt (10)
1950
0,40, 32 Seiten, 15 x 20,5 cm
A: o.A.
1.. 25,00
2-3 20,00
4-5 18,00
6-10 20,00
Nachdrucke 5,00
Hinweis: Serienfigur ist Wild Bill Hickok.

Kung Fu Western
Bergisch Gladbach: Bastei-Verlag
1975-77
1,20, 66 Seiten, 15,5 x 22,5 cm
A: John F. Beck (Florian Beck), Al Conway
1.. 12,00
2-47 6,00

Kurz-Krimis
Bergisch Gladbach: Bastei-Verlag
1986-87
1,70, 66 Seiten, 15,5 x 22,5 cm
A: Diverse
1.. 3,00
2-25 2,00
Hinweis: KG von z.T. namhaften Autoren.

Kurz-Romane
Neustadt an der Haardt: Kranz-Verlag
1948-49
0,50/0,40, 32-48 Seiten
15 x 22 cm bis 15,5 x 23 cm
A: Mac Ever (o.Nr.) u.a.
o.Nr. Der grausame Schatten 10,00
102 Rätsel auf der St. Marie.............................. 15,00
103 Die Elf und ihre Frauen 20,00
104 Die Gezeichneten 20,00
Hinweis: Nr. 104 erschien als KRANZ-ROMANE. Ein Teil der Auflage von „Der grausame Schatten" ohne Impressum.

Kurzweil Roman
Köln: Grawa und Kurzweil-Verlag
ca. 1949
0,50, 40-48 Seiten, 14,5 x 20,5 cm
A: Diverse (z.T. o.A.)
o.Nr. Glücksvogel (Liebesroman)........................ 15,00
o.Nr. Achtung! Giftmörderin!.............................. 25,00
o.Nr. Pakt mit dem Ermordeten.......................... 25,00
o.Nr. Das summende Haus 25,00
o.Nr. Ein Mann mit Namen Gordon 25,00
o.Nr. Im Banne zweier Augen (u-p)..................... 35,00
Hinweis: Serienfigur Jack Kay (Nr. 3-6).

Lady Derringer
Hamburg: Martin Kelter Verlag
1976-78
1,20, 66 Seiten, 15 x 22 cm
A: Diverse
1.. 7,00
2-69 3,00
Hinweis: „Lady Derringer" ist keine Serienfigur.

Lady Romanze
Hamburg: Martin Kelter-Verlag
1985-86
1,70, 66 Seiten, 15 x 22 cm
A: Diverse
1.. 3,00
2-24 1,50
Hinweis: Teilweise ND von KERZENSCHEIN ROMAN.

Der Landser
Rastatt: Erich Pabel Verlag
1957-heute
0,60 bis 2,50 (Nr. 1644, 1694 = 3,50)
64-66 Seiten (Nr. 5 = 80 Seiten,
Nr. 149, 150 = 48 Seiten),
siehe auch Hinweis
15,5 x 22,5 cm
A: Diverse
1 120,00
2 85,00
3-5 40,00
6-10 25,00
11-45 20,00
46 30,00
47-100 14,00
101-300 7,00
301-500 4,50
501-617 4,00
618-1000 2,50
1001-2000 2,00
2001-heute (2761) 1,00
Ritterkreuzträger-Nr. 3,50
Nr. 1644, 1694 mit Beilage 8,50
Nr. 2324 mit Nachdruck von Nr. 1 als Beilage 3,50
2376, 2404, 2424, 2456, 2476, 2508, 2528 (mit Nachdruck als Beilage von alten Bänden) 3,50
Hinweis:
Nr. 500, 504, 511, 514, 519, 523, 531 in 2 Bänden. Jede 4. Nr. von 621-673 = DER LANDSER RITTERKREUZTRÄGER (74-90 Seiten). Jede 4. Nr. von 627-675 und jede ungerade Nr. von 677-751 = DER LANDSER GROßBAND (90 Seiten), sie sind identisch mit den Nummern der Serie DER LANDSER GROSSBAND. Nr. 618 = SOLDATEN KAMERADEN. Nr. 619, 623 = DER LANDSER SONDERBAND (74 bzw. 90 Seiten). Im höheren Nummernbereich viele Neuauflagen früherer Nummern (nur z.T. als Neuauflage ausgewiesen).Nr. 1644, 1694 mit den Beilagen „Deutsche Divisionen" 1. + 2. Teil.

Landser Bibliothek
Rastatt: Erich Pabel Verlag
1978-82
6,90, 14,5 x 22cm
A: Diverse
1-5 8,50
Hinweis: Broschur.

Der Landser - Edition
Erlebnisberichte zur Geschichte des Zweiten Weltkrieges
Rastatt: Pabel-Moewig Verlag GmbH
2009-heute
4,95, 15,5 x 22,3 cm
A: Diverse
1 (Mai 2009) 1,00
2 (Januar 2011) 1,00
Hinweis:
Hefte wurden jeweils mit 2 Hörbuch CDs eingeschweisst in einer Plastiktüte ausgeliefert.

Der Landser Grossband (1-108, 312-heute)
Der Landser Sonderband (109-311)
siehe Hinweis!
Rastatt: Erich Pabel Verlag
1958-heute
1,00 bis 3,00, 64-112 Seiten
14 x 20,5 cm (1-108) / 13,5 x 18,5 cm (109-116) / 14,5 x 22,5 cm (ab 117)
A: Diverse
1 25,00
2-28 15,00
29 Teil 1 25,00
29 Teil 2 25,00
30-80 11,00
81-92 14,00
93-116 11,00
117-200 6,00
201-275 4,50
276-400 3,00
401-1000 2,00
1001-heute (1314) 1,00
Ritterkreuzträger-Nr. bis 200 12,00
Ritterkreuzträger-Nr. 201-275 8,50
Ritterkreuzträger-Nr. ab 276 6,00
1124, 1152, 1166, 1192, 1204 (mit Nachdruck als Beilage von alten Ritterkreuzträger-Bänden) 6,00

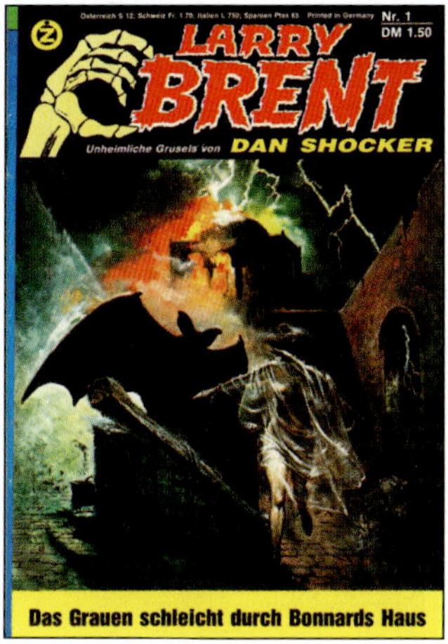

Hinweis: Titeländerungen: DER LANDSER SPIONAGE 4, 6, 8, 10, 12, 14.
SOLDATEN KAMERADEN 81-92.
RITTERKREUZTRÄGER/ bzw. DER LANDSER GROSSBAND RITTERKREUZTRÄGER/ bzw. DER LANDSER RITTERKREUZTRÄGER jede ungerade Nr. von 93-193, 199, 201 205, 209, 213, 217, 221, 225, 229, 233, 237, 241, 245, 249, 253, 257, 261, 265, 269, 273, 275, 277, 281, 285, 289, 293, 296, 301, 307, 311.
DER LANDSER SONDERBAND DIE ANDERE SEITE (kein Zusammenhang mit der Serie vom Uta-Verlag) einige im Bereich der 100er und 200er Nummern. Im höheren Nummernbereich z.T. ND früherer Nummern. Nr. 98 (und andere?) auch als SOLDATEN KAMERADEN Grossband erschienen.

Der Landser - mit Schallplatte
Siehe DER BLAUE KLINGENDE ROMAN

Der Landser - Fliegergeschichten aus dem Zweiten Weltkrieg
Rastatt: Pabel-Moewig-Verlag GmbH
2008-heute
2,30, 66 Seiten, 15 x 22 cm
A: Diverse
1-heute (30) 0,50

Der Landser präsentiert: SOS Schiffsschicksale auf den Meeren der Welt
Rastatt: Pabel-Moewig-Verlag GmbH
1995-heute
3,00, 1,90, 66 Seiten, 15 x 22 cm
A: Diverse
1 3,00
2-192 1,00
Hinweis: Diverse Hefte mit Beilage DER LANDSER PRÄSENTIERT SOS HISTORIE. Band 188 mit Sonderband Nr. 14. Neuauflagen alter SOS-Hefte, 2 Texte pro Band. Erste Beilage in Heft 109 (?).

Der Landser Ritterkreuzträger (1-16)
Ritterkreuzträger (ab 17)
Rastatt: Erich Pabel Verlag
1959-62
1,00, 96 Seiten (1-18)/80 Seiten (ab 19)
14 x 20,5 cm
A: Diverse
1 25,00
2-20 11,00
21-30 12,00
31-38 14,00

Der Landser Ritterkreuzträger
Rastatt: Erich Pabel Verlag
1971-72
1,50, 90 Seiten, 15 x 22,5 cm
A: Diverse
1-19 3,00
Hinweis: Nr. 2-4, 6-10, 12-18 sind Neubearbeitungen von der 1. Serie und von DER LANDSER GROSSBAND.

Der Landser Sonderband und
Der Landser Spionage
Siehe DER LANDSER GROSSBAND

Der Landser Spezial
Rastatt: Pabel Moewigl Verlag GmbH
2008-heute
3,50, 130 Seiten, 12,5 x 18 cm
A: Diverse
1-heute (9) 2,00
Hinweis: Taschenheft

Larry Brent
Rastatt: Zauberkreis-Verlag
1981-86
1,50 bis 1,70, 64-66 Seiten, 15,5 x 22,5 cm
A: Dan Shocker
1 25,00
2-5 12,00
6-10 10,00
11-50 8,00
51-170 4,00
171-180 15,00
181-188 20,00
189-191 35,00
192 50,00

Hinweis: Z.T. ND von SILBER GRUSEL-KRIMI. Siehe auch DAN SHOCKER-Bücher

Larry Brent, Dan Shockers
ab Buch 108 auch **Geheime Akten der PSA**
Windeck: Blitz-Verlag
2005-heute
9,95, 160 - 320 Seiten, 14,7 x 20,8 cm
A: Dan Shocker (Jürgen Grasmück) u.a.
001-heute (057) 4,00
058-107 sind noch nicht erschienen
108-118 4,00
Hinweis: Auf 275 Exemplare limitierte Sammler Edition/Neuauflage der Dan Shocker Romane um Larry Brent und die PSA (in chronologischer Reihenfolge). Paperback mit zwei Abenteuern / Buch. Ab Band 108 neue Romane anderer Autoren.
Cover fast ausschliesslich von Rudolf Sieber-Lonati.

Larry Brent, Dan Shockers **- Neue Fälle**
Windeck: Blitz-Verlag
2009-heute
12,95, 15,95, 160-208 Seiten
A: Diverse
01-heute (03) 8,00
Hinweis: Hardcover mit Schutzumschlag.
Neue Romane um Larry Brent und die PSA

Larry Kent Siehe CLIFF CORNER

La Salle
Frankfurt M.: Buch-Union Verlagsanstalt
1950-51
0,40, 32 Seiten, 15 x 21 cm
A: A.F. de Bary
1 35,00
2-15 30,00
16-18 35,00
Nachdrucke 5,00
Hinweis: Nr. 1-8 auch als Sammelband in Buchform („Wenongas Rache").

Lassiter
Bergisch Gladbach/Köln: Bastei-Verlag
1972-heute
1,00 bis 1,60, 64 Seiten, 15,5 x 22,5 cm
A: Jack Slade
1 50,00
2 30,00
3-5 25,00
6-10 15,00
11-20 12,00
20-50 .... ,00
51-100 6,00
101-200 3,00
201-heute (2013) 1,50
2. und 3. Auflage 1,00
Hinweis: Die höheren Auflagen sind nicht immer identisch mit der ersten Auflage. Neben abweichenden Titelbildern wurden im Rahmen der zweiten Auflage 17 und bei der dritten Auflage 104 Taschenbuchtexte gekürzt nachgedruckt. 2. Auflage Nr. 1-820. 3. Auflage Nr. 1-heute (1151). Die Heftromane werden bis heute ausschliesslich von deutschen Autoren unter dem Pseudonym ‚JACK SLADE' verfasst. Um der Reihe mehr Authentizität zu verleihen, wurden in den ersten Jahren im Impressum der Bände gefakte US-Originaltitel angegeben, die sich tatsächlich der zuständige BASTEI-Redakteur ausdachte.
Es gibt auch Heftausgaben, die nur im Ausland verkauft wurden, mit einer anderen niedrigeren Nummerierung.

Lassiter
Taschenbuch
Bergisch Gladbach: Bastei-Verlag
1970-1996
2,60-6,90, 10,00, 141-174 Seiten, 11,5 x 18,0 cm
A: Jack Slade
1 25,00
2-10 15,00
11-39 10,00
42040-42282 4,00
30550 (Sammelband 3 Romane) 5,00
Hinweis: Unter der Autorenangabe „JACK SLADE" (Sammelpseudonym) erschienen in den USA von

1968 an tatsächlich nur 30 bzw. 29 LASSITER-Abenteuer im **Taschenbuchformat**. (Das Buch 1 - Titel: „LASSITER" - wurde Jahre später als Band 18 - Titel: „RIMFIRE" - noch einmal publiziert). Verfasser waren die US - Westernautoren Willis Todhunter Ballard (1903 - 1980), Peter B. Germano (1913 - 1983), John M. (Jay) Flynn (1927 - 1985) und der in die USA emigrierte Österreicher Benjamin Leopold Haas (1926 - 1977).Der BASTEI - Verlag liess 23 der Originalausgaben übersetzen – die vom Text her identischen US-Ausgaben 1 und 18 wurden dabei zweimal aus dem Amerikanischen übertragen und in Deutschland als Taschenbuch Nr. 1 und Nr. 42071 veröffentlicht. Ab 1971 beauftragte der BASTEI-Verlag auch deutschsprachige Autoren damit, für die Serie zu schreiben. (Erster „nichtamerikanischer" Roman ist das Taschenbuch Nr. 11 „LASSITER und die Tochter des Henkers").

Lauxmann-Roman
Stuttgart: Lauxmann-Verlag
1949-50
0,50, 64 Seiten/48 Seiten, 15 x 22 cm
A: Loni Lauxmann-Kinzelmann u.a.
1-11 5,00

Lebensschicksale
ohne Verlagsangabe
1948-49
0,50, 32 Seiten, 17,5 x 24 cm
A: Hans-Heinz Parry u.a.
o.Nr. Geliebte Frau 6,00
o.Nr. Das große Opfer 6,00
o.Nr. Brennende Sehnsucht 6,00

Leben und Liebe aus aller Welt
Siehe SITTEN UND LIEBE AUS ALLER WELT

Lehning, Walter Verlag
Hann.-Münden
1948
0,60, 32-48 Seiten, 14,5-15 x 20,5-21 cm
A: G.K. von Zays, H. Jung
o.Nr. Dschungelliebe (A/L) 100,00
o.Nr. Tango Liebe Mordverdacht (K) 60,00
o.Nr. Das siegreiche Herz (L) 60,00
a: Rückseite mit kleiner Zeichnung eines Schlosses
b: mit Werbung für Lehnings Sonntagspost
Hinweis: Ohne Serientitel. Die Hefte waren das Ergebnis eines Erzähler-Wettbewerbs der Lehning-Zeitschrift „Neues Europa".

Der letzte Mohikaner
Lübeck: Wullenwever-Druckverlag
1949-50
0,40, 32-44 Seiten
A: J.F. Cooper (bearbeitet von H. Tennwarp)
1-3 50,00

Liebe in Ketten
Ein Sittenroman
Mannheim: Dreieck-Verlag (1-2)/
Einmann-Verlag (ab 3)
1951
0,60 bis 1,00, 32-64 Seiten
14,5 x 19 cm bis 15 x 21 cm
A: Peter Roy u.a.
o.Nr. Liebe-Laster-Tod 30,00
2-7 30,00
o.Nr. Zwischenspiel im Atelier
(Sonderheft) 30,00
9-10... 30,00
Hinweis: Das Sonderheft „Zwischenspiel im Atelier" erschien unter dem Serientitel SITTENROMAN.

Liebesabenteuer im Orient
Miltenberg-Berlin: Everwien Verlag (1-3)/
Kassel: E.M. Hauschting-Verlag (4)
1952
1,00 (1)/0,60 (2-4), 32 Seiten, 15 x 21 cm
A: Hans Ichgut
1-4 30,00

Liebesabenteuer in aller Welt
Miltenberg-Berlin: Everwien-Verlag (1-18)/
Kassel: E.M. Hauschting-Verlag (ab 19)
1950-52

0,50-1,00, 32-64 Seiten, 15 x 21 cm
A: Hans Ichgut
1-15 30,00
16-20 35,00
Nr. 6 und 8 mit Beilage 70,00
Hinweis: Nr. 6 erschien „in freiwilliger Selbstzensur" gekürzt bzw. umgeschrieben. Es gibt jedoch eine 8-seitige Einlage mit dem Originaltext. Abonnenten erhielten einige Nummern mit freizügigen Textergänzungen als Typoskript auf beigelegten dünnen Zetteln, z.B. bei Nr. 8 für Seite 39 unten.

Liebesmemoiren
Pikante Erlebnisse
Berlin: Astoria-Verlag/Astarte-Verlag/
Oswald Arnold Verlag (1 -4)/
Darmstadt: Verlag für moderne Literatur (ab 5)
ca. 1952
1,00, 32 Seiten, 14,5 x 20,5 cm
A: o.A.
1-10 35,00
Hinweis: illustriert

Die Liebe unter der roten Laterne
Siehe DER NEUE SITTENROMAN

Lilli
Liebe-Humor-Rätsel
Hamburg: Verlag Presse-Buch
1954
0,50, 48 Seiten, 15,5 x 22,5 cm
A: Diverse
1-3 10,00
4 Zauber einer Stimme 10,00
4 Zwischen Abschied und Wiedersehen 10,00

Lilott-Roman
Kriminal-Reihe
Frankturt am Main: Erich M. Seidel (Vertrieb)
ca. 1948
0,50, 48 Seiten, 15 x 20 cm
A: Walter Delft
o.Nr. Der graue Kabinenkoffer 35,00
Hinweis: Neubearbeitung von WELTKRIMINAL-BÜCHEREI Nr. 491.

Linden-Roman
Mannheim: Linden-Verlag
ca. 1950
1,00, 48 Seiten, 14,5 x 20 cm
A: K.F. Kasra
1 Skandal im Atelier 50,00

Lobo
Der Einzelgänger
Rastatt: Erich Pabel Verlag
1976-81
1,20 bis 1,60, 66 Seiten, 15,5 x 22,5 cm
A: Diverse
1 12,00
2-20 7,00
21-50 4,50
51-253 3,50
Hinweis: Es gibt auch TB.

Lobo
Rastatt: Erich Pabel Verlag
1977-1980
3,00–3,80, 148-162 Seiten , 11,5 x 18,0 cm
A: Diverse
1 10,00
2-40 5,00
41-49 7,00
50-53 10,00
Hinweis:
Taschenbücher. Titelillustrationen von Günther König

London 999
Feucht: C. Hessel (Druckerei)
ca. 1970-73
1,00/1,20/z.T. o.P., 64 Seiten, 15,5 x 22,5 cm
A: Diverse
1-100 nicht erschienen
101-240... 2,00
Hinweis:
Nachdrucke von INSPEKTOR K, MISTER MO, SCOTT KELLY, KELTER-KRIMINALROMAN u.a. mit neuen Titelbildern.

Der Lord
Sasbachwalden: Anne Erber Verlag
1977-78
1,20, 62 Seiten, 15,5 x 23 cm
A: John Ball
1 11,00
2-10 7,00
11-36 3,50
37-38 7,00
Hinweis: Siehe auch DR. MORTON KRIMINAL MAGAZIN INTERNATIONAL.

Der Lord Grossband
Sasbachwalden: Anne Erber Verlag
1977-78
1,80, 62 Seiten + 16 Seiten Magazinteil
15,5 x 22,5 cm
A: John Ball
1-2 15,00

Lore-Romane
Hamburg: Pinguin-Verlag Werner Neumann-Bensel (1-7, 9)/Hans Müller-Verlag (1-7, 9 der Zweitausgabe, 8, 10-36)/Hamburg, später Darmstadt: Fritz Mardicke Verlag (37-173)/
Köln: Wolfgang Marken Verlag (ab 174)
1949-ca. 1975
0,50 bis 1,20
64-66 Seiten (Nr. 200 = 96 Seiten), 15,5 x 22 cm
A: H.P. Stolp (5, 12, 18, 22, 32, 42, 50, 56, 64, 72, 82, 92, 98, 109, 118, 126, 137, 144, 150, 160, 168, 176, 182, 186, 214, 235),
Wolfgang Marken, Fritz Mardicke,
P.A. Müller (797), A. Müller-Murnau (825, 833) u.a.
1 50,00
2 33,00
3-5 25,00
6-10 17,00
11-20 12,00
21-50 8,00
51-100 7,00
101-300 3,50
301-592 2,50
593-1486 2,00
Nr.212-213, 597 a+b (u-p) 8,00
Peppermint-Nummern 15,00
H.P. Stolp-Nummern 4,50
Nr. 797, 825, 833 8,00
Hinweis:
Liebesromane. Nr. 408, 435, 439, 463, 496, 500, 515, 523, 536, 540, 546, 551, 557, 565, 571, 582, 597, 600, 618, 640, 652, 655, 660, 668, 674, 678, 682, 687, 692, 695, 700, 708, 766, 780, 788, 800, 807 erschienen in 2 Bänden (a+b). Nr. 807 in einem Band (130 S., 1,40 DM).
Serienfigur: John Peppermint (A: Walter Fürst) 16, 20, 26, 62 (identisch mit Nr. 666, 674, 680, 694 von ERDBALL-ROMANE).
Verschiedene Reihentitel: LORE ROMANE, LORE, LORE-FAMILIENROMAN, LORE-SCHICKSALS-ROMAN, MARKEN-FAMILIENROMAN, MARKEN-SCHICKSALSROMAN, WOLFGANG MARKENS LORE ROMANE, W.M. LORE ROMANE.

Louis Parker
Düsseldorf: Wilhelm Borchert Verlag
ca. 1948
0,35, 32 Seiten, 14,5 x 20,5 cm
A: o.A.
1 Moskitos 50,00

Luna Kriminal-Taschen-Roman
Siehe KTR

Luna Roman (1-9)/
Luna Kriminal Roman (10-156, 168-320)
Luna Kriminal Magazin (157-167) siehe Hinweis
Hann.-Münden (später Hannover): Walter Lehning Verlag
1950-ca. 1960
0,30 bis 0,70, 32 bis 66 Seiten (Nr. 54: 98 Seiten)
14,5 x 21 cm (1-15)/15 x 21,5 cm bis 15,5 x 22 cm (ab 16)
A: J.R. Randall (275), E.D. Biggers (15, 33),
H.G. Konsalik (14),
Günther Hein (28),
Freddy Weller (271) u.a.
1 55,00

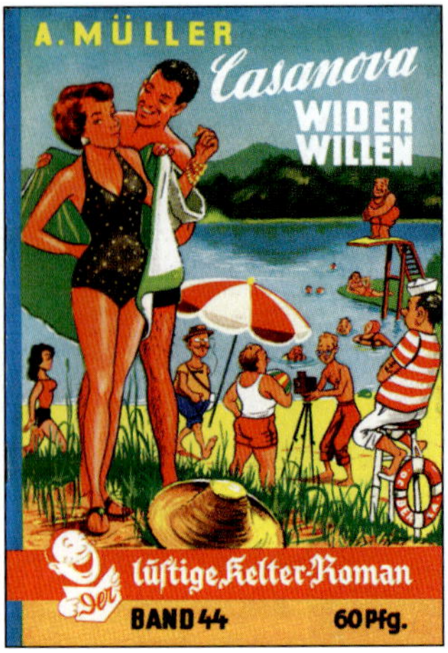

2-15 28,00
16-26 21,00
27-53 10,00
54-100 8,00
101-120 16,00
121-316 7,00
317-320 16,00
Nr. 271 16,00
Nr. 275 10,00
Nr. 16 (u-p) 16,00
Nr. 165, 176, 186, 203, 206 (u-p) 10,00

Hinweis: Nr. 1-8 sind Liebesromane. Die ungeraden Nr. von 117-155 = LUNA WESTERN. Nr. 271 = Neubearbeitung von JACK MORLAN 3. Serie Nr. 1 (ohne J. Morlan). Nr. 27-51, 54-76 mit Bildergeschichte „Paul Temple". Nr. 77-99 mit Bildergeschichte „Carnera".

Serienfiguren: Frank Milford (A: Ralph Bridgeman, Francois Mortaille) alle geraden Nr. von 214-274.
Bart Carson (A: o.A.) 101, 105, 110.
Pat Wilding 158, 174, 183, 211, 219, 249.
FBI-Agent Jonny Barker (A: Diverse) 276, 278, 280, 282, 284, 286, 290, 296, 298, 300, 308, 310.

Luna Utopia-Roman (1-28)/
Luna Weltall (ab 29)
Hannover: Walter Lehning Verlag
1956-60
0,60, 66 Seiten, 15 x 21 cm
A: Wolf Detlef Rohr, J.E. Wells, Clark Darlton, K.H. Scheer, Jim Gray (43) u.a.

1 70,00
2-8 15,00
9 200,00
10-28 8,00
29-50 10,00
51-55 18,00
56 50,00
57 180,00

Hinweis: Nr. 9 wurde indiziert.

Luna Utopia-Taschen-Roman/Luna Weltall
Siehe UTR

Luna Western-Magazin (21-51)/
Luna Western-Roman (ab 52)
Hannover: Walter Lehning Verlag
ca. 1956-61
0,60/0,70, 66 Seiten (Nr. 200 = 100 Seiten)
15,5 x 22 cm
A: Diverse, siehe auch Hinweis

117, 119, 121 40,00
123-155 nur ungerade Nr. (siehe Hinweis) 16,00
21-53 12,00
54 Tom Mix und die Erpresser mit der Todesnadel 150,00
55-114 12,00
109 (Neuauflage von Billy Jenkins-Vorkriegsbuch „Der Rebell von Zamora") 20,00
115-271 6,50
158 (Neuauflage von B. Jenkins VK Buch „Der scharze Pedro") 15,00
251 (Neuauflage von B.Jenkins VK Buch „Es lauert der Tod" 15,00

Hinweis:
Die ersten 20 Hefte erschienen in LUNA ROMAN (ungerade Nr. von 117-155, es gibt diese Nummern also zweimal!), ab Nr. 21 selbständige Serie.

Serienfiguren: Rex Carter (A: Hans Heinz Parry, Claude Morris) 133, 149 und: 23, 118, 133, 146, 154, 183.
Der blonde Panther (A: Gunter Kappel) 31, 47.
Tom Fox (A: Frank H. Wells, John Webb) 141, 147, 151, 155 und 22.
Ray Radagan (A: Ralph Thomas) 128, 129.

Der lustige Kelter-Roman (1-58)/
Der neue Kelter-Roman (ab 59)
Hamburg: Martin Kelter Verlag
1955-59
0,90 (1-12)/0,60 (ab 13), 66-114 Seiten
15,5 x 22,5 cm
A: Hannes Peter Stolp (alle ungeraden Nr. von 1-45 außer Nr. 41), Hanns-Claus Roewer, Hermann Hilgendorff (16), P.A. Müller (44),
Paul Hain (64) u.a.

1 12,00
2-12 8,00
13-58 4,50

59-266 8,00
H.P. Stolp-Nr. -12 12,00
H.P. Stolp-Nr. -45 20,00
Nr. 44 12,00
Hinweis: Mit „Vater und Sohn" (E.O. Plauen) Nr. 3-11, 14, 22, 24, 26-54, 56. Siehe DER GUTE LAUNE ROMAN. Ab Nr. 267 erschienen keine Humorromane mehr, sondern Frauenromane in alternierenden Unterreihen.

Lustige Lausbuben
Bad Godesberg: Uta-Verlag
1959-60
0,50, 48 Seiten, 15,5 x 22,5 cm
A: Heinz Volker u.a.
1 30,00
2-16 25,00
Hinweis: Nachfolgeserie von PETE.

Luthers Grusel Magazin
Sasbachwalden: Erber Verlag
1972
1-9 18,00
10-12 10,00
13-18 5,00
Hinweis: Taschenbücher. Nr 1 - 9 mit Comicteil.

Luthers Grusel-Zeitung
Sasbachwalden: Erber Verlag
1972
1-6 80,00
Hinweis: Wurde als Taschenbuch weitergeführt: siehe Luthers Grusel Magazin

Lux-Saturn-Roman
Ansbach: Zeitschriftenvertrieb Josepha Ilg
1949
0,50, 32 Seiten, 15 x 21 cm
A: Wilhelm Steinmann, Helm Rayner
51 Liebe und Haß 20,00
52 Der Herr auf Goba 12,00
Hinweis: Nr. 1-50 erschien als NEUE WAHRE GESCHICHTEN, LUX-SATURN-REIHE im Zeitungsformat à 16 Seiten.

Macabros
Rastatt: Zauberkreis-Verlag
1973-83
1,00 bis 1,60, 64 Seiten. 15,5 x 22,5 cm
A: Dan Shocker
1 10,00
2-5 6,00
6-10 4,50
11-98 3,00
99-104 6,00
105-120 8,50
121-123 15,00
124 20,00
125 30,00
höhere Auflagen 1,50
Hinweis: Neuauflage (1976-79) Nr.1-45. Zweite Auflage (1982-86) Nr. 1-98, Nr. 25 mit neuem Bild. Viele Cover von Rudolf-Sieber Lonati.

Macabros, Dan Shockers
Windeck: Blitz-Verlag
2005-heute
9,95, 160 - 280 Seiten, 14,7 x 20,8 cm
A: Dan Shocker (Jürgen Grasmück)
001-heute (044) 4,00
Hinweis: Auf 275 Exemplare limitierte Sammler Edition/ Neuauflage der Macabros-Hefte des Zauberkreis-Verlages. Paperback mit zwei Romanen/Buch.

Macabros
Schwelm: Zaubermond Verlag
2008-heute
€ 14,95, 256 Seiten
A: Christian Montillon
1-heute (6) 7,00
Hinweis: Hardcover mit Schutzumschlag. Neue Romane die inhaltlich an die Heftserie anschliessen.

Mac Driving
München: Neuzeit-Verlag, ca.1967
0,90, 64 Seiten, 15,5 x 22,5 cm
A: o.A.
1, 2 1,50
Hinweis: Wahrscheinlich ND der Buchserie.

Mac Driving
München: Neuzeit-Verlag, ca. 1972
1,20, 64 Seiten, 15,5 x 22,5 cm
A: Mac Driving
1-16 1,50
Hinweis: Keine ND der 1. Serie. Wahrscheinlich ND der Buchserie.

Mac Kinsey
Köln: Wolfgang Marken Verlag, 1983-84
1,70, 66 Seiten, 15 x 22,5 cm
A: Diverse
1 7,00
2-16 4,50

Mac Lean
Clan der Verfluchten
Die neue unheimliche Serie von Mary Cotten
Hamburg: Martin Kelter Verlag
1998
2,30 , 66 Seiten, 15,5 x 22,5cm
A.: Mary Cotten
1-19 1,00
Hinweis: wurde 2008 in 3er Sammelbänden neu aufgelegt

Mac Thomson
Regensburg: Verlag „Die Post"
1949
0,30, 32 Seiten, 10,5 x 14,5 cm
A: o.A. (wahrscheinlich Helmut Brandl)
1-5... 18,00
Nachdrucke 2,50
Hinweis: In Österreich erschienen 11 Nummern.

Maddrax
Die dunkle Zukunft der Erde
Bergisch Gladbach/Köln: Bastei-Verlag
2000-heute
2,50, 2,60, 1,35, 1,50 1,60, 64 Seiten,
15,5 x 22,5 cm
1 18,00
2-10 10,00
11-30 5,00
31-76... 4,00
77-84 5,00
85-99 4,00
100 10,00
101-120 4,00
121-128 5,00
129-160 4,00
161-166 5,00
167-199 2,00
200 3,00
201-249 1,50
250 5,00
261-heute (288) 1,50
Hinweise:
Vom Band 50 existieren 2 Rundum-Titelbilder (Variant-Cover 1+2) die aneinander gelegt ein Poster ergeben.
Die Bände 77 - 84 enthalten einen 8-teiligen ARUULA-Starschnitt.
Der Band 100 hat zwei „Vorderseiten", die ein Rundumtitelbild (Miniposter) ergeben.
Der Band 100 enthält einen 16-seitigen Extrateil: „Wie alles begann".
Der Band 101 enthält auf den Umschlaginnenseiten nochmals das Cover-Miniposter von Band 100.
Der Band 102 mit Extra-Weihnachtsüberraschung (papierne Anziehpuppe Matt Drax und Aruula auf den Innenseiten des Umschlags).
Der Band 109 enthält ein Extra-Miniposter „Aiko und Honeybutt".
Der Band 117 enthält ein Extra-Miniposter „ Rulfan von Coellen".
Die Bände 121-128 enthalten einen 8-teiligen MATT DRAX - Starschnitt.
Die Bände 161-166 enthalten einen 6-teiligen SHANDRA-Starschnitt.
Der Band 200 enthält ein MX-Rollenspiel.
Der **Band 250 (Jubiläumsnummer)** hat einen erweiterten Umfang von 80 Seiten-darin ein Rückblick auf die ersten 249 Hefte, eine Checkliste sämtlicher MADDRAX-Publikationen, den Start der MADDRAX-Zeittafel und ein farbiges Cartoon-Miniposter.
Es existieren zwei SPINOFFS:
a) MISSION MARS 12 Hefte (05/2005-10/2005) (siehe auch dort)

Die RÜCKKEHR der
KULT-KLASSIKER
Exklusive und limitierte Sammler-Editionen!
Dan Shockers Larry Brent
DAS ATOLL
Die schwarze Fledermaus
A.S. Jones
Das falsche Opfer
Dan Shockers Macabros
KONGA
Originale & Drucke des Cover-Künstlers LONATI zu verkaufen!
Riesiges Heftroman-Antiquariat!
Dan Shockers Larry Brent
Christian Montillon
Marmortod
Mister Dynamit und die Chaos-Theorie
C.H. Guenter
Thriller
E.C. TUBBs STAR VOYAGER
Ein TITAN-Sternenabenteuer
Matthias Falke
Klaus-Peter Walter
Sherlock Holmes und Old Shatterhand
NEUE TEXTE!
www.BLITZ-Verlag.de

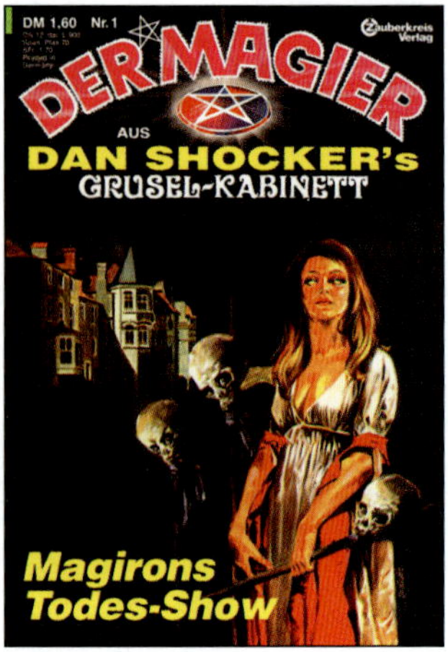

b) DAS VOLK DER TIEFE - Die dunkle Seite von MADDRAX 12 HEFTE (09/2007-02/2008) (siehe auch dort).
Es gibt auch Heftausgaben, die nur im Ausland verkauft wurden, mit einer anderen niedrigeren Nummerierung.

Maddrax
Die dunkle Zukunft der Erde
Bergisch Gladbach : Bastei-Lübbe
2001-2004
8,30 - 9,00, 606 - 720 Seiten, 12,7 x 18,6 cm
A: Diverse
1-7 6,00
Bearbeitete, chronologische Neuauflage der Heftromane 1-35 in 7 Taschenbüchern (SF23239 / SF23249 / SF23257 / SF23261 / SF23269 / SF23273 / SF23278).

Maddrax
Kerpen-Türnich: Romantruhe Buchversand
2007-heute
9,95, ca. 320 Seiten, 12,5 x 18,5 cm
A: Diverse
8-heute (20) 5,00
Hinweis: Chronologische Neuauflage der Heftromane ab Heft 36 in Taschenbüchern mit jeweils 3 Romanen in einem Band und fortlaufendem Bild auf dem Buchrücken.

Maddrax
Schwelm: Zaubermond Verlag
2002-heute
13,95-18,95, 256 -416 Seiten
A: diverse
1-heute (25) 8,00
Hinweis: Hardcover-Bücher mit Schutzumschlag. Neue Romane, die den Handlungsstrang der Heftserie ergänzen und vertiefen.

Maddrax Limitierte Sammlerausgabe
Bergisch Gladbach: Bastei-Verlag
April -Oktober 2005
4,95, 196 Seiten, 15 x 22 cm
A: Diverse
1-4 6,00
Hinweis: Nachdruck der ersten 4 beim Zaubermond-Verlag erschienenen Hardcover-Ausgaben als Softcover im Heftromansammelbandformat mit 196 Seiten. Band 3 enthält zusätzlich den Heftroman Nr. 2, Band 4 zusätzlich den Heftroman Nr. 3 auf dem die Zaubermond-Hardcoverausgabe basierte.

Männer Taten Abenteuer
Frankfurt a.M.: Gerlach Verlag
1952
0,50, 32 Seiten, 14,5 x 21 cm
A: Diverse
1-7 8,50
8-16 vermutlich nicht erschienen
17 Die Opfertat der weissen Rose 60,00

Der männliche Zwilling
vom 21. Mai-20. Juni
Berlin: Schöndruck (d.i. wahrscheinlich Diamant-Verlag)
1952
0,60, 32 Seiten, 13 x 19,5 cm
A: Hellmuth Kayser
1 Im Dunkel der Nacht (K) 200,00

Magazin Kriminalroman
München: Magazin-Verlag
1948
0,40, 32 Seiten, 17 x 24,5 cm
A: Earl Derr Biggers, E. Phillips Oppenheim
o.Nr. Fünfzig Kerzen 25,00
o.Nr. Eine verhängnisvolle Begegnung............... 30,00
Hinweis: „Fünfzig Kerzen": Neuausgabe des VK-Buches (keine „Charlie Chan"-Geschichte).

Der Magier
Aus Dan Shocker's Grusel-Kabinett
Rastatt: Zauberkreis-Verlag, 1983-84
1,60/1,70, 64 Seiten, 15,5 x 22,5 cm
A: o.A.
1... 6,00
2-34 3,50

Das magische Amulett
Hamburg: Martin Kelter Verlag
2004-05
1,35, ab Bd. 27: 1,45, 65 Seiten, 15 x 22,5 cm
A: Ira Korona
1-28 2,00

Major Carson
Hamburg: Martin Kelter Verlag
1983-84
1,70, 66 Seiten, 15 x 22 cm
A: Joe Juhnke, Dan Roberts
1 6,00
2-26 2,50

Marabu Kriminal-Roman
auch **Marabu Kriminal- u. Abenteuer-Roman**
Neustadt: „Marabu"-Verlag/
später Hamburg-Bremen: Verlag O. Heyme
1948-49
0,50, 80-96 Seiten (1-9)/48-64 Seiten (o.Nr.)
12,5 x 17 cm (1-6)/10,5 x 15cm (7-9)/
15 x 21 cm bis 16,5 x 24 cm (o.Nr.)
A: Diverse
1-4 14,00
5-9 Nr. 9 u-p 18,00
o.Nr. Schatten um Dr. Lumby (u-p) 27,00
o.Nr. Die schwarze Orchidee 20,00
o.Nr. Das Männerhaus der Surya Rani 20,00
o.Nr. Die Kanta-Bande (noch nicht nachgewiesen)
o.Nr. Fieber am großen Strom 20,00
Hinweis:
Serientitel ab „Das Männerhaus der Surya Rani": MARUBU KRIMINAL- U. ABENTEUER-ROMAN Serienfiguren: Detektiv-Ehepaar Mr. und Mrs. Grey 1-3, 5, Schatten um Dr. Lumby, Fieber am großen Strom. Siehe auch STAR ROMAN.

Marabu Kriminal Roman Magazin
Zürich: Marabu-Verlag
?
1,75 Fr., 132 Seiten, 17 x 23,5 cm
A: Dorothy L. Sayers (1), Agatha Christie (2)
1 Mord ohne Waffe 15,00
2 Der Mörder von Andover 15,00

Marabu Roman
Berlin: Verlag der Marabu Romane Günter Richter
1949
0,30, 32 Seiten, 17 x 23,5 cm
A: C. Alexander Cugat (1), J.K. Aldous Frost (2)
1 Der glühende Kreis 12,00
2·Im Angesicht des Todes 12,00
Hinweis: Kein Zusammenhang mit MARABU KRIMINAL-ROMAN.

Margit
Der moderne Frauenroman
Nürnberg: Hall-Verlag
ca. 1949
0,50, 64 Seiten, 15 x 22 cm
A: Diverse
(1-10) noch nicht nachgewiesen
11-17... 15,00
Hinweis: Heft 17 hat zwar selbst keine Nummer, aber auf der Rückseite sind die Bände von 12 bis 16 aufgelistet. Die Reihe ist also mindestens 5 Folgen umfangreicher als bisher bekannt.

Marion-Romane
Siehe MONIKA-ROMANE

Mark Baxter
Der Unsichtbare vom CIA (1-62)
Bergisch Gladbach: Bastei-Verlag
1979-83
1,30 bis 1,60, 66 Seiten, 15 x 22,5 cm
A: o.A. (1-71), ab 72 diverse
1 (u-p) 10,00
2-101 (u-p) 5,00

Das Marken-Buch
Siehe GÜLDENSEE

Marken-Western
Köln: Wolfgang Marken Verlag
1983-84

1,70, 66 Seiten, 15 x 22,5 cm
A: Diverse
1 5,00
2-30 4,00

Mark Hellmann
Dämonenjäger
Bergisch Gladbach: Bastei-Verlag
1998-1999
2,30, 2,50, 64 Seiten, 15,5 x 22,5 cm
A: C.W. Bach
1 5,00
2-56 2,00

Mark Powers
Der Held des Weltalls
Rastatt: Erich Pabel Verlag, 1962-64
0,70, 64 Seiten, 15 x 22 cm
A: Freder van Holk (2, 5, 7, 9, 16),
J.E. Wells u.a.
1 20,00
2-48 14,00
Hinweis: Nr. 1-26 mit Comic-Teil Mark Powers (= Brick Bradford). Siehe auch UTOPIA.

Mark Tate
Siehe TEUFELSJÄGER MARK TATE

Marshal David Jericho
Der Undertaker
Hamburg: Martin Kelter Verlag
1983
1,70, 66 Seiten, 15 x 22,5 cm
A: G.F. Waco
1 7,00
2-10 3,50
Hinweis: Siehe auch G.F. WACO.

Marshal Western
München: Arthur Moewig-Verlag
1972-81
1,00 bis 1,60, 66 Seiten, 15,5 x 22,5 cm
A: Diverse
1 10,00
2-10 8,00
11-50 5,00
51-100 4,00
101-200 3,00
201-478 2,00
Zurdo-Nummern 7,00
Hinweis: Serienfigur Zurdo (A: U.H. Wilken) jede 4. Nr. von 136-260.
Sundance (A: Peter McCurtin) 412, 420, 430, 445, 448, ?.

Matjang
Der Herr des Dschungels
Darmstadt: Jupiter-Verlag
ca. 1955
0,20,
32 Seiten, 17 x 11 cm
A: o.A.
1 Ein teuflischer Plan (u-p) 1.500,00
Nachdruck 20,00

Mattiacum
Kriminal-Reihe
Wiesbaden: Mattiacum-Verlag Dr. Hiort
ca. 1949
0,30, 32 Seiten, 15 x 21 cm
A: o.A. (bearbeitet von Igon Fredman „dem Mitautor der Serien Tom Shark, Rolf Torring, Jörn Farrow")
o.Nr. Der Lady Killer 120,00

Mattiacum
Siehe ABENTEURER DER LIEBE

McAllister
Unbezähmbar wie der Wilde Westen
Bergisch Gladbach: Bastei-Verlag
A: Matt Chisholm (Peter Christopher Watts)
1971-1973
2,80 158 Seiten 11,5 x 18,0 cm
1-24 4,00
Hinweis: Taschenbuchserie

Mc Cormick Siehe INSPEKTOR MC CORMICK

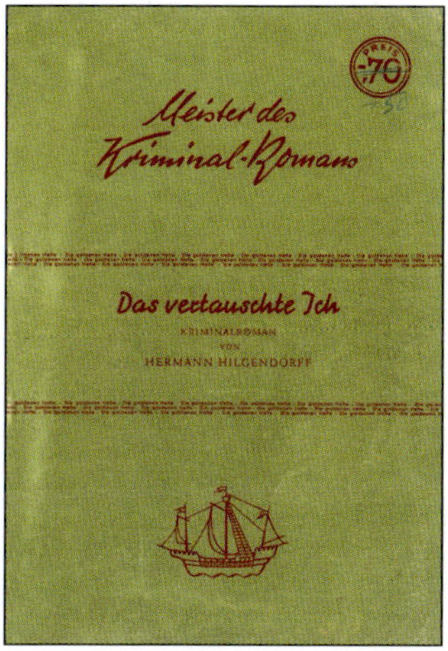

Meine Familie
Das Magazin für alle
Bad Pyrmont: A. Reinhardt's Buchdruckerei
(Auslieferung: Neues Verlagshaus für Volkslitera- tur, Bad Pyrmont).
1954
0,60, 52 Seiten, 15 x 21 cm
A: diverse (Hrsg. und Red.: Hanns W. Kappler)
1 20,00
Hinweis: Der Band enthält den ersten Teil eines Fortsetzungsromans, 6 Kurzgeschichten sowie Informationen in Deutsch und Englisch zur vom Herausgeber begründeten „International Action of More Heart" zur Förderung weltweiter Kontakte, deren „offizielles Organ" das Magazin sein sollte.

Meine Schwester und ich
Aus der Sammelmappe des Lebens
Hannover-Berlin: Diamant-Verlag
1952
1,00, 32 Seiten, 13 x 20 cm
A: o.A.
1-8 14,00
Hinweis: Alle Hefte mit Aufdruck „Sonderdruck".

Mein Roman
auch: **Welt-Roman**
Hamburg: Verlag Mein Roman,
Otto Melchert (1-64)/
Hamburg: Verlag Otto Melchert (65-74)/
Hamburg: Martin Kelter Verlag (ab 75)
1948-52
0,50, 48-64 Seiten
14,5 x 21 cm (1-57)/15 x 22 cm (ab 58)
A: Fr. Gerstäcker (7),R.L. Stevenson (49), Hannes Peter Stolp (32, 45), Freddy Weller (76) u.a.
1 6,00
2-9 3,50
9a 3,50
10-20 3,50
21-32 3,00
33 (u-p) 8,50
34-58 3,00
58a 3,00
59-75 3,00
76 25,00
77-80 3,00
Nr. 49 „Der Selbstmörderklub" (u-p) 10,00
Frauen- und Unterhaltungsromane 1,50
Hinweis: Nr. 4, 11, 12, 14-21, 30, 31, 33-35, 42-44, 49 erschienen als WELT-ROMAN (Nr. 15-21 „Der Graf von Monte Christo" als Sonderdruck, 448 Seiten, Preis 2,90). Nr. 37 erschien auch als Nr. 58a (Nr. 36 eventuell auch als Nr. 59a). Nr. 1, 3, 5, 6, 8, 9a, 13, 22, 27, 29, 32, 36-38, 40, 41, 46, 50, 53, 56, 58, 60, 62 = Frauen- und Unterhaltungsromane. Alle anderen Nummern = Abenteuer- und Kriminalromane.
Kein Zusammenhang mit der gleichnamigen Liebesromanserie („In grosser Schrift") vom Kelter Verlag.

Meister des Kriminal-Romans
Stuttgart: Verlag „Die goldenen Hefte"
1949
0,70, 64 Seiten, 17,5 x 25,5 cm
A: Hermann Hilgendorff
o.Nr. Das vertauschte Ich 140,00

Der Meisterdetektiv
Wien-Hannover: Eichmüller-Verlag
1949
0,40/0,30/0,35,
48 Seiten (1)/24 Seiten (2, 3), 14,5 x 20,5 cm
A: o.A.
o.Nr. Das graue Auto 80,00
o.Nr. Das grüne Licht 100,00
o.Nr. Die Schlange 100,00
Hinweis: Serienfigur ist Meisterdetektiv Hans Lex.

Melissa
Geheimnis-Liebe-Spannung
Bergisch Gladbach: Bastei-Verlag
1984-1990
1,60 bis 1,90, 66 Seiten, 15,5 x 22,5 cm
A: A.F. Morland (3, 5, 9, 13, 22, 25, 30, 41, 44, 49, 52, 54, 57, 59, 61, 65, 68, 71, 79, 81, 84, 89, 90, 96, 106, 113,126, 131, 145) u.a.
1 4,50
2-10 3,00

11-50 2,50
51-170 2,00

Melodie und Liebe aus aller Welt
Siehe SITTEN UND LIEBE AUS ALLER WELT

Die Memoiren des Herrn Molander
Berlin: Lippa-Fay Verlag
1950
0,30, 32 Seiten, 13 x 18 cm
A: Werner E. Hintz
1-4 100,00
Hinweis: Auch als Hörspielreihe im RIAS Berlin.

Menschenräuber unter uns !
Bonn: Vorstand der SPD (Hrsgb.)
?
o.P., 40 Seiten, 15 x 20,5 cm
A: o.A.
o.Nr. Menschenräuber unter uns! 40,00
Hinweis: Ohne Serientitel.

Mephisto Kriminal-Roman
Karlsruhe: Hans Schaper Verlag
ca. 1972-73
1,00 bis 1,40, 64 Seiten, 15,5 x 22 cm (1-25)/
15 x 23 cm (ab 26)
A: Diverse
1-32 1,50
33-34 vermutlich nicht erschienen
35-76 1,50
Hinweis: Nachdrucke von INSPEKTOR K, SILBER-ROMAN u.a.

Mephisto Kriminalroman
Atemlose Spannung bis zur letzten Zeile!
Karlsruhe: Hans Schaper Verlag
1985-86
1,70, 66 Seiten, 14,5 x 21 cm
A: Diverse
o.Nr. 18 Hefte 1,50
Hinweis: Remittenden mit neuem Umschlag von CONSTANTIN KRIMINALROMAN, BOB MORGAN THRILLER.

Meteor
Castrop-Rauxel: Verlag Buch und Presse
1948
0,40, 32 Seiten, 14 x 19 cm
A: W.W. Bröll (1), Fritz Krüger (2)
o.Nr. Patricia und die Drei 25,00
o.Nr. Skandal um den Berrit-Cup 25,00
Hinweis: Siehe auch DER KRONZEUGE.

Metropol Romane (1-2)/
Meteor Romane (ab 3)
Hamburg: Verlag P. Wetzel (Hrsgb. Franz Day)
1948
0,50, 32 Seiten
17 x 24,5 cm (1), 14,5 x 20,5 cm (2)
A: Franz Day
o.Nr. Der Höllhof 18,00
2 Ein ganzer Kerl 18,00
3 Ein Glückspilz 18,00
Hinweis: Die Namensänderung wurde wegen der auch in Deutschland vertriebenen österreichischen Metropol-Romane nötig. Kein Bezug zur METEOR-Reihe.

Mexiko-Western
Bravados - Gringos - Abenteuer
Bergisch Gladbach: Bastei-Verlag, 1986-88
1,70, 66 Seiten, 15,5 x 22,5 cm
A: Benito Martinez
1 5,00
2-38 3,00

Michael (1)/
Der intime Liebesabenteuer-Roman (2-13)/
Der aktuelle Liebesroman (14)
Nürnberg: Dr. Rudolf Frank-Verlag, später Dr. Rudolf Frank & Co.Verlag, 1950-52
0,50 bis 0,60, 44-48 Seiten,
15 x 21,5 cm (1-10)/14 x 20,5 cm (ab 11)
A: Henri Milten, A. Reich
1 20,00
2-9 18,00
10 20,00
11-12 18,00

13 14,00
14 18,00

Mike Taylor Siehe KELTER KRIMI MIKE TAYLOR

Mission Mars
Ein SF-Projekt von Wolfgang Hohlbein
Bergisch Gladbach: Bastei-Verlag
2005
1,75, 64 Seiten, 15 x 22 cm
A: diverse u.a. Wolfgang Hohlbein
1-12 2,00
Hinweis: „Spin-Off" zu MADDRAX

Mission Mars
Ein SF-Projekt von Wolfgang Hohlbein
Kerpen-Türnich: Romantruhe Buchversand
2009
9,95, ca. 320 Seiten, 12,5 x 18,5 cm
A: diverse u.a. Wolfgang Hohlbein
1SF - 4SF 5,00
Hinweis: Nachdruck der 12-teiligen Kurzserie von Bastei in Taschenbuchform mit drei Romanen/Tb.

Mister Dynamit
Rastatt: Erich Pabel Verlag
1965-1968
A: C.H.Guenter
Mister Dynamit Nummern im Rahmen der **Pabel-Taschenbücher** („Allgemeine Reihe")
212 - 354 (19 Bücher) 10,00

Mister Dynamit Taschenbuch
Rastatt: Erich Pabel Verlag
1969-1992
2,80, ca. 146 Seiten, 11,5 x 18,0 cm
A: C.H.Guenter
355-400 5,00
401-664 3,00

Mister Dynamit Erfolgsnachdruck
Rastatt: Erich Pabel Verlag
1974-1990
2,80 , ca. 146 Seiten, 11,5 x 18,0 cm
A: C.H.Guenter
1-195 3,00
Hinweis: Taschenbuchserie (die gelbe Reihe)

Mister Dynamit / Steyr: Oerindur Verlag
Siehe Kapitel ÖSTERREICH

Mister Dynamit
Windeck: Blitz-Verlag
2005
16,00, 576 Seiten
A: C.H.Guenter
Der Alexandria-Irrtum 10,00
Hinweis: In Rahmen des Paperbacks „Die Noris-Banditen" erschienener MD-Roman aus dem Nachlass des Autors.

Mister Dynamit
Windeck: Blitz-Verlag
2010
12,95, 160 Seiten
A: C.H.Guenter
Mister Dynamit und die Chaos-Theorie 8,00
Hinweis: Hardcover mit Schutzumschlag - unveröffentlichter MD-Roman aus dem Nachlass des Autors.

Mister Mo Siehe HALLBERG

Mit Colt, Lasso und Büchse durch Südamerika
1955
Münster: Deutscher Jugend Verlag
0,50 24 Seiten 15 x 21 cm
A: Hubert Schneidersmann
1 12,00

Mit dem Fahrrad um die Welt
Hamburg: Sport- und Jugend Verlag
ca. 1954
0,50, 32 Seiten, 15 x 20,5 cm
A: Heinz Helfgen
1-3... 20,00
Hinweis: Siehe auch SPANNENDE GESCHICHTEN (Rufer-Verlag).

Mit dem Leichnam meiner Frau
Düsseldorf: Friedenskomitee der Bundesrepublik Deutschland
0.J. (Anfang der 60er)
0,25, 32 Seiten, 15 x 21 cm
A: Ogura Toyofumi
o.Nr. Mit dem Leichnam meiner Frau 15,00
Hinweis: Ohne Serientitel. Erzählender Bericht eines Hiroshima-Überlebenden.

Mitternacht
Hamburg: Martin Kelter Verlag
2004-2005
1,35, ab Bd. 16: 1,45, 65 Seiten, 15 x 22,5 cm
1-21 1,50

Mitternachts-Roman
Bergisch Gladbach: Bastei-Verlag
1985-2001
1,70-2,20, 66 Seiten, 15,5 x 22,5 cm
A: Diverse
1 7,00
2-20 4,50
21-50 3,50
51-150 2,50
151-500 2,00
501-802 1,00

MM Detektiv
Deutsche Ausgabe von
„Ellery Queen's Mystery Magazine"
Frankfurt a.M.: Sauerwein Verlag. Nr. 6: Lausanne (Schweiz): Panther-Verlag
1949
1,00, Nr. 6: 1,50 Fr., 96 Seiten, 14 x 18 cm
A: Diverse
1-5 30,00
6 55,00
Hinweis: Sammlung von KG.

Moderne Kriminal-Romane (1-2, 8-10, 13...)/
Moderne Abenteuer-Romane (4, 7...)/
Moderne Liebes-Romane (6...)
Lübeck: Dr. I.M. Wildner-Verlag
1948-49
0,50, 48-64 Seiten
15,5 x 23 cm (1-8...)/15 x 21 cm (ab ...10)
A: Orge Eyll (1-3, 5, 12, 13) u.a.
o.Nr. Das Geheimnis der gelben Lampe 12,00
o.Nr. Spuk auf Glebeczin 12,00
o.Nr. Ist Professor Hanether schuldig? 12,00
o.Nr. Das peruanische Erbe 12,00
o.Nr. Die Lady in Grün 12,00
o.Nr. Meines Freundes Frau 12,00
o.Nr. Gefährliche Begegnung mit Evelyne 12,00
8-13 12,00
Hinweis: Einige Nummern konnten noch nicht zugeordnet werden.

Der moderne Liebesroman
Siehe ROMANE DER LEIDENSCHAFT

Moderne Sittengeschichte in Romanform
Frankfurt a.M.: Domo-Verlag, ca. 1950
1,00, 64 Seiten, 14,5 x 21 cm
A: Hanns Peter
o.Nr. Premiere des Lasters 35,00

Der moderne Sittenroman
Frankfurt/Main: Gisella-Verlag
(Vertrieb in Köln: K. Dormagen)
1949
0,50, 48 Seiten, 14,5 x 20,5 cm
A: P.L. Faron, Anka Bürckel
o.Nr. Tänzerinnen für
Südamerika gesucht 25,00
o.Nr. Freiwild der Liebe 25,00

Der Möwe Roman
Osnabrück: Hilda-Verlag
1955-56
0,25, 16 Seiten, 23,5 x 32 cm
A: diverse
1-42 2,50
Hinweis: Liebesromane.

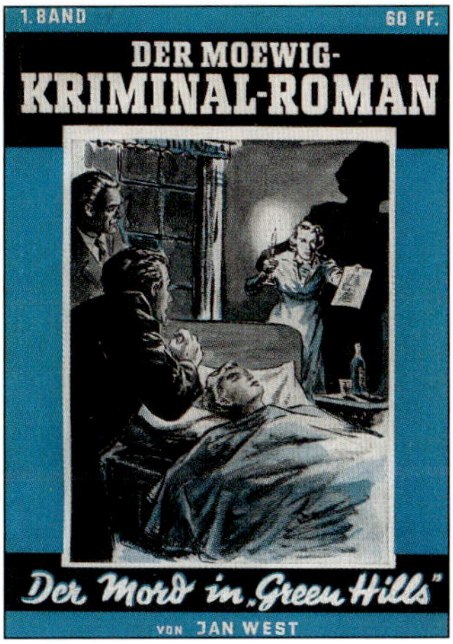

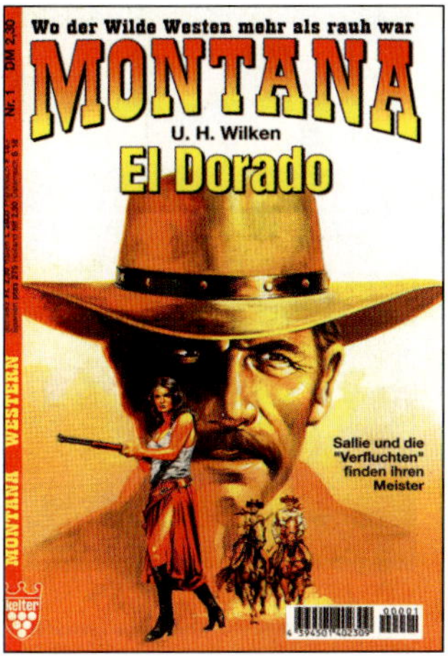

Der Moewig-Kriminal-Roman
München: Arthur Moewig Verlag
1951-61
0,60/0,70, 64 Seiten, 15,5 x 22,5 cm
A: Hermann Hilgendorff (11, 17, 24, 31, 77), Paul Stockett (233, 240, 251, 260, 386) u.a.

1 40,00
2-6 18,00
7-25 15,00
26-50 8,00
51-100 5,00
101-279 4,00
280-400 3,50
401-445 6,50
Nr. 233, 240, 251, 260, 386 8,00

Serienfigur: Inspektor Podger (A: Stewart E. Palm) 12, 16, 23, 30, 38, 43, 51, 61, 66, 71, 89, 117, 129, 162, 188, 284. Nr. 32 (u-p).

Der Moewig-Kriminal-Roman Grossband (1-19)/
Der Moewig-Kriminal-Roman (20-26)/
Der Moewig-Kriminal-Roman Sonderband (ab 27)
München: Arthur Moewig Verlag, 1956-60
1,00, 96 Seiten, 14,5 x 20 cm
A Paul Stockett (12), u.a.

1-11 7,00
12 8,50
13-40 7,00
41-50 11,00

Moewig-Roman
Siehe DER NEUE MOEWIG-ROMAN

Moewig's humoristische Romane
Siehe DER HUMORISTISCHE ROMAN

Moewig Western
München: Arthur Moewig-Verlag
1969-72
0,80/0,90/1,00, 66 Seiten, 15,5 x 22,5 cm
A: Robert Ullman u.a.

1 7,00
2-20 5,00
21-50 3,50
51-144 2,50

Moewig Wildwest-Roman
Siehe FRED ROBERTS

Der Mohren Roman
Mannheim: Mohrmann & Co., ca. 1950
0,50, 48 Seiten, 14,5 x 20,5 cm
A: o.A.
o.Nr. Verkaufte Liebe 25,00

Monika-Romane (1-3)
Marion-Romane (ab 4)
Osnabrück: Gerhard Okwieka Verlag, 1950
0,40/0,50, 48-64 Seiten, 14,5 x 21 cm
A: Diverse
1-2 noch nicht nachgewiesen
3 Rendevous mit Giuliano (Ab) 12,00
4 Sir Ingram wußte zuviel 12,00
5·Die weißen Särge (K) 12,00

Mon Roman
Colmar (Frankreich): Les Editions d'Alsace
1949
35 Fr., 32 Seiten, 24,5 x 34,5 cm
A: diverse
1-3 10,00
Hinweis: Liebes- und Kriminalromane.

Monstrula
Hamburg: Martin Kelter Verlag
1974-76
1,20, 66 Seiten, 15 x 22 cm
A: M.R. Richards
1 6,00
2-46 3,00

Montana
Wo der Wilde Westen mehr als rauh war
Hamburg: Martin Kelter Verlag
1997-1998
2,30, 66 Seiten, 15,5 x 22,5cm
A.: Diverse
1-28 1,00

Mr. Brooklyn
Der Schnüffler von New York
Hamburg: Martin Kelter Verlag
1978-80
1,20/1,30, 66 Seiten, 15 x 22,5 cm
A: Mike Callagan
1 3,50
2-38 1,50

Mr. Chikago (1-56)/
Kelter Krimi (ab 57)
Hamburg: Martin Kelter Verlag
1968-ca.1974
0,80 bis 1,20, 66 Seiten, 15 x 22 cm
A: Diverse
1 6,00
2-106 4,00
107-163 ungerade Nr. 4,00
gerade Nr. 2,00
164-267 2,00
Nr. 212, 216, 220 50,00
Hinweis: Das 267. Heft erschien irrtümlich mit Nummernaufdruck 276.
Serienfiguren: Mr. Chikago (A: meistens Al Cann) 1-56 und jede gerade Nr. von 58-106.
Checkpart jede ungerade Nr. von 57-163.
Inspektor Kennedy jede ungerade Nr. von 165-221, 223-259, 263.
John Dean Nr. 260.
Toby Gin 261, 265.
Hello Amboss 262, 264, 266.
Jack Hilten 267.
Nr. 212, 216, 220 = GEISTERKRIMI (danach eigene Serie).
Als BLAULICHT (jede gerade Nr. von 108-222, außer Nr. 212, 216, 220) erschienen z.T. monographische Texte. z.T. Serienfiguren:
John Tiger (114, 122, 150, 186),
Kommissar Burkley (120, 136, 188),
Toby Gin (198, 200, 206, 210).

Mythor
Rastatt: Erich Pabel Verlag
1980-86
1,80 bis 2,50, 66 Seiten (Nr. 100: 74 Seiten), 15,5 x 22,5 cm
A: Diverse
1 6,00
2-40 2,00
41-150 2,50
151-170 3,50
171-180 4,00
181-191 10,00
192 25,00
Nr. 100 mit Farbposter 30,00

Nächte der Liebe
Hannover-Berlin: Schaffer-Verlag
1951
1,00, 32 Seiten, 13,5 x 19,5 cm
A: Iretta Hard
1-3... 30,00

Der neue Excentric Club
Augsburg: Tag Verlag
1950
0,40, 32 Seiten, 14,5 x 20 cm
A: Herbert Wulfner
1 Percy Stuarts Sieg über drei Weltmeister 100,00
Hinweis: Nachdruck von Nr.1 der VK-Serie.

Der neue Filmroman (1-17)/
Film Roman (18)/
Delphin Roman (19-23... und ab ...393)/
Delphin Schwalben Romane (...51-82...)
München: Münchener Verlagsbuchhandlung (teilweise: Schulze & Co.) (1-8?)/München: Kauka-Verlag bzw. Kauka-Pabel-Verlag (9?-43...)/Rastatt: Erich Pabel Verlag (ab ...51)
1948-72
0,50/0,60, 32-36 Seiten, 21,5 x 30 cm (1-8)
48-64 Seiten, 15 x 22 cm (ab 9)
A: H. Hilgendorff (79), H.G. Konsalik (101) u.a.
o.Nr. Hallo Tosca! 20,00
o.Nr. Liebe, Leichtsinn, Leidenschaft! 15,00
o.Nr. Der letzte Trumpf 15,00
o.Nr. Der Prinzgemahl 15,00

5-8 13,00
9-18 10,00
19-50 2,50
51 18,00
52-100 2,00
101 7,00
102-106 2,00
107-108 11,00
109-1330 2,00
Hinweis: Nr. 51 ist ein umgeschriebener „Graf Olten"-Roman (VK-Bücher der Spannung, „Rätsel Weib") mit Autorenportrait von Paul Erttmann. Nr. 107-108 (Zweiteiler von Quirin Engasser) ist u-p.

Der neue Frank Allan
Tex Bandix
Berlin-Hannover: Voco-Verlag (1-6)/
Berlin-Hannover: Diamant Verlag (ab 7)
1949-52
0,30 (1-65)/0,40 (66-95), 32 Seiten
14,5 x 20,5 cm
A: o.A.
1 33,00
2-5 27,00
6-10 20,00
11-15 18,00
16-50 14,00
51-60 18,00
61-75 20,00
Nr. 64, 67-68, 73 (Kohlhoff) 30,00
76-80 30,00
81-95 40,00
76-95 g.E. 18,00
Tex Bandix-Nummern 180,00
Tex Bandix-Nr. g.E. 60,00
Nachdrucke 5,00
Hinweis:
Keine VK-Texte. Der „neue" F.A. ist der Sohn von Frank Allan, in Nr. 83, 85, 87, 89, 91, 93, 95 tritt er als Tex Bandix auf (Wildwestromane). Nr. 65 Außentitel: Die schwarze Maske Innentitel: Die Maske fällt. Nr. 66 Außentitel: Die Maske fällt. Vom Innentitel gibt es zwei Ausgaben: Die Maske fällt, Die schwarze Maske.

Das neue Jugendbuch
Hamburg: Gefion-Verlag
1949
0,40, 64 Seiten, 12 x 16 cm
A: Kurt H. Zernaitat
1 dalton-expedition - stop. gescheitert........ 50,00
2·Abenteuer einer großen Fahrt........ 50,00

Der neue Kelter-Roman
Siehe DER LUSTIGE KELTER-ROMAN

Der neue Kriminal Roman
Siehe DER NEUE 20 PF. KRIMI

Der neue Moewig-Roman (1-380)/
Moewig-Roman (ab 381)
München: Arthur Moewig Verlag
1950-69
0,50 bis 0,70, 64 Seiten, 16 x 22,5 cm
(Nr. 154, 200 = 80 Seiten)
A: Paul Hain (12, 37, 83, 147, 163, 201, 239, 269, 450), Hannes Kempp (26, 73,113) u.a.
1 10,00
2-10 7,00
11-30 6,00
31-50 4,50
51-100 3,50
101-200 2,50
201-1038 1,50
Hinweis: Untere Nr. z.T. ND der gleichnamigen VK-Serie.

Der neue Moewig-Western
Der schwarze Maskenreiter
Bill Alamo der Texasranger
München: Arthur Moewig Verlag
1962-65
0,70, 64-66 Seiten, 15,5 x 22,5 cm
A: Diverse
1 12,00
2-138 7,00
Hinweis: Serienfiguren: Der schwarze Maskenreiter (ungerade Nr. 1-65). Bill Alamo (gerade Nr. 1-65, ab Nr.66 durchgehend). Bill Alamo vorher in FRED ROBERTS.

Der neue Paradies Roman
Stuttgart: Paradies-Verlag
ca. 1951
0,80, 48 Seiten, 15,0 x 20,5 cm
A: Sybill
o.Nr. Ich... ein Photomodell 18,00
Hinweis: siehe auch gleichen Titel unter:
DER BLAUE PARADIES ROMAN.

Der neue Pieter Broom
Spannende Kriminal-Romane
Hamburg: Elbe-Rhein-Verlag Hans Schlichting
1949
0,30, 48 Seiten, 10,5 x 14,5 cm
A: Frank Fabian
1 Mord am Jungfernstieg 150,00

Der neue Pinguin Roman
Berlin-Hamburg: Pinguin-Verlag
1949
0,75, 80 Seiten, 14,5 x 20,5 cm
A: B.E. Lüthge (1), Oswald Richter (2)
1 Chanel Nr. 5 12,00
2 Alles um Liebe 50,00

Neuer Krimi
München: Neuzeit-Verlag
1967-ca.1972
0,80/0,90, 64 Seiten, 15,5 x 22,5 cm
A: Pat Wilding, Mac Driving u.a.
1 3,50
2-50 3,00
51-144 2,00
Hinweis: Serienfiguren: Kommissar Burkley (25-124). Pat Wilding (17, 21). Nicky Bogart (5, 7, 9,14,16, 19, 22 ND aus BASTEI KRIMINALROMAN). Nr.25-118 sind identisch mit NEUZEIT KRIMINAL. Siehe ROMANQUELLE (blau).

Neuer Kriminal Roman
Rastatt: Rheinischer Buchvertrieb
1961-62
0,70 (z.T., o.P.), 64 Seiten, 15,5 x 22,5 cm
A: Diverse
1-28 1,50
Hinweis:
Remittenden mit neuem Umschlag von BASTEI KRIMINALROMAN, PABEL KRIMINAL ROMAN u.a.

Der neue Roman (1-2)/
Der neue 64-Seiten-Roman (3)
Eisenach (1), Amorbach (2-3): Verlag Der neue Roman
1942 (1), 1948-49 (2-3)
o.P. (1)/0,60/0,50, 64 Seiten, 14,5 x 21 cm
A: Mac Ever (1, 3), Lorenz Wild (2)
o.Nr. Frau zwischen zwei Welten 12,00
2 Wo bleibt Korbmaier? 12,00
3 Wer ist Monte? 12,00
Hinweis: Nr. 3 mit Graf L.d. Montebello (siehe KRIMINAL-ROMAN Mac Ever).

Der neue Roman
Lübeck: Antäus-Verlag (1-8)/Hamburg:
Verlag Der neue Roman (ab 9)
1949-50
0,30/Nr. 15: 0,50, 16 Seiten (1-25)/
31 Seiten (ab 26), 22 x 30 cm
A: diverse
1-31 4,00
Hinweis: Liebesromane

Der neue Roman Siehe PANTHER ROMANE

Neuer Western
München: Neuzeit-Verlag
1967-73
0,80/0,90/1,00, 64 Seiten, 15,5 x 22,5 cm
A: Conny Cöll u.a.
1-24 2,00
25 5,00
26 2,00
27-130 5,00
131-140 2,00
Rocky Steel (A: Ralph Forell) 1, 3, 5, 9, 12, 14, 16, 18, 20, 21, 23, 24, 26, (ND der eigenen Serie, z.T. mit neuen Titeln) 5,00
Serienfiguren: Conny Cöll 25, 27-130 (ND von NEUZEIT-WILDWEST).

Texas Bill 10, 11 (ND der Buchserie). Siehe: ROMAN-QUELLE (gelb).

Der neue Sittenroman (1-2)/
Der klassische Sittenroman (3-4)
Nürnberg: Norba-Verlag
1949
1,00 (1)/0,50 (2-4)
64 Seiten (1)/48 Seiten (2-4), 15 x 20,5 cm
A: Diverse
1 Die Liebe unter der roten Laterne 30,00
2 Pariser Nächte 30,00
3 Liebesabenteuer des Enkolp 30,00
4 Die Rache eines Weibes 30,00
Hinweis: Von Nr. 1 gibt es eine Ausgabe mit rotem und eine mit schwarzem Bild.

Der neue Sittenroman
Aus den Höhlen des Lasters
Frankturt/Main: Domo-Verlag
? 1,00, 64 Seiten, 14,5 x 20,5 cm
A: ?
1 Der Herr und die Dirne 35,00

Neues Kriminal Magazin
später auch: **Club Kriminal Magazin/**
Kriminal Club
München: Heinz Ullstein Verlag (1-5)/
München: Kauka Verlag (ab 6)
1949-51
0,60-1,00, 48-100 Seiten, 15 x 22,5 cm
A: Rolf Randall (9), Jochen Rennau (12, 13), C.V. Rock (2, 3) u.a.
1 20,00
2-3 18,00
4-8 15,00
9 20,00
10-11 15,00
12/13 (Doppelnummer) 20,00
14 18,00
15/16 (Doppelnummer) 15,00
17-23 15,00
24-27 12,00
SH Die fliegenden Untertassen, das Welträtsel der Gegenwart 60,00
Hinweis: Nr. 20 erschien als CLUB KRIMINAL MAGAZIN, Nr. 21 erschien als KRIMINAL CLUB. Nr. 14 = gekürzter ND von VK-JOHN KLING Nr. 535.

Die neue Truhe
Rosenheim: Wendelstein Verlag
ca. 1963
0,60, 64 Seiten, 15 x 22 cm
A: Diverse
1 Der Fall Dr. med. Lathurner 6,00
2·Der Teufel korrigiert 8,50
3 Die gelbe Fratze 6,00
4 Rächende Bestie 6,00
5·Treffpunkt Salamander-Bar 6,00
6 Der Schrei im Nebel 6,00
Hinweis: Nr. 1 als Sonderausgabe S. Nr. 2-3, 6 als Sonderausgabe K.

Der neue 64-Seiten-Roman
Siehe DER NEUE ROMAN

Der neue Wildwest
Mannheim: Einmann-Verlag
ca. 1951
0,30/0,40, 32 Seiten, 14,5 x 20,5 cm
A: Bully Skin
1 Schüsse in Bornville 20,00
2 Der Henker von Dark Springs 20,00
Hinweis: Serienfigur ist Clifford Pratt.

Der neue 20 Pf. Krimi (1-4)/
Der neue Kriminal Roman (ab 5)
Kassel: Verlag Hans Meister
1958-59
0,20, 30 Seiten, 15 x 22,5 cm
A: Diverse skandinavische Autoren
1-5... 15,00

Neuzeit Kriminal
München: Neuzeit-Verlag
ca. 1963-67
0,60/0,70, 66 Seiten, 15,5 x 22,5 cm

A: Jules Charpentier, Fred Martens,
Roland Berry (1-24), o.A. (25-118)
1 10,00
2-24 6,00
25-118 2,50
Sonderband: Die Frist ist abgelaufen 2,00
Hinweis: Serienfiguren: Kommissar Wilton (1-24 = ND aus DER KRIMINAL ROMAN DER WOCHE). Kommissar Burkley (25-118 = ND aus Büchern). Siehe ROMAN-QUELLE (blau).

Neuzeit-Wildwest
München: Neuzeit-Verlag
1960-ca.1964
0,60/0,70, 64 Seiten, 15,5 x 23 cm
A: Konrad Kölbl, Ralph Sorell u.a.
1 (1. Auflage) 8,50
2-100 (1. Auflage) 6,00
1-60 (2. Auflage) 3,50
101-128 2,00
Hinweis: Serienfiguren:
Conny Cöll (1-100, 103, 106, 109, 112, 115, 118, 121, 124,127) 4,50
Rocky Steel (102, 104, 108, 110, 113, 116, 122 = ND aus ROCKY STEEL) 4,50
Von den meisten Nummern gibt es 2 Auflagen, die 1. Auflage mit Untertitel: Lektüre zur Freude-Spannung, zur Entspannung-Unterhaltung, zur Erholung. Siehe ROMAN-QUELLE (gelb).

Nevada
Ein Mann der Wildnis
Köln: Wolfgang Marken Verlag
1979-80
1,30 bis 1,50, 66 Seiten, 15 x 22,5 cm
A: Diverse
1 6,00
2-46 4,00
Siehe auch SILBER-WILDWEST-ROMAN.

Nevada Western
Speyer: Intergrossa-Verlag
ca. 1969
0,70, 64 Seiten, 16 x 22,5 cm
A: Diverse
1-4 2,50
Hinweis: ND von Buchtexten.

Der Norba Frauen Roman
Nürnberg: „Norba"-Vertrieb, 1949
0,50, 64 Seiten, 14,5 x 21 cm
A: Norma Werlin
1 Müller III muß heiraten 18,00

Der Norba Kriminal Roman
Nürnberg: „Norba"-Vertrieb
1948-49
0,50, 56-64 Seiten, 14,5 x 19,5 cm
A: Diverse
1-8 noch nicht nachgewiesen
9 Addington Square 6 25,00
10 Die Mörderschlange 25,00
11 Arctos 111 (u-p) 30,00
12 Der Mörder bin ich 25,00

Norton greift ein
Augsburg: Neuzeit-Verlag
ca. 1980
1,40, 64 Seiten, 15 x 22 cm
A: John Norton
1-300 nicht erschienen
301 Jagd auf Hasington 1,50
Hinweis: Siehe ACTION KRIMI NORTON.

Novellen aus 5 Kontinenten
Köln: Epoche-Verlagsges.
1946-48
o.P., 24-60 Seiten, 15 x 21 cm
A: Jack London (1), R.L. Stevenson (4) u.a.
o.Nr. Schwelendes Feuer 25,00
o.Nr. Im Morgengrauen 25,00
o.Nr. Der Maskott-Diamant 25,00
o.Nr. Markheim 25,00

Novels d'Paris
Amüsante Sittenromane aus aller Welt
Miltenberg: Everwien-Verlag (1-4)/
Kassel: E.M. Hauschting Verlag (ab 5)
1951-52

0,60, 32 Seiten, 15 x 21 cm
A: Hans Ichgut (3, 4, 6-8) u.a.
1-8 25,00

Oase Roman-Bibliothek
Osnabrück: Verlag Gerhard Okwieka
ca. 1949
0,50, 64 Seiten, 15 x 21 cm
A: Diverse
1 Indizien 15,00
2 Zwischenspiel im Seehund 15,00
3 Im Banne der Kuan-Yin 15,00
Hinweis: Abenteuer- Kriminal- und Liebesromane. Nr. 1 gibt es mit gelbem und mit orangefarbenem Bild.

Occu
Rastatt: Zauberkreis-Verlag
1976-80
1,20/1,50, 64 Seiten, 15,5 x 22,5 cm
A: Henry Ghost
1 (u-p) 7,00
2-58 (u-p).. 4,00

O.K. Romane
Detektiv-Roman Magazin (1-2)/
Hollywood-Film-u.-Theater Romane (3)/
Kriminal-Roman Reporter (4)/
Wild-West-Roman Magazin (5)/
Frauenliebe-Bücher(6)
Fürth: Volksbücher-Verlag
ca. 1949
0,50, 48-64 Seiten
13,5 x 19,5 cm bis 15,5 x 22 cm
A: Diverse
o.Nr. Die Hexe von Hollywood (u-p) 20,00
o.Nr. Mord im Zirkus Rivoli 14,00
o.Nr. Die Maske der Sylvia Solesko 14,00
o.Nr. Schatten über Tilbury Lane....................... 14,00
o.Nr. Die Todeskarte 14,00
o.Nr. Ehe die Sonne sank 7,00

O.K. Romane
o.k. Kriminal-Roman
Nürnberg: Zeit-Verlag
ca. 1950
0,50, 48 Seiten, 15 x 22 cm
A: Diverse
o.Nr. Kein Wasser für Red Creek....................... 12,00
o.Nr. Anschlag auf Ravello 14,00
.

OK Romane
Bad Kissingen: OK-Verlag
ca. 1950
48 Seiten, 15 x 23 cm
A: S.P. Walther
o.Nr. War Peter Rabanser der Täter? 20,00

O la lá
Das Beste für Herz und Gemüt
Frankfurt/Main: Deutscher Reihenbuch-Verlag Nowack
1951-52
0,60, 48 Seiten, 16,5 x 24 cm
A: Diverse
1-4 15,00

Old Iron Jack
Lüneburg: Verlag Hermann Nadler
1950
0,40, 32 Seiten, 14,5 x 20,5 cm
A: Mac Onward
1-2 110,00
3-4 30,00
5.. 12,00
Nachdrucke 5,00

Olivia Roman
Bergisch Gladbach: Bastei-Verlag
1978 - 1979
1,20 , 66 Seiten, 15,5 x 22,5cm
A.: Diverse
1-24 2,00

Omnibus-Jugendschriften
(Titel auf Rückseite)
Hildesheim: Verlagsbuchhandlung Lax
1949
0,50, 32 Seiten, 15 x 20,5 cm

A: Diverse
o.Nr. Die Diebe aus der Hofgasse 12,00
o.Nr. Diebe im Warenhaus 12,00
o.Nr. Das Haus mit den 4 Türmen 12,00
o.Nr. Der Lump 12,00

Orbis Reihe
Berlin Orbis Verlag
1947/1948
14,5 x 20,8 cm
o.P.
A: Diverse
Serie A
1-3 6,00
4 (Edgar Allan Poe) 18,00
Serie B
1-4 6,00
Hinweis: Es gibt noch die Orbis Reihe C – u.a.Nr. 1 Novellen von J. W. Goethe. Diese wurde nicht aufgenommen.

Orbis-Romane (1-5)/
Onyx-Romane (ab 6)
Garmisch-Partenkirchen: Bergland-Verlag Georg Lorenz
ca. 1949
0,50, 64 Seiten, 15,5 x 21,5 cm
A: Diverse
1 Brigitte und der Vagabund 3,50
2 Zwiespalt des Herzens 3,50
3 Herz in Sturm und Gnade 3,50
4 Die rätselhafte Pranke 7,00
5 Sonderauftrag Paris 7,00
6 Der Rächer aus dem Jenseits 14,00

Orchideen-Verlag
Hamburg
ca. 1952
0,50, ?, 14 x 21 cm
A: Jo Smets
o.Nr. Mordverdacht 40,00
o.Nr. Leichte Mädchen ohne Herz 40,00
Hinweis: Ohne Serientitel.

Orientalische Liebeserzählungen
Darmstadt: Verlag für moderne Literatur
ca. 1952
0,40 (Teil der Auflage 0,50), 32 Seiten
14,5 x 20,5 cm
A: Friedel Werner (1-3), o.A. (4)
1-2 130,00
3-4 18,00

Orion
Ein Roman der Fernseh-Serie Raumpatrouille
Rastatt: Erich Pabel-Verlag
1976-78
1,50, 66 Seiten, 15,5 x 22,5 cm
A: Hans Kneifel u.a.
1-46 6,00
47-81 7,00
Hinweis: Nr. 1-46 (mit Vermerk Neuauflage) ND von TERRA ASTRA und TB-Serien. Ab Nr. 47 neue Texte. Fortsetzung in TERRA ASTRA.

Pabel-Kriminal/Pabel Kriminal Roman(e)
Siehe THRILLER

Pabel-Western/
Pabel Wildwest Romane/
Pabel Wild-West
Siehe WESTERN

Pabel Western (0,80 bis 1,00)
Siehe PABEL WESTERN SONDERBAND

Pabel Western Grossband (1-25)/
Tollkühner Westen (ab 26)
Rastatt: Erich Pabel Verlag
1957-60
1,00 (1-25)/0,60 (26-31)
95-100 Seiten, 14 x 20 cm (1-25)
64 Seiten, 15,5 x 22,5 cm (26-31)
A: Zane Grey (2, 4, 7,12, 15, 18, 20, 22, 24) u.a.
1-25 20,00
26-31 25,00
Zane Grey 25,00
Hinweis: Die Tollkühner Westen-Hefte stehen in kei-

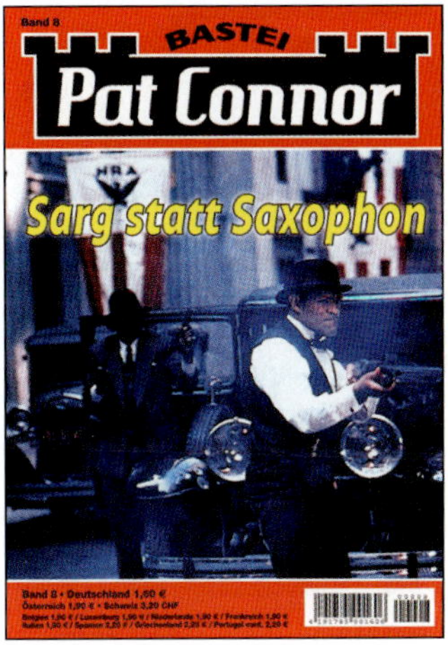

nem Zusammenhang mit der gleichnamigen Fortsetzungsserie von Rothaut.

Pabel Western Sonderband (1-18)
Pabel Western (ab 19)
Rastatt: Erich Pabel Verlag
1969-72
0,80/0,90/1,00, 64-66 Seiten, 15,5 x 22,5 cm
A: Glenn Stirling u.a.
1 12,00
2-10 6,00
11-50 4,00
51-179 3,00

Panther Romane (1)
Der neue Roman (2)
Köln: Epoche-Verlagsges., K. Dormagen, 1948
o.P./0,50, 28-30 Seiten, 14,5 x 20,5 cm.
Schwarzlackierte Fingernägel 21,0 x 29,4 cm.
A: Bob Sheriff, Irmgard Noel
o.Nr. Jeanne und Johanna (K-L) 18,00
o.Nr. Lothar erkennt sein Herz (L) 10,00
o.Nr. Schwarzlackierte Fingernägel (K) 70,00
Hinweis: Das Heft Schwarzlackierte Fingernägel ist ein Spionageroman von Jake Drangton.
Angekündigt: Tyrannen der Liebe / Die Villa am See / An der Schwelle des Jenseits / Morphin um Lena / Der Ring des Glücks

Para Kriminal Roman
Rastatt: Erich Pabel Verlag
ca. 1964-65
0,70, 64 Seiten, 15,5 x 22 cm
A: Diverse
1 8,00
2-61 5,00
Hinweis: Einige Nr. haben verschiedene Titelbilder.

Parker-Krimi Neuauflage (1-61)/
Butler Parker Neuauflage (62-186...
Butler Parker 2. Auflage (ab ...199)
Rastatt: Zauberkreis-Verlag
ca. 1969-1985
0,80 bis 1,70, 64 Seiten, 15 x 22 cm
A: John D. Acton, Günter Dönges
1 5,00
2-50 3,00
51-237 2,00
Hinweis:
ND von SILBER-KRIMINALROMAN und BUTLER PARKER. Serie lief wahrscheinlich bis Heft 239

Parody R. Hodan
Der größte Weltraumspaß
München: MAYA-Verlag
1986
4,00, 66 Seiten, 15,5 x 21,5 cm
A: Matthias Horx
Nr. „1986“ Die galaktische Gurke 3,50

El Paso
Karlsruhe: Schaper-Verlag
ca. 1968
1,00 (Nr. 1-2 o.P.), 66 Seiten, 15 x 22,5 cm
A: Diverse
1-20 4,00
Hinweis: ND von LUNA WESTERN-ROMAN, PABEL-WESTERN u.a. (neue Titelbilder).

El Paso Wildwestroman
Karlsruhe: Hans Schaper Verlag
ca. 1986-87
1,70, 64 Seiten, 14,5 x 21 cm
A: Diverse
o. Nr. Diverse Titel 2,50
Hinweis: ND aus COLORADO WESTERN STORY u.a.

Pat Connor
Köln:Bastei Verlag
2010
1,60, 66 Seiten, 15,5 x 22,5 cm
A.: Diverse
1-16 1,00
Hinweis: Nachdruck von 16 Romanen der Bastei Serie CHICAGO.

Die Pegasus Abenteuer Romane
Veltheim/Ohe: Wilhelm Abeßer
1949
0,45, 32 Seiten, 15 x 20,5 cm
A: Fritz Iltis
o.Nr. Flucht in die grüne Hölle 150,00

Perl-Roman
Strasbourg: Editions du Rhin/
Editions de la Coupole (ab 202)
1947-55
25 Frs./0,40 DM, 38-48 Seiten, 15,5 x 24 cm
A: EA. Poe (20) u.a.
1 14,00
2-10 8,50
11-50 6,00
51-100 4,50
101-218 2,50
Abenteuer- u. Kriminalromane 4,50
Hinweis: Liebesromanserie mit wenigen Abenteuer- und Kriminalromanen.

Perry Rhodan
der Erbe des Universums
die größte Weltraumserie
München: Arthur Moewig Verlag
1961-heute
0,70 bis 2,50, 64-66 Seiten (Nr. 500 = 98 Seiten, Nr. 1000 = 82 Seiten), 15,5 x 22,5 cm
A: K.H. Scheer, Clark Darlton u.a.
1 350,00
2 70,00
3-5 40,00
6-10 25,00
11-20 20,00
21-24 16,00
25 25,00
26-30 15,00
31-40 12,00
41-50 10,00
51-100 8,00
101-200 5,00
201-300 3,00
301-499 2,50
500 10,00
500 mit Poster 100,00
501-999 1,00
1000 5,00
1000 mit Poster 10,00
1001-heute (2578) 1,00
Nr. 700, 800, 900 3,50
Alle Hunderter-Nr. ab 1100 2,50
Alle Hunderter-Nr. ab 1100 mit Poster 5,00
2000 schwarze Variant-Con-Ausgabe 20,00
Achtung: Die Preise gelten nur für die 1. Auflage!
Preise für höhere Auflagen:
1 2,50
2-heute 0,50
Nachdruck von Nr.1 3,00
Von den ersten Nummern wurde, wohl aufgrund des großen Erfolges, sehr schnell eine neue Auflage hergestellt, die offiziell nie so gekennzeichnet worden ist. Erkennbar ist sie an kleinen Unterschieden vor allem auf der vorderen inneren Umschlagseite (U2). Folgende Ausgaben sind bisher bekannt, wobei jeweils nur ein bis zwei markante Unterschiede genannt werden. Dabei ist a vermutlich der Erstdruck:
1a: U2-Text mit geraden Anführungszeichen
1b: Anführungszeichen gekrümmt, auch sonst etwas andere Schrift, erkennbar z.B. am g.
2a: wie 1a
2b: wie 1b
3a: U2-Text, 1. Zeile: die ersten, M von MARSKOLONIE mit schrägen Seitenstrichen
3b: U2-Text, 1. Zeile: Die ersten, M mit senkrechten Seitenstrichen
5a: Portraittext ohne Leerzeilen
5b: Portraittext mit 3 Leerzeilen (anderer Umlauf)
6a: Abb. des Karl-May-Heftes farbig, Text im Kasten rot
6b: Abb. und Text schwarzweiß
Bei Nr. 4 gibt es möglicherweise keine erkennbaren Unterschiede zwischen a und b.
Hinweis: Die höheren Auflagen sind mit der 1. Auflage identisch, jedoch sind Nr. 1-200 ganz leicht bearbeitet. Neben der 3. Auflage gibt es auch eine 3. Ausgabe. Es gibt auch Bücher und TB. Siehe auch PARODY R. HODAN.

Bd. 2181 enthält einen 8seitigen Comic in Farbe. Er ist eingeheftet und die Seiten wurden nicht mitgezählt.

Perry Rhodan Action
Rastatt: Pabel Moewig Verlag
2008-2009
1,85, 66 Seiten, 15,5 x 22,5cm
A.: Diverse
1-36 1,00

Perry Rhodan Autor K.H.Scheer ZBV Serie
Siehe ZBV SERIE (Pabel-Taschenbuch)

Perry Rhodan Extra
Rastatt: Pabel Moewig Verlag
2004-heute
3,50, 108 Seiten, 15,5 x 22,5 cm
A.: Diverse
1-heute (11) 1,00
Hinweis: Romane in Folie verschweißt mit Hörspiel CDs und diversen Gimmicks

Perry Rhodan Planetenromane
Rastatt: Pabel Moewig Verlag
2009-heute
3,90, 160 Seiten, 12,5 x 18 cm
A.: Diverse
1-heute (10) 1,00
Hinweis: Taschenhefte mit abgeschlossenen Romanen - überarbeitete / „behutsam modernisierte" Neuauflage der Taschenbuchserie mit Einzelbänden ab TB Nr. 101.

Perry Rhodan Planetenromane
München Arthur Moewig Verlag Band 1-156 und 229-367
Rastatt: Erich Pabel Verlag Band 157-228
München: Wilhelm Heyne Verlag Band 368-403
Nürnberg: BSV(Burgschmiet) Verlag Band 404-415
1964 - 1998
2,80, 3,80, 7,90, 9,80
ca 146-192 Seiten 11,5 x 18,0 cm
1 15,00
2-10 10,00
11-39 8,00
40-43 12,00
44 15,00
45-49 12,00
50-156 8,00
157-266 5,00
267 15,00
268-271 5,00
272, ... 15,00
273-367 5,00
368-401 3,00
402 20,00
403-415 3,00
Hinweis: Taschenbuchserie - es existieren diverse Neuauflagen.

Pete
Sinzig (später Bad Godesberg):
Uta-Verlag (1-141)/Bad Godesberg: Uta-Verlag Sklenka & Pabel (ab 142)
1951-59
0,40-0,50, 32-48 Seiten
15 x 20,5 cm (1-211)/15 x 22,5 cm (212-215)
A: Rolf Randall (1, 2, 4-9, 12, 14, 16, 17, 19-22, 24-26, 29, 30, 32-36, 38, 40-42, 46, 48, 51, 55, 67, 131, 133, 135, 137, 139, 144, 148, 156, 163) Frank Dalton, Gert H. F. Unger u.a.
1 60,00
2-5 18,00
6 20,00
7-10 14,00
11-50 12,00
51-175 10,00
176-190 18,00
191-205 22,00
206-211 30,00
212 60,00
213 40,00
214 70,00
215 60,00
Jahresweiser 1953 (aus Nr. 33)
(10,5 x 7 cm) 30,00
Mitgliedskarte des Pete-Bundes 1954
(aus Nr. 60) 30,00

Hinweis: Die Coverillustrationen der ersten 31 Hefte stammen von Klaus Dill. Es existieren Hefte mit aufgeklebten Werbezettel. Hier wurden offenbar Remittenden (kenntlich durch eine abgeschnittene Ecke) als Werbung verteilt. Fortsetzung der Serie in LUSTIGE LAUSBUBEN. Das Heft Nr. 18 hat vier zusätzliche Seiten zum neuen Pete-Bund. Ab Nr. 176 farbiges Titelbild. Als PETE'S ABENTEUER UND STREICHE erschienen Sammelbände mit je 5 Heften, o.P. Bei der Pelikan AG, Hannover, erschienen in den 70er Jahren 14 PELIKAN TRAMP-Bücher im Miniformat à 1,00 (ND von Rolf Randall-Texten). Comic-Serien: Jippi der Indianer Boy (Z: Max Otto) Nr. 5-10, 12-25, 28-35, 37, 39-42, 44-60, 62-85, 89-106. Tütes Abenteuer (Z: Wolfgang Otto) Nr. 117-126, 129-130. Pat und Petra (Z: „berg") Nr. 171-182, 184.
Jippi der Indianerboy, Sinzig: Uta Verlag, 1954,
2,80, 96 Seiten, 14,5 x 20,5 cm
A: Derrick Day (Zeichnungen von Max Otto)
o.Nr. Jippi der Indianerboy 70,00
Nachdruck 10,00
Hinweis: Jippi-Kurzgeschichte mit Bildern, die der PETE-Heftserie entnommen wurden.
Siehe auch Bücher.

Peter Blitz
der fliegende Reporter
Memmingen: Verlag H. Schmied, 1949
0,30, 32 Seiten, 11,5 x 17 cm
A: Walt O'Bag
1 Spione im Atomwerk 150,00
2 Der Ring der gelben Teufel 220,00
Nachdruck von Nr.1 7,50

Peter Mattek
Der Mann für Sonderfälle
Bergisch Gladbach: Bastei-Verlag
1990-92
1,90/ 2,00, 66 Seiten, 15,5 x 22,5 cm
A: Peter Hebel
1 6,00
2-75 4,00
Hinweis:
Neuauflage diverser P.M Romane in der Bastei-Serie DER BUNDESBULLE. Es gibt auch ein Taschenbuch (Bastei Kriminalroman Tb 19543)

Peter Palm's Abenteuer
Berlin: Oswald Arnold-Verlag
1951
0,40, 32 Seiten, 15 x 20,5 cm
A: Jürgen Petersen (1, 2), Rolf Hardy (3-8), Freddy Weller (9)
1-3 50,00
1-3 g.E. 20,00
4-5 60,00
4-5 g. E. 25,00
6-8 70,00
6-8 g.E. 35,00
9 75,00
9 g.E. 38,00
Nachdrucke 5,00

Pfadfinder
Köln: Epoche Verlagsgesellschaft
1949
0,50 (ein Teil der Auflage 0,40)
32 Seiten, 15 x 20,5 cm
A: Frank Astor
1 Die Farm im blutigen Grund 70,00
2 Die Schreckenstage von Last Hope 70,00
3 Das verlassene Bergwerk 70,00
Hinweis: Die 3 Hefte, eigentlich die ersten 4 Hefte (2. Ausgabe) sind der umgeschriebene VK-Roman JOHN KLINGS ERINNERUNG Nr. 51 „Die Farm im blutigen Grund", Autor Frank Astor (1933). Das Kling-Heft wurde in 4 Pfadfinder-Hefte aufgeteilt. Das Titelbild vom Verlag Buch und Presse, Castrop-Rauxel ist fast identisch mit dem John Kling. Der Titel von Nr. 1 ist der selbe. Nr. 2 beginnt mit dem 4. Kapitel des Kling-Heftes. Nr. 3 hat den selben Titel wie Kapitel 10 des Kling-Heftes.

Pfadfinder (1-12)/
Sitting Bull (ab 13)
Castrop-Rauxel: Verlag Alfred Müllbüsch/
später Hagen (Westf.): Verlag Erich Arndt
1950-51

0,40, 32 Seiten, 15,5 x 22 cm (Nr. 3: 15 x 21 cm)
A: Frank Astor (1-7), o.A. (8-22)
1 30,00
2 25,00
3 70,00
4 40,00
5-6 20,00
7 25,00
8-11 20,00
12 30,00
13 18,00
14-18 12,00
19-20 14,00
21-22 50,00
Nachdrucke 5,00
Hinweis: Serienfigur der Nr. 1-12 ist Fred Falkland. Nr. 1-3 sind identisch mit der 1. Serie, jedoch andere Titelbilder.

Pfeil-Bücherei
Hamburg:Continent Verlag
1949
0,30, 32 Seiten, 14,5 x 20,5 cm
A: J.F. Cooper (bearbeitet von Conrad Maria Hartz)
1-8 15,00
Hinweis:
Nr. 1-4 = Wildtöter, Nr. 5-8 = Der letzte Mohikaner.

Die phantastischen Abenteuer von SUN KOH Taschenbücher Siehe SUN KOH

Phil Decker
Bergisch Gladbach: Bastei-Verlag
2004
1,35, 64 Seiten, 15 x 22 cm
1-6 2,00

Piccolo-Roman
Hannover: Walter Lehning Verlag
1956
0,30, 66 Seiten, 10,5 x 14,5 cm
A: Diverse
1 25,00
2-40 15,00
Hinweis: Liebesromane.

Pikant, Charmant, Galant
Miltenberg: Everwien-Verlag
1952
1,00, 32 Seiten, 14,5 x 19,5 cm
A: Hans Ichgut
1-4 30,00
Hinweis: Inhaltlicher Zusammenhang mit LIEBES-ABENTEUER IN ALLER WELT Nr. 3, 13.

Pikanter Sittenroman
Frankfurt a.M.: Rio-Verlag B. Teicher
ca. 1951
1,00, 48 Seiten, 14,5 x 20,5 cm
A: Pittogorelli
o.Nr. Liebe und Eros im Streit 25,00

Pinguin Verlag
o.O. (Berlin)
1946-47
o.P., 48-166 Seiten, 14,5 x 21 cm
A: W.P. Güldenstein, Oscar Wilde, E.A. Poe, Harry Hoff
o.Nr. Goldene Suaheli (K) 30,00
o.Nr. Das Gespenst von Canterville (u-p) 50,00
o.Nr. Unheimliche Geschichten (u-p) 60,00
o.Nr. Die Todesotter 30,00
Hinweis: Ohne Serientitel. Es gibt eine 2. Ausgabe mit ganz leicht abweichendem Bild.

Pinkerton Siehe ALLAN PINKERTON

Pioniere
Helden einer rauhen Zeit
Ebsdorfergrund: Edition Wildwest
1988-89
7,80 (1)/5,80 (2), 80 Seiten (1)/128 Seiten (2)
14,5 x 20,5cm
A: Al Wallon
1 Die letzten von Adobe Walls 5,00
2 Alaska-Hölle 3,50

Pitaval
Das deutsche Kriminal-Magazin
München: Freitag-Verlag
1948-49

1,00, 32 Seiten, 21 x 30 cm
A: diverse
1. Jg. 1. Heft - 8. Heft 80,00
Hinweis: Illustriertes Magazin mit vielen verschiedenen Beiträgen. Es sollen weitere Ausgaben existieren.

Polizei-Funk meldet..
Das aktuelle Kriminal-Magazin
Hamburg: Alfons Semrau Verlag
1954
0,75 32 Seiten 23x31 cm.
A.: Diverse
1,2, ... 40,00

Polizeiromane
Recklinghausen: Optimum-Verlag
1949
0,50, 64 Seiten, 14 x 19 cm
A: Heinz Olaf Wodralnov
1 Der Rächer von Kalkutta 250,00
Hinweis: Die Nr. 2 „Die Spinne" wurde angekündigt, ist aber nicht erschienen.

Prärie
Fünf-Sterne-Western
Sasbachwalden: Erber + Luther Verlag
1978
1,20, 64 Seiten, 15,5 x 22,5 cm
A: Diverse
1 3,50
2-43 2,00

Premiere des Lasters
Frankfurt a.M.: Domo-Verlag
ca. 1950
1,00, ?, 14,5 x 21 cm
A: Hans Peter
o.Nr. Ihr erstes Erlebnis 30,00

Professor Zamorra
Der Meister des Übersinnlichen
Bergisch Gladbach/Köln: Bastei-Verlag
1974-heute
1,20-2,20, 66 Seiten, 15,5 x 22,5 cm
A: Jason Dark (3), A.F. Mortimer (2, 4, 6, 8, 10), A.F. Morland (213, 226), Robert Lamont u.a.
1 120,00
2 40,00
3 60,00
4-5 30,00
6-10 18,00
11-20 14,00
21-50 12,00
51-100 7,00
101-200 4,00
201-304 3,00
305-600 2,00
601-heute (957) 1,00

Professor Zamorra Liebhaber Edition
Kerpen-Türnich: Romantruhe Buchversand
1999 - heute
Band 1-7 14,90, ab Band 8 9,90, 176-224 Seiten, 13,5 x 21,5 cm
A: Diverse
1 - heute (56) 5,00
Hinweis:
Paperbacks. Ungekürzte Nachdrucke der Bastei-Original-Romane ab Band 1 in chronologischer Reihenfolge. Die Bücher enthalten jeweils 3 Romane (Band 1-7) bzw. 2 Romane ab Band 8.

Professor Zamorra
Schwelm: Zaubermond Verlag
2002-heute
€ 14,95, 256 Seiten
A: Diverse
Hardcover mit Schutzumschlag
1-heute (36) 7,00
Hinweis: Neue Romane.

Prominent (1-13)/
Bastei Prominent-Roman (ab 14)
Bergisch Gladbach: Bastei-Verlag
1956-57
0,60, 66 Seiten, 15,5 x 22,5 cm
A: Diverse
1 15,00
2-10 7,00
11 Zirkuskönig Sarrasani 30,00
12-13 7,00
14 Frauen, Fürsten und
ein Dieb („Manolescu") 40,00
15-39 6,00
2. Auflage 1-10, 12-13 5,00
2. Auflage Nr. 11 10,00
Hinweis: 2. Auflage von Nr. 1-13 als BASTEI PROMINENT-ROMAN, mit neuen Bildern (14,5 x 21,5 cm).

PS
Auto- und Motorrad-Geschichten aus aller Welt
München: Arthur Moewig Verlag
1955-56
0,50, 32 Seiten (Nr. 23 = 40 Seiten)
14,5 x 21 cm
A: Diverse
1-10 8,00
11-20 10,00
21-28 13,00
29-34 15,00

Quer durch den indianischen Kontinent
München: Awa-Verlag
1949
0,50, 32 Seiten, 14,5 x 20,5 cm
A: Stephen Tanner
1-3 40,00
4-5 45,00
6 65,00
7-9 75,00
10 85,00
Nachdrucke 5,00

Rätselhafte Rebecca
Bergisch Gladbach: Bastei-Verlag
2003-04
1,35, 66 Seiten, 15,5 x 22,5cm
A.: Diverse
1-21 1,00

Rah Norten
Der Eroberer des Weltalls
München: Bielmannen-Verlag
1949-50
0,50, 62-64 Seiten, 12 x 17 cm
A: Ive Steen (1-12), Freder van Holk (13-20)
1-6 50,00
7 75,00
8-12 50,00
13-20 65,00
Nachdrucke 5,00

Rangers gestern und heute
Nürnberg: Inka-Verlag Hans Schwehm, ca. 1950
0,50, 48 Seiten, 14,5 x 21 cm
A: Walter Warwick
1 150,00
2 60,00
3-4 8,00
Sammelband 60,00
Hinweis: Abenteuer- und Kriminalromane (Serientitel irreführend). Es gibt einen Sammelband für Nr. 1-4 (Titel: „Mit allen Mitteln") mit neuem Titelbild.

Die Ratte Siehe ALADDIN

Rauchende Colts
Bergisch Gladbach: Bastei-Verlag
1977-78
1,20/1,30, 66 Seiten, 15,5 x 22,5 cm
A: Diverse
1 20,00
2-34 10,00
Hinweis: Nach der gleichnamigen Fernsehserie.

Rauher Westen
München: Neuzeit-Verlag
ca. 1966-68
0,70 bis 1,00, 64 Seiten, 15,5 x 22,5 cm
A: Diverse
1 5,00
2-20 4,00
21-104 3,00
Conny Cöll-Nummern 5,00

Hinweis: Siehe auch ROMAN-QUELLE (gelbe Ausgabe). Serienfiguren: Conny Cöll 2, 17, 22, 25, 75-88. Rocky Steel (A: Ralph Forell) 19, 21, 24-26, 28, 30, 32, 34, 36, 38, 40, 42, 43, 45, 47, 49, 51, 53, 55, 57, 59, 61, 62, 64, 66, 68, 69 (ND der gleichnamigen Serie).

Raumschiff Promet
Siehe SCIENCE FICTION Zukunftsroman

Raven
Bergisch Gladbach: Bastei-Verlag
2004
1,50, 64 Seiten, 15 x 22 cm
A: Wolfgang Holbein/Karl-Ulrich Burgdorf
1-12 2,00

Die Rebellen von Missouri
Ebsdorfergrund: Edition Wildwest
1991-1992
6,90, 104-108 Seiten, 12 x 16,5 cm
A: Al(fred) Wallon
1 Die blutigen Jahre........ 4,00
2 Unter der Flagge des Südens 4,00
Hinweis: Der angekündigte dritte Band „Bitteres Ende“ erschien als Band 24 innerhalb der Heftromanserie RIO CONCHO.

Redlight Ranch
Bergisch Gladbach: Bastei-Verlag
2001-2002
2,70, 1,35 Euro, 64 Seiten, 15 x 22,5 cm
A: diverse u.a. Earl Warren (Walter Appel)
1-56 1,50

Red River Jim
Bergisch Gladbach: Bastei-Verlag
1987-89
1,80,
66 Seiten, 15,5 x 22,5 cm
A: Charles McKay
1........ 6,00
2-60 2,50

Red Rock Ranch
Helden der Prärie (jede gerade Nr. ab 86)
Köln: Wolfgang Marken Verlag
1971-74
0,90 bis 1,20, 66 Seiten, 15 x 22,5 cm
A: Diverse
1........ 10,00
2-50 6,00
51-100 4,00
101-208 3,00
RRR-Nr. ab 101 3,00
Hinweis: Serienfigur der RRR-Nr.: Cliff Copper, später Die Coppers.

Regina
Der Roman für Sie
Rendsburg: Wilkens-Verlag/
später Bielefeld: Rex-Roman Verlag
1949-50
0,30/0,40,
32 Seiten, 14,5 x 21,5 cm
A: Diverse
o.Nr. Die Verlobungs Jacht........ 3,00
2 Jenseits des Lebens........ 6,00
2 Fünfuhrtee bei Irene 8,00
4-14... 8,00
Liebesromane........ 3,00
Hinweis: Abenteuer-, Kriminal- und Liebesromane. Numerierung anfangs nur klein im Impressum. Nr. 3 falsch als 2 bezeichnet.

Reihe Kibu
Frankfurt a.M.: Condor-Print & Verlag
1973
1,20, 50 Seiten, 15,5 x 22 cm
A: Hans Pille (1), Peter Dubina (2, 8)
1-6 3,00
7........ 8,50
8........ 3,00
Hinweis: Siehe auch RICK UND PAKI.

Reiseabenteuer
Watt bei Zürich: Jean Metz (Herausgeber)
1946

70 Rp., 32 Seiten, 14,5 x 20,5 cm
A: o.a. (Heinz Krafft)
1 Der siamesische Elefant 80,00
2 Das gestohlene Weltraumschiff (u-p) 80,00
Nachdruck von Nr. 2.. 5,00
Hinweis: Gekürzte ND von VK-John Kling Nr. 405 bzw. 410. Die Serie gelangte wahrscheinlich nie in den offiziellen Verkauf.

Reisebücherei der Truhe
Siehe TRUHE-REISE-BÜCHEREI

Der Reisser
München: UNA-Verlag
1958
0,20, 32 Seiten, 15 x 21,5 cm
A: C.V. Rock u.a.
o.Nr. Li aus Hongkong....................................... 55,00
Hinweis: Kriminalmagazin.

Ren Dhark
Weg ins Weltall
Hamburg: Martin Kelter Verlag
1966-68
0,80, 66 Seiten, 15 x 22 cm
A: Diverse
1... 15,00
2-77 5,00
78... 10,00
79-97 5,00
98... 10,00
Hinweis: Ein Teil der Auflage von Nr. 84 ist mit dem Umschlag von Nr. 83 erschienen!
Es gibt verschiedene Neuauflagen, auch als Buch-Ausgabe.

Ren Dhark
Fantastische Abenteuer im Weltall (1-4l)/
Die große SF-Story von Kurt Brand (ab 42)
Hamburg: Martin Kelter Verlag
1979-81
1,50-1,80, 66 Seiten, 15 x 22,5 cm
A: Diverse
1... 3,50
2-77 2,00
78... 3,50
79-98 2,00
Hinweis: Nachdruck der 1. Serie, teilweise mit neu-en Titelbildern.

Ren Dhark
3. Auflage
Die große SF-Story von Kurt Brand
Hamburg: Martin Kelter Verlag
1987-90
2,00/2,20, 66 Seiten, 15 x 22,5 cm
A: Diverse
1-98 1,50
Hinweis: ND der 1. Serie mit neuen Titelbildern.

Ren Dhark
Augustdorf: Ren Dhark Club,
Volker Niemeyer (Hrsgb.)
ab 1990
6,00, 10,00, 64-84 Seien, 14,5 x 21 cm
A: Diverse
1-98 siehe Hinweis
99-133 4,00
Hinweis: Fortsetzung der Heftserie REN DHARK vom Kelter Verlag.

Revolte auf „Katharina Zwo“
Essen: Essener Druckerei Gemeinwohl GmbH
ca. 1955
32 Seiten, 15 x 21 cm
A: Hans H. Schlüter
o.Nr. Revolte auf „Katharina Zwo“ 25,00
Hinweis: Ohne Serientitel. Agitationsroman gegen die DDR.

Rex Corda
Der Retter der Erde
Bergisch Gladbach: Bastei-Verlag, 1966-67
0,80, 66 Seiten, 15,5 x 22,5 cm
A: H.G. Francis, M. Wegener u.a.
1... 18,00
2-38 12,00
Hinweis: Es gibt Nachdrucke als Bücher

Rex Hayes
Einer der ganz großen Western-Erzähler
Bergisch Gladbach: Bastei-Verlag
1997-2000
2,20, 66 Seiten, 15,5 x 22,5 cm
A: Rex Hayes (Günter Rexhaus)
1-176 2,00
Hinweis:
Keine Serienfigur. Vermutlich Neuauflage von früheren Texten des Autors.

Rex-Roman
Rendsburg: Wilkens Verlag (1-16)/
Bielefeld: Verlag Rex-Roman (ab 17)
1948-50
0,50, 24 Seiten (1-17)/64 Seiten (ab 18)
22,5 x 30 cm (1-17)/14,5 x 21,5 cm (ab 18)
A: Diverse
o.Nr. Du bist mein Lied - mein Leben
o.Nr. Manuela
o.Nr. Im Banne des Buddha
o.Nr. Der graue Domino
o.Nr. Barbara unter dem Schatten
o.Nr. Gefährliches Doppelspiel
o.Nr. Der Weg zum Licht
o.Nr. Andrea entscheidet sich
o.Nr. Mord an Torsenna
o.Nr. Muß es denn der Peter sein
11 Friedel fährt stromab
o.Nr. Rosen für Genia
o.Nr. Die Reise zu Papa
o.Nr. Zurück wo es begann
15-24
Ab (2-3).. 15,00
K (4, 9, 12, 16, 20) 15,00
L (alle anderen Nummern) 3,00

Rex Walker
Das abenteuerliche Leben eines Meisterboxers
Hamm: Westfälischer Buchvertrieb Heinrich Bredenpohl
ca. 1948
0,30, 32 Seiten, 15 x 20,5 cm
A: Werner Haloda
1 Ein Mann wird entdeckt................................ 160,00
Hinweis: Die Nr. 2 „Der Aufstieg“ wurde angekündigt, ist aber nicht erschienen.

R.F.Garner
Hamburg: Martin Kelter Verlag
2010-heute
1,60, 66 Seiten, 15,5 x 22,5cm
A.: Peter Dubina
1-heute (14)... 1,00

Rhenus Tatsachen Romane
Düsseldorf: Rhenus Verlag
1953 kartoniert 12x17cm. 128 Seiten 1,20
o-Nr. Jim der Fallensteller 12,00
o-Nr. Der Cowboy König 12,00
o-Nr. Wüstenreiter 12,00

Rick und Paki
Serie KIBU
Frankfurt: Condor-Print & Verlag
1973
1,20, 48 Seiten, 15,5 x 22 cm
A: o.A.
1-20... 3,00
Hinweis: Siehe auch REIHE KIBU.

Rinaldo Rinaldini
Räuberhauptmann und Don Juan
Pfaffenhofen/Ilm: Verlag „Obosrenie“
1948
0,40, 32 Seiten, 12 x 18,5 cm
A: nach der Volksausgabe bearbeitet von Piet Leuwen
1 Rinaldo wird Bandit 10,00
2 Der Rächer 70,00

Der Ring Roman
Wuppertal: Verlag Die Lampions, 1948
0,40, 32 Seiten, 14,5 x 20,5 cm
A: o.A.
o.Nr. Die Jagd nach
dem Glück (Liebesroman) 6,00

Der Ring-Roman (1-4)/
Ring-Roman (o.Nr.)
Castrop-Rauxel: Zwerg-Verlag und Verlag Buch und Presse (1-4), Zwerg-Verlag (o.Nr.)
1948
0,35/0,40, o.Nr.: 0,50, 32 Seiten,
15 x 20,5 cm (1-4), 20,5 x 29 cm (o.Nr.)
A:W.W. Bröll (1, 2, 4, o.Nr.)
1 Mord um Mitternacht (K) 15,00
2 Gattenmord? (K) 15,00
3 Die Jagd nach dem Glück (L) 10,00
4 Patricia und die Drei (L) 10,00
o.Nr. Wanderer im Schatten (L) 20,00
angekündigt:
Sensation im Red-Star
Hinweis: Vermutlich Nachfolgereihe zur gleichnamigen Ausgabe des Verlags Die Lampions, die in Nr. 3 nachgedruckt ist (dort als „2. Reihe" bezeichnet).

Rio Concho
Ebsdorfergrund: Edition Wildwest
1990-1998
4,80 (1-6)/6,80 (ab 7), 64-74 Seiten, 14 x 20,5 cm
A: Al(fred) Wallon, Al(fred) Wallon & Leslie West
1-4 7,00
5-28... 4,00

Rita, die Frau die anders ist
Lüneburg: Heimatverlag „Heide-Phoenix" Ingo Petermann
1950
0,40, 32 Seiten, 15 x 21 cm
A: Jürgen H.H.M. Bergholter
1 Es begann in einer Nacht (u-p)................... 1200,00

Ritterkreuzträger
Siehe DER LANDSER, DER LANDSER GROSSBAND, DER LANDSER RITTERKREUZTRÄGER

Ritter Roland
Der Kämpfer mit dem Löwenherzen
Bergisch Gladbach: Bastei-Verlag
1981-83
1,60, 66 Seiten, 15,5 x 22,5 cm
A: Ekkehart Reinke, Joachim Honnef
1 7,00
2-20 4,50
21-25 6,00
26-30 7,00
Hinweis: Nr. 31-35 sind in einem Buch des Ersten Deutschen Fantasy Club e.V. nachgedruckt.

Robby King's Abenteuer
Kassel: Wichmann-Verlag und
Berlin: „Interpress"
1949
0,15 (1, 2)/0,20 (3-5), 32 Seiten, 12 x 16,5 cm
A: o.A.
1.. 100,00
2+3 (u-p) 80,00
4.. 120,00
5.. 150,00
Hinweis:
Kein Zusammenhang mit der VK-Serie Robby King.

Robert Perkins
und seine 1000 Abenteuer
Düsseldorf: Merkur Verlag (1, 2, 6-8)/
Lauf: Verlag Rud. Zitzmann (3-5)/
Nürnberg: Verlag Dr. R. Frank(9-14)/
Nürnberg: W. Heider Verlag (15,16)
1948-49
0,35/0,40, 32 Seiten, 14,5 x 21 cm
A: Peter Burger (1-11), o.A. (12-16)
1 45,00
2 40,00
3-13 30,00
14-16 35,00
Nachdrucke 5,00

Robert Ullman
Realistisch-Hart-Historisch echt
Bergisch Gladbach: Bastei-Verlag
1981-1989
1,50 bis 1,80, 66 Seiten, 15,5 x 22,5 cm
A: Robert Ullman (Heinz-Josef Stammel)
1-3 (Billy the Kid) 5,00

4-50 4,00
51-100 3,00
101-227... 2,00
Hinweis: Mindestens teilweise ND.

Robert Ullman (1-26)/
Ullman Western (ab 27)
Hamburg: Martin Kelter Verlag
1977-80
1,80/2,00, 128 Seiten, 13,5 x 19 cm
A: Robert Ullman (Heinz-Josef Stammel)
1... 3,00
2-34 2,00
Hinweis: Überwiegend ND von Buchtexten.

Robert Ullman
Hamburg: Martin Kelter Verlag
2003-05
66 Seiten, 15,5 x 22,5 cm
A: Robert Ullman (Heinz-Josef Stammel)
1-45 1,00

Roberta Lee
Archäologin und Abenteurerin
Hamburg: Martin Kelter Verlag
2010
2,40, 128 Seiten, 12,5 x 18 cm
A.:Earl Warren (Walter Appel)
1-4 1,00
Hinweis: Taschenheft. Der angekündigte Band 5 erschien als Band 2 der 2011 gestarteten Heftserie DER ABENTEUER ROMAN

Robin Hood
Darmstadt: Jupiter-Verlag
1953
0,50, 32 Seiten, 16 x 23 cm
A: o.A.
1... 50,00
2-8 20,00
2-8 g.E. 7,00
Hinweis: Siehe auch Bücher.

Robinson Bücherei
München: Reindl-Verlag
1949
0,40, 32 Seiten, 15 x 21 cm
A: Hermann Freyberg (1), Walter Sperling (2)
1 Gelbe Fracht.. 30,00
2·Die Pagode aus Burma 30,00

Rocky Steel
Bergisch-Gladbach: Bastei-Verlag
1961 - 1963
0,70, 66 Seiten, 15 x 22,5 cm
A: Ralph Forell
1... 12,00
2-92 8,00
Hinweis: Vorläufer der Serie in BASTEI WILD-WEST-ROMAN. Siehe auch NEUER WESTERN, NEUZEIT-WILDWEST, RAUHER WESTEN, SUPER WESTERN.

Rodeo-Western
Rastatt: Zauberkreis-Verlag
1962-74
0,70 bis 1,20, 64 Seiten, 15,5 x 22,5 cm
A: G.F. Unger, Hermann Hilgendorff (35) u.a.
1... 40,00
2-10 20,00
11-20 12,00
21-50 6,00
51-100 4,00
101-842 3,00
311 (identisch mit Billy Jenkins-Vorkriegbuch „Männer ohne Nerven") 25,00
209,224,232,344 sind ebenfalls Billy Jenkins Nachdrucke aus den VK Lb... 25,00
Conny Cöll-Nummern 8,00
Old Fuzzy.. 3,50
Puma-Tom 4,50
Hinweis: Einige ND von TOLLKÜHNER WESTEN (teilweise neue Titel) und den Buchserien BILLY JENKINS, TOM PROX, CARAMBA.
Die wichtigsten Serienfiguren:
Conny Cöll 10, 29, 42, 49.
Puma-Tom (A: F.C. Wobbe)
234, 272, 276, 280, 310, 317.

Old Fuzzy (A: F.C. Wobbe) 265, 342, 352, 358, 370, 378, 390, 396, 402, 418, 428, 446, 452, 468, 498, 520.

Rodeo Western
Rastatt: Zauberkreis-Verlag
1983-86
1,60/1,70, 64 Seiten, 15,5 x 22,5 cm
A: Diverse
1 10,00
2-94 3,00
Serienfiguren: Slade (A: Ringo Hurricane) 1, 3, 5, 7, 9, 11, 13, 15,17, 19, 21, 23, 25-27, 29, 31, 33, 35, 37, 38, 40, 41, 43, 44, 46, 47, 49, 50, 52, 53, 55, 56, 58, 59, 61, 62, 64, 65, 67, 68, 70, 71, 73, 74, 76-87, 89, 90, 92, 93. Siehe SILBER WILDWEST.
Fun Western (A: Jerry Lonsdale) 45, 48, 51, 54, 57, 60, 63, 66, 69, 72, 75 (ND von SILBER WILDWEST).

Rohde Krimi Thriller
(innen: Rohde Exklusiv-Krimi
Werberomanheft
Ziegenhain (D): Erich Rhode KG,
Hallein (Ö)
1969
76 Seiten 15,4 x 22 cm
A: o.A.
o.Nr. ...mit Füssen (innen: Füßen) getreten 8,00
Hinweis: Werbeausgabe des Schuhherstellers für Fachhändler. Exklusive Ausgabe eines 12-Uhr-Krimi des Moewig Verlages, mit 12 Seiten aus Kunstdruckpapier.

Roland Roman (1-84)/
Roland Wildwest (ab 85)
Rastatt: Zauberkreis-Verlag
1956-62
0,60/0,70, 128 Seiten, 10,5 x 15 cm (1-32)
64 Seiten, 15,5 x 22 cm (ab 33)
A: G.F. Unger, Helmut Hardt (17),
Zane Grey, Hermann Hilgendorff (232),
Friedrich Gerstäcker (257) u.a.
1 30,00
2-13 25,00
14 90,00
15-32 25,00
33-100 4,00
101-280 3,00
Nr. 134, 143, 168, 199 12,00
Serien: Conny Cöll 97, 114, 126, 137, 142, 146, 150, 154, 157, 163, 167, 171, 174, 187, 197, 211, 217, 236, 254 7,00
Indianerhäuptlinge (A: Heinz Steuer) 134 „Sitting Bull“, 143 „Black Horse“, 168 „Wennonga“, 199 „Kampf auf Leben und Tod“.
Tom Fox (A: Frank H. Wells) 58.
“Tom Fox wartet auf den Tod
William Tex 180.
Nr. 14 „Das grüne Wrack“ (A: Ralph Hardy) ist eine Neuauflage des VK-JACK MORLAN-Romans.
Folgende Nummern sind identisch mit Billy Jenkins-Vorkriegsbüchern (A: H.K. Walker):
41: „Die schwarzen Ratten”
48: „Es lauert der Tod“
62: „Der Präriewolf”
75: „Der Teufelsreiter von Kansas”
102: „Die Rechtlosen”
116: „Die Kugel entscheidet”
147: „Von der Hüfte aus”
175: „Die Schmuggler”
193: „Männer ohne Nerven” 10,00

Rolf Torring's Abenteuer
Bad Pyrmont: Neues Verlagshau für Volksliteratur
1950-61
0,30 (1-19)/0,40 (1-19 2. Auflage, 20-193)/
0,50 (194-245)/0,60 (246-273)
64 Seiten (1-193, 246-273)/
40 Seiten (194-211)/48 Seiten (212-245)
11 x 15 cm (1-193)/14,5 x 21 cm (194-241)/
15,5 x 22,5 cm (242-273)
A: Hans Warren-Holm (1-41),
Hans Warren (42-273)
1. Auflage von 1-19 (0,30 DM):
1 60,00
2-7 30,00
8-10 12,00
11 25,00

12	12,00
13	18,00
14-17	8,50
18	25,00
19	8,50

1	40,00
2-4	20,00
5-7	25,00
8-10	7,00
11	20,00
12	7,00
13	15,00
14-17	6,00
18	20,00
19-32	6,00
33	15,00
34	20,00
35-36	6,00
37-38	8,00
39	6,00
40	15,00
41-42	6,00
43-44	10,00
45	7,00
46-47	6,00
48	25,00
49	6,00
50-51	17,00
52-53	6,00
54	17,00
55	15,00
56-62	6,00
63-64	7,00
65-67	10,00
68-69	6,00
70	20,00
71-87	6,00
88	10,00
89	6,00
90	20,00
91	17,00
92	20,00
93	10,00
94	15,00
95	8,00
96	6,00
97	8,00
98	15,00
99	7,00
100	10,00
101	7,00
102	15,00
103-105	6,00
106	7,00
107-110	6,00
111	7,00
112-113	6,00
114	35,00
115-122	6,00
123	42,00
124-165	6,00
166	15,00
167	20,00
168-171	6,00
172	35,00
173-174	6,00
175	7,00
176	6,00
177-179	7,00
180-181	35,00
182-183	7,00
184	50,00
185	7,00
186-209	6,00
210-211	7,00
212-214	6,00
215-222	7,00
223	15,00
224-241	6,00
242-252	8,00
253	42,00
254-258	20,00
259-260	28,00
261-264	55,00
265-270	85,00
271-272	110,00
273	200,00

Hinweis: Bearbeitete Neuausgabe der VK-Serie, die letzten Nummern sind neue Texte. Nr. 74, 75, 83, 91, 122, 165, 215, 231 (u-p). 1987 erschien im gleichen Verlag eine Neuauflage von Nr. 1-10, 32, 184, o.P. Im Verlag Georg Lentz, München, erschien 1975 eine Buchausgabe von Nr. 1-5 und 1980 eine vierbändige TB-Ausgabe von Nr. 1-4, 5-7, 8-10, 11-12.

Rolf Torring's
Abenteuer
Olten: Kommissions Verlag Adam Walt (1-16)/
Ascona: Neuer Verlag (ab 17)
1947-57
55-60 Rp., 64 Seiten, 11,5 x 16 cm
A: Hans Warren
1 25,00
2-134 17,00
135 nicht erschienen
136-205 17,00

Rolf Torring's
neue Abenteuer
Rumänien: Gontran Verlag
2006
o.P., 60-88 Seiten, 11 x 15 cm
1-10... 5,00

Roman Siehe DER ROMAN-ERZÄHLER

Roman-Blätter
Stuttgart: Familienfreund-Verlag Eugen Schleicher
1948-60
0,50/0,60, 28-64 Seiten
20 x 29,5 cm (1-mind. 30, ab 27 z.T. etwas weniger hoch)/15,5 x 22 cm (ab ? zumindest teilweise)
A: Hannes Kempp (23, 65), Alfons Zech (12, 15, 19...) u.a.
1 6,00
2-26 4,00
27-184, ab 1954 jahrgangsweise, insgesamt
303 Nummern 3,00
Kriminalromane- und Abenteuerromane 5,00
Hinweis: Überwiegend Liebesromane, einige Kriminal- und Abenteuerromane.

Roman der Zeit
Hamburg: Stern-Verlag
1950-53
0,50, 48-64 Seiten, 15 x 21 cm
A: Sax Rohmer (1, 5, 10) u.a.
1-93... 3,00
Nr. 1, 5, 10 (u-p) 30,00
Hinweis: Überwiegend Liebesromane.

Roman des Monats
Köln: Verlag Franke & Co.
1948-49
0,50, 20-26 Seiten, 22 x 30 cm
A: diverse
1-7 6,00
Hinweis: Liebesromane.

Romane der Leidenschaft (1-59/
Der moderne Liebesroman (ab 60)
Hannover-Berlin: Diamant-Verlag
1950-52
0,30/0,40/0,50, 32 Seiten, 15 x 20,5 cm
A: Diverse
1 14,00
2-58 8,50
59-63... 12,00

Romane der Liebe und Leidenschaft
Wuppertal: Verlag „Die Lampions"
1949
0,50, 32 Seiten, 14,5 x 21 cm
A: Ellinor Barrada (2)
o.Nr. Die Gangsterbraut 25,00
o.Nr. Tango argentino 25,00
o.Nr. Das Testament der Tatarin 25,00
o.Nr. Die sieben Todsünden 25,00

Romane der Welt
Hamburg: Hans A. Keune Verlag (Rechteinhaber: Verlag Karl Curtius)
1949-1950...
0,50, 28-64 Seiten, 21 x 30 cm,
ab 3?: 14,5 x 20,5 cm
A: Diverse

o.Nr. Der Rumkönig von Guayana (A)................ 15,00
o.Nr. Was sagt Herr Bruck dazu? (K)................. 15,00
o.Nr. Sie lügen Herr Draß! (K) 15,00
o.Nr. Die Dame mit den schwarzen
Handschuhen (L) 15,00
o.Nr. Marga macht Seitensprünge (L)................ 15,00

Romane des Herzens
Lübeck: Wullenwever Druckverlag
1949
0,50, 32 Seiten, 20,7 x 28,3 cm
o.Nr Jagd nach Serum X (Ab)........................... 70,00
Hinweis: Auf Seite 3 Untertitel: Ein Abenteuerlicher Kriminal – und Liebesroman. Auf der Rückseite Werbung für das Romanheft „Spannung–Tempo–Sensationen". Vermutlich 1949 erschienen.

Romane des Lebens
Berlin-Traisa bei Darmstadt: Jupiter-Verlag
1950
0,30, 32 Seiten, 14,5 x 20 cm
A: Hermann Lienhart (1, 2, 6), Fred K. Elin (3), Rolf (Ralf) Hardy (4, 5, 7, 8)
1-8 30,00

Romane des Lebens
Sittenbilder aus aller Welt
Darmstadt: Verlag für moderne Literatur
ca. 1952
1,00, 32 Seiten, 14,5 x 20,5 cm
A: o.A.
1.. 35,00
2-5 40,00

Der Roman-Erzähler (1-17)/
Roman (ab ...20)
Köln: Volker-Verlag (Auslieferung: Rufu-Verlag (1-8?)/Bastei-Verlag Ilse Tormin (mind. ab 9)
1949-50
0,50, 48 Seiten, 15 x 22,5 bis 17 x 24,5 cm
A: Heinz Bruno Decker („Der unerbittliche Ruf") u.a.
1 Wird Leona warten? 60,00
2 Geheimnis um Petra..................................... 60,00
3 Um Bruder, Braut und Erbe........................... 60,00
4 Licht im Schloß.. 60,00
5·Zwischen zwei Frauen................................... 60,00
6 Gloria im Schnee 60,00
7 Der Narr im Gobelin....................................... 60,00
8 ...und zweitens als man denkt....................... 60,00
9 Arme kleine Hetty 80,00
o.Nr. Barbara im Zwielicht................................ 80,00
o.Nr. Das verlorene Ich 80,00
o.Nr. Die gelbe Maske 80,00
o.Nr. Ich warte auf Dich..................................... 80,00
o.Nr. Gespenster um Schloß Rosenbruck.......... 80,00
o.Nr. Mädchen um 30... 80,00
o.Nr. Der Fall Wasenius 80,00
o.Nr. Entlarvt.. 80,00
o.Nr. Der unerbittliche Ruf................................. 90,00
o.Nr. Georgas Ruf in den Aether 90,00
o.Nr. Lotte... 100,00
Hinweis: Liebes- und Kriminalromane. Einige Nr. sind ND der gleichnamigen VK-Serie. Fortsetzung der Serie in BASTEI-ROMANE und DER BASTEI-LIEBES-ROMAN.

Romane von tausend Lagerfeuern
Wuppertal: Verlag „Die Lampions"
1948
0.P., 32 Seiten, 15 x 22,5 cm
A: Bob Roy
o.Nr. Der Blutsbruder.. 60,00
Hinweis: Siehe auch ALADDIN ROMANE.

Roman-Freund
Darmstadt: Wolfgang Marken Verlag, 1957-58
0,60, 64 Seiten, 15,5 x 22,5 cm
A: Wolfgang Marken u.a.
1-123 siehe GÜLDENSEE
124-200 (Liebesromane) 137 a + b 3,00

Der Roman für Sie
Stuttgart: Gross-Talmon-Verlag
1949
0,50, 50 Seiten, 14,5 x 20 cm
A: Diverse
1 Liebe und Diebe im Berghotel......................... 10,00
2 Trinidad (K).. 10,00
3 Verbrechen um KCN.. 10,00

Roman-Post
für spannende Unterhaltung
Jedes Heft ein abgschlossener Roman
Hamburg-Wandsbek: Fox Verlag W.Lüdemann
ca.: 1949/1950
Zeitungsformat
0,20, 16 Seiten, 23,0 x 32,0 cm.
1 Diese Augen sahen den Mörder (K) 50,00
2 Schüsse auf der Schatzinsel (K) 30,00
3 Flug zu Marion (Ab) 30,00
4 Das Geheimnis der blauen Limousine
(Spione im Atomkraftwerk) (K) 30,00
5 Tödliche Fracht (K) 30,00
6 Honney setzt sich durch (L) 7,00
7 Liebe unter dem Kreuz des Südens(Ab-L) 25,00
8 Geliebte Cornelia (L-S) 12,00
9….45 ? 6,00
Hinweis: höhere Nummern vermutlich meistens Liebesromane

Romanpost
Hamburg: Verlag Mein Roman Otto Melchert
1949
0,25, 32 Seiten, 15 x 21,5 cm
A: Hannes Kempp (1) u.a.
o.Nr. Der Schatten des Puma (Ab) 12,00
o.Nr. La belle Lisette (L).. 6,00
o.Nr. Das Tal der Kopflosen (Ab) 12,00
o.Nr. Die Insel ohne Mitleid (Ab) 12,00

Roman-Quelle
(blaues Bild, große Ausgabe)
Schweiz: Hallwag/München: Neuzeit-Verlag
ca. 1952-1961
80 Cts, 48 Seiten (...1091...)/96 Seiten (ab ...1099), 23 x 31 cm (...1091...)/15,5 x 22,5 cm (ab ...1099)
A: diverse
...1091-1194... 2,50

Roman-Quelle
(rotes Bild)
Schweiz: Hallwag/München: Neuzeit-Verlag
ca. 1954-62
60/70/80 Rp. bzw. 0,50/0,60/0,70, 64 Seiten, 15,5 x 22,5 cm
A: diverse
...933-970... 2,50
...2001-2433... 2,50

Roman-Quelle
(blaues Bild)
Schweiz: Hallwag/
München: Neuzeit-Verlag
ca. 1960-69
90 Rp./0,80 DM, 64-80 Seiten, 15,5 x 22,5 cm
A: Diverse
1-1100 siehe gelbe Ausgabe
1101-1434 2,50
Hinweis: 1101-1238 =
ND Von NEUZEIT KRIMINAL u.a.
1239-1314 = EXTRA KRIMI 1-76
1315-1422 = NEUER KRIMI 1-108
1423-1426 = KRIMI KNÜLLER 1-4
1427-1434 = NEUER KRIMI 109-116

Roman-Quelle
(gelbes Bild)
Schweiz: Hochuli AG/
München: Neuzeit-Verlag, 1968-70
90 Rp./0,80 Fr/1 Fr, bzw. 0,80/0,90 DM
64 Seiten, 15,5 x 22,5 cm
A: Diverse
701-890 2,50
Conny Cöll Nr. 4,50
Hinweis: 701-774 = RAUHER WESTEN 1-74
775-801 = NEUER WESTERN 1-27
802-890 = ND von NEUZEIT WILDWEST.
Weitere Ausgaben (grünes Bild, rotes Bild, GROSSE Ausgabe) sind noch nicht recherchiert.

Roman-Quelle
Landau: Neuzeit-Versand, ca. 1966
1 fr., 64 Seiten, 15,5 x 22,5 cm
A: Konrad Kölbl
o.Nr. Kampf um den Jackson-Rubin 12,00

Roman-Ring
Hamburg: Verlag Otto Melchert, 1949

0,30, 32 Seiten, 15,5 x 21 cm
A: Diverse
1-9 (Liebesromane)... 5,00

Romantik – Liebe - Abenteuer
Herford: Verlag „Die Welt“ (1)/
Bayreuth: E. Schmid (Hrsgb.) (2)
ca. 1949
o.P. (1)/0,40 (2), 76 Seiten (1)/32 Seiten (2)
14,5 x 20 cm (1)/12 x 17 cm (2)
A: Harry Randolf
1 Die Flucht nach Übersee................................ 40,00
2 Rätsel um Rudolf Brandner (K)....................... 30,00

Die Roman Truhe Reisebücherei
Siehe TRUHE-REISE-BÜCHEREI

Romanwelt Siehe BUNTE ROMANWELT

Ron Kelly
Rastatt: Zauberkreis Verlag
1985-86
1,70,
64 Seiten, 15,5 x 22,5 cm
A: o.A. (Jürgen Grasmück)
1 (u-p)... 8,50
2-22 (u-p)... 6,00

Ronco
Rastatt: Erich Pabel Verlag
1972-81
1,00 bis 1,60, 66 Seiten, 15,5 x 22 cm
A: Diverse
1.. 50,00
2.. 30,00
3-10... 25,00
11-20... 15,00
21-50... 10,00
51-100... 6,00
101-200... 5,00
201-480... 3,00
481-490... 5,00
491-493... 20,00
Sonderbände.. 8,00
Hinweis: Von Nr. 100-395 erschien jede 5. Nr. als Sonderband („aus Roncos Tagebuch“).
2. Auflage ab 1975 Nr. 1-320

Der Rote Corsar
Hamburg: Hans Kilian-Verlag
1951-52
0,40, 32 Seiten, 14,5 x 21 cm
A: Hans Kilian
1.. 110,00
2-4... 30,00
5-6... 15,00
7-19... 11,00
20-31... 12,00
32.. 180,00
33.. 110,00
34-36... 18,00
37... 25,00
38-40... 15,00
Nachdruck Nr. 1 3,00
Nachdruck Nr. 1 (nummeriert und signiert) 9,00
Hinweis:
Titelbilder von Günther Rohde: Nr. 1, 17-27, (28), 29-31 (Nr. 28 nur Figur im Vordergrund).
Innenzeichnungen von Günther Rohde: Nr. 1-30.

Die rote Hand
Rastatt: Erich Pabel Verlag
1960-61
0,60/0,70, 64 Seiten, 15,5 x 22 cm
A: Frank Gruber, Henry Kane u.a.
1.. 8,00
2-20.. 6,00

Roter Kriminal Roman
Karlsruhe: Verlag W. Constantin
1960
0,60/0,70, 64 Seiten, 15 x 22,5 cm
A: Diverse
1.. 8,50
2-10.. 4,50
11-48... 3,50
Hinweis: ND von THRILLER (Pabel Verlag) u.a.

Rote Roman Reihe
Koblenz: Verlag „Rote Roman Reihe"?
?
0,50, 64 Seiten, 15,5 x 21,5 cm
A: L.M. Hecker-Niessler, Robert Arden (3)
1 Das Mädchen vom Satanshof 20,00
2·Im Schatten der Schuld.................................. 20,00
3 Perlen, Kopra und Banditen 35,00

Roter Wildwest Roman
Lüdenscheid: Fr. Staats GmbH
(Gesamtherstellung)
ca. 1965-69
o.P., 64 Seiten, 15,5 x 22 cm
A: Diverse
1-100 nicht erschienen
101-249 2,50
Hinweis: ND von CONSTANTIN WILDWEST-ROMAN, PABEL WESTERN, LUNA-WESTERN.

Rote Schlange
Frankfurt: Deutscher Kleinbuch-Verlag Werner Nowack (1-12)/Hamburg: Verlag Friedrich Petersen (ab 13)
1950-54
1,00, 80 Seiten, 15 x 20,5 cm
A: G.L. Hipkiss
1... 50,00
2... 25,00
3-5 20,00
6... 40,00
7, 8... 20,00
9... 33,00
10-15 20,00
16-18 22,00
19-26 33,00
27... 40,00
28... 75,00
29-45 15,00
46... 33,00
47... 40,00
Hinweis: Es gibt auch Bücher und eine öst. Heftserie (Der Kapuzenmann). Folgende öst. Texte sind in der deutschen Serie nicht erschienen: CONDOR Nr. 4, 6, 8, 10, 12 und COLIBRI Nr. 2.

Die Rothaut
Rastatt: Erich Pabel Verlag
1959-1961
0,50 (1-36)/0,60 (37-72), 48 Seiten (1-36)/
64 Seiten (37-72), 15,5 x 22,5 cm
A: o.A. (meistens Gerhard Fischer)
1... 70,00
2... 55,00
3-12 35,00
13-36 40,00
37-60 50,00
61-70 55,00
71... 70,00
72... 85,00
Nachdrucke (Hethke-Verlag) 1-12 3,00
Nachdrucke 13-72... 7,50
Hinweis: Fortgesetzt als TOLLKÜHNER WESTEN.

Roy Mac Coy's kleiner Edgar Wallace
Siehe KLEINE EDGAR WALLACE, DER

R.S.Field
Hamburg: Martin Kelter Verlag
2005
1,35, 66 Seiten, 15,5 x 22,5cm
A.: Diverse
1-22 1,00

Rubin Roman
Speyer und Hamburg: Intergrossa
1956-64
o.P., 64 Seiten, 15 x 21,5 cm
A: Diverse
ca. 15 Hefte o.Nr. 2,50
Nr. 72 Die Liebe hat viele Gesichter 2,50
Nr. 74 Drei Jahre und sechs Tage....................... 2,50
Hinweis: Remittenden mit neuem Umschlag von HUMOR INS HAUS, LORE, Wildwest- und Kriminalreihen.

Rund um die Welt mit dem fliegenden Pater
Aschaffenburg: Paul Pattloch Verlag
1958-60
1,00 (Nr. 6/7 = 1,95), 68 Seiten (Nr. 6/7 = ?)

14,5 x 20,5 cm
A: Emil Droonberg (6/7) u.a.
1-5 7,00
6/7 15,00
8-10 7,00

Saar-Verlag
(Saarbrücken)
ca. 1948
0,15, 32 Seiten, 11 x 15,5 cm
A: Diverse
o.Nr. Ein seltsamer Zwischenfall (u-p) 25,00
o.Nr. Gebremste Fahrt 20,00
o.Nr. Wo ist Herr Simeon? 28,00
o.Nr. Ihr Mann 30,00
Hinweis: Ohne Serientitel

Saba-Western
Siehe HALLBERG und HALLBERG-WESTERN

Die Sängerin
o.O. o.J. (ca. 1948)
0,30 (? so laut nachträglichem Preisstempel), 52 Seiten, 14 x 19 cm
A: Werner A.T. Selve
o.Nr. Die Sängerin (L) 30,00
Hinweis: Ohne Serientitel. Offenbar bedingt durch die damalige Papierknappheit wurde für die Seiten 1-8 und 41-48 ein andersfarbiges Papier verwendet als für die übrigen Seiten.

Salon Roman + Magazin
Solingen: Edition de Salon im Allianz-Verlag
1950
0,60 64 Seiten, 16 x 11,5 cm (Querformat)
A: Wilfred von Goenrath
1 Dämone der Nacht 200,00
2·Die Sekte des David Bartholomä 200,00
angekündigt: Die Fürstin Erotica
Hinweis: „Die erotischen Abenteuer des Weltenbummlers Peter Wrenn". Mit einigen Aktfotos illustriert. Die letzten 24 Seiten enthalten diverse Kurzbeiträge und Kleinanzeigen. Der Preis ist auf der Rückseite des Heftes angegeben.

Samba
Erotik, Spannung, Leidenschaft
Hamburg: Martin Kelter Verlag
1,95 DM, 66 Seiten, 17,0 x 24,0 cm
1– 16 3,00

Sam und Sally
Das Krimipaar mit Rose und Colt
Bergisch Gladbach: Bastei-Verlag, 1975-77
1,20, 64 Seiten, 15,5 x 22,5 cm
A: M.G. Braun
1 10,00
2-46 4,00
Hinweis: Es gibt auch TB.

Sandra King
Rastatt: Zauberkreis-Verlag, 1982-85
1,60/1,70, 66 Seiten, 15,5 x 22,5 cm
A: Spencer Spratt
1 7,00
2-60 3,00
61-65 5,00
Hinweis: Es gibt auch Taschenbücher.

Santana
Der Mann, der zur Legende wurde
Bergisch Gladbach: Bastei-Verlag
1976-81
1,20 bis 1,50, 66 Seiten, 15,5 x 22,5 cm
A: Frederick Nolan
1 7,00
2-120 4,00

Schattenreich
Bergisch Gladbach: Bastei-Verlag
2004-2005
1,50, 66 Seiten, 15,5 x 22,5cm
A.: Diverse
1-26 2,00
Hinweis: Es existiert eine 0-Nummer, die einem Magazin beigelegt war.

Scheinwerfer Serie
Nürtingen: Buchdruckerei Karl Henzler
ca. 1946
0,35 (teilweise o.P.), 22-32 Seiten
15 x 20,5 cm
A: Diverse
o.Nr. Schmuggler unter uns 100,00
o.Nr. Tom der Polizeireiter (n. n. nachgewiesen)
o.Nr. Ich wurde die Frau
des Maharadscha 150,00

Scherzo
Köln: Wolfgang Marken Verlag
1964-65
0,70, 66 Seiten, 15 x 22 cm
A: Hannes Peter Stolp (5, 8, 11, 15, 18), u.a.
1 12,00
2-10 7,00
11-39 6,00
Hannes Peter Stolp-Nr. 12,00

Schild Hefte
München: Schild-Verlag, 1953-54
0,40, 32 Seiten, 14,5 x 21 cm
A: Diverse
1 14,00
2 8,50
3-4 3,00
5-12 8,50
13 30,00
14-16 12,00

Schinderhannes
Siehe DIE KLEINE VOLKSBÜCHEREI

Der Schlüssel-Roman
Frankenthal: Schlüssel-Verlag
1949
0,50, 64 Seiten, 14,5 x 20,5 cm
A: Axel Rudolph (2), Hermann Hilgendorff (3), u.a.
1 Der Andere - Eine Frau 25,00
2 Die gelbe Guayana 25,00
3 Pfeile aus dem Jenseits 25,00
Hinweis:Nr.3 textgleich mit SILBER ROMAN Nr 42.

Schoko Krimi
G.-man Jerry Cotton
Imhoff (Schokoladenfabrik)
o.J. ca 1961
100 Seiten, 11,5-7 x 15 cm.
A: o.A.
o.Nr. Sing Sing ist kein Erholungsheim 27,00
o.Nr. Vorm Sterben einen Drink 20,00
o.Nr. Ein Gangster starb im Niemandsland 27,00
Hinweis: Werbeausgaben in Lizens des Bastei Verlages, 2.Umschlagseiten mit Werbung für die Schokolade, 3. Mit Werbung für die Schoko Krimis.
Die Titelbilder (s/w Fotos aus Filmen) befinden sich auf den Rückseiten!
Die drei erscienen werden als Serie A bezeichnet (Reihenfolge wie oben angegeben) und zwei Titel einer Serie B angekündigt.
Gangster zahlen auch mit Blei
Die Panik kam per Telefon
Diese Bände wurden aber nicht mehr veröffentlicht.

Die schönsten Schilderungen aus Brehms Tierleben
Bad Pyrmont: Neues Verlagshaus für Volksliteratur
1952-57
0,50, 32 Seiten (je 12 Hefte durchnumeriert von Seite 1-384), 14,5 x 21 cm
A: neu bearbeitet von Ulrich Dunkel
1 7,00
2-40 3,50
41-60 7,00
61-70 12,00
71-83 18,00
84 30,00
Hinweis: Neuausgabe der VK-Serie in z.T. geänderter Nummerierung.

Der Schuss in die Flamme
Castrop-Rauxel: Stadtpfeifer Verlag
ca.1948
0,25; 18 Seiten, 15 x 20,5 cm
A: Otto Goldbaum
o.Nr. Der Schuss in die Flamme 70,00
Hinweis: Ohne Serientitel.

Die schwarze Hand
Stuttgart: Signal-Verlag
1953-54
0,40, 32 Seiten, 1 5 x 22 cm
A: Diverse
1-2 (u-p) 35,00
3-6 10,00
7-36 8,00
37-39 .... 10.00
Sonderheft 10,00
Hinweis: Nr. 1, 2, 4, 5, 7, 8, 12, 15-17, 21, 26, 27, 32, 33, 35 (u-p).

Die schwarze Katze
Wuppertal: Verlag „Die Lampions“
1948
o.P., 32 Seiten, 17,5 x 24 cm
A: E.A. Poe
o.Nr. Die schwarze Katze (u-p) 40,00
Hinweis: Ohne Serientitel. 4 Kurzgeschichten.

Der schwarze Maskenreiter
Siehe DER NEUE MOEWIG-WESTERN

Die schwarzen Steine
Eine Sammlung kriminalistischer Erlebnisberichte
Stuttgart: Verlag Helmut Seiler
1948
o.P., 100 Seiten, 10 x 19,5 cm
A: Franz von Schmidt
1-2 20,00
Schutzumschlag (schwarz-rot kariert) 20,00

Schwarze Perle
Tränen, Sünde, Leidenschaft
Braunschweig: Planet-Verlag
1950-51
0,50, 48 Seiten (Nr. 1-4 von Seite 1-200 fortlaufend paginiert), 15 x 21,0 cm
A: Harald Helge
1 70,00
2-12 60,00
Nachdrucke 5,00
Hinweis: Auf 60 Folgen angelegte Abenteuerserie mit fortlaufender Handlung.

Schwarze Perlen
Der Neue Post-Roman für die Frau
Rastatt: Erich Pabel Verlag
1973-1975
0,60 - 0,70, 36 Seiten
A.: Anne Hatfield
1-80 1,00
Hinweis:
Heft 81 wurde angekündigt, ist aber nicht erschienen. Es existiert eine 40-bändige Neuauflage von 1977 unter dem Titel: „Die schwarzen Perlen - Roman um das Schicksal einer Frau“ (2 Hefte / Band)

Schwarzer Pirat
Frankfurt a.M.: Deutscher Kleinbuch Verlag Werner Nowack (1-17)/
Hamburg: Verlag Friedrich Petersen (ab 18)
1950-55
1,00, 80 Seiten (Nr. 12-14 = 64 Seiten)
14,5 x 20,5 cm
A: Arnaldo Visconti
1 40,00
2 20,00
3 27,00
4-5 20,00
6-21 19,00
22-25 27,00
26 30,00
27 27,00
28-51 17,00
52 50,00
53-59 35,00
60 70,00
Hinweis: Es gibt Bücher und eine öst. Serie (EL PIRATA NEGRO).

Science Fiction
Rastatt: Zauberkreis-Verlag
1966-85
0,80 bis 1,70, 64 Seiten, 15,5 x 22,5 cm
A: Diverse
1 15,00
2-50 8,00
51-100 6,00

101-280 3,00
281-296 10,00

Science Fiction Zukunftsroman (1-20)/
Science Fiction Raumschiff Promet/ bzw.
Astro-Sonderband (ab 21)
Köln: Andromeda-Verlag (1-26)/
Astro-Verlag (ab 27)
1971-74
1,50, 64 Seiten, 15 x 23 cm (Nr. 22: 15 x 21 cm)
A: Diverse
1 7,00
2-10 5,00
11-20 4,50
21-41 2,50
42-65 6,00
Raumschiff Promet 1, 3, 5, 7, 9, 11, 13, 15,
17, 19, 21-42, 44-53, 55-57, 59-61, 63-65 8,00

Scotland Yard 333
Feucht: C. Hessel (Druckerei), ca. 1970-73
0,80 bis 1,00 (teilweise o.P.), 64 Seiten
15,5 x 21,5 cm
A: Diverse
1-300 nicht erschienen
301-464 2,00
Hinweis: ND von INSPEKTOR K, LARRY LESTER, GERRY THOOK 2. Serie, SCOTT KELLY u.a.

Scott Kelly Siehe HALLBERG

Seefahrt in aller Welt
Anker Hefte
München: Arthur Moewig-Verlag, 1954-59
0,50, 32 Seiten (Nr. 23 = 48 Seiten)
14,5 x 21 cm
A: Diverse
1 5,00
2-15 3,00
16-40 4,00
41-44 6,00
45 12,00
46 20,00
47-62 6,00
63 12,00
64-80 7,00
81-95 8,50

Seetiger
Männer der sieben Meere
Köln: Wolfgang Marken Verlag
1978-80
1,50 bis 2,00, 98 Seiten, 15 x 22,5 cm
A Ernst F. Löhndorff (26, 29, 45) u.a.
1 7,00
2-50 4,50
Hinweis: Die Bände 39, 41 und 43 sind Werbebände. Sie bestehen aus jeweils 2 vollständigen Seetiger-Romanen aus dem unteren Nummernbereich. Der Kaufpreis betrug auch hier 2,00 DM.

Seewölfe
Korsaren der Weltmeere
Rastatt: Erich Pabel Verlag
1975-90
1,80 (1-28)/1,50/2,00/2,50/3,00
130 Seiten, 13,5 x 19 cm (1-28)
66 Seiten, 15 x 22,5 cm (ab 29)
A: Adam Hardy (1-11), Roy Palmer,
Fred McMason u.a.
1 40,00
2-11 30,00
12-28 18,00
29 25,00
30-50 8,00
51-100 4,00
101-499 2,50
500 (u-p) 18,00
500 mit Poster 40,00
501-700 2,50
701-750 4,50
751-758 8,50
759 15,00
760 30,00
Nr. 265-266 mit Kartenbeilage in Postergröße, Routen der 1. u. 2. Weltumsegelungen der Seewölfe 45,00
Nr. 280, 300, 353, 400 mit Poster 30,00

FIRUZ ASKIN

Der Mann, der dem „Groschenroman" ein Gesicht verlieh.

Fast jeder Romanheftleser kennt seine Bilder. Nur wenige jedoch den Künstler, dessen packende Illustrationen Woche für Woche zum Kauf der Hefte animieren.

Nun gibt es für die Leser erstmals zu diesen Bildern auch einen Namen: Firuz Askin

Ob Seewölfe, Mr. Dynamit, Kommissar X und unzählige Western- und Karl-May-Romane. Diesen und vielen mehr verlieh der Künstler Firuz Askin mit seiner beeindruckenden Könnerschaft ein unverwechselbares Gesicht.

Firuz Askin – Illustration ist der neue, opulente Bildband aus dem Heider Verlag, bestens bekannt für seine prächtigen Publikationen über Klaus Dill, Renato Casaro und Ertugrul Edirne. Ein Buch, das erstmals einen umfassenden Einblick in das künstlerische Universum von Firuz Askin gewährt, dem großartigen Künstler, der seit über 50 Jahren in bescheidener Zurückhaltung „kleine Kunstwerke" schafft.

Das auf 500 Exemplare limitierte und großformatige Hardcover ist ein echter Genuss für alle Freunde, Kenner und Genießer der klassischen Illustration aus den 50er-Jahren bis in unsere Zeit. Weitere Infos und ein Bestellformular finden Sie unter www.heider-verlag.de.

FIRUZ ASKIN – Illustration ist ab sofort und nur solange der Vorrat reicht zu beziehen im Fachhandel oder bei der

Joh. Heider Verlag GmbH,
Bergisch Gladbach,
Telefon (0 22 02) 95 40-35,
E-Mail: heider@heider-verlag.de,
www.heider-verlag.de

ISBN 978-3-87314-454-5, 59 Euro

Hinweis:
Posterbeilagen gab es in den Heften: 280, 300.
1976-1978 erschien im Moewig-Verlag eine 7-bändige Buchreihe mit den Texten von Nr. 1-11. Buch Nr. 1 zusätzlich mit der Einführungsgeschichte „Der Pulverträger" und Buch 7 mit den beiden Abschlussbänden der englischen Originalserie „Das Kaperschiff" und „Die Schlacht der Seewölfe".
Serienfiguren:
George Abercrombie Fox (1-11).
Philip Hasard Killigrew (12-760).

Seewölfe
Seeabenteuer auf sieben Weltmeeren
München: Arthur Moewig Verlag Band 1-29
Rastatt: Erich Pabel Verlag Band 30-57
1979-1985
4,80, 5,80, 160 Seiten
1 10,00
2-50 4,00
51-56 10,00
57 15,00
Hinweis: Taschenbuchserie

Die Seiltänzerin - Roman einer Liebe
Norden: Hopfer Verlag
ca. 1949
0,50, 40 Seiten
A: G. Engelkes
o.Nr. Die Seiltänzerin - Roman einer Liebe.......... 20,00
Hinweis: Ohne Serientitel.

Seltsame Erlebnisse aussergewöhnlicher Menschen
Eulenthal: Anker-Verlag
1949
0,50, 32 Seiten, 14,5 x 20 cm
A: Frank Astor
4 Der Phantom-Mörder 100,00
Hinweis: Nr. 1-3 nicht erschienen.

Die Sensation
Köln: Herbert K.T. Schütz, Romanverlag Sphinx
ca. 1955
0,50, ?, 20 x 14,5 cm
A: Putschi
1 Attentat auf den „Blauen Teufel" 50,00

Sensationen
Liebe Furcht Tragik Grauen
Hannover-Berlin: Diamant-Verlag (1-3)/
Schaffer-Verlag (ab 4)
ca. 1951-52
1,00, 32 Seiten, 13 x 20 cm
A: Diverse
1-5 8,00
mit Banderole 15,00
Hinweis: Alle Hefte mit Aufdruck „Sonderdruck".

77 Sunset Strip
Hamburg: Neuer Tessloff Verlag
1965-66
1,00, 98 Seiten, 11,5 x 18 cm
A: Diverse
1 7,00
2-34 4,00
35-40 3,00
Hinweis: Erschien gleichzeitig mit der Fernsehserie.

Sexseller ab ? Starfighter Sexseller
Baden-Baden: Star Verlag GmbH später Top Star Verlag GmbH
1972 - ?
2,00-3,00
68-96 Seiten, 15 x 22,5 cm, später 11,5 x 18 cm
A: Stefan Fuchs
1 18,00
2-4 12,00
Taschenbücher (mind. - 52) 5,00
Hinweis: Die Serie mit der durchgehenden Hauptfigur Stefan Fuchs alias Star-Fighter begann als Heft und wurde später auf Taschenbuchformat umgestellt.

Sexton Blake
Rastatt: Erich Pabel Verlag
1962-63
1,00 (1-16)/0,70 (ab 17)
96 Seiten (1-16)/64 Seiten (ab 17)
13,5 x 18,5 cm (1-8)/15,5 x 22,5 cm (ab 9)

A: Diverse
1-16 6,00
17-20 10,00
21-30 12,00

Sexy Wildwest Roman
Aachen: Verlag „Der Freibeuter“
ca. 1973
1,50, 50 Seiten, 19,5 x 27,5 cm (1-17)
80 Seiten, 14 x 21,5 cm (18)
A: Diverse
1 90,00
2-18 75,00

S:F One später **Action**
Special Force – Die Spezialisten
Bergisch Gladbach: Bastei-Verlag
2004-2005
1,50, 65 Seiten, 15 x 22 cm
A: Michael J. Parrish
1-24 1,50

S:F One
Das Romanmagazin für Actionfans
Bergisch Gladbach: Bastei-Verlag
2004-2005
2,50, 130 Seiten, 18,5 x 24,5 cm
07/04 - 01/05 2,50
Hinweis: Nachdruck von jeweils 2 Romanen der Serie S:F One mit einem zusätzlichen Magazinteil. Ab Heft 10/04 Änderung des Titels in ACTION.

Sheriff Western
Rastatt: Erich Pabel Verlag
1972-74
1,00/1,20, 66 Seiten, 15,5 x 22,5 cm
A: Diverse
1 7,00
2-90 4,00

Signal
Hamburg: Verlag Presse-Buch
W. Hermann & Co.(1-15)/ Coburg: Verlag
Coburger Tageblatt (ab 16)
1953
0,50, 32 Seiten, 17 x 23,5 cm (1-6)/
15 x 22,5 cm (ab 7)
A: Dietrich Köhr (6) u.a.
1-15 15,00
16-18 8,50
19 12,00
Hinweis: Nr. 10-11 erschienen als SH 1-2.
Nr. 19 = (u-p).

Silberdollar
Hamburg: Martin Kelter Verlag
1. Auflage 1968-1969, Nachdruck 1971-1973
1,20, Nachdruck 0,90/1,00, 66 Seiten,
15,5 x 22,5 cm
A: Diverse
1 3,50
2-56 2,00
Hinweis: Jede ungerade Nr. von 1-21, 24, 27 = ND von DOC HOLLIDAY.

Silber Grusel-Krimi
Rastatt: Zauberkreis-Verlag, 1971-86
1,00 bis 1,70, 64 Seiten, 15,5 x 22.5 cm
A: Diverse
1-50 siehe SILBER-ROMAN
51-100 3,50
101-300 2,50
301-400 2,00
401-450 4,50
451-494 7,00
Dan Shocker-Nummern bis 100 10,00
über 100 6,00
Hinweis: Nr. 5-7,14, 17, 25, 26 wurden in höheren Nr. nachgedruckt.
Serienfigur:
Larry Brent (A: Dan Shocker) 51-69, jede ungerade Nr. von 71-95, 98, 100, 102, 104, 106, 108, 111, 114, 117, 120, 122, 124, 126, 128, 130, 132, 134, 138, 140, 142, 144, 146, 150, 156, 162, 166, 172, 178, 182, 188, 192, 196, 200, 204, 208, 212, 216, 220, 224, 228, 232, 236, 240, 244, 248, 252, 256, 260, 264, 268, 272, 276, 280, 284, 288, 294, 297, 300, 303, 306, 309, 312, 315, 318, 321, 324, 327, 330, 333, 336, 339, 342 (danach eigene Serie).

Silber Grusel-Krimi
Neuauflage
Rastatt: Zauberkreis-Verlag
1970-78
0,90 bis 1,20, 64 Seiten, 15,5 x 22,5 cm
A: Diverse
1 4,50
2-50 3,50
51-117 1,50
Sonderband 1 6,00
Hinweis: Nr. 1-50 = ND der Larry Brent-Hefte aus SILBER-KRIMINAL, ab Nr. 51 ND von SILBER GRUSELKRIMI, Sonderband 1 = ND von SILBER-KRIMINAL 942.

Silber Krimi
Rastatt: Zauberkreis-Verlag
1980-84
1,50 bis 1,70, 64 Seiten, 15,5 x 22,5 cm
A: siehe Hinweis
1 3,50
2-61 1,50
62 nicht erschienen
63-75 1,50
Hinweis: John Cain jede gerade Nr. von 2-42 außer Nr. 24 (A: Robbie Kellog, ND von SILBERKRIMINAL).
Pat Wilding jede ungerade Nr. von 1-41 + Nr. 43-56, 63-75 (neue Texte).
Rascasse (A: Cater St. Clair) Nr. 57-62.

Silber-Krimi
Silber-Kriminal
Silber-Kriminal-Roman
Siehe SILBER-ROMAN

Silber-Kriminal-Roman (rotes Bild)
Siehe DER TATSACHEN-ROMAN

Silber-Roman
Titel wechselte wie folgt:
SILBER-KRIMINALROMAN/
DER KRIMINAL-ROMAN/
SILBER-KRIMINAL-ROMAN/
SILBER-KRIMI/
SILBER-KRIMINAL / SILBER-KRIMI/
SILBER KRIMI SPIONAGE
Rastatt: Zauberkreis-Verlag
1952-77
0,50 bis 1,20, 64 Seiten (Nr. 92 = 80 S.)
15,5 x 22,5 cm
A: Peter Dando (1, 2, 4),
W.L. Gebauer (3, 18, 26),
Hermann Hilgendorff (42), C.V. Rock,
Kurt Selter, Karel Manders (d.i. Otto Flake) (240),
Robert Arden u.a. (siehe auch Hinweis)
1 60,00
2 40,00
3-10 25,00
11-70 15,00
71-100 10,00
101-233 8,00
234-700 4,00
701-1094 3,00
Nr. 263 (Hanns Hart) 14,00
Butler Parker-Nummer 402 20,00
andere Butler Parker-Nummern 10,00
Phantom von London-Nummern 8,00
Silber Grusel-Krimi Nr. 747 100,00
Silber Grusel-Krimi Nr. 942 15,00
Silber Grusel-Krimi-Nummern bis 800 12,00
über 800 10,00
Hinweis: Die ungeraden Nr. von 27-93 sind Wildwestromane!!!
Die wichtigsten Serienfiguren:
Butler Parker (A: John D. Acton, ab Nr. 952 Günter Dönges) 402, 410, 419, 425, 429, 433,441, 446, 452, 462, 468, 473, 477, 482, 487, 491, 496, 500, 504, 509, 513, 517, 519, 526, 530, 534, 539, 543, 548, 552, 556, 560, 564, 569, 573, 577, 581, 585, 589, 593, 597, 601, 605, 611, 616, 620, 624, 628, 632, 636, 640, 644, 648, 652, 656, 660, 664, 668, 672, 676, 680, 684, 688, 692, 696, 700, 704, 708, 712, 716, 720, 724, 728, 732, 736, 740, 744, 748, 752, 756, 760, 764, 767, 772, 776, 780, 784, 788, 792, 796, 800, 804, 808, 812, 816, 820, 824, 828, 832, 836, 840, 844, 848, 852, 856, 860, 864, 868, 872, 876, 880, 884, 888, 892, 896, 900, 904, 908, 912, 916, 920, 924, 928, 932, 936, 940, 944, 948, 952, 956, 960, 964, 968, 972.

Pat Wilding (A: o.A.) 50, 62, 74, 82, 96, 103, 442, 464.
Sweety Bun (A: Paul Ernest) 759, 766, 774, 783, 791, 795, 805, 811, 821, 827, 835, 843, 853, 859, 869, 871, 877, 883, 891, 901, 911, 919, 933, 953, 973.
Larry Brent/Silber Grusel-Krimi (A: Dan Shocker) 747, 753, 761, 771, 777, 781, 786, 790, 797, 802, 806, 810, 814, 818, 822, 826, 834, 838, 842, 847, 851, 857, 862, 866, 870, 874, 878, 882, 886, 890, 894, 898, 902, 906, 910, 914, 918, 922, 926, 930, 934, 938, 942, 946, 950, 954, 958, 962, 966, 970, 974 (danach eigene Serie). Nr. 942 erschien als Sonderband 1 (mit 4 KG).
Jeff Conter 283, 288, 294, 300, 306, 311, 319, 326, 334, 339, 344, 350, 594, 600, 602, 608, 615, 621, 627, 633, 637, 645, 653, 659, 665, 671, 685 (zwischen 350 und 594 eigene Serie).
John Bennet (A: Bert Floorman) 610, 614, 618, 622, 626, 630, 634, 638, 642, 646, 650, 654, 658, 662, 666, 670, 674, 678, 682, 687, 693, 697, 701, 707, 713, 717, 725, 729, 743, 749, 775, 782, 793, 817, 831, 849, 855, 863, 875, 897, 905, 917, 921, 949.
Sandra King (A: Spencer Pratt) 1062,1066.
John Cain (A: Robbie Kellog) 854, 861, 873, 879, 885, 893, 909, 925, 957, 965, 975, 978, 982, 984, 986, 990, 993, 996, 998, 1001, 1004, 1006, 1009, 1011, 1015.
Die Greifer (A: Bert F. Atkins) 887, 895, 899, 903, 907, 915, 923, 927, 931, 937, 941, 947, 951, 955, 959, 963, 967, 971, 976, 980, 985, 991, 997, 1000.
Das Phantom von London (A: Robert Wallace) 694, 698, 702, 706, 710, 714, 718, 722, 726, 730, 734, 738, 742, 746, 750, 754, 758, 762, 770, 778.
Nr. 146, 196, 373, 379, 445, 565, 571, 602, 605, 620, 624, 664, 672, 676, 680, 700, 720, 820, 845, 867, 881, 904, 913, 929, 983, 988, 989, 994, 995, 1002, 1008, 1010, 1012, 1018, 1023, 1033, 1034, 1044 (u-p).
Hinweis: Heft 1 und 4 sind Nachdrucke von Nr. 54 und 59 der GOLDMANN-KRIMINALBIBLIOTHEK (1935-39). Einige Butler Parker Nummern erschienen zuvor im BASTEI-KRIMINALROMAN.
Nr. 108 SKANDAL IN MANHATTEN (A: Bill Scot) gibt es auch als Tarnschrift der damals verbotenen KPD. Erscheinungsdatum vermutlich ca. 1956. Das Heft beginnt mit dem Roman - danach die Tarnschrift - extrem selten.

Silber-Roman Wildwest-Reihe
Titel wechselte wie folgt:
SILBER-WILDWESTROMAN/
SILBER-WILD-WEST/
SILBERWESTERN
Rastatt: Zauberkreis-Verlag
1953-96
0,50-2,20, 64 Seiten (Nr. 67 hat 80 Seiten)
15,5 x 22,5 cm
A: Kurt Selter, Axel Berger, Peter Rauenberg, William Hiller, G.F. Unger, Friedrich Gerstäcker (455) u.a. (siehe auch Hinweis)
1-26 siehe Hinweis
27 (siehe Hinweis) 60,00
28-49 (siehe Hinweis) 35,00
50-100 (siehe Hinweis)
Nr. 96 Teil 1+2 25,00
101-149 20,00
150-200 10,00
201-300 5,00
223 (Billy Jenkins Vorkriegsbuch „Männer aus Stahl" 10,00
301-1000 3,00
743 (Billy Jenkins Vorkriegsbuch „Der Rebell von Zamorra" 10,00
1001-1903 2,00
Nr. 77 45,00
Nr. 114, 116 38,00
Nr. 761 180,00
Dan Oakland-Nr. von 1162-1315 5,00
Old Fuzzy-Nr. 3,00
Puma Tom-Nr. 3,00
Hallelujah Fun Western-Nr. 3,00
Hinweis: Nr. 1-26 und die geraden Nr. von 28-94 sind Kriminalromane!
Die wichtigsten Serienfiguren:
William Tex (A: Hermann Hilgendorff) 73, 107, 112.
Tom Mix (A: Hans-Heinz Parry) 77, 114, 116.
Tom Fox (A: Frank H. Wells) 111, 120, 129, 133, 139, 145, 151, 157, 169, 180, 193, 210, 218.
Conny Cöll (A: Konrad Kölbl) 332, 339, 347, 351, 356, 360, 364, 368, 373, 377, 380, 383, 386, 391, 395, 406, 414, 422, 430, 439, 460, 473, 481, 487, 501, 523.
Puma-Tom (A: F.C. Wobbe) 747, 765, 769, 775, 799,

803, 815, 820, 830, 834, 844, 852, 857, 860, 864, 872, 880, 884, 887, 891, 898, 906, 915, 922, 932, 966.
Der blonde Panther (A: Gunter Kappel) 237.
Old Fuzzy (A: F.C. Wobbe) 812, 938, 990.
Halleluja Fun Western 1052, 1054, 1056, 1058, 1062, 1068, 1075, 1082, 1089, 1095, 1101, 1104, 1108, 1138, 1157, 1163, 1172, 1182.
Dan Oakland 1026, 1043, 1057, 1063, 1069, 1074, 1079, 1085, 1090, 1096, 1099, 1106, 1113, 1117, 1120, 1124, 1128, 1137, 1144, 1151, 1162, 1168, 1174, 1180, 1184, 1187, 1191, 1310, 1315 (die Nr. ab 1162 erschienen im Anschluß an die eigene Serie und sind neue Texte!).
Rex Carter (A: Claude Morris) 33, 103, 115.
Nr. 761 „Billy-König der Cowboys“ (A: F.C. Wobbe) ist ein Text über Billy Jenkins.
Nr. 830-881 mit der Comic-Serie „Der Sheriff“.

Simona Roman Siehe FREIZEIT ROMAN

Sir Bronx Siehe DER BARON

Sittenbilder
Essen: Flamingo-Verlag
1951
1,00, 52 Seiten (1), 64 Seiten (2)
14,5 x 20,5 cm (1), 15,5 x 22,5 cm (2)
A: Curt Jürgensen
1 Leidenschaft in Rio 30,00
2 Riskante Nächte auf See 30,00

Sittenbilder aus Frankreich
Hann.-Münden: Stella-Verlag
1950
0,50, 32 Seiten, 14,5 x 21 cm
A: Guy de Maupassant (3 Kurzgeschichten)
o.Nr. Galante Mädchen 18,00

Sittenbilder aus Italien
Hann.-Münden: Stella-Verlag, 1950
0,50, 32 Seiten, 14,5 x 20,5 cm
A: „aus dem Decameron des Bocaccio“
o.Nr. Liebesnächte... 18,00

Sitten-Kriminalroman
Miltenberg: Everwien-Verlag, 1951
0,60, 36 Seiten, 14 x 20 cm
A: Mac Ever
o.Nr. Unheimliche Liebe 30,00
Hinweis: ND von KRIMINAL-ROMAN (Everwien Verlag) „Die Millionen der Lady“.

Sitten-Roman
Mannheim: Mohrmann & Co., ca. 1950
1,00, 48 Seiten, 14,5 x 20,5 cm
A: o.A.
1 Dämon Liebe 30,00
Beilage mit 8 Seiten Fotos 15,00

Sittenroman
Frankturt a.M.: Domo-Verlag M.Ochs (1-4),Domo-Verlag B. Scheidt (5) 1950
1,00, 48-64 Seiten, 15 x 21 cm
A: Diverse
o.Nr. Schrei der Leidenschaft 25,00
o.Nr. Der Dämon (mit Banderole) 35,00
o.Nr. Der Dämon (ohne Banderole) 25,00
o.Nr. Der Lebemann 25,00
o.Nr. Im Sumpf der Großstadt 25,00
o.Nr. Schatz lass doch die Strümpfe an! 25,00
Hinweis: Der zweite Band wurde mit einer hellvioletten Banderole verkauft, Aufschrift: „Aus den Memoiren eines Frauenarztes“.

Sitten-Roman/Sittenroman
Oberursel: Rio-Verlag W. Rickert, 1950-1951
1,00, 48-64 Seiten, 14,5 x 20,5 cm
A: Diverse
o.Nr. Die sündige Tänzerin 30,00
o.Nr. Die Spinne.. 30,00
o.Nr. Liebe ohne Moral 28,00
o.Nr. Schwüle Nächte... 28,00
o.Nr. Die Insel der Amazonen 28,00
o.Nr. Künstlerliebe auf Abwegen 28,00

Sittenroman
Frankfurt a.M.: Frankonia-Verlag
ca.1951

1,00, 64 Seiten, 14,5 x 20,5 cm
A: Hans Peter
o.Nr. Melodie der Sünde.................................... 30,00

Der Sittenroman/
Sittenroman
Nürnberg: Verlag Dr. Rudolf Frank
1951
1,00, 66 Seiten, 14,5 x 21,5 cm
A: Diverse
o.Nr. Kokotte Yvonne 25,00
o.Nr. Die Nacht der Geständnisse...................... 25,00
o.Nr. Ekstase 25,00
o.Nr. Die Insel der Sünde................................... 25,00
Hinweis: „Die Insel der Sünde" = Auszug aus dem Buch „Tapia" von Erich Jordan.

Sitten-Roman o.Nr. Zwischenspiel im Atelier
Siehe LIEBE IN KETTEN

Sittenroman
Frankfurt: Fango-Verlag
1951
1,00, 64 Seiten, 15 x 20,5 cm
A: Diverse
o.Nr. Casino der Liebe....................................... 20,00
o.Nr. Ivette 20,00

Sittenroman
München: Verlag Charlotte Schmid
1952
1,00, 64 Seiten, 15,5 x 23 cm
A: Hermann Wagner
o.Nr. Verschmäht 25,00
o.Nr. Frauen für jedermann................................ 25,00
o.Nr. Verlorene Seele 25,00

Sittenroman (1)/
Sittenroman Sonderausgabe (2)
Miltenberg-Berlin: Everwien-Verlag
1952
1,00, 64 Seiten (1), 48 Seiten (2), 14,5 x 20,5 cm
A: Hans Ichgut (1),
Evelyn Monbijou (2)
o.Nr. Eine Verzweifelte in Paris 28,00
o.Nr. Verhängnisvolle Liebe 25,00

Sittenroman aus dem Dritten Reich
Frankfurt a.M.: WYDO-Verlag
1950
0,50, 32 Seiten, 14,5 x 20,5 cm
A: S. Hero
o.Nr. Die Geliebte des Gauleiters 150,00

Sittenroman aus dem Nachkriegsdeutschland
Oberursel: RIO-Verlag
ca. 1950
0,50, 32 Seiten, 14,5 x 20,5 cm
A: o.A.
o.Nr. Veronika Dankeschön 27,00

Ein Sittenroman aus der
französischen Hauptstadt
Hann.-Münden: Stella-Verlag
1950
32 Seiten, 14 x 20 cm
A: Jules Barbey D'Aurevilly
o. Nr. Gefährliche Liebe.................................... 20,00

Sittenroman aus Paris
Hann.-Münden: Stella-Verlag
1950
0,50, 32 Seiten, 14,5 x 20 cm
A: Gustave Flaubert (aus „Novembre")
o.Nr. Sehnsucht nach Liebe... 18,00

Der Sittenroman der Gegenwart
Oberursel: Rio-Verlag
1950
1,00, 48 Seiten, 15 x 21 cm
A: L. Domo
o.Nr. Im Schatten des Lasters 30,00

Sittenromane (interner Serientitel)
Kassel: E.M. Hauschting-Verlag
1952-53
46-64 Seiten, 14,5 x 20,5 cm
A: Hans Ichgut

o.Nr. Abenteuer in Rio 27,00
o.Nr. Die Dreschgräfin 27,00
o.Nr. Erfüllte Liebe 27,00
o.Nr. Es geht um Gold und schöne Frauen 20,00
o.Nr. Die Hazienda der Liebe........................ 20,00
o.Nr. Irrtum in der Liebe........................ 25,00
o.Nr. Lepra, Leidenschaft und Liebe 27,00
o.Nr. Nonne wider Willen 27,00
o.Nr. Der Schatz des Reichsmarschalls 20,00
o.Nr. Sehnsucht lauer Tropennächte 27,00
2. Ausgabe mit Filmtitelbild 27,00
o.Nr. Zwei Frauen und eine Liebe........................ 27,00
2. Ausgabe mit Filmtitelbild 27,00
Hinweis: Sittenromane mit durchgehender Handlung. Auch als Buch („Es geht um Gold und schöne Frauen") im gleichen Verlag erschienen.

Ein Sittenroman mit zahlreichen Aktaufnahmen
Hann.-Münden: Stella-Verlag
1950-51
1,00, 54 Seiten, 14,5 x 21 cm
A: Diverse
o.Nr. Leidenschaften... 30,00
o.Nr. Der rote Vorhang.. 30,00
o.Nr. Eifersucht.. 30,00
o.Nr. Sein schönstes Abenteuer........................ 30,00
o.Nr. Die Vielgeliebten 30,00
o.Nr. Casanova in Venedig 30,00
o.Nr. Nächte in Sevilla 30,00

Sitten und Liebe aus aller Welt (1-13)
Melodie und Liebe aus aller Welt (14-38)
Leben und Liebe aus aller Welt (ab 39)
Hannover-Berlin: Diamant-Verlag
1951-52
0,50, 32 Seiten, 15 x 20,5 cm
A: Diverse
1.. 14,00
2-38 12,00
39-42... 14,00

Sitting Bull
Siehe PFADFINDER

Skull-Ranch
Bergisch Gladbach: Bastei-Verlag
1979-83
1,30 bis 1,60, 66 Seiten, 15,5 x 22,5 cm
A: Diverse
1.. 7,00
2-10 6,00
11-50 3,50
51-200 2,50

Socorro
Rastatt: Zauberkreis-Verlag, 1980-82
1,50/1,60, 64 Seiten, 15,5 x 22,5 cm
A: Diverse
1.. 6,00
2-57 2,50
Hinweis: Siehe auch WESTERN KING.

So lachte der Landser - Humor in Uniform (1-7)/ **Selten so gelacht** (8-14)/**Gelacht wie selten** (15-...)/**3 mal kurz gelacht** (ab ...19)
Rastatt: Erich Pabel Verlag
1958-86
1,00-2,50, 66-69 Seiten, 14 x 20,5 cm
A: Diverse
1-7 7,00
8-100 4,50
101-331 2,50
Hinweis: Viele verschiedene Untertitel, z.B. „Humor in Uniform und in Zivil" (8-37...). KG-Sammlungen, dann (Nr. ...19ff.) nur noch Witze und Witzgeschichten. Fortsetzung in HUMOR IN ZIVIL UND UNIFORM.

Soldatengeschichten (1-130)
Soldatengeschichten und Fliegergeschichten (ab 131)
München: Arthur Moewig Verlag
1957-64
0,50 bis 0,70, 32 Seiten (1-80)/
64 Seiten (ab 81), 15 x 21 cm (1-80)/
15,5 x 22,5 cm (ab 81)
A: René Darlan (116, 123) u.a.
1.. 7,00
2-40 4,50

1
„bajadere"
50 PFENNIG
MAGAZIN
1
„bajadere"
INHALT:
Film- und Künstlerfotos - Ein besonders spannender Roman - Der neueste Schlager von Michael Jary und andere Überraschungen

ERDIA
DAS liebestolle GESPENST
1.-
JUGEND-VERBOT

Verkauf an Jugendliche verboten!
Sitten-Roman
1.-M
SONDERAUSGABE
Verhängnisvolle Liebe

Im Sumpf der Großstadt
(Dans les bourbiersd'infamie de la grande ville)
erstmalig in deutscher Sprache
64 Seiten ohne Kürzungen
DM 1.-
Dieser Sittenroman darf nicht an Jugendliche abgegeben werden.
Sittenroman
Aus dem Leben einer Dirne

41-80 6,00
81-150 7,00
116, 123 12,00
151-190 8,50
191-200 12,00
201 18,00
202 25,00

Soldatengeschichten Sonderband
München: Arthur Moewig Verlag
1958-61
1,00, 96 Seiten, 14 x 19,5 cm
A: Diverse
1-10 6,00
11-30 7,00
31-40 8,50
41-45 14,00
46-47 20,00

Soldaten Kameraden
Siehe DER LANDSER und
DER LANDSER GROSSBAND

Sombrero
Rastatt: Erich Pabel Verlag
ca. 1966
0,70, 64 Seiten, 15,5 x 22,5 cm
A: Diverse
1 5,00
2-10 3,50
11-55... 2,50
Hinweis: Remittenden von PABEL WILDWEST mit neuem Umschlag und neuen Titelbildern.

Sonny
Hamburg: Verlag R. Glöss & Co (1-82)/
Meteor-Verlag H. Wolff (ab 83)
1951-55
0,40, ab 21: 0,50, 32 Seiten
14,5 x 21 cm, ab 21: 17 x 24 cm
A: Georgia Carell
1a (reguläre Ausgabe 25,00
1b (mit kleiner Palme rechts unten in Titelleiste) 25,00
1c (wie 1b, mit gedrucktem Hinweis „Kostenloses Werbeexemplar") 25,00
2-10 12,00
11-94 6,00
95-100 12,00
79 mit Beilage (Wunschzettel für Sonny-Bücher 3-5 17,00
Hinweis: Auch Ausgabe 1a wurde z.T. gratis abgegeben, dann aber mit Stempel „Unverkäufliches Probeexemplar". Die meisten Ausgaben enthalten einen Comic: Dorle + Mohrle (5-ca. 16), Kleiner Irrtum (32), Trixi (37-48), Hab' Sonne im Herzen (39-44), Basil (50-54, 57-74), Aggie Mack (88-99. Es gibt auch Bücher (Glöss Verlag, 1952-54,112 Seiten, gleiche Autorin, Nr.1-5).

SOS
Schicksale deutscher Schiffe
München: Arthur Moewig Verlag, 1953-60
0,50/0,60, 32-48 Seiten
15 x 21 cm (1-196)/15,5 x 22 cm (ab 197)
A: Diverse
1 8,50
2-4 6,00
5 8,50
6-121 3,50
122 8,50
123-150 3,50
151-170 6,00
171-180 7,00
181-190 8,50
191-196 11,00
197 14,00
198-199 20,00
200 30,00
Hinweis: Siehe DER LANDSER PRÄSENTIERT.

SOS
Schicksale deutscher Schiffe/
Schiffsschicksale auf den Meeren der Welt
Rastatt: Erich Pabel Verlag, 1975-81
1,50 bis 2,50, 64 Seiten, 15,5 x 22,5 cm
A: Diverse
1 10,00

2-158 3,00
Hinweis: Zum Teil mehrere Auflagen, erkennbar an den längeren Titellisten auf den Rückseiten. Nachdrucke aus SOS (Moewig Verlag), + SB, SEEFAHRT IN ALLER WELT, SOLDATEN-GESCHICHTEN + SB, DER LANDSER + GROSS-BAND.

Ein SOS Handbuch
München: Moewig-Verlag
1959
1,50, 112 Seiten, 14 x 19,5 cm
A: Otto Mielke
o. Nr. Die deutschen U-Boote 1939-45 30,00
Hinweis: Siehe SOS.

SOS Sonderband
München: Arthur Moewig Verlag, 1957-60
1,00, 96 Seiten, 14 x 19,5 cm
A: Diverse
1-10 6,00
11-20 7,00
21-25 10,00
26-30 15,00
Hinweis: Siehe EIN SOS HANDBUCH.

Spannende Geschichten
Gütersloh: Bertelsmann Verlag
1949-50 (1-16), 1952-53 (17-28)
0,50/0,40/0,50, 32 Seiten, 14,5 x 21 cm
A: Curt Riedel (6, 20, 28), Karl May (12, 14, 16) u.a.
1-28 8,50
Nr. 12, 14, 16 18,00
Hinweis: Nr. 1-8 ist eine Neuausgabe der VK-Serie. Kein Zusammenhang mit der gleichnamigen Serie vom Rufer-Verlag. Nr. 22 und 27 (u-p).

Spannende Geschichten
Gütersloh: Rufer-Verlag
1954-57
0,25/0,30/0,40, 24-48 Seiten
11,5 x 18,5 cm (1-48)/13,5 x 19,5 cm (ab 49)
A: Hermann Falk (30, 58)/Hansjörg Martin (76), Heinz Helfgen u.a.
1 25,00
2-10 8,50
11-20 4,50
21-40 3,50
41-100 3,00
101-120 3,50
121-130 6,00
131-145 8,50
22, 39, 101, 119 (u-p) 5,00
123, 127 (u-p) 8,50
131, 135, 139 (u-p) 13,00
Hinweis: Kein Zusammenhang mit der gleichnamigen Serie vom Bertelsmann-Verlag.

Spannende Kriminal Kurzgeschichte
Siehe DER MEISTERDETEKTIV

Der spannende Kriminal-Roman
Rastatt: Hebel-Verlag, ca.1964
0,70, 64 Seiten, 15 x 21,5 cm
A: H. Wente (1), Robert Arden (2)
1 Hart an den Rails 2,00
2·Im Dunkel von Manhattan 2,00

Spannender Kriminal Kurzbericht
Siehe DER MEISTERDETEKTIV

Die spannende Roman-Reihe
Stade: Stader Zeitungs- und Verlags-Druckerei G.m.b.H. (1...)/Hamburg: Verlag Carl Th. Görg (ab 2?), 1948-49
0,50, 48 Seiten, 17,5 x 24,5 cm
A: Diverse
1 Achtung!!! Inspektor Sula aufgepasst! 20,00
2 Was ist los mit Matesin? 20,00
o.Nr. Fahrt ins Ungewisse 20,00
o.Nr. Machen Sie keine Dummheiten, Miss!....... 20,00
Hinweis: Vermutlich Vorläufer des TRIX ROMAN.

Der spannende Wildwest-Roman
Rastatt: Hebel Verlag
ca. 1964 ?
0,70, 66 Seiten, 15,5 x 22,5cm
A.: Div.
1-8 2,00

Das Spannendste
Kriminal-Digest
Krefeld: AGIS-Verlag
1961-62
1,50, 64-80 Seiten, 14,5 x 20,5 cm
A: Diverse
10-12/1961, 1/1962 5,00

Die Spannungs-Reihe
Leverkusen: Franke-Verlag
ca. 1950
0,60, 64 Seiten, 14,5 x 21 cm
A: Diverse
1-7 18,00
8 (u-p) 20,00

Spannung Tempo Sensation
Lübeck: Wullenwever-Druckverlag
1949
0,50. 30 Seiten, 21 x 29 cm
A: Kempp
o.Nr. Verrat um Merimah 50,00

Special-Agent 002
Siehe KELTER KRIMI MIKE TAYLOR

Special Force One
Siehe S:F ONE

Die Spinne
Feucht: C. Hessel (Druckerei)
ca. 1970-73
1,00 (teilweise o.P.), 64 Seiten, 15 x 22 cm
A: Diverse
1-100 nicht erschienen
101-178... 4,00
Hinweis: ND von INSPEKTOR K, GERRY THOOK 2. Serie, LARRY LESTER, MISTER MO, SCOTT KELLY u.a.

Spinne im Netz (1-199)/
Inspektor K greift ein (200-271)
Inspektor K (ab 272)
Hagen: Nordwestdeutscher Presse- und Buchvertrieb/später Hagen: Erich Arndt Verlag/später Feucht: Angelika Arndt Verlag
ca. 1957-1966
0,60/0,70/0,80, 64 Seiten, 15,5 x 22,5 cm
A: Diverse
1 10,00
2-9 6,00
11-100 5,00
101-200 4,00
201-429 3,00
Hinweis: Serienfigur Inspektor Kennedy (kein Zusammenhang mit der gleichnamigen Figur im Kelter Verlag!) 120, 122, 125-127, 133, 135, 141, 142, 146, 157, 159, 162, 165, 172, 173, 182, 186, 188, 190, 193, 196, 198, 200-429 (A: Kendall King). Ca. 30 Hefte im höheren Nummernbereich sind ND früherer Nummern. Siehe auch KRIMINALROMAN FÜR KENNER, LONDON 999, MEPHISTO KRIMINALROMAN. SCOTLAND YARD 333, DIE SPINNE.

Spionage
Agententhriller der Spitzenklasse
Bergisch Gladbach: Bastei-Verlag
1975-76
1,20, 66 Seiten, 15,5 x 22,5 cm
A: Diverse
1 18,00
2-10 Nr. 8 (u-p) 8,00
11-46 5,00

Spionage Roman
München: Arthur Moewig Verlag
1962-63
0,70, 64 Seiten, 16 x 22,5 cm
A: Diverse
1 18,00
2-32 10,00
5 (mit Beilage, Leseprobe) 30,00
Serienfiguren:
Jack Martell 2, 4, 8, 10, 12, 14, 16, 22, 24, 26, 28-32.
Frank Yuma 1, 3, 5, 7, 9, 11, 13, 17, 19, 21, 23, 25, 27, ?
Nr. 2, 8-10, 14-15, 28 (u-p).

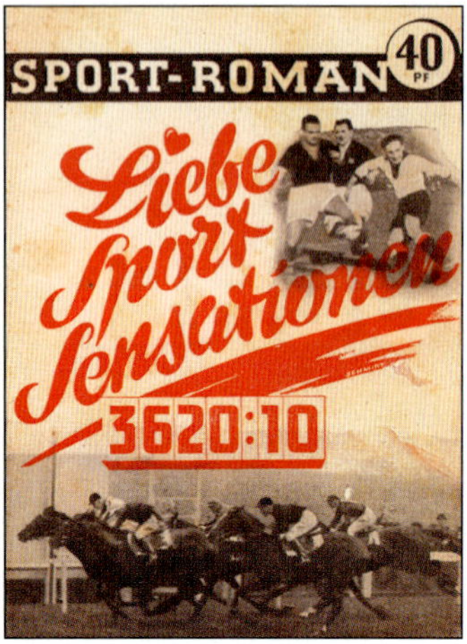

Spitzen Western
Siehe DER GROSSE HALLBERG
SPITZEN WESTERN
ULLMAN WESTERN

Sport-Roman
Mettmann: Verlag Nikolaus Hang
1947/1948
0,40, 32 Seiten, 14 x 20 cm
A: Rudolf-Harald Steffens
o.Nr. 1. Auflage Außentitel: Liebe und Sport
Innentitel: Liebe, Sport, Sensationen 80,00
o.Nr. höhere Auflagen 80,00

Sport + Stars
Zauberer am Ball
Wuppertal: Alfred Lau Verlag
1972 66 Seiten 1,- DM., später 1,50 DM.
1-16 6,00

Spuklicht
Geschichten der Nacht
Hamburg: Martin Kelter Verlag
1996-1999
2,20, 66 Seiten, 15,5 x 22,5cm
A.: Diverse
1-124 1,00

Spuklicht
Hamburg: Martin Kelter Verlag
2003-2004
66 Seiten, 15,5 x 22,5cm
A.: Diverse
1-48 1,00

Spuk im Moor Siehe ABENTEUER, SPANNUNG, KAMERADSCHAFT.

Spuk-Roman
Erlebnisse mit Geistern und Gespenstern
Bergisch Gladbach: Bastei-Verlag
1979-85
1,30 bis 1,70, 66 Seiten, 15,5 x 22,5 cm
A: Diverse
1 (u-p) 12,00
2-10 (u-p) 8,50
11-50 (u-p) 6,00
51-100 (u-p) 3,50
101-170 (u-p) 2,50

Star Gate
Tor zu den Sternen
Essen: Merkur-Verlag (1-12)/
Firma V. Krämer, Abt. Verlag (ab 13)
1986-90
2,00/3,00, 66 Seiten, 15,5 x 22,5 cm (1-12)/
14,5 x 20,5 cm (ab 13)
A: Diverse
1 8,00
2-12 4,00
13-21 30,00

Star Roman
Verden: Star-Verlag Rolf Risch, ca. 1950
0,50 (1), o.P. (2), 100 Seiten, 10 x 14,5 cm (1)/
70 Seiten, 14,5 x 20 cm (2)
A: o.A. (1), Norbert Kent (2)
1 Die Chinesische Vase 40,00
2 Anfang und Ende 45,00
Hinweis: Nr.1 mit Mr. und Mrs. Grey (siehe MARABU KRIMINAL-ROMAN). Nr. 2: Künstler-Sittenroman.

Star US Ranger (1-83)/**Star Ranger** (101-228...)
Wien: Rolf Mauerhardt Verlag (1-36)/
Feucht: Angelika Arndt-Verlag (37-83)
Feucht: C. Hessel, aber nur als Druckerei (ab 101)
1964-66, 1967-73
S. 4,00/4,50/0,70 Pf./0,80/1,00 bis 1,20 (teilweise o.P.), 64 Seiten, 15 x 21,5 cm,
ab 101: 15,5 x 22,5 cm
A: Diverse
1 7,00
2-83 4,00
101-228... 3,00
Neuauflagen von Billy Jenkins VK. Buch
77,78,79,80,81,82,83 – sind zuvor auch bei
Roland Wildwest (H.W.Walker) erschienen
: 10,00

Hinweis: ND von LUNA-WESTERN, HALLBERG-WESTERN, Roland Wildwest und diversen öster. Serien vom Mauerhardt-Verlag.

Star Western
Rastatt: Erich Pabel Verlag, 1971-82
1,00 bis 1,60, 66 Seiten, 15 x 22,5 cm
A: Diverse
1 10,00
2-100 4,00
101-527 2,00
Sundance-Nr. 4,00
Hinweis: Sundance (A: John Benteen u.a.) 178, 182, 186, 190, 194, 198, 202, 206, 210, 214, 218, 222, 226, 230, 234, 241, 440, 464, 504, 513.

Star-Western
Hamburg: Martin Kelter Verlag
1996 - 1997
2,20, 66 Seiten, 15,5 x 22,5cm
A.: Diverse
1-52 1,00

Stella Roman
Hannover: Walter Lehning Verlag
1949-67
0,50/0,60, 32 Seiten/48 Seiten/66 Seiten
(Nr. 204, 208, 228, 311, 400 = 100 Seiten),
15 x 21 cm
A: Oscar H. Breucker (9) u.a.
o.Nr. Juwelenraub im Berghotel 100,00
1a Umschlag rosa 20,00
1b Umschlag hellgrün 20,00
2-20 15,00
21-50 8,00
51-100 4,00
101-448 3,00
449-786 2,50
Abenteuer- und Kriminalromane 1-20 40,00
Abenteuer- und Kriminalromane 21-50 25,00
Hinweis: Liebesromanserie. Nr. 0, 1, 2, 4, 6, 8, 9, 11, 13, 15, 17, 18, 20, 22, 24, 25, 30, 33, 35 sind Abenteuer- und Kriminalromane. Nr. 167-448 mit der Bildergeschichte „Das Herz der Julia Köster“ (auch in GLORIA ROMAN und DER BUNTE ROMAN). Nr. 449-521 mit ND aus der Comic-Serie „Herzbuch“.

Sten Nord
Der Abenteurer im Weltenraum
Berlin: Hunia Verlag und Köln: PS Verlag
1950
0,30, 32 Seiten, 15 x 20,5 cm
A: Ernst Konstantin
1 Die unsichtbare Insel 180,00
2 Das Geheimnis des grünen Tores 250,00
3 Die Stadt im Mond 400,00

Sternenfaust
Bergisch Gladbach/Köln: Bastei-Verlag
2005-heute
1,50 / 1,75, 66 Seiten, 15,5 x 22,5cm
A.: Diverse
1-heute (156).. 1,00

Sternenfaust
Schwelm: Zaubermond Verlag
2006-2009
€ 14,95 , 256 Seiten
A: Diverse
1-12 8,00
Hinweis: Hardcover mit Schutzumschlag. Neue Romane. Ein geplanter zweiter Zyklus wurde nicht realisiert.

Stern-Roman
Hamburg: Stella-Verlag
1948
1,00, 68 Seiten, 14 x 18,5 cm (Faltroman)
A: Norbert Jacques (1), Heinrich Rumpff (2)
1 Der Kaufherr von Shanghai (u-p) 50,00
2 Duell um den Cataract 75,00

Stern Roman
München: Südvertrieb Lutz & Co./
später Rheda: Gebr. Ide
1948-49
0,40/0,50, 32-64 Seiten, 15 x 21 cm bis 15 x 23 cm
A: Anton Maly (7-10) u.a.
1-18... 12,00

Die Strandräuber
Cuxhaven: Wilhelm Brock Verlag
o.J. ca.: 1949
0,40 32 Seiten 14,5 x 21 cm
A: ohne Angabe
1 25,00
Hinweis: Der Band enthält zwei Geschichten. Strandräuber (Ab), Pik Sieben (K)

Sundance
Jim Sundance - Das Halbblut
Die sensationelle Western-Serie von John Benteen
Bergisch Gladbach: Bastei-Verlag, 1988-90
1,80/1,90, 66 Seiten, 15,5 x 22,5 cm
A: John Benteen (Benjamin Leopold Haas), Rainer Delfs, Uwe Erichsen, Dietmar Kügler
1 10,00
2-47 4,00
Hinweis: ND von STAR WESTERN und Bänden der eigenständigen Pabel Taschenbuchreihe. Die Hefte 12 und 13 wurden später für die Bastei Serie „Western Legenden" neu bearbeitet und als Band 28 und 29 dort noch einmal veröffentlicht. Siehe auch MARSHAL WESTERN.

Sundance
Untertitel ab Band 13: Das Halbblut
Rastatt: Erich Pabel Verlag
1977-79
3,00/3,50/3,80, 148 / 164 Seiten, 11,5 x 18 cm
A: siehe bei Heftromanen - hier aber auch Peter Dubina
1 - 36 7,00
Hinweis: Alle Taschenbücher mit Ausnahme der Nummern 21, 32 und 36 wurden in der Bastei-Heftromanserie gekürzt nachgedruckt.

Sun Koh
Braunschweig: Planet Verlag
1949-53
0,50, 36-54 Seiten, 14,5 x 21 cm
A: Freder van Holk
1 25,00
2-5 18,00
6-9 25,00
10-80 12,00
81-83 14,00
84-85 30,00
86 70,00
87 40,00
88-89 30,00
90-94 33,00
95 30,00
96-98 40,00
99-105 30,00
106 75,00
107-109 30,00
110 180,00
Hinweis: Neuausgabe der gleichnamigen VK-Serie. Von den ersten 11 Nummern gibt es 2 Ausgaben mit z.T. leicht abweichenden Titelbildern. Die Nr. 110 wurde nur an Abonnenten ausgeliefert. Es gibt auch eine öster. Serie, VK-Bücher, NK-Bücher, TB.

Sun Koh
Die phantastischen Abenteuer von Sun Koh
Rastatt: Erich Pabel Verlag
1978-81
3,80/4,80, 164 Seiten, 11,5 x 18 cm
A: Freder van Holk
1-37 5,00
Hinweis: Die Taschenbuchausgabe entspricht der bearbeiteten 37-bändigen Leihbuchausgabe des Borgsmüller-Verlages / Münster (1958-61) und enthält eine stark veränderte / modernisierte Version der Sun Koh Vorkriegs-Heftromantexte des Verlages A. Bergmann / Leipzig (1933-36). Viele der Titelbilder stammen von Nikolai Lutohin.

Super Western (1-77)/
Western Roman (ab 78)
Landau (später Augsburg): Neuzeit-Verlag
1972-ca. 1978
0,90 bis 1,50, 64 Seiten, 15 x 22 cm
A: Diverse
1 3,50
2-29 2,50
30-33 eventuell nicht erschienen

34-105 1,50
Hinweis: ND Von ROCKY STEEL (63, 64, 66, 68, 82, 91-94), WESTERN STORY (Neuzeit-Verlag) und Buchserien. Siehe auch WESTERN ROMAN (Oase-Verlag).

Surholt's Kurzroman
Wabern: Michael Heinrich Surholt-Verlag, ca. 1949
0,60/0,50, 32 Seiten, 20,5 x 29 cm
A: Band 1: 0.Kay Band 2: Michael Lisenius
1 Der Geheimsender des
Dr. Mario Brambring (u-p) 250,00
2 Ein Toter baut auf 220,00

Syrri Afgan
Der große Unbekannte
Berlin: Internationaler Buch- u. Pressevertrieb
ca. 1948
0,20, 32 Seiten, 12 x 16 cm
A: Nassib Maron ben Graib
1 Opium nach Rio... 350,00

Tatsachenberichte aus aller Welt (1-3)
Erlebnisromane aus aller Welt (4-7...)
Roman Juwelen/
Juwelen-Roman/
Juwelen-Arztroman (ab ...10)
Karlsruhe: Schwerdtfeger Verlag/
später Rastatt: Erich Pabel Verlag
ca. 1953-1982
0,50 bis 1,60, 48-64 Seiten, 16,5 x 23,5 cm
A: Diverse
1-3 und 7 15,00
4-6 8,50
8-1559 1,50
Hinweis: Nr. 1-3, 7: Abenteuer- und Kriminalromane. Rest: Liebesromane.

Tatsachenroman (1-4)/
Der Tatsachen-Roman (ab 5)
Rastatt: Zauberkreis-Verlag
1954-55
0,50/0,60, 64 Seiten, 15,5 x 22,5 cm
A: Diverse, z.T. o.A.
o.Nr. Vamp der Autobahn 12,00
2-14 7,00
15-25 Nr. 23 (u-p) 8,00
26-38 12,00
Hinweis: Einige Nr. erschienen auch unter dem Serientitel SILBER-KRIMINALROMAN (rotes Bild). Erscheint ab Nr. 39 in der Reihe SILBER-KRIMINALROMAN Nr. 134ff.

Tatsachen-Roman
Speyer: Intergrossa-Verlag
ca. 1974
1,20, 64 Seiten, 15,5 x 22,5 cm
A: Diverse
1-100 nicht erschienen
101-116 2,00
Hinweis:
ND von SILBER-ROMAN (hauptsächlich „John Cain"- und „Die Greifer"-Texte). Kein Zusammenhang mit der Serie vom Zauberkreis Verlag.

Tatzeit
Köln: Wolfgang Marken Verlag
1976-77
1,20, 66 Seiten, 15 x 22,5 cm
A: Simon Wolfers (1), o.A. (ab 2)
1 6,00
2-28 3,00

Tatzeit Manhattan
Köln: Wolfgang Marken Verlag, 1977-79
1,20/1,30, 66 Seiten (Nr. 46 mit 98 Seiten)
15 x 22,5 cm
A: o.A.
1 6,00
2-57 3,00
Hinweis:
Mit Serienfigur Detective-Lieutenant John Crack.

Tchibo – Magazin
Werberomanhefte
[1952-1987]
Firma Frisch-Röst-Kaffee Carl Tchilling GmbH, später Tchibo, Frisch-Röst-Kaffee Max Herz und

Tchibo, Frisch-Röst-Kaffee-AG
o. P., 14,4 x 20,6 cm, Nr.162: 12,5 x 19,5 cm
Autor: Hans Kilian u.a.
1 120,00
2.. 90,00
3 15,00
4-5 90,00
6-11 70,00
12-13 30,00
14-21 20,00
22-51 15,00
52-146 10,00
147-224 8,00
225-236 6,00
237-299 4,00
300-405 3,00
Hinweis:
Nr. 3 Sonderheft Olympia – ohne Romanheftteil.
Kostenloses monatliches Kundenmagazin, das den Kaffeesendungen beigelegt wurde.
Heft 1,2,4-13 mit Personen aus dem TOM UND FRED-Universum bzw. DAS ZELT. 1,2,4-11 Titelbilder und Illustrationen von Günther Rohde. Ab Nr. 12-405 fast in jedem Heft Illustrationen von Günther Rohde. Ab 406 keine oder sehr geringe redaktionelle Beiträge (Verkaufsmagazin).
Zuerst Romanheft, später ab Nummer 10 mehr ein Magazin mit Kurzgeschichten, Comics etc.
Comics von **Bob Heinz:**
Tchibo-Werbecomics:1,2,4-161,163-236 (bis 1972)
Bob Evans: 13-21
Ach & Krach die beiden Räuber: 13-22,24-51
Fridolin der kleine Fuchs: 28-29,31-38,40-41,43-45
Brumm Junior. Nr.52-65,67-84,86-146
Muck Puck: 147-161,163-224
andere Comic-Zeichner:
Anni auf Abenteuer
(B. Walsh / D. McClure): 22-28
Tchibo-Werbecomic: Günther Rohde 237-ca.400
Die Wildwest-Geschichte aus Hefte 1,2,4-11 wurde nachgedruckt als TOM UND FRED Nummer 76-85 vom Comicladen Kollektiv.

Teddy Nabob
Der Meisterdetektiv Europas
Lippstadt: Lippia-Verlag Rudolf Janssen
1949
0,30, 32 Seiten, 12,5 x 17 cm
A: F.G. Kaltwasser
1 Das Geheimnis des Herrn von Marzan.......... 200,00

Teleblick Krimi
Düsseldorf: Teleblick-Verlag Merkens & Kessler
1962
0,70, 64 Seiten, 15,5 x 23 cm
A: o.A.
...17-45... 2,50
Hinweis:
ND von Heften des Neuzeit Verlages mit neuen Titelbildern. Teilweise o.Nr.

Tele-Romane (1-46)/
W.M.-Romane (ab 47)
Darmstadt (später Köln): Wolfgang Marken Verlag
1959-60
0,60, 56-64 Seiten, 15,5 x 22,5 cm
A: Diverse
1-68 (Liebesromane)... 2,50

Tempo Kriminalroman/
Tempo Kriminal
Geesthacht: Mero-Druck, 1959
o.P., 64-66 Seiten, 14,5 x 20 cm bis 15 x 22 cm
A: Diverse
ca. 20 Hefte o. Nr.
o. Nr. Atomfalle 2,50
o. Nr. Der blaue Tod... 2,50
o. Nr. Der Finger Gottes 2,50
o. Nr. Das Geheimnis von Tangles....................... 2,50
o. Nr. Der Schuß in der Clay-Allee....................... 2,50
o. Nr. Spuren im Schnee 2,50
o. Nr. Verbrechen auf Lindingo 2,50
o. Nr. Warum schwieg Sibylle?............................ 2,50
Hinweis:
Remittenden von KELTER-KRIMINAL-ROMAN mit neuen Umschlägen.

Raritäten (Einzelhefte)

Tempo Wildwest
Geesthacht: Mero-Druck, 1959
o. P., 64 Seiten, 14,5 x 21 cm
A: Diverse
ca. 10 Hefte o.Nr.
o.Nr. ...bis zur letzten Kugel 1,00
o.Nr. Dannys letzte Chance 1,00
o.Nr. Die Furchtlosen 1,00
o.Nr. Der sechste Schuß 1,00
Hinweis: Remittenden von KELTER WILDWEST mit neuen Umschlägen.

Terra
München: Arthur Moewig Verlag
1957-68
0,60/0,70/0,80, 64 Seiten (Nr. 4 = 80 Seiten)
15,5 x 22,5 cm
A: K.H. Scheer (4, 6-7, 14, 18, 28, 31, 36, 43, 47, 74, 79, 83, 92, 97, 100, 103-104, 110, 113, 118, 121, 125-126, 133, 136, 140, 151, 155, 161, 175, 181, 194, 201-202, 219-220, 261-262, 292-293, 308-309, 352-353, 406-407),
Clark Darlton (84, 91, 107, 116, 128, 137, 144, 231, 404, 430, 554), Marion Zimmer Bradley (147),
Werner Keyen (162) u.a.
1 120,00
2 100,00
3-4 50,00
5-10 25,00
11-20 16,00
21-44, 46-50 12,00
45 85,00
51-86, 88-120 10,00
87 120,00
121-136,138-150 12,00
137 45,00
151-266 6,00
267/268 (Doppelnr.) 60,00
269-290 8,00
275 35,00
291-300 6,00
301-554 5,00
555 10,00
Hinweis: Serien:
Lensmen (A: E.E. Smith) 199, 204, 208, 213, 217, 222.
Krieg zwischen den Milchstraßen (A: Kurt Mahr) 224, 227, 230, 233, 236, 239.
Aus dem Prokaskischen Krieg (A: W.W. Shols) 266, 272, 276.
Der Weltraum-Detektiv (A: Paul French) 277, 279, 282, 285, 287, 290.
Der Weltraumreporter (A: Kurt Brand) 297, 301,306, 311, 315.
Das Rätsel von Machaon (A: Hans Kneifel) 310, 312, 314.
Der lange Weg zur Erde (A: Kurt Mahr) 317, 320, 324, 327, 330.
Das zweite Imperium der Menschheit (A: Hans Kneifel) 342, 345, 348, 351, 355.
Vermächtnis der toten Augen (A: H.G. Ewers) 364-365, 368, 371, 373, 377, 380.
Das Galaktikum (A: H.W. Mommers & Ernst Vlcek) 415, 417, 420, 422.
Kampf in der Galaxis (A: Hans Kneifel) 449, 451, 453.

Terra Astra
München: Arthur Moewig Verlag
1971-86
1,00 bis 2,00, 66 Seiten, 15,5 x 22,5 cm
A: Diverse
1 20,00
2-100 4,00
101-643 3,00
Orion-Nummern bis 274 6,00
Orion-Nummern ab 356 7,00
Enterprise-Nummern 7,00
Hinweis: Viele ND Von TERRA, TERRA NOVA, TERRA SONDERBAND, UTOPIA.
Serien:
Raumschiff Orion jede 4. Nr. von 52-192, 195, 198, 203, 207, 212, 258, 262, 266, 270, 274, jede 4. Nr. von 356-552, 554, 558, 560, 564, 566, 570, 572, 576, 578, 582, 584, 588, 590, 594 (zwischen Nr. 274 und 356 eigene Serie, siehe ORION).
Raumschiff Enterprise 213, 216, 219, 222, 225, 228, 232, 235, 238, 241, 244, 247, 250, 254, 261, 268, 272, 279, 285, 293, 306, 311.

Legende der Mutanten (A: H.G. Francis) 173, 177, 181, 185, 189.
Krieg zwischen den Milchstraßen (A: Kurt Mahr) 196, 199, 202, 205, 208, 211.
Tantalus-Zyklus (A: Mischa Morrison) 209, 214, 218, 223, 227.
Die Abenteuer der Hurricane (A: Clark Darlton) 249, 252, 263, 269, 277, 287, 295, 303, 323, 327, 333.
Abenteuer der Time Squad (A: Peter Terrid) 282, 290, 314, 321, 331, 335, 339, 343, 350, 355, 365, 377, 390, 419, 425, 459, 509, 601, 606, 611, 613.
Ring der Universen (A: Horst Hoffmann) 297, 301, 308, 313, 318.
Vermächtnis der toten Augen (A: H.G. Ewers) 305, 307, 310, 315, 320, 325, 330.
Der lange Weg zur Erde (A: Kurt Mahr) 344, 348, 352, 357, 362.
Sternensaga (A: Ernst Vlcek) 371, 373, 385, 386, 439, 445.
Das zweite Imperium der Menschheit (A: Hans Kneifel) 454, 458, 462, 466, 470.
Die Wunder der Galaxis (A: Ernst Vlcek) 486, 491, 497, 502, 506, 510, 514, 518.
Sternenkinder-Zyklus (A: Arndt Ellmer) 535, 539, 543, 547, 551, 555, 557, 561, 563, 565.
Die Evolutionspolizei (A: Ernst Vlcek) 612, 617, 621, 628, 633, 637, 641.
Dimensionszyklus (A: H.K. Bulmer) 620, 623, 626, 629, 632, 635 (ist ND von Nr. 53, 57, 62, 67, 73, 81).

Terra Extra
SF-Bestseller in Neuauflage
München: Arthur Moewig Verlag
1962-68
0,70/0,80, 64 Seiten, 15,5 x 22,5 cm
A: Diverse
1 ... 16,00
2-10 ... 11,00
11-28 ... 9,00
29-100 ... 6,00
101-182 ... 4,00
175/176, 179/180 (Doppelnummern) ... 5,00
Hinweis: Alles ND.

Die Terranauten
Bergisch Gladbach: Bastei-Verlag
1979-81
1,60 bis 2,00, 66 Seiten, 15,5 x 22,5 cm
A: Diverse
1 ... 3,00
2-50 ... 4,00
Nr. 50 mit Aufklebern ... 25,00
51-74 ... 4,00
75-80 ... 5,00
81-97 ... 10,00
98-99 ... 15,00
Hinweis: Fortsetzung als Taschenbuch.

Die Terranauten
Bergisch Gladbach: Bastei/Lübbe
1981-87
5,80, ca 192 Seiten, 11,5 x 18 cm
A: Diverse
28003 ... 10,00
23010-23069 ... 9,00
Hinweis: Fortsetzung der Heftromane im Taschenbuch. Es erschienen 1 Taschenbuch in der Bastei/Lübbe Taschenbuchserie SF-Paperback (28...) und 17 Taschenbücher in der Serie SF-Abenteuer (23...).

Terra Nova
München: Arthur Moewig Verlag
1968-71
0,80/0,90/1,00, (Doppelnr. 1,60/1,80), 66 Seiten (Doppelnr. 130 Seiten), 15,5 x 22,5 cm
A: Diverse
1 ... 7,00
2-50 ... 3,00
51-190 ... 2,50
5/6, 13/14, 21/22, 29/30, 37/38, 45/46, 53/54, 61/62, 68/69, 76/77, 84/85, 92/93, 100/101, 108/109, 116/117 (Doppelnr.) ... 4,00

Terra-Romane
München-Hamburg (später nur Hamburg): Alfons Semrau-Verlag
1953-56
0,50, 48 Seiten, 15,5 x 22,5 cm

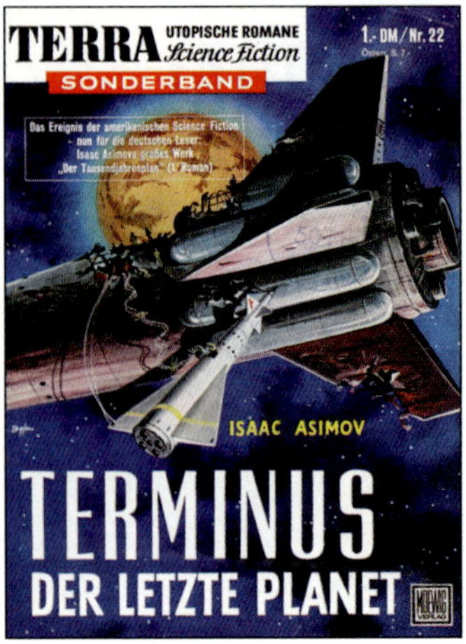

A: Diverse
 1-50 siehe Hinweis
51-214 3,00
Kriminalromane 8,00
Hinweis: Über Nr.1-50 ist nichts bekannt.
Jede gerade Nr. von 51-72 und 73, 75, 77, 79-81, 83 = Kriminalromane. Alle anderen Nr. sind Liebesromane.

Terra Sonderband
München: Moewig Verlag
1958-65
1,00, 96 Seiten, 14 x 19,5 cm
A: Diverse
 1........ 14,00
 2-10 13,00
11-30 7,00
31-37 10,00
38........ 30,00
39-40 10,00
41-50 8,00
51-99 7,00
Hinweis: Ab Nr. 100 als TB erschienen.

Terra Taschenbuch
München: Arthur Moewig Verlag bis Band 184
Rastatt: Erich Pabel Verlag Band 185-371
1965 - 1986
2,80, 3,80, 140 - 162 Seiten, 11,5 x 18,0 cm
100-199 10,00
200-299 6,00
300-371 4,00

Terry
Speyer: Intergrossa-Verlag/
später Wien: Hiro-Verlag
1960-?
0,70/0,80, 64 Seiten, 15,5 x 21,5 cm
A: Diverse
1........ 3,00
2-100........ 1,50
Hinweis: Remittenden mit neuem Umschlag von SILBER KRIMINAL, SCOTT KELLY, MISTER MO und öster. Serien. Es gibt auch unnummerierte Ausgaben ohne Romantitel auf dem Umschlag.

Teufelsjäger Mark Tate
Hamburg: Martin Kelter Verlag
2002-2003
1,35 Euro, 64 Seiten, 15,5 x 22,5 cm
1-21........ 1,50
Hinweis:
Vorher in GEISTER-KRIMI / GEISTER-THRILLER / GEISTER-KILLER erschienen.

Der Texaner
Berlin-Darmstadt: Jupiter-Verlag
1950
0,30, 32 Seiten, 14,5 x 20 cm
A: Tumleh Etlon
 1........ 60,00
 2-6 30,00
 7-13 25,00
14........ 30,00
15........ 25,00
16-17 20,00
18-19 25,00
Nachdrucke 5,00
Hinweis: Siehe auch Bücher.

Der Texaner
Darmstadt: Jupiter Verlag (1-18)/
Berlin: Oswald Arnold-Verlag (ab 19)
1950-52
0,40, 32 Seiten, 14,5 x 20 cm
A: Tumleh Etlon
 1-3 nicht erschienen!
 4-5 45,00
 6........ 35,00
 7-10 30,00
11-16 25,00
17-20 30,00
21........ 25,00
22-29 30,00
30........ 75,00
31-43 35,00
44........ 25,00
45........ 30,00
Hinweis: Nr. 4-10 sind Neuausgaben der 0,30-Serie mit anderen Titelbildern und anderer Numerierung.

Der Texaner
Darmstadt: Verlag für Moderne Literatur
1952
0,40, 32 Seiten, 14,5 x 20 cm
A: Tumleh Etlon
1-5 ... 30,00
6 ... 27,00
7 ... 25,00
8 ... 27,00
9 ... 50,00
10 ... 30,00
11-12 ... 45,00
Hinweis: Kein Kopfbild des Texaners auf dem Titelbild (im Gegensatz zur anderen 0,40-Serie).

Texas Jack
Siehe DIE GELBEN WILD-WEST ROMANE

Texas-Marshal
Bergisch Gladbach: Bastei Verlag
2002-2008
1,35 Euro, 64 Seiten, 15,5 x 22,5 cm
1-160 ... 1,00

Der Texas-Reiter
Nürnberg: Verlagsbuchhandlung Ludwig Liebel
ca. 1957
0,50, 48 Seiten, 14,5 x 20,5 cm
A: o.A.
1 ... 12,00
2-3 ... 8,50
4-8 ... 12,00
9 ... 14,00
10-12 ... 12,00
Hinweis: Siehe ERDBALL-ROMANE. Es gibt auch Bücher.

Texas Trapper
Hamburg: Alfons Semrau Verlag, 1954-55
0,40, 32 Seiten, 15 x 21,5 cm
A: Diverse
1 ... 25,00
2-14 ... 18,00

Texas-Western
Bergisch Gladbach: Bastei-Verlag
1973-1999
1,00 bis 2,20, 15,5 x 22,5 cm
A: Diverse
1 ... 10,00
2-10 ... 7,00
11-30 ... 6,00
31-100 ... 3,50
101-500 ... 2,50
501-1273 ... 1,50
Hinweis: Teilweise ND von BASTEI WW-ROMAN, BASTEI WW ROMAN SONDERBAND.

Texas Wildwest-Roman
Siehe C-WILDWEST-ROMAN

Tex Bandix Siehe DER NEUE FRANK ALLAN

Thorak Thomsen
Der schwarze Pirat
Berlin: Spielberg-Druckerei
1950
0,30, 32 Seiten, 15 x 20,5 cm
A: Kassi Stone (1-6), Barry Broke (7)
1 ... 60,00
2-5 ... 50,00
6 ... 90,00
7 ... 180,00
Hinweis: mit Banderole Aufschlag ... 10,00

Thorin
Der Nordlandwolf
Ebsdorfer Grund: Verlag Alfred Wallon
1995-heute
6,80, 74 Seiten, 14,5 x 21 cm
A: Al Wallon
1-heute (7) (u-p) ... 4,00

Three Stars Western
Siehe HALLBERG und
HALLBERG-WESTERN

Thriller (1-6)/
Thriller Kriminal Roman (7-14)/
Pabel Kriminal Roman (15-17, 75-107)/
Pabel Kriminal Romane (18-46, 59-74)/
Pabel Kriminal (47-58, 108-134)/
Fledermaus (ab 135, Fledermaus-Nr. vor 135 z.T. als Haupttitel, z.T. im Untertitel ausgewiesen)
Rastatt: Erich Pabel Verlag
1956-76
1,00 (1-48)/0,60 bis 1,20 (ab 49)
90-112 Seiten (1-48)/64-66 Seiten (ab 49)
15,5 x 22,5 cm (1-9)/14,5 x 20,5 cm (10-48)/
15 x 22 cm (ab 49)
A: Day Keene, Henry Kane u.a. . (siehe auch Hinweis)
1 50,00
2-20 35,00
21-99 20,00
100 250,00
101-134 20,00
Fledermaus-Nr. von 101-134 80,00
135-175 40,00
176-200 30,00
201-250 18,00
251-300 15,00
301-500 10,00
501-901 5,00
902-904 12,00
Hinweis:
Von Nr. 327, 520 und 551 gibt es Teil 1 und 2.
Serienfiguren:
Fledermaus (A: G.W. Jones u.a.) 100, 103, 105, 107, 109, 110, 113, 115-119, 121, 123, 125, 127, 129, 131, 133, 135-904 alle u-p (Nr. 111, 112 und 114 hat irrtümlich Fledermaus-Aufdruck!). Siehe auch Bücher.
Chester Drum (A: Stephen Marlowe) 88, 90, 94, 96, 98, 101, 104,108.
Dave Lund (A: Henry Sherwood) 40, 46, 62, 76, 79, 81, 84.

Fledermaus
Rastatt: Erich Pabel Verlag
1965-1967
2,40, ca. 160-176 Seiten
A: G.W.Jones
Fledermaus Nummern im Rahmen der **Pabel-Taschenbücher** („Allgemeine" Reihe):
220 - 329 (8 Bücher) 15,00

Fledermaus Taschenbuch
Rastatt: Erich Pabel Verlag
1970-1973
2,60 - 2,80 160 Seiten
A: Diverse
330-362 7,00
Hinweis: Mit Band 330 erfolgte 1970 die Ausgliederung der Fledermaus - Romane als eigenständige Serie.

Thriller
Hamburg: Martin Kelter Verlag
1982-83
1,60/1,70, 66 Seiten, 15 x 22 cm
A: Diverse
1 3,50
2-31 1,50
Hinweis: Als Nr.100-107 sind viele verschiedene Texte unter gleicher Nummer erschienen. Beide Serien sind ND von KELTER-KRIMINAL-ROMAN, KELTER KRIMI mit neuen Autorennamen.

Thriller
Sassbach/Walden: Anne Erber Verlag und
Nürnberg: Richter Verlag
1986-?
1,80, 64-66 Seiten, 15 x 21 cm
A: John Ball u.a.
1 3,50
2-22 2,50
Dr. Morton-Nummern 10,00
Hinweis: Nr. 1-8 sowie 15+16 ND von DR.MORTON, Nr. 9-14 ND von DER LORD, u.a.

Tiger Reihe
Bad Pyrmont: Neues Verlagshaus
für Volksliteratur
1959-60
0,50/0,60, 32 Seiten, 15,5 x 22,5 cm
A: Rolf 0. Becker u.a.
1-12 10,00

13-20 14,00
21-31 20,00

Tiger Tex
Ranger im Sonderauftrag
Wien: Verlag Rolf Mauerhardt (1 -37)/
Feucht: Angelika Arndt-Verlag (ab 38)
1964-66
4,00/4,50/0,70 Pf./0,80 Pf.,
64 Seiten, 15 x 21,5 cm
A: Diverse
1 6,00
2-50 4,00
51-83 2,00
Hinweis: Nr.55, 56 mit Bill Alamo.

Tiger Tex
Feucht: C. Hessel (Druckerei)
1967-ca. 1973
1,00 (teilweise o.P.), 64-66 Seiten, 15 x 22,5 cm
A: Diverse
1-1 00 nicht erschienen
101-177 2,50
178 7,00
179-218 2,50
Hinweis: ND von der gleichnamigen öster. Serie, HALLBERG-WESTERN, LUNA-WESTERN, DER NEUE MOEWIG-WESTERN u.a. Nr. 178 „Der blonde Engel" (A: Kassi Stone) siehe JONNY RECK-Bücher. Nr. 184-186 (A: P.M. Corner) mit Santana.

Timothy Stahl Wölfe Siehe WÖLFE

Tip Top
Die Luxemburger Unterhaltungslektüre
Luxembourg: Editions Tip-Top
...1946...
8,00 Fr., 48 Seiten, 15,5 x 21,5 cm
A: Diverse
1-42 12,00

Toby Gin
Hamburg: Martin Kelter Verlag
1961-64
0,70, 66 Seiten, 15,5 x 22,5 cm
A: Toby Gin
1-26 siehe Hinweis
27-100 3,00
Hinweis: Die ersten 28 Hefte (die Numerierung müßte mit 29 beginnen!) erschienen in KELTER-KRIMINAL-ROMAN. Siehe auch MR.CHIKAGO.

Der tollkühne Baron
Siehe DER BARON

Tollkühner Westen
Texasranger im Einsatz (73-112)
Texasranger Jim Hatfield (ab 113)
Rastatt: Erich Pabel Verlag
1961-63
0,60/0,70, 64 Seiten, 15,5 x 22,5 cm
A: G.F. Unger, Rolf Randall (111) u.a.
1-72 siehe DIE ROTHAUT
73-175 25,00
176-178 35,00
Nr. 111 45,00
Hinweis: Serienfiguren Jonny Weston Nr.73-112. Jim Hatfield ab Nr.113. Größtenteils Neubearbeitungen der Buchserien Billy Jenkins, Tom Prox, Caramba. Siehe auch ARKO WW, FRED ROBERTS.

Tollkühner Westen
Siehe PABEL WESTERN GROSSBAND

Tom Brack
Der Grenzreiter
Berlin: Pinguin-Verlag, 1949-52
0,30 (1-60)/0,40 (ab 61), 32 Seiten, 14,5 x 21 cm
A: Kassi Stone
1 27,00
2 15,00
3-5 18,00
6 22,00
7 40,00
8 25,00
9-35 18,00
36-59 12,00
60-70 25,00

71 35,00
72-76 25,00
77-86 27,00
87 25,00
88-89 40,00
90 45,00
Nachdrucke 5,00

Tom Brack
Der Grenzreiter
Berlin: Pinguin-Verlag (1-22)/
Darmstadt: Verlagsges. Silesia (23-28)/
Berlin-Darmstadt: Drei-Kronen Verlagsges. (ab 29) 1952-53
0,40, 32 Seiten, 14,5 x 21 cm
A: Kassi Stone
1 20,00
2-3 18,00
4-5 20,00
6 25,00
7 20,00
8 25,00
9-17 20,00
18 30,00
19-30 18,00
31-33 12,00
34 30,00
35 12,00
Hinweis: Ein kleiner Teil der Auflage von Nr. 1 und 2 erschien mit dem Text von Nr. 11.

Die Tom Brack Box-Fibel
Berlin: Pinguin-Verlag, 1950
0,50, 32 Seiten, 14,5 x 21 cm
A: Kassi Stone
o.Nr. 35,00
Nachdruck 5,00
Hinweis: Keine Wildwestgeschichte, ohne Tom Brack.

Tombstone
Die Brüder Kane
München: Moewig Verlag
1967-68
0,80, 66 Seiten, 15,5 x 22,5 cm
A: Peter Burnett (Peter Dubina) (1-62) u.a.
1 12,00
2-90 6,00
91-104 8,00
Hinweis: Es gibt auch TB.

Tom der Unsichtbare (1-9)/
Tom und die Vitalienbrüder (ab 10)
Hamburg: Verlag Friedrich Petersen, 1952-53
0,30, 18 Seiten (1-3)/26 Seiten (4-14, 16-19)/
34 Seiten (15), 15 x 20,5 cm
A: Diverse
1 40,00
2-17 (u-p) 30,00
18 (u-p) 100,00
19 (u-p) 30,00
Hinweis: Magazin mit KG, Comics u.a.

Tom Frisco
Köln: Wolfgang Marken Verlag
1981-82
1,50/1,60, 66 Seiten, 15 x 22 cm
A: o.A.
1 7,00
2-24 4,00
Hinweis: Wildwestromane.

Tom Goesch
Der Weltdetektiv
Eschweiler: Verlag W. Dostall
ca. 1949
0,20, 16 Seiten, 14,5 x 20,5 cm
A: Harry Harrison
1 Der Überfall am Rio Grande 200,00
2 Die Jagd nach dem Testament 200,00

Tom Mix
Goslar: Volksbücherei-Verlag
1950-52
0,40 (1-20)/0,50 (ab 21),
32 Seiten,
14,5 x 20,5 cm
A: James Robertson
(1-3, 5, 6-29, 37, 38, 40, 41, 43-45) u.a.

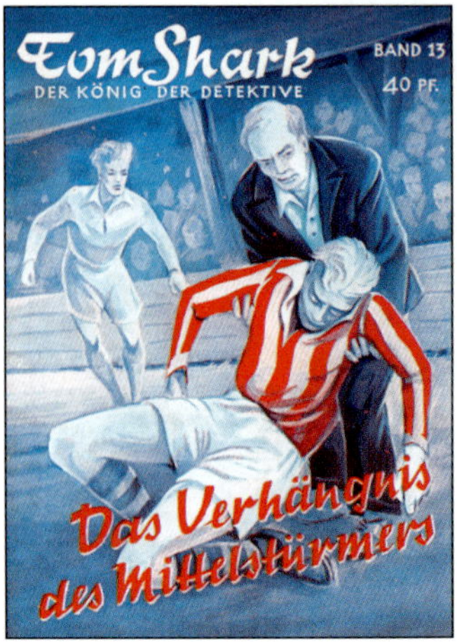

1 ... 30,00
2-4 ... 27,00
5-15 ... 23,00
16-19 ... 25,00
20-24 ... 27,00
25-35 ... 30,00
36-44 ... 35,00
45 ... 55,00
Nachdrucke ... 5,00
Hinweis: Nr.42 ist eine umgeschriebene Ausgabe von BILLY JENKINS Nr.5.

Tom Prox
Sinzig: Uta-Verlag (1-155)/
Bad Godesberg: Uta Verlag (156-268)/
Rastatt: Erich Pabel Verlag (ab 269)
1950-62
0,40-0,70, 32 Seiten (1-128)/
48 Seiten (130-234)/64 Seiten (129, 235-314)
14,5 x 20,5 cm (1-234)/15,5 x 22,5 cm (ab 235)
A: Rolf Randall (1-10, 13, 14, 17, 18, 20, 24, 25, 29, 32, 35, 37, 40, 45, 158, 162, 164, 172, 183, 189, 262, 264, 280, 284, 314), Frank Dalton, G.F. Unger, Frederic Art, Broderick Old, Alex Robby u.a.
1 ... 120,00
2 ... 40,00
3-5 ... 27,00
6 ... 33,00
7-10 ... 27,00
11 ... 33,00
12-21 ... 20,00
22-43 ... 18,00
44 ... 25,00
45-53 ... 18,00
54-61 ... 20,00
62-65 ... 18,00
66-67 ... 20,00
68 ... 14,00
69 ... 20,00
70-100 ... 14,00
101-118 ... 12,00
119 ... 18,00
120-124 ... 12,00
125-127 ... 18,00
128-153 ... 11,00
154-165 ... 8,50
166 ... 14,00
167-234 ... 8,50
235-260 ... 22,00
261-275 ... 25,00
276-285 ... 30,00
286-295 ... 40,00
296-301 ... 50,00
302 ... 35,00
303-308 ... 110,00
309 ... 250,00
310-314 ... 130,00

Nr. 51-71 mit eingeklebten nummerierten Sammelbildern von Tom Prox und Caramba Buch-Covern ... 50,00
Nachdrucke ... 5,00
Hinweis: Ab Nr. 177 farbige Titelbilder. Ab Nr. 235 sind viele Texte der gleichnamigen Buchserie entnommen. Nr. 242 ist eine inhaltliche Fortsetzung von Nr. 130.

Tom Scott
Berlin: Verlag „Die Glocke", ca.1948
0,30, 32 Seiten, 14,5 x 20,5 cm
A: o.A.
1 noch nicht nachgewiesen
2 Falschgeld ... 35,00
3 Eifersucht ... 40,00
Nachdrucke ... 5,00

Tom Shark
Der König der Detektive
Augsburg: Tag-Verlag und
Dillingen: Baustein-Verlag (1-3)/
München: Arthur Moewig Verlag (ab 4), 1949-51
0,30 (1-2)/0,40 (ab 3)
32 Seiten (Nr. 4 hat 24 Seiten), 14,5 x 20,5 cm
A: Pitt Strong
1 (schwarzes Bild) ... 145,00
1 (blau-weißes Bild) ... 110,00
2 (grau-weißes Bild) ... 45,00

2. Reihe
Tom und Fred
Der Westen ruft
Die Rache des Toten
40 Dpf.

2. Reihe
Tom und Fred
Der Westen ruft
Die Dunkelmänner
40 Dpf.

Tom und Fred
Sonderheft 1: Günther Rohde und der Wildhagen-Verlag

2 (schwarzes Bild) 25,00
3 (u-p) 25,00
4 (weißes Bild) (u-p) 33,00
4 (grünes Bild) (u-p) 20,00
5 25,00
6 30,00
7-36 (Nr. 11 u-p) 25,00
37-39 25,00
40 30,00
41-51 25,00
52-60 40,00
Nachdrucke 5,00
Hinweis: Folgende Nr. erschienen in der gleichnamigen VK-Serie: 1 (70), 2 (92), 3 (77), 4 (79), 5 (25), 6 (2), 7 (3), 8 (11), 9 (387), 10 (26), 11 (33), 12 (39), 13 (187), 14 (14), 15 (50), 16 (162), 17 (27), 19 (16), 20 (17), 21 (18), 22 (31), 23 (32), 27 (165), 28 (53), 29 (34), 30 (161), 33 (154), 34 (12), 38 (240). Nr. 53 ist eine Bearbeitung von Nr. 77 der VK-Serie Detektiv Robby Ix.

Tom Sullivan
Heisse Western aus harter Zeit
Rastatt: Erich Pabel Verlag
1963-65
0,70, 64 Seiten, 15,5 x 22,5 cm
A: Glenn Patton
1 14,00
2-72 8,50
73 35,00
74-80 8,50
schwarz-weiß Ausgabe 7,00
Hinweis: Von Nr. 40-80 gibt es eine 2. Ausgabe (Rastatt: Rheinischer Buchvertrieb) mit neuen schwarz-weißen Titelbildern.

Tom und Fred
Hamburg: Zeitschriften Verlagsges. (1-14)/
Hamburg: Hans Kilian Verlag (ab 15)
1950-53
0,40, 32 Seiten, 14,5 x 20,5 cm
A: Hans Kilian
1 170,00
2-3 85,00
4-8 40,00
9 27,00
10-11 30,00
12-18 27,00
19-24 23,00
25-50 10,00
51 12,00
52-74 10,00
75 12,00
Nachdruck Nr. 1-75 4,00
Nachdruck Nr. 1 (nummeriert und signiert) 18,00
Nachdruck Nr. 2-75 (nummeriert und signiert) 10,00
Beilage: grüner Werbezettel für Das Zelt
(mit Titelbild und Comic der Nr. 1),
bekannt aus Nr. 60 25,00
Hinweis: Nr. 27-58 mit der Bildergeschichte „Cowboy-Kaiser“ von Bob Heinz. Als Nebenfiguren gibt es Tom und Fred in einer Fortsetzungsgeschichte im „Tchibo-Magazin“ (Beilage zum Tchibo-Kaffeeabonnement) Nr. 1, 2, 4-13 (1952-53), A: Hans Kilian). Siehe auch DAS ZELT.
Titelbilder von Günther Rohde: Nr. 1-75.
Innenzeichnungen von Günther Rohde: Nr. 2-14, 17-59, 61-72, 74-75.

Tom und Fred
Neue Folgen
Hamburg: Comicladen Kollektiv
1998-2002
16,80, 14,5 x 20,5 cm
A: Hans Kilian
76-85 6,00
76-85 (nummeriert und signiert) 15,00
Sonderheft 1 6,00
Sonderheft 1 (nummeriert und signiert) 15,00
Hinweis: Alle Titelbilder und Innenzeichnungen von Günther Rohde.
Nachdrucke aus Tchibo-Magazin Nr. 1-2, 4-13.

Tony Ballard
Die Horror-Serie von A.F.Morland
Bergisch Gladbach: Bastei-Verlag
1982-1990
1,60 bis 1,90, 66 Seiten, 15,5 x 22,5 cm
A: A.F. Morland (Fritz Tenkrat)

1 12,00
2 7,00
3-10 6,00
11-50 2,50
51-150 2,00
151-180 3,00
181-190 4,50
191-199 12,00
200 20,00
Hinweis: Siehe auch GESPENSTER-KRIMI, dort erschienen zwischen 1974 und 1982 67 Hefte.

Tony Ballard - Die Anfänge
Kerpen-Türnich: Romantruhe Buchversand
2006-heute
9,95, ca. 150-176 Seiten, 14,9 x 21,0 cm
A: A.F.Morland (Fritz Tenkrat)
1-heute (17) 4,00
Hinweis: Paperback-Ausgabe mit 2 Romanen / Band. Neuauflage der in den Bastei-GESPENSTER-KRIMIs erschienenen TONY-BALLARD-Ausgaben in chronologischer Reihenfolge.

Tony Ballard - Der Dämonenhasser
Kerpen-Türnich: Romantruhe Buchversand
2005-heute
9,95, ca. 150-180 Seiten, 14,9 x 21,0 cm
A: A.F.Morland (Fritz Tenkrat)
1-heute (24) 4,00
Hinweis: Paperback-Ausgabe mit 2 Romanen / Band. Neuauflage der bei Bastei erschienenen eigenständigen TONY BALLARD-Serie in chronologischer Reihenfolge.

Tony Ballard
Schwelm: Zaubermond Verlag
2005-heute
€ 13,95/14,95, 256 Seiten
A: A.F. Morland (Fritz Tenkrat)
1-heute (25) 7,00
Hinweis: Hardcover mit Schutzumschlag. Neue Romane , die an die Ereignisse in den Heftroma-nen anschliessen.

To-Pah
der weisse Chinese
Dillingen: Baustein-Verlag, 1950
0,40, 32 Seiten, 14,5 x 20,5 cm
A: Hardy Heart
1 Der Sendling des Gottes (u-p) 300,00
2 Unter Tigern und Haien (u-p) 280,00

Top-Krimi
Hamburg: Martin Kelter Verlag, 1988
2,20, 66 Seiten, 15 x 22,5 cm
A: Edward S. Aarons, Bruno Fischer, Henry Kane, Day Keene
1 3,00
2-24 1,50
Hinweis: Wahrscheinlich ND von Krimi-TB.

Top Secret
Aus dem Tagebuch des
Geheimagenten Lionel Alexis
Baden-Baden: CTS Verlag, 1976
1,80, 130 Seiten, 13,5 x 19 cm
A: o.A.
1-4 2,00

Top Western (1-327)/
Top-Western-Express (328-911)/
Top-Western (ab 912)
Castrop-Rauxel: Indra-Verlag
1962-ca. 1975
0,70 bis 1,20, 64 Seiten, 15,5 x 22,5 cm
A: Diverse
1 35,00
2-10 15,00
11-50 6,00
51-100 3,00
101-999 2,00
1000/1-1000/46 2,00
Hinweis: Als TOP-WESTERN-EXPRESS war die Serie vereinigt mit WESTERN-EXPRESS (siehe dort). Viele ND von Büchern. Im höheren Nummernbereich auch ND unterer Nummern.

Top Western
Hamburg: Kelter Verlag
2005-2007
1,45 1,50,
A: Diverse
1-99 1,00
Hinweis: Vermutlich alles Nachdrucke verschiedener Kelter Serien.

Top Western Spitzenautoren
Spannende Geschichten aus der amerikanischen Pionierzeit
Hamburg: Martin Kelter Verlag
2008-2009
1,50, 66 Seiten, 15,5 x 22,5cm
A.: Diverse
1-60 1,00

Torn
Wanderer der Zeit
Bergisch Gladbach: Bastei-Verlag
2001-2003
2,60 /1,33 1,35, 64 Seiten, 15,5 x 22,5 cm
A: Michael J. Parrish
1 2,50
1 (Variant-Cover) 3,50
2-42 1,50
42 (Variant-Cover) 2,50
43-50 1,50
50 (Variant-Cover) 2,50
Hinweis: In Nr. 50: achtseitiger Comic.

Torn
Schwelm: Zaubermond Verlag
2003-heute
€ 13,95/14,95, 256 Seiten
A: Diverse
1-heute (31) 7,00
Hinweis:
Hardcover mit Schutzumschlag. Neue Romane.

Trallala
Eine Zeitschrift für junge Mädchen
Sinzig: Uta-Verlag
1954-55
0,40, 32 Seiten, 14,5 x 20,5 cm
A: Sybel Stevens (1-4, 6, 9, 12),
Eva Karlson (5, 7, 10, 13),
Brigitte Förster (8, 11, 14)
1 20,00
2-14 15,00
Hinweis: Fortsetzung von GABY.

Tramp Geschichten
Siehe WENDEBAND WESTERN

Treff-As
Bayreuth: Treff-As-Vertrieb
?
0,15, 32 Seiten, 10,5 x 15 cm
A: o.A.
1 Radar-Geheimnis (K) 60,00
2 Schluß mit Billy (W) 60,00
3 Die Gejagten (Ab) 60,00
4 Kriminalfall VII A9 60,00

Trifels-Meisterbände Siehe BOGAN

Trix Roman/
Bea-Trix Roman
Hamburg: Zeitschriften Verlags-Gesellschaft
1949-50
0,50, 48 Seiten
17 x 24,5 cm (1-15...), 15,5 x 22,5 cm (ab ...17)
A: Diverse
o.Nr. Das Geheimnis von Campbel Manor 8,50
o.Nr. Die stählernen Krallen 8,50
o.Nr. Alle Frauen lieben Michael 6,00
o.Nr. Schiff der tausend Freuden 8,50
ungerade Nummern von 5-27 6,00
gerade Nummern von 6-26 4,50
Nr. 11, 13, 15, 17 18,00
Hinweis: Nr. 1 und alle geraden Nr. erschienen als TRIX ROMAN (Kriminalromane). Alle ungeraden Nr. ab 3 erschienen als BEA-TRIX ROMAN (Liebesromane). Die Titelbilder von Nr. 11, 13, 15, 17 sind von Günther Rohde.

Tropen Abenteuer
Stuttgart: Drei Palmen-Verlag
1949/50
0,50, 48 Seiten, 14,5 x 21cm
A.: diverse
o. Nr. Das Geheimnis der Karumomba - Faktorei
.... 15,00
Hinweis:
Enthält 2 Geschichten und einen Hinweis auf Bd. 2

Trucker-King
Bergisch Gladbach: Bastei-Verlag
1986-1996
1,70-2,20, 66 Seiten, 15,5 x 22,5 cm
A: Steve Cooper
1 8,50
2-20 6,00
21-50 4,50
51-100 3,50
101-250 2,50
Nr. 90 und 166 (mit Jerry Cotton) 30,00

Die Truhe (1948: 1-7, 1949: ab 15)/
Die Romantruhe (1949: 1-14)
Salzburg: Ried-Verlag (1948)/
Berchtesgaden: Wilhelm Behrens
Verlag (1949: 1-18)/Deutsche Verlagsgesellschaft (19/1949-5/1950)/Rosenheim: Wilhelm Haenisch Verlag (6/1950-12/1950)/Luitpold Wiedemann Verlag (ab 13/1950), 1948-51
0,50, 32-40 Seiten, 22 x 28,5 cm bis 23,5 x 31 cm
A: H.G. Konsalik (1948: 2-3) u.a.
1948: 1 6,00
1948: 2-3 12,00
1948: 4-7 6,00
1949: 1-26 3,50
1950: 1-26 3,50
1951: 1-10... 3,50
Nr.15/1949 „Planetenrausch“ (u-p) 60,00
Hinweis: Einige Abenteuer- und Kriminalromane. Der Rest sind Liebesromane. Fortsetzung siehe 2. Serie.

Die Truhe (1-105)/
Die neue Truhe (ab 106)/
Truhe-Roman/
Der neue Truhe Roman (ab 183)
Rosenheim: Oberbayerische Druckerei
(später Buchdruckerei Wendelstein)
München: Moewig-Verlag (später Neuzeit Verlag)
1951-ca.1962
0,50/0,60/0,70, 40/48/50/64 Seiten
14,5 x 21,5 cm bis 15,5 x 22 cm
A: Diverse
1 4,00
2-50 2,00
51-100 1,50
101-383 1,00
Kriminal-und Abenteuerromane 6,00
Hinweis: Anfangs einige Abenteuer-und Kriminalromane, Rest = Liebesromane. Die ersten Nr. erschienen mit dem Zusatz „4. Jg.“, weil es sich um die Fortsetzung der 1. Serie handelt.

Truhe-Reise-Bücherei (1-3)/
Die Roman Truhe Reisebücherei (4-6)/
Reisebücherei der Truhe (7-9)/
Die kleine Truhe Reisebücherei (ab 10)
Rosenheim (später Berchtesgaden): E. Haenisch (Hrsbg.) (1-6)/Deutsche Verlagsgesellschaft (ab 7)
1948-49
0,50, 32-64 Seiten
14,5 x 19,5 cm (1-6)/15,5 x 22,5 cm (ab 7)
A: Diverse
1 War es Raventro? 12,00
2 Frischer Wind im Erlenhof 6,00
3 Verhängnis im fremden Haus 8,50
4 Fräulein Nummer 6,00
5 Mord aus dem Jenseits 6,00
6 Die Frau mit den 3 1/2 Töchtern 6,00
7 Der geniale Narr 6,00
8 ohne Bandtitel 6,00
9 ohne Bandtitel (Inhalt u.a.
„Isabel und der Abenteurer“) 18,00
10 Schicksalswege 6,00
Hinweis: Mindestens Band 1 erschien (o.Nr.) parallel auch in Österreich in der Reihe Salzberg-Bücher des Ried-Verlag, Salzburg.

Trumpf Roman
Düsseldorf: his-Verlag, 1948
0,50, 32 Seiten, Zeitungsformat (1-2),
14,5 x 21 cm (3)
A: Diverse
o.Nr. Liebe unter Argusaugen (L) 10,00
o.Nr. Die Tänzerin Conchita (Ab) 15,00
o.Nr. Der Weg ist gefunden 10,00

Tschi La!
...um eine Handvoll Reis
Frankfurt/Main: Parteivorstand
der KPD (Herausgeber)
o. J. (1949)
o. P., 52 Seiten, 14,6 x 20,7 cm
A: Rudi Treiber
o. Nr. 40,00
Hinweis: Tschi Lai! = Erhebt Euch!
Politischer Roman über die Revolution in China

Turbo-King
Fernfahrer unterwegs
Köln: Wolfgang Marken Verlag, 1985-86
1,70, 66 Seiten, 15 x 22,5 cm
A: Diverse
1.. 7,00
2-21 4,00

Die UFO-Akten
Bergisch Gladbach: Bastei-Verlag
1996-1997
3,30, 98 Seiten, 13,5 x 19 cm
A: Diverse
1-25 3,50
Hinweis: Taschenheft.

U.H.Wilken
Die grosse Western-Autorenreihe
Hamburg: Martin Kelter Verlag
2002-2003
1,35, 66 Seiten, 15,5 x 22,5cm
A.: U.H. Wilken
1-50 1,00

Ullman Western (1-2)/
Ein Westernautor der Spitzenklasse
Spitzen Western (ab 3)
Westernautoren von grosser Klasse
Hamburg: Martin Kelter Verlag, 1980-82
1,40/1,50/o.P., 66 Seiten, 15 x 22,5 cm
A: Robert Ullman u.a.
1.. 4,50
2-59... 2,00
Hinweis: Teilweise ND von Büchern.
Siehe ROBERT ULLMAN.

Die unheimlichen Abenteuer der Jessica Bannister
Bergisch Gladbach: Bastei-Verlag
1997-1998
2,30, 66 Seiten, 15,5 x 22,5 cm
A: Janet Farell
1-44... 2,00
Hinweis: Siehe MITTERNACHTS-ROMAN.

Unheimliche Geschichten
Hamburg: Martin Kelter Verlag
2010
1,50 , 66 Seiten, 15,5 x 22,5cm
A.: Diverse
1-32 1,00

Union Pacific
Köln: Wolfgang Marken Verlag, 1981-82
1,60, 66 Seiten, 15 x 22,5 cm
A: Diverse
1.. 10,00
2-22 5,00
Hinweis: Fortsetzung von FEUERROSS.

Universum
Jugendschriften
Paderborn: Verlag Ferdinand Schöningh
(Hrsgb.: Günter Stiff)
1948
0,50 bis 2,00,
56 Seiten, 11,5 x 18 cm
A: Diverse

o.Nr. Der Wahrsager 15,00
o.Nr. Tip und seine Bande 15,00
o.Nr. Fred der Detektiv 15,00
o.Nr. Tip und die beiden Pfiffis 15,00
o.Nr. Die Diebe aus der Hofgasse 15,00

Unter dem Zircus Zelt
Berlin und Hamburg: Hera-Verlag
1948
0,40, 32 Seiten, 15 x 22 cm
A: Gustav von Hahnke
1 Löwen, Eisbären und eine Frau 180,00

US Marines
Hamburg: Kelter Verlag
1998-2000
3,00, 128 Seiten 15,5 x 22,5 cm
A: G.F. Frederick
1 3,00
2-24 1,00

U.S. Western
Aus der amerikanischen Pionierzeit
Hamburg: Martin Kelter Verlag
1981-83
1,50/1,60, 66 Seiten, 15 x 22 cm
A: Diverse
1 6,00
2-98 2,50
Hinweis: Von Nr. 44 gibt es 6 Ausgaben mit gleichem Bild und unterschiedlichem Inhalt.

Uta-Roman
Bad Godesberg: Uta-Verlag (1-37)/
Rastatt: Erich Pabel Verlag (ab 38)
1960-63
0,60/0,70, 48/64 Seiten, 15,5 x 22,5 cm
A: Diverse
1 7,00
2-116 (Nr. 58a + b) 2,00
117-120 40,00
121-145 1,50
Hinweis: Nr. 117-120 sind Romane um „Liane, das Mädchen aus dem Urwald“.

Utopia
Rastatt: Erich Pabel Verlag, 1953-68
0,50 bis 0,80, 48-64 Seiten
15,5 x 22 cm (1-113)/15,5 x 22,5 cm (ab 114)
A: Freder van Holk (286, 291, 294, 320, 321,324, 326, 328, 330, 338, 340, 343, 344).
Clark Darlton (65, 100, 259, 263, 267, 271, 274, 276, 279, 292, 301, 319, 329, 335).
K.H. Scheer (117, 119, 126, 128, 133, 137, 140, 145, 260).
Marion Zimmer Bradley (236, 426, 520) u.a.

1 300,00
2 120,00
3-7 70,00
8 140,00
9-15 35,00
16-20 30,00
21-39 18,00
40 45,00
41 18,00
42 70,00
43-50 18,00
51-100 12,00
101-150 8,00
151-300 7,00
301-,595 5,50
596 18,00
Jim Parker-Nr. über 50 20,00
Mark Powers-Nummern 15,00
Ad Astra-Nr. 10,00
Freder van Holk-Nummern 10,00

Hinweis:
Nr. 284 erschien als UTOPIA EXTRA AUSGABE. Nr. 286, 291, 321, 343 sind Sun Koh-Texte. Nr. 260, 275, 294, 381, 404, 471, 479 in 2 Heften (Teil 1 und 2). In UTOPIA Heft 458 gibt es eine feste Leseprobe zu Kommissar X Heft 347 (+ € 5,--)
Serienfiguren:
Jim Parker (1-43, 48, 51, 54, 56, 59, 61, 64, 70-72, 81, 83, 114, 116, 121, 129).
Mark Powers (alle geraden Nr. von 320-352, 404 Teil 1 und 2, 406, 408, 410, 412, 414, 416, 418, 420, 478, 496, 509).
Serie Ad Astra (alle geraden Nr. von 550-590).
Captain Zukunft (A: Brett Sterlin, Edmond Hamilton) 305, 307, 309, 311, 349, 351, 354, 369, siehe auch UTOPIA GB .... 10,00.
Nr. 336-376, 378-381 (1. Teil) mit Comic-Serien.

Utopia-Großband (Utopia Grossband) (1-195)/
Utopia Sonderband (ab 196)
Rastatt: Erich Pabel Verlag, 1954-63
1,00, 94-98 Seiten (1-135)/80 Seiten (ab 136)
13,5 x 18,5 cm-15,5 x 22,5cm
A: Freder van Holk (161, 164, 167) u.a.

1 45,00
2 25,00
3-6 12,00
7 30,00
8-48 12,00
Nr. 26, 28, 30, 32 15,00
49-125 5,00
126-133 6,00
134 15,00
135-160 6,00
161-185 7,00
186-201 8,00
202-203 6,00
204 10,00
Captain Zukunft-Nummern 10,00
Freder van Holk-Nummern 12,00

Hinweis: Serienfigur Captain Zukunft (A: Brett Sterlin, Edmond Hamilton) 142, 144, 147, 151, 153, 155, siehe auch UTOPIA.
Nr. 26, 28, 30, 32 mit Untertitel „Kriminalromane aus der Welt von morgen" sind Vorläufer von UTOPIA KRIMI. Nr. 121, 164 in 2 Heften (Teil 1 und 2). Nr.9 übersetzt von Jim Gray (d.i.: Rolf Randall).

Utopia Krimi (1-8)
Utopia Kriminal (ab 9)
Rastatt: Erich Pabel Verlag
1956-58
1,00, 96 Seiten
15,5 x 23 cm (1-13)/14 x 21 cm (ab 14)
A: Wolf Detlef Rohr u.a.

1 22,00
2-13 14,00

14-25 13,00
26-27 14,00
Hinweis: Siehe auch UTOPIA-GROSSBAND.

Utopia Sonderband (1-2)/
Utopia Magazin (ab 3)
Rastatt: Erich Pabel Verlag
1955-59
1,50 (1-9)/1,00 (ab 10), 128 Seiten (1-7)/
112 Seiten (8-9)/94 Seiten (ab 10)
15,5 x 22,5 cm (1-6)/14 x 20,5 cm (ab 7)
A: Diverse
1-2 15,00
3 19,00
4-6 15,00
7-9 11,00
10-26 8,00

UTO Zukunfts Romane
Balve: Verlag „Das Taschenbuch“, 1957-58
1,00, 126 Seiten, 12 x 18 cm
A: Diverse
1-5 40,00

UTR Luna Utopia-Taschen-Roman (1-4)
UTR Luna Weltall Utopischer Taschenroman (ab 5)
Hannover: Walter Lehning Verlag
1957-59
1,00, 160 Seiten, 10,5 x 15 cm (1-10)/
98 Seiten, 15 x 21 cm (ab 11)
A: Diverse
1-13 50,00

UV Tatsachen
Sinzig: Uta-Verlag/später Bad Godesberg
1956-57
0,50,48 Seiten
14,5 x 20,5 cm
A: K.W. Browne (15)
Rolf Randall (18) u.a.
1 30,00
2 17,00
3 30,00
4-14 17,00
15 22,00
16-17 17,00
18 30,00
19-23 17,00
24 25,00
25-30 17,00
Hinweis: Nr. 18 = gekürzte Ausgabe der Buchserie DIE UNSICHTBARE FRONT Nr. 4. Nr. 29 textgleich mit BASTEI ABENTEUER-ROMAN Nr. 42.

Vampira
Bergisch Gladbach: Bastei-Verlag
1994-96
2,50, 66 Seiten, 15,5 x 22,5 cm
A: Adrian Doyle
1-50 4,00
Hinweis: Nr. 30 mit Der Hexer. Bastei plant ab Mai 2011 eine Neuauflage mit teilweise neuen Titelbildern.

Vampira
Bergisch Gladbach: Bastei-Verlag
1996-99
3,60, 3,90, 114 Seiten, 13,5 x 19 cm
A: Adrian Doyle & Timothy Stahl
1-60 4,00
Hinweis: Taschenheft.

Vampire
Bergisch Gladbach: Bastei-Verlag
2001-2002
1,35 Euro, 64 Seiten, 15,5 x 22,5 cm
1-20 3,00

Vampir Horror-Roman
Rastatt: Erich Pabel Verlag
1972-81
1,00 bis 2,00, 66 Seiten 15,5 x 22,5 cm
A: Diverse
1 60,00
2 25,00
3-5 15,00
6-10 8,00
11-50 5,00

51-451 4,00
Nr. 23 (Dämonenkiller) 30,00
Nr. 47 (Dämonenkiller) 35,00
Nr. 87 (Dämonenkiller) 18,00
alle anderen Dämonenkiller-Nr. 12,00
Hinweis: Serie Dämonenkiller 23, 27, 31, 35, 39, 43, 47, 51, 55, 59, 63, 67, 71, 75, 79, 83, 87 (da-nach eigene Serie).

Vampir Horror-Roman /
Vampir Horror-Stories
Rastatt: Erich Pabel Verlag
1973-1980
2,80 3,00 3,80, 144-160 Seiten, 11,5 x 18,0 cm
A: Diverse
1 - 81 5,00
Hugh Walker: 12,17 10,00
Hinweis: Taschenbuchserie

Variationen der Liebe
Geldern: Verlag NRV
ca.1950
0,50. 40 Seiten, 15 x 20,5 cm
A: Wolf Rank
1 Du darfst mich nicht lieben 15,00
(kein Sittenroman)

Venus-Romane
Garmisch-Partenkirchen: H. Deckert-Verlag
ca.1949
0,50, 64 Seiten, 15,5 x 22 cm
A: William Hiller (1), Benno von Marroth (2)
1 Das Schwert der Astarte 20,00
2 Ich suche Dr. Klaring 30,00

Vergißmeinnicht
Der gute Frauen Roman
Eulenthal: Anker-Verlag
1948
0,50, 32 Seiten, 14,5 x 20,5 cm
A: Diverse
1-5 10,00
Hinweis: Von Nr. 1 gibt es 2 verschiedene Titelbilder.

Vier Asse
Kriminalroman
Lengerich/Westfalen: Vier Asse-Verlag
1957-60
0,50, 48 Seiten, 15 x 22,5 cm
A: Oskar K. Boden (1-3) u.a.
1-3 12,00
4-38 5,00
Hinweis: Nr. 1-3 sind umgeschriebene Harald Harst-Texte. Es gibt noch VIER ASSE Liebesroman, VIER ASSE Schicksalsroman, VIER ASSE Heimatroman.

Die Vier Musketiere
Rastatt: Erich Pabel Verlag
1976-77
1,50,
66 Seiten, 15,5 x 22,5 cm
A: Jean Lafitte
1 20,00
2-40 10,00
41-65 15,00

Violet
Liebeserinnerungen einer Tänzerin
Hannover-Berlin: Diamant-Verlag
ca. 1952
1,00, 32 Seiten, 13 x 20 cm
A: Diverse („unter Anlehnung an Fuchs Sittengeschichte“)
1-12 12,00
Hinweis: Alle Hefte mit Aufdruck „Sonderdruck“.

Der Voco Roman (1-8)/
Diamant-Roman (ab 9)
Hannover-Berlin: Voco-Verlag (1-8)/
Diamant-Verlag (ab 9)
1949-52
0,25/0,30/0,35,
16 Seiten, 21 x 29,5 cm (1-23)/
32 Seiten, 14,5 x 20,5 cm (ab 24)
A: Hermann Lienhart u.a.
1-23 12,00
24-152 2,50
Hinweis: Liebesromane.

Neuentdeckungen

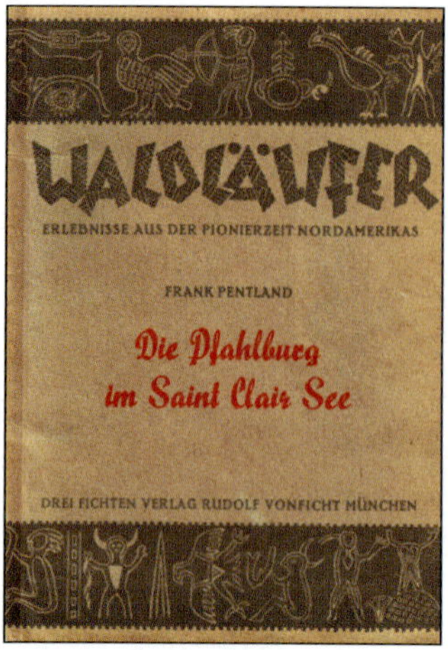

Das Volk der Tiefe
Die dunkle Seite von MADDRAX
Bergisch Gladbach: Bastei-Verlag
2007-2008
1,50, 66 Seiten, 15,5 x 22,5 cm
1-12 3,00
Hinweis: „Spin-Off" zu MADDRAX

Wahre Geschichten
Liebe - Kriminalistik - Abenteuer (1)
Südseeabenteuer einer jungen Frau.
Der Bericht einer Hypnose (2)
Neumünster: Erich Mauritz & Co. (1),
Drei Türme Verlag (2)
1948-49, 0,50, 24 Seiten, 21 x 29,5 cm
A: Nis Jans (1), Fred Renner (2)
(1) Grosse Liebe in Venedig (L) 20,00
(2) Die seltsame Nacht.(A) 180,00
Hinweis:
Auf der Rückseite Werbung für FRED ALLAN KING und für die HAMBURGER ROMAN-HEFTE

Waldläufer
Erlebnisse aus der Pionierzeit Nordamerikas
München: Drei-Fichten-Verlag Rudolf Vonficht
1946-47
o.P. (1,80), 52 Seiten, 14,5 x 21 cm
A: Frank Pentland
1-4 100,00

Walter Helmers Abenteuer
Düsseldorf: Verlag Wilhelm Borchert
1949
0,35 (Zweitausgabe 0,50), 32 Seiten, 14,5 x 20 cm
A: Pet. Roussée
1 In der Gewalt der Ganeschas 150,00
1 In der Gewalt 150,00
Hinweis:
„In der Gewalt" (Serientitel innen) ist eine Zweitausgabe mit Aktfoto-Titelbild.
Siehe auch Buchserie SELTER, KURT.

We-De-We-Bücherei
Heidelberg: Melodien-Verlag
1948
0,30, 32 Seiten, 12 x 17 cm
A: W. Diwo
1-8 noch nicht nachgewiesen
9 Schüsse im Kanal (u-p) 200,00
10 Lebenskünstler 120,00
11 Suggestionsopfer (u-p)............................... 200,00
12 Halbweltliebe 120,00
Hinweis: Serientitel bei 9-10 nur auf der Rückseite.

Weiden Kriminal-Roman
Stuttgart: Weiden-Verlag
ca.1965
0,80, 64 Seiten, 15 x 22,5 cm
A: Bernd Kresse
1 Er wird sie töten.. 3,50

Der weiße Medizinmann
Hamburg: Comicladen Kollektiv
2000-01
16,80, 14,5 x 20,5 cm
1-2 5,00
1-2 (nummeriert und signiert v. G. Rohde) 15,00
Hinweis: Titelbilder und Innenzeichnungen von Günther Rohde.
Nachdruck aus DAS ZELT, 2. Jg. Nr. 33-40.

Weiter Westen
Castrop-Rauxel: Indra-Verlag
ca. 1973-ca. 1976
1,20, 64 Seiten, 15,5 x 22,5 cm
A: G.F. Unger, Robert Ullman u.a.
1 6,00
2-50 4,00
51-150 3,00
Hinweis: ND von Büchern.

Der Weltraumfahrer
Hamburg: Alfons Semrau-Verlag
1958
1,00, 96 Seiten, 14,5 x 22,5 cm
A: Diverse (Übersetzungen aus dem Englischen)

1 20,00
2-8 15,00

Welt-Roman
Siehe MEIN ROMAN

Wendeband Western/
Tramp Geschichten
Mannheim: Wendeband-Verlag (1-20)/
Rastatt: Erich Pabel Verlag (ab 21), 1958-60
0,60, 72 Seiten (1-3)/64 Seiten (ab 4)
15,5 x 22 cm
A: H.W. Capler (8) u.a.
1 20,00
2-30 10,00
8 (Billy Jenkins Vorkriegs-Buch „Die Herren der Pampa") 30,00
9 (Billy Jenkins Vorkriegs-Buch „Die Silberräuber") 30,00
12 (Billy Jenkins Vorkriegs-Buch „Im Tal der Silberlöwen") 30,00
31-50 10,00
51-57 15,00
58 20,00
Hinweis: Je 2 Geschichten (1 Wildwest- und ein Abenteuer-Roman).

Western (1-62)
Pabel-Western (63-144)
Pabel Wildwest Roman(e) (ab 145)
Pabel Wild-West
Rastatt: Erich Pabel Verlag, 1954-1972
1,00 (1-9)/0,60/0,70/0,80/0,90/1,00 (ab 10)
96 Seiten (1-9) 64-80 Seiten (ab 10)
15,5 x 22,5 cm
A: José Mallorqui (10), Frank Sander, Zane Grey (79, 130, 152, 154, 167, 172, 176, 180, 294, 306, 318), Max Brand (145,166, 170, 174, 178, 182, 186, 190, 194, 197-199, 206-208, 216, 218, 220, 223, 227, 230, 234, 268, 311) u.a.
(Nr. 4-6, 8, 9 übersetzt von Jim Gray, d.i.: Rolf Randall).
1 80,00
2-9 50,00
10-24 30,00
25-60 15,00
61-188 10,00
100 (mit Bildbeilage) 12,00
189-250 8,00
251-815 4,00
Nr. 31, 36, 43 (Flying Jack) 18,00
123,316 15,00
Hinweis: Nr. 31 (Wölfe der Nacht), 36 (Das Geheimnis des Süßwassertales), 43 (Das Blockhaus in der Teufelsschlucht; A: Young Ryan) sind Flying Jack-Buchtexte.
Nr. 49 (Hinter Palisaden) ist ein ND des gleichnamigen Buches von Berndt-Guben.
123,316 sind Neuauflagen Billy Jenkins VK Bücher
Nr. 505, 508, 512, 518, 539, 541 (A: G.F. Bucket) sind Neuauflagen von TOLLKÜHNER WESTEN.
Serienfiguren:
Jesse James 1-3.
Buffalo Bill 4-6.
Montana Kid (A: Max Brand) 178, 182, 186.
Jim Silber (A: Max Brand u.a.) 197-199, 206-208, 216, 218, 220, 224, 228, 232, 236, 239, 243, 263, 274, 284, 293.
Bill Jackson 731 und jede 4. Nr. von 732-800 (siehe ARIZONA STAR).
Tom Fox (A: Frank H. Wells) 28.
William Tex: 324.

Western
Nürnberg: Richter Verlag, 1986
1,80, 64 Seiten, 15 x 21 cm
A: Diverse
1 3,00
2-24 1,50
Hinweis: ND von ERBER WESTERN.

Western-Bestseller
Bergisch Gladbach/Köln: Bastei-Verlag
1972-heute
1,00 bis 2,20, 66 Seiten, 15,5 x 22,5 cm
A: Diverse (siehe Hinweis)
1 15,00
2-10 10,00

11-30 8,00
31-50 6,00
51-100 4,00
101-500 2,50
501-999 1,50
1000 (mit Titelliste der ersten 1000 Hefte) 20,00
1001-heute (1977) 1,00
Hinweis: ND aus diversen Serien. Nr. 1, 4, 8, 12, jede ungerade Nr. von 15-153, 155-157, 159, 161, 163, 165-heute sind von G.F. Unger.

Western-Explosiv
Hamburg: Martin Kelter Verlag
2001 2002
66 Seiten 15,5 x 22,5cm
A.: Diverse
1-21 1,00

Western-Express
Große Romane aus einer wilden Zeit
Bergisch Gladbach: Bastei Verlag
2003 - 2005
1,35 1,50 66 Seiten 15,5 x 22,5cm
A.: diverse
1 2,00
2-87 1,00
88 4,00

Western-Express
Castrop-Rauxel: Indra-Verlag
1964-ca. 1974
0,70 bis 1,20, 64 Seiten, 15,5 x 22,5 cm
A: G.F. Unger u.a.
1 10,00
2-100 5,00
101-366 4,00
Hinweis: Viele ND von Büchern. Zwischen Nr. 232 und 233 gab es eine mehrjährige Pause, in diesem Zeitraum lief die Serie als TOP-WESTERN EXPRESS.

Western-Express Sonderband
Castrop-Rauxel: Indra-Verlag
1965-69
1,50/1,60, 128 Seiten, 14 x 19,5 cm
A: G.F. Unger u.a.
1-30 8,00
31-40 15,00
41-48 25,00

Western für DM 1,50
Hamburg: Martin Kelter Verlag
1997-1998
1,50, 66 Seiten, 15,5 x 22,5cm
A.: diverse
1-36 1,00

Western Gun
Rastatt: Zauberkreis-Verlag
1978-82
1,20 bis 1,60, 64 Seiten, 15,5 x 22,5 cm
A: Diverse
1 6,00
2-104 2,50
Hinweis: Teilweise ND von Büchern.

Western-Inferno
Köln: Wolfgang Marken Verlag,
1975-77
1,20/1,50, 66 Seiten, 15 x 22,5 cm
A: Diverse
1 7,00
2-32 4,00

Western-King
Rastatt: Zauberkreis-Verlag
1975-77
1,20/1,30, 64 Seiten, 15,5 x 22,5 cm
A: Robert Ullman u.a.
1 6,00
2-133 3,50

Western-King
Rastatt: Zauberkreis-Verlag, 1977-ca. 1990
1,30 bis 1,90, 64-66 Seiten, 15,5 x 22,5 cm
A: Diverse
1 6,00
2-50 3,50
51-133 2,50

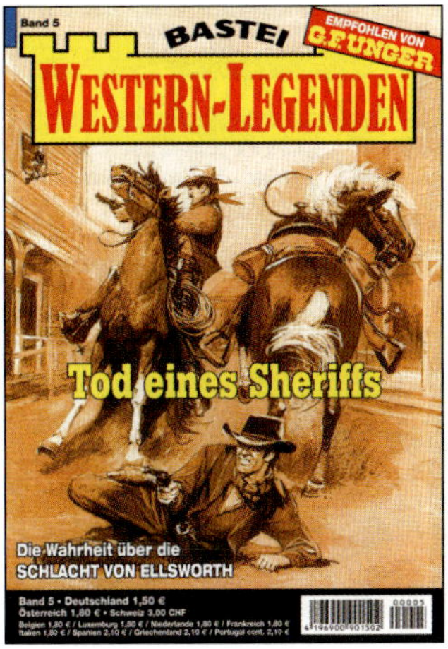

134-200 3,00
201-654 1,50
Hinweis: Nr. 1-133 sind ND der 1. Serie. Danach viele ND von Büchern.
Serienfiguren: Shannon, Socorro, Dan Oakland, Chuck Slade.

Western Lady
Köln: Wolfgang Marken Verlag, 1974-75
1,20, 66 Seiten, 15 x 22,5 cm
A: Diverse
1 7,00
2-18 4,00

Western-Legenden
Bergisch Gladbach: Bastei-Verlag
2005-2007
1,50, 66 Seiten, 15,5 x 22,5cm
A.: Diverse
1-100 3,00

Western Mustang
Köln: Wolfgang Marken Verlag
1975-82
1,20 bis 1,60, 66 Seiten, 15 x 22,5 cm
A: Diverse
1 7,00
2-50 4,00
51-179 3,00
Hinweis: Hauptfiguren sind US-Marshal Clayburn, genannt Colorado, und sein Mustang „King".

Western Roman Siehe SUPER WESTERN

Western Roman
Ganacker: Oase-Verlag
ca.1975
1,20 bis 1,50, 64 Seiten, 15 x 22 cm
A: Diverse
1 2,50
2-20 1,50
Hinweis: Teilweise ND von SUPER WESTERN/WESTERN ROMAN.

Western Star
München: Arthur Moewig Verlag
1962-64
0,70, 64 Seiten, 15,5 x 22,5 cm
A: Walter den Marl u.a.
1 7,00
2-50 4,00
51-110 3,00

Western Star
jede Woche neu
München: Arthur Moewig Verlag, 1964-69
0,70/0,80, 66 Seiten, 16 x 22,5 cm
A: Diverse
1 7,00
2-50 4,00
51-258 3,00
Hinweis: Mit den Comics: Cheyenne Kid (165-174), Die glorreichen Vier (174-258).

Western Star Sonderband
München: Arthur Moewig Verlag, 1969
0,80, 66 Seiten, 15,5 x 22,5 cm
A: Diverse
1 7,00
2-40 4,00
Hinweis: Teilweise ND von Büchern.

Western Story
Feucht: C. Hessel (Druckerei)
1968-ca. 1974
1,00 bis 1,20 (teilweise o.P.), 64-66 Seiten
15,5 x 22,5 cm
A: Diverse
1-100 nicht erschienen
101 3,00
102-208... 2,00
Hinweis: ND von LUNA-WESTERN und öster. Serien vom Mauerhardt Verlag.

Western Story
München: Neuzeit-Verlag/
später Landau: Mehrwert-Verlag, 1971-72
1,00/1,20, 64 Seiten, 15,5 x 22,5 cm
A: Diverse

1 3,00
2-38 2,00
Hinweis: Siehe auch SUPER WESTERN.

Western Story
Hamburg: Martin Kelter Verlag, 1977-79
1,20/1,30, 66 Seiten, 15,5 x 22 cm
A: Diverse
1 6,00
2-74 2,00
Hinweis: Es erschienen noch einige Nr. über 74 als ND früherer Nr. (jeweils mehrere Nr. mit gleichem Bild und unterschiedlichem Inhalt).

Western Trail
Helden, Spieler und Halunken
Hamburg: Martin Kelter Verlag
1984-85
1,70, 66 Seiten, 15 x 22,5 cm
A: Diverse
1 6,00
2-32 2,00

Western-Wolf
Köln: Wolfgang Marken Verlag, 1974-86
1,20 bis 1,70, 66 Seiten, (Nr.70, 78, 96, 113, 126, 141 mit 98 Seiten), 15 x 22,5 cm
A: Diverse
1 10,00
2-100 5,00
101-294 4,00
Hinweis: Hauptfiguren sind Texasranger Tom Kelly und der Wolfshund Onyx. Nr. 70, 78, 96, 113, 126, 141 mit je 2 Romanen (ein gekürzter ND und ein neuer Text).

Westmann
Westmann-Erdball-Romane
Westmann-Romane
Siehe ERDBALL-ROMANE

Westmann Elite
Köln: Wolfgang Marken Verlag
1978-81
1,50 bis 2,00, 98 Seiten, 15 x 22,5 cm
A: Diverse
1 6,00
2-62 4,00
Hinweis: Pro Heft 2 Romane. ND von WESTMANN, RED ROCK RANCH, WESTERN LADY, WESTERN INFERNO, BIG JOE (!).

Westmann Extra
Köln: Wolfgang Marken Verlag
1979-84
1,80/1,70, 98 Seiten (1-91)/66 Seiten (ab 92)
15 x 22,5 cm
A: Diverse
1 5,00
2-20 3,00
21-118 2,00
Hinweis: Nr. 1-91 mit 2 Romanen pro Heft. ND von WESTMANN, RED ROCK RANCH, NEVADA, FEUERROSS, UNION PACIFIC. BIG JOE (Nr. 38).

Westmann Super
Köln: Wolfgang Marken Verlag
1980-82
2,00, 98 Seiten, 15 x 22,5 cm
A: Diverse
1 3,00
2-28 2,00
Hinweis: ND von Ullstein TB u.a.

Westward Ho Siehe HALLBER

Wild Bill Hickok
Aachen: Bildschriftenverlag
ca. 1963
0,70, 64 Seiten, 15 x 22 cm
A: Mark Hagen (1, 2, 4-6), Wild Bill Hickok (3, 7, 8)
1-8 18,00

Wildwest
Balve: Verlag „Das Taschenbuch“
1958
0,60, 64 Seiten, 15 x 22 cm
A: Will Spandey
1-2 25,00

Wildwest Roman
Hamburg: Martin Kelter Verlag
2008-2009
66 Seiten, 15,5 x 22,5cm
A.: Diverse
1-60 1,00

Wild West Roman
Hamburg: Martin Kelter Verlag
2003-2005
66 Seiten, 15,5 x 22,5cm
A.: Diverse
1-68 1,00

William Tex (1-30)/
Kelter Abenteuerroman (31-56)/
Kelter-Abenteuer (gerade Nr.) bzw.
Kelter-Wildwest (ungerade Nr.) (57-84)/
Kelter-Wildwest (85-98)/
Kelter Wildwest-Roman (99-338..)/
Kelter Western (ab ...343)
Hamburg: Martin Kelter Verlag
1955-67
0,50-0,80, 64 Seiten, 15 x 22 cm
A: Frank Sander, Robert Ullman, Freddy Koweit, Kibi Williams u.a. (siehe auch Hinweis)
1 55,00
2-23 30,00
24-30 35,00
31-85 10,00
36 (Billy Jenkins Vorkriegs-Buch „Das Geheimnis der Salzsümpfe") 20,00
86-100 5,00
101-146 4,00
147-350 3,00
351-514 2,50
Nr. 354, 357 (Hopalong Cassidy) 10,00
William Tex-Nr. 33, 37, 57 35,00
William Tex-Nr. 103, 127, 132 30,00
Mario Carrol-Nummern 15,00
Hinweis: Nr. 41 und alle geraden Nr. von 54-84 sind Abenteuer- bzw. Piratenromane (Nr. 68, 70, 72, 74, 78, 80, 82, 84 sind Piratenromane von Mario Carrol), alle anderen Nr. sind Wildwestromane.
Serienfiguren:
William Tex (o.A.) 1-31, 33, 37, 57, 103, 127, 132.
Hopalong Cassidy (A: Clarence E Mulford) 354, 357.
Nr. 119-174 mit Bildergeschichte „Cisco". Siehe PABEL WW und Buchserie. Viele höhere Nr. sind Neuauflagen unterer Nr. Siehe auch SILBER-ROMAN, ROLAND ROMAN.

Winchester
Bergisch Gladbach/Köln: Bastei-Verlag
2007-heute
1,50/1,60, 66 Seiten, 15,5 x 22,5cm
A.: Diverse
1-heute (177) 1,00
Hinweis: Neuauflage der Serie COLORADO WESTERN und anderer, früherer Texte des Verlages.

W.M.-Romane
Siehe TELE-ROMANE

Wölfe
Bergisch Gladbach: Bastei-Verlag
2004
1,50 , 66 Seiten, 15,5 x 22,5cm
A.:Timothy Stahl
1-6 3,00

Wolfgang Hohlbein's Raven
Siehe RAVEN

Wolkenstürmer
Berlin: U. Gerstmayer Verlag
1957
0,50, 32 Seiten, 16,5 x 24 cm
A: o.A. (1), Fritz Berg (2-8)
1a (roter Titelkopf, Motiv mit Flugzeug, auch außen mit Nr. und Titel: abgeschlossen) 40,00
1b (wie a, aber außen ohne Titel und mit geschwärzter Nr.) 40,00
1c (gelber Titelkopf, Motiv mit zwei Personen, außen ohne Titel und mit geschwärzter Nr.) 40,00
2-8 40,00
5 (mit Titelbild von 3) 120,00

Hinweis: Ab Nr. 9 Comicserie „Fruggy".
Es gibt 2 Sammelbd. mit je 4 Heften: 1-4 und 5-8.
Nr. 5 gibt es mit Titelbild von Nr. 3, ohne Nr., Inhalt von Nr. 5, Innenumschlag und Rückseite sind weiß.

WS Roman
Hamburg: Intergrossa-Verlag
1958-65
o.P., 64 Seiten, 15 x 21 cm
A: Diverse
1 4,50
2-30 3,50
31-100 2,50
101-370 1,50
Hinweis: Bis Nr. 204 einige Kriminal- und WW-Romane. Danach nur Liebesromane. Zumindest teilweise ND von STELLA ROMAN, LUNA ROMAN.

Wyatt Earp
Hamburg: Martin Kelter Verlag
1974-77
1,20/1,30, 66 Seiten, 15 x 22 cm
A: William Mark
1 5,00
2-107 2,00
Hinweis: ND der 1. Serie (Die Wyatt-Earp-Story) mit anderer Numerierung. Siehe auch DIE GROSSEN WESTERN.

Wyatt Earp
Hamburg: Martin Kelter Verlag
2003-heute
1,45, 1,60 66 Seiten 15,5 x 22,5cm
A.: William Mark
1-heute (201) 1,00

Die Wyatt-Earp-Story
Hamburg: Martin Kelter Verlag
1961-68
0,70/0,80, 66 Seiten, 15 x 22 cm
A: William Mark
1 30,00
2-10 18,00
11-50 12,00
51-80 9,00
81-250 10,00
251-284 15,00
Hinweis: Nr. 136 (1), 144 (2), 152 (6), 167 (10), 174 (11), 188 (3), 192 (4), 196 (5), 200 (8), 204 (9), 208 (12), 212 (13), 217 (14), 221 (15) = Nachauflagen der Nummern in Klammern.

Die Wyatt Earp-Story
Neuauflage
Hamburg: Martin Kelter Verlag
1967-69
0,80 bis 1,00, 64 Seiten, 15 x 22 cm
A: William Mark
1 6,00
2-80 2,50
Hinweis: ND von Nr. 16-95 der 1. Serie.

Die Wyatt Earp Story
Hamburg: Martin Kelter Verlag, 1987-89
1,70/1,80, 66 Seiten, 15 x 22,5 cm
A: William Mark
1 3,50
2-44 3,00
Hinweis: ND der 1. Serie, z.T. gekürzt.

Der X Y Z Roman
Düsseldorf: Renaissance-Verlag
1948
0,50, 32 Seiten (1), 40 Seiten (2), 14,5 x 20,5 cm
A: Oscar Herbert Breucker, Paul A. Theisen
o.Nr. Insel des Schreckens 40,00
o.Nr. Kommissar Pelerin 50,00

Zack
Kaiserslautern: Verlag Hermann Kayser (1-14)/
Verlag Heinz Rohr (15-17)/
Verlag Georg Schäfer (18-27)
1949-51
0,30 (1-3)/0,40 (ab 4), (Nr. 6 = 0,50)
32 Seiten (Nr. 6 mit 48 Seiten), 14,5 x 20,5 cm
A: Fritz Strauß, Helmut Gronau,
E. A. Czerwonka (20) u.a.
1 27,00

2 1. Auflage (gelbes Bild) 25,00
2 2. Auflage 100,00
3 45,00
4-11 25,00
12 (u-p) 40,00
13-27 Nr. 24 (u-p) 27,00
Hinweis: Von Nr. 1 und 3 gibt es auch eine Ausgabe mit kartoniertem Umschlag. Die 2. Auflage von Nr. 2 hat ein anderes Titelbild.
Serienfigur:
Geheimagent Nr. 1 (A: Erwin Banzhaf) Nr. 24-27.
Kriminalromane: Nr. 1, 5, 6, 8, 10, 12, 16-19, 21-27.
Wildwestromane: Nr. 2, 7, 13-15, 20.
Abenteuerromane: Nr. 3, 4, 9, 11.

Zack Lederstrumpf-Stories
Kaiserslautern: Verlag Hermann Kayser (1-19)/
Verlag Georg Schäfer (20-50)
1949-51
0,30, 32 Seiten, 12 x 17 cm
A: George Parker
1 40,00
2-6 12,00
7-8 6,00
9-22 15,00
23-41 12,00
42-44 17,00
45-47 23,00
48-50 27,00
Nachdrucke 5,00
Hinweis: Hauptfigur ist Old Jefferson. Nebenfigur Buffalo Bill. Bearbeitete Neuausgabe der VK-Serie DER NEUE LEDERSTRUMPF (Old Waverly).

Zamorra siehe PROFESSOR ZAMORRA

Zauberer am Ball – Siehe SPORT + STARS

ZBV Serie
Rastatt: Erich Pabel Verlag
1972-1981
2,80/3,80/4,80, ca.146 Seiten, 11,5 x 18,0 cm
A: Karl-Herbert Scheer
1-50 1.Auflage schwarz 6,00
1-50 2.Auflage blau 3,00
Hinweis: Taschenbuchserie - Nachdruck der zwischen 1957-65 im Balowa-Verlag erschienenen 18 Leihbücher und daran anschliessend neue Romane. 1. Auflage schwarz (ZBV Serie) - 2. Auflage blau (ZBV 2. Auflage).

10 Jahre Tag und Nacht
Hamburg: Hermann Laatzen Verlag
ca. 1950-52
1,00, 88 Seiten, 14,5 x 20,3 cm
A: K.W. Krause
o.Nr. 60,00
Hinweis: Mit Schutzumschlag.

Zeitkugel
Köln: Wolfgang Marken Verlag
1974-78
1,20/1,50, 66 Seiten, 15 x 22,5 cm
A: o.A.
1 15,00
2-50 8,00
51-80 9,00
81-90 12,00
Hinweis: Fortsetzung in ERDE 2000.

Das Zelt/ab 3. Jg. Nr. 12:
Das große Zelt-Abenteuer
Hamburg: Verlag Dr. Eduard Wildhagen
1953-55
0,25/0,30/0,50 (regional abweichend), 48-68 Seiten
12,5 x 17,5 cm, ab 2. Jg. Nr. 14: 14,5 x 20 cm,
ab 3. Jg. Nr. 12: 15,5 x 22,5 cm
A: Diverse
1. Jg. Nr. 1 10,00
1. Jg. Nr. 2-52 6,00
2. Jg. Nr. 1-46 6,00
3. Jg. Nr. 1-10 18,00
3. Jg. Nr. 11-14 35,00
Hinweis: Jugendmagazin mit der fast durchgehenden Fortsetzungsgeschichte „Petalasharo, großer Häuptling der Pawnee“ (A: Franz Alwis zur Nieden). Ab 3. Jg. Nr. 12 wurde mit dem Nachdruck von TOM UND FRED

(ab Nr. 1) begonnen. Die Serie ging in RASSELBANDE (Nr. 18/1955 mit Zusatzumschlag „DAS ZELT") auf - Siehe Kapitel JUGENDZEITSCHRIFTEN.
Titelbilder von Günther Rohde: 1. Jg. Nr. 1-3, 6, 21, 33, 39-40, 43, 47, 50-51. 2. Jg. Nr. 1, 3, 6, 12, 14, 17, 21-22, 25, 28, 32, 34, 36, 38, 41-44. 3. Jg. Nr. 1, 5, 9, 11-14. Innenzeichnungen von Günther Rohde: diverse in allen Ausgaben.
Von den Petalasharo-Geschichten gibt es gebundene Bücher mit neuen Günther Rohde-Illustrationen, die offiziell nie ausgeliefert wurden (Band 1: 1961, Band 2: 1962).

Z-Exklusiv
Rastatt: Zauberkreis-Verlag
ca. 1965-ca. 1972
1,40/1,50, 128 Seiten, 14,5 x 21 cm
A: H.G. Konsalik (110) u.a.
1-140
Butler Parker Nummern.................................... 15,00
Mr. Phantom Nummern.................................... 10,00
u-p Nummern.................................... 10,00
Kriminal- und WW-Romane.................................... 6,00
Liebesromane.................................... 1,50
Hinweis:
Utopische Romane 78, 82, 85-88, 93, 98, 102, 107, 112, 117, 122, 127, 132, 137.
Kriminalromane 8, 12, 17, 21, 27, 53, 57, 61, 69, 73, 77, 90, 95,103, 108, 113, 118, 126, 135, 139.
Wildwestromane 9, 13, 16, 20, 24, 28, 31, 35, 39, 42, 47, 50, 54, 58, 62, 66, 70, 74, 80, 84, 92, 96, 100, 104, 109, 114, 119, 123, 130, 134, 140.
Butler Parker (A: John D. Acton) 8, 12, 33, 113, 135.
Mr. Phantom (A: Desmond Night) 38, 45, 65.
Alle anderen Nr. sind Liebesromane.
Nr. 141-325 als TB.

Zorro
Nürnberg: Verlag Dr. Rudolf Frank
1950-53
1,00 (1-2)/0,50 (3-27), 80 Seiten (1-2)/
50 Seiten (3-27), 14,5 x 21 cm (1-2)/
14 x 20 cm (3)/14,5 x 21,5 cm (4-27)
A: José Mallorqui (1-2),
Rolf Müller-Hilgendorff (24, 25), Henri Milten u.a. (z.T. o.A.)
1.................................... 60,00
2.................................... 30,00
3.................................... 40,00
4.................................... 18,00
5-25.................................... 14,00
26.................................... 25,00
27.................................... 35,00

Zukunft Roman
Augsburg/Landau/Ganacker: Neuzeit-Verlag
1975
1,20 bis 1,50, 64 Seiten, 15 x 22 cm
A: Diverse
1.................................... 4,50
2-20.................................... 2,50
Hinweis: „Wo ist Kreuzerkapitän Collins" und „Jagd nach dem Strahler" sind als Nr. 7 und als Nr. 10 erschienen. „Die letzte Schlacht" und „Invasion der Silberpunkte" sind als Nr. 8 und als Nr. 9 erschienen. Es gibt mehrere Auflagen mit unterschiedlicher Aufmachung.

20. Jahrhundert
Spannende Romane unserer Zeit
Bad Nauheim: Willy M. Horbach (Hrsgb.), ca.1952
0,50, 40 Seiten, 15 x 21 cm
A: Michael Holten
1 Das Geheimnis der Sierra.................................... 40,00

Zwei Teufelskerle
Abenteuer auf heißen Öfen
Köln: Wolfgang Marken Verlag
1984-85
1,70, 66 Seiten (Nr. 1 mit 130 Seiten),
15 x 22,5 cm
A: Diverse
1.................................... 6,00
2-22.................................... 4,00

12 Uhr-Krimi
München: Arthur Moewig Verlag
1968-69
0,80, 66 Seiten, 15,5 x 22,5 cm
A: Diverse
1.................................... 7,00
2-41.................................... 4,00

ZZ-Roman
Iserlohn: IRIS-Verlag
1949
0,30, 28 Seiten, 15 x 21,5 cm
A: Frank Arthur
o.Nr. Der Mord im Atelier (u-p).................................... 120,00

Anstecknadeln zu Romanserien

Fast alle Anstecknadeln sind sehr selten, einige sind sogar ausgesprochene Raritäten. Deshalb ist eine Preisfestsetzung, wie bei allen Raritäten, schwierig. Eine Tendenz nach oben ist durchaus nicht unwahrscheinlich.

Bill Rocky	280,00
Bill Rocky - goldfarben	240,00
Bill Rocky - silberfarben	240,00
Billy Jenkins, Cowboy - goldfarben	250,00
Billy Jenkins, Cowboy - silberfarben	300,00
Billy Jenkins, Indianer - Frontansicht	900,00
Billy Jenkins, Indianer - Profil	350,00
Billy Jenkins Plakette	400,00
Conny Cöll	600,00
Cowboy Jerry	350,00
Coyote	200,00
Flying Jack	200,00
Hans Warren (matt)	350,00
Hans Warren (glänzend)	350,00
Jack Morlan - blau	300,00
Jack Morlan - rot (matt)	350,00
Jack Morlan - rot (glänzend)	350,00
Jack Morlan - andere Farben	400,00
Jerry Gray	600,00
Jörn Farrow	60,00
Jörn Farrow (Nachdruck)	10,00
Kansas Jack	800,00
Pete	200,00
Pete - blau/gold	200,00
Pete - blau/silber	200,00
Pongo (Rolf Torring)	150,00
Pongo (Nachdruck)	10,00
Der Rote Corsar - noch nicht nachgewiesen	-
Tom Brack	200,00
Tom Brack Sheriffstern	250,00
Tom Mix	400,00
Tom Prox - silber- oder goldfarben	250,00
Tom Prox - blau	120,00
Tom und die Vitalienbrüder	400,00
Tom und Fred	450,00

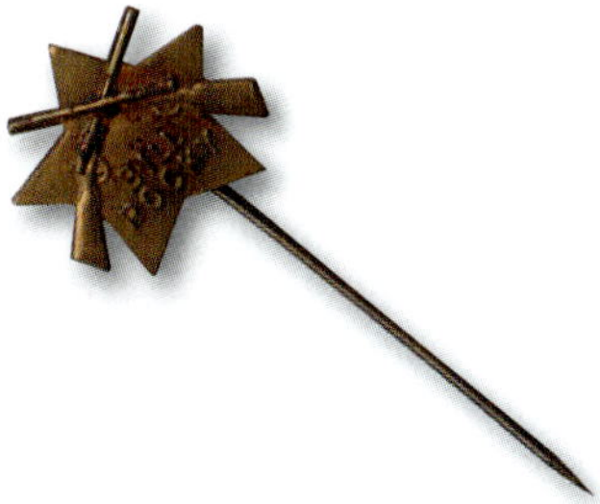

SAMMELMAPPEN FÜR ROMANHEFTE

Sammelmappen dienen nicht nur dem Schutz der Hefte, sondern werden von Verlagsseite auch als Anreiz für den Leser gedacht, die Serien oder Reihen über einen längeren Zeitraum regelmäßig zu kaufen und aufzubewahren. Solche Mappen kamen hauptsächlich erst nach 1950 in Umlauf - zuvor war eine Bindung der Hefte üblich.

„Ursprünglich wurden die einzelnen Ausgaben dafür zu Büchern gebunden, wofür es drei Möglichkeiten gab: die ganz private Bindung mit einem individuellen Einband, die Bindung mit einer vom Verlag gelieferten speziellen Einbanddecke (entweder durch einen selbst beauftragten Buchbinder oder sogar auch durch Einsendung der gesammelten Hefte an den Verlag, der dies dann übernahm) oder der Bezug vom Verlag bereits fertig gebundener (meist Jahres- oder Halbjahres-) Bände.
Sammelmappen, in denen die Hefte ohne Aufwand untergebracht und bei Bedarf auch wieder entnommen werden konnten, kamen dagegen verstärkt erst in den 50er Jahren auf. Dabei gibt es vor allem vier verschiedene Grundprinzipien: die Einlegemappe (mit oder ohne Verschlussbänder), in der die Hefte lose aufbewahrt werden, den Schuber (sozusagen eine stehende Einlegemappe), den Klemmbinder, in dessen elastischen Rücken die Hefte eingeklemmt werden, sowie die Mappe mit Stab-, Gummi- oder Schnurmechanik, in die man die Hefte einhängt. In der Regel bestehen die Mappen aus Pappe, zum Teil in Halbleinen, also mit Stoffrücken.
Für Sammler spielt die Machart der Mappen vor allem insofern eine Rolle, als sie sich unterschiedlich auf den Zustand der Hefte auswirken kann bzw. konnte. Das heißt, Hefte, die in einer Einhängemappe gesammelt waren oder sind, weisen häufig am oberen und unteren Ende des Rückens Beschädigungen auf, während Hefte in einer Einlegemappe oder einem Schuber meist schonender untergebracht sind."

Hinweis von Heiner Jahncke

Bill Rocky 30,00
Billy Jenkins
- mit aufgeklebter Fotokarte und gedruckter Signatur 40,00
- mit Aufdruck Jenkins + Falke 45,00
- mit aufgedrucktem Portrait:
  - großer Kopf 35,00
  - kleiner Kopf 35,00

Buntsegel Ahoi! 15,00
Fliegergeschichten 8,00
Flying Jack 25,00
Frank Kenney 40,00
Gaby 15,00
Jörn Farrow
- klein 18,00
- groß 20,00

Karl May (Moewig) 35,00
Perry Rhodan
- blaue Mappe 15,00
- Stabordner (Plastik) 5,00

Pete
- nur roter Schriftzug „Pete" 20,00
- Cover von Klaus Dill 30,00
- anderes Cover 25,00

PS 10,00
Rolf Torring's Abenteuer
- klein 18,00
- groß 20,00

Der Rote Corsar 40,00
Die schönsten Schilderungen aus Brehms Tierleben 15,00
Seefahrt in aller Welt / Anker-Hefte 10,00
Sonny
- blauer Kopf 18,00
- schwarz-weißer Kopf 18,00
- nur Schriftzug „Sonny" 18,00

SOS / Schicksale deutscher Schiffe 8,00
Sun Koh (Nachkrieg) 20,00
Terra 15,00
Tom Prox 35,00
Tom und Fred 40,00

KAPITEL **4**

DDR-Romanhefte

DDR-ROMANHEFTE

Da die DDR-Romanhefte in dem umfangreichen Kapitel der Nachkriegshefte in den letzten beiden Ausgaben etwas untergegangen sind, haben wir dieses Sammelgebiet wieder in einem separaten Kapitel aufgenommen. Die Sammler von DDR-Romanheften finden so ihre Hefte und Serien leichter. Hefte ohne Serientitel haben wir nach dem Titel bzw. mehrere Hefte nach dem Verlagsnamen alphabetisch eingeordnet. Die Werke der DDR-Zeit unterscheiden sich stark von den in der BRD/Westdeutschland publizierten Heften.

Herr Heinz J. Galle hat uns für das Kapitel DDR-Romanhefte freundlicherweise sein Resümee aus dem Buch **„Volksbücher und Heftromane -Band 1, Der Boom nach 1945. Von Billy Jenkins bis Perry Rhodan.“** (DvR-Verlag) zur Verfügung gestellt:

„Die populären Lesestoffe der DDR waren tatsächlich etwas Besonderes. Sie unterschieden sich, trotz gewisser Ähnlichkeiten im Äußeren, doch stark von den einschlägigen Produkten des Westens. Im Unterschied zu den breit gestreuten Zielrichtungen bundesrepublikanischer Autoren lagen die Verfasser in der DDR weltanschaulich alle auf der gleichen Wellenlänge. Im Prinzip war die DDR-Heftliteratur ein einziger Erziehungsroman, der das Hineinwachsen in die sozialistische Gesellschaft beschreiben und fördern sollte. Diese Produkte sollten der Erziehung der Bürger zum sozialistischen Menschen dienen. Gerade die Groschenhefte der DDR hatten diese Leitsätze mit Leben erfüllt. Generell ist zu konstatieren, dass man einem Großteil der DDR-Autoren den Willen nicht absprechen kann, ihre Manuskripte nach humanen Gesichtspunkten auszurichten. Sie versuchten nach Kräften, sich an der Gestaltung des neuen Menschen zu beteiligen. Viele ihrer Erzählungen beruhten auf gegenseitiger Achtung und echter Zuneigung auf der Basis der Gleichberechtigung.

Besonders schwer hatten es nur die SF-Autoren; sie sollten eine Zukunftswelt beschreiben, in der natürlich der Sozialismus gesiegt hatte und alle Menschen glücklich waren. Welcher Leser mag schon unaufhörlich Hosianna singen?

Ein zweiter Punkt, in dem sich die Heftromane der DDR von denen der Bundesrepublik unterschieden, waren die unterschiedlichen Produktionsbedingungen. Die DDR-Verlage befanden sich in einem paradiesischen Zustand, da sie nicht, wie die Konkurrenz im Westen, sich den Marktgegebenheiten, sprich dem finanziellen Wettbewerb, stellen mussten; dafür hatten sie jedoch mit Problemen der Mangelwirtschaft zu kämpfen und wurden zu Improvisationskünstlern.

Erst die Zukunft wird zeigen, wie man im Rückblick diese Phase der deutschen Heftromane gerecht beurteilen kann.“

Heinz J. Galle

Abenteuer aus weiter Welt
Berlin (DDR): Verlag Neues Leben
1955-56
0,50, 64-96 Seiten, 14,5 x 20,5 cm
A: Friedrich Gerstäcker (1, 18),
Jules Verne (11), Charles Sealsfield (4) u.a.
1 8,50
2-7 6,00
8 40,00
9-18 6,00
Hinweis:
Heft Nr. 8 mit Werbung für die Comicserie „MOSAIK".

Abenteuer des fliegenden Reporters Harri Kander
Neuenhagen bei Berlin (DDR):
Verlag Sport und Technik
1957-58
0,35 (z.T. o.P.)/Doppelnr. 0,70. 30-32 Seiten/
Doppelnr. 56 bzw. 64 Seiten, 14,5 x 20,5 cm
A: Karl Heinz Hardt
1 25,00
2-3 14,00
4-6 12,00
7/8 (Doppelnr.) 12,00
9-11 12,00
12/13 (Doppelnr.) 12,00
14-15 12,00
Hinweis: Siehe auch BROSCHÜRENREIHE, MERIDIAN, TATSACHEN.

Abenteuer eines Tiefseetauchers
Berlin: Verlag Neues Leben
1946
1,50, 52 Seiten, 15 x 20,5 cm
A: N. Solotowski
o.Nr. 20,00
Hinweis:
Enthält auch ein Geleitwort mit Werbung für den Taucherberuf. Kartonierter neutraler Umschlag mit illustriertem Schutzumschlag (dieser und die Innenillustrationen von Alfons Kauer).

Als die Peitschen brachen
ohne Orts-und Verlagsangabe (DDR)
1957
0,20, 24 Seiten, 14,5 x 20,5 cm
A: Johannes Arnold
o.Nr. 15,00
Hinweis: ohne Serientitel

Bären-Lese-Hefte
Berlin (DDR): Altberliner Verlag Lucie Groszer
1955-1957
0,35 bis 0,50, 32-68 Seiten, 15 x 21 cm
A: Diverse
1 Das Weltraumschiff 1.Teil (u-p) 50,00
2 Das Weltraumschiff 2.Teil (u-p) 30,00
3-7 15,00
Hinweis: Nr.1-2 auch als Buch im gleichen Verlag (1952).

Berliner Lesebogen
Berlin (DDR): Der Kinderbuchverlag
1955-58
0,10, 16 Seiten, 14 x 21 cm bis 15 x 21,5 cm
A: Diverse
1 14,00
2-75 10,00
Nr. 18, 37, 38 (u-p) 35,00
Hinweis: Auszüge von Buchausgaben des Verlages.
Berlin im Juni 1953
Berlin (DDR): Verlag Kultur und Fortschritt
?
o. Nr. 12,00
Hinweis: ohne Serientitel

Blaulicht (ab 17)/
Kleine Erzählerreihe (1-16, Titel nur innen)
Berlin (DDR): Verlag des Ministeriums des Innern (1-29)/
Verlag Das Neue Berlin (30-284)/
Eulenspiegel - Das Neue Berlin Verlagsgesellschaft (ab 285)
1958-90

0,25-0,45 (Nr. 95/96 = 0,70), 16-64 Seiten
14,5 x 20,5 cm (1-8)/14 x 20 cm (9-100)/
11,5 x 16,5 cm (ab 101)
A: Diverse
o.Nr. Tatzeit nach Mitternacht 20,00
o.Nr. Signale in der Nacht 15,00
o.Nr. Treffpunkt Webereck..................................12,00
o.Nr. Rufen Sie die Muk......................................12,00
o.Nr. Mordsache F..12,00
o.Nr. Begehrte Ware 12,00
o.Nr. Gefreiter Ruhland.......................................12,00
o.Nr. Es begann am KPP.....................................12,00
o.Nr. Fahrerflucht...12,00
o.Nr. Alarm im Abschnitt 43/76 12,00
o.Nr. Die Clique 12,00
o.Nr. Verkaufte Namen 10,00
13..10,00
o.Nr. Die rote Lederjacke....................................10,00
15-16 10,00
17-20 10,00
21-30 7,50
31-50 6,00
51-100 (95/96 - Doppelnr.) 4,00
101-150 3,00
151-200 2,00
201-280 1,50
281-283 4,50
284-285 15,00
Nr. 209, 212, 245 (u-p)..3,50

Blaulicht
Magdeburg: Helmuth-Block-Verlag
1994-heute
1,80; 2,30; 5,00 DM, 7,75 Euro, 64-80 Seiten,
11,5 x 16,5 cm
A: Diverse
001-022 1,00
023/024 Doppelpack..2,00
25/26,27-35 5,00
Hinweis: Fortführung der DDR-Reihe.
Ab Nummer 25 Weiterführung als Taschenbuch.

Broschürenreihe (1-29)/
Kleine Erzählerreihe (ab 30)
Neuenhagen (DDR): Verlag Sport
und Technik (1-29)/Berlin (DDR):
Deutscher Militärverlag (ab 30), 1958-66
0,35, 32 Seiten, 14,5 x 21,5 cm/
14 x 20 cm (8-9, 22, 25, 26 und alle Zweitauflagen)
A: Diverse
1..8,00
2,3,5-15 (Nr. 4 nicht erschienen) 4,50
16 (Harri Kander) 8,00
17-18 4,50
19 (Harri Kander) 8,00
20-25 4,50
26 (u-p) 9,00
27-29 4,50
30-77 3,00
Hinweis: Siehe auch HARRI KANDER. Von einigen Nummern gibt es (etwas kleinere) Zweitauflagen. Die Zweitauflage von Nr. 8 hat ein neues Titelbild.

Broschürenreihe technische Abenteuer
(Titel nur innen)
Berlin (DDR): Verlag Sport und Technik
1957
0,35, 32 Seiten, 14,5 x 21 cm
A: Diverse
1..15,00
2 (u-p) 25,00
3..10,00
4-5 (u-p)..25,00
6..10,00
Hinweis: Bei den Heften 2, 4,5 handelt es sich um SF-Abenteuer.

Bunte Reihe
Berlin: Verlag Freund der Jugend
ca. 1949
o. P., 32 Seiten, 10,5 x14,5 cm
A: Diverse
1 Karl und die Vogeldiebe 25,00
2 Tap, der Schiffsjunge.......................................25,00

Bunte Reihe von A-Z
Berlin (DDR): Verlag Junge Welt
1957-58
0,75, 48 Seiten,
14 x 20 cm
A: Diverse
5·Die seltsamen Abenteuer des Cäsar Punkt (romanheftmäßig) 14,00
o.Nr. Die Geschäfte des Ed Morwin (romanheftmäßig) 9,00
o.Nr. Giganten der Pedale (romanheftmäßig) 9,00
Hinweis: Romanheftmäßig sind nur 3 Ausgaben, alles andere sind Ratgeber oder Musikbeiträge.

Das Bunte Schiff
Weimar: Verlag Werden und Wirken
1947
? , 12 Seiten,
A: Diverse
SERIE E: Aus fernen Tagen
1,2 5,00
SERIE F: Es war einmal
? 10,00
Hinweis:
Restliche Hefte sind keine Romanhefte. Titelauflistung im Internet: www.roman-preiskatalog.de Dort unter Kapitel DDR.

Bunte Serie
Berlin: SWA Verlag
1948-49
0,20 bis 0,40, 28-70 Seiten, 11 x 16,5 cm
A: Diverse
1 15,00
2-5 10,00
6 10,00
7-9 10,00
10 10,00

Ein Brief ging verloren
Berlin (DDR): Verlag des MdI
1955
? , A: Bärwald
o. Nr. 12,00
Hinweis: ohne Serientitel

Cliff Aeros
El BÓLIDO HUMANO
Vom Tischlerlehrling zum Circusdirektor
Leipzig (DDR): Selbstverlag Circus Aeros,
o. J. , um 1950
o. P., ? Seiten,
A: Cliff Aeros (Julius Jäger)
1-25? 25,00
Hinweis: Es gibt eine Buchausgabe mit 376 Seiten (1950). Titelbilder immer mit dem gleichem Motiv.

Erzähler Reihe
(Titel z.T. nur innen)
Berlin (DDR): Verlag des Ministeriums für nationale Verteidigung (1-49)/
Deutscher Militärverlag (50-183)/
Militärverlag der DDR (184-324)/
Brandenburgisches Verlagshaus (ab 325)
1957-1990
0,45, 32-54 Seiten
14,5 x 20,5 cm bis 15 x 21,5 cm
A: Diverse
1-2 15,00
3-5 7,00
6 15,00
7-19 7,00
20- 40,42-54 3,00
41 7,00
55-84 2,50
85-200 2,00
201-324 1,50
326-327 6,00
119, 125 (u-p) 11,00
325 (u-p) 3,00
Hinweis: Im höheren Nummernbereich einige ND früherer Nummern. Autor der Hefte 2 und 6 ist Erich Loest, von Nr. 41 Harry Thürk.

Fahrten und Abenteuer von Pitt und Ursula
Weimar (DDR): Gebr. Knabe Verlag
1955-56
0,30, 32 Seiten, 14,5 x 20 cm
A: Kurt-Harry Mai
1 60,00
2-10 50,00
Hinweis: Die Autorenangabe „Kurt-Harry Mai" (Psydonym) in den 10 Heften stehen für die 3 Autoren Kurt Sachs, Harry Thürk, Herbert Greiner-Mai.
Es existieren Nachdrucke 5,00

FDJ-Bezirksleitung
(interner Serientitel)
Halle (DDR): Bezirksleitung der Freien Deutschen Jugend (Hrsgb.)
1958
0,30, 32 Seiten, 14,5 x 20,5 cm
A: Gottfried Kormann (1), Gerhard R.C. Thiele (2)
o.Nr. Einer kroch auf den Leim 14,00
o.Nr. Flucht in die Nacht 14,00

Der fesselnde Roman
Bölitz/Sachsen (Ostdeutschland):
Zenith-Verlag
ca. 1948
0,50/1,00, 32 Seiten, 15 x 21 cm
A: o.A. (1), Klaus Altmeyer (2)
o.Nr. Soll Liebe nach Jahren fragen? 12,00
o.Nr. Die Stimme ruft 12,00

Die Flucht in die Dschungel
Berlin-Jüterbog (Ostdeutschland)
Märkischer Verlag Kunst und Weg
1946
o. P., 64 Seiten, 15 x 21 cm
A: Wilhelm Hiller
o.Nr. 30,00
Hinweis:
Mit einer Biographie von Wilhelm („William") Hiller.
Ohne Serientitel.

Für Volk und Vaterland
(Titel ab Nr. 20 nur innen)
ohne Ortsangabe (DDR): Verlag des Ministeriums des Innern (1-27)/
Verlag der Kasernierten Volkspolizei (28-33)/
Verlag des Ministeriums für nationale Verteidigung (ab 34)
1953-56
0,30, 40-64 Seiten, 10,5 x 14,5 cm
A: Diverse
1 35,00
2 30,00
3 45,00
4-9 30,00
10-17 25,00
18-19 12,00
18 2. Auflage 6,00
20-42 6,00
43 6,00
Hinweis:
1956 erschienen ND einiger Nummern mit neuen Titelbildern beim Verlag der Kasernierten Volkspolizei.

Geschichten, die das Leben schrieb
Berlin (DDR): Phönix Verlag
1949-51
0,30, 24-32 Seiten (siehe Hinweise)
10 x 14,5 cm (1-7)/10,5 x 21 cm (8-10)/
15 x 20,5 cm (ab 11)
A: Diverse
1 polizeifunk meldet: mordfall lemke aufgeklärt 55,00
o.Nr. Gold-Girls-Gangster 65,00
3 Jimmy, Tagebuch einer Amerikabraut 65,00
o.Nr. polizeifunk meldet: Gladowbande zur Strecke gebracht 55,00
o.Nr. Der Gefangene von Nr.17 75,00
o.Nr. ...und Hochzeit in Frisco 75,00
o.Nr. Sklaven der grünen Hölle 55,00
o.Nr. Von Westberlin in den Dschungel 250,00
o.Nr. Skandal im Sylvan-Park 300,00

o.Nr. Affäre „Blechgans und Zyklopenauge“ 250,00
o.Nr. Mr. Fields Patentlösung 55,00
o.Nr. Tod auf der Landstraße 75,00
o.Nr. AGH 111 brennt 75,00
o.Nr. Im Schatten des Geheimdienstes 55,00
Hinweis:
Die Hefte 8-10 erschienen als Faltromane (36 Seiten auf 6 Blättern).

Geschichten, die das Leben schrieb!
Potsdam (DDR): Abteilung Propaganda der SED
1954
0,10, 32 Seiten, 14,5 x 21 cm
A: o.A.
o.Nr. Geschichten, die das Leben schrieb! 200,00

Gewehre in Arbeiterhand
Berlin (DDR): Militärverlag der DDR u.a.
1956-63
0,60-0,90, 48-68 Seiten,
14,5 x 20,5 bis 15 x 21 cm
A: Diverse
o.Nr. An der Jaramafront 12,00
o.Nr. Aufstand in der deutschen Flotte 12,00
o.Nr. Die badisch-pfälzische Revolutionsarmee 12,00
o.Nr. Die Berliner Abwehrkämpfe 1918/19 14,00
o.Nr. Die XI. Brigade 12,00
o.Nr. Feuer über Suomi 12,00
o.Nr. Die Hundertschaften der Arbeiterwehr 12,00
o.Nr. Die Januarkämpfe 1919 in Berlin 14,00
o.Nr. Die Kommunarden von Paris 13,00
o.Nr. Die Matrosen von Cattaro 12,00
o.Nr. München 1919 12,00
o.Nr. Die Niederlausitz griff zur Waffe 12,00
o.Nr. Die rote Ruhrarmee 12,00
o.Nr. Schlacht um Halle 12,00
o.Nr. Die Volksmarinedivision 12,00

Der grosse Tatsachen-Roman
Berlin (DDR): Berliner Verlag
1952
1,00, 48 Seiten, 14,5 x 20,5 cm
A: o.A.
1 Im Sumpf (K) 30,00

Der gestohlene Holzgeist
Dresden: Deutsches Hygiene-Museum
1967
0,70, 36 Seiten, 14,5 x 20,5 cm
A: Anita und Siegfried Berndt
o.Nr. 10,00
Hinweis: Erzählung um die Lebensgefährlichkeit von Methylalkohol, mit farbigenIllustrationen von Harri Förster.

Hartmuts Entscheidung
Berlin (DDR): Zentraler Ausschuss für Jugendweihe der DDR
1960
? , A: Feustel
o. Nr. 15,00
Hinweis: ohne Serientitel

Heinz, wann kommst Du?
o. O. (DDR):
Nationale Front des demokratischen Deutschland
o.J. (1956)
o. P., 32 Seiten, 15 x 21 cm, A: Günther Fuchs
o. Nr. 12,00
Hinweis: Agitationserzählung über die Bundesrepublik (mit Fotos). Ohne Serientitel.

Jugendheftreihe des Sportverlages
(Titel nur innen)
Berlin (DDR): Sportverlag
1956
0,30, 48 Seiten, 14,5 x 10,5 cm
A: Diverse
1 50 Dollar und mehr 60,00
2 Das Ei des Kolumbus 60,00
3 Zweifel um Klaus 50,00
4 1:0 für Rotation 50,00

Die Jugendschriften-Reihe
Gera: Verlags-Buchdruckerei Niendorf & Jllgen
o.J. (ca. Ende 40er / Anfang 50er)
o.P., 36 Seiten, 15 x 20,5 cm
A: o.A. („ausgewählt und zusammengestellt von Karl Erich Schmidt“)
1 20,00
Hinweis: Das Heft enthält mehrere Kurzgeschichten, ein Gedicht, Rätsel usw., mit Illustrationen.

KAP Krimi-Abenteuer-Phantastik
Berlin (DDR): Verlag Kultur und Fortschritt
1966-71
0,35, 64 Seiten, 11 x 15 cm (1-72)/
11,5 x 16,5 cm (ab 73)
A: Diverse
1 (u-p) 11,00
2-114 2,50
6, 9, 15, 28, 46, 51, 53, 57, 60, 64, 74, 79, 82, 85, 88, 96, 99, 102, 106, 112 (u-p) 7,00
Hinweis:
Es gibt mindestens 2 Sammelbände in Buchform.

Kleine Erzählerreihe
siehe BROSCHÜRENREIHE

Kleine Erzählerreihe
Siehe BLAULICHT

Kleine Jugendreihe
(Titel nur innen)
Berlin (DDR): Verlag Kultur und Fortschritt
1950-65
0,35 (anfangs z.T. o.P.), 48-88 Seiten
11,5 x 16 cm/später 11 x 5 cm/
(„Das weisse Horn" ND „SOS vom Himalaya" = 12,5 x 17,5cm)
A: Karl May (1/58),
Friedrich Gerstäcker (16, 18, 19/54, 20/65) u.a.
o.Nr. Der unheimliche Schamane 12,00
o.Nr. Ins Innere der Erde (u-p) 20,00
o.Nr. Der Höhenrekord, Teil 1 (u-p) 18,00
o.Nr. Der Höhenrekord, Teil 2 (u-p) 18,00
Siehe auch „ohne Serientitel"
o.Nr. Der Fall in der blauen Bucht 9,00
o.Nr. Die verschwundene Insel (u-p) 18,00
o.Nr. Das Geheimnis der Karsthöhle (u-p) 18,00
o.Nr. Galtamas Rettung 9,00
o.Nr. Auf dem Butu 8,00
o.Nr. Auf heller Spur (u-p) 18,00
o.Nr. Die Feuerkugel (u-p) 18,00
o.Nr. Das Observatorium
von Nur-i-Descht (u-p) 20,00
o.Nr. Mr. Clerk hat sich verrechnet, Teil 1 8,00
o.Nr. Mr, Clerk hat sich verrechnet, Teil 2 8,00
o.Nr. Der Untergang der „Adler" (u-p) 18,00
o.Nr. Das weiße Horn 9,00
o.Nr. Der rasende Hai 9,00
o.Nr. In den Katakomben
von Taiyüan, Teil 1 9,00
o.Nr. In den Katakomben
von Taiyüan, Teil 2 8,00
o.Nr. Der Kommandant der Vogelinsel 8,00
o.Nr. Der zehnte Planet (u-p) 30,00
o.Nr. Der Schatz in der Baranow-Bucht 8,00
o.Nr. Die geheimnisvolle Limousine (u-p) 25,00
1953: 1-14 4,00
Nr. 2, 3, 8, 10, 12-14 (u-p) 14,00
1954: 1-21 3,50
Nr. 2, 11, 12, 17, 21 (u-p) 12,00
1955: 1-24 3,00
Sonderausgaben o.Nr.:
Ins Innere der Erde (u-p) 10,00
Der Schatz in der Baranow-Bucht 8,50
Die verschwundene Insel (u-p) 12,00
Die geheimnisvolle Limousine (u-p) 18,00
Kopf in der Schlinge 14,00
Das weisse Horn 12,00
SOS vom Himalaya 12,00
1956: 1-24 3,00
2, 4, 14 (u-p) 9,00
1957: 1-24 2,50
4 (u-p) 8,50
1958: 1-24 2,50
1 (Karl May) 12,00
4, 11-12 (u-p) 8,50
1959: 1-24 2,50
21-22 (u-p) 8,50
1960: 1-24 3,00
1961: 1-24 3,50
1-3 (u-p) 8,00
1962:1, 5-7,12-14, 17-24 3,50
2-4, 8, 10-11, 15-16 2,50
Nr. 9 (u-p) 11,00

Sonderausgaben o.Nr.:
Der Tod muß warten 3,50
Die Geheimmeldung 3,50
1963: 1-24 3,50
21 (u-p) 7,00
1964: 1-8,10-11, 13-17, 19-23 3,50
9 (u-p) 7,00
12, 18, 24 2,50
1965: 1-2, 5-10, 12-15, 17-24 3,50
3-4 2,50
11, 16 (u-p) 7,00
Hinweis: Im höheren Nummernbereich einige ND unterer Nr., z.T. mit neuer Übersetzung und neuen Bildern. Einige Hefte sind Neuauflagen der österreichischen Serien „Das neue Abenteuer" und „Spannung und Abenteuer".

Kongress Verlag
(interner Serientitel)
Berlin (DDR): Kongress-Verlag,
1952-60
0,20 bis 0,60, 24-64 Seiten
12 x 19 cm bis 14,5 x 20,5 cm
A: Diverse
o.Nr. Agent 2996 enthüllt 14,00
o.Nr. Der amerikanische Dschungelkrieg
auf deutschem Boden 12,00
o.Nr. Deckname Walter 12,00
o.Nr. Fälscherwerkstatt Cramer-Werbung 12,00
o.Nr. Hände weg von unserer Republik 14,00
o.Nr. Halt! Tätigkeit imperialistischer
Geheimdienste 14,00
o.Nr. Ist das Zufall? 14,00
o.Nr. Kalte Krieger gehen unter 14,00
o.Nr. Mord in Zelle 7 8,50
o.Nr. Mr. Lawrence Merrit Connel
wollte mich zum Mörder machen 14,00
o.Nr. Prozeß gegen Josef Kukiolzinski 14,00

Science-Fiction Romanhefte **Kleine Jugendreihe**

Fahrten und Abenteuer von Pitt und Ursula

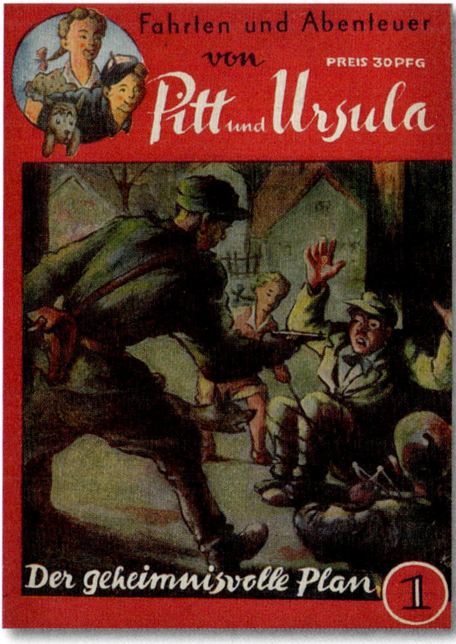

o.Nr. Romberg-Park ein Katyn in Deutschland 14,00
o.Nr. Skandal in Offenburg 8,50
o.Nr. Unmenschlichkeit 8,50
o.Nr. Wer trieb Günther Sombecki in den Tod? 8,50

Kuriere, Spitzel, Spione
Berlin (DDR): Dietz-Verlag
1949
? , A: Kühne
o. Nr. 15,00
Hinweis: ohne Serientitel

Märchen aus aller Welt
(Titel auf der Innenseite)
Halle: Mitteldeutscher Verlag
1947-49
o.P., 48-70 Seiten, 10,5 x 14,5 cm
A: Diverse
1-18... 12,00

Menschenjäger im Dienst der USA
(DDR): ohne Verlagsangabe
1957
?
o. Nr. 15,00
Hinweis: ohne Serientitel

Meridian
Berlin (DDR): Deutscher Militärverlag (1-36)/
Militärverlag der DDR (ab 37)
1966-81
0,70, 80 Seiten, 14,5 x 21,5 cm
A: Diverse
1 7,00
2-94 2,50
Nr. 17 (u-p) 12,00
Nr. 12,18, 34, 63 (u-p) 6,00
Nr. 78 (Harri Kander) 4,00

Ministerium für Staatssicherheit
(interner Serientitel)
ohne Ortsangabe (DDR): Ministerium für Staatssicherheit, Abt. Agitation (Hrsgb.)
1958-60
0,10-0,30, 24-34 Seiten
13,5 x 19 cm bis 14,5 x 21 cm
A: o.A.
o.Nr. Flucht durch die Nacht 15,00
o.Nr. Gefährliche Schatten 15,00
o.Nr. Das Geheimnis der U2 15,00
o.Nr. Nachts ging das Telefon 15,00
o.Nr. Unternehmen „Hochzeit“... findet nicht statt 13,00

Militärverlag der DDR
Siehe: VERLAG DER KASERNIERTEN VOLKSPOLIZEI

Das neue Abenteuer
Berlin (DDR): Verlag Neues Leben
1949-50
0,30, 32 Seiten, 15 x 21 cm
A: E.A. Poe (2, 5), Jack London (3, 8), Friedrich Gerstäcker (7) u.a.
1 18,00
2 14,00
3-5 10,00
6 14,00
7 12,00
8 14,00
9 18,00

Das neue Abenteuer
Berlin (DDR): Verlag Neues Leben
1952-90
0,25, 32 Seiten
13,5 x 20 cm bis 14,5 x 20,5 cm
A: Friedrich Gerstäcker (17, 36, 87, 102, 149, 316, 387, 410, 419, 459, 511),
Jack London (20, 47, 283, 304, 322, 327, 346, 362, 368, 375, 396, 484),
Jules Verne (101), Tex Harding (115, 116),
Bret Harte (344), E.A. Poe (405),
Arthur Conan Doyle (412, 427, 443, 454),
Karl May (469) u.a.
1 30,00
2 18,00
3-4 12,00
5 18,00
6-8 8,50
9-30 6,00
31-100 5,00
101-200 2,00
201-300 1,50
301-468 1,00
469 (Karl May) 3,00
470-522 1,00
Nr. 76, 78, 79, 82 mit Werbung für die Comicserie „Mosaik“, farbig 18,00
Nr. 75, 83, 112 mit Werbung für „Mosaik“, schwarz-weiß 12,00
Nr. 118 Tarzans Glück und Ende 8,50
Nr. 10 (u-p) 25,00

Nr. 27, 46 (u-p) 12,00
u-p Nummern bis 100 8,50
101-200 6,00
201-300 4,50
301-400 3,50
ab 401 2,50
Hinweis: Nr. 10, 27, 46, 66, 67, 72, 80, 86, 114, 119, 120, 134, 139, 140, 161, 174, 175, 189, 210, 215, 230, 258, 261, 270, 281, 286, 292, 309, 318, 323, 338, 345, 350, 354, 361, 366, 378, 384, 386, 397, 400, 401, 405, 411, 418, 424, 428, 430, 437, 441, 444, 447, 457, 466, 470, 473, 475, 477, 480, 485, 487-489, 493, 499-501, 504, 510, 512, 516, 517, 519 (u-p).
Nr. 117 ist eine Neuauflage von Nr. 47 der gleichnamigen österreichischen Serie. Serienfigur Hauptwachtmeister (Kriminalmeister) Schmidt (A: Hans Siebe) 233, 237, 243, 249, 255, 262, 267, 273, 279, 285, 291, 297, 303, 310, 315, 320, 328, 332, 340.

Pitt und Ursula
Siehe: FAHRTEN UND ABENTEUER VON PITT UND URSULA

Der Ring des Maharadscha
Arnstadt: Verlag A. Lippert
ca. 1948
o.P., 20 Seiten, 10,5 x 14,5 cm
A: o.A.
o.Nr. Der Ring des Maharadscha 80,00
Hinweis: Verschiedene Umschlagfarben bekannt. Ohne Serientitel.

Roman für alle
Berlin (DDR): Verlag der Nation, 1949-51
1,00, 40-96 Seiten, 21 x 30 cm
A: E.T.A. Hoffmann (4) u.a.
1 25,00
2-3 15,00
4 (u-p) 18,00
5-15 15,00
Hinweis: Ab Nr.16 als Taschenbücher.

Roman-Zeitung
Berlin (DDR): Verlag „Tägliche Rundschau“ (1-35)/
Verlag Volk und Welt (ab 36)
1949-90
0,60/0,80, (ab Nr. 481 für 2,50)
48-160 Seiten, 22,5 x 30 cm (1-35)/
13,5 x 20 cm bis 15 x 23,5 cm (ab 36)
A: Diverse
1 40,00
2-5 30,00
6-10 25,00
11-20 15,00
21-35 15,00
36-50 6,00
51-100 5,00
101-200 4,00
201-484... 1,50
Sonderhefte:
1951: Ich war ein schlechter Schüler 30,00
1956: Ein Rückblick aus dem Jahre 2000 (u-p) 20,00
1960: Unser Weltmeister 3,50
Neuland unterm Pflug. Teil 1 + 2 3,50
1961: Meineid auf Ehrenwort 3,50
1962: Das perfekte Alibi 3,50
1963: Der blaue Engel 3,50
1964: Der Schatz der Sierra Madre 4,00
1965: Löwen - meine besten Freunde 3,50
1966: Die roten Kreuze 3,50
1967: Die Enkel der Könige 3,50
1968: Feuer im Schnee 3,50
1972: Die Mörder werden alt 4,00
1973: Hochzeitsnacht in Khemisset 3,50
(u-p) Nummern bis 200 8,00
(u-p) Nummern ab 201 4,00
Hinweis: Nr. 1-174 sind außen jahrgangsweise, innen fortlaufend nummeriert. Beispiel: Im 57. Heft steht außen „Nummer 3“ innen „Nr. 3/57, 1954“ (es ist das 3. Heft des Jg. 1954, insgesamt das 57. Heft). Ab 175 ist die Außennummerierung fortlaufend.
Sonderhefte wurden nicht mitgezählt. Nr. 57, 60, 72,

86, 88, 89, 96, 98, 128, 201, 233, 246, 266, 275, 289, 310, 330, 331, 347, 351, 359, 363, 378, 382, 403, 407, 415, 422, 431, 440, 454, 462, 464, 465, 469, 484 (u-p).

Rumpelmännchens Erlebnisse
Berlin-Karlshorst (DDR): Ministerium für Leichtindustrie HV Altstoffe
1956
p.P., 16 Seiten, ca. 14,5 x 21 cm
o.A.
1-2 50,00
Hinweis: In Erzählungen gekleidete Werbung für die Altstoffverwertung. Durch die Titelfigur etwas märchenhaft-phantastisch.

Schriftenreihe „Der junge Patriot“
(Titel nur innen)
Berlin (DDR): Verlag Sport und Technik
1956
0,35, 32 Seiten, 14,5 x 21 cm
A: Diverse
1 25,00
2-7 18,00

Schulter an Schulter
10 Jahre freiwilliger Helfer der Deutschen Volkspolizei
Berlin (DDR): Verlag des Ministeriums des Innern
1962
o.P. (0,25), 48 Seiten, 13,5 x 19,5 cm
A: Leo Lux u.a.
o. Nr. 12,00
Hinweis: ohne Serientitel

Sitting-Bull
Berlin (DDR): Alfred Holz Verlag
1956
0,50, 32-40 Seiten, 13 x 18 cm
A: Ernie Hearting
1 30,00
2-5 25,00
Nachdrucke 5,00
Hinweis: Teilweise Klebeband (gelb/ocker) vom Verlag. Auch mit Fadenbindung erschienen.

Soll Liebe nach Jahren fragen?
Siehe DER FESSELNDE ROMAN

Sondersignale
Berlin (DDR): Staatsverlag der DDR
1971
o. P., 46 Seiten, 14 x 20 cm
A: Horst Berensmeier, Horst Girra
o. Nr. 12,00
Hinweis: Ohne Serientitel.

SWA-Verlag
Berlin
1946-49
o. P. (0,20), 40 Seiten, 11 x 16,5 cm
A: Diverse
o.Nr. Blutrache 12,00
o.Nr. Das Purpursegel 12,00
o.Nr. Schatten der Vergangenheit 12,00
o.Nr. Tschuk und Gek 12,00
o.Nr. Unser Transpolarflug 12,00
o.Nr. Der zehnte Planet (u-p) 25,00
Hinweis: ohne Serientitel

Taschen-Eulenspiegel
Berlin (DDR): Eulenspiegel-Verlag
1960-1962
0,75, 64 Seiten, 12 x 16,5 cm
A: Diverse
1-10 10,00
11-40 5,00
Hinweis: Grenzfall.
Humorvolle Geschichten mit Illustrationen.

Tatsachen
Berlin (DDR): Deutscher Militärverlag, 1961-90
0,50, 64 Seiten, 10,5 x 16,6 cm (1-194)/
11,5 x 16,5 cm (ab 195)
A: Diverse

1 25,00
2-5, 7-20 5,00
6 25,00
21-42 3,00
43 15,00
44-100 3,00
101-190 2,00
191 6,00
192-200 2,00
201-295 1,50
296 5,00
297-338 1,50
Nr. 251, 252 (Harri Kander) 5,00
Hinweis: Heft 1,6, 43,191, und 296 (2. Aufl. von Heft 1) von Harry Thürk.

Verlag der Kasernierten Volkspolizei
Verlag des Ministeriums für nationale Verteidigung
Militärverlag der DDR
(interner Serientitel)
Berlin (DDR): Verlag des Ministeriums für nationale Verteidigung, 1955-61
0,60 bis 0,90, 48 bis 68 Seiten
14,5 x 20,5 cm bis 15 x 21 cm
A: Diverse
o.Nr. Als die Nachtigallen schlugen 25,00
o.Nr. Entscheidung an der Weichsel 10,00
o.Nr. Der Fall Clark 10,00
o.Nr. Für eure und für unsere Freiheit 20,00
o.Nr. Gangster in Uniform 15,00
o.Nr. Geheime Kommandosache „Fall Weiss" ... 20,00
o.Nr. In einer Sturmnacht 10,00
o.Nr. Der komische Krieg in Westeuropa 20,00
o.Nr. Das OKW gibt nichts mehr bekannt 20,00
o.Nr. Post für Ursula 25,00
o.Nr. Unternehmen Teutonenschwert 20,00

Unsere Welt
Berlin-Dresden (DDR): Der Kinderbuchverlag
1949-54
o.P./0,30, 24-32 Seiten, 14,5 x 21 cm
A: Hermann Lazar, Jack London u.a.

Gruppe 1
- Märchen und Geschichten
o.Nr. Sindbad der Seefahrer 20,00
o.Nr. Mister Twister (S. Marschak) 15,00
o.Nr. alle anderen (5 weitere Titel) 5,00
- Fahrten und Abenteuer
o.Nr. Karrenreisen durch die Sierra Madre (B. Traven) 4,00
o.Nr. Durch die Inselwelt der Südsee (Robert L. Stevenson) 4,00
o.Nr. Das Flaschenteufelchen (Robert Louis Stevenson) 4,00
- Menschen und Tiere
o.Nr. Gulliver bei den Zwergen (J. Swift) 10,00
o.Nr. alle anderen (5 weitere Titel) 5,00
- Aus fernen Ländern
o.Nr. Otoo, der Heide (Jack London) 8,00
o.Nr. alle anderen (3 weitere Titel) 5,00
-Dichtung und Wahrheit
o.Nr. Der verwundete Sokrates (B. Brecht) 6,00

o.Nr. alle anderen (2 weitere Titel) 5,00
- Für die gerechte Sache
o.Nr. ....(5 Titel)...... 5,00
- Zeitgenossen erzählen
o.Nr. ....(3 Titel)...... 3,00

Gruppe 2
-Aus der Geschichte der Naturwissenschaft
o.Nr. Höhlenbärenjagd in der Drachenhöhle (Dr. C. Vollmer) 5,00
Hinweis:
Die restlichen Hefte sind keine Romanhefte. Titelauflistung im Internet: www.roman-preiskatalog.de Dort unter Kapitel DDR.

Volk und Wissen-Sammelbücherei
Berlin/Leipzig (DDR): Verlag Volk und Wissen
1946-50
?, 16-48 Seiten, x cm
A: Diverse
Gruppe 1: Dichtung und Wahrheit
Serie A - Sehen - Bilden - Werken
Band 4 6,00
Serie B - Märchen, Sagen und Geschichten
Band 1-12 12,00
Serie C - Fahrten und Abenteuer
Band 1-7 6,00
Serie D: - Menschen und Tiere
Band 1-16 5,00
ohne Nummer 5,00
Serie F - Im Dienste der Menschheit
Band 1-4 4,00
Serie G - Länder, Meere und Gestirne
Band 1-6 6,00
Serie H - Aus Guten Büchern
Band 1-4,7-9,11-13,16,18-30,34,35,37,38 5,00
Band 5,6,10,14-15,17,31-33 10,00
Serie P: - Reise und Forschungen
Band 1 8,00
Hinweis: Die restlichen Hefte sind keine Romanhefte. Titelauflistung im Internet: www.roman-preiskatalog.de. Dort unter Kapitel DDR.

Wer löste die Bremse?
ohne Ortsangabe (DDR)
Politische Verwaltung der Deutschen Reichsbahn, Abteilung Agit./Prop. (Herausgeber)
1960
0,20, 26 Seiten, 14,5 x 20,5 cm
A: Hans Gert Lange
o. Nr. 12,00
Hinweis: ohne Serientitel

Wer hat Mut?
Berlin: Freie Deutsche Jugend, Bezirksleitung Groß-Berlin
1957
o.P., 36 Seiten, 14 x 20 cm
A: o.A.
o.Nr. 12,00
Hinweis: Das Heft enthält 7 illustrierte Kurzgeschichten, die zeigen sollen, was wahrer Mut ist im Gegensatz zum „falschen“ Mut der Helden aus Groschenromanen.

Werner und Peter
auf Entdeckungsfahrten
Halle (DDR): Mitteldeutscher Verlag
1948-50
o.P. (0,80), 28-56 Seiten, 15 x 21 cm
1-14 Nr. 2 (u-p) 60,00

Zentralkomittee der SED, Abteilung Agitation
ohne Ort, (DDR) 1954-62
0,10, 32 Seiten, 14,5 x 21 cm
A: Gustav Giesemann, Eberhard Fensche u.a.
o.Nr. Nicht durchs Schlüsselloch schielen... 20,00
o.Nr. In Sachen Benkowitz und andere 12,00
o.Nr. ...und die Ratten pfeifen 20,00
o.Nr. Die Zukunft auf dem Prüfstand 12,00
o.Nr. Wer die Technik nicht ehrt ist die
Prämie nicht wert 20,00
o.Nr. Damals in Eisleben.................................. 20,00
Hinweis: ohne Serientitel

Zur Abwehr bereit
Berlin (DDR): Verlag des Ministeriums des Innern/Verlag der Kasernierten Volkspolizei/
Verlag des Ministeriums für nationale Verteidigung, 1955-56
0,45, 44-56 Seiten, 14,5 x 20,5 cm
A: Diverse
o.Nr. Jaguar - 13 12,00
o.Nr. Ein Brief ging verloren 6,00
2. Auflage 12,00
o.Nr. Operation Gambit 18,00
o.Nr. Die Notlandung 14,00
o.Nr. Es geschah gegen 23 Uhr 6,00
o.Nr. Die Khmer-Kette 6,00
o.Nr. PKW M 22-45 6,00
o.Nr. Der rätselhafte Schuß 6,00
o.Nr. Marcel, der junge Sansculotte 6,00
10-12 6,00
13 (u-p) 18,00
14-26,28-33 6,00
Nr. 27 50,00
Hinweis: Ohne Serientitel (1-7) Titel nur innen (ab 9). Beim Verlag der Kasernierten Volkspolizei erschienen die Anfangsnummern in 2. Auflage, nummeriert und mit Serientitel innen, z.T. mit neuen Titelbildern und leichten Textänderungen. Aus Lizenzgründen wurde die Auslieferung von Heft 27 gestoppt.

Zwischenfall an der Grenze
Suhl (DDR), Bezirksausschuß der Nationalen Front des demokratischen Deutschland (Hrsgb.)
1957
0,10, 32 Seiten, 10,5 x 14,5 cm
A: Arno Zitzke
o. Nr. 15,00
Hinweis: ohne Serientitel

KAPITEL 5

Österreichische Romanhefte seit 1945

ABE GLEESON
ca. 1955, Mittelformat
AHV-Zeitschriften Pauline Alsdorf-Helm, Wien
S 4,-- / DM 1,-- / sfr 1,-- A: Jo Krat
1 5,00

ABENTEUER
ca. 1955 Kleinformat Pallas-Verlag, Salzburg
DM 0,50 (steht auf der Rückseite)
A: J.J. Akanthus
Die goldene Schildkröte 30,00

ABENTEUER AUS ALLER WELT
ca. 1948 Mittelformat
Die Woge, Salzburg S 2,--
A: Josef Robert Harrer
1 7,00

ABENTEUER DER PIONIERZEIT
1953 Mittelformat
Rolf Mauerhardt, Wien S 2,50 / DM -,40
A: Friedrich Gerstäcker bearbeitet v. Peter Werner
1 25,00
2 25,00

ABENTEUER ROMAN
1946 Mittelformat
Selbstverlag Emmerich Kremla S 1,--
A: Emmerich Kremla
1 20,00

ABENTEUER ROMAN
Nr. 1 = KRIMINAL-ROMAN
ca. 1947 Mittelformat
Druck- und Verlagsanstalt Gutenberg, Linz
S 1,40 A: Hans Eder
1-3 20,00
Hinweis:
Laut Verlagsangabe in Heft Nr. 2, wurde die Nr. 1 irrtümlich unter dem Serientitel KRIMINAL-ROMAN herausgegeben.

ABENTEUER-ROMAN
siehe LARRY O'HARA KRIMINAL-STORY

ABENTEUER-ROMAN BLITZ SONDERNUMMER
1953 Mittelformat
Walter Peter Wrba, Wien
S 4,50 / DM 1,-- /sfr 1,--
Garrik macht Ordnung 5,00
Hinweis: Erschien ursprünglich unter dem Titel ABENTEUER-ROMAN von HOWART / LARRY O'HARA KRIMINAL-STORY, siehe dort.

ABENTEUER-ROMAN von HOWART
siehe LARRY O'HARA KRIMINAL-STORY

ADLER-ROMANE
ca. 1953 Mittelformat
Rolf Mauerhardt, Wien S 4,-- A: Rolf Murat
Sam Patrick wird Häuptling 7,00

ADO RÖHN'S SPANNENDE ERLEBNISSE
ca. 1948
Band 1 und 2 Kleinformat, Band 3 Mittelformat
Titania-Verlagsgesellschaft m.b.H., Wien
S 1,-- bis 1,30, A: ohne Angabe
1-2 30,00
3 40,00

ALASKA KID
1946-1947, Mittelformat „Vorwärts" (K.G.), Wien
Band 1 = 80 Groschen, Band 2-6 = 50 Groschen,
Band 7 = 1,20 Schilling, Band 8-9 = 1,-- Schilling
A: Jack London
1-7 7,00
8-9 10,00

ALF BROWN
ca. 1955 Mittelformat
Walter Peter Wrba, Wien
S 4,-- / DM 1,-- / sfr 1,-- A: Ray Milland
Der letzte Cowboy 5,00
Hinweis: Es ist dies die Fortsetzung des Bandes „Der Schweiger ..." mit Serientitel JAMES PRYOR.

ALFONSO LEE
ca. 1955 Mittelformat
Walter Peter Wrba, Wien
4,-- / DM 1,-- / sfr 1,-- A: Ray Milland
Der Teufel von Texas 5,00

DER ALKOVEN ROMAN
1951 Mittelformat Gustav Rotter, Wien
S 1,50 A: Enrico Meran
1 15,00

ALLAN WILTON
siehe DER KRIMINALROMAN DER WOCHE

ALLAN WILTON - Taschenbücher und Bücher
siehe Anhang bei: DER KRIMINALROMAN DER WOCHE

ALLROUND
ca. 1953 Mittelformat
Rolf Mauerhardt, Wien S 4,--
A: Rolf Murat
1 7,00

AMERICAN COWBOY siehe DER COWBOY

AMERICAN HISTORY
siehe AMERIKANISCHE GESCHICHTE

AMERICAN STORIES
ca. 1952 Mittelformat
Isabella-Verlag / Wien-Berlin, Inh. Lisa Karin Wrba, Wien S 3,50 / DM 1,-- / sfr 1,--
A: Ben Richards, Max ten Meer
1 10,00
2-4 7,00

AMERICAN STORY
ca. 1953 Mittelformat
Isabella-Verlag, Lisa Karin Wrba, Wien
S 3,50 / DM 1,-- A: Kibi Williams
1 10,00
Hinweis: Nachdruck von BLITZ STORY Nr. 11.

AMERIKANISCHE GESCHICHTE
Nachfolgeserien: AMERICAN HISTORY, EL PEDRO, WAFFEN VON TAMPICO
1945-1955 / Waffen von Tampico = 1957
Mittelformat Rolf Mauerhardt, Wien
Band 1-5 und 7 = S 4,-- / DM -,50 (Band 1 DM -,80), Band 6 und 8-25 = S 3,50 / DM -,40 (ab Nr. 12 ohne DM)Nachfolgeserien S 3,50 - S 4,-
A: Rolf Murat
1 Der Krieg Mr. Madisons 7,00
1 Rache für Alamos 7,00
2-10 6,00
11-25 5,00

AMERICAN HISTORY:
1 Der Mann aus Kansas 5,00

EL PEDRO:
1 Jagd auf Holly Ladt 12,00
Serientitel = Romantitel:
Waffen von Tampico 8,00

AMOR-ROMAN
siehe DER SPANNENDE AMOR-ROMAN

ANNABELL-ROMAN (Kaufhausverkauf)
1969 Mittelformat
TYPOPRESS, Wien
37-76 3,00
Hinweis: Zum Teil Neuauflagen von INGE-ROMAN, ROMAN DER WOCHE.

ARIZONA siehe EL CAPITAN

ARIZONA STORY siehe BRANTS SHERIFF

ARKANSAS
1953 Mittelformat Rolf Mauerhardt, Wien S 4,--
A: Rolf Murat
1 7,00

ARY CEVILLA siehe EL CAPITAN

ATOM-ROMAN siehe EULEN KRIMINAL ROMAN

ASTRA
Romanzeitschrift für alle
1951
Wien: F.Kandler
Mittelformat
1,50 S.
1-16 6,00

AUTOREN-AUSLESE KRIMINAL
(Kaufhaus- und Regulärverkauf)
ca. 1978 Mittelformat
HIRO PRODUCTION INTERNATIONAL / TYPO-PRESS, Wien
S 9,-- und 10,-- / DM 1,20 - 1,40 / sfr 1,50 - 1,60
A: WILTON-Autoren
Neuauflagen von WILTON-Krimis je 3,00

AUTOREN – AUSLESE – LIEBE
(Kaufhausverkauf) 1975/76
Mittelformat TYPOPRESS, Wien
91-154 3,00
Hinweis:Neuauflagen:INGE-ROMAN, R.DER WOCHE

DIE BÄREN-BÜCHER
ab Band 61: BÄREN-REIHE
1948 - ca.1955
Format 12,5 x 19 cm (Taschenbuch) 192 Seiten
Demokratische Druck- und Verlagsges.m.b.H., Wien.
S 3,-- bis 9,-- / DM 1,- bis 1,50 /
sfr. 1,50 bis 1,80 u.a.
1 8,00
2-60 6,00
Hinweis: Einige niedrige Nummern (ca. 20) sind auch als deutsche Reihe erschienen, und zwar in gleicher Ausstattung, jedoch anders nummeriert.

BÄREN-REIHE:
61-83 6,00
Hinweis: Exemplare mit Schutzumschlag werden um 50% höher bewertet. Ab Nr. 61 sind die Bände mit buntem Titelbild ausgestattet (ohne Schutzumschlag). Diese Taschenbuchserie wird auch von Romanheftinteressenten sehr beachtet und wurde deshalb in den Katalog aufgenommen.

BARBARA-ROMAN (Kaufhausverkauf)
1969 (Band 33-72) / 1974 (Band 191-206)
Mittelformat TYPOPRESS, Wien
33-72,191-206 3,00
Hinweis:
Zum Teil Neuauflagen von INGE-ROMAN, ROMAN DER WOCHE u.a.

DIE BARRING-SERIE
ca. 1953 Mittelformat
Rolf Mauerhardt, Wien S 4,--
A: Rolf Murat
1 8,00

BELVEDERE-ROMAN
1948 Mittelformat
Rolf Mauerhardt, Wien
S 1,40 bis 1,50, ab Band 13 mit DM -,40
A: siehe Hinweis
1 15,00
2-15 8,00
Hinweis:
Erstveröffentlichung des Mauerhardt-Verlages (kurz nach AMOR). Sämtliche Bände wurden von Rolf Murat, alias Rolf Mauerhardt, unter verschiedenen Pseudonymen geschrieben.

BEN BOLT
Der Abenteurer ca. 1947/48, Kleinformat
Heinz Groß, Wien, ab Band 4 = Melange-Vertrieb, Wien S 1,-- bis 1,20 / Provinz S 1,10 bis 1,30
A: Band 1-4 Georg Griffin,
1 40,00
2-12 25,00
13 50,00
14 25,00
15 50,00
16-20 40,00
21 90,00
Nachdrucke 2,50
Hinweis:
Die Bände 5-9 sind nicht nummeriert. Die Serie ist teilweise auch als deutsche Ausgabe erschienen (andere Nummerierung!).

BERNDT EICHHORN
Der abenteuerliche Detektiv 1949-1951
Band 1-5 Kleinformat, Band 6 Mittelformat
Fährmann-Verlag, Wien S 1,30
A: ohne Angabe
1 25,00
2-5 18,00
6 12,00

BERT SANDY
ca.1954 Mittelformat
Walter Peter Wrba, Wien S 4,-- / DM 1,-- / sfr 1,--
A: Dt. Übersetzung K. Rollet
Kampf um's Tal 7,00
Hinweis: Auch als JOHN FOSTER erschienen

BILL BRANT
der Meisterdetektiv (lt. 4. Umschlagseite)
ca. 1948 Mittelformat Selbstverlag Fred Dahn
Auslieferung: Alpenländischer, Zeitungsdienst, Klagenfurt A: Fred Dahn
1 40,00
2 12,00
3-4 15,00

BILL MASON
Der Rächer aus Texas ca. 1950
Mittelformat (bis Band 4 mit 32 Seiten, danach als Sonderhefte mit 64 Seiten)
Standard-Zeitschriftenverlag, Graz
Band 1-4 = S 1,50 / DM -,30,
Sonderhefte = S 3,-- bis 3,50 / DM -,80
A: Clark W. Hopson
HEFTE mit 32 Seiten:
1 30,00
2-4 25,00
SONDERHEFTE mit 64 Seiten:
1-8 18,00

BINDER`S MÄRCHEN
Oberösterreichischer Landesverlag , Linz
?
S 1,50 32 Seiten 14,5 x 20,5 cm
A: Dr. Josef Binder
Heft 1 : Der Osterhase – Stäubchen 12,00

BLAKE STAR
1954 Mittelformat
Rolf Mauerhardt, Wien S 3,50
A: Rolf Murat
1 7,00

BLAUER KRIMINAL ROMAN
(Kaufhausverkauf) 1962
Mittelformat
HIRO-Verlag, Wien, ohne Preisangabe
A: Jules Charpentier, Fred Martens, Roland Berry
1-124 Keine österreichische Produktion
125-136 3,00
Hinweis:
Die Texte sind Neuauflagen von WILTON-Krimis.

BLAUES RING-SONDERHEFT
siehe ÖSTERREICHISCHER
KLEINSCHRIFTENRING

BLAU-PUNKT HEFTE
ca. 1950 Mittelformat
„Wiener Montag", Wien
S 1,50
A: Erich August Mayer
1 5,00

BLITZ siehe BLITZ STORY

BLITZ SONDERNUMMER
Band 8 = BLITZ SONDERNUMMER STORY
ca. 1955 Mittelformat
Walter Peter Wrba, Wien
S 4,50 / DM 1,-- / sfr 1,--
A: John Foster u.a., z.T. ohne Angabe
1-6 10,00
7 15,00
8 (ist auch LARRY O'HARA Nr. 1) 13,00
Der Wolf von Kansas 15,00
Kampf ums Tal 15,00
Post für Sheriff Fleet 15,00
Bumerang (Sammelband mit zwei Erzählungen) 10,00
Hinweis: Die BLITZ SONDERNUMMERN sind Nachdrucke, bzw. Neuauflagen der Reihe JOHN FOSTER

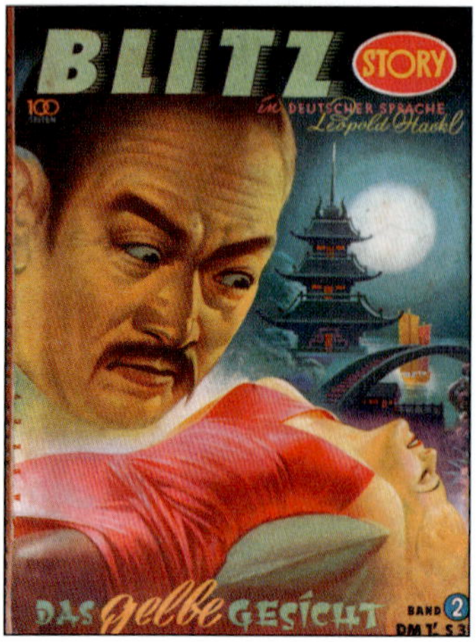

und anderer Serien - oder eine Verbotsumgehung, bzw. Weiterverwendung von Restbeständen derselben (Schmutz- und Schund-Gesetz) - durch Aufdruck eines neuen Serientitels.

BLITZ SONDERNUMMER STORY
siehe BLITZ SONDERNUMMER Band 8

BLITZ STORY
Nachfolgeserien: DIE NEUE BLITZ STORY, BLITZ, BLITZ STORY (diverse Einzelhefte)
1950-ca.1955
Mittelformat (Nachfolgeserie teilweise etwas kleiner)
BLITZ STORY Band 1-16 = Isabella-Verlag, Lisa Karin Wrba, Wien, Band 17-20 = Falken-Verlag, Heinz O. Quilitzsch, Wien Nachfolgeserie = Walter Peter Wrba, Wien
Band 1-20 = S 3,-- bis 3,50 / DM 1,-- (-,80) ab Band 13 mit sfr 1,--, Nachfolgeserie = S 4,-- bis 4,50 / DM 1,-- / sfr 1,--
A: H.O. Quitz, Leopold Hackl, John Foster, L.L. Aichhorn, Kibi Williams u.a., Einzelhefte z.T. ohne Angabe
BLITZ STORY:
1-10 12,00
11 (erschien auch unter dem Serientitel
AMERICAN STORY) 7,00
12-13 7,00
14 15,00
15-18 7,00
19-20 12,00
DIE NEUE BLITZ STORY:
1 (Neuauflage von BLITZ STORY Nr.20) 12,00
BLITZ: Die Verlorenen (Neuauflage von
BLITZ STORY Nr.18) 7,00
BLITZ STORY (diverse Einzelhefte):
1 7,00
Verwehte Spuren 7,00
Das Gesetz der Coyoten 7,00
Fahrt nach Blanca 7,00
Die Tödliche Vision (erschien auch unter dem
Serientitel MURPHY FLOWER) 7,00
Das eiserne Gesetz 7,00
Gewehre für Cattony 7,00
Der Schatz am Horse Creek 7,00
Frauentrak für Lonville 7,00
Drei bleiben über 7,00
Ein As zuviel! 7,00
Der Wolf von Canfort-Hill 7,00
Jerry, der Lächler 7,00
Post für Averty 7,00
Zieh' blank, Joe! 7,00
3 Sheriff unerwünscht
(ist auch GIL PASSOS Band 3) 7,00
Hinweis:
Die Einzelhefte dieser Nachfolgeserien beinhalten teilweise auch Nachdrucke div. Serienhefte anderer Verlage, Diese Einzelhefte sind teilweise auch unter anderen Serientiteln im gleichen Verlag erschienen.

BLUE WESTERN
1961, Mittelformat, Rolf Mauerhardt, Wien
S 3,-- / 60 Pf /sfr -,70 / L 120,--
A: Otto Schättle u.a.
1 25,00
2-5 20,00
Hinweis:
Die Serie wurde unter dem Titel RIO GRANDE fortgesetzt.

BOB BARRING siehe DIE WELT DER ABENTEUER

BOB CARTER
ca.1955, Mittelformat
Verlag: ohne Angabe, vermutlich AHV-Verlag, Wien
S 4,-- / DM 1,-- / sfr 1,--
A: Dan Lister
1 5,00

BOB GILLET
1955 Mittelformat
Walter Peter Wrba, Wien
S 4,-- / DM 1,-- / sfr 1,-- A: Buck Treemany
Die silberne Spur 5,00

BRANTS SHERIFF
Teilweise unter dem Titel ARIZONA STORY
1950-1952 Mittelformat
Bergheimverlag, Graz S2,-- bis 2,30

A: Jane Grey (1), ohne Angabe (2-7),
Fred Vic Forest (8),
Frederick Foster (Story 2, 3, 12-16)
BRANTS SHERIFF:
(1) Die donnernden Rächer 20,00
(2) Kampf um die Farm....................................... 20,00
(3) Der große Verrat 20,00
4-8 15,00
ARIZONA STORY:
(1) Intrigen um Ruth.. 15,00
2-3 15,00
BRANTS SHERIFF:
12-16 15,00

BRENT DOUGLAS
BRENT GORDON siehe BRENT HOWART

BRENT HOWART
(innen teilweise: Die Abenteuer des Panthers)
ca. 1952 Mittelformat
Walter Peter Wrba, Wien
S 3,50 bis 4,50 / DM 1,-- / sfr 1,--
A: Brent Howart / Übersetzung meist Peter Holt
BRENT HOWART:
1-9 6,00
Das Gespenst von Monterey.............................. 6,00
Der vornehme Bandit 6,00
Der Wüstenfuchs... 6,00
Aug um Aug.. 6,00
TRENT BAXTER:
1.. 6,00
BRENT TRAWL:
1.. 6,00
BRENT SANDERS:
1.. 6,00
BRENT SILVERS:
1.. 6,00
BRENT DOUGLAS:
Panik.. 6,00
BRENT SCOTT:
1.. 6,00
BRENT GORDON:
Das 2. (zweite) Gesicht.................................... 6,00
KID WILLIAMS:
Das Gespenst von Monterey
(mit und ohne Verlagszeichen) 6,00
TOM BURNETT:
Der vornehme Bandit
(mit und ohne Verlagszeichen) 6,00
MICE BENTON:
Der Wüstenfuchs (ohne Verlagszeichen)............. 6,00
GREG OAKLAND:
Der Panther schlägt zu 6,00
WILDWEST STORY:
Todestal 6,00
von HOWART:
Der singende Sheriff.. 6,00
Hinweis:Zum Teil sind die Titel auch in anderen Serien er- schienen,z.B. Colt Sondernnummer Story oder Colt Story-Einzelhefte

BRENT SANDERS
BRENT SCOTT
BRENT SILVERS
BRENT TRAWL siehe BRENT HOWART
DIE BUCHREIHE DER „PRESSE“
ca. 1955 größeres Mittelformat
NOVITAS-Zeitungs- und Zeitschriften-Verlagsges.
m.b.H., Wien o P.
A: George Orwell (1), Vicki Baum (2)
(1) Die Republik der Tiere 5,00
(2) Die fremde Nacht... 8,00
Hinweis: Band-Nummer steht innen.

BUCK THUNE
ca. 1955 Mittelformat
AHV-Zeitschriften Pauline Alsdorf-Helm, Wien
S 4,-- / DM 1,--
A: Dan Lister
1... 5,00

BUD ALLISTER
ca. 1955, Mittelformat
Walter Peter Wrba, Wien
S 4,-- / DM 1,-- / sfr 1,--
A: James Morton
1... 5,00

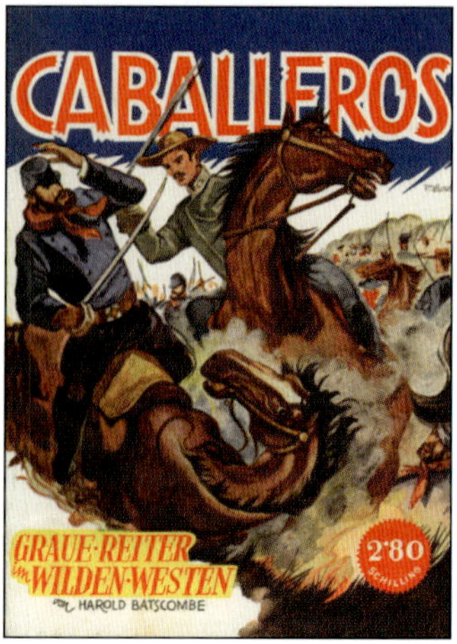

BÜFFEL SERIE
1951, Mittelformat
Golf-Verlag, Dr. Hans Summereder, Innsbruck
S 3,-- / DM -,75
A: Raf Segrram, Michael Kuss, James Newman
(1) Der Caballero des Westens (innen:
Der Caballero des wilden Westens)............... 12,00
2 Das Tal der Verdammten (innen:
Sturm im Tal der Verdammten).......................... 7,00
3-5 7,00

BUFFALO BILL
ca. 1949, Mittelformat
Standard-Zeitschriften-Verlag, Graz S 1,50
A: Harald Brink (Band 1 ohne Angabe)
1-3 28,00

BUFFALO STORY
ca. 1950 Mittelformat
Schriftstellerin Otti Eismann, Wien,
ab Band 13 = Gloria Verlag, Wien S 2,50 bis 3,50
A: Dr. Al Hilmar
1-14 8,00

BUNGALOW
ca. 1953 Mittelformat
Rolf Mauerhardt, Wien S 4,--
A: Rolf Murat
1... 7,00

BUNTE REIHE
Der Regenbogen fährt nach Masagara
1950 Mittelformat
Verlag Jungbrunnen, Wien
o.P. 36 Seiten,
Mittelformat 15 x 20,5 cm.
A: Friedrich Feld
1-4 10,00
5 ?
Hinweis: Reihentitel steht nur innen im Heft. Mindestens die ersten fünf Bände enthalten eine illustrierte Fortsetzungsgeschichte, um ein Faltboot, wobei alle das gleiche Titelbild haben.Bisher wurde die Reihe allerdings nur bis Band 4 nachgewiesen.

DER BUSSARD
ca. 1953, Mittelformat, Rolf Mauerhardt, Wien
S 4,--
A: Rolf Murat
1... 7,00

CABALLEROS
ca. 1952, Mittelformat
E. Schwicker, Linz (teilw. J. Schwicker o.H.G.)
S 2,50 bis 3,--
A: J. Mallorqui (Band 1, 3, 5, 7, 9, 11), M.A. Cariel (Band 2, 4) u.a.
1 (Sondernummer, S 3,--)................................. 12,00
2 Aufstand unter den Reptilien (innen: Aufstand
der Reptilien) 10,00
3 Billy the Kid (Sondernummer, S 3,--)............. 12,00
4-9 10,00
10-11 12,00

CALIFORNIEN siehe EL CAPITAN

CAMP STORY
Exotik und Romantik am Lagerfeuer
1952, Mittelformat
Dr. Arthur Werner, Wien
Band 1 = S 3,50 / DM 1,--, Band 2-4 = S 3,50
A: M.E. Dix (1, 2, 4) Artus (3, 4)
1... 12,00
2-3 7,00
4 Das Geheimnis von El Hakk (beinhaltet zwei
Erzählungen: Flammen über dem Sudan -
Artus, Das Geheimnis von El Hakk –
M.E.Dix) 7,00

DER CAMPING-KRIMINALROMAN
1955-1956 Mittelformat
Lorenz Badstöber, Wien S 2,50
A: diverse, meistens Bob F. Miller
1-14 5,00

CAPTAIN WHILER REITET
siehe DER SCHWARZE REITER

CARAMBA (Verlag O. Kloiber) siehe FRITZ

CARAMBA
ca. 1953 Mittelformat
Rolf Mauerhardt, Wien
S 3,50 / DM -,40
A: Rolf Murat
1 10,00

CARINA-ROMAN (Kaufhausverkauf)
1962 Mittelformat
HIRO, Wien
1-19 3,00
Hinweis: Neuauflagen v. Inga-Roman, Roman der Woche u. Ill. Romanwoche

CAROLINA
ca. 1953 Mittelformat
Rolf Mauerhardt, Wien S 4,--
A: Rolf Murat
1 Steckbrief für Tommy Curt 7,00

CHIEF-INSPECTOR HIGGINS VON SCOTLAND YARD
siehe INSPEKTOR HIGGINS VON SCOTLAND YARD BERICHTET

CIL D. HARRY siehe GIL DOS PASSOS

CITY NEWS DETEKTIV-STORIES
(1. Auflage, siehe Hinweis)
ca. 1955 Mittelformat
Maria Steffek, Wien
S 3,-- / DM 1,--
A: L.L. Aichhorn (Band 1), H.R. Nack (Band 2, 4), Gerry Mc Hazard (Band 3)
1-4 8,00
Hinweis: Die zweite Auflage erschien unter dem Titel CITY NEWS STORIES.

CITY NEWS STORIES
(2. Auflage, siehe Hinweis) ca. 1956
Mittelformat Maria Steffek, Wien S 4,--
A: L.L. Aichhorn (Band 1), H.R. Nack (Band 2)
1 (Erscheinen ?)
2 10,00
Hinweis:
1.Auflage erschien unter dem Titel CITY NEWS DETEKTIV-STORIES.

CLAUDIA-ROMAN (Kaufhausverkauf)
1963 Mittelformat HIRO, Wien
1-24 3,00
Neuauflagen v. Inge-Roman,Roman der Woche, Ill. Romanwoche

COL
COL STORY siehe COLT STORY

COLIBRI-REIHE
siehe EL COYOTE und DER KAPUZENMANN

COLORADO
1952 Mittelformat
Rolf Mauerhardt, Wien S 3,50
A: Rolf Murat
1 7,00

COLT
COLT ARIZONA siehe COLT STORY

COLT FILM GESCHICHTE
COLT FILM ROMAN
siehe COLT FILM-STORIES

COLT FILM-STORIES
Nachfolgeserien: COLT FILM ROMAN, COLT FILM GESCHICHTE 1951-1953 Mittelformat
COLT FILM-STORIES = Isabella-Verlag, Inh. Lisa Karin Wrba, Wien. Nachfolgeserien = Falken-Verlag, Heinz (O.) Quilit(z)sch, Wien
S 3,50 / DM 1,--, ab COLT FILM-STORIES Band 3 mit sfr 1,--
A: H.O. Quitz, Rob. L. Barran
COLT FILM-STORIES:
1 25,00
2-3 20,00
COLT FILM ROMAN:
1-2 20,00
COLT FILM GESCHICHTE:
1 20,00

COLT GESCHICHTE
COLT NEVADA
COLT ROMAN siehe COLT STORY

COLT SONDERNUMMER bzw.
COLT SONDERNUMMER STORY
ca. 1955 Mittelformat
Walter Peter Wrba, Wien
S 4,-- bis 4,50 / DM 1,-- / sfr 1,--
A: Brent Howart, Trent Baxter,
COLT SONDERNUMMER:
1-5 7,00
COLT SONDERNUMMER STORY:
6........ 10,00
COLT SONDERNUMMER:
Der Panther greift ein 10,00
Der singende Sheriff........ 10,00
Die letzte Chance 10,00
Das Gespenst von Monterey........ 10,00
Panik........ 10,00
Texasgangster (mit 1 Erzählung) 10,00
Texasgangster (Sammelband mit
2 Erzählungen)........ 10,00
Tödlicher Staub (Sammelband mit
2 Erzählungen)........ 10,00
Hinweis:
Neuauflagen bzw. Wiederverwendung von Restbeständen. Band 1-6 = BRENT HOWART und Nachfolgeserien sowie TEXAS STORIES Band 4 (AHVVerlag).

COLT STORY
1950-1957
Mittelformat (Nachfolgeserien teilweise etwas kleiner)
COLT STORY Band 1-17 = Isabella-Verlag, Lisa Karin Wrba, Wien. Band 18-25 = Falken-Verlag, Heinz O. Quilitzsch, Wien. Nachfolgeserien = Isabella-Verlag, Falken-Verlag und Walter Peter Wrba, alle Wien
Band 1-25 = S 3,-- bis 3,50 / DM 1,--, ab Band 15 mit sfr 1,--, Nachfolgeserien = S 3,50 bis 4,50/ DM 1,-- / sfr 1,--
A: Kibi Williams (Band 1-20 und div. Einzelhefte), Gil Dos Passos u.a., z.T. ohne Angabe

COLT STORY:
1........ 7,00
2-23 6,00
24-25 7,00
COLT ROMAN:
1........ 7,00
COLT ROMAN:
1 Vergeltung (Nachdruck von COLT STORY
Band 16)........ 7,00
COLT GESCHICHTE:
1-2 7,00
COLT ARIZONA:
1........ 7,00
COLT NEVADA:
1 Die Ratten........ 7,00
COLT TEXAS:
1........ 7,00
DIE NEUE COLT STORY:
1 Straße ohne Rückkehr (Neuauflage
von COLT STORY Band 24) 7,00
2 Robby in Nöten (Neuauflage von
COLT STORY Band 25) 7,00
COL:
Aug um Aug (mit und ohne Verlagszeichen, siehe auch COL STORY, COLT STORYEinzelheft
und BRENT HOWART) 7,00
Aug um Aug (siehe auch COL STORY Einzelhefte
und BRENT HOWART) 7,00
COLT:
Blutige Erde (Nachdruck von COLT STORY
Band 20)........ 7,00
COLT STORY (diverse Einzelhefte):
1 Zwei Männer aus Texas........ 7,00
1 Ein harmloser Cowboy 7,00
1 Die Todgeweihten........ 7,00
1 Miguel, der Bandit........ 7,00
1 Der silberne Colt........ 7,00
1 Sheriff ohne Eid (keine Preis- und
Verlagsangabe)........ 7,00
1 Grenztöter (siehe auch GIL DOS PASSOS)........ 7,00
Arizonajimmy (siehe auch LASH LAROGE)........ 7,00
Aug um Aug (siehe auch COL,
COL STORY und BRENT HOWART) 7,00
Der vornehme Bandit (siehe auch

BRENT HOWART / TOM BURNETT) 7,00
Der Wüstenfuchs (siehe auch
BRENT HOWART / MICE BENTON) 7,00
Es geht um's Ganze (siehe auch
JOHN FOSTER / MERTENS) 7,00
Sunny räumt auf (siehe auch
JOHN FOSTER / JOE MASON) 7,00
Auf der Flucht 7,00
Augenzeuge 7,00
Bis zum letzten Atemzug 7,00
Bob Derrils Idyll 7,00
Das Gold der blauen Berge 7,00
Der Geisterreiter 7,00
Der Kampf um die Birkenranch 7,00
Der Schweiger 7,00
Der Sohn des Sheriffs 7,00
Der Teufels-Canon 7,00
Die Desperados 7,00
Die Hölle von Paternil 7,00
Gesetzlos (Lawless ...) 7,00
Kidd Ruston kämpft sich durch 7,00
Poker auf Leben und Tod 7,00
Um Sein oder Nichtsein 7,00
Revolvermann Caine 7,00
Männer ohne Furcht 7,00
Sheriff Coly schlägt zu 7,00
Auf der Flucht vor sich selbst 7,00
Zeig kein Erbarmen 7,00
Der Linkshänder 7,00
Der Teufel von Texas 7,00
Percy raubt Arkansas 7,00
Ein Mann aus Oklahoma 7,00
Der Panther schlägt zu 7,00
Unschuldig verurteilt 7,00
Die heimliche Ranch 7,00
Hilfssheriff Hawk 7,00
Durandes letzter Treck 7,00
Bill Mason wird gesucht
(Sammelband mit 2 Erzählungen) 7,00
Dan Milton kehrt wieder 7,00
Mexikanische Episode 1847 7,00
COLT STORY SONDERBAND:
1 ?
2 Roter Horizont 7,00

Hinweis: Abgesehen von den bereits zugeordneten Zweitausgaben unter einem anderen Serientitel (in Klammer), beinhalten auch einige weitere Einzelhefte Erzählungen, bzw. Nachdrucke, diverser Serienhefte anderer Verlage, wie z.B.: COLT STORY „Das Gold der blauen Berge" = DER COWBOY SONDERNUMMER Band 16 (Verlag Rolf Mauerhardt, Wien), oder „Bob Derrils Idyll" = PINGUIN Band 4 (DER KAPUZENMANN, Verlag Ernst Pelda, Wien). Diese Einzelhefte sind teilweise auch unter anderen Serientiteln im gleichen Verlag erschienen.

COLT STORY SONDERBAND
COLT TEXAS siehe COLT STORY

CONDOR
1962
Mittelformat
Rolf Mauerhardt, Wien
S 3,-- / DM -,60 / sfr -,70 / L 120,--
A: Gil Dos Passos, R.E. Potthoff, Hal Warner u.a.
1 8,00
2-6 4,00
7 6,00
8-9 4,00
10 6,00
11 4,00
12 6,00
13 Der Unerbittliche 4,00
14 Die Tennessee-Brüder 6,00
Hinweis: Nachfolge der Serien BLUE WESTERN und RIO GRANDE.

CONDOR-REIHE
siehe EL COYOTE und DER KAPUZENMANN

CORNELIA-ROMA (Kaufhausverkauf)
1961-1968
Mittelformat
HIRO / TYPOPRESS, Wien
1-144 3,00
Hinweis:
Neuauflagen von INGE-ROMAN, ROMAN DER WOCHE und ILLUSTRIERTE ROMANWOCHE.

DER COWBOY
(Nachfolgeserien: DIE COWBOYCOLLECTION, DAS KLEINE COWBOY-HEFT, AMERICAN COWBOY, WESTERN COWBOY, COWBOY BOOK, COWBOY POST, COWBOY BERICHTE, DER COWBOY (ohne Nummer)
1948-1953
Mittelformat
(23 Seiten)
Rolf Mauerhardt, Wien
S 1,50 bis 2,50 / fallweise mit DM -,30 bis -,50
A: Rolf Murat
DER COWBOY:
1 70,00
2-3 25,00
4-18 20,00
19 40,00
20-34 20,00
DIE COWBOY-COLLECTION:
1-3 35,00
DAS KLEINE COWBOY-HEFT:
4 Ein Fluß wird gestohlen (mit falscher Nummerierung, müsste lt. Titelliste Nr. 1 sein) 60,00
2 Kopfprämie auf Tim Kennedy 40,-
3-5 35,00
AMERICAN COWBOY:
1-3 35,00
WESTERN COWBOY:
1 35,00
COWBOY BOOK:
1 35,00
COWBOY POST:
1 35,00
COWBOY BERICHTE:
1 35,00
DER COWBOY (ohne Nr.)
Die Farm in Texas 35,00
Hinweis:
Einige der Erzählungen (Band 2-23) der Serie DER COWBOY sind später unter dem Titel ROCKYTOCKY mit teilweise geänderten Titeln, anderer Aufmachung, anderen Bildern, sowie in geänderter Nummernfolge, neu aufgelegt worden.

COWBOY ABENTEUER
siehe DER COWBOY SONDERNUMMER

COWBOY BERICHTE siehe DER COWBOY

COWBOY-BILD siehe COWBOY STORY
COWBOY BOOK
DIE COWBOY-COLLECTION
siehe DER COWBOY

COWBOY COUNTRY
COWBOY DER PRÄRIE
COWBOY DES WESTENS
COWBOY ERLEBNISSE
COWBOY ERZÄHLUNGEN
siehe DER COWBOY SONDERNUMMER

COWBOY-EXPRESS
1951-1953
Großformat (Romanzeitung)
Rolf Mauerhardt, Wien
S 1,-- bis 1,70
A: Rolf Murat
1 150,00
2-14 85,00
15 45,00
16-23 85,00
24 150,00
Achtung - es gibt auch Nachdrucke!

COWBOY HISTORY
COWBOY NEWS
COWBOY REPORT siehe COWBOY STORY

COWBOY POST siehe DER COWBOY

COWBOY REPORTAGE
siehe DER COWBOY SONDERNUMMER

DER COWBOY SONDERNUMMER
bzw. SONDERREIHE
Nachfolgeserien: DAS GROSSECOWBOY-HEFT, DER GUTE COWBOY-ROMAN, COWBOY ERZÄHLUNGEN, COWBOY REPORTAGE, COWBOY DES

WESTENS, COWBOY DER PRÄRIE, COWBOY ERLEBNISSE, COWBOY COUNTRY, COWBOY ABENTEUER
1948-1953
übergroßes Mittelformat und Mittelformat
Rolf Mauerhardt, Wien
S 2,50 bis 4,-- / fallweise mit DM -,60 bis 1,--
A: Rolf Murat
DER COWBOY SONDERNUMMER:
1 20,00
2-5 15,00
6-15 12,00
Mittelformat:
16 9,00
DAS GROSSE-COWBOY-HEFT:
1-5 9,00
DER GUTE COWBOY-ROMAN:
1-3 9,00
COWBOY ERZÄHLUNGEN:
1-2 9,00
COWBOY REPORTAGE:
1 9,00
COWBOY DES WESTENS:
1 9,00
COWBOY DER PRÄRIE:
1 9,00
COWBOY ERLEBNISSE (Mittelformat):
1 9,00
COWBOY COUNTRY (Mittelformat):
1 9,00
COWBOY ABENTEUER (Mittelformat):
1 9,00
Hinweis:
Die Nummer 16 von DER COWBOY SONDERNUMMER ist eine spätere Fortsetzung der Serie, jedoch abweichend vom ursprünglichen Titelverzeichnis.

COWBOY STORY
Nachfolgeserien:
COWBOY TALES,
COWBOY HISTORY, COWBOY NEWS,
COWBOY REPORT, COWBOY-BILD,
COWBOY-WELT
1950-1953
Mittelformat
Rolf Mauhardt, Wien
S 3,-- bis 4,50, COWBOY STORY Band 1 und 2 mit DM 1,--, Band 8 mit DM -,80
A: Rolf Murat
COWBOY STORY:
1-7 10,00
8 7,00
COWBOY TALES:
Jerry Mc Donell wird ernst 7,00
2-3 7,00
COWBOY HISTORY:
1-6 7,00
COWBOY NEWS:
1-3 7,00
COWBOY REPORT:
1 7,00
COWBOY-BILD:
1 7,00
COWBOY-WELT:
1 10,00
2 7,00
Hinweis: Die Nummer 8 von COWBOY STORY ist eine spätere Fortsetzung der Serie, jedoch abweichend vom ursprünglichen Titelverzeichnis.

COWBOY TALES
COWBOY-WELT siehe COWBOY STORY

COYOTE siehe EL COYOTE

CRACK STORY
ca. 1954
Mittelformat
Rolf Mauerhardt, Wien
S 4,--
A: Rolf Murat
1 7,00

DAKOTA
ca. 1953
Mittelformat
Rolf Mauerhardt, Wien
S 4,-- / DM -,80

A: Rolf Murat
1 7,00

DEIN ROMAN
1948
Mittelformat
MZ-Zeitschriftenverlag Maria Zube, St. Konrad
S 1,20 (1), S 1,-- (2)
A: William Oremus (1), Bella Sidon (2)
1-2 8,00

DEPUTY MARSHAL SHERIFF
ca. 1962
Mittelformat
Rolf Mauerhardt, Wien
S 4,- / DM -,70 / sfr -,80 / L 120,-
A: Hal Warner, Heinz Squarra u.a.
1-88 Erscheinen unter diesem Serientitel fraglich (keine Angaben bzw. Belegmuster vorhanden)
89-92 5,00
93 ?
Hinweis:
Die gleichen Titel sind in der Serie DEPUTY STAR SHERIFF mit gleicher Nummerierung erschienen.

DEPUTY STAR SHERIFF
Wildwest - Romane
1958-1963
Mittelformat
Rolf Mauerhardt, Wien
S 4,-- / DM -,60, höhere Nummern DM -,70 / sfr -,70 und -,80 / L 120,--
A: Rolf Murat, Richard Richardson, Walt Dany, Uwe Wilken, Fred Preston, Hal Warner, R.E. Potthoff, Rolf Shark, Rod Cameron, Heinz Squarra u.a.
1 7,00
2-22 5,00
23-90 4,00
91-154 7,00
Hinweis: Ab Band 63 erschienen die gleichen Titel in der Serie MARSHAL(L) / DEPUTY STAR SHERIFF, Nr. 63 = MARSHALL Nr. 1. Nr. 89 und 92 (wahrscheinlich ebenso 90 und 91) wurden auch unter dem Serientitel DEPUTY MARSHAL SHERIFF mit gleicher Nummerierung herausgebracht. Weiters erschienen ab Band 93 die gleichen Titel in der Serie RANGER (DEPUTY STAR SHERIFF Nr. 93 = RANGER Nr. 1).
Nr. 7 gibt es mit zwei verschiedenen Titelbildern

DER DETEKTIV
ca. 1947
Großformat (Romanzeitung)
K. Mauhs & Co, Wien
S 1,--
A: A. Montana
1 75,00
Hinweis: Auf der Titelseite wurde ein Bildabdruck (Mann mit Zylinderhut und Pistole) der Vorkriegsserie HARALD HARST verwendet. Für den Text sind angekündigt: Ralf Suam und Peter Dorgan, die beiden berühmten Meisterdetektive.

DER DETEKTIV
ca. 1948
Mittelformat
Glockner-Verlag, Graz
S 1,40
A: Martin Techelsberg (Band 1), Max Michael
1-2 18,00

DETEKTIV-ERLEBNISSE
Interessante Monatshefte
1953-1956
übergroßes Mittelformat
Gloria-Verlag, Schriftstellerin Otti Eismann, Wien
S 2,80 bis 3,-- / DM -,50 / sfr -,50 / ffr 40,--
A: Ralph Bridgeman, Francois Mortaille
1 12,00
2-18 8,00

DETEKTIV ROMAN-MAGAZIN
1950
Mittelformat
Metropol-Verlag, Wien
S 1,50 / Pf -,30
A: Philipp Ketchum
1 18,00

DETEKTIV- U. ABENTEUER-GESCHICHTEN
ca. 1948
Kleinformat
Bernhard Recla Verlag, Graz
ohne Preisangabe
A: Addhar Jibb
1 50,00
Hinweis: Beinhaltet Addhar Jibb's Sammlung.

DIABLE
ca. 1953
Mittelformat
Rolf Mauerhardt, Wien
S 3,50 / DM -,40
A: Rolf Murat
1 7,00

DOMINO KRIMINAL-ROMAN (Kaufhausverkauf)
ca. 1965
Mittelformat
HIRO-Verlag, Wien
ohne Preisangabe
A: WILTON-Autoren
Keine vollständige Titelliste vorhanden, Angaben lt. Heftvorlage (Nr. 33)
Neuauflage von WILTON-Krimis je 3,00

DREI MÖRDER
ca. 1947
Mittelformat
Josef Schweidlenka, Wien
S 1,20
A: Pierre de Carnot
Drei Mörder 5,00

DREI RABEN KRIMINAL ROMANE
1949-1950
Mittelformat
Drei Raben, Wien
S 1,20 bis 1,80
A: Peter Kelly, C.V. Rock u.a.,
z.T. ohne Angabe
(1) Die Nacht vor der Atombombe 25,00
(2) Zentrale Frisco 8,00
(3) Die hundert Frauen des Doktor Holmes 8,00
4-18 8,00
19 ?
Hinweis:
Die Bände 1-3 sind nicht nummeriert. Die Reihenfolge ist aus den Titellisten der höheren Heftnummern ersichtlich.

DREI-STERNE-REIHE
(Titel bei Nummer 1 steht auf der Rückseite)
Der erlesene Spannungsroman
Band 1/1947, Band 2/1948
Mittel-Querformat
Belvedere Verlag, Wien
S 2,50
A: ohne Angabe
1-2 45,00

DR. MC MINAHA
1951
übergroßes Mittelformat
Edition Scala, Hoffmann & Co, Kom.-Ges., Wien
Band 1 = S 2,--, Band 2 = S 1,50 / DM -,50
A: E.T.A. Merlin
1 300,00
2 250,00

DUGG SILTON
ca. 1955
Mittelformat
AHV-Zeitschriften Pauline Alsdorf-Helm, Wien
S 4,-- / DM 1,--
A: Allan Cooper
1 7,00

DUGG SMILAY
ca. 1955
Mittelformat
Walter Peter Wrba, Wien
S 4,-- / DM 1,-- / sfr 1,--
A: Ray Milland
Bis zum letzten Atemzug 5,00

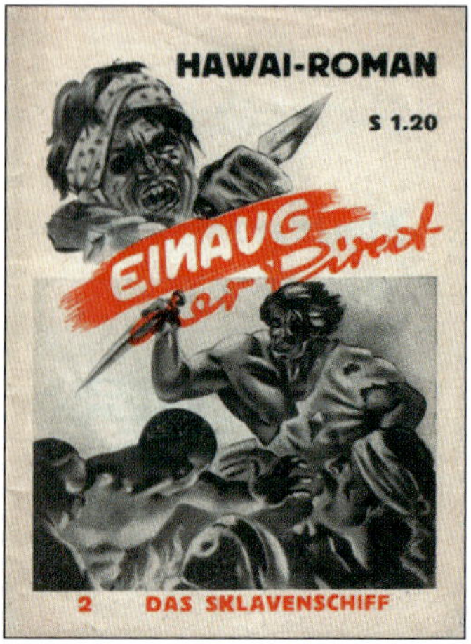

DUKE
1951-1952, Mittelformat
J. Schwicker oHG, Linz
S 3,-- / ab Band 2 mit DM 1,--
A: J. Mallorqui, bei Band 3 steht außen G.L. Hipkiss und innen J. Mallorqui
1 30,00
2-5 25,00
6 30,00
7-8 25,00
Nachdrucke 4,00

DUKE CHESTER
ca. 1955
Mittelformat
AHV-Zeitschriften Pauline Alsdorf-Helm, Wien
S 4,--
A: Allan Cooper
1 5,00

EBERLE TASCHENROMAN
1947
kleineres Mittelformat (Band 1, 2),
kleines Querformat (Band 4)
Eberle-Verlag, Wien
S 1,50 (Band 2), z.T. ohne Preisangabe
A: Bela Betnar (Band 1, 2), H.u.P. Gorvin (Band 4)
(1) Menschen oder Schakale (Abenteuer) 7,00
(2)Entfesselte Hölle (Wildwest) 5,00
3 Liebe auf den ersten Blick /?
4 Gequälte Herzen (Liebe) 5,00
5 Drei um Gloria (Liebe) 5,00
Hinweis: Serientitel und Reihung lt. Verzeichnis in Band 4. Band 1 = Abenteuer-, Band 2 = Wildwest, Band 4 und 5 = Liebesromane.

EINAUG DER PIRAT
1949
Kleinformat
Josef Schweidlenka, Wien
S 1,20
A: ohne Angabe
1-2 250,00
Es gibt auch Nachdrucke

EIN DR. BERGER-KRIMINALROMAN
1948
Mittelformat
Eigenverlag Engelbert Six, Wien
S 2,--
A: ohne Angabe
1 8,00

EL CAPITAN
Nachfolgeserien: DER WÜRFEL ROMAN, DER KAPITÄN, ARY CEVILLA, ARIZONA, CALIFORNIEN, IDAHO, WYOMING
1951-1953
Mittelformat
Rolf Mauerhardt, Wien
S 3,50 bis 4,-- / IDAHO und WYOMING mit DM -,80
A: Carry Miller
EL CAPITAN:
1-10 7,00
DER WÜRFEL-ROMAN:
1-3 7,00
DER KAPITÄN:
1 7,00
ARY CEVILLA:
1 7,00
ARIZONA:
1 7,00
CALIFORNIEN:
1 7,00
IDAHO:
1 7,00
WYOMING:
1 7,00

EL COYOTE
(inkl. Sondernummern und Spezialnummer)
Nachfolgeserien (ohne Serientitel): ES WAREN 7, PINGUIN, CONDOR, COLIBRI
1949-1953
Mittelformat, Kleineres Format = ES WAREN 7 und PINGUIN Band 3
E. Schwicker, bzw. auch J. Schwicker o.H.G., Linz, Nachfolgeserien: Ernst Pelda, Wien

S 2,50 bis 4,--
A: J. Mallorqui
EL COYOTE:
1 25,00
2-34 10,00
35-39 15,00
ohne Serientitel:
Es waren 7 (innen: ... sieben) 50,00
PINGUIN:
3 50,00
5 30,00
CONDOR:
1, 3, 5, 7, 9, 11 30,00
COLIBRI:
1 18,00
EL COYOTE Sondernummer:
1-3 30,00
EL COYOTE Spezialnummer:
Don Cesar de Echagüe 60,00
Es gibt auch Nachdrucke!
Hinweis: Die Titel der Nachfolgeserien wurden auch für eine eigene Heftreihe (PINGUIN Band 1 und 2) und als Nachfolgeserien der Reihe DER KAPUZENMANN (nur die geraden Bandnummern) verwendet. Es gab auch eine deutsche Ausgabe unter dem einheitlichen Serientitel COYOTE, von Nr. 1-74 (Schlußband), Verlag Friedrich Petersen, Hamburg. Ab Band 52 und nachfolgend wurde somit die österreichische Serie fortgesetzt. In der deutschen Auflage ist nur eine Sondernummer als „Doppelbuch" erschienen. Durch Eingliederung dieses Bandes in die Nummernfolge als Nr. 16/17, ergibt sich nachfolgend gegenüber der österreichischen Serie eine Verschiebung um 2 Nummern.

EL DESPERADO
ca. 1953
Mittelformat
Rolf Mauerhardt, Wien
S 3,50
A: Rolf Murat
1 7,00

EL DORADO
Spannung - Abenteuer - Exotik
ca. 1952
Kleinformat
Dr. phil. Arthur Werner, Wien
S 3,80
A: Charles Sealsfield
Der Squatter 15,00

EL DURANGO
ca. 1953
Mittelformat
Rolf Mauerhardt, Wien
S 4,--
A: Rolf Murat
1 7,00

EL GAUCHO
ca. 1953
Mittelformat
Willi Fitz, Wien
S 3,-- / DM -,50
A: Robert Ralph Rono
1 5,00

EL LAXTON
ca. 1953
Mittelformat
Rolf Mauerhardt, Wien
S 3,50 / DM -,40
A: Rolf Murat
1 7,00

ELITE ROMAN
Die moderne Romanzeitschrift
1949-1950
Mittelformat
Metropol Zeitungs- und Zeitschriftenvertrieb, Wien
S 1,30 bis 1,50
A: Sven Leland, Hel Reiner, Lenardo Piccozza u.a.
1-2 15,00
3-8 12,00
9-15 10,00

EL PEDRO
siehe AMERIKANISCHE GESCHICHTE

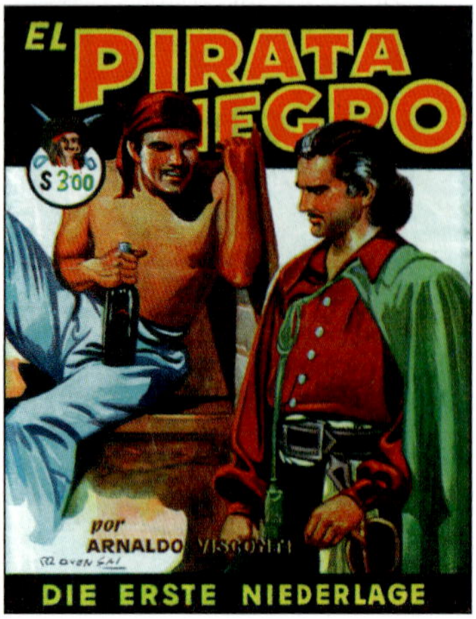

EL PIRATA NEGRO
Band 20: DER SCHWARZE PIRAT
1950-1952
Mittelformat
Golf-Verlag (G.m.b.H.), Innsbruck
S 2,50 bis 3,50
A: Arnaldo Visconti
EL PIRATA NEGRO:
1 25,00
2-19 15,00
DER SCHWARZE PIRAT:
20 25,00
Hinweis: In Deutschland erschienen die Hefte ab Band 1 unter dem Titel SCHWARZER PIRAT. Band 1-17: Deutscher Kleinbuch-Verlag, Hamburg, Band 18-60: Verlag Friedr. Petersen, Hamburg - mit neu gezeichneten und teilweise geänderten Titelbildern, gegenüber der österreichischen Ausgabe. Ab Band 21 wurde die Serie in Österreich mit der deutschen Ausgabe bis Schlußband 60 fortgesetzt.

EL RIO GRANDE
ca. 1955
Mittelformat
AHV-Zeitschriften Pauline Alsdorf-Helm, Wien
S 4,--
A: Kenney West
1 15,00

EL SCOUT
1952
Mittelformat
„AHV"-Zeitschriften Pauline Alsdorf-Helm, Wien
S 3,50 / DM -,80
A: William Taylor
1-3 10,00

EL TROVADOR
ca. 1951
Mittelformat
ARROW-Preß G.m.b.H., Graz
S 3,-- / DM -,75
A: Arnaldo Visconti
1-2 25,00
3-4 20,00
5 25,00

EL ZORRO
1951
Mittelformat
M. u. J. Koisser, Wien
S 2,50 bis 3,--
A: Pit Sidney
1 25,00
2-6 15,00
Hinweis: In Deutschland erschien auch eine Serie unter dem Titel ZORRO, allerdings mit komplett anderem Inhalt, Verlag Dr. Rudolf Frank & Co.

ENTFESSELTE HÖLLE
siehe EBERLE TASCHENROMAN

ERGON ROMANSERIE
1949
Mittelformat
Alexander Tuma, Wien
S 1,40
A: Alexander Tuma
Dem Leben wiedergegeben 10,00

ERLEBNISBERICHT DES KLAGENFURTERS THEODOR SIXTL
ca. 1947
Mittelformat
Selbstverlag des Verfassers, Klagenfurt
ohne Preisangabe
A: Theodor Sixtl
Als Kriegsgefangener in USA (innen:
Ein Kriegsgefangener sieht USA) 20,00

ERSTER ILLUSTRIERTER KRIMINALROMAN
1950
Mittelformat
H. Krammer, Wien
S 2,30
A: H. Krammer
1 7,00

ES WAR EINMAL.....
Kindermärchen-Serie
Ferdinand Sailer, Wien
19..?
S 1,50 16 Seiten 21 x 30 cm
o.Nr. Die Zauberblume 8,00
A.: div.
Hinweis: beinhaltet weitere Märchen in Kurzform

ES WAREN 7 siehe EL COYOTE

EULEN KRIMINAL ROMAN
ab Band 4: ATOM-ROMAN
Sammelband: KÄMPFE IM DUNKELN
Untertitel nur bei Atom-Roman: Serie phantastischer Zukunfts Romane
1951
Mittelformat
Bergheimatverlag, Graz
S 2,--, Sammelband S 3,50
A: Fred Vic Forest, Frank I. Noel
EULEN KRIMINAL ROMAN:
1-3 80,00
ATOM-ROMAN:
4-5 80,00
SAMMELBAND:
1 (je zwei Hefte diverser Nummern zusammengebunden) 40,00

FAHRTEN - MÄNNER - TATEN
ca. 1954
Mittelformat
Österr. Buchagentur, Salzburg
S 3,50
A: John Door
1 5,00

DER FALKE
ca. 1953
Mittelformat
Rolf Mauerhardt, Wien
S 4,--
A: Rolf Murat
1 7,00

DER FALL DORIS ROBSON
DER FALL HARRIS
ca. 1954
Kleinformat
Union Verlag Wien
S 3,--
A: Jons Chester
Serientitel = Romantitel
1 Der Fall Harris 50,00
2 Der Fall Doris Robson 75,00

DER FALL LISELOTTE BENZ!
Aus dem Tagebuch eines Kriminalreporters
1946
Kleinformat
Juventus-Verlag Ges.m.b.H.- Graz-Wien
ohne Preisangabe
A: A P. Baur
Der Fall Liselotte Benz! 15,00
Hinweis: Die Erzählung ist auch als STAR ROMAN Nr. 2 erschienen.

FAVORIT KRIMINALSERIE
1951
Mittelformat
Rosa Hadwig, Wien
S 1,50 / DM -,30
A: ohne Angabe
1 7,00

DER FILM ROMAN
1948/49
Mittelformat
Erwin Metten Nachf., Wien
S 2,80 bis 1,80 / 60 DPfennige (Band 9)
A: Warwick Mannon, Ferry Rocker, Gisi Gruber u.a.
1 15,00
2-9 12,00

FOSTER siehe JOHN FOSTER

FRANK MAC ALLAND
ca. 1955
Mittelformat

Walter Peter Wrba, Wien
S 4,-- / DM 1,-- / sfr 1,--
A: Billy Forrestal
1 5,00
Hinweis: Die angekündigte Fortsetzung „Der Teufel von Texas" erschien unter dem Serientitel ALFONSO LEE, steht jedoch in keinem Zusammenhang mit obiger Erzählung.

FRAUENPERLEN
ca. 1951
Mittelformat
ARROW-Press G.M.B.H., Graz
S 3,- / DM -,75
A: Corin Tellado (Band 1), Matilde L. Rebullida (Band 2), Mercedes Munto (Band 3), Maria Adela Durango (Band 4)
1-4 12,00
Hinweis: Heftausführung wie EL TROVADOR.

FRED HOLM'S ABENTEUER
siehe RALPH BERGMANN'S ABENTEUER SONDERHEFT

FRISCHE SAAT
inkl. Sonderhefte: TECHNIK, SPIEL UND SPORT
1952-1972 (mehrere Auflagen)
Mittelformat
St. Gabriel-Verlag, Wien-Mödling bzw. Gemeinschaftsverlag: d.i. mit Steyler Verlagsbuchhandlung, Kaldenkirchen, Rhld.
S 2,50 bis 5,-- / DM 0,40 bis 0,80
Achtung: Nr. 101-116 sind doppelt besetzt.
1-100 3,00
101-116 4,00
101-116 (doppelt besetzt) 4,00
117-127 4,00
128-129 5,00
130 20,00
SONDERHEFTE: „TECHNIK, SPIEL UND SPORT"
1-23 3,00
Hinweis: Weiters sind eine Taschenbuchausgabe „Saat-Reihe", 17 Nummern, und die „Frische Saat"-Bücherei erschienen: Das sind je 5 bzw. 10 nach Inhalt zusammengehörige Hefte der „Frischen Saat", in Halbleinen gebunden (z.B. Tierkameraden. 10 Tiergeschichten).

FRITZ
und seine Bande
ab Band 14: CARAMBA
1947-ca.1951
Band 1-13 Kleinformat, Band 14 Mittelformat
O. Kloiber, Wien
S 1,50 / Band 14 - S 2,50
A: Erich Maria Meixner
unterteilt in Zyklen:
FRITZ UND SEINE ZAUBERBANDE
1 (1) Das geheimnisvolle Ringelspiel 12,00
2 (2) Villa Adele 12,00
3 (3) Einer aus Sibirien 12,00
FRITZ KÄMPFT SICH DURCH
1 (4) Sturm um die Ehre 12,00
2 (5) Vom Himmel gefallen 12,00
3 (6) Zirkus Serrano 12,00
FRITZ STEHT FEST
1 (7) Drei hintereinander! 12,00
2 (8) Das wär' nicht schlecht 12,00
3 (9) Indianer und Trapper 12,00
FRITZ HAUT HIN (ABER WIE?)
1 (10) Schrei in der Wildnis 12,00
2 (11) Goldene Garben 12,00
3 (12) Kamerad Wieserl 12,00
FRITZ IST EISEN /?
1 (13) Er glaubt daran /? 12,00
CARAMBA:
14 Das Gespenst im Blockhaus 12,00
15 ?
Hinweis: In Klammer stehen die Nummern der CARAMBA-Titelliste. Ob die Hefte 1-13 auch als Mittelformatausgaben erschienen sind, ist bis dato nicht bekannt.

FÜR KENNER KRIMINAL ROMAN
(Kaufhausverkauf)
höhere Nummern: KRIMINALROMAN FÜR KENNER
1962-1969

Mittelformat
HIRO-Verlag, Wien, später Auslieferung: HIRO PRODUCTION INTERNATIONAL für H. Schaper-Verlag, Karlsruhe
Nr. 14 ohne, Preisangabe, Nr. 107 = 80 Pf.
A: WILTON-Autoren u.a.
Keine vollständige Titelliste vorhanden Angaben lt. 2 Heftvorlagen (Nr. 14 und 107)
je 3,00
Hinweis: Nr. 14 ist eine ALLAN WILTON-Neuauflage

GALANTE GESCHICHTEN
1950
Mittelformat
Lisa Karin Wrba, Wien
S 2,50 / Band 3 mit DM 1,-- (ohne S-Angabe)
A: Leon Pionchette (Band 1), Francoiss La Tete (Band 2), ohne Angabe (Band 3)
1 12,00
2-3 15,00

GEFAHR UND LIEBE
Eine Reihe der spannendsten Liebes-, Abenteuer und Kriminal-Romane
ca. 1948
Mittelformat
R.K. Mohl-Verlag, Wien
S 1,50
A: Herbert Partera
Juana stürzt vom Seil 10,00

DAS GEHEIMNIS UM KOBO
1947
Kleinformat
Wiener-Dom-Verlag, Wien
ohne Preisangabe
A: ohne Angabe
Serientitel = Romantitel
Das Geheimnis um Kobo und andere Erzählungen 15,00

DER GEIER
1954
Mittelformat
Rolf Mauerhardt, Wien
S 4,--
A: Rolf Murat
1 7,00

GELBER LIEBES ROMAN (Kaufhausverkauf)
1962-1964
Mittelformat
HIRO, Wien
125-228 3,00
Hinweis: Neuauflagen von INGE-ROMAN, ROMAN DER WOCHE u.a.

GELBE KRIMINAL REIHE NEBELNACHTROMAN
siehe NEBELNACHTROMAN

DIE GELBE REIHE
Spannende Erzählungen aus aller Welt
1946-1947
Mittelformat
(64 bzw. 52 Seiten)
Rudolf Hans Hammer, Wien
S 1,50 (Band 1 ohne Preisaufdruck)
A: Honore de Balzac, Edgar Allan Poe u.a.
1-4 12,00

DIE GELBE REIHE
ca. 1953
Mittelformat
(34 Seiten)
Rolf Mauerhardt, Wien
S 2,50
A: J.A. Modde (bei Band 1 außen: Medde)
1-3 12,00

GELBES RING-SONDERHEFT
siehe ÖSTERREICHISCHER KLEINSCHRIFTENRING

GERRY THOOK
Der Meisterdetektiv
(1. Auflage - Kleinformat 64 Seiten und Mittelformat 34 Seiten. Neuauflage der niedrigen Nummern.)

1946-1951
Band 1-30 Kleinformat,
Band 31-37 Mittelformat
Band 1-30 Edition Scala, Hoffman & Co.K.G., Wien.
Band 31-37 Rolf Mauerhardt, Wien
Band 1-30 = 60 Groschen bis S 1,50 / fallw. mit DM -,40 und -,50, Band 31-37 = S 1,50 bis 2,20 / fallw. mit DM -,30
A: Rolf Murat
1 (mit Preisaufdruck 60 Groschen)................... 30,00
1 (mit Aufdruck: Neuauflage und S 1,50 / DM -,40).. 18,00
2-13 12,00
14... 18,00
15... 15,00
16-28 12,00
29-32 18,00
33-35 20,00
36... 22,00
37... 55,00
Nachdrucke 2,50
Hinweis: Bei einigen Heften wurden vermutlich Restbestände als Neuauflagen angeboten, und der Preisaufdruck durch Überstempelung oder Aufkleber geändert. Die Serie ist in der Aufmachung und im Stil eine Nachahmung der kleinformatigen Vorkriegs-Serie TOM SHARK (erschienen 1930-1939, 553 Nummern, Verlagshaus Freya, Heidenau). Ab 1960 gab es eine GERRY THOOK Neuauflage mit erweitertem Umfang (Mittelformat, 64 Seiten, 70 Nummern) unter teilweiser Verwendung der alten Titel und Texte.

GERRY THOOK
Der Meisterdetektiv
1960-1964
Mittelformat - 2. Auflage
Mittelformat, 64 Seiten
Rolf Mauerhardt, Wien
S 4,-- / DM -,60 bis -,70 / sfr -,70 bis -,80 / L 120,-- bis 140,--
A: Rolf Murat (siehe Hinweis)
1.. 10,00
2-20 8,00
21-70 6,00
Hinweis: Die ersten 20 Hefte sind teilweise texterweiterte Nachdrucke der 1. Auflage von Rolf Murat. Die weiteren Bände wurden unter dem Pseudonym Rolf Murat sowohl von Rolf Mauerhardt als auch von Karl Hans Koizar (Rolf Shark) verfaßt.

GIGANT STORY
ca. 1954
Mittelformat
Maria Steffek, Wien
S 4,--
A: H.R. Nack
1.. 7,00

GIL DOS PASSOS
Nachfolgeserie: CIL D. HARRY
1952
Mittelformat
Walter Peter Wrba, Wien
S 3,50 / DM 1,-- / sfr -,80
A: Gil Dos Passos, John Foster, sonst ohne Angabe
GIL DOS PASSOS:
1-3 6,00
CIL D. HARRY:
1 (erschien auch als JOHN FOSTER Nr. 8)........... 6,00

GIL PASSOS
Nachfolgeserien: PASSOS ADVENTURES, PASSOS WESTERN, PASSOS STORY, PASSOS GESCHICHTEN
1953
Mittelformat
Walter Peter Wrba, Wien
S 2,-- bis 2,50 / DM -,40 / sfr -,50
A: Deutscher Übersetzer und Bearbeiter Fred Kreiser, bei Band 5 zusätzlich Brent Howart als Autor angegeben
GIL PASSOS:
1.. 6,00
PASSOS ADVENTURES:
(1) Kampf im Irokesental....................................... 6,00
PASSOS WESTERN:
(1) Der dritte Schuß 6,00
PASSOS STORY:
1.. 6,00

4 6,00
PASSOS GESCHICHTEN:
5 6,00
Hinweis: Die ersten Hefte sind teilweise mit und ohne Nummer erschienen.

GIL ROMERO
ca.1954
Mittelformat
Willi Fitz, Wien
S 4,-- / DM 1,-- / sfr 1,--
A: Howard Kean
Satan der Prärie 5,00

GLOCKEN-ROMAN (Kaufhausverkauf)
1973/74
Mittelformat
TYOPOPRESS, Wien
1-64 3,00
Hinweis: Neuauflagen von INGE-ROMAN, ROMAN DER WOCHE und RAMONA.

GLORIA KRIMINALROMAN
ab Band 46: GLORIA DER GUTE KRIMINALROMAN
1949-1952, 1954-1955
Mittelformat
Band 1-33 Schriftstellerin Otti Eismann, Wien. Ab Band 34 Gloria-Verlag, Schriftstellerin Otti Eismann, Wien
GLORIA KRIMINALROMAN = S 1,40 bis 2,-- / DM -,30 bis -,50. DER GUTE GLORIA KRIMINALROMAN = S 3,-- / DM -,50 / sfr -,50 / ffr 40,--
A: Ralph Bridgeman, Francois Mortaille u.a.
GLORIA KRIMINALROMAN:
1-10 4,00
11 9,00
12-64 4,00

GLORIOUS
ca. 1953
Mittelformat
Rolf Mauerhardt, Wien
S 3,50
A: Rolf Murat
1 7,00

DIE GOLDENE LEITER
1952 - mind. 1979
(mehrere Auflagen)
Mittelformat
Jugend und Volk, Wien und Österreichischer Bundesverlag, Wien
S 3,- bis 5,- und zum Teil ohne Preisangabe
1 4,00
2-115 3,00
Hinweis: Bei Neuauflagen gab es zum Teil auch andere Bilder bzw. wurden sie auf „modern“ umgezeichnet. Nach Verlagsangabe sind diese Erzählungen besonders für das 6. bis 9. Lebensjahr geeignet. Jedes Heft der „Goldenen Leiter“ soll eine Sprosse für mehr Wissen sein und das Lesen dieser Texte bedeutet zugleich ein „Emporklettern“ und damit eine Vorbereitung für eine weitere Reihe – „Das grosse Abenteuer“.

GOLDEN STAR
(Kaufhaus- und Regulärverkauf)
1979/80
Mittelformat
HIRO PRODUCTION INTERNATIONAL /TYPOPRESS, Wien, z.T. für Verlag Intergrossa und später Schaper
80 Pf. = Kaufhausverkauf / S 5,-- und div. Währungen = Regulärverkauf
A: F. Hammer, R. Murat, U.H.J. Wilken, C. Jens, H. Squarra, H. Warner, J. Morris u.a.
1-52 4,00
53-79 3,50

GREG OAKLAND siehe BRENT HOWART

DAS GROSSE ABENTEUER
1952-mind. 1975
(mehrere Auflagen)
Mittelformat
Jugend und Volk, Wien und Österreichischer Bundesverlag, Wien, teilw. Gemeinschaftsverlag T. Keppler & Cie., Wien

S 2,50 bis 5,-- und zum Teil ohne Preisangabe.
Doppelheft Nr. 33: S 4,-- bis 8,--

1-39 3,00
40 7,00
41-47 3,00
48 4,00
49-55 3,50
56 4,00
57-60 3,50
61 4,00
62-117 3,50

Hinweis: Bei Neuauflagen gab es zum Teil auch andere Bilder bzw. wurden sie auf „modern" umgezeichnet.

DAS GROSSE-COWBOY-HEFT
siehe DER COWBOY SONDERNUMMER

GROSSE ERLEBNISSE
ca. 1952, kleineres Mittelformat
Rudolf Feller-Verlag, Zams in Tirol
S 2,--
A: Tom Michigan
1 18,00
2 9,00
3 18,00
Der Gott mit der Maske 25,00

DER GUTE COWBOY-ROMAN
siehe DER COWBOY SONDERNUMMER

DER GUTE KRIMINAL ROMAN
ca. 1953, Mittelformat
Rolf Mauerhardt, Wien
S 3,50
A: Henry Coller
1-2 7,00

DER HABICHT
ca. 1953, Mittelformat
Rolf Mauerhardt, Wien
S 4,--
A: Rolf Murat
1 7,00

HANDS UP!
Sensationelle Abenteuer- und Kriminalfälle
ca. 1948
Mittelformat
Band 1 und 2 = „Nebelschnitter"-Verlag, Graz-Webling. Band 3 = Bannert & Schelch, Graz-Straßgang
S 1,30
A: Renner-Flaget (1), Lewis Strekay (2), Heinz Lotter (3)
1-3 15,00

HANS STARK
Der Weltfahrer
ca. 1950
kleineres Mittelformat
Newag-Druckerei, St. Pölten
ohne Preisangabe
A: Walter Stromberg
1 60,00
2 150,00

HARALD HAGGAN'S ABENTEUER
1947
Mittelformat
Rolf Mauerhardt, Wien
S 1,80 / Provinz S 2,--
A: Rolf Hardt
1 90,00
Hinweis: Aufgrund der Titelbildgröße besteht die Annahme, daß die Serie ursprünglich als Kleinformat geplant war. Die Romantitel der Vorankündigung auf der Rückseite von Band 1 sind teilweise Titel der Serie TIM BERRY.

HARRY FRANK'S ABENTEUER
1. Auflage: Druckgenehmigung vom 31. Mai 1946,
2. Auflage: Druckgenehmigung vom 5. Juni 1946
Mittelformat
M. Ludwig, Innsbruck, ohne Preisangabe
A: Alexander Keller
1 Der gestohlene Geist (Nummerierung nur auf 2. Auflage) 75,00
Hinweis:
Zur 1. Auflage – Die Titelbildbezeichnung mit Beschrif-

tung ist rot-schwarz, auf gelb-rötlichem Kartonpapier gedruckt. Zur 2. Auflage – Die Titelbildbezeichnung mit Beschriftung ist rot, auf gelblich-weißem Kartonpapier gedruckt.

HARRY HARRAS
ca. 1948
Kleinformat
Melange-Vertrieb, Wien
S 1,-- bis 1,20 / Provinz S 1,10 bis 1,30
A: ohne Angabe
1 50,00
2-16 35,00
Es gibt auch Nachdrucke!
Hinweis: Die Hefte sind auch als Lizenzdruck in Deutschland erschienen.
Verlag „Die Post“, Regensburg, im Jahr 1949.

HARRY WEST
ca. 1948
Kleinformat
Edition Scala, Hoffmann & Co., Wien
S 1,50 oder DM -,40
A: Rene Enders
1 70,00
2-4 55,00
Nachdrucke 5,00

HAWAI-ABENTEUER-MAGAZIN
Band 1/1947, Band 2/1948
Mittelformat
Josef Schweidlenka, Wien
S 1,70 / Provinz S 1,80
A: Robert M. Sugg, Roland Lebl, Franz Axmann u.a.
1 Hawai-Abenteuer-Magazin (Abenteuer-Kriminalistik-Sensationen, diverse Erzählungen) 75,00
2 wie Band 1- kein eigener Hefttitel 160,00

HAWAI-KRIMINALROMAN
ca. 1948
Mittelformat
Band 5 = Interlit-Verlag, Wien. Ohne Nummer = Josef Schweidlenka, Wien
S 1,20
A: Toni Hilar
1-4 nicht bekannt
5 10,00
Gangster 10,00
Hinweis:
Der Roman „Gangster“ ist auch als deutsche Ausgabe erschienen, und zwar unter dem Serientitel INTERLITKRIMINALREIHE, als Band 7 (Interlit-Verlag, Hirschegg-Lindau). Deutsche Hefte mit den Nummern 1-6 sind nicht bekannt.

HAWAI-ROMAN siehe EINAUG DER PIRAT

HEIMATROMAN (Kaufhausverkauf)
1960/61, Mittelformat
HIRO, Wien
41-86 3,00
Hinweis: Neuauflagen von INGE-ROMAN, ROMAN DER WOCHE u.a.

DER HEITERE ROMAN
F. Enslein, Wien
1949
Mittelformat
1,20 S
A: ?
1 10,00

DER HENKER VON MARSEILLE
ca. 1947
kleineres Mittelformat
72 Seiten
Holm-Eigenverlag, Wien
ohne Preisangabe
A: C. Holm
Serientitel = Romantitel
Der Henker von Marseille 20,00
Hinweis:
Erschienen ist auch der angekündigte Kriminalroman DIE MÖRDER VON HOOLGARD von Conny Holm. Allerdings in Taschenbuchausführung mit 128 Seiten, Eigenverlag Konrad Kosjek-Holm, Wien.

Der HEXER
DER MEISTER DER MASKE
Erscheint alle 14 Tage
Kriminalromane von Lionel North
1
S 1'50
DM -30
Die RATTEN von LONDON

Der HEXER
DER MEISTER DER MASKE
Erscheint alle 14 Tage
Kriminalromane von Lionel North
2
S 1'50
DM -30
IN DEN KLAUEN TSING FU'S

Der HEXER
DER MEISTER DER MASKE
Erscheint alle 14 Tage
Kriminalromane von Lionel North
3
S 1'50
DM -30
DAS PHANTOM von BLUE CASTLE

Der HEXER
DER MEISTER DER MASKE
Erscheint alle 14 Tage
Kriminalromane von Lionel North
4
S 1'50
DM -30
DER FLUCH DER MUMIE

Der HEXER
DER MEISTER DER MASKE
Abenteuer aus allen Erdteilen
Eine „MC"-Produktion in deutscher Sprache
5
S 1'50
DM-30
DER GLÄSERNE TOD

DER HEXER
DER MEISTER DER MASKE
Abenteuer aus allen Erdteilen
Eine „MC"-Produktion in deutscher Sprache
6
DM –.35
sfr –.45
S 2.—
FEME DER UNTERWELT

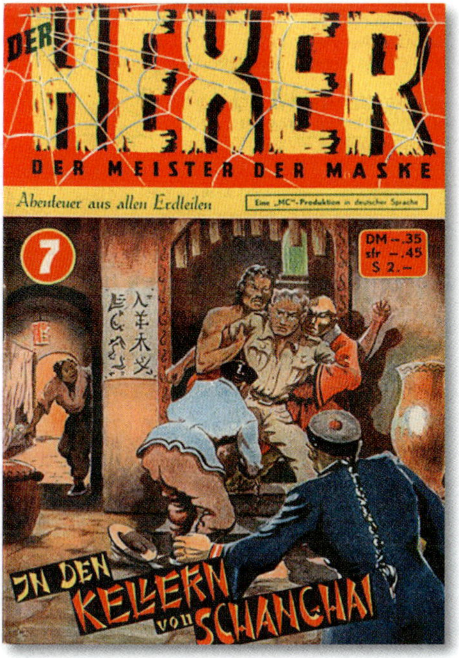
DER HEXER
DER MEISTER DER MASKE
Abenteuer aus allen Erdteilen
Eine „MC"-Produktion in deutscher Sprache
7
DM –.35
sfr –.45
S 2.—
JN DEN KELLERN von SCHANGHAI

DER HEXER
DER MEISTER DER MASKE
Abenteuer aus allen Erdteilen
DM –.35, sfr –.45, S 2.–
8
Signale in der Nacht

HENRY GORDON
„In Indien“, ab Band 13 „In Afrika“
1947-1948
Kleinformat
Edition Scala, Hoffmann & Co., Wien
S 1,50 / DM -,50 und -,40 (fallw.)
A: Thomas Rommy
1 28,00
2-12 22,00
13-15 35,00
16 40,00
Es gibt auch Nachdrucke!

DER HEXER
Der Meister der Maske
1951
Mittelformat
Margot Cermak, Wien
S 1,50 bis 2,20 / DM -,30 bis -,40 / teilw. sfr -,45
A: Lionel North (Band 1-6) u.a.
1 100,00
2-4 65,00
5 160,00
6 70,00
7 65,00
8 35,00
9 70,00
10 110,00
Nachdrucke 5,00

HILL BILLY
ca. 1962
Mittelformat
Rolf Mauerhardt, Wien
S 4,- / DM -,60 und -,70 / sfr -,70 / L 120,-
A: Heinz Squarra, Rod Cameron, Tex Colt u.a.
1 Die Totenstadt /? 10,00
2 Nimm den Colt und wehr dich! /? 8,00
3 Altes Eisen /? 8,00
4 Blutrache /? 8,00
5 Schüsse im Tonto Basin /? 8,00
6 Apache Kid 8,00
7 Der Kopfgeldjäger reitet ... /? 8,00
8 Terror in Texas 8,00
9 Bleigewitter /? 8,00
10 Trail-Mann-hoo 8,00
11 Ein Mann und sein Colt /? 8,00
12 Gold in Santa Cora /? 8,00
13 Dusty-Canyon /? 8,00
14 Der Panther /? 8,00
15 In den Klauen des Teufels /? 8,00
16 Ku Klux Klan /? 8,00
17 Der silberne Colt /? 8,00
18 Wanagi-Yata /? 8,00
19 Heißer Atem 8,00
20 Raubrancher 8,00
21 Der Schrei des Verdammten 8,00
Hinweis: Die gleichen Titel sind in der Serie ROCKY TOCKY (64 Seiten), ab Band 43, erschienen.

HORSE-STORY
ca. 1953, Mittelformat
Rolf Mauerhardt, Wien
S 4,--
A: Rolf Murat
1 7,00

HOWART siehe BRENT HOWART

HV KRIMINAL-ROMAN (Kaufhausverkauf)
ca. 1955/56
Mittelformat
HIRO-Verlag, Wien
ohne Preisangabe
A: Jules Charpentier, Fred Martens, Roland Berry, Nino Pitorelli
1-17 4,00
Hinweis: Die Texte sind Neuauflagen von WILTON-Krimis (Bereich Nr. 97-113).

IDAHO siehe EL CAPITAN

IDEAL-ROMAN
1947,
Kleinformat
Herausgeber: Anton Gerstberger, Wien
S 1,20
A: O.K. Gerst
1 10,00

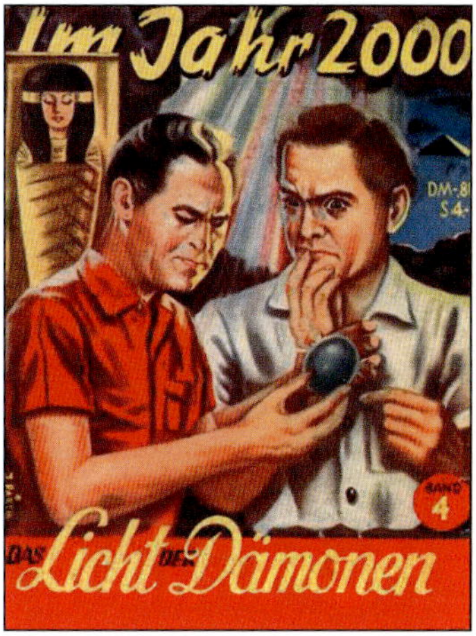

DIE ILLUSTRIERTE ROMANWOCHE
(Regulärverkauf)
ab 1948-?
Großformat (Romanzeitung), später Mittelformat
HIRO, Wien (Otto Hirsch)
S 1,30-?, 3,- u.a. Währungen
A: Viki Brausewetter, Nina Ferro, Josef Engelsberger, Gisi Gruber, Margarethe Tehel u.a.
1-? 3,00
Hinweis: Eine Titelliste ist lückenhaft bis Band 200 vorhanden.

ILLUSTRIERTES ROMAN MAGAZIN
ca. 1946-1947
Großformat
Ring-Verlag, Wien, bzw. Wien-Salzburg
S 1,50 bis 2,50 / Provinz S 1,70 bis 2,70
A: Agatha Christie, Ferry Rocker, Henrik Heller u.a.
1-3 30,00
4-12 25,00

DER ILTIS
ca. 1953
Mittelformat
Rolf Mauerhardt, Wien
S 4,--
A: Rolf Murat
1 7,00

IM JAHR 2000
1953
Mittelformat
Rolf Mauerhardt, Wien
S 4,-- / fallw. mit DM -,60 oder -,80
A: Carlos da Silva (1 und 2), Claudius Claesen (3), Charles Gerlier (4), John Wymore (5)
1-4 70,00
5 80,00

IM LANDE DER ABENTEUER
ca. 1950
Mittelformat
Wilhelm Gritsch, Wien, S 2,50
A: Toni Hadik (1 und 2), Jack Perth (3)
1 30,00
2-3 25,00

IM REICH DER ABENTEUER
ca. 1950
Mittelformat
Bergheimat-Verlag, Graz
S 1,50
A: Senta Walden, Heinz Lother (4 und 5)
1-5 35,00

INDIA - DER GUTE WILDWESTER
ca. 1953
Mittelformat
Rolf Mauerhardt, Wien
S 4,-- / DM -,80
A: Rolf Murat
Poker auf Leben und Tod 7,00

INDIANA
1953
Mittelformat
Rolf Mauerhardt, Wien
S 4,-- / DM -,80
A: Rolf Murat
1 7,00

INDIANER UND TRAPPER
ca. 1950
Kleinformat
Gerlach & Wiedling, Wien
S 1,50
A: Friedrich Gerstäcker
1 25,00
2 30,00

DER INDISCHE ROMAN
siehe NEUES DE CAMERONE

INGE-ROMAN
(Kaufhaus- und Regulärverkauf)
ca. 1957-?
Mittelformat
HIRO, Wien

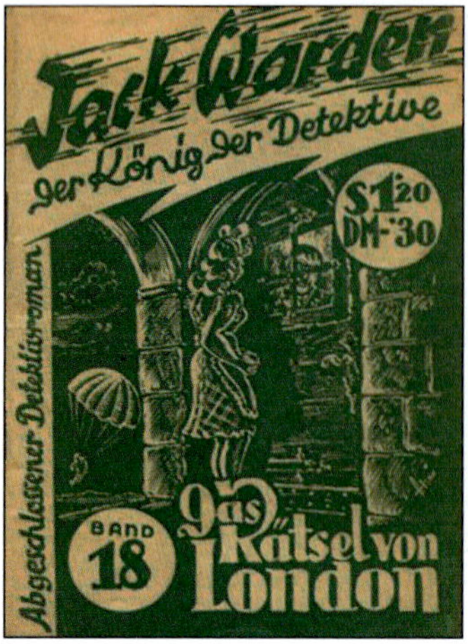

zum Teil ohne Preisangabe, höhere Nummern mit S 4,-- bis 7,-- und div.
A: Bettina Carlsen, Nina Ferro, Clarissa Holl, Julia Clausen, Renate Brunner u.a.
ohne Nr. 3,00
mit Nr. 2,00
Hinweis: Keine vollständige Titelliste vorhanden. Angaben lt. 2 Heftvorlagen (Band 238 und 384) und einer unnummerierten Ausgabe (WILTON-Neuauflage).

INSPEKTOR HIGGINS VON SCOTLAND YARD BERICHTET:
bzw. CHIEF-INSPECTOR HIGGINS VON SCOTLAND YARD
1953
Mittelformat
Drei Stern Edition, Wien
S 3,50
A: James Dodson
1-3 15,00

INTERPOL
Kriminalserie
1955
Mittelformat
Rudolf Kunz, Wien
S 2,80
A: Hans Scheibenbogen, L. L. Aichhorn u.a., z.T. ohne Angabe
1 5,00
2-8 4,00

ISABELLA-KRIMINALROMAN
Sammelband: ISABELLA KRIMINALROMANE
1949-1951
Mittelformat
Lisa K. Wrba, Wien
Band 1 = S 1,80, ab Band 2 = S 1,40 bis 1,50 / bzw. mit DM -,30 oder -,50, Sammelband = S 3,-- / DM 1,--
A: Robert F. Parker, H. Reiner, Leonardo Piccozza, Otto Rupp u.a.
1 5,00
2-31 4,00

ISABELLA-KRIMINALROMANE:
1 (kein eigener Titel) 10,00

JACK GARDEN
Der König der Detektive
Band 4-18: JACK WARDEN
1948-1949
Kleinformat
Langisch & Co. (Hruska), Wien
S 1,-- bis 1,20 / DM -,30 (nur bei Band 18)
A : Fred Douglas (d.i. Emmerich Kremla)
JACK GARDEN:
1-3 30,00
JACK WARDEN:
4-5 30,00
6-7 40,00
8-12 30,00
13 40,00
14-18 30,00

JACK HOLM
Der Weltdetektiv
1947
Kleinformat und Großformat (Zeitungsroman)
Heimatverlag Franz Enslein, Gmünd-Wien
S 1,80 bzw. S 1,--
A: Ralf Harder
Kleinformat:
1 20,00
Zeitungsroman:
1-3 110,00

JACK KID
Der Meisterdetektiv
1949
Mittelformat
L. Koisser, Wien
S 1,50
A: Peter Pest
1-3 40,00

JACK MORTIMER
ca. 1955
Mittelformat

Walter Peter Wrba, Wien
S 4,-- / DM 1,-- / sfr 1,--
A: Fred Hay
Das eiserne Gesetz 7,00

JACK STUART
Der gute Kriminalroman für Sie
ca. 1956
Mittelformat
Pauline Helm, Wien
S 2,80
A: ohne Angabe
1.......... 10,00
2-10 5,00

JACK WARDEN siehe JACK GARDEN

DER JAGUAR
ca. 1953
Mittelformat
Rolf Mauerhardt, Wien
S 3,50
A: Rolf Murat
1.......... 7,00

JAMES PRYOR
ca. 1955
Mittelformat
Walter Peter Wrba, Wien
S 4,-- / DM 1,-- / sfr 1,--
A: Ray Milland
Der Schweiger 7,00
Hinweis:
Die angekündigte Fortsetzung „Der letzte Cowboy ..." erschien unter dem Serientitel ALF BROWN.

JAP BROOKS
ca. 1955
Mittelformat
Walter Peter Wrba, Wien
S 4,-- / DM 1,-- / sfr 1,--
A: Joe Youngblood
Der Gentleman von Clarkville 5,00

JERRY CLIFFORD
König der Lüfte
1954
Mittelformat (Zeitungsromanart)
Willi Fitz, Wien
S 1,20
A: Rolf Shark
1-2 600,00
Es gibt auch Nachdrucke!

JESSE GRAHAM
ca. 1955
Mittelformat
Walter Peter Wrba, Wien
S 4,50 / DM 1,-- / sfr 1,--
A: Conny Dux
Die letzten Drei 10,00
Hinweis:
Die angekündigte Fortsetzung „Die tödliche Vision" erschien unter dem Serientitel MURPHY FLOWER.

JIBARO
1951-1952, Mittelformat
J. Schwicker o.H.G., Linz
S 3,--
A: J. Mallorqui
1.......... 30,00
2-5 25,00

JIM DAVIS
ca. 1955, Mittelformat
Walter Peter Wrba, Wien
S 4,-- / DM 1,-- / sfr 1,--
A: ohne Angabe / Übersetzer: O. Melzer
1.......... 5,00

JIM TREMAINE
ca. 1955
Mittelformat
Walter Peter Wrba, Wien
S 4,-- / DM 1,-- / sfr 1,--
A: Ben Richards
Das stählerne Band 5,00

JOE BURKERS DAS EINAUG
ca. 1950
Mittelformat
Unser Pfad Verlag, Salzburg
ohne Preisangabe
A: Karl May
Serientitel = Romantitel
Joe Burkers das Einaug Innen-Kapitel: „Tötendes Feuer" 60,00
Hinweis:
Das Heft war eine Ausgabe für Bezieher der Jugendzeitschrift „Unser Pfad" im Rahmen des Jahresabonnements. Eine Fortsetzung ist angekündigt - Erscheinen fraglich.

JOE DENVER
ca. 1955
Mittelformat
AHV-Zeitschriften Pauline Alsdorf-Helm, Wien
S 4,--
A: Dan Lister
1.......... 5,00

JOE LADD
ca. 1955
Mittelformat
Karl Hromadko, Wien
S 4,-- / DM 1,-- / sfr 1,--
A: Howard Kean
Kampf ohne Gnade 7,00

JOE MASON siehe JOHN FOSTER

JÖRN FARROW'S U-BOOT-ABENTEUER
(1. und 2. Auflage - mit Aufdruck gekennzeichnet)
Lizenzausgabe für Österreich
1951-1953
Kleinformat
Wilhelm Swoboda, Wien
S 2,50
A: Hans Warren
1 20,00
2-30 10,00
31-34 20,00
35 10,00
36 35,00
37-39 10,00
40 20,00
41-46 10,00
47-48 35,00

Hinweis: Augenfällige Kennzeichen der österreichischen Ausgabe sind der Preisaufdruck auf der Titelbildseite „S 2,50", sowie das Wort „Band" vor der Nummerierung. Von Nummer 29-48 erschienen die Hefte als „Zwitter" - d.h. der Umschlag wurde in Österreich gedruckt, die Textseiten in Deutschland. Ab Nummer 49 wurde die Serie mit der deutschen Ausgabe fortgesetzt, bis Nummer 241 (ab 167 Mittelformat), Verlag: Neues Verlagshaus für Volksliteratur GmbH, Bad Pyrmont. Die Texte sind ein mehr oder weniger überarbeiteter Nachdruck der von 1932-1939 erschienenen Vorkriegsserie. Bei den höheren Nummern der mittelformatigen Nachdrucke handelt es sich um neu verfasste Erzählungen, gänzlich abweichend von dem seinerzeit beliebten „Farrow-Stil". Für die Nachkriegsausgabe wurden teilweise die Bilder der Vorkriegsserie nachgezeichnet, aber auch neue Motive verwendet.

JOHN FOSTER
Nachfolgeserien: JOHN ROBERTS, JOHN JOHNSON, JOHN ROGERS, JOHN GILBERT, JOHN FRANCIS, JOHN MERTENS, MERTENS, FOSTER, JOE MASON, JOHN PARKER, JOHN FOSTER
1951-ca.1954, Mittelformat
Walter Peter Wrba, Wien
S 3,50 bis 4,50 / DM 1,-- / sfr 1,-- (-,80)
A: John Foster, John Roberts, z.T. ohne Angabe, aber mit Übersetzer: O. Melzer, Peter Holt, Fred Kreiser
JOHN FOSTER:
1-5 5,00
6-12 7,00
JOHN ROBERTS:
1 7,00
JOHN JOHNSON:
1 7,00
JOHN ROGERS:
1 7,00
JOHN GILBERT:
Post für Sheriff Fleet 7,00
JOHN FRANCIS:
1 7,00
JOHN MERTENS:
„Es geht um's Ganze" 7,00
MERTENS:
1 5,00
FOSTER:
Percy raubt Arkansas 7,00
JOE MASON:
Sunny räumt auf 5,00
JOHN PARKER:
1 5,00
JOHN FOSTER (div. Einzelhefte):
Mörder für andere 5,00
1 10,00
Männer ohne Furcht 10,00
Der Wolf von Kansas 10,00
Kampf um's Tal 10,00
Sunny räumt auf 10,00
Percy raubt Arkansas 10,00

Hinweis:
Die Reihung wurde aufgrund von Titelverzeichnissen

und Vorankündigungen in den Heften vorgenommen. Es kann jedoch sein, dass die Zuordnung nicht ganz korrekt ist, da es gegenüber den Voranzeigen teilweise Änderungen gab und manche Erzählungen auch in anderen Serien angekündigt und erschienen sind. JOHN FOSTER 1-5, JOHN ROBERTS, JOHN JOHNSON und JOHN ROGERS erschienen auch unter den Titeln: BLITZ SONDERNUMMER und JOHN FOSTER 8 als GIL DOS PASSOS / CIL D. HARRY.

JOHN FRANCIS
JOHN GILBERT siehe JOHN FOSTER

JOHN HILL
Der Meisterdetektiv
1948 Kleinformat
Golf-Verlag, Innsbruck
98 Groschen
A: Pitt Moro
1-2 50,00

JOHN JOHNSON siehe JOHN FOSTER

JOHN KILL
Der Sklavenjäger
ca. 1948
Kleinformat
Melange-Vertrieb, Wien
S 1,-- bis 1,20 / Provinz S 1,10 bis 1,30
A: ohne Angabe
1.. 200,00
2-3 150,00
4-7 100,00
es gibt auch Nachdrucke

JOHN MERTENS
JOHN PARKER
JOHN ROBERTS
JOHN ROGERS siehe JOHN FOSTER

JOHN SELWOOD
ca. 1955
Mittelformat
Walter Peter Wrba, Wien
S 4,-- / DM 1,-- / sfr 1,--
A: John Selwood
Erbe des Hasses (Heritage of the hate)................ 7,00

JUGENDREIHE
1947
Mittelformat
ER-Verlag, Wien
ohne Preisangabe
A: Franz Haver
1... 10,00

KÄMPFE IM DUNKELN
siehe EULEN KRIMINAL ROMAN

KAI MOORE
ca. 1955
Mittelformat
AHV-Zeitschriften Pauline Alsdorf-Helm, Wien
4,--
A: Randolf Murphy
1... 7,00

KANADA
ca. 1952
Mittelformat
Ernst Pelda, Wien
S 3,50
A: Mac Cariel (1), J. Leon (2 und 3),
A. Mackenzie (4)
1-4 20,00

KANSAS BERICHTE
KANSAS ERZÄHLUNGEN
KANSAS GESCHICHTEN siehe KANSAS KIDD

KANSAS KIDD
Wild-West Romane (fallw.)
Nachfolgeserien: KIDD, KANSAS ERZÄHLUNGEN, KANSAS COLLECTION, KANSAS REPORTAGEN, KANSAS GESCHICHTEN, KANSAS STORY, KANSAS BERICHTE, 1949-1953
Mittelformat
Rolf Mauerhardt, Wien

S 1,50 bis 2,50 / DM -,40 (fallw.)
A: Rolf Murat
KANSAS KIDD Wild-West Romane:
1 30,00
2-25 20,00
26 25,00
KIDD Wild-West Romane:
Auf der Spur des letzten Mohikaners 20,00
2-7 20,00
KANSAS ERZÄHLUNGEN:
1 35,00
2 25,00
KANSAS COLLECTION:
1 25,00
KANSAS REPORTAGEN:
1 25,00
KANSAS GESCHICHTEN:
1 25,00
KANSAS BERICHTE:
1 25,00
KANSAS STORY:
1 25,00
MÄNNER DER GRENZE:
1 Westmänner (Sammelband mit je 2 verschiedenen Heften KANSAS KIDD) 40,00

KANSAS REPORTAGEN siehe KANSAS KIDD

DER KAPITÄN siehe EL CAPITAN

KAPITÄN GRANT'S WELTABENTEUER
See- und Abenteuer-Romane
1951
Mittelformat
Margot Cermak, Wien
S 2,-- bis 2,20 / DM -,30 bis -,40 / sfr -,45
A: Hein Patrik
1 50,00
2-7 35,00
Es gibt auch Nachdrucke

DER KAPUZENMANN
Die Rote Schlange (bei Band 1-44)
Nachfolgeserien: PINGUIN, CONDOR, COLIBRI
1950-1953
Mittelformat
E. Schwicker, bzw. auch J. Schwicker o.H.G., Linz.
Nachfolgeserien = Ernst Pelda, Wien
S 2,50 bis 4,--
A: G.L. Hipkiss
DER KAPUZENMANN:
1 25,00
2 20,00
3 25,00
4 20,00
5-6 30,00
7-8 20,00
9 25,00
10-13 15,00
14-15 25,00
16-23 15,00
24 25,00
25-27 15,00
28(Sondernummer) 30,00
29 15,00
30 25,00
31-35 15,00
36 25,00
37 15,00
38-44 20,00
45 25,00
PINGUIN:
4 40,00
CONDOR:
2 40,00
4 50,00
6, 8 45,00
10 100,00
12 80,00
COLIBRI:
2 80,00
Hinweis: Die Titel der Nachfolgeserie wurden auch für eine eigene Heftreihe (PINGUIN Band 1 und 2) und als Nachfolgeserien der Reihe EL COYOTE (nur die ungeraden Bandnummern) verwendet. Es gab auch eine deutsche Ausgabe unter dem einheitlichen Serientitel ROTE SCHLANGE (Nummer 1-47), Verlag Friedrich Petersen, Hamburg. Es gibt auch Nachdrucke

KARINA-ROMAN (Kaufhausverkauf)
1965-1968
Mittelformat
HIRO / TYPOPRESS, Wien
1-72 3,00
Hinweis: Neuauflagen von INGE-ROMAN, ROMAN DER WOCHE u.a.

KENTUCKY STORIES
siehe WESTERN STORIES

KETTEN KRIMINALROMAN
ca. 1949
Mittelformat
Maria Steffek, Wien
S 1,50 /
teilw. mit DM -,30
A: Georg Bertini, Gerold Traxler u.a.
1-7 5,00

KIBI WILLIAMS
ca. 1951
Mittelformat
Lisa Karin Wrba, Wien, ab Bd. 3 = Isabella-Verlag, Wien
S 3,-- bis 3,50 / DM -,80 bis 1,-- / ab Bd. 6 mit sfr 1,--
A: Kibi Williams
1-7 6,00
Hinweis: Bei Heft 6 und 7 ist die Band-Nummer seitlich aufgedruckt.

KIT CARSON
Wilfersdorf: Hobby-Druck K. Ganzbiller
1991
o.P., 64 Seiten, 12 x 17 cm
A: Leslie West
11.. 10,00
2-5 6,00
6-17... 3,00
Hinweis: Handlungsvorläufer zu RIO CONCHO.

KID WILLIAMS siehe BRENT HOWART

KIDD siehe KANSAS KIDD

KIDD RUSTON
ca. 1955
Mittelformat
Walter Peter Wrba, Wien
S 4,-- / DM 1,-- / sfr 1,--
A: Ray Milland
Kidd Ruston kämpft sich durch........................... 6,00

DER KI-ROMAN
ca. 1948, Mittelformat
K.I.-Selbstverlag, R. Ritter, Klagenfurt
S 1,20
A: Rhedo
Der letzte Fall... 15,00

KLEINE ABENTEUER-SERIE
1947
Kleinformat
Eigenverlag Alexander Tuma, Wien
Band 1 = Wien S 1,-- / Provinz S 1,20,
Band 2 = Wien S 1,70 / Provinz S 2,--
A: Alexander Tuma
1.. 15,00
2.. 20,00

DAS KLEINE COWBOY-HEFT
siehe DER COWBOY

KLEINE PIKANTERIEN
Illustrierter Roman
ca. 1950
Mittelformat
Hans Kreuzberger (1), Willi Wottle (2 und 3), Gertrud Tellmann-Jedanski (4 und 5), Karl Rudolf Mayer (6), alle Wien
S 2,--
A: Karin Jedamski, G. Adamoff, Jean Pierre u.a.
1.. 30,00
2.. 25,00
3.. 20,00
4 (Sonderheft)... 20,00
5-6 20,00

Hinweis:
Hefte mit Schleife werden um 50% höher bewertet.

DER KLEINE WILDWESTER
ca. 1952
Mittelformat
Nelken Verlag, Graz
S 2,50
A: Al Parry
1 25,00
2 15,00
3-5 10,00

DER KLEINE ZEITROMAN
1948
Kleinformat quer
Franz Frank, Graz
Band 1 = ohne Preisangabe, Band 2 = S 1,80
A: Rudwardt Fischer
Der Juwelen-Jonny 50,00
Die grüne Spinne 60,00

KLEINES ROMAN MAGAZIN
1947-1948
Mittelformat
Ring-Verlag, Wien
S 1,50 / Provinz S 1,70
A: Achmed Abdullah u.a.
1 6,00
2 10,00
3-5 6,00
Hinweis: Die oben angegebenen Ausgaben sind Hefte des 3. und 4. Jahrganges. Ausgaben des 1. und 2. Jahrganges sind nicht bekannt.

DER KLUB DER ABENTEURER
1949-1951
Mittelformat
Metropol, Wien
Band 1-9 = S 1,30, Band 10-19 = S 1,50
A: Hel Reiner (1-5), Leonardo Piccozza (6-19)
1-2 32,00
3-4 15,00
5 45,00
6-8 15,00
9 60,00
10-16 15,00
17-18 32,00
19 15,00

KOMMISSAR WILTONS KRIMINALBERICHTE
(Kaufhausverkauf)
Krimi der Woche Auswahlband
ca. 1967
Mittelformat
HIRO PRODUCTION INTERNATIONAL, Wien
S 4,50 und div. ausländische Währungen
A: WILTON-Autoren
Keine vollständige Titelliste vorhanden. Angaben lt. 2 Heftvorlagen (Nr. 112 und 118)
Neuauflage von WILTON-Krimis je 3,00

KOMTESS SISSY
ca. 1956
Mittelformat
Rolf Mauerhardt, Wien
S 3,50 / DM -,40
A: Christine Günther (1,2,4), Viki Brandstetter (3,5)
1-5 7,00

DIE KRÄHE
ca. 1953
Mittelformat
Rolf Mauerhardt, Wien
S 3,50 / DM -,40
A: Rolf Murat
1 7,00

KRIEGSRECHT ÜBER KIRGTON
kein Serientitel, siehe Serie DIE ROTEN REITER

KRIMINALAKT AUSTRIA
ca. 1953
Mittelformat
Rupert Rindler, Zell am See
S 1,50
A: ohne Angabe
Serientitel = Romantitel
Kriminalakt Austria (div. Kurzberichte) 20,00

KRIMINAL BLITZ STORY
siehe KRIMINAL ROMAN,Vlg. Walter Peter Wrba

KRIMINAL-FUNK
1949-1951
Mittelformat
Pauline Helm, Wien
S 1,50 bis 2,-- / ab Band 20 mit DM -,40
A: Rene Gilbert (Band 1), sonst
Pierre Laroche
1 18,00
2 6,00
3 18,00
4-5 6,00
6 9,00
7-10 6,00
11-21 4,00

KRIMINAL KURIER
Der spannende Kriminalroman
ca. 1950-1956

Mittelformat
Dr. M. Büsch, Graz
S 1,60 bis 2,50
A: H. Spira, Axel Walass, z.T. ohne Angabe
1-2?
3 6,00
4-5 8,00
6 6,00
7 (Sonderheft) 6,00
Hinweis: Zum Teil Neuauflagen von KRIMINALROMANMAGAZIN.

KRIMINAL-ROMAN
siehe auch ABENTEUER ROMAN

KRIMINAL-ROMAN
1948-1952, Mittelformat
Franz Enslein KG, Wien,
später Gustav Swoboda & Brud.
S 1,-- bis 2,--
A: H.C. Wallers, John Kane, Frank Robbers u.a.
1 9,00
2-18 5,00

KRIMINAL-ROMAN
(PIE GRIECHE-Ausgaben mit gleichem Umschlagtitel und Bild unter Nummer 3)
ca. 1950 Mittelformat
Interlitverlag, Wien,
bzw. ohne Verlagsangabe
S 1,30 / DM -,25
A: Pierre des Carnot
3 Die Gefangene des Vampirs (Inhalt: PIE GRIECHE Nr. 2, ohne separaten Titel und Verlagsangabe) 200,00
3 Die Gefangene des Vampirs (Inhalt: PIE GRIECHE Nr. 2 „In den Klauen des Vampirs", Titel und Verlag sind innen angegeben) 200,00
4 Der geheimnisvolle Unbekannte 200,00
Hinweis: Vermutlich handelt es sich hier um eine Verbotsumgehung, bzw. Weiterverwendung von Lagerbeständen der PIE GRIECHE-Hefte. Das Erscheinen von Band (2) und 3 mit gleichem Umschlag ist belegbar, für Band 1 fehlt noch der Nachweis.

KRIMINAL ROMAN
Nachfolgeserien: KRIMINAL ROMAN BERICHTE, KRIMINAL ROMAN STORY, KRIMINAL BLITZ STORY
1952-1953 Mittelformat
Walter Peter Wrba, Wien
S 3,50 bis 4,-- / DM -,80 bis 1,-- / sfr -,80 bis 1,--
A: John Foster (1 und 2), Brent Howart
KRIMINAL ROMAN:
1 10,00
2 15,00
KRIMINAL ROMAN BERICHTE:
Der Tiger von Long Island 10,00
KRIMINAL ROMAN STORY:
Die Stimme aus dem Jenseits 10,00
KRIMINAL BLITZ STORY:
Die Stimme aus dem Jenseits (Neuauflage der KRIMINAL ROMAN STORY) 10,00

KRIMINAL-ROMAN
1956-1958 Mittelformat
Rolf Mauerhardt, Wien
Band 1-9 = S 3,50/teilw. mit DM -,40,
Band 10 = S 2,80,
Band 11-50 = S 2,50/
ab Band 38 mit DM -,40
A: Rolf Murat, John Foster, Willy Reese, Toni Hadik u.a.
1 15,00
2-22 6,00
23 60,00
24-27 6,00
28 18,00
29-35 6,00
36-50 4,00
Hinweis: Sammler Erwin Blauensteiner aus Linz besitzt ein Heft Nr. 23 mit der Stempelung (auf der Rückseite, 7 x 2,5 cm): VERKAUF IN ÖSTERREICH VERBOTEN. Vielleicht ist dieses Verbot die Erklärung, warum diese Nummer als relativ selten gilt. Es gibt aber auch Hefte der Nr. 23 ohne Verbotsstempelung. Die Romane ab Band 35 sind zum Teil textgleiche Nachdrucke der Serie LORD GRESSY, mit Änderung der Titelfigur in Privatdetektiv Tom Harper.

KRIMINAL ROMAN BERICHTE
siehe .... KRIMINAL ROMAN, Verlag Walter P. Wrba

DER KRIMINALROMAN
1947
Mittelformat
Kristall-Verlag, Graz
S 2,-- (90 Groschen-Aufkleber auf Band 2)
A: R.M. Clark (1), Heinrich Spira (2)
1-2 20,00

DER KRIMINALROMAN DER WOCHE
Kommissar Wiltons Kriminalsensationen, später: ...Kriminalberichte
Standard: 1949 bis heute
Mittelformat, Nr. 1-67 übergroßes Mittelformat
48-68 Seiten
Sonderhefte: 1955 bis heute
(1984-86 Unterbrechung / Taschenbuch-Produktion)
Mittelformat 32 Seiten
HIRO-Verlag, dann HIRO PRODUCTION INTERNATIONAL und HIRO-TYPOPRESS
S 1,50 bis 18,--. Sonderhefte S 5,-- bis 24,--.
A: Hauptautoren: Jules CHARPENTIER, Fred MARTENS, Roland BERRY
Diverse Gastautoren
1 30,00
2-67 18,00
68-120 7,00
121-200 3,50
201-218 3,00
219-529 (alle ungeraden Nummern sind 2. Auflagen von 1-174) 2,00
220-528 (alle geraden Nummern) 3,00
530-964 3,00
965-999 (sind 3. Auflagen) 1,50
1000-1082 (alle geraden Nummer) 2,00
1001-1081 (alle ungeraden Nummern sind 2. und 3. Auflagen) 1,50
1083 - mindestens 1663 1,50
Hinweis: Bei den Nummern von 1083 bis heute handelt es sich um Wiederholungsdrucke, und zwar sind dies Zweit-, Dritt- und Viertauflagen. Weiters erschienen auch Neuauflagen mit der alten Nummerierung und außerdem gab und gibt es Sammelbände mit zwei oder drei Erzählungen.
SONDERHEFTE:
1 15,00
2-50 7,00
51-132 3,50
133- mindestens 382 1,50
Hinweis: Bei den Nummern 133 bis heute handelt es sich um Wieder-holungsdrucke, es sind dies Zweit- und Drittauflagen.
Es gibt auch Sammelbände mit zwei Erzählungen.

ALLAN WILTON – TASCHENBÜCHER
Von 1984-86 45 Taschenbücher herausgebracht. Es sind dies Nachdrucke der ersten Sonderhefte.
Inzwischen gibt es auch Taschenbuch-Neuauflage, zum Teil nummeriert

ALLAN WILTON – BÜCHER
ca. 280 Seiten A: Jules Charpentier
1-19
Es gibt bereits mehrere Auflagen.
18 Texte sind Erstdrucke.

Hinweis: Die Daten dienen zur Information und zur bibliographischer Vollständigkeit der WILTON-Ausgaben. Die Bücher und die Taschenbücher wurden noch nicht bewertet.

KRIMINAL-ROMANE DES MONATS
1960
Mittelformat
AHV-Zeitschriften Pauline Alsdorf-Helm, Wien
S 4,--
A: Pierre Vernot, Winston Cook, John Blake, Georg Shearp
1 6,00
2-10 5,00

KRIMINALROMAN-MAGAZIN
inkl. Sonderheft
1949-1950
Mittelformat
Zeitschriftenverlag Dr. M. Büsch, Graz
S 1,60
A: H. Spira, H. Lother u.a.
1-5 10,00
SONDERHEFT:
Die Blutegel 10,00
Hinweis:
Einige Erzählungen sind als Neuauflagen in den Serien KRIMINAL KURIER und NEUE KRIMINALSERIE erschienen.

KRIMINAL ROMAN STORY
siehe KRIMINAL ROMAN, W. Peter Wrba Verlag

KRIMINAL SERIE
1953-1956
Mittelformat
Wilhelm Gritsch, Wien
Band 1-3 = S 2,50, Band 4 und 5 = S 2,--
A: Jack Perth, Bert Lauris u.a.
1-3 9,00
4-5 12,00
Hinweis:
Bei Band 4 und 5 kein Titelbild. Unter dem Serientitel beginnt der Textteil auf der Umschlagseite.

KRIMINAL SHAG-STORY siehe SHAG STORY

KRIMINAL-SONNEN-ROMAN
1957-1958, Mittelformat
Sonnenverlag Wien
S 3,50 / 60 DPf. / Lit. 100,--
A: Roland Paar, Sven Eric Lund, E. Ned Glattauer u.a.
1 6,00
2-7 5,00
8-13 4,00

KRIMINAL STORIES siehe SHAG STORY

KRIMINAL UND SPANNUNG
ca. 1956/57
Mittelformat
Rolf Mauerhardt, Wien
S 2,50
A: Rolf Murat (16 und 17), Walt Dany, Fred Robyn u.a.
1 12,00
2-10 6,00
11 9,00
12 3,00
13-15 6,00
16 9,00
17 20,00
Hinweis: Die Hefte 16 und 17 sind eine textgleiche Weiterverwendung der Serie LORD GRESSY Nr. 1 und 2, mit Änderung der Titelfigur in Privatdetektiv Tom Harper.

DER KRONEN ROMAN
1947
Mittelformat
Kronenverlag, Hans Fred Handl, Wien
Band 1-3 = S 3,--. Ab Band 4 = S 2,50
A: Sinclair Lewis, R.L. Stevenson (3) u.a.
1-2 6,00
3 35,00
4-5 6,00
6 10,00
7 15,00

KURZWEIL ROMAN
Kaufhausverkauf- und Regulär
ca. 1948
Mittelformat
„Verlag des guten Buches“, Graz
S 1,20
A: Abdul Hamid Salam
Liebe, Tod und Teufel 80,00

LARRY LESTER (RM)
Krimi für Kenner
1964-1965
Mittelformat
Rolf Mauerhardt, Wien
S 4,-- bis 4,50 / DM -,70 / sfr -,80 / L 140,-- bis 150,--. Sammelband = S 15,-- / DM 2,50 / sfr 2,80/ L 450,--
A: Rolf Shark
1 7,00
2-32 5,00
RM-SAMMELBÄNDE (mit Verlags-Nummer):
33 (Sammelband der Hefte 8, 9, 10) 8,00
35 (Sammelband der Hefte 13, 14, 15) 8,00
Hinweis: Die Textseiten der Sammelbände sind von 1-192 durchnummeriert.

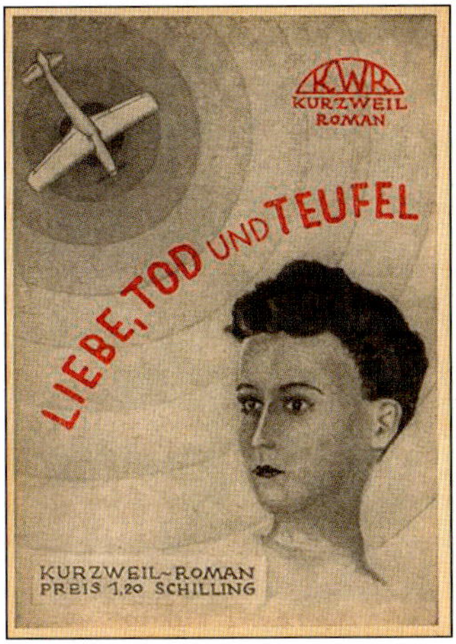

LARRY O'HARA KRIMINAL-STORY
Nachfolgeserien: ABENTEUER-ROMAN von HOWART, ABENTEUER-ROMAN (ohne Howart)
ca. 1953
Mittelformat
Walter Peter Wrba, Wien
S 4,50 / DM 1,-- / sfr 1,--
A: Brent Howart, Abenteuer-Roman ohne Angabe
LARRY O'HARA KRIMINAL-STORY:
1 Affäre in San Francisco (erschien auch unter dem Titel BLITZ SONDERNUMMER STORY, siehe dort) 6,00
ABENTEUER-ROMAN von HOWART:
1 Garrick macht Ordnung (ohne Verlagszeichen, erschien auch unter dem Titel ABENTEUER-ROMAN BLITZ SONDERNUMMER, siehe dort) 5,00
ABENTEUER-ROMAN:
1 Garrick macht Ordnung (ohne Howart, mit und ohne Verlagszeichen) 6,00
Hinweis:
Laut Serienvorankündigung ist Band 1 „Affäre in San Francisco“ tatsächlich Band 2 „Garrick macht Ordnung“ (obwohl beide mit „1“ nummeriert sind).

LASH LAROGE
ca. 1955
Mittelformat
Walter Peter Wrba, Wien
S 4,-- / DM 1,-- / sfr 1,--
A: ohne Angabe / Übersetzer: Peter Holt
Arizonajimmy (mit Verlagszeichen-Aufdruck, erschien auch als COLT STORY) 4,00
Arizonajimmy (ohne Verlagszeichen, mit leerem Feld) 4,00

LASSO STORY
1950
Mittelformat
Rudolf K. Moll-Verlag, Wien
S 2,50 / DM 1,--
A: James Devery
1 15,00

LEFTY BRAADE
ca. 1955
Mittelformat
Walter Peter Wrba, Wien
S 4,-- / DM 1,-- / sfr 1,--
A: Ray Milland
Um Sein oder Nichtsein 7,00

LEFTY DUNN
ca. 1955
Mittelformat
Willi Fitz, Wien
S 4,-- / DM 1,-- / sfr 1,-- / bfr 1,--
A: Robert Ralph Rono
Überfall am Deluga-Paß 7,00

DIE LEGION DES TEUFELS
inkl. Sonderheft
ca. 1949
Mittelformat
„Standard"-Zeitschriftenverlag, Graz
S 1,50. Ab Band 4 mit Deutschland -,30. Sonderheft = S 1,50
A: Heinrich Spira
1 20,00
2-7 15,00
SONDERHEFT (ohne Nummer):
Der Schlächter von Paris 20,00

DER LESECLUB
ca. 1950
Mittelformat
Kurt Klebert, Wien
S 1,50
A: Marie Tomas
1 10,00
2 5,00

DAS LIEBESNEST
Der exclusive Roman
1950
Mittelformat
Zeitschriftenverlag Maria J. Eder, Wien
S 2,--
A: Fritz von Fall (1), Blanche Fleur (2), Pierre Sylvain Charolles (3)
1 25,00
2-3 18,00
Hinweis: Hefte mit Schleife werden um 50% höher bewertet.

LIEBES-PERLE siehe ROMAN-PERLE

DIE LIEBESPOST
Der exclusive Roman
ca. 1950
Mittelformat
Zeitschriftenverlag Elfriede Arlt, Wien
S 2,50
A: Maurice de Corblau
1 30,00

LIEBESROMAN (Kaufhausverkauf)
1966
Mittelformat
HIRO, Wien
1-36 3,00
Hinweis: Neuauflagen von INGE-ROMAN, ROMAN DER WOCHE und ILLUSTRIERTE ROMANWOCHE.

LONE BROWN
ca. 1955
Mittelformat
Walter Peter Wrba, Wien
S 4,-- / DM 1,-- / sfr 1,--
A: Ray Milland
Gesetzlos (Lawless) 5,00

LÖWEN-BÜCHEREI
1953
Taschenbuchformat
(120 Seiten)
Rolf Mauerhardt, Wien
S 5,-- / DM 1,--
A: Guy de Maupassant / Raoul Mate (1), Wolf Erhart (2)
1 22,00
2 18,00

LÖWEN-REIHE
Spannende Romane / Wildwest-Romane
1959-1960
Mittelformat
Rolf Mauerhardt, Wien
S 4,-- / DM -,60 /
fallw. sfr -,70 / L 120,--
A: Rolf Murat, Richard Richardson u.a.
1 10,00
2-40 6,00

LORD GRESSY
Der Gentlemandieb
Sammelband: LORD GRESSY KRIMINALSTORIES
1950-1951
Mittelformat
Rolf Mauerhardt, Wien
S 1,50 bis 2,-- / fallw. DM -,30 bis -,40. Sammelbände = S 3,--
A: Rolf Murat
LORD GRESSY:
1 165,00
2 55,00
3 80,00
4 55,00
5 80,00
6-8 40,00
9-10 55,00
11-15 40,00
16 65,00
Es gibt auch Nachdrucke!
LORD GRESSY KRIMINAL-STORIES:
1 Der Gentleman-Detektiv Sammelband mit je 3 Heften (fortlaufend oder unregelmäßig gereiht) jeder Band hat das gleiche Bild, den gleichen Titel und die Nummer 1 65,00
Hinweis: Einige Texte der LORD GRESSY-Serie wurden, durch Änderung der Titelfigur in Detektiv Tom Harper, für die Serien KRIMINAL-ROMAN und KRIMINAL UND SPANNUNG (beide Verlag Rolf Mauerhardt) verwendet.

LORD GRESSY KRIMINAL-STORIES
siehe LORD GRESSY

LU LAINS
ca. 1955
Mittelformat
Walter Peter Wrba, Wien
S 4,-- / DM 1,-- / sfr 1,--
A: Ben Richards
Der Satansreiter 5,00

LUTZ BRANDT
Abenteuer Erlebnisse
1951
Kleinformat
Josef und Maria Steffek, Wien
S 2,50
A: Ernst Greif (2), sonst ohne Angabe
1 25,00
2-5 20,00
6-8 25,00

MAC THOMSON
ca. 1948
Kleinformat
Melange-Vertrieb, Wien
Band 1-7 = S 1,-- / Provinz S 1,10. Ab Band 8 = S 1,20 / Provinz S 1,30
A: ohne Angabe
1-5 40,00
6 50,00
7-8 40,00
9 75,00
10-11 40,00
Es gibt auch Nachdrucke
Hinweis: Einige Bände sind auch als deutsche Ausgabe erschienen, Verlag „Die Post", Regensburg.

DIE MACHT IM DUNKLEN
siehe WIENER KRIMINAL SERIE / Sammelband

MAGAZIN DES GRAUENS
Unheimliches und Schauriges
ca. 1950
Mittelformat
Alma Zemann, Wien
S 3,--
A: Edgar Allan Poe, Roland Lebl u.a.
1 120,00

DAS MAGAZIN FÜR JEDERMANN
1947, Mittelformat
„Herold", Druck- und Verlags-Ges.m.b.H., Wien
S 2,50
A: siehe Hinweis
ohne Nummer und Romantitel 20,00
Hinweis: Beinhaltet sind u.a. „Der Gouverneur von Saint Kitts" (Conan Doyle), „To Bertams letzte Abenteuer" (Paul Schebesta), „Die fromme Kathrin" (Ludwig Anzengruber).

DER MANN MIT DER MASKE
ca. 1948, Mittelformat
Dachstein-Zeitschriften-Verlag, Graz
S 1,30
A: H. Felbert
Serientitel = Romantitel
Der Mann mit der Maske (Wild-West-Roman).... 15,00

MÄNNER AUS DEM WESTEN
1950-1952
Band 1-6 = Kleinformat, Band 7-20 = Mittelformat
E. Schwicker, Linz
S 2,50 bis 3,--
A: J. Mallorqui (7, 12-19),
J. Leon (1, 3, 6, 8-11, 20) u.a.
1 35,00
2-6 30,00
7-9 15,00
10 15,00
11-20 12,00

MÄNNER DER GRENZE siehe KANSAS KIDD

MÄNNER IM ABENTEUER
ca. 1948, Mittelformat
Karl Dolezal, St. Pölten (richtig: Dolezel)
S 1,50
A: Nico Weyrer
1-2 12,00
3 18,00

MARABU-JUGENDSERIE
1946
Mittelformat
Abteilung Volkstümliche Schriften der Amandus-Edition, Wien
ohne Preisangabe
A: Friedrich Gerstäcker
1-2 10,00

DER MARDER
ca. 1953
Mittelformat
Rolf Mauerhardt, Wien
S 4,--
A: Rolf Murat
1 7,00

MARIA UND DER UNSICHTBARE
siehe MEIN ROMAN

MARSHAL(L)
MARSHALL bis Nr. 3 oder 4, danach MARSHAL
ca. 1962
Mittelformat
Rolf Mauerhardt, Wien
S 4,- / DM -,60 und -,70 /sfr -,80 / L 120,-
A: R. Engelbert Potthoff, John Foster, Hal Warner u.a.
1 6,00
2-26 5,00
27 ?
Hinweis: Die gleichen Titel sind in der Serie DEPUTY STAR SHERIFF, ab Band 63, erschienen.

MARY MERRITS
ca. 1955
Mittelformat
AHV-Zeitschriften Pauline Alsdorf-Helm, Wien
S 4,-- / DM 1,--
A: Allan Cooper
1 5,00

DIE MASCHINE VERSAGT
1947
kleineres Mittelformat
Amandus-Edition, Wien
ohne Preisangabe
A: E. M. Forster
Romantitel = Serientitel
Die Maschine versagt 15,00

DER MASKIERTE REITER
siehe DER SCHWARZE REITER

MEIN ROMAN
1947-1948
Mittelformat
M. Ludwig, Innsbruck
ohne Preisangabe
A: Melanie Schandler, Andreas Hemberger u.a.
(1)Maria und der Unsichtbare 15,00
2-4 5,00
Hinweis: Band 1 hat weder Serientitel noch Nummerierung. Er wurde aufgrund der Angaben des Verlages und der Heftausführung (loser Schutzumschlag mit Bild und Beschriftung) zugeordnet.

MELANGE ROMAN
1947/48
Mittelformat
Herausgeber von Band 1-11 = Heinz Groß, Wien.
Ohne Nummer = Melange-Vertrieb, Wien
70 Groschen bis S 1,60 / Provinz: 75 Groschen bis 1,50
A: Pierre de Carnot, weitere ohne Angabe
1-4 15,00
5-11 12,00
12 ?
Begegnung am Lido 8,00
Erfüllung 8,00
Furcht vor Liebe 8,00
Die große Sehnsucht 8,00
Liebesfreud – Liebesleid 8,00
Um die Ehre Monikas 8,00
Verbotene Liebe 8,00
Hochzeit auf Traudenhof 8,00
Nach Jahren kam das Glück 8,00
Pußtamärchen 8,00
Über alles steht die Liebe 8,00
Das Leben geht weiter 8,00
Versuchung in Neapel 8,00
Hinweis: Das Hefte-Genre beinhaltet Abenteuer-, Kriminal- und Liebesromane. Interessante Serie im Hinblick auf die Papierprobleme der frühen Nachkriegszeit. Die Textseiten der ersten Bände (teilweise bis Nr. 7) sind aus rotem Papier und fallweise wurde für die Umschläge einseitig bedrucktes verwendet (z.B. Frachtbriefformulare). Die unnummerierten Bände sind hier willkürlich gereiht (monographische Erzählungen), es gibt darüber kein Verlagsverzeichnis bzw. irgendeine Ankündigung etc.

MENSCHEN ODER SCHAKALE
siehe EBERLE TASCHENROMAN

MERTENS siehe JOHN FOSTER

DER METROPOL-ROMAN
inkl. Sonderhefte und Neuauflage
1947-1951 / Neuauflage Nr. 1 = 1950
Mittelformat
Metropol, Wien
Band 1-4 = S 2,--. Band 5-27 = S 1,50,
Band 28-35 = S 1,80. Band 36 = S 2,--.
Band 37-38 = S 2,50. Ab Band 24 mit DM (Pf) -,30 bis -,50. Sonderhefte = S 1,80. Ab Band 2 mit DM (Pf) -,40. Neuauflage = S 1,50
A: Robert M. Cappa, Philipp Meason, C.V. Rock, Leonardo Piccozza u.a.
1-2 12,00
3 15,00
4-20 10,00
21-25 7,00
26-28 15,00
29-38 7,00
SONDERHEFT:
1-3 10,00
NEUAUFLAGE:
1-2 (mit Aufdruck: Neuauflage und Preis S 1,50, innen: Jahrgang 1950) 25,00
3 35,00

METROPOL ROMAN / SONDERREIHE
1951-1952
Mittelformat
Metropol, Wien
Band 1-2 = S 3,--. Band 3 = S 3,50 / je mit DM -,80
A: Rusker E. Loggans, Robert M. Cappa, Peter Rauenberg
1 10,00
2-3 15,00

MEXIKO HISTORIES
1952
Mittelformat
Rolf Mauerhardt, Wien
S 3,50
A: Rolf Murat
1 7,00

MICE BENTON siehe BRENT HOWART

MIRABELL ROMAN
1948-1950
Mittelformat

H. Swoboda, Wien
Band 1 = S -,70. Band 2-4 = S 1,50
A: Tim Schwed u.a.
1-4 7,00

MISTER DYNAMIT
Steyr/Österreich: Oerindur-Verlag
2001-2004
14,40 NP 180 Seiten Paperback
A: C.H.Guenter
Junge komm nie wieder (2001) 7,00
Die Jagd des toten Jägers (2002) 7,00
Der Texas-Kontrakt (2003).................................. 7,00
Mitten in die Stirn - Jubiläumsband zum
80sten Geburtstag des Autors (2004) 10,00

MISTER „PP" KRIMINALROMAN
1956
übergroßes Mittelformat
Pauline Helm, Wien
S 2,80
A: Hans Scheibenbogen u.a., z.T. ohne Angabe
1... 7,00
2-9 5,00

MISTER „X"
Sammelbände: THE MISTER X STORIES und MISTER X STORIES
1949-1951
Mittelformat
Lisa K. Wrba, Wien
Band 1-11 = S 1,50 / 50 Pf. Band 12-21 = S 1,50 / 30 Pf. Band 22 = S 2,-- / 40 Pf. Sammelbände = S 3,-- / DM 1,--
A: H. Reiner
1.. 18,00
2-8 12,00
9.. 50,00
10-22 12,00
THE MISTER X STORIES:
1 (Sammelband) 18,00
MISTER X STORIES:
23 (Sammelband) 18,00
Hinweis:
Die Sammelbände beinhalten je 4 Erzählungen.

MISTER X STORIES siehe MISTER „X"
DER MODERNE ROMAN - FÜR DIE TASCHE!
1947
Kleinformat
Selbstverlag Wien-London, Ferry Leopold / Geza Fischer
S 2,--
A: Ferry Leopold und Geza Fischer
Der Mörder mit dem Seidenstrumpf.................. 10,00

MODERNE WIENER ROMANREIHE
ca. 1946-1947
Mittelformat
Selbstverlag Bruno Leuchtenberger, Wien-Hadersdorf
Band 1 = S -,50. Band 2 = S -,80. Band 3 = S -,70.
Band 4 = S -,75. Band 5 = S 1,--
A: Bruno Leuchtenberger
1.. 18,00
2-5 6,00
6.. 5,00

MOKKA
Illustrierte Roman-Zeitschrift
1948
Mittelformat
ohne Angabe, für den Inhalt verantwortlich R.J. Fojtik, Salzburg
Band 1 = S 2,50. Band 2 und 3 = S 2,--.
Band 4 = S 1,80
A: Tirare-Sacco u.a.
1.. 12,00
2-3 6,00
4.. 12,00
Hinweis: Die Nummerierung steht innen.

MONIKA-ROMAN (Kaufhausverkauf)
1966-1969
Mittelformat
HIRO / TYPOPRESS, Wien
201-316 3,00
Hinweis:
Neuauflagen von INGE-ROMAN, ROMAN DER WOCHE und ILLUSTRIERTE ROMANWOCHE.

MONTANA BOOK
MONTANA ERZÄHLUNGEN
MONTANA HEFT
MONTANA ROMAN
MONTANA SERIE siehe MONTANA STORIES

MONTANA STORIES
Nachfolgeserien: MONTANA SERIE, MONTANA ROMAN, MONTANA BOOK, MONTANA ERZÄHLUNGEN, MONTANA HEFT
ca. 1952
Mittelformat
„AHV"-Zeitschriften Pauline Alsdorf-Helm, Wien
S 3,50 / DM -,80
A: Jo Krat, John Holliday
MONTANA STORIES:
1.. 8,00
MONTANA SERIE:
1.. 8,00
MONTANA ROMAN:
1.. 8,00

MONTANA BOOK:
1 8,00
MONTANA ERZÄHLUNGEN:
1 8,00
MONTANA HEFT:
1 8,00

MONTY EAGLE
ca. 1955
Mittelformat
AHV-Zeitschriften Pauline Alsdorf-Helm, Wien
S 4,-- / DM 1,--
A: Dan Lister
1 Der Wolf von Lanfort-Hill 5,00

MORD IM ESQUIRE BANK BUILDING
ca. 1950
kleineres Mittelformat
Maximilian Kraemer, Wien
S 2,50
A: Werner Trahk
Serientitel = Romantitel
Mord im Esquire Bank Building 1. Teil 18,00
Mord im Esquire Bank Building 2. Teil 18,00
Mord im Esquire Bank Building 3. Teil 18,00
Mord im Esquire Bank Building 4. Teil 18,00
Hinweis: Die vier Teile sind auch geschlossen als Taschenbuch, mit gleichem Titelbild, erschienen.

DER MORD IN DEN SÜMPFEN
1954
Mittelformat
B. Heiler, Wien
ohne Preisangabe
A: Edmund Demling
Serientitel = Romantitel
Der Mord in den Sümpfen 12,00

MORZINPL. 1
(innen: MORZINPLATZ 1)
ca. 1949
Mittelformat
„Wiener Kriminal- und Tatsachenroman", Wien
S 1,50
A: Wolf Lutz
Serientitel = Romantitel
Morzinplatz 1 35,00
Hinweis:
Es gab zwei Auflagen. Die zweite ist der ersten gleich, jedoch durch eine rote Stempelung gekennzeichnet.

MURPHY FLOWER
ca. 1955
Mittelformat
Walter Peter Wrba, Wien
S 4,-- / DM 1,-- / sfr 1,--
A: Coram Padilla
Die Tödliche Vision (erschien auch als BLITZ STORY) 5,00
Hinweis:
Es ist dies die Fortsetzung des Bandes „Die letzten Drei" mit dem Serientitel JESSE GRAHAM.

DER NAMENLOSE
ca. 1952
Mittelformat
Isabella-Verlag, Wien
S 3,-- / DM -,80
A: L.L. Aichhorn
Sein erster großer Coup! 12,00
Die Partnerin ist gefunden 12,00
Hinweis:
Die Hefte sind eine 3. Auflage der Serie DAS SPANNENDE BUCH.

NEBELNACHTROMAN
ab Band 4 zusätzlich GELBE KRIMINAL REIHE
ca. 1949
Mittelformat
„Nebelnachtroman", Graz
S 1,60 / fallw. mit DM -,30
A: Heinz Lother
NEBELNACHTROMAN:
1 6,00
2-3 12,00
GELBE KRIMINAL REIHE NEBELNACHTROMAN:
4-5 12,00

NEBELSCHNITTER
Romane des Lebens
ca. 1948
Mittelformat
Nebelschnitter-Verlag (G. Bannert), Graz
S 1,20
A: Erich N. Ernbat, Hans Joach. Pargel, A. Bernt u.a.
1 6,00
2-8 5,00

NEEL SHARPER
ca. 1955
Mittelformat
Walter Peter Wrba, Wien
S 4,-- / DM 1,-- / sfr 1,--
Willki Collin
Durandos letzter Treck 7,00

DAS NEUE ABENTEUER
ca. 1949
Mittelformat
Band 1-9 Herausgeber = Oesterreichische Jugend.
Ab Band 10 Herausgeber = Globus Verlagsanstalt, Wien
50 Groschen bis S 2,50
A: Jack London (1, 16, 18, 32) Edgar Allan Poe (8, 11, 27) Emeric Roboc, Leo Cave u.a.
1 25,00
2-5 7,00
6 5,00
7 10,00
8-9 7,00
10 10,00
11-25 7,00
26-28 8,00
29 7,00
30-36 5,00
37-49 7,00
50 10,00

DIE NEUE COLT STORY siehe COLT STORY

NEUE EUROPA-REIHE
(steht innen)
ca. 1949 Mittelformat
Franz Decker, Wien
S 2,--
A: Louis Emrich
1 10,00

DER NEUE FILM ROMAN
1950-1951
Mittelformat
Metropol Zeitungs- und Zeitschriftenvertrieb, Wien
S 1,50 / DM -,30
A: Brenten C. Forbes u.a.
1 30,00
2-7 18,00

DER NEUE KRIMINAL ROMAN
1949-1951
Mittelformat
Franz Enslein K.G., Wien
S 1,50 bis 2,-- / DM -,40
A: Frank Robbers, John Kane, H.C. Wallers u.a.
1 6,00
2-16 4,00

NEUE KRIMINALSERIE
ca. 1950, Mittelformat
Dr. M. Büsch, Graz. Band 4 = Martha Elsässer, Graz
S 1,50 und 1,60
A: H. Spira (3), Axel Walass (4)
1-2,5 ?
3-4 6,--
Hinweis:
Band 4 ist eine Neuauflage von KRIMINAL-KURIER Nr. 5 und KRIMINALROMAN-MAGAZIN Nr. 5. Es handelt sich bei beiden Titeln um denselben Text.

DER NEUE KRIMINAL ROMAN (Kaufhausverkauf)
ca. 1963
Mittelformat
Hiro-Verlag, Wien
ohne Preisangabe
A: WILTON-Autoren
Keine vollständige Titelliste vorhanden. Angaben lt. 2

Heftvorlagen (Nr. 2 und 11)
Neuauflagen von WILTON-Krimis je 3,50

NEUE LESEHEFTE
1946
Mittelformat
Frau und Mutter-Verlag, Wien
ohne Preisangabe
A: Franz Grillparzer (1), Heribert Eberstein (2)
1 7,00
2 (Kriminalroman) 8,00

DER NEUE SPANNENDE METRO KRIMINALROMAN
Band 1-3 / 1. Jahrgang = 1954.
Band 4 / 2. Jahrgang = 1955
Großformat (Romanzeitung)
Willi Fitz, Wien
S 1,20
A: Ralph Taylor (1), James G. Milbourgh (2), Robert Ralph Reno (3 und 4)
1 35,00
2-4 40,00
Hinweis:
In Band 2 befindet sich eine Ankündigung der Serie JERRY CLIFFORD König der Lüfte.

NEUES DE CAMERONE
Der exotische Liebesroman
Sammelband: DER INDISCHE ROMAN
1949
Mittelformat
Interlitverlag, Wien
S 1,80 /
Sammelband = S 2,--
A: Jeanette Delmonte
1-2 30,00

DER INDISCHE ROMAN (Sammelband)
1. Teil, Die Liebe der Sklavin (Inhalt der Bände 1 und 2) 30,00
Hinweis:
Hefte mit Schleife werden um 50% höher bewertet.

DER 90 GROSCHEN-ROMAN
1948
Mittelformat
R.K. Mohl-Verlag, Wien
90 Groschen
A: Heinz Otto Quitz, J. Linhardt
Im Zeichen des Zweifels 8,00
Agathe - 8,00

90 GROSCHEN TATSACHENBERICHT
siehe TATSACHENBERICHT

NEUZEIT-KRIMINALROMAN
(Kaufhausverkauf)
Hiro-Verlag. 3,00

NEVADA STORY
ca. 1953
Mittelformat
Rolf Mauerhardt, Wien
S 3,70
A: ohne Angabe
1 In Gefahr 7,00

NINA SCHICKSALSROMAN (Kaufhauverkauf)
1963
Mittelformat
HIRO, Wien
1-24 3,00
Hinweis:
Neuauflagen von INGE-ROMAN und ROMAN DER WOCHE.

ÖSTERREICHISCHER KLEINSCHRIFTENRING
(gelbe Reihe)
C
a: 1955
Biropa Verlag, Wien
S 4,- 32 Seiten 14,5 x 20,5 cm
A: Jules Verne
1 Phil Fogg wettet gefährlich 15,00

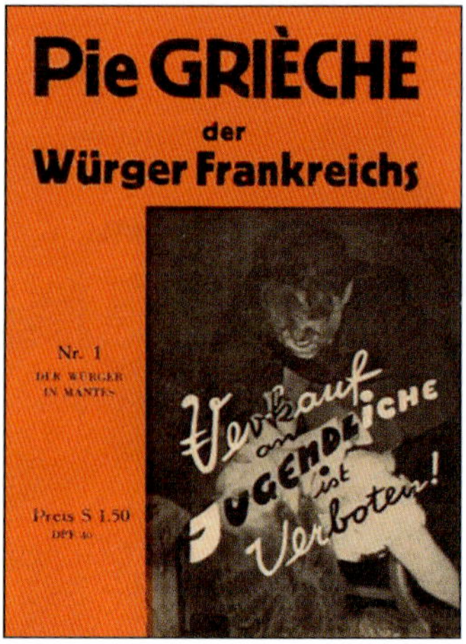

ÖSTERREICHISCHER KLEINSCHRIFTENRING
besteht aus ROTEN, BLAUEN und GELBEN RING-SONDERHEFTEN
ca. 1955
Mittelformat
Biropa-Verlag, Wien
S 3,50 / S 4,-- (steht auf der Rückseite)
A: in Klammern
ROTES RING-SONDERHEFT (für Männer)
1 Das unheimliche Experiment (Dr. Jekell u. Mister Hyde) von (R.L. Stevenson) 20,00
BLAUES RING-SONDERHEFT (für Frauen)
1 Dass Liebe immer Leiden schenkt... (Theodor Storm) 5,00
GELBES RING-SONDERHEFT (für Kinder und Junggebliebene)
1 Der König des goldenen Stromes (John Ruskin) 5,00
Hinweis: In den Heften ist je eine nächste Ausgabe angekündigt - deren Erscheinen ist jedoch fraglich.

OKLAHOMA STORY
1953
Mittelformat
Rolf Mauerhardt, Wien
S 4,--
A: ohne Angabe
1 7,00

OLAF FORRESTER
ca. 1955
Mittelformat
Walter Peter Wrba, Wien
S 4,-- / DM 1,-- / sfr 1,--
A: K. Rollet
1 6,00

OLD RIFLE
1950-1951
Mittelformat
Margot Cermak, Wien
S 1,50 bis 2,20 / DM -,30 bis -,40 / fallw. sfr -,45
A: Lionel North
1 40,00
2-6 35,00
7 15,00
8 20,00
Hinweis: es gibt auch Nachdrucke.

OLV-REIHE
ca. 1953
Mittelformat
OÖ. Landesverlag Linz
S 3,--
A: Friedrich Gerstäcker (1), Friedrich Halm (2)
1 5,00
2 10,00
Hinweis: Nummerierung steht innen.

ORION ROMANSERIE
1946-1947
Mittelformat
Amandus-Edition, Wien
ohne Preisangabe
A: Honore de Balzac (3), Jack London (6) u.a.
(1) Die Sache mit Madeleine 5,00
(2)Venus auf der Silberleinwand 5,00
(3) Vendetta / Die Blutrache 5,00
(4) Der Mann aus der Feenwelt 5,00
(5) Treibjagd der Artisten 5,00
(6) Ruf der Wildnis 5,00
Hinweis: Der Reihung der Nummern ist laut Titelblatt, bzw. Titelliste, in den Heften ersichtlich.

DER PANTHER
ca. 1953
Mittelformat
Rolf Mauerhardt, Wien
S 4,-- / DM -,50
A: Rolf Murat
1 7,00

PARIS IN FESSELN
ca. 1950
Kleineres Mittelformat
Stern-Verlag, Wien
ohne Preisangabe

A: Ilja Ehrenburg, übersetzt von Olga Halpern
Serien = Romantitel
Paris in Fesseln 15,00

PASSOS ADVENTURES
PASSOS GESCHICHTEN
PASSOS STORY
PASSOS WESTERN siehe GIL PASSOS

PATTY HUGHES
ca. 1955
Mittelformat
Walter Peter Wrba, Wien
S 4,-- / DM 1,-- / sfr 1,--
A: Ray Milland
Ein Mann und sein Haß 5,00

PETER BLITZ
Der fliegende Reporter
1949
Kleinformat
Etzendorfer & Co., Salzburg
80 Groschen
A: Walt O'Bag
1.. 110,00
2.. 150,00
Hinweis:
Es gibt auch eine deutsche Ausgabe
(Verlag H. Schmied, Memmingen).

PETER DORR
(=Autor, kein eigener Serientitel)
ca. 1950
Mittelformat
Selbstverlag, Vertrieb „Astoria", Wien
S 2,--
A: Peter Dorr
Der Schuß auf den Gesandten........................... 15,00

PHANTOM
ca. 1948
Mittelformat
Melange-Vertrieb, Wien
S 1,40 / Provinz S 1,50
A: ohne Angabe
1.. 150,00
2-3 150,00
4.. 100,00
Nachdrucke 5,00

PHIL PRINT
ca. 1955
Mittelformat
Walter Peter Wrba, Wien
S 4,-- / DM 1,-- / sfr 1,--
A: ohne Angabe / Übersetzer: O. Melzer
Männer ohne Furcht (mit Aufdruck des
Verlagszeichens)... 5,00
Männer ohne Furcht (ohne Verlagszeichen, mit
leerem Feld).. 5,00

PHÖNIX-ROMAN
ca. 1949
Mittelformat
H. Swoboda, Wien
S 1,50
A: Hardt, Marius Minx, F.R. Carillo u.a.
1-4 5,00
5-6 6,00
7.. 5,00
8.. 6,00
9-11 5,00

PIE GRIECHE
der Würger Frankreichs
ca. 1949-1950
Mittelformat
Interlitverlag, Wien
S 1,50 / DPf 40
A: Pierre de Carnot
1-2 270,00
3.. 240,00
Hinweis:
Siehe auch KRIMINALROMAN, Interlitverlag.

PINGUINREIHE
ca. 1953
kleineres Mittelformat
Ernst Pelda, Wien
S 4,50
A: Tony Wanton (1), H. Onson (2)
1.. 100,--
2.. 60,--
3 (siehe Nachfolgeserie: EL COYOTE)
4 (siehe Nachfolgeserie: DER KAPZENMANN)
5 (siehe Nachfolgeserie: EL COYOTE)

PIQUE ASS-ROMAN
ca. 1948
Mittelformat
ohne Angabe, verantwortlicher Herausgeber: Zeitschriften-Großvertrieb Manfred Weiß, Graz
kein Preisaufdruck / laut Bleistiftvermerk S 1,60
A: Ernesto Pansa
Der Tod wirft seinen Schatten 5,00

POKER-MURPHY
ca. 1955
Mittelformat
Willi Fitz, Wien
S 4,-- / DM 1,-- / sfr 1,--
A: Allan Jeffrey
Er hält eine Stadt in Atem.................................... 5,00

POLIZEI-EXPRESS
ca. 1950
Mittelformat
(150 Seiten)
Jos. Erhart sen. eigener Verlag, Salzburg - Wien
S 3,--
A: ohne Angabe
1.. 20,00

PRÄRIEJÄGER
ca. 1952
Mittelformat
Dr. M. Büsch-Verlag, Graz
S 3,50
A: A. Malas
1.. 5,00

PRÄRIEREITER siehe DER SCHWARZE REITER

PRÄRIE-ROMANE
ca. 1954
Mittelformat
Rolf Mauerhardt, Wien
S 4,--
A: Rolf Murat
1 7,00

PUNCHING
ca. 1953
Mittelformat
Rolf Mauerhardt, Wien
S 3,50 / DM -,40
A: Rolf Murat
1 7,00

QUER DURCH - ZEIT UND WELT
ca. 1952
Mittelformat
O. Kloiber, Wien, S 3,-
A: Rudolf M. Stoiber
(1) Wettlauf zum Pol 5,00
Hinweis: Bandnummer steht innen.

RAF PANTHER
ca. 1964
kleineres Mittelformat
Libellus-Verlag Ges.m.b.H., Wien
S 4,-- bis 5,-- / div. ausländische Währungen
A: Ronny Rock
1 18,00
2-4 12,00
Der Rächer blieb Sieger 12,00
Gespensterfarm von Billyhill (mit Stempelaufdruck: Nr. 2) Innentitel: Die Geisterfarm von Billyhill 12,00
7 12,00
8 Die Frau ohne Gewissen (Annahme: Laut Text ursprünglich als Nr. 7 „Die Bestie heißt Mary Higgins“ vorgesehen) 12,00
9 12,00
10 Der Maskenmann von Texas Hill 18,00

RAINBOW-STORY
ca. 1954
Mittelformat
Rolf Mauerhardt, Wien
S 4,--
A: Rolf Murat
1 7,00

RALPH BERGMANN'S ABENTEUER
1948-1950
Band 1-16 = Kleinformat,
Band 17-18 = Mittelformat
R. K. Mohl-Verlag, Wien. Ab Band 11 = Rudolf K. Mohl. Ab Band 12 = Rudolf K. Moll-Verlag, Wien. Ab Band 14 = Wien-Karlsruhe
Band 1-2 = S 1,50. Band 3-16 = S 1,--.
Band 17-18 = S 1,50 / Dpfg 35
A: Fred Holm
1 20,00
2-3 15,00
4 20,00
5-12 12,00
13-14 10,00
15-18 8,00
Nachdrucke 3,00

RALPH BERGMANN'S ABENTEUER SONDERHEFT
ab Band 5: FRED HOLM'S ABENTEUER
1949-1950
Mittelformat
Band 1 = R.K. Mohl-Verlag, Wien.
Band 2-4 = Rudolf K. Moll-Verlag, Wien.
Ab Band 5 = Wien-Karlsruhe
S 1,50 /
ab Band 8 mit 35 Dpf(g)
A: Sir Anthony Lawrence
1-2 6,00
3 12,00
4 12,00
FRED HOLM'S ABENTEUER:
5-6 6,00
7-9 20,00
10 6,00

Hinweis: Band 3, 4 und 5 sind auch als deutsche Ausgabe erschienen, und zwar alle drei Nummern unter dem Serientitel FRED HOLM'S ABENTEUER. (Rudolf K. Moll Verlag, Karlsruhe-Wien)

RAMONA (Kaufhaus- und Reguläverkauf)
ca. 1965-?
Mittelformat
HIRO / TYPOPRESS, Wien
A: Erich Etlar, Renate Brunner, M. Binder u.a.
Keine vollständige Titelliste vorhanden. Angaben lt. Beleghef Nr. 147 (2. Auflage/8. Jg.)
1-? 3,00

RANGER (RM)
Wildwest - Romane
1962-1963
Mittelformat
Rolf Mauerhardt, Wien
S 4,-- / DM -,70 / sfr -,80 / L 120
A: Rolf Murat, R.E. Potthoff, Hal Warner, Fred Preston, Rod Cameron, Rolf Shark, u.a.
1.. 6,00
2-62 5,00
Hinweis:
Die gleichen Titel sind in der Serie DEPUTY STAR SHERIFF, ab Band 93, erschienen.

RAUB AN MISTER JEDERMANN
Wien, Österreichischer Gewerkschaftsbund
Ohne Jahrsangabe
Mittelformat
o.P.
A: ?
o.Nr. 10,00

RAUSCHGIFT IN MEXIKO
ca. 1948
Mittelformat
Franz-Schubert-Verlag, Puchberg am Sch.
ohne Preisangabe
A: Franz Hauke
(1) Rauschgift in Mexiko 15,00

RECORD-STORY
ca. 1954
Mittelformat
Rolf Mauerhardt, Wien
S 4,--
A: Rolf Murat
1.. 7,00

RED COOPER
ca. 1955
Mittelformat
AHV-Zeitschriften Pauline Alsdorf-Helm, Wien
S 4,--
A: Dan Lister
Zeig kein Erbarmen 5,00

RED HORSE
Wildwest - Romane
1962-1963
Mittelformat
Rolf Mauerhardt, Wien
S 4,-- / DM -,70 / sfr -,80 / L 120,-- und L 140,--
A: Rolf Murat, R.E. Potthoff, Heinz Squarra, Uwe H.J. Wilken, Hal Warner, Fred Preston u.a.
1.. 7,00
2-63 4,00
Hinweis: Die gleichen Titel sind in der Serie ROCKY TOCKY (64 Seiten), ab Nummer 92, erschienen.

RED HUDSON
ca. 1955, Mittelformat
Walter Wrba, Wien
S 4,-- / DM 1,-- / sfr 1,--
A: K. Rollet
1.. 6,00

DER REITER DER PRÄRIE
siehe DER SCHWARZE REITER

„REX"-KRIMINALSERIE
1950, Mittelformat
Rosa Hadwig, Wien
S 1,50
A: Guido Ferrari (Band 1, 3), Alfons Purr (Band 2),

M.A. Donald (Band 4)
1 10,00
2-4 7,00

RIFLAND
Reiseabenteuer von heute
inkl. Sonderhefte
1950-1953, Mittelformat
Vettermann & Co., Wien
Band 1-5 = S 3,-- / DM -,80 bzw. 1,--. Ab Band 6 und Sonderhefte = S 4,-- /DM -, 80 bzw. 1,--
A: Rifland
1 15,00
2-3 10,00
4-24 6,00
SONDERHEFT:
1 10,00
2 75,00

RIGHT AND LAW
ca. 1954
Mittelformat
Rolf Mauerhardt, Wien S 4,--
A: Rolf Murat
1 7,00

RIO GRANDE
1961
Mittelformat
Rolf Mauerhardt, Wien
S 3,-- / DM 60 Pf / sfr -,70 / L 120
A: John Foster, Gil Dos Passos, Percy Prady u.a.
1 7,00
2-8 5,00
Hinweis:
Nachfolge der Serie BLUE WESTERN, wurde unter dem Serientitel CONDOR fortgesetzt.

ROB WARD
1949
Mittelformat
MZ-Zeitschriftenverlag Maria Zube, St. Konrad b. Gmunden
S 1,40 / DM -,45
A: Rob Ward
1 150,00
Es gibt einen Nachdruck (von W. Bläcker, 1982.)

ROCKY-TOCKY (34 Seiten)
ca. 1958
Mittelformat
Rof Mauerhardt, Wien
S 2,50 / DM -,40
A: Rolf Murat
1 10,00
2-20 6,00
21,22, ... 6,00
Hinweis: Die Erzählungen dieser Heftreihe sind eine Neuauflage der Serie DER COWBOY
Ab 1959 erschien eine weitere Serie ROCKY TOCKY (Wildwest-Romane, Verlag Rolf Mauerhardt, jedoch mit 64 Seiten Umfang und anderen Erzählungen – teilweise Texte diverser „alter Mauerhardt-Ausgaben".

ROCKY TOCKY (64 Seiten)
Wildwest-Romane
1959-1963
Mittelformat
Rolf Mauerhardt, Wien
S 4,-- / DM -,60. Höhere Nummern = DM -,70 / sfr -,70 und -,80 / L 120,--
A: Rolf Murat, Uwe Wilken, John Foster, Hal Warner, Richard Richardson, Heinz Squarra, Rod Cameron, Tex Colt, Charles Clermont, R.E. Potthoff u.a.
1 6,00
2-91 5,00
92-139 6,00
140-154 10,00
Hinweis: Ab Band 43 erschienen die gleichen Titel in der Serie HILL BILLY (ROCKY TOCKY Nr. 43 = HILL BILLY Nr. 1) und weiters ab Nr. 92 die gleichen Titel in der Serie RED HORSE (ROCKY TOCKY Nr. 92 = RED HORSE Nr. 1).

ROD FARLANE
ca. 1955
Mittelformat
Walter Peter Wrba, Wien

S 4,-- / DM 1,-- / sfr 1,--
A: Ben Richards
Kämpfer ohne Gnade 5,00

ROLF MURAT
Der Weltreporter
Sammelband: ROLF MURAT STORIES
1950
Kleinformat
Rolf Mauerhardt, Wien
S 2,-- oder 1,50. Sammelband = S 3,--
A: Rolf Murat
1 65,00
2-5 55,00
6 110,00
7 55,00
ROLF MURAT STORIES:
1 (kein eigener Titel) Sammelband mit je 2 Heften, fortlaufend oder unregelmäßig gereiht. Jeder Band hat das gleiche Titelbild und trägt die Nummer 1 65,00
Es gibt auch Nachdrucke

ROLF MURAT STORIES siehe ROLF MURAT

ROLF TORRING
ca. 1950
Mittelformat
Interlit-Verlag, Wien
Band 501 = S 1,80. Band 502-503 = S 1,80 / Pf 35. Band 504 = S 2,--
A: ohne Angabe
(501) 60,00
502 72,00
503 60,00
504 25,00
Nachdrucke 5,00
Hinweis: Die Serie ist eine Nachahmung der Vorkriegs-Romanreihe. Durch die Weiterverwendung des populären Titels der Vorkriegsserie (siehe ROLF TORRING'S ABENTEUER), hatte man vermutlich einen verstärkten Kaufanreiz erwartet und wahrscheinlich sollte die hohe Nummerierung zu der Annahme verleiten, dass es sich um eine Fortsetzung der mit Kriegsbeginn eingestellten Serie handle. Mehr als 4 Titel sind dann jedoch nicht erschienen, obwohl noch weitere Bände bis Nr. 510, und als Besonderheit auch nach vor bis Nr. 490, angekündigt worden waren.
Es gibt auch Nachdrucke

ROLF TORRING'S ABENTEUER
(1. und 2. Auflage = mit Aufdruck gekennzeichnet)
Lizenzausgabe für Österreich
1951, Kleinformat
Wilhelm Swoboda, Wien
S 2,50
A: Hans Warren
1 20,00
2-4 15,00
5-7 20,00
8-10 12,00
11 18,00
12-13 12,00
14-17 10,00
18 20,00
19-28 10,00
Hinweis: Auffällige Kennzeichen der österreichischen Ausgabe sind der Preisaufdruck „S 2,50" auf der Titelbildseite und das Wort „Band" vor der Nummerierung. Ab Bd. 29 wurde die Serie mit der deutschen Ausgabe bis Band 273 /ab Nr. 194 Miitelformat) fortgesetzt, von Verlagshaus für Volksliteratur GmbH, Bad Pyrmont. Die Texte sind ein mehr oder weniger überarbeiteter Nachdruck der von 1930-1939 erschienenen Vorkriegsserie. Die höheren Nummern der mittelformatigen Nachdrucke sind neu verfasste Erzählungen, gänzlich abweichend von dem seinerzeit beliebten „echten Torring".
Für die Nachkriegsausgabe wurden teilweise die Bilder der VK-Serie nachgezeichnet, aber auch neue Motive verwendet. Weiters gab es auch eine Nachkriegsausgabe in der Schweiz, vom Kommissions-Verlag Adam-Walt Olten (später Neuer Verlag Ascona).

ROLF TRENK'S ABENTEUER
1947-1949
Kleinformat (unterschiedlich)
Emil Reisser, Wien

80 Gr. bis S 1,40 / Provinz S 1,50 (fallw.) / Deutschland RM 2,-- (fallw.)
A: Hans Frank
1 40,00
2-8 30,00
9 35,00
9 (mit schwarzem Titelbild) 55,00
Hinweis: Die Serie ist eine Nachahmung der kleinformatigen Vorkriegsserie ROLF TORRING'S ABENTEUER. Es gibt auch Nachdrucke.

ROMAN DER LIEBE (Kaufhausverkauf)
1976, Mittelformat
TYPOPRESS, Wien
301-312 3,00
Hinweis: Neuauflage von INGE-ROMAN.

DER ROMAN DER WOCHE (Regulärverkauf)
ab 1947
Großformat mit Umschlag, später Mittelformat. Es gab auch großformatige Sonderausgaben ohne Umschlag (Zeitungsroman).
HIRO, Wien
S 1,50 u.a. Währungen.
S 1,-- für Sonderausgaben
A: Viki Brausewetter, Nina Frro, Josef Engelsberger, Julia Clausen, Gisi Gruber u.a.
1 18,00
2-150 4,00
151-250 3,50
251-624 ? 2,00
Hinweis: Diese Serie war der Beginn der Romanheftproduktion des HIRO-Verlages nach der Gründung.

ROMAN DER WOCHE
ca. 1948
Mittelformat
Ploetz & Theiss, Wolfsberg in Kärnten
Band 1 = S 1,50. Band 2-9 = S -,50.
Band 10 = S 1,50. Band 11 = S 1,20
A: Bill Behm, Ing, Rud. Hartlieb, Karl Dolezel u.a.
1 (112 Seiten) 10,00
2 (40 Seiten) 6,00
3-11 6,00

DER ROMAN DES MONATS
1947
Kleinformat
Herausgeber: Ernst Stahl, Ried i.I.
S 1,50
A: Walter Berg
1 7,00

ROMANE ZUR UNTERHALTUNG
ca. 1947
Band 4 = Kleinformat. Band 2-3, 5-6 = Mittelformat
Franz Schubert-Verlag, Puchberg a. Sch.
S -,75 bis 1,20
A: Adolf Bauer, Viki Brausewetter u.a.
1 ?
2 5,00
3 12,00
4-6 5,00
Hinweis:
Band 3 beinhaltet eine Parodie auf die Vorkriegs-Serie TOM SHARK, mit dem Titel „Tom Schargus' zeitgemässe Abenteuer".

ROMAN-PERLE
ab Band 2: LIEBES-PERLE
1950
Mittelformat
Lisa Karin Wrba, später Walter Wrba, beide Wien
S 1,50 und S 2,--
A: Gert Rottmann (1), Leon Piochette (2), Jean Tessier (3), Francois La Tete (4), Otto Rupp (5)
1 25,00
2-5 15,00
Hinweis:
Hefte mit Schleife werden um 50% höher bewertet.

RO-MA REISE-LEKTÜRE
ca. 1954
Mittelformat
Rolf Mauerhardt, Wien
S 4,-- / DM -,80
A: Rolf Murat
1 20,00

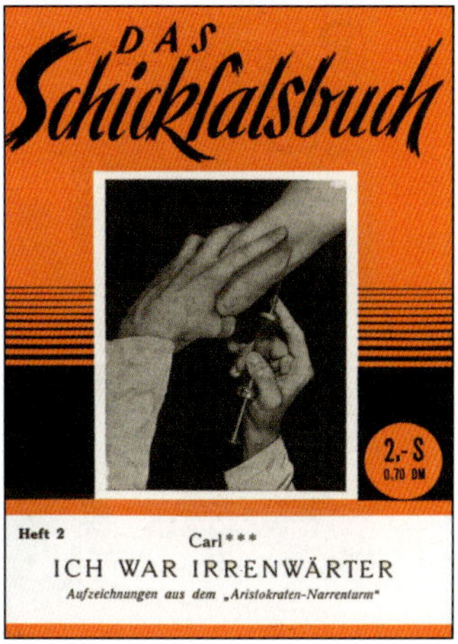

RONNY KARNES
ca. 1955, Mittelformat
Walter Peter Wrba, Wien
S 4,-- / DM 1,-- / sfr 1,--
A: Ben Richards
Die Desparados 5,00

DER ROTE SPEER
1948-1949
Mittelformat
Band 1-5 = Roter Speer-Verlag, Linz. Band 6-11 = Jugendzeitschriften-Verlag, Linz
S 1,20 bis 1,40
A: Josef Ortner (Band 5), sonstige Andreas More
1 80,00
2-8 55,00
9 70,00
10 120,00
11 150,00
Es gibt auch Nachdrucke

DIE ROTEN REITER
ca. 1954
Mittelformat
Rolf Mauerhardt, Wien
S 4,-- / Band 2-3 und ohne Nummer = mit DM -,50
A: Rolf Murat
1-3 15,00
ohne Nummer und Serientitel:
Kriegsrecht über Kirgton (innen: ...Kirkton) 15,00

ROTES RING-SONDERHEFT
siehe ÖSTERREICHISCHER KLEINSCHRIFTENRING

ROY HODGES
ca. 1955
Mittelformat
Walter Peter Wrba, Wien
S 4,-- / DM 1,-- / sfr 1,--
A: Roy Hodges
Die goldene Wüste 5,00

RUSH GORDON
ca. 1955, Mittelformat
AHV-Zeitschriften Pauline Alsdorf-Helm, Wien
S 4,-- / DM 1,--
A: Dan Lister
1 5,00

SACRAMENTO
Western Star (Kaufhausverkauf)
1972
Mittelformat
Typopress, Wien
S 5,-- / DM -,90 / sfr -,90
A Ron Kelly, Kid Roy, Hal Warner u.a
1-8 3,50

SAM WILLIAM
ca. 1955
Mittelformat
AHV-Zeitschriften Pauline Alsdorf-Helm, Wien
S 4,-- / DM 1,--
A: Dan Lister
Der Teufels-Canon 5,00

SANTA FE
1952
Mittelformat
Pauline Helm, Wien
S 3,50 / DM -,80
A: Dotchy Warnerhouse
1 Verlorene Ehre 6,00

DAS SCHICKSALSBUCH
Geisterspuk-Kriminalaffären-Fürstentragödien
1949, Mittelformat
Johannes Günther Verlag, Wien
S 2,-- / ab Band 2 mit DM -,70
A: Dr. Stephan Steiner u.a.
1-2 6,00
3 7,00

S 1,50 ROMAN
1950, Mittelformat
Ploetz & Theiß, Wolfsberg in Kärnten

S 1,50
A: Fred Walsh, H. Norway u.a.
1-6 4,00
7 5,00

SCHLAGER ROMAN
1948
Mittelformat
Eberle-Verlag, Wien
ohne Preisangabe
A: G. Schoeppl
1 6,00

SCHULD UND SÜHNE
Die spannendsten Kriminal-Fälle
ca. 1948
Mittelformat
Rolf Mauerhardt, Wien
S 1,50
A: L. Renchel
1 20,00
2-3 15,00

DER SCHUSS AUF DEN GESANDTEN
Einzeltitel
ca. 1948
Mittelformat (15 x 21 cm), 36 Seiten,
Selbstverlag, Wien
S 2,00
A: Peter Door
o. Nr. 30,00

DER SCHWARZE CAPTAIN
siehe DER SCHWARZE REITER

DER SCHWARZE PIRAT
siehe EL PIRATA NEGRO

DER SCHWARZE REITER
Nachfolgeserien: DER REITER, DER MASKIERTE REITER, 2. Auflage = CAPTAIN WHILER REITET, DER SCHWARZE CAPTAIN, REITER DER PRÄRIE, PRÄRIEREITER
1952, 2. Auflage ca. 1954
Mittelformat
DER SCHWARZE REITER und Nachfolgeserien = Dr. M. Büsch-Verlag, Graz. 2. Auflage = Dr. M. Elsässer-(Büsch), Graz
DER SCHWARZE REITER und Nachfolgeserien = S 2,50 bis 3,50. 2. Auflage = S 3,50 bis 4,-- / fallw. mit DM -,60
A: Walter Rhysong, Mac Ellis u.a.
DER SCHWARZE REITER:
1-8 8,00
9 5,00
DER REITER:
1 5,00
DER MASKIERTE REITER:
1 ?
2 20,00
CAPTAIN WHILER REITET:
1 20,00
PRÄRIEREITER:
1 20,00
DER SCHWARZE CAPTAIN:
1 25,00
REITER DER PRÄRIE:
1-2 20,00

SCHWARZE STERNE – OLD SUNNY RANCH
(Kaufhaus- und Regulärverkauf)
1967-73
Mittelformat
Hiro Production International, Wien
S 4,50 und div. Währungen
A: Jack Morris, Hal Warne, Cody Collins, Joe Mc Brown u.a.
1-187 4,00
Hinweis: Es gibt auch Doppelnummern und Sammelbände. Einige Titelbilder wurden auch mehrfach verwendet. Nr. 17,154,168 hat das gleiche Titelbild. Nr. 3,137,173, ist Textgleich.

SCOTLAND YARD GREIFT EIN
siehe SCOTLAND YARD SERIE

SCOTLAND YARD SERIE
Sammelband: SCOTLAND YARS GREIFT EIN

1949-1951
Mittelformat
Lisa K, Wrba, Wien
S 1,50 bis 2,-- / ab Band 6 mit DM -,30 bis -,40.
Sammelband = S 3,-- /DM 1,--
A: John Foster (d.i. Otto Rupp)
1 15,00
2-17 12,00
SCOTLAND YARD GREIFT EIN:
1 (kein eigener Titel) Sammelband mit
3 Erzählungen 30,00

60 SEITEN UNTERHALTUNG
1946
Mittelformat
Montfort-Verlag, Feldkirch, S 1,80
A: Lewis Strokay
1 50,00

SEDLMAIERS WELT- UND HEIMATGESCHICHTEN
Sonderheft der Schriftenreihe „Fritz“ und „Friedl“
ca. 1950
Mittelformat
O. Kloiber, Wien
ohne Preisangabe
A: Rudolf M. Stoiber
(1) Alle Feuer brennen 5,00
Hinweis:
Serientitel und Bandnummer stehen innen. Bd. 2 „Wettlauf zum Pol“ ist angekündigt. Siehe: Quer durch – Zeit und Welt.

SEE UND REISEABENTEUER
1953
Mittelformat
Josef und Maria Steffek, Wien
S 3,50 / DM -,80
A: Edward Francis
1-5 25,00

SENSATION UNTERHALTUNG ABENTEUER
ca. 1948
Mittelformat
Edition Scala, Hoffmann & Co., Wien
S 1,50
A: Jack W. Carlston, U. Retlow, H. Schweizer
1-3 7,00

SENSATIONELLER ZEITUNGS-ROMAN
.stopp.kolumbianischer krieg.aufstand in cucata
Erlebnisse im Zeitgeschehen
1948
Mittelformat
Martha Mauerhardt, Wien
75 Groschen
A: Martha Hall
1 15,00
Hinweis:
Martha Hall, d.i. Rolf Murat, alias Rolf Mauerhardt.

SENSATIONS REPORTER
ca. 1955
Großformat (Zeitungsroman)
Willi Fitz, Wien
S 1,--
A: Rolf Shark
1-2 180,00
Nachdrucke 2,50

SERIE 69
1969/70
Mittelformat
TYPOPRESS, Wien
S 5,-- / DM -,90 / sfr -,90 u.a.
A: Armand Gavoty, Roland Berry u.a.
1-24 4,00
Hinweis:
Die Texte sind teils Erstdrucke, teils diverse Neuauflagen der WILTON-Krimis.

DER SERIENROMAN X UND ICH
Phantastische Erlebnisse
1948
Mittelformat
MUR-Verlag, Graz
S 2,--
A: R.M. Raffay
1 5,00

SEX APPEAL-ROMAN
1949
Mittelformat
Interlit-Verlag, Wien
S 1,30 bis 1,50 / DPf 40
A: Pierre de Carnot
1 100,00
2-7 35,00

SH-KRIMINAL-REIHE (SILBERHORN-REIHE)
1948
Kleinformat
192 Seiten
Grete Müller-Settele, Wien
S 3,-- / DM 1,--. Mit Umschlag silberkaschiert: S 4,80
A: C.V. Rock
1 12,00
1 (silberkaschiert) 15,00
2 12,00

SHAG-KRIMI
1962-1963
Mittelformat
Rolf Mauerhardt, Wien
S 4,-- / 70 Pf / sfr -,80 / L 120
A: John Foster, Otto Rupp, Alois Preinerstorfer u.a.
1 10,00
2-7 8,00
Hinweis: Nachfolge der Serie SHORT-KRIMI.

SHAG STORY
Nachfolgeserien: ab Band 4 = KRIMINAL SHAG-STORY, ab Band 5 = KRIMINAL STORIES
1951
Mittelformat
Rolf Mauerhardt, Wien
Band 1-3 = S 3,-- bis 3,50 / DM 1,--.
Ab Band 4 = S 3,50
A: Rolf Murat, Carry Miller, Axel Nordstroem (Stories Nr. 2)
SHAG STORY:
1-3 35,00
KRIMINAL SHAG-STORY:
4 100,00
KRIMINAL STORIES:
1-7 50,00

SHORT-KRIMI
1961-1962
Mittelformat
Rolf Mauerhardt, Wien
S 3,-- / 60 Pf /sfr -,70 / L 120
A: Otto Rupp, Alois Preinerstorfer, R.E. Potthoff u.a.
1 9,00
2 6,00
3 8,00
4 6,00
5-6 8,00
7-8 6,00
9-10 8,00
11 6,00
12-14 8,00

DER 70 GR. ROMAN
Burgenland-Kurier
Sonderausgabe
1947
Mittelformat
„Burgenland-Kurier“, Wien
S -,70
A: Roger Middelburg
Das Geheimnis des Testamentes 20,00

SILBERBUCHREIHE
1946
Mittelformat
Friedrich Scheibl, Wien
ohne Preisangabe
A: Emmerich Kremla (1, 3, 5), Leo G. Rufer (2, 4)
(1) Abenteuer in Rio de Janeiro 5,00
(2) Falschgeld 5,00
(3) Geheimnis(se) um Maria 5,00
(4) Geheimdokument MX 314 5,00
(5) Der schöne Ossi 30,00
Hinweis: Auf dem Titelbild von Band 2 ist kein Serientitel angegeben – dieser befindet sich auf einem anderen Bild, Umschlagseite hinten, innen.

SILBERHORN-REIHE siehe SH-Kriminal-Reihe

SINDELAR
Der „papierene" Heerführer
1949
Mittelformat
Selbstverlag der Zeitschrift „Der jugendliche Arbeiter"
ohne Preisangabe
A: Fritz Walden
Sindelar 25,00

SKUNK
ca. 1953
Mittelformat
Rolf Mauerhardt, Wien
S 3,50 / DM -,40
A: Rolf Murat
1.. 7,00

SONDERNUMMER DES SEX APPEAL-ROMANES und PIE GRIECHE
1948
Mittelformat
Interlit-Verlag, Wien
S 2,50 / DPf 60
A: ohne Angabe
Wolf im Dunkel 150,00

DER SPANNENDE AMOR ROMAN
ab Band &: AMOR-ROMAN
1947-1948
Mittelformat
Rolf Mauerhardt, Wien
Versch. Preise von S 1,40 bis 2,-- / fallw. DM -,40
A: siehe Hinweis
1.. 15,00
2-5 12,00
AMOR-ROMAN:
6-20 12,00
Hinweis: Dies ist die erste Serie des Verlages Rolf Mauerhardt nach der Gründung. Sämtliche Bände wurden von Rolf Murat alias Rolf Mauerhardt unter verschiedenen Pseudonymen geschrieben.

DAS SPANNENDE BUCH
Der Mann mit den 100 Namen
1. und 2. Auflage
ca. 1949 (1. Aufl.), ca. 1950 (2. Aufl.)
übergroßes Mittelformat
Ladislaus Aichhorn, Wien
S 2,50 / DM 1,-- / sfr 1,--
A: L.L. Aichhorn
1. Auflage (kreisf. Serienzeichen, Mann mit Buch)
1-2 10,00
2. Aufl. (ohne Serienzeichen):
1-2 7,00
Hinweis:
Die Hefte sind auch als 3. Auflage unter dem Serientitel DER NAMENLOSE erschienen – siehe dort.

SPANNENDE ERLEBNISSE
Kriminal u. Abenteuer
1951
Mittelformat
Otti Eismann, Wien
S 2,-- bis 3,-- / DM -,40
A: Ralph Stone, Williams Peegs, Frank Wilsen
1.. 10,00
2-14 6,00
15-16 10,00

SPANNENDE GESCHICHTEN
1948
kleineres Mittelformat
Demokratische Druck- und Verlagsgesellschaft m.b.H., Linz
S 1,--
A: Honore de Balzac, Edgar Allan Poe, Friedrich Gerstäcker u.a.
1-10 18,00

DIE SPANNENDE KRIMINAL REIHE
ca. 1953
Mittelformat
Rolf Mauerhardt, Wien
S 3,50
A: Rolf Murat
1.. 7,00

DER SPANNENDE KRIMINALROMAN
ca. 1949
Mittelformat
Verlag: ohne Angabe
S 1,50 / DM -,30
1 ... 5,00

SPANNENDE KURZGESCHICHTE
Band 13 (innen) = SPANNENDER ROMAN
1946-1947
Mittelformat
Band 1-12 = Selbstverlag Ernst Glattauer, Wien,
Band 13 = Zeitungs- und Zeitschriftenverlag Leopoldine Gemeiner Edition Ernst Glattauer, Wien
Bis Band 12 keine Angabe, Band 13 = S 2,--
A: Ernst Glattauer
SPANNENDE KURZGESCHICHTE:
1 ... 15,00
2-5 ... 12,00
6 ... 15,00
7-12 ... 12,00
SPANNENDER ROMAN:
13 ... 12,00

DIE SPANNENDE REIHE
inkl. Sonderheft
ca. 1948
Mittelformat
„Die Woge", Salzburg. Später E. Schwicker, Linz
S 1,40 bis 2,40. Doppelnummer S 3,50
A: Tom Timm, C.V. Rock, John Door u.a.
1/2 ... 6,00
3-10 ... 5,00
Sonderheft:
Blutdollars ... 6,00

DER SPANNENDE SONNEN-ROMAN
1948-1961
Großformat, Romanzeitung (16 Seiten),
nur Nr. 26: Mittelformat mit Umschlag (32 Seiten)
Sonnenverlag Bauer & Co., Wien
80 Groschen bis S 2,-- / DM -,20 bis -,40
A: Colin Webbs, Viki Brausewetter, Heinz Hardt u.a.
1 ... 10,00
2-50 ... 6,00
51-344 ... 5,00

DIE SPANNENDE STUNDE
Unbekannte Abenteuer-Geschichten der Weltliteratur
ca. 1950
Mittelformat
„Orbis" Fach- und Zeitschriftenverlag Maximilian Stern & Co., Wien
S 2,--
A: Friedrich Gerstäcker
Die Flucht über die Kordilleren ... 5,00

SPANNENDER ROMAN
siehe SPANNENDE KURZGESCHICHTE

DIE SPANNENDSTEN FÄLLE DER JÜNGSTEN KRIMINALGESCHICHTE
ca. 1963
Mittelformat
Rudolf Wengraf, Wien
S 12,--
A: ohne Angabe
1 ... 10,00

SPANNUNG - ENTSPANNUNG
Roman- und Kurzgeschichten-Magazin der Wiener Wochenendausgabe,
Wiener Zeitungsverlag-Gesellschaft, Karmel,Wien
bis zum II. Jg. vierzehntägliches Erscheinen, Preis 80 Groschen/ Jg.III. Kronen Zeitschriften Verlagsgesellschaft. 16 Seiten. 70 Groschen

Jahrgang I./1949. Start im Mai
1 ... 60,00
2-18 ... 30,00
Jahrgang II. 1950
Nr.19-38 ... 30,00
Jahrgang III 1951
Nr.39..? ... 30,00
1952-1954 ? ... 30,00

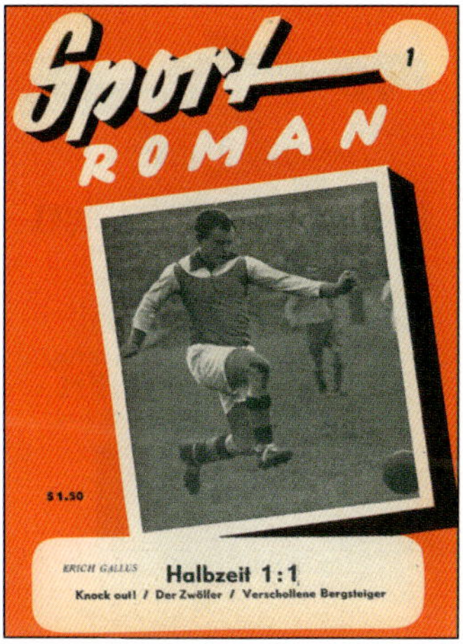

SPANNUNG UND ABENTEUER
ca. 1950
Mittelformat
Wilhelm Scheuch, Wien
S 2,50
A: Ronnie Page, Ettore Parola, George Roberts u.a.
1-2 6,00
3 18,00
4-5 6,00
6 18,00
7-10 6,00

SPLENDID
ca. 1954
Mittelformat
Rolf Mauerhardt, Wien
S 4,-- / DM -,50
A: Rolf Murat
1 7,00

SPORTROMAN
ca. 1948
Mittelformat
Franz-Schubert-Verlag, Wien
ohne Preisangabe
A: A. Bauer
1 15,00

SPORT ROMAN
1950
Mittelformat
Herausgeber: Dr. Arthur Werner, Wien
S 1,50
A: Erich Gallus
1 20,00

SPORTROMAN REIHE
Franz Schubert Verlag, Wien
ca.: 1948/49.
ohne Preis 32 Seiten 14,5 x 21,5 cm
A.: keine Angabe
Nr.1 „Elf Herzen und ein Schlag“ 25,00
Hinweis: Fußballroman, siehe auch Sportroman 1948, Franz Schubert Verlag

SS SECRET SERVICE
1951-1952
Mittelformat
J. Schwicker oHG, Linz
S 3,--
A: Peter Debry (1), Tony Wanton (2),
Kent Miller (3-4)
1 50,00
2-4 35,00

STAR LLANO
ca. 1955
Mittelformat
Walter Peter Wrba, Wien
S 4,-- / DM 1,-- / sfr 1,--
A: Ben Richards
Die Rache der Verfolgten 5,00

STAR ROMAN
Band 1 = 1948, Band 2 = 1949
Mittelformat
Belvedere-Verlag, Wien
Band 1 = S 2,--, Band 2 = S 1,40
A: A.P. Baur (2) u.a.
1-2 10,00
Hinweis: Bei Band 1 steht der Serientitel innen. Band 2 beinhaltet weitgehendst textgleich die Kriminalerzählung DER FALL LISELOTTE BENZ! – siehe dort.

STAR US RANGER (RM)
Wildwest-Romane (RM-Verlag)
Wildwest-Roman (Arndt-Verlag)
1964-1966
Mittelformat
Rolf Mauerhardt, Wien. Ab Band 37 = Angelika-Arndt-Verlag, Feucht
S 4,-- bis 4,50 / div. ausländ. Währungen
A: Rolf Murat, Conny Jens, Fred Hammer, Fred Preston, Hal Warner u.a.
1 6,00
2-83 4,00
Hinweis: Die mit RM gekennzeichneten Hefte sind bis Band 36 im Verlag Rolf Mauerhardt erschienen. Die Folgenummern wurden im Auftrag des Mauerhardt-

Verlages in Österreich erzeugt, aber aus verkaufstechnischen Gründen vom Angelika-Arndt-Verlag vertrieben.

STAR UTOPIA
Kriminal-Roman
1958
Mittelformat
Josef und Maria Steffek, Wien
S 4,--
A: Allan Reed, Edward Francis u.a.
1 40,00
2 35,00
3-7 30,00
8-9 35,00
10 50,00

STEFFEN CAVE
ca. 1955
Mittelformat
Walter Peter Wrba, Wien
S 4,-- / DM 1,-- /sfr 1,--
A: Mayne Hennessy
Mexikanische Episode 1 8,00
Hinweis:
Erschien auch als COLT STORY / Einzelheft.

SUN KOH
Der Erbe von Atlantis
1948-1952
Band 1-3 = Kleinformat, Band 4-8 = Mittelformat
MZ-Zeitschriftenverlag Maria Zube, St. Konrad b. Gmunden
S 1,-- bis 2,-- / fallw. Angabe für Provinz S 1,20
A: Jan Holk
1 45,00
2 55,00
3 70,00
4-6 55,00
7 80,00
8 90,00
Hinweis:
Die Serie erschien gleichzeitig beim A. Walter Verlag in Olten, Schweiz.
Die Hefte sind ein textgleicher Nachdruck der kleinformatigen Vorkriegsserie (1933-1936) Verlag A. Bergmann, Leipzig). Es gab auch eine deutsche Nachkriegsserie SUN KOH-ABENTEUER (Planet-Verlag).

SUN NEAL
ca. 1955
Mittelformat
Pauline Helm, Wien
S 4,--
A: Randolph Murphy
Jerry, der Lächler 5,00

SUNSHINE-ROMANE
ca. 1954
Mittelformat
Rolf Mauerhardt, Wien
S 4,--
A: außen Rolf Murat, innen Carry Miller
1 7,00

TATSACHENBERICHT
ca. 1948
kleineres Mittelformat
Edition Scala, Wien
90 Groschen
A: Udo Wolter
1 10,00

TECHNIK, SPIEL UND SPORT
siehe FRISCHE SAAT (Sonderhefte)

TED MURELL / ROMANE T.M. REIHE
Nachfolgeserien: TOM MOORE / ROMAN T.M. REIHE, TED MURELL / DER TIGERROMAN
ca. 1947-1948
Mittelformat
Selbstverlag des Verfassers Ted Murell (Tom Moore), Klagenfurt
ohne Preisangabe
A: Ted Murell, Tom Moore, weitere ohne Angabe
TED MURELL / T.M. REIHE:
(1) Rätsel um Castelholm 6,00
(2) Die Tochter des Teufels 6,00

(3) Die grüne Sichel 6,00
(4) Das Gold des Flibustiers 6,00
(5) Die zwei Herzen der Lucia Moore.................... 6,00
(6) Legionär Costa 8,00
TOM MOORE / T.M. REIHE:
(7) Marcella 6,00
(8) Das Gespenst 6,00
TED MURELL / TIGERROMAN:
1-3 6,00
Hinweis: Band (1)-(8) sind nicht nummeriert. Die Reihenfolge ist durch die Vorankündigungen und spätere Titelliste ersichtlich.

TEKAKWITHA DAS INDIANERMÄDCHEN
?
Kleinformat
Katholische Schriftenmission Linz
ohne Preisangabe
A: V. Gulevich
Serientiel = Romantitel
Tekakwitha das Indianermädchen..................... 15,00

TERRY KRIMINALROMAN (Kaufhausverkauf)
1960
Mittelformat
HIRO PRODUCTION INTERNATIONAL, Wien für Intergrossa-Verlag Speyer / Rhein
80 Pf
A: Rolf Murat, Rolf Shark, Scott Kelly, Mister Mo u.a.
1-48 Keine österreichische Produktion
49-100 4,00
Hinweis:
Die Texte sind zum Teil Neuauflagen von GERRY THOOK und LARRY LESTER (Matern-kauf vom Verlag Mauerhardt).

TEXAS-BILL
ca. 1948
Mittelformat
Wilhelm Obransky, Wien
S 1,20 / DM -,20
A: Will Baxter
Jahrgang 1:
1... 20,00

TEXAS CLIFF
ca. 1955
Mittelformat
Willi Fitz, Wien
S 4,-- / DM -,70
A: Allan Cooper
Cowboy mit schlechten Manieren...................... 10,00

TEXAS KURIER
Drei Stern Edition, Wien
19..?
Zeitungsformat
S 1,50 16 Seiten ca. 23,5 x 31,5 cm
A: Diverse
1 60,00
2 - 10 45,00

TEXAS HEFT
TEXAS POLICE
TEXAS POST siehe TEXASRANGERS

TEXASRANGERS
Nachfolgeserien: TEXAS STORIES, TEXAS POLICE, TEXAS SERIE, TEXAS ROMAN, TEXAS HEFT, TEXAS POST
1951-1952
Mittelformat
TEXASRANGERS = „Alround"-Zeitschriftenverlag Wilh. Schneider, Wien. Ab TEXAS STORIES = AHV-Zeitschriften Pauline Alsdorf-Helm, Wien
S 3,50 / DM -,80
A: William Taylor, Lionel North u.a.
TEXASRANGERS:
1-4 10,00
TEXAS STORIES:
1-5 10,00
TEXAS POLICE:
1-2 10,00
TEXAS SERIE:
1-2 10,00
TEXAS ROMAN:
1.. 10,00
TEXAS HEFT:
1.. 10,00

TEXAS POST:
1 10,00

TEXAS REITER
1950-1952
Band 1-3 = übergroßes Mittelformat, Band 4-9 = Mittelformat
Margot Cermak, Wien, Band 9 = AHV, Wien
Band 1-3 = S 3,-- / DM -,80, Band 4-9 = S 2,-- bis 2,20 / DM -,30 bis -,40 / sfr -,45
A: Lionel North (Band 1-3), Nash Withe u.a.
1-3 20,00
4-8 18,00
9 20,00

TEXAS ROMAN siehe TEXASRANGERS

TEXAS SERIE
1950-1951
Mittelformat
Franz Schödl, Wien
S 1,50 bis 2,-- / DM -,30
A: Frank Head
1 8,00
2-11 7,00

TEXAS-SERIE
TEXAS STORIES siehe TEXASRANGERS

TEX STEELE
ca. 1955
Mittelformat
Walter Peter Wrba, Wien
S 4,-- / DM 1,-- / sfr 1,--
A: Ben Richards
Tödliches Gold 5,00

TEX STORY
1952
Mittelformat
Rolf Mauerhardt, Wien
S 3,50
A: Rolf Murat
1-2 5,00
Hinweis: Für diese Serie wurden diverse Hefte der WESTERN STORIES (vermutlich Restbestände oder eine Verbotsumgehung), durch Entfernung der alten und Ausstattung mit neuen Umschlägen, verwendet.

THE FALKON
ca. 1954
Mittelformat
Rolf Mauerhardt, Wien
S 4,--
A: Rolf Murat
1 7,00

THE FLAG
ca. 1954, Mittelformat
Rolf Mauerhardt, Wien
S 4,--
A: Rolf Murat
1 7,00

THE FLEET
ca. 1953, Mittelformat
Rolf Mauerhardt, Wien

S 3,50
A: Rolf Murat
1 7,00

THE GENERAL
ca. 1954
Mittelformat
Rolf Mauerhardt, Wien
S 4,-- / DM -,50
A: Rolf Murat
1 7,00

THE LIGHTNING
ca. 1953
Mittelformat
Rolf Mauerhardt, Wien
S 3,50 / DM -,40
A: Rolf Murat
1 7,00

THE MAN WITHOUT COMPASSION
ca. 1954
Mittelformat
AHV-Zeitschriften Pauline Alsdorf-Helm, Wien
S 4,-- / DM 1,-- / sfr 1,--
A: George O'Brien
Der Sohn des Sheriffs 5,00

THE MISTER X STORIES siehe MISTER „X"

THE NEW STORY
1953
Mittelformat
Rolf Mauerhardt, Wien
S 4,--
A: Rolf Murat
1 7,00

THE RANCH
ca. 1955
Mittelformat
Willi Fitz, Wien

S 4,-- / DM 1,-- / sfr 1,--
A: Allan Cooper
Das Narbengesicht 5,00

THE TRAIL
ca. 1953
Mittelformat
Rolf Mauerhardt, Wien
S 3,50
A: Rolf Murat
1 7,00

DER TIGERROMAN siehe TED MURELL

TIGER TEX (RM)
Ranger im Sonderauftrag
(innen: Nach dem Tagebuch des Texas-Rangers Ric Verby)
1964-1966
Mittelformat
Rolf Mauerhardt, Wien.
Ab Band 39 = Angelika-Arndt-Verlag, Feucht
S 4,-- bis 4,50 / div. ausländ. Währungen, Sammelband = S 15,-- / DM 2,50
A: Rolf Murat, Rod Cameron, Joe G. Tornefly, Fred Preston, Hal Warner, Tom Sisco, Rolf Shark u.a.
1 6,00
2-75 4,00
76 Dynamit am Schienenstrang 4,00
76 Den Colt in der Faust (74)............................ 4,00
77-83 4,00
Hinweis:
Nr. 76 ist doppelt besetzt, gleich mit 74.
Die mit RM gekennzeichneten Hefte sind bis Band 38 im Verlag Rolf Mauerhardt erschienen. Die Folgenummern wurden im Auftrag des Mauerhardt-Verlages in Österreich erzeugt, aber vom Angelika-Arndt-Verlag vertrieben.
RM-SAMMELBÄNDE (mit Verlags-Nummer):
2/34 (Trilogie der Hefte 2-4)............................. 12,00
6/78 (Trilogie der Hefte 6-8)............................. 12,00
34 (Trilogie der Hefte 13-15)............................. 12,00
Hinweis: Die Textseiten der Sammelbände sind von 1-192 durchnummeriert.

TIM BERRY
1949-1951
Mittelformat
Rolf Murat / Rolf Mauerhardt, Wien
S 1,50 / fallw. mit DM -,30. Sammelband = S 3,--
A: Rolf Murat (nach Tagebuchaufzeichnungen von Fred Holm)
1 45,00
2 30,00
3 18,00
4 22,00
5 90,00
6-10 30,00
11-13 25,00
14-19 18,00
Es gibt auch Nachdrucke

TIM HAINES
ca. 1955
Mittelformat
Walter Peter Wrba, Wien
S 4,-- / DM 1,-- / sfr 1,--
A: O. Rolett
Zwei Männer reiten (mit und ohne Verlagszeichen).. 5,00

TOM BURNETT siehe BRENT HOWART

TOM GREY'S ABENTEUER
1949
Mittelformat
L. Koisser, Wien VII
S 1,50
A: Robert Irving (Band 1), Peter Pest (Band 2-5)
1 55,00
2-3 45,00
4 55,00
5 85,00

TOM MOORE siehe TED MURELL

TOM SHARG
1948-1950
Kleinformat (unterschiedlich)

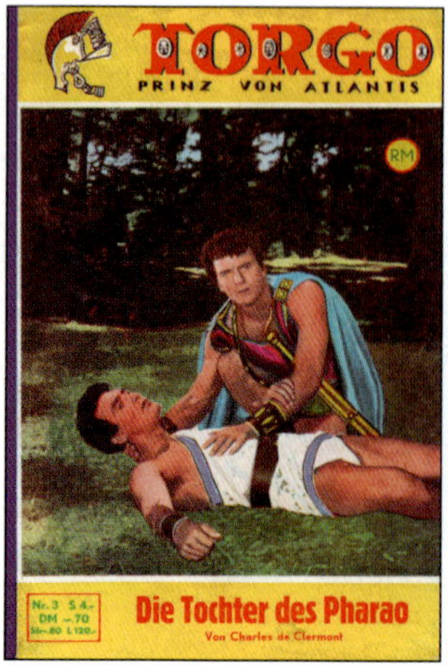

Band 1-4 = Josef Schweidlenka, Wien.
Band 5-6 = Interlit-Verlag, Wien
S 1,-- - 1,20 / Provinz S 1,10 - 1,30 / fallw. Dpf 30
A: ohne Angabe
1 135,00
2-5 80,00
6 110,00
Hinweis: Es gibt auch Nachdrucke.

TORGO
Prinz von Atlantis
ca. 1965
Mittelformat
Rolf Mauerhardt, Wien
S 4,-- / DM -,70 / sfr -,80 / L 120
A: Charles de Clermont (d.i. K.H. Koizar)
1-14 12,00

TRENT BAXTER siehe BRENT HOWART

TRUHE-ROMAN (Kaufhausverkauf)
1961, Mittelformat
HIRO, Wien
281-306 3,00
Hinweis: Neuauflagen von ROMAN DER WOCHE und ILLUSTRIERTE ROMANWOCHE.

TWINN LARUE
ca. 1955, Mittelformat
Walter Peter Wrba, Wien
S 4,-- / DM 1,-- / sfr 1,--
A: Ray Milland
Ein Mann aus Oklahoma 5,00

DER U-BOOT PIRAT
ab Band 7: U-BOOT STORY
1951-1952
Mittelformat
Isabella-Verlag, Lisa Karin Wrba, Wien
S 2,50 bis 3,50 / mit DM -,80 bis 1,-- / Band 8-9 mit sfr 1,--
A: Frank Davis (Bd. 1), Mac Whymer (Band 2-9)
U-BOOT PIRAT:
1 50,00
2-8 35,00
9 20,00

U-BOOT STORY siehe U-BOOT PIRAT

URANUS
Utopischer Zukunftsroman
1956-1958
Mittelformat
Josef und Maria Steffek, Wien
S 3,--
A: Edward Francis, Jo Steff, John Mc Neil
1 35,00
2-17 20,00
18 50,00

DIE VERHINDERTEN WOHLTÄTER
Einzeltitel, ca. 1949
Mittelformat 15 x 20,5 cm.
Oberösterreichischer Landesverlag (Ried)
36 Seiten o. P.
A: Edmund Herfert, Franz Immervoll
o.Nr. 1 20,00
Hinweis: Der Band ist illustriert und enthält eine Zweitgeschichte. Ein Löwe hat Zahnschmerzen.

DER VOLKSROMAN
ca. 1948
Mittelformat
Selbstverlag des Verfassers Ferry Fred, Wien. Später R. Pertl, Wien
S 1,30 bis 1,60
A: Ferry Fred (1), Rudi Gross (3)
1 6,00
2 ?
3 5,00

WAFFEN VON TAMPICO
siehe AMERIKANISCHE GESCHICHTE

WALT COMMING
ca. 1955
Mittelformat
Walter Peter Wrba, Wien

S 4,-- / DM 1,-- /sfr 1,--
A: Ray Milland
Revolvermann Caine 5,00

WEEKLY
ca. 1954
Mittelformat
Rolf Mauerhardt, Wien
S 4,--
A: Rolf Murat
1 7,00

DAS WEISSE HORN
ca. 1955
Mittelformat
36 Seiten
Leinmüller & Co., Wien
ohne Preisangabe
A: J. Jefremow
Serientitel = Romantitel
Das weisse Horn 4,00

WEITE WELT
siehe DIE WELT DER ABENTEUER

DIE WELT DER ABENTEUER
(Teilweise unter dem Titel WEITE WELT und ab Band 52 BOB BARRINGS ABENTEUER) bestehend aus den beiden Serien BOB BARRING und ROMANREIHE
1948-1952, ab Band 52 = 1985 bis heute
Mittelformat
Maximilian Kraemer, Wien. BOB BARRING 48-49 = Albert Kaltschmid, Wien. Ab Band 52 = Verlag Pollischansky, Wien
Sonderheft 1-2 = S 1,80. Sonderheft 3-74 = 1,50 / ab Nr. 58 mit DPf -,40. BOB BARRING Band 48-51 = S 2,50, Band 52-54 = öS 48,-- / DM 6,80. Weitere Bände ohne Preisaufdruck
A: Bob Barring, Rolf Shark. Romanreihe: Heinz Lotter, Tim Schwed, Hel Reiner, Leonardo Piccozzs u.a.

DIE WELT DER ABENTEUER – BOB BARRING:

So	Se (siehe Anmerkung)	
1		80,00
2		30,00
4		50,00
6-7		20,00
8-10		18,00
11		25,00
12		30,00
13		18,00
14		30,00
15	13	25,00
16	14	25,00
17	15	55,00
19	16	40,00
20	17	18,00
21	18	18,00
22	19	18,00
24	20	18,00
25	21	20,00
27	22	20,00
28	23	18,00
30	24	35,00
31	25	60,00
33	26	150,00
34	27	60,00
36	28	60,00
38	29	25,00
40	30	20,00
42	31	20,00
44	32	20,00
46	33	20,00
48	34	20,00
50	35	25,00
52	36	25,00
54	37	45,00
56	38	25,00
58	39	20,00
60	40	25,00
62	41	120,00
64	42	35,00
66	43	35,00
68	44	60,00
70	45	35,00

WEITE WELT – BOB BARRING:
42 46 100,00
74 47 100,00
DIE WELT DER ABENTEUER –
BOB BARRING'S ERLEBNISSE:
48 280,00
49 900,00
50 220,00
51 450,00

Neudrucke:
BOB BARRINGS ABENTEUER:
52 30,00
53-96 7,00

Nachdrucke:
BOB BARRING:
41-47 7,00
47a 7,00
48-49 7,00

DIE WELT DER ABENTEUER – ROMANREIHE:
3 18,00
5 15,00
18 3 15,00
23 4 15,00
26 5 15,00
29 6 15,00
32 7 15,00
35 8 15,00
37 9 15,00
39 10 15,00
41 11 15,00
43 12 15,00
45 13 15,00
47 14 15,00
49 15 15,00
51 16 15,00
53 17 15,00
55 18 15,00
57 19 15,00
59 20 15,00
61 21 15,00
63 22 15,00
65 23 15,00
67 24 15,00
69 25 15,00
WEITE WELT – ROMANREIHE:
72 26 20,00
73 27 25,00
Anmerkung: So = Sonderheft-Nummer
SE = Serien-Nummer
Hinweis:
Die Hefte sind von Beginn an mit einer Sonderheft-Nummer erschienen und wurden ab 15 durch eine zusätzliche Seriennummer in BOB BARRING und ROMANREIHE unterteilt. Ab Sonderheft Nr. 71 gab es eine Titeländerung von DIE WELT DER ABENTEUER in WEITE WELT, und ab Nr. 74 wurde das Erscheinen für einige Monate eingestellt. Danach erfolgte die Fortsetzung wieder unter dem Titel DIE WELT DER ABENTEUER, jedoch nur mit der Serie BOB BARRING, ohne Sonderheft-Nummer – und mit teilweiser Änderung der ursprünglich vorangekündigten Titel. Mit Band 51 wurde der Erzähl-Zyklus schließlich unterbrochen und die Serie ganz eingestellt.
Als Start einer separaten Serie gab es noch ein Sonderheft Nr. 1: DIE WELT DER ABENTEUER / UTOPISCHE ROMANREIHE (siehe dort).
Danach versuchte man im Jahr 1955 eine Neuauflage von BOB BARRING als Romanzeitung, unter dem Titel SENSATIONS-REPORTER, Verlag Willi Fitz, Wien (siehe dort). Es blieb jedoch bei nur 2 Ausgaben.
1985 gab es eine Fortsetzung der BOB BARRING-Serie, zunächst unter Verwendung der noch vorhandenen Originalmanuskripte des Autors Rolf Shark. Danach wurden vom Autor noch neue Abenteuer geschrieben (Nr. 52-96).

DIE WELT DER ABENTEUER
Utopische Romanreihe
ca. 1952
Mittelformat
Maximilian Kraemer, Wien
S 2,50
A: Karl Hans Koizar
1 Der Herr der Welt 220,00

DIE WELT DER ABENTEUER (Romanzeitung)
ab 5. Jg./1950 bis Nr. 22 neuer Titel: WEITE WELT
1946-1951
Großformat = 8 Seiten.
Ab 3. Jg./Nr. 28 = 12 Seiten
Maximilian Kraemer, Wien
20-60 Groschen / fallw. mit Ausland: 35-45 Groschen, später 15-20 D-Pfennig
A: Karl Hans Koizar, L.L. Aichhorn, Werner Trahk, Tim Schwed u.a.
1. Jahrgang / 1946:
1 (2. Februar) - (28. Dezember) 25,00
2. Jahrgang /1947:
1 (4. Jänner) - 25 (ohne Datum)........................ 25,00
Anmerkung: Nr. 13 erschien am 29.3.1947, ab Nr. 14-25 kein Ausgabedatum
3. Jahrgang / 1948:
1 (3. Jänner) - 52 (25. Dezember)...................... 20,00
4. Jahrgang /1949:
1 (1. Jänner) - 53 (31. Dezember)...................... 20,00
5. Jahrgang / 1950:
1 (7. Jänner) - 27 (8. Juli) 30,00
Anmerkung: Unterbrechung / Einstellung analog der Romanheftserie
6. Jahrgang / 1951:
1 (14. April) - 8 (ohne Datum) 35,00

WELTKRIMINALISTIK
Isabella-Tatsachenserie
ca. 1950
Mittelformat
Lisa K. Wrba, Wien
S 1,50 / ab Band 3 mit DM -,30
A: Otto Rupp, L. Piccozza, H. Rainer, L.L. Aichhorn u.a.
1.. 15,00
2-10 12,00

WELT-KRIMINAL-MAGAZIN
Aktuelle Kriminal-Rundschau aus aller Welt
1949
Mittelformat
Dr. W.H. Polzer, Graz
S 3,50
A: Dr. H. Roschau, A. Werner, Haro u.a.
1.. 25,00

DER WERTVOLLE KRIMINALROMAN
1947
Mittelformat
Abteilung Volkstümliche Schriften der Amamdus-Edition, Wien
S 1,--
A: Robert F. Parker
1-3 5,00

WEST COUNTRY
DER WESTEN siehe WESTERN STORIES

WESTERN COWBOY siehe DER COWBOY

WESTERN REPORTAGE siehe WESTERN STORIES
WESTERN STORIES
Lasso und Colt im Dienste des Gesetzes
Nachfolgeserien:
WEST-STORIES, WESTERN STORIES 2. Jahrgang, WEST COUNTRY, WEST REPORT, WESTERN REPORTAGE, WESTMÄNNER, DER WESTEN, WILDWEST ERZÄHLUNGEN; KENTUCKY STORIES
1950-1953
Mittelformat
Rolf Mauerhardt, Wien
S 3,-- bis 4,-- / fallw. mit DM -,75 bis 1,--
A: Rolf Murat
WESTERN STORIES:
1-13 18,00
WEST-STORIES:
1-6 15,00
WESTERN STORIES 2. Jahrgang:
1-3 15,00
4.. 30,00
WEST COUNTRY:
1.. 15,00
WEST REPORT:
1.. 15,00
WESTERN REPORTAGE:
1.. 15,00

WEST-MÄNNER:
1 (ist bei COWBOY STORY als Band 18 angekündigt, aber nicht erschienen) 15,00
DER WESTEN:
1 15,00
WILD-WEST ERZÄHLUNGEN:
1 15,00
KENTUCKY STORIES:
1 15,00
Hinweis: Diverse Bände der WESTERN STORIES wurden durch Entfernen der alten, und Versehen mit neuen Umschlägen, unter dem Titel TEX STORY vermarktet (vermutlich Restbestände oder eine Verbotsumgehung).

WEST-MÄNNER
WEST REPORT
WEST-STORIES siehe WESTERN STORIES

WIENER HEIMATROMAN
Falter Verlag, Wien
2009
€ 9,90 64 Seiten 15 x 22,5 cm
A: Diverse
Es blüht halt die Liebe am schönsten in Wien 5,00
Hinweis: Radioroman, welcher von den Zuhörern fortgesetzt wurde. Das Heft wird foliert mit 2 CD's ausgeliefert

WIENER KRIMINALROMAN
Wien Falter Verlag
2007
9,90 € 64 Seiten 14,5 x 22 cm
A: Diverse
Maslak drückt ein Auge zu 7,00
Hinweis:Radiokrimi, welcher von den Zuhörern fortgesetzt wurde. Das Heft wird foliert ausgeliefert, mit 2 CD's als Beilage.

WIENER KRIMINAL SERIE
Sammelband: DIE MACHT IM DUNKLEN
1948
Mittelformat
Lyra-Verlag (Oskar Molitor), Wien
S 1,30 bis 1,50 / ab Band 8 mit DM -,30.
Sammelband = S 5,--
A: Jack Perth, Leonardo Piccozza u.a.
1-10 7,00
DIE MACHT IM DUNKLEN:
Sammelband mit 6 Heften (ohne Serientitel)...... 10,00

WIENER REVUE ROMAN
1947 – ca. 1949
Mittelformat
„Wiener Revue" und Otto Flajnik, Wien
S 2,-- / Ausland S 3,-- (Bd. 1 und 3). S 1,50 (Bd. 9)
A: Josef Robert Harrer (1 und 3), Peter Prantl (9)
1-4,6-7,9, ... 5,00
5 ,8 noch nicht nachgewiesen

WIENER ROMAN
(teilweise unter dem Titel DER WIENER ROMAN)
1945-1955 (siehe Hinweis)
Mittelformat
T. Keppler & Cie., Wien
S 1,-- bis 2,-- (Jahrgang 9 bis 15)
A: Robert Hillebrand, Wolfgang Kemter, Draga Nitsche, Carla Hilderoua, Roland Waal, Robert Harrer, Eduard Franz u.a.
Jahrgang 7 / 1945
9-14 8,00
Jahrgang 8 / 1946
15-21 8,00
Jahrgang 9 / 1947/1948:
22-32 5,00
Jahrgang 10 / 1949:
1-4 5,00
5-9 6,00
10-12 4,00
Jahrgang 11 / 1950:
1-12 4,00
Jahrgang 12 / 1951:
1-12 4,00
Jahrgang 13 / 1952:
1 4,00
2 5,00
3-5 4,00
6-7 5,00
8-12 4,00

Jahrgang 14 / 1953:
1-5 4,00
6-8 5,00
9-12 4,00
Jahrgang 15 / 1954-55:
1-2 4,00
3 5,00
4-8 4,00
9-10 5,00
11-14 4,00
Hinweis: Serienbeginn 1939 – siehe Romanhefte vor 1945. Das Genre umfasst überwiegend Liebesromane, jedoch auch Abenteuer- und Kriminalerzählungen.

WIENER ROMAN-RAKETEN
1948
Mittelformat
„Universitas" Köhler & Greiner, Wien
S 1,50
A: Ernst Strübl
1 6,00
2. Jahrgang:
1 6,00

DER WIENER SHERLOCK HOLMES
ca. 1947
Mittelformat
F.A.W. Zeitschriften-Verlags-Gesellschaft, Wien
S 1,--
A: ohne Angabe
Unter falschem Verdacht 200,00
Das Blut der Borgia 250,00
Hinweis: es gibt Nachdrucke.

WILD-WEST-BILL
ca. 1948
Mittelformat
Nelken-Verlag, Graz
S 1,50 / DM -,30
A: ohne Angabe
1 55,00

WILD-WEST ERZÄHLUNGEN
siehe WESTERN STORIES

WILDWEST ROMANREIHE
1949-1950
Mittelformat
Band 1-4 = Edith M Flajnik, Wien. Band 5-8= Revue-Verlag J.J. Speer, Graz-Wien. Band 9 = Revue-Verlag, Wien
S 1,50
A: Peter Prantl (1-4), ohne Angabe (5), Frank Norton / Pit Sidney (6-9)
1 15,00
2-9 10,00

WILDWEST STORY siehe BRENT HOWART

WILL HORNER
ca. 1955
Mittelformat
Walter Peter Wrba, Wien
S 4,-- / DM 1,-- / sfr 1,--
A: Ray Milland
Der Linkshänder 5,00

WINDOW
ca. 1953
Mittelformat
Rolf Mauerhardt, Wien
S 3,50
A: Rolf Murat
1 7,00

WOKA-DE DER WEISSE HÄUPTLING
Folge 3 mit Zusatz: Indianer-Zeitung
1950
Großformat
16 Seiten
Ferdinand Sailer, Wien
S 1,50
A: George O'Brien
(1) Der Indianertöter 500,00
(2) Kampf ums Totem 500,00
(3) Raub der roten Squaw 650,00
Es gibt auch Nachdrucke
Hinweis:
Die Hefte sind nicht nummeriert. Die Reihenfolge

ist durch die Vorankündigung bzw. Titelliste auf der Rückseite ersichtlich.

DER WÜRFEL ROMAN siehe: EL CAPTAIN

WUNDERLAND
1954
Mittelformat
Gemeinschaftsverlag: St. Gabriel-Verlag, Wien-Mödling und Steyler Verlagsbuchhandlung, Kaldenkirchen, Rhld.
ohne Preisangabe (S 2,50 / DM 0,40 bis 3,-- / 0,50 laut Werbung auf FRISCHE SAAT-Heften)
1-8 3,50
9-10 4,00
Hinweis:
Die Verlagsempfehlung für diese Reihe war: Lesegut für das erste Lesealter!

WYOMING siehe EL CAPTAIN

X UND ICH siehe DER SERIENROMAN

DIE YOUNG FELLOW BÜCHEREI
ca. 1950
Band 1-7 = Kleinformat, Band 8-39 = Mittelformat
Sonnenverlag, Bauer & Co., Wien
Band 1-7 = 60 g / fallw. mit DM -,30 oder -,40
A: Tim Schwed, Bert Bergh, Will Warren, Oliver Stone u.a.
1-7 35,00
8-12 18,00
13-37 15,00
38-39 18,00

YUMA
1951
Mittelformat
J. Schwicker o.H.G., Linz
Band 1 = S 3,50. Band 2-9 = S 3,-- / fallw. mit DM 1,--
A: G.L. Hipkiss
1 50,00
2-9 35,00

DER ZEITROMAN
1947-1950
Mittelformat
Anton Hönig, Wien
Band 1-5 = S 2,--. Ab Band 6 = S 1,50 / fallw. mit DM -,40
A: Lothar Ring, Maria Pfniss, Willy Meiersdorf u.a.
1-8 7,00
9 (Sonderheft) 7,00
10-19 7,00

DER ZEITROMAN
ca. 1948
Mittelformat
Franz Frank, Graz
ohne Preisangabe
A: Rudwardt Fischer
1 10,00

ZEKE BRADDOCK
ca. 1955
Mittelformat
Walter Peter Wrba, Wien
S 4,-- / DM 1,-- / sfr 1,--
A: Ray Milland
Zieh blank – Joe! 10,00

ZORRO siehe EL ZORRO

DER ZUKUNFTSROMAN
ca. 1955
Großformat (Zeitungsroman)
Willi Fitz, Wien
(lt. Band 3) S 1,50 / DM -,40 / sfr -,40
A: Robert Ralph Rono (1-2), Arne Gascott (3)
1 500,00
2-3 450,00
Nachdrucke 2,50

KAPITEL **6**

KARL-MAY-BÜCHER
1876-1980

KARL-MAY-BUCHAUSGABEN

VORWORT

Karl May (1842-1912) begann etwa 1875, teils unter Pseudonymen, diverse Erzählungen und Romane in Zeitschriften, Kalendern und Heften zu veröffentlichen, darunter auch Kolportage-Romane (Münchmeyer-Verlag). Seit 1890 erschienen seine Erzählungen und Romane vor allem in Büchern. Karl May gehört zu den meistgedruckten deutschsprachigen Schriftstellern. Sein **100. Todesjahr 2012** nehmen wir als Anlass, auch die Karl-May-Bücher in den Romanpreiskatalog aufzunehmen. Im Unterschied zu vielen anderen Schriftstellern aus der Zeit um 1900 werden alte Karl-May-Bücher noch immer gesucht und teilweise hoch gehandelt. Im vorliegenden Kapitel wird versucht, etwas Licht in die Wertbestimmung der alten Karl-May-Bücher zu bringen. Die bibliographischen Daten basieren vor allem auf den beiden grundlegenden Bibliographien von Plaul/Klußmeier (1988) und Hermesmeier/Schmatz (2000). Siehe Anhang.
Innerhalb des umfangreichen Sammelbereiches der Karl-May-Veröffentlichungen beschränken sich die meisten Sammler auf die Buchausgaben.
Daher werden wir in diesem Roman-Preiskatalog mit den Büchern und Broschüren von Karl May beginnen. Wir beschränken uns - bis auf wenige Ausnahmen - auf Ausgaben, in denen ausschließlich Werke von Karl May zu finden sind. Die Romanhefte (außer den Lieferungsromanen) mit Karl-May-Geschichten werden weiterhin in den bisherigen Kapiteln aufgelistet.

Folgende zeitliche Abschnitte lassen sich bei den Veröffentlichungen von Karl May finden:

ca.1875 – 1890: Aufsätze, Erzählungen, Romane usw. hauptsächlich in Heften, Zeitschriften und Kalendern. Nur vereinzelt in Büchern.

1890 – 1912: Veröffentlichungen vor allem in Büchern. In der Regel wurden Erzählungen und Romane, die vorher in Zeitschriften usw. erschienen sind, in dieser Zeit als Buch-Erstausgabe veröffentlicht: bei der **Union Deutsche Verlagsgesellschaft** Stuttgart (ab 1890), ab 1892 im **Verlag Fehsenfeld**, Freiburg im Breisgau und **Münchmeyer-Verlag** (Fischer) und bei anderen Verlagen. Besonders die grüne Ausgabe des Fehsenfeld-Verlages (Freiburg) mit der einheitlichen Ausstattung der 33 Bände und dem gold-schwarzen Rücken setzte Maßstäbe und wird bis heute fast ununterbrochen fortgeführt.

1913 – 1945: Nach dem Tod von Karl May (März 1912) gründeten die Erbin Klara May und der Verleger Friedrich Ernst Fehsenfeld sowie der Jurist Dr. Euchar Albrecht Schmid 1913 den „**Verlag der Karl May-Stiftung**". Start der neuen Werkausgabe unter dem Reihentitel „Karl May´s gesammelte Werke" (Radebeuler Ausgabe).Es durfte jedoch keinen kommerziellen „Verlag der Karl May-Stiftung" geben, weil die Stiftung gemeinnützig war. Daher Umfirmierung des Verlages im Januar 1915 als „**Karl-May-Verlag Fehsenfeld & Co.**" (Radebeul). Die Karl May-Stiftung behielt ihren Namen bei. Nachdruck der alten Ausgaben (teilweise bearbeitet) und Herausgabe neuer Bände bis 1939 (bis Band 65). Eingliederung der Romane aus dem Münchmeyer-Verlag und der Union-Bände. Bis 1944 erschienen außerdem bei einigen Verlagen Lizenzausgaben des Karl-May-Verlages.

1945 – 1962: Verkauf von Lagerbeständen nach Kriegsende und Aufbindung von Restbeständen mit neuen Bucheinbänden. Von 1948 bis 1955 Vergabe von Lizenzen nach Österreich (**Verlag Carl Ueberreuter**) und an die westdeutschen Verlage **Globus** Verlagsgesellschaft (Hamburg), **Keysersche Verlagsbuchhandlung** (Heidelberg) und St. Otto-Verlag bzw. wenig später die **Bayerische Verlagsanstalt** (Bamberg). Unter dem gemeinsamen Reihentitel „**Karl-May-Bücherei**". In der Schweiz hingegen galt eine Schutzfrist von nur 30 Jahren, so daß der Pfeil-Verlag Karl May-Bücher ohne Lizenzen herausgeben konnte, solange die Bücher nur in der Schweiz verkauft wurden.

Von 1954-1960 Herausgabe der „Gesammelten Werke" Nr. 1 bis 65 durch den **USTAD-Verlag** in Bamberg (Unternehmen des Karl-May-Verlegers Dr. E. A. Schmid).
Erste Neuerscheinungen von Karl May Ausgaben seit dem Kriegsende (Nr. 66-67 und 69-70) durch den USTAD-Verlag. 1960 Umzug des Karl-May-Verlags von Radebeul bei Dresden (DDR) nach Bamberg (dort Zusammenschluss mit dem USTAD-Verlag).

1962 bis heute: 50 Jahre nach dem Tod von Karl May sind die Rechte frei. Bücher konnten ohne Lizenzen herausgebracht werden (soweit es die Textfassungen vor 1912 betraf). Einen Boom von Veröffentlichungen gab es seit 1962 besonders auch in Folge der Karl-May-Filme. Der Karl-May-Verlag Bamberg (seit 1996: Bamberg/Radebeul) bringt seit 1960 weitere Bände heraus (Nr. 68 sowie 71-88 und 91- 92).

Im Folgenden beschränken wir uns im Wesentlichen auf die Zeitabschnitte bis etwa 1980. Eine Ausnahme bilden die DDR-Veröffentlichungen ab 1982 und der Karl-May-Verlag, Bamberg. Reprints der Originalbücher und Hefte werden bei den jeweiligen Reihen oder Einzeltiteln aufgelistet.

Joachim Knüppel Comicladen-Kollektiv, Hamburg

1. KARL MAY BUCHAUSGABEN

1876–1912

1.1. DER FEHSENFELD-VERLAG

Wie kein anderer Verlag in dieser Zeit steht der Fehsenfeld-Verlag in Freiburg (Breisgau) für Karl May. Erstmals wurde in diesem Verlag versucht das Gesamtwerk Karl Mays in einer Werkausgabe zu veröffentlichen. Was vorher in Zeitschriften, Zeitungen und Kalendern von Karl May veröffentlicht worden war, wurde nun ab 1892 in den grünen Bänden in einheitlicher Ausstattung präsentiert.

„Die von Fehsenfeld geschaffene grün-goldene Einbandgestaltung wurde - einmalig in der Literatur - zum Markenzeichen, das bis heute untrennbar mit dem Namen Karl May verbunden ist. Das Erscheinungsbild hat sich dabei gegen alle Trends und Modeerscheinungen behauptet und kaum verändert. Die Schrifttypen und Deckelbilder sind zwar gelegentlich ausgewechselt worden. Doch mit der grünen Einbandfarbe und dem goldenen Medaillon auf dem arabesk verzierten, schwarz geprägten Rücken liegt seit nunmehr... [fast 120] Jahren ein ungebrochen attraktives Format vor."
aus: Wolfgang Hermesmeier/Stefan Schmatz, „Entstehung und Ausbau der Gesammelten Werke" in, „Der geschliffene Diamant" (2003), S. 347.

Für die Buchveröffentlichung sah Karl May teilweise seine alten Veröffentlichungen durch, bearbeitete sie oder schrieb neue Überleitungen. Einige Bände hat er außerdem neu für die „gesammelten Reiseerzählungen" geschrieben. Außer diesen grünen Leinenbänden gab es damals im Verlag noch andere Ausstattungen dieser Reihe, aber auch ergänzende Veröffentlichungen, die inhaltlich nicht zu der Reihe passten.
Durch Karl Mays Tod 1912 wurde die Reihe nicht zu Ende geführt. Erst mit der Gründung des Verlag der Karl May-Stiftung bzw. des Karl-May-Verlages wurde die Reihe nach 1912 unter einem anderen Reihennahmen wieder aufgenommen und weitergeführt.

BABEL UND BIBEL
Arabische Fantasia in zwei Akten
von Karl May
1906
Freiburg i. Br., Verlag von Friedrich Ernst Fehsenfeld
203 Seiten, 26,4 x 24,4 cm, B. und Br.,
Broschur .... Liebhaberpreis
Leinenausgabe 350,00
Nummerierte Lederausgabe 1000,00
Hinweis:
Die Gesamtauflage betrug 1200 Exemplare.
Siehe auch Teil 1913-1945.

ERZGEBIRGISCHE DORFGESCHICHTEN
Karl Mays Erstlingswerke.
Autorisierte Ausgabe.
Band 1.
(1907)
Freiburg i. Br., Friedrich E. Fehsenfeld
550 Seiten, 20,2 x 15,5 cm
Blauer Leinenband (ähnlich den Illustrierten Reiseerzählungen) 350,00
andere Aufmachungen 450,00
Hinweis:
Neuausgabe im größeren Format der Ausgabe von 1903 (siehe Münchmeyer-Verlag).

HIMMELSGEDANKEN
Gedichte von Karl May
o. J. [1900]
Freiburg i. Br., Verlag von Friedrich Ernst Fehsenfeld,
364 Seiten, 11,5 x 18,2 cm
Broschur-Ausgabe .... Liebhaberpreis
Leinenausgabe normal 250,00
Üppige Leinenausstattung:
Stern mit Strahlen auf dem Titel 450,00
Lederausgabe schwarzes Leder 800,00
Lederausgabe blaues Leder .... Liebhaberpreis
Schutzumschlag 150,00
Hinweis:
Es gibt einen Pappschuber. Noch nicht verarbeitete Rohblocks wurden 1918 mit neuem Einband und Titelbild von Sascha Schneider versehen und als Band 49 der „Gesammelten Werke" (Radebeul-Ausgabe) angeboten. Siehe da.

„KARL MAY ALS ERZIEHER“
und „Die Wahrheit über Karl May“
oder Die Gegner Karl Mays in ihrem eigenen Lichte
von einem dankbaren May-Leser
1902
Freiburg i. Br., Verlag von Friedrich
Ernst Fehsenfeld
160 Seiten, 20,0 x 13,4 cm, 10 Pfennig
Broschur 80,00
Hinweis:
In einer Auflage von 100 000 Exemplaren erschienen. Von Karl May (pseudonym). Bekannt als „Der dankbare Leser“. Es gibt einen Nachdruck der KMG-Presse Ubstadt in mehreren Auflagen.

KARL MAY´S GESAMMELTE REISEERZÄHLUNGEN
auch
Carl May´s gesammelte Reiseromane
Karl May`s gesammelte Reiseromane
Karl May´s gesammelte Reiseerzählungen
Karl May´s gesammelte Reiseerlebnisse
Karl Mays Reiseerzählungen
1892-1910
Freiburg i. Br., Verlag von Friedrich Ernst Fehsenfeld

Diese Reihe umfasste 33 Bände in mindestens acht verschiedenen Ausstattungen:
als Lieferungsausgabe (Hefte), als Broschur, mit grünem Leinenband, als teurere Halblederausgabe (Halbfranz), als Kalblederausgabe und als Saffianband (rotes Leder), außerdem seit 1904 Teilauflagen der Buchausgaben mit Sascha-Schneider-Titelbildern und sogenannten Klassiker-Ausgaben in roter Leinenausstattung, die erst vor einigen Jahren den Fehsenfeld-Verlag zugeordnet werden konnten (nachgewiesen etwa 18 Ausgaben mit unterschiedlichen Auflagen).

Bei den „gesammelten Reiseromanen“ bzw. „Reiseerzählungen“ findet man oft kein Erscheinungsdatum. Sollte keine Auflagenzahl erwähnt werden, handelt es sich in der Regel um die erste Auflage. Leider findet sich auch nur bei einem Teil der Erstauflagen eine Jahreszahl. Wo diese fehlt, wird diese Information in Klammern gesetzt.
Der Reihentitel „gesammelte Reiseromane“ wurde ab 1896 allmählich auf Wunsch Karl Mays in „gesammelte Reiseerzählungen“ geändert. Ab 1895 wurde nach und nach die Schreibweise Karl May statt Carl May verwendet. Das gilt auch für die Neuauflagen älterer Bände.
Eine Ausnahme bilden die Halbleder- und Lederausgaben. Auf den Buchrücken findet man hier stets nur „Carl May“.

Die grünen Fehsenfeld-Bände Nummer 4-9 und 11 erhielten zwischen 1896 und 1900 neue Titelbilder (Deckelillustrationen). Die Bücher mit dem früheren Deckelbildern (1. Deckelbild) werden höher gehandelt.
Da mitunter nicht alle gedruckten Buchblocks (Innenteil) der Auflagen immer vollständig aufgebraucht wurden, konnte es später zu Varianten kommen, als alte Buchblocks mit neuen Einbanddecken versehen wurden. Es würde jedoch den Rahmen dieses Preisführers sprengen, hier alle Varianten aufzuführen.
Die unten aufgeführten Preise gelten für die grünen Leinenausgaben (17,5 x 11 cm). Außerdem werden die Sammlerpreise für die Sascha Schneider-Ausgaben (17,5 x 11 cm) und die Lieferungshefte (18,8 x 12,4 cm) aufgeführt. Die Sammlerpreise der teureren Ausstattungen werden am Schluss der 33 Bände aufgelistet. Die illustrierte Reihe (Geschenkausgabe oder „Blaue Fehsenfeld-Reihe“) schließt sich an.

1 **Durch Wüste und Harem**
(1892)
ab 4. Aufl. [1895]:
Durch die Wüste
[1.-5. Tausend, 1. Aufl.]:
ohne Angabe der Auflage 800,00
Zweite Auflage: [6.-10.Tsd.] 600.00
Dritte Auflage:
11.-15. Tausend 650,00
höhere Aufl.: 16.-73. Tsd. 60,00

Sascha Schneider-Ausgabe:*
ab 12. Aufl. (56. Tausend): 180,00
Lieferungsausgabe 1-10:
„Durch Wüste und Harem“
Heft 1 farbig.. 200,00
„Durch Wüste und Harem“
Heft 1 s/w und 2 - 9 80,00
„Durch die Wüste“: 40,00
Hinweis: Die ersten zwei Auflagen der grünen Leinenbände sind ohne Angabe der Auflagenhöhe.
*Siehe längerem Hinweis nach Band 33.

2 **Durchs wilde Kurdistan**
[1892]
[1.-7. Tsd. 1. Aufl.]: 300,00
2.-3. Auflage (?) 80,00
höhere Aufl.:
14.-60. Tsd. 80,00
Sascha Schneider-Ausgabe
(ab 46. Tausend): 150,00
Lieferungsausgabe: 11-20.......................... 40,00
Hinweis: Die ersten drei Auflagen sind ohne Angabe der Auflagenhöhe.

3 **Von Bagdad nach Stambul**
[1892]
[1. Aufl. , 1.-7. Tausend]: 300,00
höhere Aufl.: 8.-55. Tsd. 80,00
Sascha Schneider-Ausgabe:
(ab 41. Tausend) 150,00
Lieferungsausgabe 21-30:.......................... 40,00
Hinweis:
Mit einem Porträt des Verfassers: 1. - 35. Tausend mit Unterschrift „Dr. Karl May“, ab 36.-40. Tausend nur „Karl May“. Ab 41. Tsd. anderes Porträt ohne Unterschrift.

4 **In den Schluchten des Balkan**
[1892]
[1. Aufl., 1.-10. Tausend]: 300,00
11.-20. Tausend: 250,00
21.-53. Tausend:
mit 2. Deckelbild.............................. 80,00
21.-25. Tsd. mit 1. Deckelbild:.................. 250,00
Sascha Schneider-Ausgabe
(ab 41. Tausend): 150,00
Lieferungsausgabe 31-40:.......................... 40,00
Hinweis:
1. Deckelbild: einzelner orientalischer Kämpfer
2. Deckelbild: Reiter in Schlucht.
Im Fehsenfeld-Verlag erschien noch 1913 die Auflage 51.-53. Tausend.

5 **Durch das Land der Skipetaren**
[1892]
[1. Aufl., 1.-10. Tausend]:.......................... 300,00
11.-20. Tausend:
(1. Deckelbild: wie Band 4) 200,00
21.-50. Tausend:
(2. Deckelbild: wie Band 4) 60,00
Sascha Schneider-Ausgabe
(ab 36. Tausend): 150,00
Lieferungsausgabe 41-50:.......................... 40,00

6 **Der Schut**
[1892]
[1. Aufl., 1.-10. Tausend]: 350,00
11.-15. Tausend:
(1. Deckelbild: wie bei Band 4) 250,00
16.-52. Tausend:
(2. Deckelbild: wie bei Band 4) 60,00
Sascha Schneider-Ausgabe
(ab 41. Tausend):...................................... 150,00
Lieferungsausgabe 51-60: 40,00

7 **Winnetou der Rote Gentlemen**
1. Band
[1893]
Titeländerung ab 46. Tausend Auflage:
„Winnetou 1. Band“
[1.-10. Tausend]:...................................... 350,00
11.-15. Tausend: 1. Deckelbild................. 250,00
16.-45. Tausend: 2. Deckelbild................... 80,00

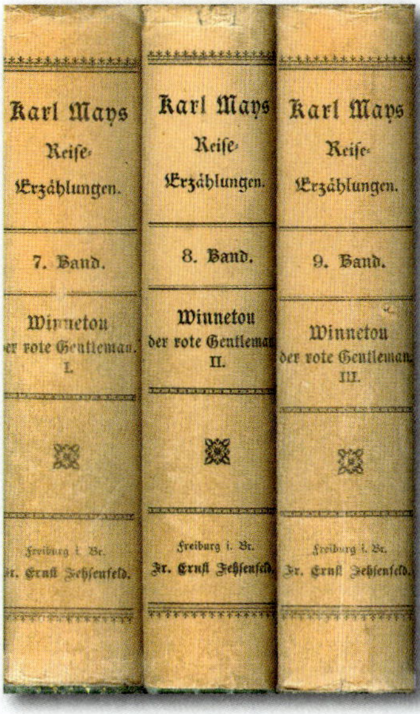
Karl Mays Reise-Erzählungen.
7. Band.
Winnetou der rote Gentleman. I.
Freiburg i. Br. Fr. Ernst Fehsenfeld.
Karl Mays Reise-Erzählungen.
8. Band.
Winnetou der rote Gentleman II.
Freiburg i. Br. Fr. Ernst Fehsenfeld.
Karl Mays Reise-Erzählungen.
9. Band.
Winnetou der rote Gentleman III.
Freiburg i. Br. Fr. Ernst Fehsenfeld.

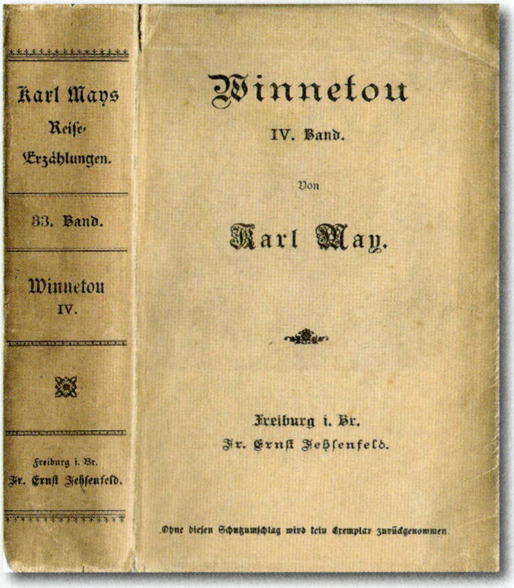
Karl Mays Reise-Erzählungen.
33. Band.
Winnetou IV.
Freiburg i. Br. Fr. Ernst Fehsenfeld.
Winnetou
IV. Band.
Von
Karl May.
Freiburg i. Br.
Fr. Ernst Fehsenfeld.
Ohne diesen Schutzumschlag wird kein Exemplar zurückgenommen.

Winnetou

Winnetou

46.-65. Tausend: 2. Deckelbild.................... 80,00
Sascha Schneider-Ausgabe
(ab 46. Tausend): 150,00
Lieferungsausgabe 61-70:.......................... 40,00
Hinweis:
1. Deckelbild:
Old Shatterhand und Winnetou am Lagerfeuer.
2. Deckelbild:
Winnetou am Baum lehnend. Dieser 1. Band wurde von Karl May extra für die Fehsenfeld-Ausgabe geschrieben. Achtung! Es gibt einen Nachdruck der vier Winnetou-Bände durch den Karl-May-Verlag, Bamberg.

8 **Winnetou der Rote Gentleman 2. Band**
[1893]
Titeländerung ab 46. Tausend:
„Winnetou 2. Band"
[1.-10. Tausend]: 350,00
11.-20. Tausend: 250,00
21.-25. Tsd. 1. Deckelbild......................... 250,00
21.-45. Tsd. 2. Deckelbild........................... 80,00
46.-65. Tausend:.. 80,00
Sascha Schneider-Ausgabe
(ab 46. Tausend): 150,00
Lieferungsausgabe 71-80:.......................... 40,00
Hinweis: Unters. Deckelbilder wie bei Band 7

9 **Winnetou der Rote Gentleman 3. Band**
[1893]
Titeländerung ab 41. Tausend:
„Winnetou 3. Band"
[1.-10. Tausend]: 350,00
11.-20. Tsd.: 1. Deckelbild........................ 250,00
21.-40. Tsd.: 2. Deckelbild.......................... 80,00
41.-60. Tsd. 80,00
Sascha Schneider-Ausgabe
(ab 41. Tausend): 150,00
Lieferungsausgabe 81-90:.......................... 40,00
Hinweis: Unters. Deckelbilder wie bei Band 7.

10 **Orangen und Datteln**
Reisefrüchte aus dem Oriente von Carl May
1894 [1893]
[1.-10. Tausend]: 160,00
11.-45. Tausend: 70,00
Sascha Schneider-Ausgabe
(ab 31. Tausend): 160,00
Lieferungsausgabe 91-100:......................... 40,00

11 **Am Stillen Ocean**
1894
[1.-10. Tausend]:...................................... 300,00
11.-25. Tausend:....................................... 200,00
26.-30. Tausend: 1. Deckelbild................. 200,00
26.-30. Tausend: 2. Deckelbild................... 60,00
31.- 42. Tausend:.. 60,00
Sascha Schneider-Ausgabe:
(ab 31. Tausend): 160,00
Lieferungsausgabe: 100-110...................... 40,00
Hinweis:
Ab dem 26. Tsd. neues Deckelbild (4 Personen zwischen Felsen mit Lasten). Im Übergang jedoch auch noch mit dem ersten Deckelbild (Gefesselter fällt ins Wasser).

12 **Am Rio de la Plata**
1894
[1.-10. Tausend]: 160,00
11.-45. Tausend: 60,00
Sascha Schneider-Ausgabe
(ab 31. Tausend): 150,00
Lieferungsausgabe: 111-121...................... 40,00

13 **In den Cordilleren**
später: In den Kordilleren
1894
[1.-10. Tausend]: 160,00
11.-45. Tausend: 80,00
Sascha Schneider-Ausgabe
(ab 31. Tausend): 160,00
Lieferungsausgabe:122-130........................ 40,00

14 **Old Surehand 1. Band**
[1894]
[1.-10. Tausend]: 160,00
11.-45. Tausend: 80,00
Sascha Schneider-Ausgabe
(ab 31. Tausend): 160,00
Lieferungsausgabe: 131-140........................ 40,00
Hinweis:
Auch dieser 1. Band wurde von Karl May extra für die Fehsenfeld-Reihe geschrieben.

15 **Old Surehand 2. Band**
[1895]
[1.-10. Tausend]: 180,00
11.-43. Tausend: 90,00
Sascha Schneider-Ausgabe
(ab 31. Tausend): 150,00
Lieferungsausgabe 141-150:....................... 40,00

16. **Im Lande des Mahdi. 1. Band**
1896
1. Auflage, 1.-5. Tausend: 200,00
6.-35. Tausend: 90,00
Sascha Schneider-Ausgabe:
(ab 26. Tausend):....................................... 180,00
Lieferungsausgabe 151-160:....................... 40,00

17. **Im Lande des Mahdi. 2. Band**
1896
1. Auflage, 1.-5. Tausend: 200,00
6.-35. Tausend: 90,00
Sascha Schneider-Ausgabe:................................
(ab 26. Tausend):....................................... 180,00
Lieferungsausgabe 161-170: 40,00

18 **Im Lande des Mahdi. 3. Band**
1896
1. Auflage, 1.-5. Tausend: 200,00
6.-35. Tausend: 90,00
Sascha Schneider-Ausgabe:
(ab 26. Tausend): 180,00
Lieferungsausgabe: 171-180........................ 40,00

19 **Old Surehand 3. Band**
[1896]
1.-15. Tausend (1. Aufl.): 140,00
16.-25. Tausend:... 90,00
26.-40. Tausend: ohne
Frontispiz (Foto) 70,00
Sascha Schneider-Ausgabe
(ab 31. Tausend): 180,00
Lieferungsausgabe: 181-190....................... 40,00
Hinweis:
Auflagen 1-25. Tsd. mit Porträtfoto Old Shatterhands (Dr. Karl May). Ab 26. Tsd. teilweise mit, ab 31. Tsd. ohne Porträtfoto.

20 **Satan und Ischariot 1. Band**
1897 [1896]
1.-10. Tausend (1. Aufl.): 180,00
11.-35. Tausend:... 90,00
Sascha Schneider-Ausgabe
(ab 26. Tausend):...................................... 180,00
Lieferungsausgabe 191-200: 40,00

21 **Satan und Ischariot 2. Band**
1897
1.-10. Tausend (1. Aufl.): 180,00
11.-35. Tausend: 90,00
Sascha Schneider-Ausgabe
(ab 21. Tausend): 180,00
Lieferungsausgabe 201-210:....................... 40,00

22 **Satan und Ischariot 3. Band**
1897
1.-10. Tausend (1. Aufl.): 180,00
11.-35. Tausend:... 90,00
Sascha Schneider-Ausgabe
(ab 21. Tausend): 180,00
Lieferungsausgabe 211-220: 40,00

23 **Auf fremden Pfaden**
1897
1.-10. Tausend (1. Aufl.):......................... 180,00
11.-35. Tausend: 90,00

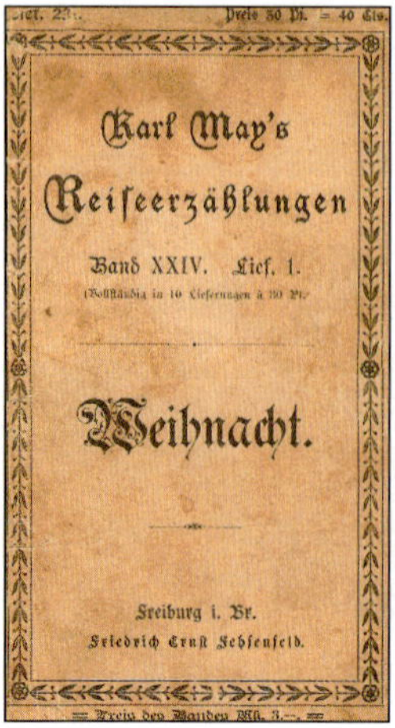

Sascha Schneider-Ausgabe
(ab 26. Tausend): 180,00
Lieferungsausgabe 221-230: 40,00

24 **„Weihnacht!“**
1897
1.-15. Tausend: (1. Aufl.) 160,00
16.-40. Tausend: 80,00
Sascha Schneider-Ausgaben:
1.-15. Tausend:... 180,00
16.-40. Tausend: 120,00
Lieferungsausgabe 231-240:...................... 40,00
Hinweis:
Auch dieser Band wurde von Karl May extra für die „Gesammelten Reiseerzählungen“ geschrieben. Restbestände der Buchblocks der ersten Auflagen vor 1903 wurden mit einer Sascha Schneider-Ausstattung versehen. Es gibt einen Nachdruck durch den Karl-May-Verlag, Bamberg.

25 **Am Jenseits**
1899
1.-15. Tausend: (1. Aufl.)......................... 160,00
16.-30. Tausend:.. 70,00
Sascha Schneider-Ausgaben:
(ab 21.Tausend): 160,00
Lieferungsausgabe 261-270:...................... 40,00
Hinweis:
Band 26 und 27 erschienen vor Band 25.

26. **Im Reiche des silbernen Löwen 1. Band**
1898
1.-15. Tausend: (1. Aufl.) 160,00
16.-35. Tausend: 70,00
Sascha Schneider-Ausgaben:
(ab 26. Tausend): 150,00
Lieferungsausgabe 241-250:...................... 40,00

27 **Im Reiche des silbernen Löwen 2. Band**
1898
1.-15. Tausend: (1. Aufl.) 160,00
16.-35. Tausend: 70,00

Sascha Schneider-Ausgaben:
(ab 26. Tausend): 150,00
Lieferungsausgabe 251-260:...................... 40,00

28. **Im Reiche des silbernen Löwen 3. Band**
[1902]
1.-5. Tausend: (1. Aufl.) 200,00
6.-27. Tausend: 80,00
Sascha Schneider-Ausgaben:
(ab 16. Tausend): 150,00
Lieferungsausgabe 271-280: 80,00

29 **Im Reiche des silbernen Löwen 4. Band**
[1903]
1.-5. Tausend: (1. Aufl.) 200,00
16.-25. Tausend: 100,00
Sascha Schneider-Ausgaben:
1.-5. Tausend: 220,00
16.-25. Tausend: 150,00
Lieferungsausgabe 281-290:...................... 80,00

30 **Und Friede auf Erden!**
[1904]
1.-5. Tausend (1. Auflage)
grüne normale Ausgabe mit schwarz-goldener Rückenprägung:
.... nicht nachgewiesen*
Sascha-Schneider-Ausgabe (grau-blau) 120,00
Grüne Jugendstil-Ausgabe
(Jugendstil-Ornamente auf Titel, statt illustriertem Deckelbild.
Grüner Leinenband mit schwarz-goldenen Rücken): .... Liebhaberpreis

<u>höhere Auflagen:</u>
6.-20.Tausend
normale grüne Ausgabe mit schwarz-goldener Rückenprägung: 400,00
Sascha-Schneider-Ausgaben...................... 80,00

Lieferungsausgabe: 291-300.................... 100,00

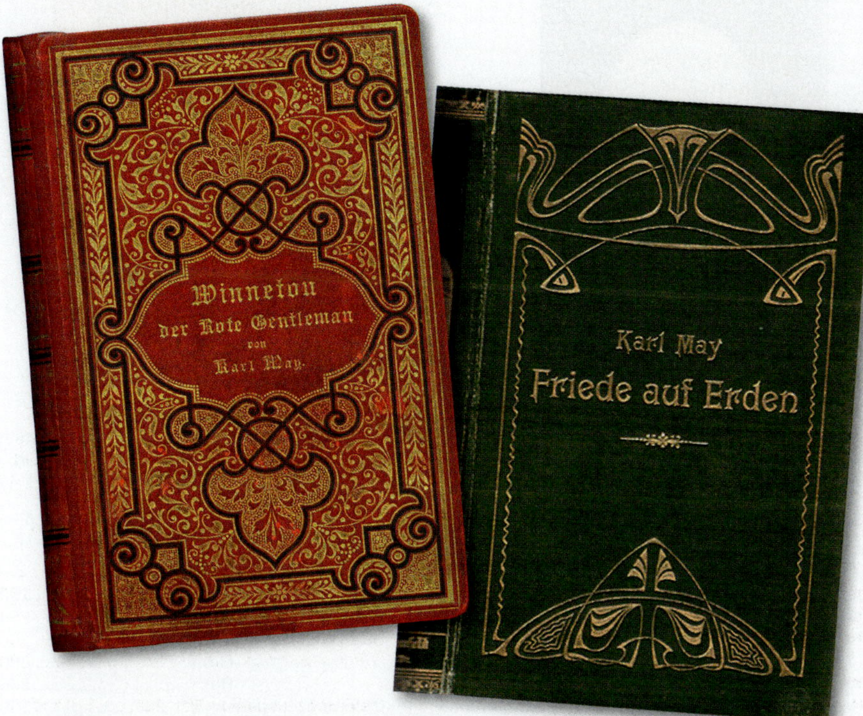

Leinenband, Broschur, Halbfranz, Kalbleder

Die Sascha-Schneider-Ausgaben

Hinweis: Siehe Abbildung eine Seite vorher.
*Im Unterschied zu den anderen Nummern der „gesammelten Reiseerzählungen" ist dieser Band vor allem in der Sascha Schneider-Ausgabe erschienen. Die normale grüne Ausgabe mit der schwarz-goldenen Rückenprägung und einem Deckelbild ist hingegen sehr viel seltener und erst ab den höheren Auflagen nachgewiesen! Das Deckelbild von Sascha Schneider ist auch auf der grünen Ausgabe (ab 2. Auflage). Es existieren Privatbindungen der 1. Auflage (Broschur, Lieferungen) mit zugekauftem traditionellen grünen Buchdeckel, die sich u. a. an fehlender Marmorierung sowie einer Fadenbindung von den Verlags-Ausgaben unterscheiden. Die Jugendstilausgabe gibt es nur in der 1. Auflage in einer sehr geringen Auflage. Sie wurde jedoch schon mehrmals nachgewiesen.

31 **Ardistan und Dschinnistan 1. Band**
[1909]
1.-10. Tausend:
grüne Ausgabe: 300,00
Grüne Jugendstil-Ausgabe (Jugendstil-Ornamente auf Titel, statt illustriertem Deckelbild. Grüner Leinenband mit schwarz-goldenen Rücken): .... Liebhaberpreis
Sascha Schneider-Ausgabe (rot):.............. 500,00
Lieferungsausgabe: 301-310................... 150,00
Hinweis:
Es gab die normale grüne Ausgabe und eine Sascha Schneider-Ausgabe (rotes Leinen), jedoch Beide mit dem Sascha Schneider-Deckelbild. Außerdem - wie bei Band 30 - eine sehr seltene „Jugendstilausgabe".

32 **Ardistan und Dschinnistan 2. Band**
[1909]
1.-10. Tausend:
grüne Ausgabe: 250,00
Sascha Schneider-Ausgabe (rot): 500,00
Lieferungsausgaben: 311-321................. 150,00
Hinweis:
Es gab die normale grüne Ausgabe und eine Sascha-Schneider-Ausgabe (rotes Leinen), jedoch beide mit dem Sascha Schneider-Deckelbild.

33 **Winnetou 4. Band**
[1910]
1.-10. Tausend:
grüne Ausgabe:
Sascha Schneider Deckelbild: 250,00
Winnetou-Deckelbild (am Baum):.............. 250,00
Sascha Schneider-Ausgabe:
Grau:............................ 800,00
Rot:.............................. 500,00
Lieferungsausgaben: 321-330.................. 200,00

Schutzumschlag zu 1-33:.............................. 100,00

Broschur-Ausgabe:
(18,5 x 11 cm) 1-33 .... Liebhaberpreis

Halbfranz-Ausgabe (Halbleder):
1 mit dem Titel
„Durch Wüste und Harem" 500,00
1-15 300,00
16-28 450,00
29-33 600,00

Rote Klassiker-Ausgabe (Leinen):
1-15 600,00
16-20 700,00
21-33 .... noch nicht nachgewiesen
Hinweis: Siehe Abbildung eine Seite vorher.

Kalbleder-Ausgabe (Ganzleder):
1-33 1300,00

Saffianleder-Ausgabe (rot):
1-33 .... Liebhaberpreis

*** Sascha Schneider Bände**
Von den Bänden 1 bis 33 gibt es ab 1904 Ausgaben, die von den normalen grünen Leinenbänden abweichen. Ein Teil der jeweiligen Auflage wurde auf Wunsch

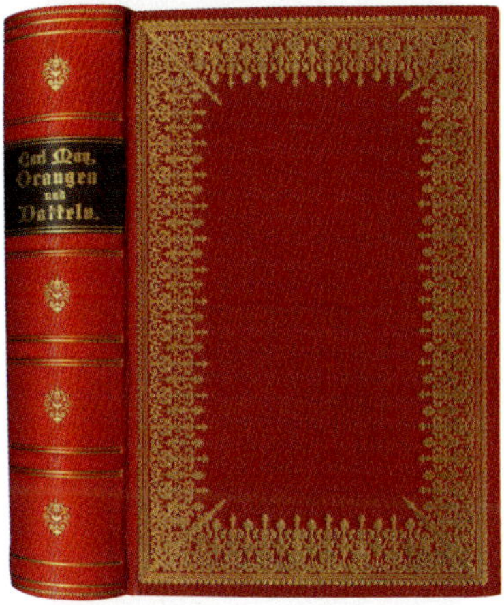

Karl Mays mit symbolisch-allegorischen Illustrationen (Deckelbild) seines Künstlerfreundes Sascha Schneider versehen. Diese Sonderauflagen mit andersfarbigen Leinen ist - bis auf die Nummer 30 - seltener als die „Grüne Reihe".

Von den 33 Fehsenfeld-Ausgaben gibt es Reprints vom Karl-May-Verlag Bamberg. Die Bände wurden 1982-1984 gedruckt und im Laufe der Zeit in sechs verschiedenen Ausstattungen aufgebunden (chronologische Reihenfolge):

Halbkunstleder-Ausgabe (Skivertex)
1982-1984: 1-33 18,00
Hinweis:
Standard-Ausgabe. Skivertexausstattung. Nur die Rückenschilder nach Vorbild (Neupreis. 24,90).

Nummerierte Halbleder-Ausgabe:
1982-1984: 1-33 50,00
Hinweis:
Sogenannte „**Prachtausgabe**" nach dem Vorbild der Fehsenfeld-Halbfranz-Edition. Limitiert auf 400 nummerierte Exemplare. Vollständige und mit gleicher Nummer versehene Reihen sind aufpreispflichtig. Nicht nummerierte Exemplare sind mit Preisabschlägen zu versehen.

2. Halbleder-Ausgabe
[1984] 1-33 38,00
Hinweis:
Die sogenannte „**Luxusausgabe**" löste nach Ausverkauf der nummerierten Halbleder-Ausgabe diese ab. Nach Vorlage der Fehsenfeld-Kalblederausgabe hergestellt (Neupreis: 54,90).

Sascha Schneider-Ausgabe
[1991] 1-33
777 nummerierte Exemplare 15,00
Hinweis:
Laminierte Pappbände, angelehnt an die Fehsenfeld-Schneider-Ausgabe in der eigentlichen „Wunschfarbe" Karl Mays (violett).

Grüne Leinen-Ausgabe
(Sonderausgabe „Fehsenfeld")
[1996ff.]
7,8,9,33 40,00
24 70,00
Hinweis:
„Seit 1996 werden die vier Winnetou-Bände als Set angeboten (limitiert auf 250 Reihen). Ideengeber war der schon zuvor nur als Weihnachtsgabe für Freunde des Verlages hergestellte Band „Weihnacht!", dessen Restbestände dann aber erst später für jedermann zum Kauf angeboten wurden. Die Stückzahl war immer geringer, und dieser Band ist auch vergriffen."
Information von Wolfgang Hermesmeier.

Rote Lederausgabe
[?]
1-33 250,00
Hinweis:
Nach Vorbild der seltenen Fehsenfeld-Saffianlederausgabe. Diese Ausgabe war nie für den Handel bestimmt, sondern wurde ausschließlich als Belegstück für den Verlag bzw. als Präsent für wichtige Geschäftspartner hergestellt. Es soll sieben vollständige Reihen geben und vielleicht eine Handvoll Einzelstücke, die sich in Sammlerhand befinden.
Siehe Abbildung oben!

SASCHA SCHNEIDER [MAPPE]
Titelzeichnungen zu den Werken Karl Mays
[1905]
Freiburg i. Breisgau,
Verlag von Friedrich Ernst Fehsenfeld
Halbleinenmappe mit Verschlussbändern 500,00
Hinweis:
1905 erschien die **Mappe** mit den Bildern von Sascha Schneider (25 Titelzeichnungen zu den Werken Karl Mays). 1924 erschien eine zweite Auflage: „EMPOR ZUM LICHT!"

KARL MAYS ILLUSTRIERTE REISEERZÄHLUNGEN
(sog. Blaue Fehsenfeld-Ausgabe), 1907-1912
Freiburg i. Br., Friedrich Ernst Fehsenfeld
13,5 x 20,2 cm, Leineneinband (blau).
14,3 x 21,0 cm, Lieferungen
Nr. 1-30

1. **Durch die Wüste**
1907
1.-5. Tausend (1. Aufl.) 150,00
6.-10.Tausend.. 100,00
Lieferungsausgabe: 1-10............................ 60,00
Hinweis:
Illustrationen und Tafeln von Peter Schnorr

2 **Durchs wilde Kurdistan**
1907
1.-5. Tausend.. 140,00
6.-9. Tausend.. 100,00
Lieferungsausgabe: 11-20.......................... 40,00
Hinweis:
Illustrationen und Tafeln von Claus Bergen.

3 **Von Bagdad nach Stambul**
1907
1.-5. Tausend.. 140,00
6.-9. Tausend.. 100,00
Lieferungsausgabe: 21-30.......................... 40,00
Hinweis:
Illustrationen und Tafeln von Willy Moralt.

4 **In den Schluchten des Balkan**
1908
1.-5. Tausend.. 150,00
6.-7. Tausend.. 110,00
Lieferungsausgabe: 31- 40.......................... 40,00
Hinweis:
Illustrationen und Tafeln von Peter Schnorr

5 **Durch das Land der Skipetaren**
1908
1.-5. Tausend.. 150,00
6.-7. Tausend.. 110,00
Lieferungsausgabe: 41-50.......................... 40,00
Hinweis:
Illustrationen und Tafeln von Willy Moralt

6 **Der Schut**
1908
1.-5. Tausend.. 150,00
6.-7. Tausend.. 110,00
Lieferungsausgabe: 51-60.......................... 40,00
Hinweis:
Illustrationen und Tafeln von Claus Bergen.

7 **Winnetou 1. Band**
1908
1.-5. Tausend.. 160,00
6.-7. Tausend.. 120,00
Lieferungsausgabe: 61-70.......................... 50,00
Hinweis:
Illustrationen und Tafeln von Claus Bergen.

8 **Winnetou 2. Band**
1909
1.-7. Tausend.. 150,00
Lieferungsausgabe: 71-80.......................... 50,00
Hinweis:
Illustrationen und Tafeln von Klaus Bergen
[= Claus Bergen]

9 **Winnetou 3. Band**
1909
1.-7. Tausend.. 150,00
Lieferungsausgabe: 81-90.......................... 50,00
Hinweis:
Illustrationen und Tafeln von Claus Bergen.

10 **Orangen und Datteln**
1909
1.-7. Tausend.. 140,00
Lieferungsausgabe: 91-100........................ 40,00
Hinweis:
Illustriert (Tafeln)von Willy Planck.

11 **Old Surehand 1. Band**
1909
1.-7. Tausend 140,00
Lieferungsausgabe: 101-110 40,00
Hinweis:
Illustriert (Tafeln) von Claus Bergen

12 **Old Surehand 2. Band**
1909
1.-7. Tausend 140,00
Lieferungsausgabe: 111-120 40,00
Hinweis:
Illustriert (Tafeln) von Claus Bergen

13 **Old Surehand 3. Band**
1910
1.-7. Tausend 140,00
Lieferungsausgabe: 121-130 40,00
Hinweis:
Illustriert (Tafeln) von Claus Bergen

14 **Im Lande der Mahdi 1. Band**
1910
1.-7. Tausend 140,00
Lieferungsausgabe: 131-140 40,00
Hinweis:
Illustriert (Tafeln) von Claus Bergen

15 **Im Lande der Mahdi 2. Band**
1910
1.-7. Tausend 140,00
Lieferungsausgabe: 141-150 40,00
Hinweis:
Illustriert (Tafeln) von Claus Bergen

16 **Im Lande der Mahdi 3. Band**
1910
1.-7. Tausend 140,00
Lieferungsausgabe: 151-160 40,00
Hinweis:
Illustriert (Tafeln) von Claus Bergen

17 **Am Stillen Ocean**
1910
1.-7. Tausend 140,00
Lieferungsausgabe: 161-170 40,00
Hinweis:
Illustriert (Tafeln) von Willy Moralt

18 **Auf fremden Pfaden**
1910
1.-5. Tausend 180,00
Lieferungsausgabe: 171-180 50,00
Hinweis:
Illustriert (Tafeln) von Willy Planck

19 **Am Rio de la Plata**
1911
1.-5. Tausend 180,00
Lieferungsausgabe: 181-190 50,00
Hinweis:
Illustriert (Tafeln) von Claus Bergen

20 **In den Cordilleren**
1911
1.-5. Tausend 180,00
Lieferungsausgabe: 191-200 50,00
Hinweis:
Illustriert (Tafeln) von Claus Bergen

21 **Satan und Ischariot 1. Band**
1911
1.-5. Tausend 180,00
Lieferungsausgabe: 201-210 50,00
Hinweis:
Illustriert (Tafeln) von Claus Bergen

22 **Satan und Ischariot 2. Band**
1911
1.-5. Tausend 180,00
Lieferungsausgabe: 211-220 50,00
Hinweis:
Illustriert (Tafeln) von Claus Bergen

23 **Satan und Ischariot 3. Band**
1911
1.-5. Tausend 180,00
Lieferungsausgabe: 221-230 50,00
Hinweis:
Illustriert (Tafeln) von Claus Bergen

24 **Weihnacht**
1912
1.-4. Tausend 220,00
Lieferungsausgabe: 231-240 60,00
Hinweis:
Illustriert (Tafeln) von Claus Bergen

25 **Am Jenseits**
1912
1.-4. Tausend 220,00
Lieferungsausgabe: 241-250 60,00
Hinweis:
Illustriert (Tafeln) von Claus Bergen

26 **Im Reiche des silbernen Löwen 1. Band**
1912
1.-4. Tausend 220,00
Lieferungsausgabe: 251-260 60,00
Hinweis:
Illustriert (Tafeln) von Claus Bergen

27 **Im Reiche des silbernen Löwen 2. Band**
1912
1.-4. Tausend 220,00
Lieferungsausgabe: 261-270 60,00
Hinweis:
Illustriert (Tafeln) von Claus Bergen

28 **Im Reiche des silbernen Löwen 3. Band**
1912
1.-4. Tausend 220,00
Lieferungsausgabe: 271-280 60,00
Hinweis:
Illustriert (Tafeln) von Claus Bergen

29 **Im Reiche des silbernen Löwen 4. Band**
1912
1.-4. Tausend 220,00
Lieferungsausgabe: 281-290 60,00
Hinweis:
Illustriert (Tafeln) von Claus Bergen

30 **Und Friede auf Erden!**
1912
1.-4. Tausend 220,00
Lieferungsausgabe: 291-300 60,00
Hinweis:
Illustriert (Tafeln) von Claus Bergen

Schutzumschläge .... á 80,00

Broschur-Ausgaben .... á 300,00

Lederausgaben .... á 1200,00
Hinweis:
Blaues Leinen. Größer als die grünen Bände. Vom Verlag auch als Geschenkausgabe bezeichnet. Mit Bildtafel, teilweise mit Textillustrationen (Band 1-9). Band 1 bis 9 von Karl May überarbeitet. Band 11 bis 23 in anderer Reihenfolge als die grünen Bände. Die Nummern 26 bis 30 erschienen erst nach dem Tode Karl Mays. Die Lieferungen erschienen in Heftform als „Karl May´s Reiseerzählungen Neue illustrierte Ausgabe". Von den Broschur- und Lederausgaben sind bisher erst wenige Nummern nachgewiesen (Broschur: Band 1 und 6; Lederausgaben: 1, 4 und 5).

Information von Wolfgang Hermesmeier:
*„Der Karl-May-Verlag brachte 2005/2006 die beiden Bände „Ardistan und Dschinnistan", die 1912 nicht mehr erschienen, in dieser Ausstattung heraus, allerdings nicht als Fortführung der „Illustrierten Reiseerzählungen", sondern als **„Kritische Ausgabe nach den Manuskripten"** in einer neuen Reihe: „Das Alterswerk". Auch hier gab es eine limitierte Vorzugsausgabe in schwarzem Leder.":*

ARDISTAN UND DSCHINNISTAN
Band 1 und 2
Bamberg Radebeul, Karl-May-Verlag
2005-2006
blaue Leinenausgabe .... Neupreis:..49,00
limitierte Lederausgabe 90,00

MEIN LEBEN UND STREBEN.
Selbstbiographie Band 1,
1910
Freiburg i. Br., Verlag von
Friedrich Ernst Fehsenfeld
320 Seiten, 20,8 x 13,8 cm
Broschur 600,00
Hinweis:
Ein zweiter Band ist nicht erschienen. Die Auslieferung wurde seit Ende 1910 gerichtlich gestoppt. Es wurden nur etwa 500 Bücher verkauft. Es gibt einen Nachdruck durch OLMS-PRESSE, 1975, etwas kleiner 19 x 12 cm, Taschenbuch, 570 Seiten mit Ergänzungsmaterial von Hainer Plaul.

MEIN LEBEN UND STREBEN.
Selbstbibliographie.
Neu herausgegeben von Klara May.
297 Seiten
1912
Freiburg i. Br., Verlag von
Friedrich Ernst Fehsenfeld
297 Seiten, Buch: 21,0 x 14,0 cm
Broschur 200,00
Buch 250,00
Hinweis:
Nach dem Verbot des Buches (1910) überarbeitete neue Auflage. Auf die Seiten 255 bis 258 achten, ob sie vorhanden oder überklebt, bzw. neue Seiten eingeklebt sind.
Es gibt zwei verschiedene Broschüren und verschiedene Deckeltexte der Bücher. Eine dritte Auflage erschien 1914 beim Verlag der Karl May-Stiftung.

1.2. DER MÜNCHMEYER-VERLAG

In den 70er und 80er Jahren des 19. Jahrhunderts arbeitete Karl May für den Münchmeyer-Verlag bzw. schrieb als freier Mitarbeiter diverse erfolgreiche Kolportage-Romane. Der Inhalt dieser Kolportageromane war meist seicht, manchmal etwas anzüglich und er sollte spannend sein. Vor allem musste er den Massengeschmack treffen, da diese Romane in hohen Auflagen in Heftform produziert wurden. Fast alle diese Romane erschienen vor 1900 anonym oder unter einem Pseudonym.
Erst als Adalbert Fischer 1899 nach dem Tod Münchmeyers den Verlag übernahm, erschienen ab 1902, ohne die Erlaubnis Karl Mays, dort mehrere Buchausgaben mit den Kolportageromanen. Karl May wurde ohne Rückfragen offen als Autor genannt. Der neue Eigentümer des Münchmeyer-Verlages wollte von der Popularität des Autors profitieren. Die Bücher mit diesen Kolportageromanen werden unter Karl May-Sammlern kurz „Fischer-Ausgaben" genannt, obwohl Fischer im Impressum der Bücher nicht auftaucht. Diese neue Veröffentlichung in Buchform gefiel damals Karl May gar nicht, da er fand, dass ein Teil der Texte nicht von ihm stammte und der Inhalt seine Stellung als geachteter Schriftsteller untergraben würde. Erst nach längeren Gerichtsstreitigkeiten verschwand Karl Mays Name wieder aus diesen Büchern. Neue Ausgaben wurden ohne Nennung eines Autors angeboten.

DAS BUCH DER LIEBE
Wissenschaftliche Darstellung der Liebe...
(ca. 1876)
Dresden, F. L. Münchmeyer
1248 Seiten, Heft
1-26 .... Liebhaberpreis
Hinweis:
Ohne Erwähnung des Autors. Karl May war als Redakteur verantwortlich. Er hat wohl auch die Teile 1 und 3 größtenteils selbst verfasst. Damals nicht als Buch erschienen, sondern nur in 26 Lieferungen in drei Teilen (144 Seiten, 896 Seiten, 208 Seiten).
Es gibt einen unvollständigen Reprint der Karl-May-Gesellschaft 1988.

DEUTSCHE HERZEN, DEUTSCHE HELDEN
vom Verfasser des „Waldröschen" und
„Der Fürst des Elends"
o. J. (1885-1887)
Dresden, Verlag von H. G. Münchmeyer
Heft
Lieferung: 1-109 60,00

KARL MAY´S ILLUSTRIERTE WERKE
Serie 1
o. J. [1901-1902]
Dresden, Verlag von H. G. Münchmeyer
Heft
Lieferung: 1-35 50,00
Hinweis:
Neuauflage der Lieferungsromane Deutsche Herzen und Helden.

Buchausgaben zur obigen Lieferungsausgabe:

EINE DEUTSCHE SULTANA.
Roman von Karl May. Illustrierte Ausgabe
o. J. [1901]
Dresden, Verlag von H. G. Münchmeyer,
614 Seiten, 12,5 x 18,5 cm, Leinen
.... 400,00
Hinweis:
Mit 100 Illustrationen. Es gibt einen Reprint vom Verlag Olms Presse, Hildesheim, New York, 1976, in etwas kleinerem Format. Sammlerwert: 25,00 Euro.

DIE KÖNIGIN DER WÜSTE
Roman von Karl May. Illustrierte Ausgabe
o. J. [1901]
Dresden, Verlag von H. G. Münchmeyer,
623 Seiten, 12,5 x 18,5 cm, Leinen
.... 400,00
Hinweis:
Mit 96 Illustrationen. Es gibt einen Reprint. Siehe oben bei „Eine deutsche Sultana".

DER FÜRST DER BLEICHGESICHTER.
Roman von Karl May. Illustrierte Ausgabe
o. J. [1901]
Dresden, Verlag von H. G. Münchmeyer,
528 Seiten, Leinen, 12,5 x 18,5 cm
.... 400,00
Hinweis:
mit 89 Illustrationen. Es gibt einen Reprint. Siehe oben bei „Eine deutsche Sultana".

DER FÜRST DER BLEICHGESICHTER.
Roman von Karl May.
Illustrierte Ausgabe. II. Teil
o. J. [1901]
Dresden, Verlag von H. G. Münchmeyer,
544 Seiten, Leinen, 12,5 x 18,5 cm
.... 400,00
Hinweis:
mit 99 Illustrationen Es gibt einen Reprint. Siehe oben bei „Eine deutsche Sultana".

DER ENGEL DER VERBANNTEN
Roman von Karl May. Illustrierte Ausgabe
o. J. (1902)?
Dresden, Verlag von H. G. Münchmeyer,
800 Seiten, Leinen, 12,5 x 18,5 cm
.... 400,00
Hinweis:
mit 113 Illustrationen. Es gibt einen Reprint. Siehe oben bei „Eine deutsche Sultana".

Schutzumschlag: 150,00
Schuber: .... ?....

DEUTSCHE HERZEN UND HELDEN
Roman von Karl May. Neue Illustrierte Ausgabe
o. J. (1902)
Niedersedlitz-Dresden, Verlag von
H. G. Münchmeyer,
Buch, 614, 623, 528, 544, 800 Seiten
1-5 300,00
Schutzumschlag: 120,00
Schuber: .... ?.....
Hinweis:
Titel und Illustrationen wie bei der Ausgabe von 1901. Wegen des Reprints siehe dort.

DEUTSCHE HERZEN, DEUTSCHE HELDEN
Serie 1, Neue Illustrierte Ausgabe
Anonyme Ausgabe.
o. J. [ca. 1908]
Dresden-Niedersedlitz, Verlag von
H. G. Münchmeyer GmbH, Heft
1-35 40,00

DEUTSCHE HERZEN, DEUTSCHE HELDEN
Roman. Neue Illustrierte Ausgabe
Anonyme Ausgabe.
o. J. [ca. 1908]
Niedersedlitz-Dresden,
Verlag von H. G. Münchmeyer GmbH,
614, 623, 528, 544, 800 Seiten, Leinen
1-5 mit Deckelillustration 250,00
1-5 Blau-grauer Leineneinband
mit Ornamenten 150,00
Schutzumschlag: 100,00
Schuber: .... ?.....
Hinweis:
Titel und Illustrationen wie bei der Ausgabe von 1902

ERZGEBIRGISCHE DORFGESCHICHTEN
Karl Mays Erstlingswerke.
Autorisierte Ausgabe.
Band 1.
o. J. [1903]
Dresden-Niedersedlitz,
Belletristischer Verlag,
648 Seiten, 18,3 x 12 cm
Leinenband 380,00
Hinweis:
Verlagsname ist ein Deckname des H. G. Münchmeyer Verlages. Es gibt den Band in mehreren Farb- und Einbandvarianten. Ein 2. Band ist nie erschienen. 1907 wurde der Band als Einzelband neu bei Fehsenfeld verlegt. Es gibt einen Reprint der Olms Presse (1977) und noch einen des Karl-May-Verlages (1996): Neupreis: 34,90 Euro.

HUMORESKEN UND ERZÄHLUNGEN
von Karl May
ab dritter Auflage: ohne Autorenname
1902
Dresden, 2. Auflage:
Dresden-Niedersedlitz
ab 3. Aufl.:
Niedersedlitz-Dreden
Verlag von H.G. Münchmeyer
ab 3. Auflage:
H.G. Münchmeyer G.m.b.H.
283 + 235 Seiten, 19 x 13 cm
Broschur 500,00
Buchausgaben (Leinen):
1. Aufl. 400,00
2. Aufl. o. J. 300,00
3. Aufl. o. J. anonym 250,00

HUMORESKEN UND ERZÄHLUNGEN
WANDA
o. J. (ca. 1909)
Niedersedlitz-Dresden,
H. G. Münchmeyer G.m.b.H.
283 + 235 + 230 Seiten, 18,3 x 12,5 cm
Leinen 400,00
Leinen anonym 300,00
Hinweis:
Ohne Deckelbild. Siehe Plaul/Klußmeier, 1988 (446.2), DB 100. „Es handelt sich hier wohl eher um eine Lieferungsausgabe, für die eine Verlagsdecke nachgekauft wurde“ (Information von Wolfgang Hermesmeier). Die Einbandgestaltung soll es auch für andere Münchmeyer-Bände geben.

DIE LIEBE DES ULANEN
Original-Roman aus der Zeit des
deutsch-französischen Krieges
von Karl May
o. J. [1900-1901]
Dresden, Verlag von H. G. Münchmeyer
2126 Seiten
Lieferungsroman der Reihe
„Allgemeine Unterhaltungs Bibliothek“
1-20 60,00
Hinweis:
Serie 1, 1-20. Mehr nicht erschienen.

DIE LIEBE DES ULANEN
Original-Roman aus der Zeit des
deutsch-französischen Krieges
von Karl May.
Mit über 200 Original-Illustrationen.
o. J. [ca. 1900-1901]
Dresden, Verlag von H.G. Münchmeyer
Br. und B., je ca. 700 Seiten
Broschur-Ausgabe: 1-3 .... Liebhaberpreis
Leinen-Ausgaben: 1-3 600,00
Hinweis:
Titelbild (immer gleiches Motiv): Kutsche und Reiter auf Pferd. Die Einbandfarbe wechselt. Hierzu gab es einen fünfbändigen Nachdruck bei der Olms Presse (1972). Sammlerpreis: 25,00 Euro pro Band.

DIE LIEBE DES ULANEN
Roman von Karl May
Neue Illustrierte Ausgabe
o.J. [ca. 1905-1906]
Dresden, Verlag von H.G. Münchmeyer
(541-602 Seiten), Leinen
1. Die Herren von Königsau 250,00
2. Napoleons letzte Liebe 250,00
3. Der Kapitän der Kaisergarde 250,00
4. Der Spion von Ortry 250,00
5. Durch Kampf zum Sieg 250,00
Schutzumschlag: 100,00
Schuber: .... ?....
Hinweis:
Motiv des Titelillustration: Winkende Frau und Soldat zu Pferd. Etwas kleiner als die Buch-Ausgabe von 1900/01.

Lieferungsausgabe:
Karl May´s Illustrierte Werke Serie V,
o. J. [1905-1906]
40 Hefte 40,00
Hinweis:
Ein Teil der Lieferungsausgaben mit zusätzlichen Texten: „Wanda“ und „Humoresken und Erzählungen“

DIE LIEBE DES ULANEN
Neue Illustrierte Ausgabe
Anonyme Ausgabe (ohne Karl May)
Niedersedlitz-Dresden,
H.G. Münchmeyer, G.m.b.H.
[ca. 1908]
Leinen, 17,9 x 12,5 cm, (541-602 Seiten)
1-5 mit illustriertem Deckelbild 250,00
1-5 Jugendstil-Ornamente statt Titelbild 150,00
Hinweis: Motiv des Titelbildes: Winkende Frau und Soldat zu Pferd.

Lieferungsausgabe: **(anonym)**
Neue Illustrierte Ausgabe Serie V
o. J. [ca. 1908]
40 Hefte 40,00

SONNENSTRAHLEN
aus Karl Mays Volksromanen
o. J. [1904]
Dresden-Niedersedlitz, H. G. Münchmeyer
252 Seiten, 19 x 12 cm
Leinen 900,00
Broschur .... Liebhaberpreis
Hinweis:
Gedichte und Texte aus den Münchmeyer-Romanen. Bisher nur mit rotem Leinenband bekannt. Eine Broschur-Ausgabe wird jedoch beworben. Noch nicht nachgewiesen.

DER VERLORNE SOHN, oder Der Fürst des Elends
Vom Verfassers des Waldröschens.
o. J. [1884-1886]
Dresden, Verlag von H. G. Münchmeyer.
Heft
Lieferung 1-101 60,00
Hinweis:
Es gibt mehrere Auflagen. Hinweise auf frühes Erscheinen sind bunte Bildtafeln mit einsprachigen (deutschen) Bildunterschriften.

DER VERLORENE SOHN
Karl May`s Illustrierte Werke, Serie 4
o. J. [1904-1905]
Dresden-Niedersedlitz, Verlag von H. G. Münchmeyer
Heft
Lieferung: 1-34 50,00

DER VERLORENE SOHN
Neue illustrierte Ausgabe
Roman von Karl May*
o. J. [1904-1905]
Niedersedlitz-Dresden, H.G. Münchmeyer
560-704 Seiten, Leinen

1. Sklaven des Elends 350,00
2. Sklaven der Arbeit 300,00
3. Sklaven der Schande 300,00
4. Sklaven des Goldes...................................... 300,00
5. Sklaven der Ehre 300,00

Schutzumschlag: 120,00
Schuber: .... ?....
Hinweis:
Fünfbändige Ausgabe. Serie IV der „Karl May´s Illustrierte Werke“ * Band 1 mit Untertitel: „Aus dem Leben von Karl May“. Siehe auch die anonyme Ausgabe.

DER VERLORENE SOHN
Neue illustrierte Ausgabe, Serie 4
(Anonyme Ausgabe), [1909]
Niedersedlitz-Dresden
Verlag von H. G. Münchmeyer, G.m.b.H
Heft
Lieferung: 1-34 40,00

DER VERLORENE SOHN
Sozialer Roman, Neue illustrierte Ausgabe
Anonyme Ausgabe
[ca. 1909]
Niedersedlitz-Dresden
H.G. Münchmeyer, G.m.b.H, Buch,
560-704 Seiten, Leinen
1-5 mit Deckelillustration.................................. 200,00
1-5 blau-grauer Leinenband
mit Jugendstil-Ornamenten........................ 150,00

WALDRÖSCHEN
oder Die Rächerjagd rund um die Erde.
Großer Enthüllungsroman ...
[1882-1884]
Dresden, Verlag von H. G. Münchmeyer
A: Capitain Ramon Diaz de la Escosura
[= Karl May]
Heft 1-109 60,00
Nachauflagen:
Unter dem Titel: Waldröschen oder
Die Verfolgung rund um die Erde.

Heft:1-109 50,00
Hinweis:
Es gibt diverse Neuauflagen. Auch unter dem Titel „Das Geheimniß des Bettlers oder die Verfolgung um die Erde“ erschienen.

Das WALDRÖSCHEN
oder Die Verfolgung rund um die Erde.
Karl May`s Illustrierte Werke, Serie 2
[1902]
Dresden-Niedersedlitz,
Verlag von H. G. Münchmeyer
Heft
Lieferung: 1-44 40,00

DAS WALDRÖSCHEN
oder die Verfolgung um die Erde.
Enthüllungsroman .... von Karl May.
[1902-1903]
Dresden-Niedersedlitz,
Verlag von H. G. Münchmeyer,
360-968 Seiten, Leinen
1. Die Tochter des Granden............................ 300,00
2. Der Schatz der Mixtekas 300,00
3. Matavase, der Fürst des Felsens 300,00
4. Erkämpftes Glück Band 1 300,00
5. Erkämpftes Glück Band 2 300,00
6. Erkämpftes Glück Band 3 300,00
Schutzumschlag:.. 120,00
Schuber:... ?.....

Das WALDRÖSCHEN
oder
Die Verfolgung rund um die Erde.
Neue Illustrierte Ausgabe, Serie 2
(Anonyme Ausgabe)
[ca. 1909]
Niedersedlitz-Dresden,
Verlag von H. G. Münchmeyer G.m.b.H., Heft
Lieferung: 1-44 40,00

DAS WALDRÖSCHEN
oder die Verfolgung um die Erde.
Enthüllungsroman ....
Neue illustrierte Ausgabe.
(Anonyme Ausgabe)
[ca. 1908]
Niedersedlitz-Dresden, Verlag von
H. G. Münchmeyer, G.m.b.H., Leinen
1-6 illustriertes Deckelbild................................ 200,00
1-6 ohne farbiges Deckelbild 150,00
Schutzumschlag:.. 100,00
Schuber:... ?......
Hinweis:
Titel wie bei der ersten Buchausgabe.

WANDA
Novelle von Karl May
3. Auflage: anonym
[1901]
Dresden, H.G. Münchmeyer,
230 Seiten,
2. + 3. Auflage:
Dresden-Niedersedlitz
3. Auflage: Verlag von
H.G. Münchmeyer G.m.b.H.
Broschur 18,5 x 12 cm (Abb. links) 350,00
Leinen 18,3 x 12,5 cm:
1. Auflage 250,00
2. Aufl. [ca. 1906] 200,00
3. Aufl. [ca. 1909] anonym (Abb.rechts) 200,00

DER WEG ZUM GLÜCK
vom Verfasser des „Waldröschen“,
„Verlorener Sohn“, „Deutsche Helden“ etc.
[1886-1888]
Dresden, Verlag H. G. Münchmeyer
Heft
Lieferung: 1-109 60,00

DER WEG ZUM GLÜCK.
Eine oberbayrische Geschichte aus
dem Leben Ludwigs II.
(Anonyme Ausgabe)
Neue illustrierte Ausgabe
[ca. 1909]
Niedersedlitz-Dresden
Verlag von H. G. Münchmeyer, G.m.b.H.
783/972/720/1052 Seiten, Leinen
1-4 mit Titelillustration
Blumendekor 170,00
1-4 blau-grauer Leinenband
mit Ornamenten 150,00
Schutzumschlag: 100,00
Schuber: .... ?.....
Hinweis:
Titel wie bei den Buchausgaben von 1904.

DER WEG ZUM GLÜCK
Karl May´s Illustrierte Ausgabe
[1903-1904]
Dresden-Niedersedlitz,
Verlag von H. G. Münchmeyer
Heft
Lieferung 1-37 50,00

DER WEG ZUM GLÜCK.
Eine oberbayrische Geschichte aus dem Leben Ludwigs II. von Karl May
Neue illustrierte Ausgabe
[1904]
Dresden-Niedersedlitz,
Verlag von H.G. Münchmeyer
783/972/720/1052 Seiten, Leinen
Band 1: Die Murenleni 300,00
Band 2: Der Wurz‘nsepp 300,00
Band 3: Der Geldprotz 300,00
Band 4: Der Krikelanton 300,00
Schutzumschlag: 120,00
Schuber: .... ?....
Hinweis:
Ohne illustriertes Titelbild, nur florales Dekor.

DER WEG ZUM GLÜCK
Neue illustrierte Ausgabe
(anonyme Ausgabe)
[ca. 1909]
Niedersedlitz-Dresden
Verlag von H. G. Münchmeyer, G.m.b.H.
Heft
Lieferung 1-37 40,00

1.3. UNION DEUTSCHE VERLAGSGESELLSCHAFT

Karl May hat für die Zeitschrift „Der Gute Kamerad" über Jahre hinweg verschiedene Jugenderzählungen geschrieben (1887-1897), die dort als Fortsetzungen erschienen. Der herausgebende Verlag brachte diese Karl May-Geschichten jeweils etwa drei Jahre nach der Veröffentlichung als Buchausgabe heraus.
Der Fehsenfeld-Verlag konnte diese Bände noch nicht in die „gesammelten Reiseerzählungen" aufnehmen. Damit begann erst ab 1913 der „Verlag der Karl May-Stiftung".

DER BLAU-ROTE METHUSALEM
Von Carl May, später Karl May
o. J. [1892]
Union Deutsche Verlagsgesellschaft
Stuttgart, Berlin, Leipzig
546 Seiten, 16,0 x 21,5 cm, Leinen
(1. Aufl.) ohne Auflagenangabe 500,00
2. Aufl. (1897) - 4. Aufl. (1904) 280,00
5. Aufl. (1908) (anderes Deckelbild) 350,00
Teilauflage ohne illustriertes
Deckelbild (nur rot): .... Liebhaberpreis
Schutzumschlag: 100,00
Hinweis:
Es gibt einen Reprint von 1974 durch den Karl-May-Verlag, Bamberg und den Verlag
A. Graff, Braunschweig (Neupreis 39,90 Euro).

DER OELPRINZ
ab 4. Auflage DER ÖLPRINZ
Eine Erzählung für die reifere Jugend
von Karl May
[1897]
Stuttgart, Berlin, Leipzig.
Union Deutsche Verlagsgesellschaft,
559 Seiten, 16,0 x 21,5 cm, Leinen
1. Auflage 450,00
2.-3. Aufl. (1898,1901) 280,00
4.-5. Aufl. (1905,1909) 250,00
Schutzumschlag: 100,00
Hinweis:
Ab der 4. Auflage andere Titelbildillustration. Es gibt ein Reprint (1974) der Erstausgabe mit einer Einbandnachbildung der letzten Auflagen durch den Karl May-Verlag Bamberg und dem Verlag A. Graff, Braunschweig (Neupreis 39,90 Euro).

DER SCHATZ IM SILBERSEE
Von Dr. Karl May
[1894]
Stuttgart, Berlin, Leipzig,
Union Deutsche Verlagsgesellschaft,
521 Seiten, 16,0 x 21,5 cm, Leinen
1. Aufl. 500,00
2. [1897] - 5. Aufl. [1904] 400,00
6. [1907] - 7. Aufl. [1910]
(anderes Titelbild) 450,00
Schutzumschlag: 100,00
Hinweis:Es gibt einen Reprint von 1973 durch den Karl May Verlag, Bamberg und den Verlag A. Graff, Braunschweig. Verlagsvergriffen. Sammlerwert: 70,00 Euro.

DER SCHWARZE MUSTANG
von Karl May
[1899]
Stuttgart, Berlin, Leipzig.
Union Deutsche Verlagsgesellschaft,
344 Seiten, Leinen
[ohne Tausend-Angabe] 300,00

2.- 10. Aufl. [1899] 180,00
11.-27. Aufl. [1900-1912] 80,00
Schutzumschlag: 60,00
Hinweis: Kamerad-Bibliothek Bd. 1. Immer nach 1000 gedruck- ten Exemplaren hat der Verlag die Angabe auf dem Titelblatt aktualisiert.

DIE SKLAVENKARAWANE
Von Karl May
[1893]
Stuttgart, Berlin, Leipzig,
Union Deutsche Verlagsgesellschaft
493 Seiten, 16,0 x 21,5 cm, Leinen
1. Aufl. 500,00
2. Aufl. [1898] - 3. Aufl..[1901] 350,00
4. Aufl. [1905] - 5. Aufl. [1909]
(anderes Titelbild) 280,00
Schutzumschlag: 100,00
Hinweis:
Es gibt einen Reprint von 1975 durch den Karl May-Verlag, Bamberg und den Verlag A. Graff, Braunschweig. Auflage 1000 nummerierte Exemplare und weitere nicht nummerierte Ausgaben
(Neupreis 39,90 Euro).

DER SOHN DES BÄRENJÄGERS
von Carl May
Reihentitel: Helden des Westens
[1890]
Stuttgart, Berlin, Leipzig.
Union Deutsche Verlagsgesellschaft
448 Seiten, 16,0 x 21,5 cm. Leinen
1. Aufl. 700,00
2. Aufl. [1895] - 3. Aufl. [1898] 500,00
4. Aufl. [1900] - 6. Aufl. [1907]
(anderes Titelbild) 300,00
7. Aufl. [1910] (weiteres Titelb.) 250,00
Schutzumschlag: 100,00
Hinweis:
Reihentitel: Die Helden des Westens I, von Carl May mit „Der Sohn des Bärenjägers" und „Der Geist des Llano estakata", später Karl May. Es gibt drei verschiedene Titelbilder. Es gibt einen Reprint von 1995 durch den Karl May Verlag, Bamberg Radebeul
(Neupreis 39,90 Euro).

DAS VERMÄCHTNIS DES INKA
Von Karl May
[1895]
Stuttgart, Berlin, Leipzig,
Union Deutsche Verlagsgesellschaft
547 Seiten, 16,0 x 21,5 cm, Leinen
1. Aufl. 600,00
2.- 4. Aufl. 300,00
5. Aufl. (kleines Titelb.) 250,00
5. Aufl. (großes Titelb.) 250,00
Auflage ohne Titelbild.......................... Liebhaberpreis
Schutzumschlag:... 100,00
Hinweis:
Es gibt einen Reprint von 1974 durch den Karl May Verlag, Bamberg und den Verlag A. Graff, Braunschweig. Auflage 1000 nummerierte Exemplare. Es gibt weitere nicht nummerierte Exemplare.
(Neupreis 39,90 Euro).

1.4. BÜCHER SONSTIGER VERLAGE

(Bachem, Bardtenschlager,
Neugebauer, Weichert usw.)

ABDAHN EFFENDI
Reiseerzählung von Karl May.
(1909)
Stuttgart, Neues literarisches Institut
Verlagsgesellschaft m.b.H.,
102 Seiten, 20 x 12,7 cm
.... 200,00
Hinweis:
Bibliothek Saturn, Illustrierte Universial-Bibliothek, Band 3/4 (Doppelband). Es gibt einen Nachdruck (KMV/Graff, 1977), der auch „Schamah“ mit enthält.

ABENTEUER...
Siehe: DENKWÜRDIGE ABENTEUER...

ABU-SEIF
Ein Reiseerlebnis von Karl May
ohne Jahr? (1902)?
Stockholm, Wilhelm Billes
Bokförlags Aktiebolag,
219 Seiten, 22 x 17 cm
.... 90,00
Hinweis:
Kleine Schüler-Bibliothek Nr. IX, schwedisches Schulbuch mit einer Geschichte von Karl May in deutscher Sprache (S. 1-182) und zweisprachigen Anmerkungen (S. 183-219).

AN DEN UFERN DES OHIO
oder der erste Ansiedler in Kentucky
von Carl May
(1890-92)?, Heft
Reutlingen, Verlag von Rob. Bardtenschlager,
64 Seiten
.... ohne Bewertung!
Hinweis:
Trotz Verfasserangabe nicht von Karl May. Vermutlich aus verkaufsfördernden Gründen wurde der Name ohne das Wissen von Karl May verwendet. Es sollen 10 weitere Hefte in diesem Verlag mit der falschen Autorenangabe Carl May oder Ed. May erschienen sein: *„Das Goldlager“, „Der Hauptmann der deutschen Ansiedler“, „Der gerechte Richter“, „Verwegene Thaten“, „Tecumseh, der große Häuptling der Cherokee“ (von C. oder Carl May) „Die Einwanderer am Rio Pardo“ [auch fälschlich: Rio Grande], „Der Halbblut oder bestrafte Untreue“, „Der Indianer-Spion“, „Der Kapitän und seiner Steuermann“ (von Ed. oder Eduard May). Eine einzige Quelle vermeldet noch „Belohnter Heldenmuth“ (von Carl May).* Aufstellung von Wolfgang Hermesmeier

ASSAD BEI, DER HERDENWÜRGER
Erzählungen aus fremden Ländern.
[ca. 1910-1914]
Berlin, A. Weichert
62 Seiten, ca. 18,5 x 12,5 cm
.... 80,00
Hinweis:
Neuausgabe von AUS FERNEN ZONEN in neuer Rechtschreibung und mit neuen Bildern.

AUF DER PRAIRIE
Erzählungen aus dem wilden Westen Amerikas
von Arthur Wollbrandt, Carl May und
Kapitän Maryat
Ohne Jahr [1904]
Berlin, Verlag von A. Weichert,
135 + 127 Seiten, ca. 22,4 x 15 cm
.... 350,00
Hinweis:
Der erste Teil ist der „Sigismund Rüstig“ von Maryat. Der zweite Teil ist der „Karawanenwürger“-Sammelband. Mit sechs Geschichten von Karl May.

AUF HOHER SEE GEFANGEN
[frühestens 1879]
Philadelphia (USA),
Verlag von Morwitz & Co.,
.... Liebhaberpreis

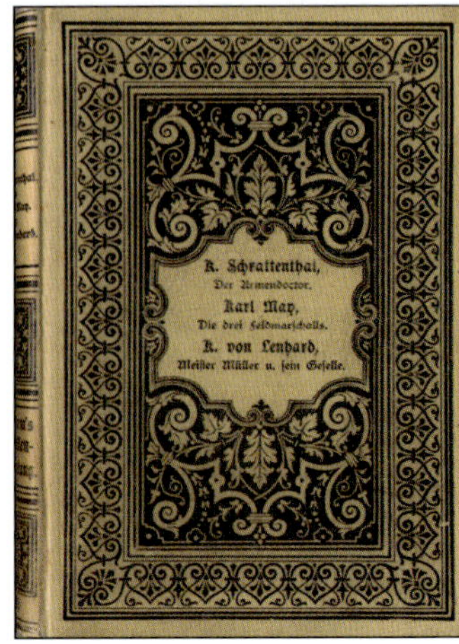

Hinweis:
In der Reihe „Heimat und Fremde“ als Bd. 50 mit einer Erzählung eines anderen Autoren erschienen. Bisher kein Exemplar nachgewiesen!

AUS FERNEN ZONEN
Erzählungen für die Jugend
[1894]
Berlin, Verlag von H. Liebau,
72 Seiten, ca. 18 x 13 cm
....200,00
Hinweis:
Auszug aus dem Buch *KARAWANENWÜRGER*. Die Rechte gingen noch 1894 an den Weichert-Verlag.

AUS FERNEN ZONEN
Erzählungen für die Jugend
1894-1902
Berlin, Verlag von A. Weichert,
72 Seiten, ca. 18 x 13 cm
....100,00
Hinweis:
Es gab Restbestände des Bucheinbandes der Liebau-Ausgabe. Der Weichert-Verlag hat diese weiter verwendet. Innen mit der Angabe Weichert.

BACHEM`S NOVELLEN-SAMMLUNG
Band 32
o. J. [1888-1913]
Köln am Rhein, Verlag von J. P. Bachem.
210 (bzw. 163) Seiten, ca. 12 x 17 cm
1. Auflage: 300,00
Nachauflage: 150,00
Hinweis:
Die Seiten 93 bis 169 mit der Geschichte „Die drei Feldmarschalls“ von Karl May. Im Buch zusammen mit zwei Geschichten anderer Autoren erschienen. Gemäß der Bibliografie von Hermesmeier/Schatz (2000) gab es vier Auflagen [1888, 1893, 1898 und 1913]. Die vierte und letzte hat mit 164 Seiten eine andere Seitenzahl als die ersten drei mit 212. Die vierte Auflage ist als „Elftes bis dreizehntes Tausend“ bezeichnet. Die ersten drei lassen sich nur anhand einer Drucksachennummer auf der Titelblattrückseite unterscheiden: 1888: 51537; 1892: 52722; 1898: 50701.

BACHEM´S ROMAN-SAMMLUNG
Band 4
o. J. [1885-1918]
Köln am Rhein, Verlag von J. P. Bachem
408 (bzw. 348) Seiten, 12 x 17 cm
Dr. Karl May: „Die Wüstenräuber“ (S. 247-408)
und Cuno Bach („Ein starkes Herz“, S. 3-246)
1. Auflage: 400,00
höhere Auflagen: 300,00
Hinweis:
Gemäß der Bibliografie von Hermesmeier/Schatz (2000) gab es sieben Auflagen [1885, 1888, 1894, 1900, 1907, 1910 und 1917/18]. Die beiden letzten hatten mit 348 Seiten eine andere Seitenzahl als die ersten fünf mit 408. Die letzte Auflage ist als „achtzehntes und neunzehntes Tausend“ bezeichnet, die 5. Auflage ist tatsächlich auch als „5. Auflage“ gekennzeichnet. Die ersten sind wieder nur anhand einer Drucksachennummer auf der Titelblattrückseite unterscheidbar: 1885: 50230; 1888: 50523; 1894: 40725; 1900: nicht ermittelt.
„Die Karl-May-Erzählungen aus beiden Bachem-Reihen gibt es seit 1976 als Reprint-Band im Verlag A. Graff Braunschweig.“ (Hinweis von Herrn Wolfgang Hermesmeier).

CHINA
Schilderungen aus Leben und Geschichte, Krieg und Sieg...
(1901)
Leipzig, Verlag von Hermann Zieger
2. Auflage: Berlin, Deutsche Kriegerbund -Buchhandlung. Dr. Hans Natge
3. Auflage: Breslau, P. Lück & Co.
1450 Seiten, 32,1 x 24 cm
1. Auflage: 350,00
2. Auflage: 200,00

3. Auflage: 280,00
Lieferungshefte
mit den Texten Karl Mays: .... Liebhaberpreis
Hinweis:
Beinhaltet im 3. Teil des Buches die Erzählung „Et in terra pax“ (284 Spalten), in der Karl May entgegen der damaligen Kriegsverherrlichung für den Frieden eintrat. Parallel zum Buch auch in Lieferungsheften erschienen.

DENKWÜRDIGE ABENTEUER ZU WASSER UND ZU LANDE
von Karl May, E. Pollmer u. A.
o. J. (ab 1896)
Berlin, Friedrich Hachfeld Verlag
159 Seiten 200,00
Berlin, Verlag A. Weichert
159 Seiten 250,00
Hinweis:
Nur teilweise von Karl May. Auf dem Deckelbild nur „Abenteuer“. Mit dem „Karawanenwürger“-Sammelband fast identisch.

DIE DREI FELDMARSCHALLS
Siehe Bachem´s Novellen-Sammlung

DER DUKATENHOF
Erzgebirgische Dorfgeschichte.
Von Karl May.
o. J. (1909)
Graz-Wien, Verlagsbuchhandlung „Styria“
90 Seiten, 17,5 x 12,5 cm,
Broschur: 150,00
Leinen: 200,00
Hinweis:
Volksbücherei 215/216

DER DUKATENHOF UND ANDERE ERZÄHLUNGEN
Karl May
1912
Graz-Wien, Styria,
17,5 x 12,5 cm
Leinen: 150,00
Hinweis:
Restaufbindung der Reihe „Volksbücherei“ wie oben. Die Zusammenstellung wechselte ständig, der „Dukatenhof“ war immer drin, weil Karl May am bekanntesten war.

ERZGEBIRGISCHE DORFGESCHICHTEN
siehe Münchmeyer-Verlag

FÜRST UND LEIERMANN
Eine Episode aus dem Leben des „alten Dessauer“.
Von Karl May
[1884]
Lahr, Verlag von Moritz Schauenburg,
36 Seiten
1. Auflage (Titelbild: Leiermann
mit Kindern) 350,00
Höhere Auflage (o .J.) (Titelbild: Leiermann
sitzend mit Pfeife) 200,00
Hinweis:
Erschienen in der Reihe „Volksbibliothek des Lahrer hinkenden Boten“ Nr. 7-9.

DAS GEHEIMNIS DES STOLLENS
Roman von Dr. Carl Mai
[1902]
Heilbronn a. Neckar, Otto Weber Verlag
126 Seiten, 12 x 18 cm
Broschur 400,00
Hinweis:
Weber`s Moderne Bibliothek Nr. 38

DAS GEHEIMNIS DES STOLLENS
Roman von Dr. Karl Mai
[1903]
Zürich, Justus Hebsacker Verlag,
126 Seiten, 12 x 18 cm
Broschur 400,00
Hinweis:
Schweizer Wochen-Bibliothek, Band 38

HELDEN DER TREUE
oder erkämpftes Glück von Fritz Perner
(d. i. Karl May)
Grosse illustrierte Ausgabe
(ca. 1912-1913)
Bern, Verlag Robert Obrecht
Heft
Lieferung: 1- 44 50,00
Hinweis:
Gedruckt vom Münchmeyer Verlag. Neuauflage der WALDRÖSCHEN-Lieferungsromane unter einem anderen Namen. Sogenanntes „Schweizer Waldröschen".

IM FERNEN WESTEN
Zwei Erzählungen a.d. Indianerleben für die Jugend
o. J. [1879]
Stuttgart, Verlag von Franz Neugebauer
Ab 2. Aufl. [1885]: Nürnberg
Halbleinen, 21,5 x 16 cm
1. Aufl. (195 Seiten) Carl May S. 1-173,
und Fr. C. von Wickede S. 175-195 2000,00
2. Aufl. (172 Seiten) nur Carl May 800,00
Hinweis:
Die erste Auflage ist neben DER WALDLÄUFER (gleicher Tag) das erste Buch von Karl May überhaupt! Wenn auch hier zusammen mit der Geschichte eines anderen Autoren. Die Rechte wurden an den Verlag Robert Bardtenschlager verkauft, der das Buch unter dem Titel JENSEITS DER FELSENGEBIRGE neu herausbrachte. Untertitel der 2. Auflage: Erzählung aus dem Indianerleben für die Jugend.
Es gibt zwei Reprints: 1974 im Rissener Kinder- und Jugendbuch-Verlag Hamburg und 1975 im Karl- May-Verlag Bamberg. Sammlerwert: 30,00 Euro.

JENSEITS DER FELSENGEBIRGE
Zwei Erzählungen aus dem
fernen Westen für die Jugend
Von Carl May + Fr. C. von Wickede,
[1889] Rob. Bardtenschlager
Reutlingen, ab 3. Auflage Stuttgart, ab
1906 wieder Reutlingen.
164 Seiten, später 159 bzw. 144 und
143 Seiten. Halbleinen
1. Aufl. nicht nachweisbar.
2. Aufl. [1889] 164 Seiten 250,00
3. Aufl. [1889] 164 Seiten 250,00
4. Auflage (3 verschiedene bekannt)
[1891-1905] 164 später 159 Seiten. 100,00
weitere spätere Ausgaben bis 1931
(ohne Auflagenangabe)
144 später 143 Seiten 60,00
Broschur-Ausgabe.. 150,00
Hinweis:
Nur Seite 3-143 von Karl May. Als erste Auflage wohl IM FERNEN WESTEN gewertet. Grundsätzlich darf man jedoch bei diesem Verlag den Auflagenangaben auf dem Titelblatt nicht trauen. Nach der 4. Auflage noch weitere heimliche Nachdrucke zur Umgehung von Lizenzgebühren ohne Auflagenzahl. Dort auch „Karl Mey" als Autor. Obwohl weiter auf dem Titelblatt genannt, wurde die Wickede-Geschichte später in der höheren Auflage weggelassen (143 Seiten).

DER KARAWANENWÜRGER
und andere Erzählungen. Erlebnisse und
Abenteuer zu Wasser und zu Lande
o. J. [1894]
Berlin, Verlag von H. Liebau,
127 Seiten
.... 450,00
Hinweis:
Die anonyme Geschichte „Ein Kampf mit Piraten" stammt nicht von Karl May. Die Rechte gingen noch 1894 an den Weichert-Verlag.
Es gibt einen Reprint von 1987 durch den Karl May Verlag, Bamberg. Sammlerwert: 35,00 Euro.

DER KARAWANENWÜRGER
und andere Erzählungen. Erlebnisse und
Abenteuer zu Wasser und zu Lande
1894
Berlin, Verlag von A. Weichert, 127 Seiten

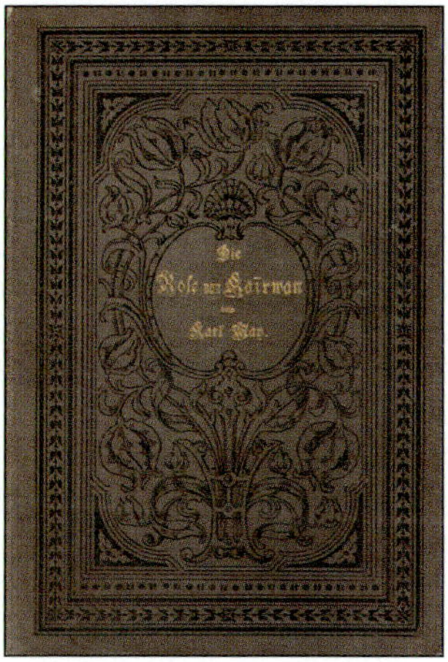

ab 2. Auflage 159 Seiten
1. Auflage 200,00
höhere Auflagen mit 159 Seiten 100,00
Hinweis:
Die anonyme Geschichte „Ein Kampf mit Piraten" stammt nicht von Karl May. „Bei den Ausgaben mit 159 Seiten wurde „Auf dem Rio Gila" von Heinrich Walden am Schluss angehängt. Ansonsten satzidentisch. Ab 1903 bis 1937 Neusatz in neuer Rechtschreibung mit 155 Seiten Umfang" (Information von Wolfgang Hermesmeier).

DIE ROSE VON KAIRWAN
Erzählung aus drei Erdtheilen von Karl May
1894
Osnabrück, Verlag von Bernh. Wehberg
352 Seiten, 19 x 13 cm
Leinen 1000,00
Hinweis:
Es gibt einen Reprint durch der Olms Presse (1974), kartoniert: Sammlerwert 16,00 Euro und den Karl May Verlag (1974), Leinen: Sammlerwert: 20,00 Euro.

SCHAMAH
Reiseerzählung von Karl May.
1911
Stuttgart, Neues literarisches Institut,
Verlagsgesellschaft m.b.H., 80 Seiten
.... 200,00
Hinweis:
Bibliothek Saturn. Illustrierte Universal-Bibliothek, Bd. 7. Es gibt einen Nachdruck (KMV/Graff, 1977), der auch „Abdahn Effendi" mit enthält.

SIGISMUND RÜSTIG
oder Der Schiffbruch des „Pacific".
o.J., ca. 1911
Berlin N.O., A. Weichert Verlag
244 Seiten (142 + 102)
.... 140,00
Hinweis:
Doppelband. Von Karl May stammt der zweite Teil des Buches. Es gibt den Titel auch von anderen Verlagen, z.B. von Rob. Bachmann Verlag, Berlin und Verlag deutsche Jugend, Berlin.
Es sind alles satzidentische Bände vermutlich derselben Auflage. Sammlerwert: 160,00 Euro.

DER WALDLÄUFER
von Gabriel Ferry
Für die Jugend bearbeitet von Carl May
[1879]
Stuttgart, Verlag von Franz Neugebauer,
Nachauflage (Neue Ausgabe)
[1884]: Nürnberg.
[Ab 1889]: Reutlingen, Verlag von Robert
Bardtenschlager, Leinen,
24 x 18,5 cm
1. Auflage Stuttgart, 562 Seiten 2500,00
mit neuem Titelblatt, Nürnberg
562 Seiten: 1800,00
2.-4. Auflage [1889-1902]:
208 Seiten: 350,00
Hinweis:
Die Ausgabe des Bardtenschlager-Verlages unterscheidet sich durch das Format, die Seitenzahl (gekürzt) und durch andere Illustrationen. Es gibt eine zweibändige Ausgabe, ohne Nennung des Autors, die in den 30er und 40er Jahren erschienen ist.

Es gibt einen Reprint durch den Karl May Verlag Bamberg (1987): Sammlerwert 30,00 Euro

2. KARL MAY- BUCHAUSGABEN

1913 - MAI 1945

Im Juli 1913 übernahm der neugegründete „Verlag der Karl May-Stiftung“ in Radebeul die alten Buchbestände, die ungebundenen Rohblocks, alte Buchdeckel usw. vom Freiburger Fehsenfeld-Verlag. Als einer der drei Gesellschafter (neben der Witwe Klara May und Dr. Euchar Albrecht Schmid) brachte Friedrich Ernst Fehsenfeld all dies in das neue Unternehmen ein.
Der Verlag der Karl May-Stiftung, der unter diesem Namen nur bis Ende 1914 firmierte, brachte vier neue Titel heraus und veranstaltete eigene Nachauflagen von elf Bänden der „gesammelten Werke“. Er versah darüber hinaus aber auch die übernommenen Rohblocks von alten Freiburger Auflagen mit eigenen Einbänden. Das Erscheinungsbild der Fehsenfeld-Bände mit der grünen Leinenausstattung wurde dabei weitergeführt. Die Sascha Schneider-Ausgaben hingegen wurden eingestellt. Restbestände jedoch wohl weiter verkauft.
Da es den „Verlag der Karl May-Stiftung“ nur 1 1/2 Jahre gab, sind fast alle Ausgaben wesentlich seltener als die meisten Ausgaben des späteren „Karl-May-Verlages“ (ab 1915). Begehrt sind vor allem die „reinen“ Stiftungsausgaben, die diese Verlagsangabe auf dem Titelblatt und dem Buchrücken ausweisen.

Vier Bände von Karl May, die bisher bei der Union Deutsche Verlagsgesellschaft in Stuttgart herausgekommen waren, erschienen bis Ende 1914 neu im Verlag der Karl May-Stiftung:

Band 35 Unter Geiern (vorheriger Titel: Der Sohn des Bärenjägers)
Band 36 Der Schatz im Silbersee
Band 39 Das Vermächtnis des Inka
Band 40 Der blaurote Methusalem

Die Auflagenzählung setzt diejenige der Union fort.

Der Verlag der Karl May-Stiftung wird bei den Sammlerpreisen separat aufgeführt, damit auf einem Blick erkennbar ist, was dort überhaupt erschienen ist.
Nach der rechtlich notwendig gewordenen Umbenennung des Verlages in den Karl-May-Verlag (Fehsenfeld & Co.), wurde dort die Reihe der „Gesammelten Werke“ allmählich bis zum 1939 erschienenen 65. Band erweitert, vornehmlich mit Romanen, die zuvor bei der Union in Stuttgart und bei Münchmeyer in Niedersedlitz-Dresden herausgekommen waren, ergänzt um ehemals separat erschienene Buchausgaben sowie Verstreutes aus Unterhaltungsblättern und Kalendern.

Von 1913 bis 1945 erschienen außerhalb der Verlage der Karl May-Stiftung und des Karl-May-Verlages fast nur Lizenzausgaben. Sie werden unten von A-Z (nach Reihentitel oder Verlag, wenn kein Reihentitel verwendet wurde) nach den „Gesammelten Werken“ und den „Illustrierten Reiseerzählungen“ aufgeführt. Hier sind auch die sonstigen Ausgaben des Karl-May-Verlages (Romane, Mappe mit den Sascha Schneider-Titelbildern) zu finden.

Für Sammler der Radebeul-Ausgaben des „Karl-May-Verlages“ sind vor allem die frühen Ausgaben mit den Fehsenfeld-Deckelbildern interessant. Die Buchausgaben mit diesen Deckelbildern werden meistens preislich höher gehandelt.
Die alten Fehsenfeld-Deckelbilder unterscheiden sich von den neuen Radebeul-Ausgaben dadurch, dass die Buchtitel in das Bild integriert sind. Bei den Radebeul-Ausgaben stehen sie meistens in einem Extrafeld außerhalb des Bildes. Die Fehsenfeld-Deckbilder gleichen Aquarellen, während die Radebeul-Ausgaben meistens holzschnittartig oder wie Linoleumdruck waren. Erst am Ende der Radebeul-Zeit gab es wieder Titelbilder, die an die Titelbilder von Fehsenfeld erinnern (kartonierte Ausgaben mit Umschlag).
Aus Platzmangel können nicht alle Unterschiede zwischen den Deckelbildern (z.B. Farbvarianten der ansonsten gleichen Motive) und der Gestaltung der Bücher (Prägung oder Aufziehen der Titelbilder) aufgeführt werden. Sollte es jedoch für viele Sammler oder für den Sammelwert entscheidend sein, wird es in der nächsten Auflage nachgeholt.

Man unterscheidet die grünen Bände der Radebeul-Zeit auch anhand der verschiedenen Rückenschilder und Verlagsangaben (V) am Fuß des Buchrückens:
Bei den **Verlagsangaben** unterscheiden Hermesmeier/Schmatz (2000) in ihrer Bibliographie zwischen fünf verschiedenen Verlagsangaben (dort ohne Jahreszahl):

V0	Verlag Fr. E. Fehsenfeld Freiburg, Br.	1892 - 1913
V1	Verlag der Karl May-Stiftung Radebeul Dresden	1913 - 1914
V2	Karl-May-Verlag Fehsenfeld & Co. Radebeul-Dresden	1915 - 1943
V3	Karl May-Verlag Radebeul 1	1943 - 1945
V4	Karl May-Verlag Radebeul	1946 - 1952

Da jedoch Restbestände der Einbanddecken von den jeweils folgenden Verlagen verwendet wurden, ist die zeitliche Grenze nicht ganz so starr wie oben aufgeführt.

Bei den **Rückenschildern** (Angabe Karl May und der Buchtitel) ist der Unterschied nicht so auffällig: es gibt unterschiedliche Schrifttypen und Farben. Bei den Sammlerpreisen spielt das jedoch nur eine untergeordnete Rolle. Den seltenen Buchrücken mit der goldenen Schrift auf schwarzem Grund findet man erst nach Kriegsende (Mai 1945).

Für die Sammler der Ausgaben des Karl-May-Verlages sind jedoch die unterschiedlichen Einbandarten von Interesse. Man unterscheidet: Ganzleinen (Leinen), Halbleinen, Pappband (Hardcover), kartoniert (biegbar), Broschur und Heft.

Die meisten Sammler bevorzugen die Leinenausgaben, da sie der Gestaltung der Fehsenfeld-Ausgaben (Freiburg) am nächsten kommen. Sie sind fast immer auf weißem, holzfreiem Papier gedruckt worden (siehe Abb. rechts).

Die Halbleinenbände und Pappbände sind nicht so attraktiv, es sei denn, sie haben die alten Deckelbilder von Fehsenfeld oder sind Erstauflagen (siehe Abb.links).

Der Karl-May-Verlag war in der Radebeul-Zeit von 1915 bis 1945 von vielen Umwälzungen betroffen, so dass es aus wirtschaftlichen Gründen die schöne Leinenausstattung, auch „Friedensausgabe" genannt, nicht immer gab.

In der Zeit von etwa 1917 bis 1925, also Ende des 1. Weltkrieges, der Nachkriegszeit und während der Inflation gab es nur Halbleinen- und Pappausgaben der Karl-May-Bücher, darunter auch einige Erstauflagen. Es fällt auf, das es auch von 1923 bis 1925 kaum Neuauflagen oder Neuerscheinungen im „Karl May-Verlag" gegeben hat.

Die Jahreszahlen bei Hermesmeier/Schmatz (2000) z. B. sind nicht starr zu sehen (z. B. 1922: Pappband, Halbleinen). Es gab zeitlich eine zeitliche Abfolge der Bindequoten: bis 1924 vor allem Pappbände, ab 1925 verstärkt Halbleinen (siehe Hermesmeier/Schmatz, S. 28-29). Erst ab 1926 kamen aufgrund der besseren (sozialen und) wirtschaftlichen Situation im Deutschen Reich wieder die Leinenausgaben in der gewohnten guten Ausstattung heraus. Die Leinenbände des „Karl-May-Verlages" von 1926 bis ca.1939 sind durchweg in „Friedensausstattung" herausgekommen. Das bedeutet nach Hermesmeier/Schmatz (S. 59): „Ganzleinwand, geprägtes Bild, holzfreies Papier, Farboberschnitt." Daneben gab es eine Auswahl der Bände auch weiterhin als sogenannte „Volksausgaben" in Halbleinen auf holzhaltigem Papier zu einem deutlich günstigeren Preis. Das sorgte besonders während der Wirtschaftskrise 1929 -1932 für weiteren Absatz.
Die „Friedensausgaben" gab es nur bis etwa Anfang 1940. Der Beginn des Zweiten

Weltkrieges und die kriegsbedingte Mangelwirtschaft mit behördlich vorgenommenen Zuteilungen von Papier und Einbandmaterial machte eine hochwertige Buchausstattung zunehmend unmöglich. In der Zeit nach 1939 gab es Ausgaben, die sich von anderen Radebeul-Ausgaben unterscheiden: flexibel kartonierte Ausgaben mit farbigen Umschlägen des Illustrators Carl Lindeberg lösten die alten „Volksausgaben" ab. Eine Titelauswahl erschien ohne Arabesken auf dem Buchrücken und mit einfarbigen Deckelbildern nach Federzeichnungen von Carl Lindeberg. Teilwei-se haben diese Bände an Stelle der gewohnten goldenen Rückenprägung einen weißen Aufdruck.
Teile bereits gedruckter Bücher und sogar ganze Auflagen wurden zwischen 1940 und 1945 durch Luftangriffe zerstört. Übrig gebliebene Rohblocks, die den Zweiten Weltkrieg teils in Außenlagern überstanden haben, erhielten nach Mai 1945 teilweise neugestaltete Buchdeckel und wurden von Radebeul aus in Ostdeutschland und Westdeutschland verkauft (siehe Mai 1945 - 1980). Das gilt sowohl für Ausgaben des „Karl-May-Verlages" als auch für Lizenzausgaben.

Selbstverständlich haben auch Erstauflagen vom „Karl-May-Verlag" von 1913-1939 einen zusätzlichen Sammlerwert, der ebenfalls berücksichtigt worden ist.
Ein weiterer Grund des Sammlerwertes könnte in dem Grad der Bearbeitung von Karl Mays Werken liegen. Sollte sich dies innerhalb der Radebeul-Zeit groß unterscheiden (z. B. 100 Seiten weniger), wird darauf hingewiesen.

Entscheidend ist jedoch bei fast allen Ausgaben der Zustand!
Während sich viele Sammler vor Jahren mit einem durchschnittlichen Zustand (2) zufrieden gaben, werden heute vor allem Bücher im Zustand (1) oder besser gesammelt. Bücher im Zustand (2) oder gar (3) lassen sich heute nur schwer oder mitunter gar nicht mehr verkaufen. Das gilt in diesem Umfang jedoch nicht für die seltenen Ausgaben.

2.1. DER VERLAG DER KARL MAY-STIFTUNG Radebeul 1913-1914

KARL MAY´S GESAMMELTE WERKE
Buchblock: Fehsenfeld Verlag, Freiburg i. Br.,
Titelblatt (innen) mit
Karl May-Stiftung (nicht immer)
Buchrücken (immer):
Karl May`s gesammelte Werke,
Radebeul bei Dresden,
Verlag der Karl May-Stiftung, Leinen

Band	1-27	90,00
	28-30	120,00
	31-33	190,00

Hinweis:
Die Lagerbestände (nicht aufgebundene Buchblocks) der Fehsenfeld-Ausgabe wurden mit neuen Einbanddecken ausgestattet (Restbindung).

Neuauflagen (Karl May-Stiftung):

KARL MAY´S GESAMMELTE WERKE
Radebeul bei Dresden,
Verlag der Karl May-Stiftung

2 **Durchs wilde Kurdistan**
70.-75. Tausend
o. J. (1914) 120,00
mit Einband Karl-May-Verlag 80,00

6 **Der Schut**
60.-65. Tausend
o. J. (1914)
Leinen..120,00
mit Einband Karl-May-Verlag 80,00

7 **Winnetou. 1. Band**
73.-79. Tausend
o. J. (1914)
Leinen 130,00
mit Einband Karl-May-Verlag 80,00

8 **Winnetou 2. Band**
71.-77. Tausend
o. J. (1914)
Leinen..130,00
mit Einband Karl-May-Verlag 80,00

9 **Winnetou 3. Band**
68.-74. Tausend
o. J. (1914)
Leinen..130,00
mit Einband Karl-May-Verlag:
Fehsenfeld-Deckelbild: Winnetou
am Baum lehnend, Leinen..........................80,00
Radebeuler Deckelbild:
Winnetou angeschossen, Hlw. 70,00

19 **Old Surehand 3. Band**
48.-52. Tausend
o. J. (1914)
Leinen..120,00
mit Einband Karl-May-Verlag:
Leinen..80,00
Halbleinen..70,00

23 **Auf fremden Pfaden**
41.-43. Tausend
o. J. (1914)
Leinen..120,00

25 **Am Jenseits**
35.-37. Tausend
o. J. (1914)
Leinen..120,00
mit Einband Karl-May-Verlag:
Halbleinen..80,00

26 **Im Reiche des silbernen Löwen 1. Band**
40.-43. Tausend
o. J. (1914) Leinen...................................120,00
mit Einband Karl-May-Verlag:
Halbleinen..80,00

30 **Und Frieden auf Erden!**
25.-27. Tausend
o. J. (1914)
Leinen 150,00
mit Einband Karl-May-Verlag:
Halbleinen 100,00

33. **Winnetous Erben**
(Winnetou 4. Band):
o. J. (1914), Leinen
11.-14. Tausend 150,00
11.-15. Tausend 140,00
mit Einband Karl-May-Verlag
Leinen 90,00
Halbleinen 70,00

Neuerscheinungen:

35 **Unter Geiern**
Erzählung aus dem wilden Westen
von Karl May
o. J. (1914) Karl May-Stiftung
ohne Angabe der Auflage
Leinen 160,00
Hinweis:
Zuvor sind sieben Auflagen (21.000 Exemplare) bei der Union Deutsche Verlagsgesellschaft unter dem Titel „Der Sohn des Bärenjägers“ erschienen.

36 **Der Schatz im Silbersee**
Erzählung aus dem wilden Westen
von Karl May
o. J. (1913) Karl May-Stiftung, Leinen
ohne Angabe der Auflage 250,00
mit Angabe der Auflage
22. - 28. Tausend 230,00
mit Einband Karl-May-Verlag 80,00
Hinweis:
Zuvor sind sieben Auflagen (21.000 Exemplare) bei der Union Deutsche Verlagsgesellschaft erschienen.

39 **Das Vermächtnis des Inka**
Erzählung aus Südamerika von Karl May
o. J. (1913/14), Radebeul bei Dresden,
Verlag der Karl May-Stiftung, Leinen
ohne Angabe der Auflage 120,00
mit Angabe der Auflage
16. - 20. Tausend 100,00
mit Einband Karl-May-Verlag:
Leinen 90,00
Halbleinen 70,00
Hinweis:
Zuvor sind fünf Auflagen (15.000 Exemplare) bei der Union Deutsche Verlagsgesellschaft erschienen.

40 **Der blaurote Methusalem**
Eine lustige Studentenfahrt nach China
von Karl May
o. J. (1914) Radebeul bei Dresden,
Verlag der Karl May-Stiftung, Leinen
ohne Angabe der Auflage 200,00
mit Angabe der Auflage
16. - 22. Tausend 150,00
mit Einband Karl-May-Verlag:
Leinen 100,00
Halbleinen 80,00
Hinweis:
Zuvor sind fünf Auflagen (15.000 Exemplare) bei der Union Deutsche Verlagsgesellschaft erschienen.

Schutzumschlag: (Karl May-Stiftung) 50,00

Hinweis:
Es gibt auch Stiftungsbuchblocks mit alten Fehsenfeld-Buchdeckeln. Momentan ist es schwer hier einen Sammlerpreis festzulegen. Es soll laut Verlagsprospekt auch von 1913 bis 1914 für die Bücher folgende 5 Aufmachungen gegeben haben: „Geheftet, in grünem Leinwandband mit farbigem Titelbild, in Halbfranzband, in Ganzleder und in feinem Saffianband“.

Heft .... (kein Nachweis)
Broschur 80,00
Halbfranzband 300,00
Hinweis:
Bisher sind von den Halbfranz-Bänden noch nicht alle Nummern nachgewiesen!
Ganzleder .... (kein Nachweis)
Saffianband .... (kein Nachweis)

KARL MAY'S ILLUSTRIERTE REISEERZAHLUNGEN
Buchblock Freiburger Fehsenfeld-Verlag, inkl. Titelblatt.
Einband von der Karl May-Stiftung (1913-1914)
Ganzleinen
1-10, 14, 15 130,00
16, 18-19, 21-24, 26-30 160,00
Schutzumschlag 50,00
Hinweis:
Die Lagerbestände (nicht aufgebundene Buchblocks) der Fehsenfeld-Ausgabe wurden mit neuen Einbanddecken ausgestattet (Restbindung).

MEIN LEBEN UND STREBEN
Selbstbiographie von Karl May.
3. Auflage
ca. 1914
Radebeul, Verlag der Karl May-Stiftung,
261 Seiten
Broschur 80,00
Halbleinen 100,00

2.2. DER KARL-MAY-VERLAG
Radebeul bei Dresden
1915-1945

KARL MAY'S GESAMMELTE WERKE
RESTBINDUNGEN:
Es wurden Restbestände vom Fehsenfeld-Verlag, Freiburg im Br. und vom Verlag der Karl May-Stiftung übernommen.
Diese nicht aufgebunden Buchblocks erhielten neue Bucheinbände vom Karl-May-Verlag:
1-27 80,00
28-30 100,00
31-33 180,00

Neuauflagen und Neuerscheinungen:
(neu: 34, 37, 38, 41-48, 50-65).
Siehe auch: „Verlag der Karl May-Stiftung".

1 **Durch die Wüste**
85.-90. Tsd. (1915) Leinen
Buchrücken mit
Verlag der Karl May-Stiftung 80,00
Karl-May-Verlag 80,00
Halbleinen 50,00
94.-158. Tsd. (1918-25) Halbleinen 50,00
Pappband 40,00
159.-300. Tsd. (1925-39) Leinen 40,00
Halbleinen 30,00

2 **Durchs wilde Kurdistan**
79.-137. Tsd. (1918-25) Halbleinen 50,00
Pappband 40,00
138.-262. Tsd. (1926-40) Leinen 40,00
Halbleinen 30,00

3 **Von Bagdad nach Stambul**
63. - 67. Tsd. (1916) Leinen
Buchrücken mit
Verlag der Karl May-Stiftung 80,00
Karl-May-Verlag 80,00

Halbleinen 50,00
72.-132. Tsd. (1918-25) Halbleinen 50,00
Pappband 40,00
133.-244. Tsd. (1926-40) Leinen 40,00
Halbleinen 30,00
Hinweis:
Bis zum 125. Tsd. mit Portrait Karl Mays als Frontispitz. Ab 99. Tsd. anderes Deckelbild.
Altes Deckelbild: 2 Reiter vor Landschaft,
neues Deckelbild: Arabergruppe vor Ruinen.

4 **In den Schluchten des Balkan**
61.-65. Tsd. (1916) Leinen 80,00
Halbleinen 50,00
70.-128. Tsd. (1918-22) Halbleinen 50,00
Pappband 40,00
129.-232. Tsd. (1926-40) Leinen 40,00
Halbleinen 30,00
Hinweis:
Ab 94. Tausend Übergang zum neuen Deckelbild
Altes Deckelbild:
Reiter in Schlucht nebeneinander,
neues Deckelbild: Reiter hintereinander.

5 **Durch das Land der Skipetaren**
58.-62. Tsd. (1916) Leinen 80,00
Halbleinen 50,00
66.-124. Tsd. (1918-22) Halbleinen 50,00
Pappband 40,00
125.-225. Tsd. (1926-40) Leinen 40,00
Halbleinen 30,00
Hinweis:
Ab 90. Tausend Übergang zum neuen Deckelbild
Altes Deckelbild: Reiter in Schlucht,
neues Deckelbild: Mann mit Krücken.

6 **Der Schut**
69.-77. Tsd. (1918) Pappband 60,00
78.-128. Tsd. (1919-25) Pappb 40,00
Halbleinen 50,00
129.-260. Tsd. (1926-40) Leinen 40,00
Halbleinen 30,00

7 **Winnetou 1. Band**
84.-86. Tsd. (1917) Halbleinen 80,00
87.-166. Tsd. (1918-25) Pappb. 40,00
Halbleinen 50,00
167.-360. Tsd. (1926-1939) Halbleinen 30,00
Leinen 40,00
361.-410. Tsd. (1941) Leinen 120,00
Halbleinen 250,00
Hinweis:
Der weitaus größte Teil der Auflage 361.- 410 Tsd. wurde im Krieg zerstört.
Der Halbleinenband hat in dieser Auflage ein Deckelbild, das sich von den anderen Radebeul-Ausgaben unterscheidet.

8 **Winnetou 2. Band**
81.-91. Tsd. (1918) Pappband 60,00
92.-156. Tsd. (1919-25) Pappb. 40,00
Halbleinen 50,00
157.-320. Tsd. (1926-1939) Halbleinen 30,00
Leinen 40,00

9 **Winnetou 3. Band**
75.-78. Tsd. (1917) Halbleinen 80,00
81.-154. Tsd. (1918-1925) Pappb. 40,00
Halbleinen 50,00
155.-301. Tsd. (1926-1939) Halbleinen 30,00
Leinen 40,00

10 **Orangen und Datteln**
54.-58. Tsd. (1919) Halbleinen 80,00
59.-100. Tsd. (1920-22) Pappband 40,00
Leinen / Halbleinen 50,00
101.-150. Tsd. (1926-39) Halbleinen 30,00
Leinen 40,00
151.-160. Tsd. (1943)
kartoniert mit Umschlag 140,00
Hinweis:
Ab 59. Tsd. Übergang zum neuen Deckelbild
Altes Deckelbild:
Zwei Araber und Orangen am Baum

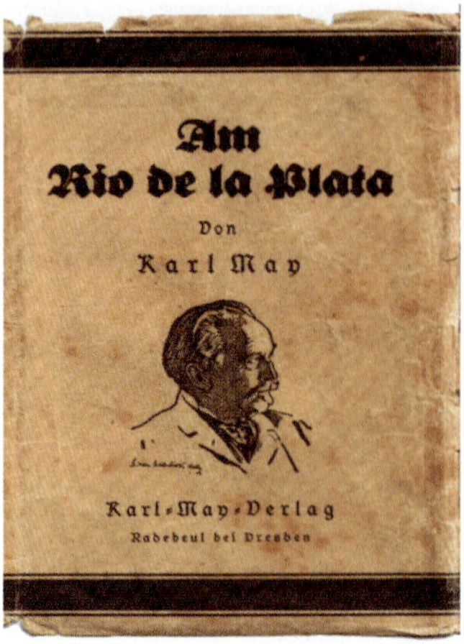

11 **Am Stillen Ozean**
50.-54. Tsd. (1916) Leinen 80,00
Halbleinen.................... 50,00
55.-94. Tsd. (1919-22) Pappband................ 40,00
Leinen / Halbleinen............. 50,00
95.-145. Tsd. (1926-37) Leinen.................... 40,00
Halbleinen................. 30,00
146.-225. Tsd. (1940-43)
kartoniert mit Umschlag 50,00
Hinweis:
Ab 68. Tsd. Übergang zum neuen Deckelbild. Altes Deckelbild: Rastende Gruppe am Meer, neues Deckelbild: Palmen am Meer.

12 **Am Rio de la Plata**
51.-54. Tsd. (1917) Halbleinen..................... 80,00
55.-102. Tsd. (1919-22) Pappb. 40,00
103.-60. Tsd. (1926-37) Leinen.................... 40,00
Halbleinen................... 30,00
Hinweis:
Bis 66. Tsd. altes Deckelbild

13 **In den Cordilleren**
ab 103 Tsd.: (1926):
In den Kordilleren
51.-54. Tsd. (1917) Leinen 100,00
Halbleinen................... 80,00
Pappband.................... 60,00
55.-102. Tsd. (1919-22) Pappband............. 40,00
103.-158. Tsd. (1926 -37) Leinen................ 40,00
Halbleinen................. 30,00
Hinweis:
Bis 66. Tsd. altes Deckelbild

14 **Old Surehand 1. Band**
644 Seiten, ab 76. Tsd. 544 Seiten
53.-55. Tsd. (1917) Halbleinen..................... 80,00
56.-65. Tsd. (1917-19) Pappb. 60,00
66.-100. Tsd. (1920-22) Pappb. 40,00
101.-265. Tsd. (1926 - 40) Leinen................ 40,00
Halbleinen............ 30,00

15 **Old Surehand 2. Band**
647 Seiten, ab 55. Tsd. 584 Seiten
51.-54. Tsd. (1917) Halbleinen.................. 120,00
55.-100. Tsd. (1920-22) Pappb. 40,00
101.-250. Tsd. (1926-40) Leinen.................. 40,00
Halbleinen............. 30,00
Hinweis:
Weite Teile des Bandes 19 finden sich ab 55. Tsd. im Band 15 wieder.

16 **Im Lande des Mahdi 1. Band**
43.-46. Tsd. (1917) Halbleinen.................. 100,00
47.-79. Tsd. (1919-22) Pappb. 30,00
80.-116. Tsd. (1926-37) Leinen.................... 40,00
117.-137. Tsd. (1941) Halbleinen................ 30,00

17 **Im Lande des Mahdi 2. Band**
40.-49. Tsd. (1919) Pappb. 80,00
50.-75. Tsd. (1920-22) Pappb. 30,00
76.-111. Tsd. (1926-37) Leinen.................... 40,00
112.-130. Tsd. (1941) Halbleinen................ 30,00

18 **Im Lande des Mahdi 3. Band**
44.-46. Tsd. (1919) Pappb. 80,00
47.-74. Tsd. (1920-22) Pappb. 30,00
75.-110. Tsd. (1926-37) Leinen.................... 50,00
111.-128. Tsd. (1941) Halbleinen................ 30,00

19 **Kapitän Kaiman**
Ausgabe ohne Auflagenangabe
(53.-68. Tsd.) (1921) Pappband.................. 90,00
53.-68. Tsd. (1921) Pappband..................... 80,00
69.-78.Tsd. (1921-22) Pappband................ 80,00
79.-100. Tsd. Leinen.................................. 50,00
Halbleinen............................ 40,00
101.-200. Tsd. (1927-1941) Leinen............. 40,00
Halbleinen........................ 30,00
184.-200. Tsd. (1941) Halbleder
(Deckelmotiv: Möve mit Schiff) 120,00
144.-214. Tsd. kartoniert mit farb.
Umschlag (1941-44) 50,00

215.-239. Tsd. (1944) Halbleinen
Deckelbild grünlich 40,00
Hinweis:
Vor 1915 bei Fehsenfeld (Freiburg i. Br.) und beim Verlag der Karl May-Stiftung hieß Band 19 „Old Surehand 3. Band“. Den ehemaligen Inhalt dieses Bandes findet man seitdem weitgehend in Band 15 (Old Surehand 2. Band).

20 **Satan und Ischariot 1. Band**
41.-83. Tsd.: 550 Seiten
84.-120. Tsd.: 470 Seiten
41.-44. Tsd. (1917) Halbleinen 80,00
45.-49. Tsd. (1919) Halbleinen 40,00
50.-59. Tsd. (1920) Pappband
altes Deckelbild (Reiter auf Pferd) 40,00
neues Deckelbild (Pferde vor einem Felsen) 30,00
60-74. Tsd. (1922) Pappband 30,00
75.-120. Tsd. (1928-37) Leinen 40,00
Halbleinen 30,00
Halbleder 400,00

21 **Satan und Ischariot 2. Band**
42.-80. Tsd.: 540 Seiten
81.-120. Tsd.: 452 Seiten
42.-46. Tsd. (1919) Halbleinen 60,00
47.-56. Tsd. (1920)
Pappband altes Deckelbild
(Reiter auf Pferd) 35,00
Pappband neues Deckelbild
(Pferde vor einem Felsen) 30,00
57.-71. Tsd. (1922) Pappband 30,00
72.-80. Tsd. (1929) Leinen 50,00
81.-91. Tsd. (1934) Halbleinen 30,00
92.-115. Tsd. (1933-37) Leinen 40,00

22 **Satan und Ischariot 3. Band**
42.-80. Tsd.: 615 Seiten
81.-113. Tsd.: 478 Seiten
42.-46. Tsd. (1919) Halbleinen 60,00
47.-56. Tsd. (1920)
Pappband altes Deckelbild
(Reiter auf Pferd) 35,00
Pappband neues Deckelbild
(2 Felsen mit Vogel + Siedl.) 30,00
57.-71. Tsd. (1922) Pappband 30,00
81.-90. Tsd. (1934) Halbleinen 30,00
72.-113. Tsd. (1929-37) Leinen 40,00

23 **Auf fremden Pfaden**
41.-43. Tsd. (1917) Leinen 120,00
44.-46. Tsd. (1917) Halbleinen 80,00
47.-57. Tsd. (1919) Pappband 40,00
58.-93. Tsd. (1920-22) Pappband 30,00
94.-145. Tsd. (1927-36) Leinen 40,00
Halbleinen 30,00
146.-225. Tsd. (1940-43) kartoniert
mit farbigen Umschlag 50,00

24 **„Weihnacht!“**
Ab dem 99. Tausend (1936)
nur Weihnacht
45.-48. Tsd. (1917) Pappband
auf holzfreien Papier 120,00
49.-53. Tsd. (1917/18) Pappband 40,00
54.-58. Tsd. (1919) Halbleinen 50,00
Pappband mit neuem Deckelbild
(Indianer und Cowboys am
Weihnachtsbaum) 30,00
59.-70. Tsd. (ab 1920) Halbleinen 50,00
Pappband altes Deckelbild (Krippe) 40,00
Pappb. neues Deckelbild (wie oben) 30,00
71.-85. Tsd. (ab 1922) Pappband 30,00
Leinen 50,00
86.-125. Tsd. (1928-43) Leinen 40,00
Halbleinen 30,00

25 **Am Jenseits**
594 Seiten, ab 61. Tsd.: 494 Seiten
35.-37. Tsd. (1917) Halbleinen 90,00
Pappband 60,00
41.-44. Tsd. (1919) Halbleinen 60,00

45.-51. Tsd. (1920) Pappband
altes Deckelbild (mit Engel) 40,00
neues Deckelbild (Fackelträger) 30,00
52.-80. Tsd.(1922) Pappband 30,00
Halbleinen 40,00
Leinen 50,00
81.-100. Tsd. (1927-43) Leinen 40,00
Hinweis: Ab. 61. Tsd. stark bearbeitet.

26 **Im Reiche des silbernen Löwen 1. Band**
624 Seiten, ab 70. Tsd.: 491 Seiten
44.-46. Tsd. (1917) Halbleinen 60,00
Pappband 50,00
47.-84. Tsd. (1919-23) Halbleinen 40,00
Pappband 30,00
85.-133. Tsd. (1927-41) Halbleinen 30,00
Leinen 40,00

27 **Im Reiche des silbernen Löwen 2. Band**
628 Seiten,
40.-42. Tsd. (1917) Halbleinen:
altes Deckelbild (2 Araber zu Pferde) ... 130,00
neues Deckelbild (Ruine mit Vögeln) 80,00
43.-81. Tsd. (1919-22) Halbleinen 40,00
Pappband 30,00
82.-122. Tsd. (1928-39) Leinen 40,00

28 **Im Reiche des silbernen Löwen 3. Band**
32.-34. Tsd. (1917) Halbleinen 120,00
Pappband 80,00
35.-58. Tsd. (1919-22) Halbleinen 40,00
Pappband 30,00
59.-73. Tsd. (1922) Pappband
Deckelbild: Sphinx 30,00
Halbleinen:
Deckelbild: Mann vor Vorhang 40,00
74.-111. Tsd. (1929-39) Leinen 40,00

29 **Im Reiche des silbernen Löwen 4. Band**
30.-33. Tsd. (1917) Halbleinen 120,00
Pappband, Deckelbild: Mensch, die Arme
zum Himmel ausstreckend 40,00
Deckelbild: Fackelträger 30,00
34.-70. Tsd. (1919-22) Halbleinen 40,00
Pappband 30,00
71.-107. Tsd. (1929-39) Leinen 40,00

30 **Und Friede auf Erden!**
(außen nur: Friede auf Erden)
660 Seiten, ab 33. Tsd. 560 Seiten,
ab 66. Tsd. 552 Seiten.
Mit Sascha Schneider Deckelmotiv Engel:
28.-60. Tsd. (1919-23):
Pappband 30,00
Halbleinen 40,00
Leinen 50,00
Mit Pagode-Deckelbild:
45.-72. Tsd. (1923-39) Leinen 80,00
Hinweis:
Ab 33. Tausend (1922) ohne Ausrufungszeichen.

31 **Ardistan und Dschinnistan 1. Band**
11.-13. Tsd. (1916) Leinen 150,00
Halbleinen 80,00
14.-18. Tsd. (1919) Halbleinen 40,00
19.-43. Tsd. (1920-22) Pappb. 40,00
44.-50. Tsd. (1928) Leinen 80,00

32 **Ardistan und Dschinnistan 2. Band**
11.-13. Tsd. (1917) Leinen 180,00
Halbleinen 100,00
Pappband 60,00
14.-18. Tsd. (1919) Halbleinen 60,00
19.-43. Tsd. (1920-22) Pappb. 40,00
44.-50. Tsd. (1928) Leinen 80,00

33 **Winnetou`s Erben**
später Winnetous Erben
623 Seiten, ab 89. Tsd.: 548 Seiten
Sascha Schneider-Motiv:
16.-18. Tsd. (1917) Halbleinen 120,00
19.-57. Tsd. (1918-22) Pappb. 40,00
58.-72. Tsd. (1922) Pappband 40,00
neues Deckelbild: Halbleinen 35,00

83.-88. Tsd. (1930) Leinen....50,00
89.-135. Tsd. (1935-39) Leinen....40,00
Hinweis:
Früher Winnetou 4. Band.

34 **„Ich"**
Aus Karl May´s Nachlaß
ohne Angabe der Aufl.:
(1.-5. Tsd.) (1917) Leinen....150,00
Halbleinen....100,00
6.-10. Tsd. (1917) Halbleinen....80,00
Pappband....60,00
11.-45 (1918-23) Pappband....30,00
16.-21. Tsd. (1919) Halbleinen....35,00
46.-100. Tsd. (1920-44) Leinen....40,00

35 **Unter Geiern**
Erzählung aus dem wilden Westen
22.-28. Tsd. (1915) Halbleinen....120,00
29.-33. Tsd. (1917) Pappband....60,00
34.-81. Tsd. (1918-22) Pappb. 30,00
82.-195. Tsd. (1925-38): Halbl. 30,00
Leinen....40,00

36 **Der Schatz im Silbersee**
Erzählung aus dem wilden Westen
29.-31. Tsd., (1917) Leinen....120,00
Halbleinen....80,00
32.-36. Tsd. (1917) Pappband....50,00
37.-105. Tsd. (1918-22): Pappb. 30,00
Halbleinen....40,00
106.-330. Tsd. (1926-40):
Leinen (Indianer mit 3 Federn)....40,00
Leinen (Indianer mit Federhaube) 80,00
Halbl. (Indianer mit Federhaube) 30,00
kartoniert mit farb. Umschlag: 50,00

37 **Der Ölprinz**
Erzählung aus dem wilden Westen
ohne Angabe der Aufl.:
(16.-22. Tsd.) (1915) Leinen....140,00
16.-22. Tsd. (1917) Leinen....110,00
Halbleinen....90,00
23.-27. Tsd. (1917) Pappb. 60,00
28.-84. Tsd. (1919-22): Pappb. 30,00
Halbleinen....40,00
Leinen....50,00
85.-182. Tsd. (1926-38): Halbleinen 30,00
Leinen....40,00

38 **Halbblut**
und andere Erzählungen
ohne Angabe der Aufl.:
(1.-5. Tsd.) (1917) Halbleinen....90,00
Pappband....70,00
6.-10. Tsd., (1917) Pappb. 60,00
11.-56. Tsd. (1918-22) Pappb. 30,00
57.-170. Tsd. (1926-1940): Halbleinen 30,00
Leinen....40,00
131.-220. Tsd. (1940-43)
kartoniert mit Umschlag....50,00
221.-244. Tsd. (1944)
Halbleinen (Deckelbild grünlich) 40,00

39 **Das Vermächtnis des Inka**
Erzählung aus Südamerika
21.-23. Tsd. (1917) Halbleinen....60,00
24.-72. Tsd. (1918-22) Pappb. 30,00
Halbleinen....40,00
73.-196. Tsd. (1926-42) Halbleinen 30,00
Leinen....40,00
169.-204. Tsd. (1942-44):
Halbleinen einfarbig (grün)....45,00

40 **Der blaurote Methusalem**
Eine lustige Studentenfahrt nach China
23.-26. Tsd. (1918) Pappb....40,00
27.-73. Tsd. (1919-22) Pappb. 30,00
59.-73. Tsd. (1922) Leinen....40,00
74.-140. Tsd. (1926-1937) Halbleinen 30,00
Leinen....40,00
141.-180. Tsd. (1942-44):
kartoniert mit Umschlag....50,00

41 **Die Sklavenkarawane**
Erzählung aus dem Sudan
ohne Angabe der Aufl.:
(16.-22. Tsd.) (1915/17) und mit
16.-22. Tsd. Pappband 70,00
Leinen 90,00
23.-75. Tsd. (1919-22) Pappband 30,00
76.-150. Tsd. (1926-1938) Halbleinen 30,00
Leinen 40,00
151.-238. Tsd. (1926-41):
kartoniert mit Umschlag 50,00
221.-238. Tsd. Halbleinen
(grünliches Deckelbild) 60,00

42 **Der alte Dessauer**
Humoresken von Karl May
1.-20. Tsd., (1921) Pappband. 50,00
21.-35. Tsd. (1922) Pappband 25,00
Halbleinen 30,00
Leinen 40,00
36.-65. Tsd. (1926-41) Leinen 60,00

43 **Aus dunklem Tann**
1.-20. Tsd. (1921) Pappb. 50,00
21.-35. Tsd. (1922) Pappb. 25,00
Halbleinen 30,00
36.-54. Tsd. (1926-40) Leinen 50,00

44 **Der Waldschwarze**
ohne Angabe der Aufl.:
(1.-20. Tsd.) (1921) Pappb. 50,00
21.-35. Tsd. (1922) Pappb. 25,00
Halbleinen 30,00
Leinen 40,00
36.-54. Tsd. (1926-39) Leinen 50,00

45 **Zepter und Hammer**
Roman
1.-20. Tsd (1926) Leinen 50,00
21.-33. Tsd. (1937-42) Leinen 35,00

46 **Die Juweleninsel**
1.-20. Tsd (1926) Leinen 50,00
21.-38. Tsd. (1933-39) Leinen 35,00

47 **Professor Vitzliputzli**
1.-15. Tsd. (1927) Leinen 70,00
16.-32. Tsd. (1936-41) Leinen 40,00

48 **Das Zauberwasser**
1.-15. Tsd. (1927) Leinen 70,00
16.-32. Tsd. (1936-41) Leinen 40,00

49 **Himmelsgedanken**
abweichender Verleger laut Titelblatt:
Fehsenfeld, Freiburg, 360 Seiten
ohne Auflage (1918) Pappband 250,00
Normale Verlagsangabe, 540 Seiten:
6.-10. Tsd. (1921) Halbleinen 120,00
11.-18. Tsd. (1922) Halbleinen 120,00
Leinen 150,00
Hinweis:
Zu Beginn wurden alte Lagerbestände von HIMMELSGEDANKEN (Einzelband vor 1912: Fehsenfeld, Freiburg i. Br.) beschnitten und mit dem grünen Einband versehen. Ab dem 6. Tausend erweitert um *„Babel und Bibel"*. In Radebeul unter dem Titel „Lichte Höhen" nicht mehr erschienen. Es existieren jedoch einzelne Bogen der geplanten Veröffentlichung unter diesem Namen (Probedrucke).

(50) **In Mekka**
Fortführung von Karl Mays Reiseerzählung „Am Jenseits" (Bd. 25) von Franz Kandolf
1.-15. Tsd. o. J. (1923) Leinen 120,00
Halbleinen 40,00
16.-37. Tsd. (1927-36) Leinen 40,00
Hinweis:
Erst später (ab 26. Tausend) mit einer Bandnummer.

51 **Schloß Rodriganda**
1.-25. Tsd. (1925) Halbleinen........................40,00
26.-75. Tsd. (1928-42) Leinen......................40,00

52 **Vom Rhein zur Mapimi**
ab: 46. Tausend: Titeländerung
„Die Pyramide des Sonnengottes“
1.-25. Tsd. (1924) Halbleinen........................40,00
26.-45. Tsd. (1928-36) Leinen......................40,00
Die Pyramide des Sonnengottes:
46.-75. Tsd. (1940-42) Leinen......................50,00

53 **Benito Juarez**
1.-25. Tsd. (1924) Halbleinen........................40,00
26.-75. Tsd. (1928-42) Leinen......................40,00

54 **Trapper Geierschnabel**
1.-25. Tsd. (1925) Halbleinen........................40,00
26.-75. Tsd. (1928-39) Leinen......................40,00
Halbleinen.......................25,00

55 **Der sterbende Kaiser**
1.-25. Tsd. (1925) Halbleinen........................40,00
26.-65. Tsd. (1928-39) Leinen......................40,00

56 **Der Weg nach Waterloo**
1.-30. Tsd. (1930) Leinen.............................40,00
Halbleinen.......................25,00
31.-43. Tsd. (1939) Leinen...........................35,00
Halbleinen.......................25,00

57 **Das Geheimnis des Marabut**
1.-30. Tsd. (1930) Leinen.............................40,00
Halbleinen.......................30,00
31.-45. Tsd. (1941) Leinen...........................35,00
Halbleinen.......................30,00

58 **Der Spion von Ortry**
1.-30. Tsd. (1930) Leinen.............................40,00
Halbleinen.......................30,00
31.- 45. Tsd. (1939) Leinen..........................35,00
Halbleinen.......................30,00

59 **Die Herren von Greifenklau**
1.-30. Tsd. (1930) Leinen.............................40,00
Halbleinen.......................30,00
31.-45. Tsd. (1941) Leinen...........................35,00
Halbleinen.......................30,00

60 **Allah il Allah!**
1.-28. Tsd. (1931) Leinen.............................50,00
29.-57. Tsd. (1943) Halbleinen.....................25,00

61 **Der Derwisch**
1.-20. Tsd. (1934) Leinen.............................60,00
21.-60. Tsd. (1940-44) Leinen......................40,00
Halbleinen......................25,00

62 **Im Tal des Todes**
1.-20. Tsd. (1934) Leinen.............................60,00
21.-60. Tsd. (1939-44) Leinen......................40,00
Halbleinen......................25,00

63 **Der Zobeljäger**
später Zobeljäger und Kosak
1.-20. Tausend (1934) Leinen
„Der Zobeljäger“.................................250,00
1.-20. Tausend (1934) Leinen
„Zobeljäger und Kosak“ 90,00
21.-60. Tsd. (1939-43) Leinen......................50,00
Halbleinen.................25,00
Hinweis:
Ab dem 4. Tausend der 1. Aufl. hieß das Buch „Zobeljäger und Kosak“
„Der Zobeljäger“ wurde wohl nur für Vorbesteller produziert. (laut Hermersmeier /Schmatz, 2000).

64 **Das Buschgespenst**
1.-20. Tausend (1935) Leinen......................60,00
21.-40. Tausend (1939) Leinen....................40,00
41.-80. Tausend (1942)
kartoniert mit farbigem Umschlag.........40,00
Hinweis:
4. Aufl. (81.-104. Tausend): siehe Nachkriegsteil!

65 **Der Fremde aus Indien**
1.-25. Tsd. (1939) Leinen 70,00
26.-50. Tsd. (1942) Halbleinen 40,00

Schutzumschlag 30,00

Hinweis: Nach Mai 1945 erfolgte die Aufbindung von Lagerbeständen. Siehe Nachkriegsteil.

KARL MAYS ILLUSTRIERTE REISEERZÄHLUNGEN
(1916-1917)
Radebeul bei Dresden, Karl-May-Verlag
20,2 x 14,0 cm
Nr. 1-9

1 **Durch die Wüste**
Karl-May-Verlag:
o. J., ohne Auflage
mit Rücken Karl May-Stiftung
Leinen 110,00
mit Rücken Karl-May-Verlag
Halbleinen 80,00

2 **Durchs wilde Kurdistan**
Karl-May-Verlag:
o. J., ohne Auflage
mit Rücken Karl May-Stiftung:
Leinen 110,00
mit Rücken Karl-May-Verlag:
Halbleinen 80,00

3 **Von Bagdad nach Stambul**
Karl-May-Verlag:
o. J., ohne Auflage
mit Rücken Karl May-Stiftung:
Leinen 110,00
mit Rücken Karl-May-Verlag:
Halbleinen 80,00
Pappband 80,00

4 **In den Schluchten des Balkan**
Karl-May-Verlag:
o. J., 8.-11. Tausend
mit Rücken Karl May-Stiftung:
Leinen 110,00
mit Rücken Karl-May-Verlag:
Leinen 100,00
Halbleinen 80,00

5 **Durch das Land der Skipetaren**
Karl-May-Verlag:
o. J., ohne Auflage
mit Rücken Karl May-Stiftung:
Leinen 110,00
mit Rücken Karl-May-Verlag:
Halbleinen 80,00

6 **Der Schut**
Karl-May-Verlag:
o. J., ohne Auflage
Halbleinen 80,00

7 **Winnetou 1. Band**
Karl-May-Verlag:
o. J. (1916), 6-9. Tausend
Leinen 100,00
Halbleinen 80,00
Hinweis:
Fehler beim Verlag. Korrekt wäre 8.-11. Tausend, da 1.-7. Tausend schon bei Fehsenfeld erschienen ist.

8 **Winnetou 2. Band**
Karl-May-Verlag:
o. J. (1917), 8.-10. Tausend
Leinen 100,00
Halbleinen 80,00

9 **Winnetou 3. Band**
Karl-May-Verlag:
o. J. , ohne Auflage
Halbleinen 80,00

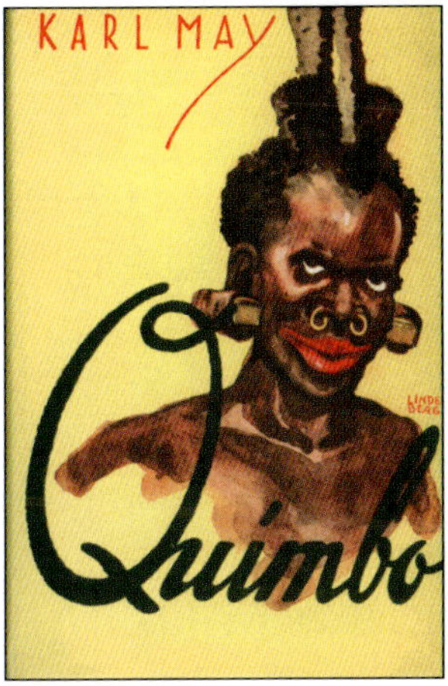

RESTBINDUNGEN:
Von einigen Ausgaben gibt es alte Fehsenfeld-Buchblocks mit neuen Buchdecken vom „Karl-May-Verlag“ (Restbindungen):

5, 6, 8-30: Fehsenfeld-Ausgabe mit neuem Einband: Karl-May-Verlag Fehsenfeld & Co. 110,00

Hinweis:
Blaues Leinen. Größer als die grünen Bände. Ähnlich wie die Fehsenfeld-Ausgabe. Mit Bildtafeln, teilweise mit Textillustrationen (1-9). `

2.3. LIZENZ-AUSGABEN UND WEITERE AUSGABEN DES KARL-MAY-VERLAGES 1913 bis April 1945

ABU SE-IF
Abenteuer aus Arabien von Karl May
o. J. [1916]
Berlin und München,
Wilhelm Ahrens Buchdruckerei und Verlagsanstalt
98 Seiten
Broschur 300,00
Hinweis:
„Kein Publikumsdruck, sondern ein Musterbuch einer Druckerei, die den Text satzfertig an Tageszeitungen und Unterhaltungsblätter liefern wollte“ Mitteilung von Wolfgang Hermesmeier.

ABENTEUER- UND ERLEBNISBÜCHER
(Reihentitel):
Der alte Kundschafter
Grethlein & Co. / Leipzig und Zürich,
Carl Schünemann Verlag Bremen, 1931
325 Seiten,
kartoniert 30,00
Buch 50,00
Schutzumschlag 40,00

Quimbo
Grethlein & Co. / Leipzig und Zürich,
Carl Schünemann Verlag Bremen, 1931
298 Seiten,
kartoniert 30,00
Buch 50,00
Schutzumschlag 40,00

ASSAD BEI DER HERDENWÜRGER
Erzählungen aus fremden Ländern von Karl May
Hamburg, Rhein-Elbe-Verlag
o. J. (1926/27), 79 Seiten
21,3 x 15 cm
Halbleinen 100,00
Hinweis: *„Sammelband mit 5 Erzählungen, während die anderen Verlage nur 3 Erzählungen brachten.“* (Hinweis von Wolfgang Hermesmeier).

ASSAD BEI DER HERDENWÜRGER
Erzählungen aus fremden Ländern von Karl May
Unter diesem Titel gaben eine Reihe von Verlagen die Erzählungen heraus:
Berlin, Verlag von A. Weichert
o. J. (ca. 1910-1914), 62 Seiten
18,2 x 12,5 cm
Halbleinen 120,00

Hamburg, Hanseaten-Verlag
o. J. (20er Jahre), 61 Seiten
18,9 x 13 cm
Halbleinen 120,00

Dresden, Ködel & Co.
o. J. (20er Jahre), 62 Seiten
Broschur 150,00

Frankfurt a. M., Leipzig,
Verlag Goldenberger & Co.,
o. J., (20er Jahre), 62 Seiten
Broschur 150,00
Hinweis:
Sammelband. Siehe auch Kapitel 1876-1912.

DEUTSCHE BUCH-GEMEINSCHAFT
Berlin, o. J. [1936], 12 x 20,5 cm
Old Surehand Teil 1
(420 Seiten) Halblederband 30,00
Halbleinen......................................20,00
Old Surehand Teil 2
(444 Seiten) Halblederband 30,00
Halbleinen......................................20,00

DEUTSCHE HAUSBÜCHEREI
Hamburg, Deutsche Hausbücherei im Zentralverlag der NSDAP.
Franz Eher Nachf. GmbH. in Berlin,
1944, 19,2 x 12,5 cm
kartoniert
Der Schatz im Silbersee,
511 Seiten, Band 746
mit Titelblatt (NSDAP) 80,00
geschwärzt 60,00
ohne Titelblatt...30,00

Die Sklavenkarawane
550 Seiten, Band 744
mit Titelblatt (NSDAP) 80,00
geschwärzt 60,00
ohne Titelblatt...30,00

Das Vermächtnis des Inka
448 Seiten, Band 743
mit Titelblatt (NSDAP) 60,00
geschwärzt 40,00
ohne Titelblatt...30,00
Hinweis:
„Der Schatz im Silbersee" und „Die Sklavenkarawane" wurden *„in den damaligen deutschen Ostgebieten hergestellt (in Ratibor bzw. Posen), so dass man im geteilten Deutschland von Hamburg aus keinen Zugriff auf die dort lagernden Bestände hatte. Diese sind dennoch weiter verkauft worden, allerdings unter Vermeidung der kompromittierenden Verlagszeile, die entweder durch Schwärzung oder durch Heraustrennung des Titelblatts entfernt wurde. Bei „Das Vermächtnis des Inka" verhält sich die Sache anders. Dieser Band wurde in Hamburg hergestellt. Die vorhandenen Restblocks wurden mit einem neuen Titelblatt versehen und nach 1945 als Halbleinenbände mit einem modifizierten Deckelbild vertrieben. Als Verlag zeichnete hier der „Hamburger Buchring" verantwortlich"* (siehe Nachkriegsteil). Information von Wolfgang Hermesmeier.

EMPOR ZUM LICHT!
Zeichnungen zu Karl May´s Werken
von Sascha Schneider.
Karl-May-Verlag, Radebeul, o.J.
(1924)
Halbleinenmappe mit Verschlussbändern,
25 Kunstblättern und einem zwölfseitigem
Begleitheft 180,00

ERDKREISBÜCHER
Berlin, Josef Singer Verlag,
später Verlag Martin Maschler
1927,1928 und o. J. (1930),
Ganzleinen, 19 x 13 cm

Im Reiche des Kalifen oder Hadschi Halef Omar
(307 Seiten)
Singer 1927 30,00
Singer 1928 25,00
Maschler o. J. (1930) 25,00

Der Flussdrache (331 Seiten)
Singer 1927 30,00
Singer 1928 25,00
Maschler o. J. (1930) 25,00

Schutzumschlag..50,00

FELDPOST-AUSGABEN [1. Weltkrieg]
Karl-May-Verlag, Radebeul bei Dresden
o. J. (1915 - 1916) Pappband, 17,5 x 11 cm

Abenteuer in Nord-Afrika
154 Seiten 70,00
2. Auflage 6. und 7. Tausend 60,00

Am Meere des Pharao
149 Seiten 70,00

Bei den Buren
148 Seiten 70,00
2. Auflage 6 und 7. Tausend 60,00

Feuerhand
155 Seiten 70,00

Geographische Predigten
192 Seiten 70,00
Hinweis:
Ohne Hinweis im Buch, dass es sich um eine Feldpost-Ausgabe handelt. Jedoch wurde es als eine Ausgabe dieser Reihe beworben (siehe Hermesmeier/Schmatz S. 317).

Der Kaperkapitän
117 Seiten 70,00

Das Testament des Apatschen
153 Seiten 70,00

Hinweis:
Teilweise nicht als Feldpostausgabe von außen gekennzeichnet.
Auch „Reiseerzählungen in Feld-Ausgabe".

FELDPOSTAUSGABEN [2. Weltkrieg]
Gütersloh, C. Bertelsmann Verlag
1944
Der Kiang-lu, Der Krumir, Miß Admiral,
Das sprechende Leder

Hinweis:
Der Band Der Kiang-lu Band wurde mit einigen Veränderungen erst ab 1948 angeboten. Der größte Teil der Auflage (ungebunden) wurde 1944 vernichtet. Es wurden nur etwa 2000 bis 3000 Exemplare aufgebunden. Es wurden 1944 drei weitere Bände der Feldpostausgaben gedruckt, jedoch gelten diese als komplett vernichtet (verbrannt infolge des Krieges): Der Krumir, Miß Admiral, Das sprechende Leder. Siehe auch Nachkriegsteil.

FRONTBUCHHANDELSAUSGABE FÜR DIE WEHRMACHT
Im Auftrage des OKW hergestellt von der Wehrmachtspropagandagruppe beim Wehrmachtsbefehlshaber Norwegen.
Radebeul bei Dresden, Karl-May-Verlag

Winnetou 1. Band, 1944, 447 S.
(10. Tsd.) Broschur 480,00
Winnetou 2. Band, 1945, 448 S.
(10. Tsd.) Broschur 480,00
Winnetou 3. Band, 1945, 459 S.
(10. Tsd.) Broschur 480,00

FRONTBUCHHANDELSAUSGABE FÜR DIE WEHRMACHT
Im Auftrage des Oberkommandos der Wehrmacht hergestellt von der Zentrale der Frontbuchhandelsausgaben.
Dienststelle Prag
Radebeul 1, Karl-May-Verlag

Das Vermächtnis des Inka, o. J. [1944]
205.-224. Tsd., 421 S., Broschur 40,00
Hinweis:
Vermutlich wurde der Band „Das Vermächtnis des Inka" nicht mehr an die Soldaten ausgegeben. Lagerbestände wurden nach dem Krieg in Österreich verkauft.

GEOGRAPHISCHE PREDIGTEN
siehe FELDPOST-AUSGABE

HADSCHI HALEF OMAR
Reiserzählung von Karl May
o. J.
Wien, Verlag J. Roller und Co.
Broschur
Gesamtband: (1919)
(176,162 Seiten) 110,00
Einzelbände: (1921)
Teil 1 (176 Seiten) 90,00
Teil 2 (162 Seiten) 90,00
Hinweis:
Restbestände der Soldaten-Bibliothek Wien mit neuen Umschlägen und Titelblatt.

HADSCHI HALEF OMAR
Reiserzählung von Karl May
o. J. (1921)
Radebeul bei Dresden, Karl-May-Verlag
176 Seiten, Broschur
Teil 1 (176 Seiten) 80,00
Teil 2 (162 Seiten) 80,00
Hinweis:
Restbestände der Soldaten-Bibliothek (Wien) mit neuen Umschlägen und Titelblatt. 1921 mit neuen Umschlägen versehen.

DAS INDIANER-BUCH
Saarlouis, Hausen.Verl.Ges.m.b.H
o. J. [1932], 261 Seiten
Leinen...120,00
Halbleinen...100,00
Hinweis:
Grenzfall, da nur ca. 20 % von Karl May: Old Shatterhands Flußkampf (S. 209-253) Sammelband mit Indianer-Geschichten. Es gibt eine nicht gekennzeichnete zweite Auflage von 1947 (225 Seiten).

JENSEITS DER FELSENGEBIRGE
siehe Kapitel 1876-1912

KAMERAD-BIBLIOTHEK
Der schwarze Mustang von Karl May
Stuttgart, Berlin, Leipzig; ab der
71. Auflage nur Stuttgart,
Union Deutsche Verlagsgesellschaft
o. J. (1914-1941)
28.-37. Aufl., [1914-1918] 344 S.
Leinen...80,00
Pappband..50,00
38.-57. Aufl., [1919-21] 263 S.
Pappband..30,00
58.-67. Aufl., [1925-27] 263 S.
Leinen...30,00
68.-70. Aufl., [1931] 263 S.
Leinen...50,00
71.Aufl.-99. Tsd. [1937]-1941, 305 S.
Leinen...30,00
Halbleinen...25,00
Schutzumschlag...35,00
Hinweis:
Siehe auch Kapitel vor 1913 sowie ab Mai 1945.

DER KARAWANENWÜRGER
und andere Erzählungen siehe Kapitel 1876-1912

LAGERBÜCHEREI DER KINDERVERSCHICKUNG (Reihentitel)
Band 7 Karl-May-Geschichten
1943
Leipzig, Erwin Skacel
Verlagsbuchhandlung
287 Seiten, 21,1 cm x 15 cm
Halbleinen...60,00
Hinweis: mit 17 Illustrationen von Carl Lindeberg. Als Band 11 sollte auch noch der „Der Ölprinz" erscheinen,jedoch kam es nicht mehr zur Fertigstellung. Mit einem neuen Titelblatt wurde „Der Ölprinz" nach 1945 vom Karl-May-Verlag Radebeul verkauft (183. -212. Tausend). Siehe dort.

SCHOENHOFS FOREIGN BOOKS
o. J., (ca. 1939)
Cambridge, Massachusetts
Orangen und Datteln, 665 Seiten
Buch Leinen 120,00
Buch kartoniert 70,00

Auf fremden Pfaden
598 Seiten
Buch Leinen 120,00
Buch kartoniert 70,00
Schutzumschlag 30,00
Hinweis:Umschlag und Inhalt in deutscher Sprache, fotomechanische Nachdrucke.

OXFORD UNIVERSITY PRESS
London, 1936, 64 Seiten
Der Pfahlmann
Heft 80,00
New York, 1936-44, 64 Seiten
Karl May. Der Pfahlmann
Heft 80,00
Hinweis: Text in deutscher Sprache auf 40 Seiten. Für englische Schüler stark gekürzt und im Wortschatz reduziert, eher eine Nacherzählung.

DIE SCHATZKAMMER
Leipzig, Hesse & Becker Verlag
(1928-1943), 19 x 13 cm
Der Sohn des Bärenjägers
1.-10. Tsd, o. J. (1928)
Leinen 30,00
Halbleder 60,00
11.-50. Tsd., o. J. (1929-43)
Leinen 25,00
Pappband 20,00
Halbleinen (grau) 20,00

Der Geist des Llano estakado
1.-10. Tsd, o. J. (1928)
Leinen 30,00
Halbleder 60,00
11.-50. Tsd., o. J. (1929-44)
Leinen 25,00
Halbleinen (blau) 20,00
Broschur 30,00

Tödlicher Staub
1.-10. Tsd, o. J. (1931)
Leinen 50,00
11.-25. Tsd., o. J. (1937-41)
Leinen 45,00
Schutzumschläge 25,00
Hinweis:
Der Reihentitel steht nicht überall auf dem Titelblatt.

SOLDATENBÜCHEREI
Herausgegeben vom Oberkommando der Wehrmacht.
Allgemeines Wehrmachtamt, Abt. Inland.
ohne Ort, o.J., (1943) 399 Seiten, 18 x 12 cm
Band 58 Der Schatz im Silbersee.
Erzählung aus dem wilden Westen
kartoniert 90,00

SOLDATEN-BIBLIOTHEK
Nr. 13/14 Hadschi Halef Omar
o. J. [1918]
Wien, Verlag Josef Roller & Co,
Broschur
Teil 1 (176 Seiten) 120,00
Teil 2 (162 Seiten) 120,00
Hinweis: Größtenteils nach Kriegsende mit neuem Umschlag über den Karl-May-Verlag in Deutschland vertrieben. Siehe unter Hadschi Halef Omar.

UNTERHALTUNG FÜR DIE NORDFRONT
Heft 8
Oslo, Storting, Herausgeber: Der Reichskommissar für die besetzten norwegischen Gebiete
Durch das Land der Skipetaren
1944, 36 x 27 cm, 96 Seiten
Heft 280,00
Hinweis: Gedruckte Auflage 100.000 Exemplare

DER WALDLÄUFER
von Gabriel Ferry
Reutlingen, Verlag von Robert Bardtenschlager
o.J.
anonyme Ausgabe, Karl May wird nicht mehr als Bearbeiter genannt.

Band 1 Der große Adler, 120 S.
o. J. (1934-41)
Deckmotiv:
Pferd mit Reiter vor dem Absturz
Halbleinen 60,00
Deckelmotiv:
Indianer auf Pferd und 2 Trapper
Halbleinen 50,00

Band 2 Falkenauge, 136 S.
o. J. (1934) Deckelmotiv:
Mexikaner fängt Reiter mit dem Lasso.
Halbleinen 50,00
Hinweis:
Siehe auch Teil 1876-1912.

3. KARL-MAY-BUCHAUSAUSGABEN

MAI 1945-1980

Der Zeitraum von 1945 bis 1980 ist für alle, Sammler oder Antiquare, die sich mit den Karl-May-Büchern dieser Zeit näher beschäftigen wollen oder müssen, sehr unübersichtlich. Bisher gibt es über diese Zeit kaum Literatur. Mit der vorliegenden Preisübersicht über Karl May-Bücher aus dieser Zeit wagen wir jedoch trotzdem einen ersten Versuch der Auflistung. Wohlwissend, dass beim ersten Mal keine vollständige oder gar fehlerfreie Liste erstellt werden kann. Die Herausgeber hoffen auf die Mitarbeit der Leser in Form von Kritik, Hinweisen und Ergänzungen, so dass spätestens in der nächsten Auflage eine bessere Übersicht vorliegen wird.

Dieses Kapitel beginnt mit dem **Karl-May-Verlag Radebeul** (Verlagsort bis 1960).
Es folgt, wegen der engen Zusammenarbeit und der ähnlichen Aufmachung (meistens grüne Bände), die „Karl-May-Bücherei" als Lizenzausgabe (1948-1956) in den Verlagen **Carl Ueberreuter** (Wien), **St. Otto-Verlag** (Bamberg), später **Bayerische Verlagsanstalt**, **Keysersche Verlagsbuchhandlung** (Heidelberg) und **Globus-Verlagsgesellschaft** (Hamburg). Das neugegründete Unternehmen des Karl May-Verlegers Dr. E. A. Schmid, der **USTAD-Verlag**, Bamberg (1952ff.) schließt sich an. Der Karl-May-Verlag, Bamberg (Verlagsort ab 1960) wird dann bis Anfang 2011 mit seinen Karl-May-Büchern aufgeführt. Danach folgt eine alphabetische Liste der übrigen Verlage.

Kurze Zeitübersicht zum Karl-May-Verlag:

1945-1952:
Verkauf von Lagerbeständen und Neubindungen alter Buchblocks und Broschuren.

1948-1956:
Vergabe an Lizenzen für die „Grünen Bände" nach Westdeutschland und Österreich: „Karl-May-Bücherei".

1952-1960:
Der „USTAD-Verlag" brachte zunächst jene Bände heraus, zu denen noch keine Lizenzverträge abgeschlossen waren und übernahm nach Auslauf derselben auch die Herausgabe dieser Titel. Außerdem wurde hier die Reihe der „Gesammelten Werke" um die Bände 66, 67, 69 und 70 erweitert.

1960-2011:
Nach Umzug des Radebeuler Unternehmens nach Bamberg und Zusammenschluß mit dem „USTAD-Verlag" erschienen die „Die Gesammelten Werke", die über die Jahre ausgebaut wurden, wieder im Karl-May-Verlag. Bis heute sind die Bände 71-88 und 91-93 erschienen.

Schutzumschlag Ueberreuter-Verlag, Wien

Der Ölprinz, Globus-Verlagsgesellschaft, Hamburg

Der Waldläufer, USTAD-Verlag, Bamberg

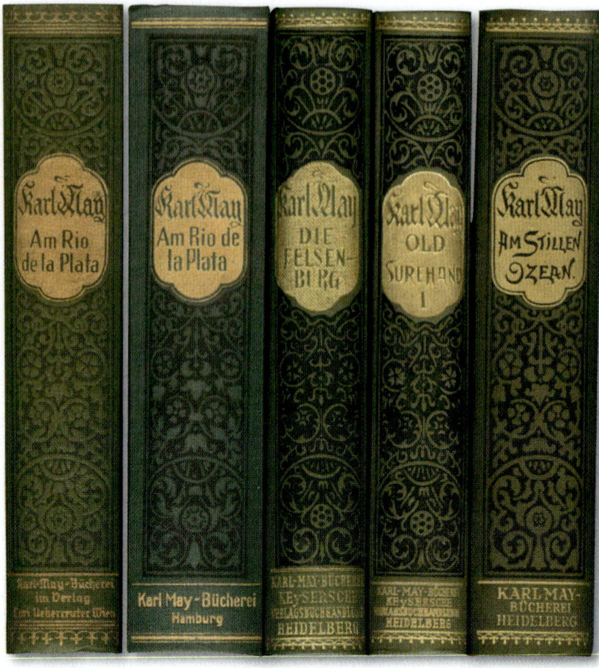

Die Buchrücken der „Karl-May-Bücherei“ sowie des Karl-May-Verlages, Bamberg. Einige Buchrücken der Radebeul-Ausgaben nach Mai 1945 sind zu Beginn des Teils „Karl-May-Bücher“ 1913-1945 abgebildet (V4).

Übersicht der Grünen Bände (Mai 1945-2011):

Buchrücken:	Zeitraum	Verlag:
Karl-May-Verlag Radebeul	1945-1952	Karl-May-Verlag Radebeul (bei Dresden)
Karl-May-Bücherei im Verlag Carl Ueberreuter Wien	1948-1956	Ueberreuter Verlag Wien **Wiener Ausgabe**
Karl-May-Bücherei Hamburg	1949	Globus Verlagsgesellschaft Hamburg; Nur 1 Band - Nr. 12 - , der Rest mit einer anderen Aufmachung.
Karl-May-Bücherei Keyserische Verlagsbuchhandlung Heidelberg (Schriftzugsgröße unterschiedlich)	1948-1951	Keysersche Verlagsbuchhandlung Heidelberg
Karl-May-Bücherei Heidelberg	1952-1955	Keysersche Verlagsbuchhandlung Heidelberg, **Heidelberger Ausgaben** (1948-1955)
Karl May-Bücherei Bamberg	1949-1953	St. Otto-Verlag, später Bayerische Verlagsanstalt Bamberg
Karl May-Bücherei Bamberg	1953-1955	USTAD-Verlag Bamberg
USTAD-Verlag	1955-1960	USTAD-Verlag Bamberg
Karl-May-Verlag	1960-2011...	Karl-May-Verlag Bamberg (ab 1996 Bamberg Radebeul)

Die Grünen Bände, die von 1949-2011 in Bamberg erschienen sind, nennt man **Bamberger Ausgaben**.

3.1. DER KARL-MAY-VERLAG
Radebeul (ab Mai 1945)

Aufgrund der Papierknappheit in der unmittelbaren Nachkriegszeit und der ausbleibenden Papierzuteilungen und Drucklizenzen in der sowjetisch besetzten Zone und späteren DDR standen der Verkauf von Buch-Restbeständen und die Aufbindung von alten Buchblocks sowie die Komplettierung unvollständiger Rohblocks (Neudruck fehlender Bogen ab 1948) und die anschließende Bindung im Vordergrund. Lediglich die Ausgabe „Das Buschgespenst“ (Band 64), 81.-104. Tausend wurde nach Auskunft von Wolfgang Hermesmeier in Ostdeutschland gedruckt: „die Druckereirechnung datiert vom 1.9.1945“. Damit ist die ganze Auflage eine Nachkriegsauflage.

Die neugebundenen Bücher erkennt man in der Regel daran, dass auf dem Buchrücken unter dem Namen Karl-May-Verlag der Zusatz „Fehsenfeld & Co.“ fehlt und die Ortsangabe nur noch kurz **Radebeul** lautet (statt Radebeul-Dresden oder Radebeul 1). Diese Ortsangabe befindet sich bei fast allen Neubindungen durch den Radebeuler Karl-May-Verlag von 1945-1952.
Eine Ausnahme bilden die Sonderbände von 1945 (sogenannte „Pierer-Ausgaben“) und der Band „Der Ölprinz“ (183.-212. Tausend). Diese waren zuvor noch als Lizenzausgaben anderer Verlage vorgesehen, konnten aber bis Kriegsende nicht mehr erscheinen, so dass der Karl-May-Verlag die Endfertigung übernahm. Ausstattung und Format dieser Bücher weichen von den bekannten Grünen Bänden deutlich ab (ohne Verlags-und Ortsangabe auf dem Buchrücken).

Bis 1960 gab es - außer dem oben genannten Band 64 - keine Neuausgaben in Radebeul beim Verlag selbst, sondern nur Lizenzausgaben für Verlage außerhalb der DDR (Ausnahme ein Romanheft in der „Kleinen Jugendreihe“). Da in Ostdeutschland nach 1945 vor allem antifaschistische und unbelastete Romane veröffentlicht werden sollten, war erst einmal kein Platz für Karl-May-Romane.Damals waren das Grauen des Faschismus und die Kriegsschäden allgegenwärtig. Allzu gut war vielen Gegnern Hitlers damals noch in Erinnerung, dass Karl-May-Bücher als Adolf Hitlers Lieblingsromane vermarktet worden waren. Hinzu kam auch, dass Karl-May-Bücher trotz Papierknappheit und Mangelwirtschaft während des Zweiten Weltkrieges bis 1944 gedruckt wurden und in den Frontbuchhandlungen an die Soldaten ausgegeben wurden. Andere Autoren wie Erich Kästner, Thomas Mann u. a. waren hingegen im „Tausendjährigen Reich“ bis Mai 1945 verboten. Vielen Regierenden in der DDR war Karl May daher erst einmal suspekt.
Ekkehard Bartsch (Bad Segeberg), Karl-May-Kenner, weist darauf hin, daß man in der Nachkriegszeit und in den Anfangsjahren der DDR von der Bearbeitung der Karl-May-Bände vor 1945 nichts wusste: *„sonst wäre es entsprechend ausgeschlachtet worden. Ohnehin gab es ja nur zwei Bände mit solchen bedenklichen NS-ideologisch gefärbten Tendenzen. Das ist einmal „Winnetous Erben“ in der Bearbeitung von 1935 (aber das hat erstmals Arno Schmidt 1959 aufgedeckt) und dann der 1939 erschienene ´Fremde aus Indien´ in der Otto-Eicke-Bearbeitung. Aber auch das ist in der DDR nie beanstandet worden. Die meisten der eigentlichen Reiseerzählungen blieben bis 1945 völlig unbearbeitet.*

Die Feldpostausgaben während des Krieges könnten eine Rolle gespielt haben, aber der eigentliche Grund für die Karl-May-Ablehnung der damaligen Kulturgewaltigen in der DDR war ein ganz anderer (was freilich nur hinter vorgehaltener Hand zugegeben wurde): Man fürchtete, Karl May würde bei der Jugend zu viel Lesekapazität binden, als man doch die Jugend für die fortschrittliche sozialistischen Jugendliteratur gewinnen wollte".

Dies sollte sich erst langsam Ende der siebziger Jahre ändern, als man sich verstärkt auf das kulturelle Erbe" besann. Karl May´s Friedenswille und sein Interesse an Völkerverständigung und Toleranz wurden nun in den Vordergrund gestellt. Ab 1982 brachte der Verlag Neues Leben eine eigene Buchreihe heraus, wobei der Verlag die vor 1913 erschienenen Texte nahm und sie bis 1990 gering bearbeitete. Bei den DDR-Bürgern kam diese Veröffentlichung natürlich gut an, denn bis dahin wurden die alten Karl-May-Bücher nur unter der Hand gehandelt. Die hohen Auflagen (bis 250.000 Exemplare) vor 1990 waren trotz einfacher Ausstattung sehr schnell vergriffen. Die richtungsweisende „Illustrierte Karl May-Bibliographie" von Hainer Plaul kam dann 1988 auch zuerst in der DDR heraus.

PIERER AUSGABEN:

Durch die Wüste
Sonderausgabe
301.-310. Tausend
1945
Halbleinen, 464 Seiten 40,00

Durchs wilde Kurdistan
Sonderausgabe
263.-272. Tausend
1945
Halbleinen, 504 Seiten 40,00

Von Bagdad nach Stambul
Sonderausgabe
245.-254. Tausend
1945
Halbleinen, 488 Seiten 40,00

In den Schluchten des Balkan
Sonderausgabe
233.-242. Tausend
1945
Halbleinen, 432 Seiten 40,00
Hinweis:
Die Bogen dieser vier Bände wurden 1944 für die Organisation Todt gedruckt (vorgesehen für die Reihe „Die Bücher des Frontarbeiters" des Verlages Volk und Reich). Es kam jedoch nicht mehr zur Bindung. Da diese Bogen in Altenburg in der Piererschen Hofbuchdruckerei hergestellt worden waren, werden die dann ab Ende 1945 gebundenen Bücher auch „Altenburger Ausgaben" oder „Pierer Ausgaben" genannt. Es wurden dazu neue Titelblätter gedruckt. Die Bücher sind illustriert und haben eine aufklappbare Landkarte.

SKACEL-AUSGABE:
Der Ölprinz
183.-212. Tausend
[Ende 1945-47]
Halbleinen.. 40,00
Pappband... 30,00
Hinweis:
Dieser Band wurde ursprünglich 1944 für die „Lagerbücherei der Kinderverschickung" (Skacel-Verlag) gedruckt, aber nicht mehr aufgebunden. Ein Blatt mit dem Hinweis auf diesen Verlag wurde ausgetauscht und ab Ende 1945 gebunden. Auch dieser Band ist mit Zeichnungen von Carl Lindeberg illustriert.

WEITERE RESTAUFBINDUNGEN:
Sonstige Neubindungen ehemaliger Broschuren oder Buchblocks bzw. loser Bogen. Es ist davon auszugehen, daß es noch weitere Restaufbindungen gibt. Es handelt sich unten um eine vorläufige Aufstellung (Aufstellung nach Hermesmeier/Schmatz, 2000, Karl-May-Verlag): *siehe folgende Seiten*

KARL MAY´S GESAMMELTE WERKE
Karl-May-Verlag
[1948-1952], Radebeul-Dresden (innen),
Buchrücken: Radebeul
[Ostdeutschland/DDR]

2 **Durchs wilde Kurdistan**
208.-232. Tausend
[1951]
Leinenband V4 130,00

3 **Von Bagdad nach Stambul**
196.-218. Tausend
[1951]
Leinenband V4 130,00

4 **In den Schluchten des Balkan**
185.-207. Tausend
[1951]
Leinenband V4 130,00

5 **Durch das Land der Skipetaren**
181.-200. Tausend
[1951]
Leinenband V4 130,00

7 **Winnetou 1. Band**
336.-360. Tausend
[1951]
Leinenband V4 130,00

8 **Winnetou 2. Band**
305.-320. Tausend
[1951]
Leinenband V4 130,00

12 **Am Rio de Plata**
139.-160. Tausend
[1951]
Leinenband V4 70,00

16 **Im Lande des Mahdi Band 1**
97.-111. Tsd. u. 112.-130. Tsd.
[1949ff]
Halbleinen:
gelbe-oranges Titelfeld mit Stern V4.......... 45,00
gelb-oranges Titelfeld ohne Stern V4.......... 40,00
Leinenband V4 130,00

17 **Im Lande des Mahdi Band 2**
101.-116 Tsd. u. 117.-137. Tsd.
[1949ff]
Halbleinen: gelb-oranges Titelfeld
mit Stern V4.......................... 45,00
ohne Stern V4........................ 40,00
Leinenband V4 130,00

18 **Im Lande des Mahdi Band 3**
?
[1949ff]
Halbleinen: gelb-oranges Titelfeld
mit Stern V4.......................... 40,00
ohne Stern V4........................ 30,00

19 **Kapitän Kaiman**
184.-139. Tausend
[1949ff]

Halbleinen:
gelb-oranges Titelfeld V4 50,00
Volksausgabe-Titelbild V4 30,00

20 **Satan und Ischariot Band 1**
106.-120. Tausend?
[1949]
Halbleinen: gelb-oranges Titelf. V4 30,00
Leinenband [1951] V4............................... 130,00

21 **Satan und Ischariot Band 2**
103.-115. Tausend?
[1949]
Halbleinen, gelb-oranges Titelf. V4 30,00
Leinenband [1951] V4............................... 130,00

22 **Satan und Ischariot Band 3**
101.-113. Tausend
[1949]
Halbleinen: gelb-oranges Titelf. V4 30,00

25 **Am Jenseits**
86.-92. Tsd.
[1951]
Leinenband ohne Titelillustration V4 150,00

26 **Im Reiche des silbernen Löwen 1. Band**
121.-133. Tsd.
[1949]
Halbleinen V4 30,00

27 **Im Reiche des silbernen Löwen 2. Band**
108.-122. Tsd.
[1949]
Halbleinen V4 30,00

28 **Im Reiche des silbernen Löwen 3. Band**
98.-111. Tsd.
[1949]
Halbleinen V4 30,00

29 **Im Reiche des silbernen Löwen 4. Band**
94.-107. Tsd.
[1949]
Halbleinen V4 30,00

33 **„Ich“**
96.-100. Tsd.
[1951]
Leinenband mit farbigem kleinen Karl May-Bild auf dem Vorderdeckel V4........... 150,00
Hinweis:
Mit aufgeklebtem Karl May-Porträt aus Lesezeichenbeständen auf dem vorderen Buchdeckel.

35 **Unter Geiern**
?
[1951]
Leinenband V4 150,00
Hinweis:
Vorderer Deckel ohne Bild, aber mit eingeprägtem Dekor in der Mitte und dem Titel „Karl May Gesammelte Werke“.
Siehe Hermesmeier/Schmatz, 2000, Bild 162.

36 **Der Schatz am Silbersee**
266. Tsd.- 330. Tsd.
[1951]
Leinenband mit Deckelbild der Ueberreuter-Lizenzausgabe V4 150,00
Hinweis:
Siehe Hermesmeier/Schmatz, 2000, Bild 161.

39 **Das Vermächtnis des Inka**
169. Tsd.-204. Tsd.
[1951]
Halbleinen ohne Deckelbild, nur Text, V4... 120,00

40 **Der blaurote Methusalem**
?
[1951]
Leinenband V4 150,00
Hinweis:
Vorderer Deckel ohne Bild, aber mit eingeprägtem Dekor in der Mitte und dem Titel „Karl May Gesammelte Werke“. Buchrücken mit schwarzen Rückenschild.
Siehe Hermesmeier/Schmatz , 2000, Bild 162.

42 **Der alte Dessauer**
47.-55. Tsd. + 56.-65.Tsd.?
[1949]
Halbleinen, gelb-oranges Titelfeld V4 30,00
[1952]
Leinenband V 4 130,00

43 **Aus dunklem Tann**
47.-54. Tausend
[1949]
Halbleinen: gelb-oranges Titelfeld V4 30,00
Leinenband V4 130,00

44 **Der Waldschwarze**
47.-54. Tsd.
[1951]
Leinenband ohne Titelillustration V4 150,00

47 **Professor Vitzliputzli**
24.-32.Tausend
[1949]
Halbleinen gelb-oranges Titelfeld V4 40,00

48 **Das Zauberwasser**
24.-32. Tausend
[1949]
Halbleinen, gelb-oranges Titelfeld V4 40,00

52 **Die Pyramide des Sonnengottes**
?
[1951]
Leinenband V4 150,00

Hinweis:
Vorderer Deckel ohne Bild, aber mit eingeprägtem Dekor in der Mitte und dem Titel „KarlMay Gesammelte Werke".
Buchrücken mit schwarzem Rückenschild. Siehe Hermesmeier/Schmatz , 2000, Bild 162.

55 **Der sterbende Kaiser**
? Tsd.
[1951]
Leinen ohne Titelillustration V4 150,00

56 **Der Weg nach Waterloo**
1.-43. Tsd.
[1951]
Leinen ohne Titelillustration V4 150,00

57 **Das Geheimnis des Marabut**
1.-45. Tsd.
[1951]
Leinen ohne Titelillustration V4 150,00

58 **Der Spion von Ortry**
1.-45. Tsd.
[1951]
Leinen ohne Titelillustration V4 150,00

59 **Die Herren von Greifenklau**
1.-45. Tsd.
[1951]
Leinen ohne Titelillustration V4 150,00

61 **Der Derwisch**
41.-60. Tsd.
[1949ff.]
Halbleinen, gelb-oranges Titelfeld V4 70,00
Leinenband V4 80,00

64 **Das Buschgespenst**
21.-40. Tsd.
[1952]
Halbleinen V4 30,00
Leinen V4.. 30,00
41.-80. Tsd.
[1952]
Leinen ohne Titelillustration V4 50,00
81.-104. Tausend:
[1949]
Leinen ohne Titelillustration V4 50,00
Kunsthalblederband
ohne Titelillustration V4 60,00
Schutzumschlag... 20,00
Hinweis:
Ursprünglich für die kartonierte Ausgabe geplant, wurden die Bogen ohne Titelbilder fest einge - bunden (81.-104. Tsd.). Schutzumschläge lagen bereits vor und wurden teils auch neu gedruckt.

65 **Der Fremde aus Indien**
1.-25. Tsd.
[1951]
Leinenband ohne Titelillust. V4 150,00

3.2 DIE KARL-MAY-BÜCHEREI und DER USTAD-VERLAG (1948-1960)

Seit 1948 erschienen in Westdeutschland bei drei verschiedenen Verlagen Lizenzausgaben von Karl Mays gesammelten Werke unter weitgehender Beibehaltung der Buchausstattung. Sie wurden unter dem Sammelbegriff „Karl-May-Bücherei" angeboten: von der **Globus Verlagsgesellschaft** Hamburg seit 1948, der **Keyserschen Verlagsbuchhandlung** Heidelberg sowie dem **St. Otto-Verlag** in Bamberg ab 1948 (später: **Bayerische Verlagsanstalt**). Jedoch hat jeder Verlag nur einen Teil der „Karl-May-Bücherei" herausgebracht. Nachdem sich die Qualität der Globus-Bände als ungenügend herausstellte, behielten nur die beiden anderen Verlage die Drucklizenz.

Für Österreich erhielt der Carl **Ueberreuter-Verlag** ab 1948 eine Lizenz. Die Karl-May-Bücherei wurde später vom **USTAD-Verlag** weitergeführt.

GLOBUS Verlagsgesellschaft mbH
Hamburg 1948-49
Pappbände (15 x 20,8 cm)
Band 12,13, 24,37,39 18,00
Halbleinen (11 x 17,6 cm)
Band 12 Am Rio de la Plata 25,00
Schutzumschlag 18,00
Hinweis:
Reihentitel: „Karl-May-Bücherei in der Globus Verlagsgesellschaft m.B.H. Hamburg"

KEYSERSCHE Verlagsbuchhandlung GmbH
Heidelberg 1948-1955
11,14-18, 20-24, 33, 35, 38, 40, 41, 60-63 10,00
Hinweis: Auf den Buchrücken teils längere Bezeichnung: „Karl May Bücherei Keysersche Verlagsbuchhandlung Heidelberg", häufiger jedoch „Karl-May-Bücherei Heidelberg".

ST. OTTO-VERLAG
(1948-1950) dann:
BAYERISCHE VERLAGSANSTALT
(1950-1954) Bamberg
Die ersten Auflagen (mit Genehmigung der Militärbehörde) 1948-49 als Pappband, ohne Band -Nummer. Später Halbleinen (nur „Der Schatz im Silbersee") und Leinen.
Pappbände:
(7) Winnetou 1. Band, 371.-380. Tsd. 40,00
(8) Winnetou 2. Band, 331.-340. Tsd. 40,00
(9) Winnetou 3. Band, 312.-321. Tsd. 40,00
Schutzumschlag 20,00
36 Der Schatz im Silbersee,
Halbleinen 12,00
1-10, 12, 13, 25, 30, 36, 37, 39, 45, 46, 50
Leinen 10,00
Hinweis:
Zuerst graue und grüne Pappbände ohne Deckelillustration, aber mit Schutzumschlag. Später in der Ausstattung der „Grünen Bände" mit Deckelbildern. Teilweise mit neuem Titel (siehe Aufstellung beim USTAD-Verlag, Bamberg).

VERLAG CARL UEBERREUTER
Wien
(1948-1956)
1-9, 11-18, 20-22, 24, 27, 30, 35, 36,
40, 51-55 15,00
26 „Im Banne der Rache" 20,00
25,28,50 30,00
29 (andere Farben) 25,00
Schutzumschlag 15,00
Hinweis:
„Karl-May-Bücherei im Verlag Carl Ueberreuter, Wien" (Reihentitel auch auf dem Buchrücken) ist eine Lizenzausgabe des Karl-May-Verlages, Radebeul. Teilweise gab es mehrere Auflagen bis 1956.
Zum Teil auch mit anderen Titelbildern als in den damaligen Bamberger Ausgaben (25,28,29,50) und mit einem anderem Bandtitel und Inhalt (26). Erst ab 1960 gab es die Taschenbücher von diesem Verlag.

USTAD-VERLAG

Karl-May-Bücherei Bamberg
Grüne Leinenbände,
Bamberg 1952-1960:

KARL MAY´S GESAMMELTE WERKE
(Reihentitel, nur innen)
1-48,50-67,69,70 (keine ersten Aufl.) 12,00
49 Lichte Höhen 19.-38. Tsd. 15,00

66 Der Peitschenmüller
1958, 1.-10 Tsd. (1. Aufl.) 25,00
67 Der Silberbauer
1959, 1.-10.Tsd. (1. Aufl.) 25,00
69 Ritter und Rebellen
1960 1.-10. Tsd. (1. Aufl.) 25,00
70 Der Waldläufer
1959, 1.-10. Tsd. (1. Aufl.) 30,00

höhere Auflagen 66-70 (USTAD) 12,00

Hinweis:
Nachdem die Lizenzverträge mit den anderen Verla-

gen ausgelaufen waren, erschienen in dem Bamberger „USTAD-Verlag", von 1952-1960 alle 65 Ausgaben. Die Nummern 66-67 und 69-70 wurden bis 1960 neu herausgegeben. Zu Beginn sind die Ausgaben nur mit „Karl-May-Bücherei" Bamberg auf dem Rücken erschienen - in Übereinstimmung mit den Bänden der Bayerischen Verlagsanstalt. „USTAD" stand nur innen, erst später auch auf dem Buchrücken.
In Band 70 (1959) schrieb der Herausgeber (Roland Schmid): *„Der vorliegende Band, der die Gesammelten Werke zum Abschluss bringt, stammt aus Karl Mays frühester Schaffenszeit..."*
Es sollte anders kommen.

Folgende Bände tragen beim **USTAD**-Verlag andere Titel als vor 1945 (Radebeul-Dresden):

10 **Sand des Verderbens**
früher: Orangen und Datteln

16 **Menschenjäger**
früher: Im Lande des Mahdi 1. Band

17 **Der Mahdi**
früher: Im Lande des Mahdi 2. Band

18 **Im Sudan**
früher: Im Lande des Mahdi 3. Band

20 **Die Felsenburg**
früher: Satan und Ischariot 1. Band

21 **Krüger Bei**
früher: Satan und Ischariot 2. Band

22 **Satan und Ischariot**
früher: Satan und Ischariot 3. Band

26 **Der Löwe der Blutrache**
früher: Im Reiche des silbernen Löwen 1. Band

27 **Bei den Trümmern von Babylon**
früher: Im Reiche des silbernen Löwen 2. Band ..

28 **Im Reiche des silbernen Löwen**
früher: Im Reiche des silbernen Löwen 3. Band

29 **Das versteinerte Gebet**
früher: Im Reiche des silbernen Löwen 4. Band

31 **Ardistan**
früher: Ardistan und Dschinnistan 1. Band

32 **Der Mir von Dschinnistan**
früher: Ardistan und Dschinnistan 2. Band

49 **Lichte Höhen**
früher: Himmelsgedanken

Sonderausgaben des USTAD-Verlages:

GEOGRAPHISCHE PREDIGTEN
Sonderausgabe
1958
USTAD-Verlag, Bamberg, 206 Seiten
10,7 x 17,4 cm
Taschenbuch 2,00

MERHAMEH
1958
USTAD-Verlag, Bamberg
Nachdruck des Original-Manuskriptes
(46 Seiten), lose in einer Leinenmappe
.... 150,00
Hinweis:
Auflage: 200 nummerierte und einige überzählige nicht nummerierte Exemplare.

3.3. DER KARL-MAY-VERLAG
Bamberg, 1960 – 2011...

Nach Änderung des Verlagsnamens (ehemals USTAD-Verlag) gab es zuerst nur Neuauflagen mit dem neuen Verlagsnamen. 1960 erschien verspätet Band 68. Ab 1967 erschienen neue Bände in unregelmäßigen Zeitabständen.
Die Nummern 1-65 waren vor 1945 bereits in Radebeul und Nr. 1-67, 69-70 im Ustad-Verlag (1952-1960) verlegt worden. Nur von den Nummern 68, 71-88, 91-93 gibt es somit eine richtige 1. Auflage im Karl-May-Verlag. Die Titel der Bände wurden vom USTAD-Verlag übernommen.
Die Ausgaben des Karl-May-Verlages ab 1960 erkennt man von außen sofort am Buchrücken durch den Aufdruck „Karl-May-Verlag“ ohne Ortsangabe. Die Datierung ist jedoch nicht einfach.

Dazu einen Hinweis von Ekkehard Bartsch, Bad Segeberg:
„Zur Datierung der Bände könnte man auf eine Ausstattungs-Änderung hinweisen: Bis Mitte der 60er Jahre hatten die Buchrücken die verschnörkelte Schrift „Karl May“ und die Titel in verschiedenen Schriften. Danach wurde eingeführt die etwas stilisierte Autorenschrift „Karl May“ und die Buchtitel vorn und auf dem Rücken in einheitlicher Blockschrift“ (meistens ab 1966).
Zeitlich einordnen kann man sie in der Regel auch durch die Liste der lieferbaren Büchern in vielen Ausgaben (hinten). Wird hier z. B. als letzter Titel die Nummer 80 aufgeführt, kann das Buch frühestens aus dem Jahr 1998 (Jahr der Erstauflage von Nr. 80) stammen.

Es gibt jedoch auch Ausnahmen:
„ Als 1967 die Bände 71-74 geplant waren, wurden sie damals auch schon alle vier in der Titelliste mit aufgeführt.“ Als sich die Bearbeitung jedoch verzögerte „wurde Bd. 74 irgendwann in den 70er Jahren wieder weggelassen. In Wirklichkeit kam er erst 1985 ...heraus.“ Hinweis von Ekkehard Bartsch, Bad Segeberg.
Außerdem ist durch die Tausender-Angabe bei den Auflagen eine zeitliche Einordnung möglich. Das Copyright ist jedoch nicht hilfreich.
Dazu ein Hinweis von Wolfgang Hermesmeier: *„Copyright-Angaben haben nur in Ausnahmefällen etwas mit dem Erscheinungsjahr zu tun. Meist verweisen sie nur auf das Jahr, in dem die Textfassung, die man gerade in Händen hält, zum ersten Mal gedruckt wurde.“* Quelle: Internet-„Forum Karl-May-Bibliographie“ 26.10.2010.

Im Internet unter www.http://karlmay.agerth.de/maybuecher/verlage.php werden die einzelnen Auflagen ab 1963 aufgelistet.

Für Sammler und Leser sind aber auch die höheren Auflagen von Interesse. Denn bereits seit den Sechzigerjahren hat der Karl-May-Verlag begonnen, ältere Bearbeitungen wieder zurückzunehmen.

KARL MAY´S GESAMMELTE WERKE
Karl-May-Verlag
Bamberg
(ab 1996 Bamberg Radebeul)
[1960-2011...]
Leinen, 11,1 x 17,4 cm

1-67, 69, 70 höhere Auflagen (ab 1960) 6,00

68 **Der Wurzelsepp**
1960
1.-10. Tsd.(1. Aufl.) 25,00

71 **Old Firehand**
1967
15. Tausend (1. Aufl.) 28,00
höhere Auflage 7,00

72 **Schacht und Hütte**
1968
10. Tausend (1. Aufl.) 20,00
höhere Auflage 6,00

73 **Der Habicht**
1967
15. Tausend (1. Aufl.) 20,00
höhere Auflage 6,00

74 **Der verlorene Sohn**
1985
1.-30. Tausend (1. Aufl.) 16,00
höhere Auflage 6,00

75 **Sklaven der Schande**
1993
1.-20.Tausend (1. Aufl.)................................ 18,00
höhere Auflage 7,00

76 **Der Eremit**
1994
1.-20. Tausend (1. Aufl.) 18,00
höhere Auflage 7,00

77 **Die Kinder des Herzogs**
1995
1.-20. Tausend (1. Aufl.) 18,00
höhere Auflage 7,00

78 **Das Rätsel von Miramare**
1996
1.-20. Tausend (1. Aufl.) 18,00
höhere Auflage 7,00

79 **Old Shatterhand in der Heimat**
1997
1.-20. Tausend (1. Aufl.) 18,00
höhere Aufage 8,00

80 **Auf der See gefangen**
1998
1.-20. Tausend.(1. Aufl.) 15,00
höhere Auflage 7,00

81 **Abdahn Effendi**
2000
1.-20. Tausend (1. Aufl.) 12,00
höhere Auflage 7,00

82 **In fernen Zonen**
1999
1.-20. Tausend (1. Aufl.) 12,00
höhere Auflage 7,00

83 **Am Marterpfahl**
2001
1.-20. Tausend (1. Aufl.) 7,00
Hinweis:
Texte von Karl May gegen Vorwürfe des Schundschriftstellers. Keine Indianergeschichte.

84 **Der Bowie-Pater**
2003
1.-10. Tausend (1. Aufl.) 14,00
höhere Auflage 7,00

85 **Von Ehefrauen und Ehrenmännern**
2004
1.-10. Tausend (1. Aufl.) 7,00
Hinweis:
Texte von Karl May gegen Vorwürfe des Schundschriftstellers usw., kein Eheroman.

86 **Meine dankbaren Leser**
2005
1.-10. Tausend (1. Aufl.) 8,00

87 **Das Buch der Liebe**
2006
1.-10. Tausend (1. Auf.) 8,00
angeschrägte Sonderausgabe mit Frosch-Titelbild, nummerierte, limitierte Auflage mit zwei weiteren losen Titelbildern als Beilage 50,00
Sonderedition Carl-Heinz Dömken (Titelbild erotische Landschaft) 30,00

88 **Deadly Dust**
2008
1.-10.Tausend (1. Aufl.................................. 8,00

89 - noch nicht erschienen -

90 - noch nicht erschienen -

91 **Briefwechsel mit F. E. Fehsenfeld**
1. Band
2007
1.-10.Tausend...(1.Aufl.)................................ 8,00
Halbfranz-Ausgabe
auf 50 Exemplare limitiert......................... 120,00

92 **Briefwechsel mit F. E. Fehsenfeld**
2. Band
2008
1.-5.Tausend....(1. Aufl.)................................ 8,00
Halbfranz-Ausgabe
auf 50 Exemplare limitiert......................... 120,00

93 **Briefwechsel mit Sascha Schneider**
2007
1.-5.Tausend....(1.Aufl.)................................ 8,00
Halbfranz-Ausgabe
auf 50 Exemplare limitiert......................... 120,00

Hinweis:
Die Karl-May-Bücher 1-88,91-93 sind als Neuware (17,90 Euro) lieferbar (Standardausgabe). Der Preis oben gilt für gebrauchte Bücher im Zustand (1).

Weitere Varianten der Gesammelten Werke:

Goldene Einzelstücke
[60er Jahre]
7, 8, 35.. Liebhaberpreis
[80er Jahre]
7, 8, 35.. Liebhaberpreis
Hinweis:
Geschenkausgaben für Schauspieler der Karl-May-Filme. Die „Goldenen Ausgaben“ kamen nicht in den Handel. In den 60er Jahren mit goldenem Bezugspapier, in den 80er Jahren mit goldener Metallfolie. Es gibt jedoch noch weitere Einbandgestaltungen für Geschenkausgaben für berühmte Besucher des Bamberger Verlagshauses z. B. in blau, rot oder gelb.

Sonderedition „Lindeberg“
[2000-2009]
ohne Bandnummern
(7), (8), (9), (33), (37), (45), (46),
(49), (49), (52), (53), (63) 25,00
Hinweis:
Ein Teil der Auflage wurde in den letzten Jahren mit anderen Deckelbildern (diese kamen damals nicht mehr zur Verwendung) von dem Illustrator Carl Lindeberg ausgestattet. Limitiert auf je 250-350 Exemplare. Von Nummer 49 gibt es zwei verschiedene Deckelbilder. Text der aktuellen GW-Ausgabe. Siehe Abbildung oben!

Rote Leinenbände
[ca. 1997 bis heute]:
1-88, 91-93 180,00
Hinweis:
In den letzten Jahren hat sich der Verleger Bernhard Schmid vom Karl May-Verlag Bamberg bei Neuauflagen jeweils einige Bände für den Verlag mit rotem Leineneinband (statt grün) aufbinden lassen. Von diesen Exemplaren sind etwa 50 verschiedene Ausgaben bekannt und teilweise in Sammlerhand gekommen.

ILLUSTRIERTE SONDERAUSGABE IN EINEM BAND
1960-1961
Karl-May-Verlag, Bamberg
21,3 x 14,0 cm
Winnetou
1.-15. Tausend, 1960, 722 Seiten 20,00
Old Shatterhand und Winnetou
1.-15. Tausend, 1961, 811 Seiten 20,00
Schutzumschlag 10,00
Hinweis:
Diese Reihe wurde nach nur zwei Ausgaben eingestellt. Auch als Reihe „Ausgewählte Werke" bezeichnet.

JUBILÄUMSAUSGABE
[1962-1992]
Karl May-Verlag, Bamberg
Leinen, später Pappbände
Ohne Nummern
(in Klammern Erstausgabejahr des Bandes der Jubiläumsausgabe)
- Durch die Wüste (1962) 5,00
- Durchs wilde Kurdistan (1962) 5,00
- Von Bagdad nach Stambul (1962) 5,00
- In den Schluchten des Balkan (1962) 5,00
- Durch das Land der Skipetaren (1962) 5,00
- Der Schut (1962) 6,00
- Winnetou 1. Band (1962) 8,00
- Winnetou 2. Band (1962) 8,00
- Winnetou 3. Band (1963) 8,00
- Sand des Verderbens (1976) 6,00
- Am Stillen Ozean (1976) 6,00
- Am Rio de la Plata (1964) 6,00
- In den Kordilleren (1964) 6,00
- Old Surehand I (1962) 7,00
- Old Surehand II (1962) 7,00
- Menschenjäger (?) 6,00
- Der Mahdi (1967) 6,00
- Im Sudan (1967) 6,00
- Kapitän Kaiman (1966) 5,00
- Die Felsenburg (1969) 5,00
- Krüger Bei (1970) 5,00
- Satan und Ischariot (1971) 6,00
- Auf fremden Pfaden (1969) 5,00
- Weihnachten im Wilden Westen (1965) 5,00
- Unter Geiern (1962) 7,00
- Der Schatz im Silbersee (1962) 8,00
- Der Ölprinz (1963) 8,00
- Halbblut (1965) 6,00
- Das Vermächtnis der Inka (1964) 6,00
- Der blaurote Methusalem (1966) 6,00
- Die Sklavenkarawane (1963) 6,00

Schutzumschlag 4,00
Hinweis:
Jubiläumsausgabe zum 50. Jahrestag des Verlages (1912-1962). Erstauflagen dieser Ausgabe:1962-1976. Leinenausgaben ohne Deckelbild, aber mit farbigen Schutzumschlägen. Bei den späteren Auflagen zum Ende ohne Schutzumschlag aber mit farbiger Deckeillustration.

KARL MAY-BESTSELLER
Reihentitel
[ab 1976ff.]
Karl May-Verlag, Bamberg
Pappbände
Ohne Nummern
21 Bände 6,00
Hinweis
Innen meist nur mit Copyright 1962, jedoch seit 1976 erschienen. Ohne Schutzumschlag.
Wie der Name schon sagt, wurden hier die auflagenstärksten Titel nachgedruckt: Winnetou, Old Surehand, die Union-Bände usw. Angeboten wurden diese Ausgaben zu einem günstigen Preis, um anderen Karl-May-Buch-Anbieter Paroli bieten zu können.

NACHDRUCKE UND REPRINTS durch den Karl-May-Verlag:
Siehe bei den jeweiligen Verlagen im Kapitel 1876-1912

3.4. SONSTIGE KARL-MAY-BUCHAUSGABEN Mai 1945-1980

VERLAGE von A-Z und DDR

Da viele Verlage keinen Reihentitel haben, erfolgt die Übersicht nach Verlagen.

C. BERTELSMANN VERLAG
Der Kiang-lu
[1944/1948]
Gütersloh, 11,1 x 18,0 cm
Pappband.
Der Kiang-lu 50,00
Hinweis:
Ursprünglich 1944 als Feldpostausgabe für die Wehrmachtssoldaten gedruckt. Dieser Band wurde mit einigen Veränderungen erst 1948 angeboten. Der größte Teil der Auflage (ungebunden) wurde 1944 vernichtet. Es wurden nur etwa 2000 Exemplare aufgebunden. Siehe auch Kapitel 1913-Mai 1945.

BERTELSMANN LESERING
Gütersloh
o.J. ca. 1958
15,5 x 10,5 cm, Halbleder
Old Surehand 1. Band 12,00
Old Surehand 2. Band 12,00
Hinweis:
Leder des Rückens in unterschiedlichen Farben bekannt: schwarz, grün, rot, ocker. Lizenzausgabe.

BERTELSMANN LESERING
Gütersloh, 448 Seiten
1963-1967 (für die Erstauflagen!)
(1)-(30) Halbleder 6,00
Hinweis:
Illustriert. Für Mitglieder der Buchgemeinschaft. Neuauflage: 1984: 1-30 („hellgrüne Pappbände mit weißem Rückentitel). Nochmalige Neuauflage: 1992/93: 1-30 (dunkelgrüne Pappbände mit goldenem Rückentitel" Hinweis von Wolfgang Hermesmeier.

BUCHCLUB EX LIBRIS
Zürich
1978
398 - 400 Seiten
(1)-(5)? 4,00

BUCHGEMEINSCHAFT DONAULAND
Wien
1962-1967
Buch
24 Bände 5,00

BUCHGEMEINSCHAFT „WELT UND HEIMAT"
60iger Jahre
Wien-St. Pölten
Der Schatz im Silbersee 5,00
Old Surehand 2. Band 5,00
Hinweis:
Aufmachung wie TOSA-Reihe.

BUCH UND ZEIT
Wien-Düsseldorf, später Köln
60er /70er Jahre
Halbleinen, Kunsthalbleder
27 Bände 4,00
Hinweis:
Erschien in den 60er Jahren als Vorläufer und dann parallel zur TOSA-Ausgabe. „Buch und Zeit" war vermutlich eine Firma des Karstadt-Konzerns. Aufmachung wie die TOSA-Bände.

DEUTSCHE BUCH-GEMEINSCHAFT
Sonderausgabe in einem Band
Reiseerzählung. Karl May.
1958-1961
Halbleder
Der Schatz am Silbersee, 1958, 370 S. 15,00
Im Lande des Mahdi,1958, 812 S. 10,00
Das Vermächtnis des Inka 1958, 345 S. 12,00

Winnetou, 1960, 722 Seiten 15,00
Old Shatterhand und Winnetou,
1961, 811 Seiten 15,00
Old Surehand, 1961, 767 Seiten 12,00

DEUTSCHE BUCH-GEMEINSCHAFT
1962-1966
Leinen, 12,5 x 19,5 cm
1-18 8,00

DEUTSCHE HAUSBÜCHEREI HAMBURG
Hamburg
[1960]
Am Rio de la Plata 10,00
In den Kordilleren 10,00
Schutzumschlag 15,00

DEUTSCHER BUCHKLUB
Bochum
12,8 x 19,6 cm, Leinen
Am Rio de la Plata (vermutlich)
In den Kordilleren (vermutlich)
Der Ölprinz, 396 Seiten 8,00
Die Sklavenkarawane, 396 Seiten 8,00
Schutzumschlag 12,00
Hinweis: Etwas größeres Format als die Grünen Bände, gelbe Leinwand. In gleicher Ausstattung bei der Stuttgarter Hausbücherei und beim Buchclub Ex Libris Zürich erschienen.

DEUTSCHER BUCHKLUB BOCHUM
Bochum
[um 1958]
Leinenausgabe
Im Banne der Rache 10,00
Bei den Trümmern von Babylon 10,00
Schutzumschlag 15,00
Hinweis:
Gedruckt beim Ueberreuher-Verlag, Wien mit Buchdeckel für den Buchklub. Die Ausgaben haben ein kleines Format wie die „Gesammelten Werke". Es sind grüne Leineneinbände mit wenig Dekor.

DEUTSCHER BÜCHERBUND
Stuttgart - Hamburg
1963-1968, Leinen
13 Bände 6,00
Hinweis:
Doppelbände

[1976-1976]
12 Bände 5,00
Hinweis: Einzelbände

EDUARD KAISER VERLAG
Buchgemeinde Alpenland
Klagenfurt
Halbkunstleder
10 Bände 4,00
Hinweis:
Aufmachung wie die TOSA-Bände.

EUROPÄISCHER BUCHCLUB
60iger Jahre
10 Bände 5,00

FACKELVERLAG
Olten - Stuttgart - Salzburg
60iger Jahre
13 x 19 cm
Halbleder
19 Bände 5,00
Hinweis: Deckelillustration immer gleich.

FISCHER TASCHENBUCH VERLAG
Frankfurt a.M., 1974, 1976
Taschenbuch
Das Schmöker Kabinett (Reihe)
Karl May
Die Sklaven der Arbeit
574 Seiten (1974) 4,00
Der Samiel
380 Seiten (1976) 4,00

HAMBURGER BUCHRING
Hamburg
[um 1950]
Das Vermächtnis des Inka 18,00
Hinweis: Restbindequote des gleichnamigen Bandes der Deutschen Hausbücherei vor 1945.

HEYNE
München,
1976-1978
Karl May in der ungekürzten Originalfassung
Taschenbuch
14 Bände 4,00

JUGENDBUCH-VERLAG
Ingolstadt
1973
10,8 x 17,3 cm
1-6 Pappband 8,00

KANISIUS VERLAG
Freiburg (Schweiz) u. Konstanz (Baden)
o. J. (ca. 1950)
104 S., Heft, 12,3 x 18,3 cm
Es Sabbi, der Verfluchte & Marryah, die Gebenedeite. Zwei Karl-May-Geschichten 60,00
Hinweis: Erschien in der Reihe „lesen und leben".

KRITERION-VERLAG
Bukarest, 1970
Old Surehand 1. Band 50,00
Old Surehand 2. Band 50,00

LEIPZIGER KOMMISSIONS- UND GROSSBUCHHANDEL (LKG)
[1990] 11,5 x 18,0 cm
Taschenbuch (rot): 1-74 3,00
Buchausgabe (grün):
5 Bände, HC 6,00
Hinweis: Lizenzausgaben der Pawlak-Taschenbücher. Als HC erschienen nur die fünf auflagenstarken Bände: Winnetou 1-3, Der Schatz am Silbersee, Der Ölprinz.

LINGEN-VERLAG
Köln
1978-1980
1-22 4,00

MOSAIK VERLAG
Hamburg
1966
1-24 5,00
Hinweis:
Buchhandelsausgabe der Bertelsmann-Ausgabe von 1963 als „Illustrierte Karl-May-Bibliothek". Der Mosaik Verlag gehörte zum Bertelsmann-Konzern.

DAS NEUE BERLIN
Verlag Das Neue Berlin
Berlin (DDR)
1988, 313 Seiten
20,5 x 13 cm
Es sei Friede!
Leinenausgabe 8,00
Kunstleder 12,00
Hinweis:
Auflage: 20.000 Exemplare.
Mit Schutzumschlag.
Nachwort von Hainer Plaul, Illustriert.

NEUER JUGENDSCHRIFTEN-VERLAG
Hannover
1963-1969
Nr. 1/2, 3/4, 5, 6, 7/8, 9, 10/11,
12, 13, 14, 15/16, 17, 18/19,
20-28 4,00
Einzelausgaben:
Winnetou" (mit Teil 1-3) 10,00
„Old Surehand" 8,00
„Der Schatz der Mixtekas" 8,00
„Häuptling Büffelstirn" 8,00
Hinweis:
28 Romane in 22 Büchern,
davon sechs Doppelbände.
Außerdem vier Einzelbände. Stark gekürzte Ausgabe.

VERLAG NEUES LEBEN
Berlin (DDR)
1982-2001
Pappband, ab Nummer 14 Pappband laminiert (auch höhere Auflagen ab 1990). 66 Bände.

(1) Winnetou 1. Band Pappband 1982 3,00
(2) Winnetou 2. Band Pappband 1983 3,00
(3) Winnetou 3. Band Pappband 1983 3,00
(4) Der Schatz im Silbersee
Pappband 1984 3,00
Paperback 2. Aufl. 1989 2,00
(5) Der Sohn des Bärenjägers
Pappband 1985 3,00
(6) Der Ölprinz 1985
Pappband 1985 3,00
(7) Der Geist des Llano Estacado
Pappband 1985 3,00
(8) Old Surehand 1. Band
Pappband 1. Aufl. 1986 3,00
(9) Old Surehand 2. Band 1987 3,00
(10) Old Surehand 3. Band 1988 3,00
(11) Durch Wüste und Harem 1989 3,00
(12) Durchs wilde Kurdistan 1990 3,00
(13) Von Bagdad nach Stambul 3,00
(1) - (13):
höhere Auflage, **lamimiert** (ab 1990) 6,00
ab Nr. 14 alle Pappbände **laminiert**:
(14) In den Schluchten des Balkan 1991 6,00
(15) Durch das Land der Skipetaren 6,00
(16) Der Schut 1991 6,00
(17) Im Lande des Mahdi 1. Band 6,00
(18) Im Lande des Mahdi 2. Band 6,00
(19) Im Lande des Mahdi 3. Band 6,00
(20) Satan und Ischariot 1. Band 6,00
(21) Satan und Ischariot 2. Band 6,00
(22) Satan und Ischariot 3. Band 6,00
(23) Am Stillen Ozean 1992 80,00
(24) Am Rio de la Plata 6,00
(25) In den Kordilleren 1992 80,00
(26) Der Schwarze Mustang 8,00
(27) Die Sklavenkarawane 8,00
(28) Das Vermächtnis des Inka 8,00
(29) Der blaurote Methusalem 8,00
(30) Orangen und Datteln 8,00
(31) Winnetou 4. Band 20,00
(32) Am Jenseits 8,00
(33) Auf fremden Pfaden 8,00
(34) Ardistan und Dschinnistan 1. Band 8,00
(35) Ardistan und Dschinnistan 2. Band 8,00

Die Liebe des Ulanen (5 Bände):

(36) Die Herren von Königsau 8,00
(37) Napoleons letzte Liebe 8,00
(38) Der Kapitän der Kaisergarde 8,00
(39) Der Spion von Ortry 8,00
(40) Durch Kampf zum Sieg 8,00

Deutsche Herzen-Deutsche Helden (5 Bände):

(41) Eine deutsche Sultana 8,00
(42) Die Königin der Wüste 8,00
(43) Der Fürst der Bleichgesichter Teil 1 8,00
(44) Der Fürst der Bleichgesichter Teil 2 8,00
(45) Der Engel der Verbannten Teil 1 8,00
(46) Der Engel der Verbannten Teil 2 8,00

Das Waldröschen (10 Bände):

(47) Die Tochter des Granden 1994 8,00
(48) Der Schatz der Mixtekas 8,00
(49) Matavase, der Fürst
des Felsens Teil 1 8,00
(50) Matavase, der Fürst
des Felsens Teil 2 8,00
(51) Ein Gardeleutnant 8,00
(52) Die Abenteuer des schwarzen Gerard 8,00
(53) Kaiser Max von Mexiko 8,00
(54) Erkämpftes Glück Teil 1 8,00
(55) Erkämpftes Glück Teil 2 1995 8,00
(56) Erkämpftes Glück Teil 3 8,00
(57) Im Reiche des Silbernen Löwen
1. Band 15,00
(58) Im Reiche des Silbernen Löwen
2. Band 15,00
(59) Im Reiche des Silbernen Löwen
3. Band 30,00

(60) Im Reiche des Silbernen Löwen
4. Band 1996 30,00
(61) Die Rose von Kairwan 1998 15,00
(62) Old Firehand 40,00
(63) Weihnacht 40,00
(64) Wanda 2000 40,00
(65) Erzgebirgische Dorfgeschichten
Band 1 60,00
(66) Erzgebirgische Dorfgeschichten
Band 2 15,00

Hinweis: Die ersten elf Bände erschienen in der DDR mit einer Auflage von 250 000 Stück. Die Auflage sank ab 1990 rapide bis etwa 2000 Exemplare bei den letzten Bänden. Die Nummern 23 und 25 wurden wegen Produktionsfehlern vom Verlag zurückgerufen. Die Bände erschienen ohne Nummer. Bis 1990 wurden die Texte bearbeitet. Ab Band 14 nach den ursprünglichen Texten der Münchmeyer/Fischer-Ausgaben.

VERLAG NEUES LEBEN
Berlin (DDR)
1984.
27,6 x 19,4 cm, 327 Seiten
Leinwand
Der Schatz im Silbersee 10,00
Hinweis: Mit Schutzumschlag. Illustriert von Josef Hegenbarth. Vorwort von Werner Klemke. Zeitgleich in Westdeutschland im Müller & Kiepenheuer Verlag erschienen.

OLMS PRESSE
Hildesheim New York
Leinen mit Schutzumschlag
1969-1971:
- Das Waldröschen oder Die Verfolgung rund um die Erde 1-6 25,00
1970-1972:
- Der verlorene Sohn oder Der Fürst des Elends 1-6 25,00
1971:
- Der Weg zum Glück. Roman aus dem Leben Ludwig des Zweiten 1-6 25,00
1972:
- Die Liebe des Ulanen 1-5 25,00
Kartoniert:
1971:
- Schacht und Hütte 16,00
1974:
- Die Rose von Kairwan 16,00
1977:
- Erzgebirgische Dorfgeschichten 16,00
1975/1982:
- Mein Leben und Streben, kartoniert 16,00
3. Aufl. Pappband (1997) 16,00
Hinweis:
Teilweise mit Schutzumschlag. „Die Rose von Kairwan“ und „Erzgebirgische Dorfgeschichten“ jeweils mit einem Vorwort von Ekkehard Bartsch. „Mein Leben und Streben“ mit einem umfangreichem Kommentar von H. Plaul. Es gibt auch einen Reprint der Münchmeyer-Bände von „Deutsche Herzen und Helden“. Siehe bei Kapitel 1876-1912.

PAWLAK VERLAG
Manfred Pawlak Verlagsgesellschaft
Herrsching, o.J. [1978]
19 x 12,5 cm
1-74 Pappband 8,00
Vorzugsausgaben (Leder):
1-4, 7, 12, 13, 15, 16, 18, 26, 29,
31, 32, 38, 39 25,00
Hinweis:
Gebundene Ausgabe. Als weiße Leder-Vorzugsausgabe erschienen 16 Bände.

PFEIL-VERLAG
Basel, Zürich 1946 - 1954
Halbleinen, Pappbände, kartoniert, Leinen
(nur Schatz im Silbersee)
(1)-(27) Buch 30,00
(1)-(27) Broschur 20,00
Schutzumschlag 15,00
Hinweis:
Es gibt bei diesem Verlag vier verschiedene Einband-

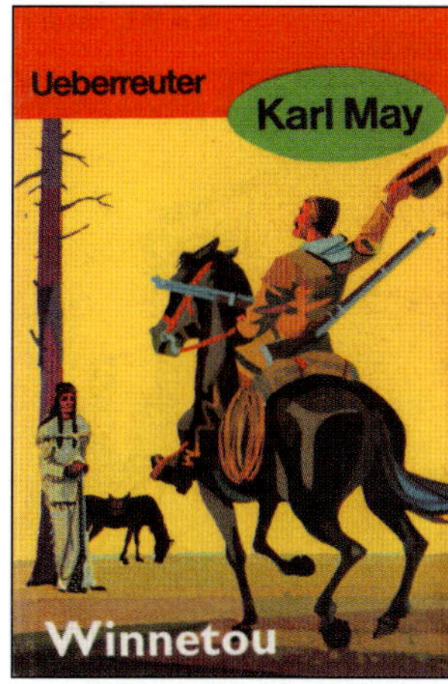

arten und auch unterschiedliche Formate. Geschichten aus den Büchern des Münchmeyer-Verlages und der Illustrierten Reiseerzählungen (Fehsenfeld):
Waldröschen 12 Bände,

Deutsche Herzen, deutsche Helden
8 Bände (von 10 geplanten),

Winnetou 1 - 6,
Der Schatz im Silbersee.
„Bei den 6 Bänden „Winnetou“ handelt es sich nicht um Neubearbeitungen, sondern in jeweils zwei Halbbände aufgeteilt - um Reprints der blauen illustrierten Fehsenfeld-Ausgabe (ohne die Bildtafeln).“ Hinweis von Ekkehard Bartsch, Bad Segeberg.
Es gibt auch eine Heftausgabe vom Pfeil-Verlag:
Der Colorado-Mann

DAS QUELLE BUCH
1960-1961
Leinen
Der Derwisch 393 Seiten 5,00
Im Tal des Todes 397 Seiten 5,00
Zobeljäger und Kosak 450 Seiten 5,00
Schutzumschlag 5,00

RASCHER-VERLAG
Zürich
1946, x cm
404 und 419 Seiten
1.-4. Tausend
Winnetou Teil 1 20,00
Winnetou Teil 2 20,00
Hinweis: Stark gekürzte Ausgabe. Illustriert.

SCHWEIZER DRUCK- UND VERLAGSHAUS ZÜRICH
Reihentitel:
NEUE SCHWEIZER BIBLIOTHEK ZÜRICH
Zürich
1962-67
Buch
1-9, 12-18, 35-37, 39, 41 10,00
Hinweis:
In der Reihe erschienen nicht nur Karl May-Bücher.

STUTTGARTER HAUSBÜCHEREI
Stuttgart
[50er Jahre]
Am Rio de la Plata 397 S. 10,00
In den Kordilleren 10,00
Der Ölprinz 12,00
Die Sklavenkarawane 10,00
Schutzumschlag 12,00

TOSA VERLAG
Wien [60iger Jahre]
12 x 19,5 cm
41 Bände (S1-S63)
S51-S55 (80er Jahre) 7,00
Halbleinen 6,00
alle anderen Bände 4,00
Winnetou - Die schönsten Erzählungen
(illustriert), 1995, 515 Seiten, 22 x 15 cm 12,00
Hinweis:
Extra für Kaufhäuser produzierte Lizenzausgaben des Karl May-Verlages, Bamberg. Produziert und verlegt von Tosa/Ueberreuter. Gab es nicht im regulären Buchhandel. Viele Neuauflagen. Bandnummern nur innen. S51-S55 kam als Titel erst in den 80er Jahren hinzu. Neuauflagen bis in die 90er Jahre hinein. Mit neuen Titelblatt auch für Buchklubs etc. herausgekommen:
Eduard Kaiser Verlag, Fackelverlag, Donauland, Europäischer Buchklub, Bücherbund

UEBERREUTER-VERLAG
(Carl Ueberreuter-Verlag)
Wien, Taschenbücher
[ab 1960]
Band T1-T27, T33, T35-T46, T50-T71 4,00
Sonderbände T11S, T19S, T23S, T38S 6,00
Hinweis:
Siehe auch Buchausgaben (Karl-May-Bücherei). Ach-

tung! Die Taschenbuchreihe gab es erst ab 1960, obwohl das Copyright frühere Jahreszahlen angibt. Die Taschenbuchreihe lief unter verschiedenen Bezeichnungen und hatte mehrere Auflagen. Bei den ersten Auflagen bestand der Umschlag aus cellophanierten Karton. Von den Sonderbänden (dünner) gab es nur eine Auflage Anfang der 60er Jahre. Sie waren Auskoppelungen aus den normalen Bänden unter einem anderen Titel.

Karl May Klassische Meisterwerke
(1983) in Zusammenarbeit mit dem
Karl-May-Verlag
1-36 Broschur 2,00
Hinweis: Mit Schuber ausgeliefert, grüne Bände.

VERLAG DIE UNION
? , DDR
1983
(Buch)
Santers schreckliches Ende
Aus den Winnetou-Bänden
von Karl May 8,00
Hinweis: Mehr Information nicht bekannt.

UNION DEUTSCHE VERLAGSGESELLSCHAFT
Stuttgart
[1948 -1958]
21 x 14,5 cm, ab 1956: 20,7 x 14,2 cm
Der Schwarze Mustang
Eine Präriegeschichte, Karl May
Buch, 227 Seiten teils 134 Seiten
100.-120. Tsd., o. J. (ca. 1948)
Halbleinen 25,00
121.-135. Tsd., 1950 Halbleinen 18,00
136.-150. Tsd., 1951 Halbleinen 18,00
151.-175. Tsd., 1956 lamin. Pappband 15,00

176.-190. Tsd., 1958 Halbleinen 12,00
Schutzumschlag 12,00
Hinweis:
Teilweise mit dem Reihentitel „Kamerad-Bibliothek". Erstmals 1899 bei Union Deutsche Verlagsgesellschaft erschienen. Siehe dort und im Kapitel 1913-1945.

UNION-VERLAG
Berlin, DDR
1988, Buch
11 x 18 cm, 171 Seiten
Himmelsgedanken Gedichte
Pappband 8,00
Lederband 20,00

WELT IM BUCH
12 x 19,5 cm
1963-1965
1-21 Leinenband 8,00
Schutzumschlag 6,00
Hinweis:
Rotes Leinen mit gedruckter Karl May-Unterschrift auf dem Deckel. Lizenzausgabe. Kaufhausausgabe, nicht für den Buchhandel. Nummerierung als „Wahlbandnummer" zwischen Nr. 653 und Nr. 795.

XENOS VERLAGSGESELLSCHAFT M.B.H. & CO.
HAMBURG.
1975, Taschenbuch
19 x 13 cm
5 Bände 8,00
Hinweis:
Mit Fotos von Szenen der Karl-May-Spiele
Bad Segeberg als Titelbilder.

ROMANHEFTE mit Karl May-Texte
(Siehe einzelne Kapitel):

vor Mai 1945:

Österreich:
- DAS FALT-BUCH, Verlag Waldheim Eberle

Deutschland, Schweiz usw.:
- ABENTEUER AUS ALLER WELT, Hanns-Jörg Fischer-Verlag
- FISCHERS ROMANSCHATZ, Hans-Jörg Fischer-Verlag

nach Mai 1945:

Deutschland, Schweiz usw.:
- GEFAHREN UND ABENTEUER, Prärie Editors
- KARL MAY, Moewig-Verlag
- KARL MAY, Verlagshaus Fritz Vogl etc.
- KARL MAY SONDERAUSGABE, Martin Kelter Verlag
- KARL-MAY-ABENTEUER, Weiden-Verlag
- KARL MAY, Pfeil Verlag
- SPANNENDE GESCHICHTEN, Bertelsmann Verlag

Österreich:
- JOE BURKERS DAS EINAUG, Unser Pfad Verlag

DDR:
- KLEINE JUGENDREIHE, Verlag Kultur und Vorschrift
- DAS NEUE ABENTEUER, Verlag Neues Leben

Benutzte Literatur zu diesem Kapitel:

(Lieferbare Titel sind über uns bestellbar, der Preis steht in Klammern!)

75 Jahre Karl-May-Verlag 1913-1988, A.: Mehrere Autoren
Karl-May-Verlag, 1988 (NP: 9,90 Euro)

Der geschliffene Diamant - Die Gesammelten Werke Karl Mays, A: Mehrere Autoren, Karl-May- Verlag, Bamberg, 2003 (NP: 17,90 Euro)

Illustrierte Karl May-Bibliographie, Hainer Plaul / Gerhard Klußmeier,
Edition Leipzig, Leipzig (DDR), 1988

Karl-May-Bibliografie 1913-1945, Wolfgang Hermesmeier/Stefan Schmatz,
Karl-May-Verlag, Bamberg, 2000 (NP: 75,00 Euro)

Karl May Biographie in Dokumenten und Bildern. Der große Karl May Bildband,
Gerhard Klußmeier / Hainer Plaul, Olms Presse, Hildesheim / New York, 1978

Karl May. Grundriß eines gebrochenen Lebens.
Interpretation zu Persönlichkeit und Werk. Kritik.
Hans Wollschläger, VEB Verlag der Kunst, Dresden (DDR), 1990

Karl-May-Handbuch, Gert Ueding (Hg.),
Königshausen & Neumann, 2. Aufl., Würzburg, 2001

Karl May Leben und Werk, von Dr. Klaus Hoffmann,
Herausgeber: Karl-May-Stiftung, Radebeul (DDR), 1988

Karl May Leben Werk Wirkung, Siegfried Augustin/Heinrich Pleticha u. a., Weltbild Verlag GmbH, Augsburg, 1999

Karl Mays Werke, Klaus Hoffmann, Verlag Neues Leben, Berlin, 2001

Der Mann, der Old Shatterhand war. Eine Karl-May-Biographie, Christian Heermann,
Verlag der Nation, Berlin (DDR), 1988

Traumwelten. Bilder zum Werk Karl Mays Bd. 1 und 2,
Wolfgang Hermesmeier/ Stefan Schmatz, Bd. 3 Stefan Schmatz
Karl-May-Verlag, Bamberg, 2004-2010 (NP: je 39,90 Euro)

Außerdem wurden diverse Hefte mit Artikeln zu Karl May: **Der Romanheftsammler**, Artus-Verlag, Schweiz, **Mitteilungen und Nachrichten der Karl-May-Gesellschaft**, Hamburg etc. sowie die Internetseiten **„Karl-May-Wiki“** und **„Karl-May-Buecher“** als Quellen genutzt.

Kritik, Ergänzungen und bibliographische Daten bitte direkt an das:

Comicladen-Kollektiv
Fruchtallee 130
20259 Hamburg
Tel. 040-407781
Mail: info@comicladen-kollektiv.de

KAPITEL **7**

Bücher vor 1945

Bücher vor 1945

Billy Jenkins
Leipzig: Werner Dietsch Verlag
1934-39
A: Hannes Kempp, Paul Pitt u.a.

Alles sucht Garzia (56)	380,00
Die beiden Trapper (30)	380,00
Der bleiche Reiter (44)	380,00
Bestien im Goldland (10)	380,00
Billy schlägt sich durch (22)	380,00
Bruder Teufel (1)	380,00
Don Panchos wilde Reiter (49)	380,00
Das eherne Gesetz (23)	380,00
Es lauert der Tod (46)	380,00
Es reitet das Grauen... (17)	380,00
Die feindlichen Rancher (15)	380,00
Das Geheimnis der Salzsümpfe (54)	380,00
Das Geheimnis des Grand Canyon (37)	380,00
Das Gold der Hölle (55)	380,00
Der goldene Sattel (43)	380,00
Die Herren der Pampa (33)	380,00
Indianer am Kreuz (38)	380,00
Im Tal des Silberlöwen (18)	380,00
Kampf um Wasser und Weide (7)	380,00
Die Kugel entscheidet (25)	380,00
Liebe, Kampf und Tod (34)	380,00
Locker sitzt der Colt (5)	380,00
Männer aus Stahl (31)	380,00
Männer ohne Nerven (28)	380,00
Marco, der Teufel (27)	380,00
Mateo, der Unheimliche (51)	380,00
Mit Colt und Karabiner (47)	380,00
Mit Feuer und Schwert (48)	380,00
Pedro, der Bandit (11)	380,00
Die Peitsche von Gable-Creek (32)	380,00
Die Polizeireiter (14)	380,00
Das Präriegespenst (42)	380,00
Der Präriewolf (35)	380,00
Ramon mit der Narbe (20)	380,00
Die Rauhreiter von Arizona (16)	380,00
Der Rebell von Zamora (6)	380,00
Die Rechtlosen (8)	380,00
Die Reiter der Rache (39)	380,00
Die Reiter des Todes (9)	380,00
Robby wird gehetzt (50)	380,00
Rothaut Lampenpfahl (53)	380,00
Schieber, Frauen und Banditen (26)	380,00
Die Schmuggler (3)	380,00
Die schwarzen Ratten (2)	380,00
Die Silberfüchse (52)	380,00
Die Silberräuber (19)	380,00
Der Springer (40)	380,00
Die Teufelsbrüder (41)	380,00
Der Tenfelsreiter von Kanada (4)	380,00
Die Texas-Ranger (13)	380,00
Trommeln im Urwald (12)	380,00
Von der Hüfte aus(45)	380,00
Vor Jacky wird gewarnt (24)	380,00
Der Wasserdieb vom Ashforktal (36)	380,00
Weit im Westen (29)	380,00
Die Würger (21)	380,00
Schutzumschlag	150,00
Nachdrucke	30,00

Hinweis: Zahlreiche Neuausgaben mit Namensänderung: ASTOR, FRANK - BILLY PERKINS - JIM CROSS - KEMPP, HANNES - NEVADA-GILL - TEXAS-KID - TIM REX. Siehe Heft- u. NK-Serien.

Brand, Max
Berlin: Verlag von Th. Knaur Nachf.
1928-40

Abenteurer	40,00
Am Abgrund vorbei	40,00
Auf der Spur das Goldes	40,00
Auf Leben und Tod	40,00
Brüder auf der Fährte	40,00
Die Drei in der Nacht	40,00
Die dunkle Macht	40,00
Ein toller Kerl	40,00
Die eiserne Fährte	40,00
Der Freund des Sheriffs	40,00
Die fünfte Kugel	40,00
Gebändigt!	40,00
Die geheimnisvolle Ranch	40,00
Das geheimnisvolle Zeichen	40,00
Gehetzte Reiter	40,00
Die gelbe Maske	40,00

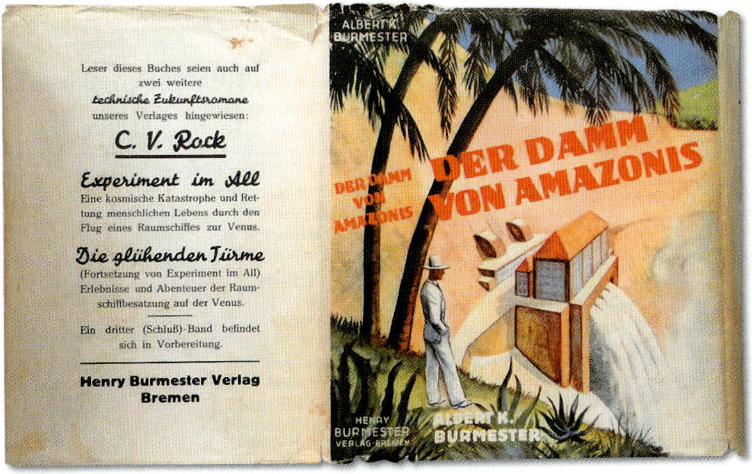

Jimmys Glück 40,00
Karo-Sieben 40,00
Lockende Wildnis 40,00
Männer ohne Furcht 40,00
Mistral 40,00
Pepillo 40,00
Die Rache das Farmers 40,00
Der Rächer 40,00
Rauhreiter 40,00
Die rote Jenny 40,00
Ruf in die Nacht 40,00
Der Schrecken vom Rio Grande 40,00
Der schwarze Jack 40,00
Sechs goldene Engel 40,00
Sein dritter Herr 40,00
Sein letzter Kampf 40,00
Der siebente Mann 40,00
Spuren im Sand 40,00
Der Tiger 40,00
Todesritt 40,00
Die Unbezähmbaren 40,00
Die verhängnisvolle Wette 40,00
Verspielte Ehre 40,00
Der Weg zur Freude 40,00
Der weisse Wolf 40,00
Der wilde Jackson 40,00
Schutzumschlag 40,00
Hinweis: Siehe auch NK-Serie und Heftserie PABEL WILDWEST-ROMAN.

Burmester's Abenteuer-Serie/
Burmester's Abenteuerromane
(Titel nur innen)
Bremen-Leipzig-Wien: Henry Burmester Verlag 1934-39
André, Herbert:
Das brennende Tal 60,00
Die drei Feuerreiter 60,00
Ein Mann aus Texas 60,00
Gefährliches Erbe 60,00
Das Geheimnis des Bergsees 60,00
Der heimliche Feind 60,00
In besonderem Auftrag 60,00
Der Lächelnde 60,00
Das Nebelhaus 60,00
Der Todespfad 60,00
Die verrufene Mine 60,00
Verwegenes Spiel 60,00
Zwischen zwei Feuern 60,00

Bahr, Georg:
Allerhand los in Sulfingen (L) ? 32,00

Barring, Geo:
Erdball in Ketten (u-p) 75,00
Panzerfort Nora Atlantis meutert (u-p) 75,00

Berger, Axel:
(3 „King Arnold"-Texte)
King Arnold 45,00
King Arnold am Rio Grande 45,00
Ritt in den Tod 45,00
Geächtet 45,00
Der Geächtete aus dem Hollaway-Tal 45,00
Das Gericht der Grenze 45,00
Der Gold-Puma 45,00
Die Grenzgeier 45,00
Der Grenzteufel 45,00
Das Haus am Paß 45,00
Kampf in der Nacht 45,00
Kid Eternays Todesritt 45,00
Pferdejäger Kenneth 45,00
Reiter vom Rio Grande 45,00
Der sechste Schuß 45,00
Die Texaner 45,00
Texas-Jack 45,00
Das verhängnisvolle Spiel 45,00
Der Verräter im Sattel 45,00
Der wilde Bill 45,00

Bert, Jo:
Der Jaguar 45,00

Braun, P. Hans-Fried:
Die Expedition der Senta II (u-p) 75,00

Burmester,Albert Karl:
Der Damm von Amazonis (u-p) 75,00

Die Erde reißt (u-p) 75,00
Die Sonne Sixta (u-p) 75,00
Die Stadt im Krater (u-p) 75,00

Catsen, Freder:
Die Rancher-Fehde 55,00
Der singende Wolf 55,00
Das Tal ohne Hoffnung 55,00

Demel, Edwin:
Sergeant Johnston (Ab) 65,00
Tod an Bord (Ab) 65,00
Ebel, Ernst Willi:
Der Judas vom Rhein (Ab) ? 38,00

Ebert, Walter:
Abdul Tarek, der Rebell (Ab) 65,00

Ey, Karl:
Am Spieltisch des Weizens (Ab) 65,00
Das braune Gold (Ab) 65,00
Zum Teufel mit dem King (Ab) 65,00

Greiser, Wolfgang:
Die Cowboy-Stute 65,00
Menschen der Steinschlucht 104 65,00
Raleigh 65,00
Der Stier von Galenta 65,00
Die Tochter des Ranchers Tick 65,00

Grosser, Reinhold Fritz:
Alaska Fu mobilisiert den Osten (u-p) 60,00
Aufruhr in Anaradschapura (u-p) 75,00
Die japanische Mauer (u-p) 75,00

Haller, Hans:
(7 „Der Greifer"-Texte)
Eddie findet seinen Meister 65,00
Das Ende der roten Hand 65,00
Der geheimnisvolle Bote 65,00
Der Greifer 65,00
Der graue Spötter 65,00
Jim Kellers Rache 65,00
Der weiße Schatten 65,00

Der Alte vom Berg 65,00
Arizona-Bill * 120,00
Der Banditenjäger 65,00
Der Bergwolf 65,00
Cowboy-Ehre 65,00
Einauge 65,00
Der einsame Wolf * 120,00
Der Einzelgänger 65,00
Eisenfaust Jack 65,00
Der Goldfuchsreiter 65,00
Die Goldmine 65,00
Grenzreiter Joe * 120,00
Der graue Dämon * 120,00
Der graue Geier 65,00
Im Hexenkessel 65,00
Jack ist unschuldig 65,00
Jim 65,00
Der Mann mit der Narbe 65,00
Der Mestize * 120,00
Der Mondscheinreiter 65,00
Das Nachtgespenst 65,00
Die Nachtreiter * 120,00
Der Nebelreiter 65,00
Der Prärie-Pirat 65,00
Der rote Dan 65,00
Die Sandwürger * 120,00
Der schwarze Marder 65,00
Der schwarze Mustang 65,00
Die schwarze Zehn 65,00
Sheriff Flood 65,00
Shorty 65,00
Shortys Erben 65,00
Die steinerne Maske 65,00
Der Teufelsreiter 65,00
Die Tochter des Sheriffs * 120,00
Die Todespforte 65,00
Die Todesschlucht 65,00
Der tolle Bobby 65,00
Um Recht und Gesetz 65,00
Der Vampir der verlassenen Ranch 65,00
Vierfinger-Tom 65,00
Der Waldwolf 65,00
Western-Blut * 120,00
Whisky-Bill 65,00
Der wilde Reiter 65,00
Wir Drei 65,00
Die Würger-Ranch 65,00
Der Wüstenhabicht 65,00
Die X-Ranch 65,00
(* = roter Einband)

Hammer, Fred:
Clint Clinton, der Rebell 65,00
Das Geheimnis des schwarzen Doktors 65,00
Der Herr des Waldes 65,00
Jim Thorpe schlägt zu 65,00
Der mexikanische Tiger 65,00
Die Schreckenstage von Rocky Hall 65,00
Der Sohn des Gangsters 65,00

Hardt,Helmut:
Ambers letztes Abenteuer 65,00
Cyril als Bandit 65,00
Gold im schwarzen Fluß 65,00
Gordon gräbt Gold 65,00
Hal der Teufel 65,00
Harlans großer Fund 65,00

Hugh Hastrugs Weg in die Hölle ... 65,00
Hunters Heimkehr ... 65,00
Kamerad Jack ... 65,00
Der Mann im Wolfsgrund ... 65,00
Monson, der Rächer ... 65,00
Neuling der Grenze ... 65,00
Percy kämpft ... 65,00
Schatten der Berge ... 65,00
Sergeant Tod ... 65,00
Sidney Collins, der Waldmensch ... 65,00
Silberhuf ... 65,00
Terry's tote Augen ... 65,00
Der Trappermillionär ... 65,00
Um die rote Bessie ... 65,00
Der weiße Grizzly ... 65,00

Hausen, Peter:
(3 „Jim Hit"-Texte)
Faustrecht ... 65,00
Gold ... 65,00
Der Linkser ... 65,00
John Cook ... 65,00

Hoder, Friedrich:
Der Marder ... 65,00
Der stählerne Pfeil ... 65,00

Jeffers, Axel:
Der Geier vom Grand Canon ... 65,00
Der schwarze Morgan ... 65,00

Kraus, Robert:
Die Flucht nach dem Norden (Ab) ... 65,00
Freibeuter unter dem Nordlicht (Ab) ... 65,00
Die Gesellschaft der Habenichtse (Ab) ... 65,00
Der große Zauberer (Ab) ... 65,00
Wanderer in der Polarnacht (Ab) ... 65,00

Kriesten, Hans:
Schrecken über Pennsylvanien ... 65,00

Lauth:
Sonne und Whisky ... 65,00

Lindemann, Herbert:
Teufel in der grünen Hölle (Ab) ... 65,00

Morel, Hermann:
Arizona-Grenzreiter ... 65,00
Auf der Jagd nach Weißgold ... 65,00
Die Geißel der blauen Prärie ... 65,00
Die Hanfkrawatte ... 65,00
Im Camp der Gesetzlosen ... 65,00
Das Netz um die Wheeler-Ranch ... 65,00
Verborgene Waffen ... 65,00
Der Wildnis verschworen ... 65,00

Nyssen, Ernst Wilh.:
Ein Mann schlägt sich durch ... 65,00

Petersen, Kay:
Silber am Todesquell ... 65,00

Reiners, Wolfgang:
Falke-Dor (Ab) ... 65,00
Lady Loy (Ab) ... 65,00
Perlenfischer Yaas (Ab) ... 65,00
Uru-Uru (Ab) ... 65,00

Reinhard, Hans:
Der Gott der Sterne (Ab) ... 70,00
Der Schatz des Matjang Tutul (Ab) ... 70,00

Rock, C.V.:
Experiment im All (u-p) ... 90,00
Der Flug in die Erde (u-p) ... 90,00
Die glühenden Türme (u-p) ... 90,00
Rückkehr aus dem All (u-p) ... 90,00
(Band 1, 3, 4 = Trilogie)

Roecken, C.V.:
Die beiden Marshalls ... 65,00
Der schwarze Rancher ... 65,00
Senor Sonne ... 65,00

Rohden, Ernst:
„Achtung! Panzerwagen unterwegs!" (u-p) ... 70,00
Der goldene Skorpion (Ab) ? ... 65,00

Der Goldmacher aus Halden 65,00
an der Knatter (Ab) ? 65,00
Der Kaiser von Südafrika (u-p) 75,00
Der Marsch nach Sokoto (u-p) 75,00
Rätsel um Kilometer 23,9 (u-p) 75,00
Der weiße Mephisto (Ab)? 65,00

Sander, F.:
Der Emigrant 65,00

Sander, Frank:
(5 „Gemeucheltes Volk"-Texte)
Ahoi! Land im Westen 65,00
Heldenkampf im Urwald 65,00
Der rote König 65,00
Der rote Messias 65,00
Volk ohne Land 65,00

(15 „William Hay"-Texte)
Banditen am Rio Pecos 65,00
Ein Mann will Vergeltung 65,00
Grenzreiter Ben Carey 65,00
Harriet braucht Hilfe 65,00
Der Held der Staked Plain 65,00
In letzter Stunde 65,00
Jesse sucht einen Erben 65,00
Kleiner Kamerad 65,00
Revolte in San José 65,00
Sturm auf der Good Hope Ranch 65,00
Der Todespass 65,00
Ungetreue Freunde 65,00
Der Verrat 65,00
Will findet einen Freund 65,00
William Hay 65,00

Achtung, ein Tramp! 65,00
Armer Billy 65,00
Der bucklige Cowboy 65,00
Cathin wird Sheriff 65,00
Claim-Hyänen 65,00
Die Cowgirls 65,00
Drei für einen! 65,00
Ein Mann reitet nach Yuma 65,00
Die Farm im Goldland 65,00
Flucht vor Dick Gerson 65,00
Der fremde Cowboy 65,00
Grenzreiter von Camp Lincoln 65,00
Das Haus in der Wildnis 65,00
Der Herr des Zwanzig-Meilen-Tals 65,00
Jack terrorisiert ein Dorf 65,00
Jenseits des Thelon-River 65,00
Jim kehrt heim 65,00
John Day gründet eine Stadt 65,00
Jonny erbt eine Silbermine 65,00
Juan Linares 65,00
Der Kaiser der Sierra Blanca 65,00
Kid meldet sich 65,00
Der König der Prärie 65,00
Der Lockvogel * 100,00
Lynchjustiz 65,00
Das Mädchen von Chikago 65,00
Männer ohne Gnade 65,00
Der Mormone * 120,00
Niemand traut Lanky 65,00
Pelzjäger Fillmore 65,00
Postreiter Jane 65,00
Prärieschoner 65,00
Die Ranch in den Bergen 65,00
Der Reiter auf dem Schimmel 65,00
Der rote Freund 65,00
Der rote Jones 65,00
Der Schrei aus der Wüste 65,00
Der schwarze Reiter 65,00
Sein Freund Jeffe 65,00
Sein letzter Kampf 65,00
Senor Rodolfo 65,00
Sheriff Bartons Nichte 65,00
Der Spieler von Adlertown 65,00
Spuren im Schnee 65,00
Der Squawmann 65,00
Die Todeslinie 65,00
Tödliches Gold 65,00
Die tote Stadt 65,00
Der Trail nach Santa Fé 65,00
Um den braunen Hengst 65,00
Das verlassene Fort 65,00
Verschollen im Todestal 65,00

Wer kennt Hal Brown? 65,00
Wildes Texas 65,00
Wo die Cariboos ziehen 65,00

Sander, Fritz:
Abenteuer in Mexiko 65,00
Flucht in die Freiheit 65,00
Grenzgesindel 65,00
Kampf um die Stadt 65,00
Der König der Prärie 65,00
Silber am Todesquell 65,00
Verrat in der Südsee (Ab) 65,00
Verworrene Spuren 65,00

Sattler, Lothar:
Kämpfer für Texas 65,00
Sam Randlers Reiter 65,00

Schmidt, Dr. Hans Walter:
Auf gefahrvoller Fährte 65,00
Die harte Hand 65,00
Maud Perkins Ranch 65,00
Der Ruf aus Arizona 65,00

Stephan, G. Conrad:
Marokko, die anonyme Front (Ab) 65,00
Südekum,Hubert:
Freibeuter der Hallig (Ab) 65,00

Thauß,Arno:
Der Mann der das Gas bezwang (u-p) 75,00

Wiek, Bruno S.:
Ave-Brunonia. (u-p) 75,00
LPR 1600 (u-p) 75,00
Phantasten (u-p) 75,00
Der Schlüssel des Meeres (u-p) 75,00
Die Stadt in der Erde (u-p) 75,00

Schutzumschlag 60,00
Hinweis: In helles Rohleinen gebunden, mit Reiter-Silhouette auf Rücken und Vorderdeckel. Die meisten Umschlagbilder sind von Heinrich Berends gezeichnet. Von den ersten Bänden gibt es auch broschierte Ausgaben, von den letzten Bänden auch Halbleinen-Ausgaben. Überwiegend Wildwestromane. Andere Genres sind (soweit bisher nachprüfbar) gekennzeichnet. Viele Neuausgaben nach 1945. Literaturhinweis: Werner G. Schmidtke: „Die Bücherreihe Burmesters Abenteuer-Serie" in „Blätter für Volksliteratur" Januar 1988.

Detektiv Frank-Romane
Leipzig: Werner Dietsch Verlag
1937-39
A: Gerhard Carsjens, Walter L. Gebauer u.a.
Frank, der G-Mann 180,00
Das Geldstück bringt den Tod 180,00
Die Spinne 180,00
Der Doppelgänger 180,00
Der Mann aus der Bowery 180,00
Der Teufel von New York 180,00
G-Men an die Front! 180,00
Staatsfeind Nr. 3 180,00
Die Panzerbrecher 180,00
Hurrican-Frank 180,00
Meister über Leben und Tod 180,00
Die Männer vom „Blauen Hund" 180,00

Verräter 180,00
Die Puppen des Mister Carpenter 180,00
Lones Geheimnis 180,00
Die Blutstein-Brüder 180,00
Der Einzelgänger 180,00
Ein Mann wirft den Tod 180,00
Die Bestien von New York 180,00
Schutzumschlag 80,00
Hinweis: Der 1. Band erschien unter dem Serientitel WELT-KRIMINAL-BÜCHER. Mehrere Texte von Gebauer erschienen nach 1945 als JOE BRAND. „Hurrican-Frank" wurde umgearbeitet zu KAPITÄN MORS der Luftpirat.

EINE MARSPRINZESSIN
Stuttgart: Dieck Verlag 1925
A: Edgar Rice Burroughs
Buchausgabe + Broschur 400,00
Hinweis: Es gibt auch Schutzumschläge.
Nachdruck als Tb. Williams Verlag 1972 Titel:
Die Prinzessin vom Mars

G.-Man Jack Kelly
Leipzig: Rekord-Verlag
1937-39
A: Hermann Hilgendorff
1 Professor X 50,00
2 Das Todesgitter 50,00
3 Die Nacht ohne Ende 50,00
4 Die Mausefalle 50,00
5 Der Mann ohne Gewissen 50,00
6 Der große Unbekannte 50,00
7 Das siebente Opfer 50,00
8 Hundert und eine Maske 70.00
9 Der Fassadenkletterer 50,00
10 Signale des Todes 50,00
11 In zwölfter Stunde 50,00
12 Die Bar zum roten Mond 50,00
13 Der klingende Tod 50,00
14 Zur Strecke gebracht 50,00
15 Geheimnis im Savoy Hotel 50,00
16 Safeschlüssel S.K. 311 50,00
17 Razzia in der Bowery 50,00
18 Der Herr der Nacht 50,00

19 Rätsel um Nr. 212 50,00
20 Der Doppelgänger 50,00
21 Öffnen, Kriminalpolizei 50,00
22 Mörder im Frack 50,00
23 Der letzte Gorillamann 50,00
24 Gangster unter sich 50,00
25 Broadway-Piraten 50,00
26 Jonny! - Es geht um deinen Kopf 50,00
27 Kidnappers Ende 50,00
28 Alarmglocke schrillt! 50,00
Schutzumschlag 40,00
Hinweis:
Numerierung nur auf Rückseite des Schutzumschlages. Siehe auch Rekord Verlag und NK-Bücher.

Grey, Zane
Berlin: Verlag von Th. Knaur Nachf.
1927-39
Arizonamädel 40,00
Betty Zane 30,00
Bis zum letzten Mann 30,00
Die donnernde Herde 30,00
Der eiserne Weg 30,00
Das Erbe der Wildnis 30,00
Der geheimnisvolle Reiter 30,00
Das Gesetz der Mormonen 30,00
Das Gesetz des Westens 30,00
Das Goldgräbertal 30,00
Die Grenzlegion 30,00
In der Prärie 40,00
Kampf um die Farm 35,00
Kämpfende Karawanen 30,00
Der letzte der Präriejäger 30,00
Die letzte Spur 30,00
Der Löwe von Arizona 30,00
Der Mann aus dem Walde 30,00
Männer aus Texas 35,00
Männer der Grenze 30,00
Nevada 30,00
Räubernest 40,00
Dem Regenbogen nach 30,00
Tal des Todes 35,00
Der Texasreiter 30,00
Die Todeskarawane 30,00
Unter dem Licht der westlichen Sterne 30,00
Die Unzertrennlichen 40,00
Der verlorene Fluß 30,00
Vollblut 30,00
Der Wanderer in der Wüste 30,00
Wo die Sonne sinkt 30,00
Wüstengold 30,00

Schutzumschlag 45,00
Hinweis:
Siehe auch gleichnamige NK-Serie und Heftserie PABEL-WILDWEST-ROMAN.

John Kling
Leipzig: Werner Dietsch Verlag
1937-39
A: Hermann Falk, Heinz Krafft u.a.
Der Fluch des Inders 200,00
Der gefilmte Tod 200,00
Der Tote im Rosengarten 200,00
Der schwarze Blitz 200,00
Ein gewisser Harr Haran 200,00
Die Maske des Teufels 200,00
Der grüne Kobold 200,00
Der sprechende Tod 200,00
Das Radiogespenst 200,00
Der Engel des Todes 200,00
Der schwarze Vogel 200,00
Die Nacht der Vergeltung 200,00
Die weißen Särge 200,00
Der Sturz in das Dunkel 200,00
Ein Tropfen Blut 200,00
Mörder um Thorne 200,00
Das Geheimnis der grünen Kapsel 200,00
Die Stimme aus den Wolken 200,00
Im Banne des Grauens 200,00
Der Blaubart von San Antonio 200,00
Der Meister des Bluffs 200,00
Das Sanatorium des Teufels 200,00
Schutzumschlag 120,00
Hinweis: Einige ND nach 1945, siehe Buchserien JOHN KLING, DETEKTIV PETER BRAUN.

Kansas Jack
Leipzig: Werner Dietsch Verlag
1938-39
A: Gerhard Carsjens, Rolf Randall (6) u.a.
1 Leben um Leben 350,00
2 Der Dämon 350,00
3 Messer Jim 350,00
4 Hinter der Maske 350,00
5 Der Killer 350,00
6 Der tanzende Tod 350,00
7 Der Geier 350,00
8 Die lautlosen Kugeln 350,00
9 Der reitende Teufel 350,00
o.Nr. Die drei Gerechten 350,00
Schutzumschlag 150,00
Hinweis: Siehe auch NK-Heftserie.

Der Schatz der Navajos
Wild-West-Roman von Anton Maly
ANTON MALY
Der Schatz der Navajos
Münchmeyers Abenteuer-Romane
Der Schatz der Navajos
Abenteuerroman von Anton Maly
In einer Höhle im Tal des Todes liegt der sagenhafte Schatz der Navajos. Hier versteckten ihn damals die Indianer, als die spanischen Konquistadoren ihre grausigen Bluttaten verübten, ihr Volk vernichteten. Von der geheimnisumwitterten Existenz des Schatzes ist Kunde zu dem Professor Hey von der Universität San Franzisko und zu dem Bandenführer Jim Trawler gedrungen, der es durch sein geschickt maskiertes Doppelleben verstanden hat, sich dem Zugriff der Behörden immer wieder zu entziehen. Aus Wissenstrieb geht der Gelehrte auf die Suche nach dem Tal

FRANK SANDER
Verschollen im Todestal
FRANK SANDER
Verschollen im Todestal
HENRY BURMESTER VERLAG · BREMEN

HELMUT HARDT
Hugh Hastings Weg in die Hölle
HUGH HASTINGS WEG IN DIE HÖLLE
HELMUT HARDT
HENRY BURMESTER VERLAG

FREDER CATSEN
Im Westen verschollen
Münchmeyers Abenteuer-Romane
Im Westen verschollen
Wild-West-Roman von FREDER CATSEN
FREDER CATSEN
Im Westen verschollen
Ein Wild-West-Roman, der in der Frühzeit der Erschließung dieses Landes spielt.
Der Leser sieht am Anfang den Auswandererzug und erlebt den Überfall der Indianer, die alles Lebende niedermetzeln. Es bleiben nur Wenige am Leben, unter ihnen ein kleines Mädchen — Georgia — das durch Zufall dem Tod entging.
Das Mädchen hatte der Vater einem Freund anvertraut, und dieser wurde auch bei dem Überfall verwundet. Der Vater sucht nach dem Mädchen und folgt einer Spur, die nach Arizona führt, jenem Land im Westen, wo alles wild ist, die Natur und auch die Menschen. Hier ist noch der Platz, wo sich Leidenschaften jeder Art austoben, wo Tapferkeit und Ritterlichkeit selbstverständlich sind, wo aber auch das Verbrechertum eine Freistatt hat.
In dieser echten Wild-West-Atmosphäre taucht eines Tages jenes kleine Mädchen wieder auf, jetzt erwachsen und Georgia Murray heißend.
Den Weg dieses Wild-West-Mädchens und ihrer Wild-West-Gefährten, echte Wild-West-Männer, verfolgt jeder Leser mit größter Spannung.
Buchverlag Münchmeyer in Dresden

Münchmeyer Verlag, Dresden
Abenteuer - Romane 1935-1940
Alexander, Arno
Die indischen Banknoten (Ab) 50,00

Breit, Frank
Der rätselhafte Cowboy (W) 50,00

Breit, Fritz
1940 Der Teufelswagen (W). 50,00

Catsen, Freder
Im Westen verschollen (W) 50,00
Die Kansas Fahrer (W) 50,00

Croy, F.A.
Jim, der Einsame (W) 50,00
1937 Das Narbengesicht (W) 50,00
Der Sheriff von Claratown (W) 50,00
Spiel um den Tod (W) 50,00
Die Teufelsfarm (W) 50,00
Unter Yaquis und Grenzbanditen (W) 50,00
Der Verräter Conyan (W) 50,00

Daum, Fritz
Clive Bland seltsame Abenteuer (W) 50,00
Die Goldmine am Cedar Canyon (W) 50,00
Der Kampf um die Indianer-Quelle(W) 50,00
1939 Die Spur im Hawk Canyon (W) 50,00
Spuren in der Wildnis (W) 50,00
Will Scott, der Desparado (W) 50,00
Will Scott, der Grenzreiter (W) 50,00
Will Scott, der Sheriff (W) 50,00

Forster, Alfred W.
Der schwarze Desparado (W).................... 50,00

Hammer, Fred
Der Mann ohne Nerven (W) 50,00

Kott, Robert
Der Kampf im Tal der Grisslybären (W) 50,00
Teufelsreiter (W) 50,00

Kreutzer, Guido
1931 Sekt im Blut (Ab/S) 50,00

Lang, Heinrich
Lytton Wards letzte Zuflucht (W) 50,00

Louis, Robert
1939 Das Abent. am See der Sandhügel (W).... 50,00
Das Ende der Fährte (W) 50,00
Feuerkopf Farrel (W) 50,00
Die Jagd n. d. Goldenen Wespen(W) 50,00
Die lange Spur (W) 50,00
1941 Linkshand Ben(W) Seifert Vlg. 50,00
Das Rätsel v.Tal d. blauen Wasser(W) 50,00
Regenbogenjäger (W) 50,00
Die silberne Wand (W) 50,00
1938 Die Sqatter am Mohawk-River (W) 50,00
Tom Slatter, der Bravado (W) 50,00

Maly, Anton
Die Drei-Männer-Ranch (W) 50,00
Flucht in die Prärie (W) 50,00
Die Gespensterfarm (W) 50,00
Der goldene Tod (W) 50,00
Goldjäger in der Wüste (W) 50,00

Der Herr von Nevade (W) 50,00
Der Schatz der Navajos (W) 50,00
Der Schuss in die Stirn (W) 50,00
Spuren im Hawk Canyon (W) 50,00

Roberts, Fred
Kid der Cowboy (W) 50,00
Die Männer von Rest Creek (W) 50,00

Taylor, William
Die Crimsonbande (W) 50,00

von Hanstein
1924 Die donnernden Wasser (u-p) Brosch 150,00
1924 Die Farm der Verschollenen (u-p) 150,00
1931 Fred Andersen Höllenfahrt (W) 50,00
1930 Ein Lebenskämpfer (Ab) 50,00
1924 Das Licht im Osten (u-p) 150,00
1924 Liebe kleine Limokoa (W) 70,00
1924 Telefunkenteufel (u-p) 150,00
Schutzumschläge: 50,00

Münchmeyer Verlag, Dresden
Kriminal - Romane 1933 – 1936
F.A. Croy
1936 Der Fälscher 50,00
Piet von Eyk
? Die Höllenmaschine................................. 50,00

Rothberg, Gert
1934 Dieter Wendburgs Frau 50,00

Stein, Lola
1933 Versicherungssumme eine Million............ 50,00
Schutzumschläge: 50,00

Olaf K. Abelsen
Berlin: Verlag moderner Lektüre
1932-34
A: Max Schraut
1 Das Gold von Santa Ines............................ 100,00
2 El Gento, der Geächtete............................ 100,00
3 Zwischen Liebe, Gesetz und Banditen........ 100,00
4 Chi Api lenkt Menschen,
Schiffe und Schicksale 100,00

5 Schüsse in der Nacht 100,00
6 Die Oase des Todes 100,00
7 Das Geheimnis von Malmotta 100,00
8 Mein Bruder Simisatto............................... 100,00
9 Die Fackel des Südpols............................. 100,00
10 Das Erbe des Gehenkten 100,00
11 Mein Kind der Wildnis 100,00
12 Izana 100,00
13 An den Feuern der Ewigkeit 100,00
14 Das Tor ohne Zurück 100,00
15 Die Insel der Schätze................................ 100,00
16 Das Gesetz der Steppe 100,00
17 Stunden des Grauens................................ 100,00
18 Der Dschungel brennt 100,00
19 Sträfling 308 100,00
20 Das Grab der Diamanten............................ 100,00
Schutzumschlag... 100,00

Hinweis: Neuausgabe von Nr.1-40 der Heftserie (2 Hefte pro Band) mit teilweise geänderten Titeln. Siehe auch NK-Bücher.

Otto Uhlmann Verlag, Berlin
Abenteuer – Bücher 1934-1943
Alexander, Ernst
1936 Bärenstark und lachender Tod (W) 60,00
? Gespenst am Big Horn (W) 60,00
? Die Hexe von Utah (W) 60,00
1937 Schatten über den Rocky Mauntains....... 60,00
? Tan Run´s Herausforderung (W) 60,00
? Tan Run´s schwerster Kampf (W) 60,00
? Tan Run´s Sieg (W) 60,00
? Tim Morries, der Pfeilmann (W) 60,00
1937 William hält durch (W) 60,00

Carr, Peter
1937 Das Grab Chiutas (Ab) 60,00

Colter, Jack
? Der steinerne Fluch (Ab) 60,00

Curwill, E.
1934 Kämpfer ohne Furcht (W) 60,00
1935 Nevada Gold (W) 60,00
1934 Der schwarze Hengst des Ric
? Hammond (W) 60,00
1936 Tex Braking greift ein (W) 60,00
1935 Die Tote Farm (W) 60,00

Daum, Fritz
1942 Abenteuer des Flüchtlings (W) 60,00
? Andy Feuerpfeil (W) 60,00
1936 Auf der Fährte des Abenteurers (W)......... 60,00
1935 Bill, der namlose Reiter (W) 60,00
1936 Desperados und Apachen (W) 60,00
1936 Es geht um die Timber Ranch (W) 60,00
? Flucht in die Wildnis (W) 60,00
1936 Geheimnis der Nordlandwälder (W) 60,00
? Der geheimnisvolle Cowboy (W) 60,00
? Das gesetzlose Land (W) 60,00
1935 Das Gespenst des Serganten Mac
? Clifford (W) 60,00
? Gold in den Gila-Bergen (W) 60,00
? Kämpfe im Rush Lake Valley (W) 60,00
1937 Kämpfer in der Wildnis (W) 60,00
? Lyon Rowe der Postreiter (W) 60,00
1935 Präriegeier (W) 60,00
1935 Das Recht der Wildnis (W) 60,00
1935 Der Reiter aus den Bergen (W) 60,00
1937 Ritt durch brennendes Land (W) 60,00
? Die Savannenreiter (W) 60,00
1940 Wächter der Grenze (W) 60,00
? Wüstenwölfe (W) 60,00
? Zur Strecke gebracht (W) 60,00
1935 Zwischen Tod und Leben (W) 60,00

Guthke, F.
1936 Flucht durch Asien (Ab) 60,00

Hagen, Rolf
? Tedje Maiboom´s Abenteuer (Ab) 60,00

Herzog, Alfred
1937 Die Femerichter vom Redriver (W) 60,00

Hohbein, Eugen
? Dein Schicksal erfüllt sich in Südw.(Ab) ... 60,00

Hoff, Harry
? Attentat auf Dorothy (Ab) 60,00

Jens, Peter
1941 Grenzcamp 11a (W) 60,00

Kindler, Otto
? Der Ring des Zaren (Ab) 60,00
? Der Torero (Ab) 60,00
1941 Der weisse Teufel (W) 60,00

Kreklow, F.
? Jochen fährt nach Mexiko (Ab) 60,00

Kröger, W.
1935 Der König der Tramps (Ab) 60,00

Kunold, Alfred
1935 Die Braut des Teufels (Ab) 60,00

Maly, Anton
? Auf verwehter Spur (W) 60,00
1943 Das Tal der Verwünschungen (W) 60,00

Neitsch, Christian
1940 Kaper vor Baltrum (Ab) 60,00
1940 Sturm auf Cadiz (Ab) 60,00
1940 Sturmvögel (Ab) 60,00

Platte, H.E.
1936 Das goldene Krokodil (Ab) 60,00

Reese, Willy
1936 Ein Fetzen Papier (Ab) 60,00
1935 Im Banne der weissen Majestät (Ab) 60,00
Reinhard, Hans
1936 Traum in der Dschungel (Ab) 60,00

Röhner, Ernst
? Arizonajäger (W) 60,00
? Auf einsamer Spur (W) 60,00
? Der Grenzdämon (W) 60,00
? Männer in Lederhemd (W) 60,00
? Prärie in Flammen (W) 60,00
? Der Trapper von Elchsee (W) 60,00

Sander, Fritz
1940 Jens Jensen der blonde Kapitän (Ab) 60,00

von Byern, H.A.
Der Rubin des Buddha (Ab) 60,00

Warren, Hans
1937 Jerry der Unheimliche (W) 60,00
1936 Sequenzen in Farbe (W) 60,00

Schutzumschläge: 50,00

Otto Uhlmann Verlag, Berlin
Kriminal – Bücher 1924-1941
Achterberg, Gerh.
Die letzten Verbrecher 50,00
1936 Vom Täter fehlt jede Spur 50,00

Arnold, Hans
Die sizilianische Venus 50,00

Ebstein, E.
1924 Das Geheimnis von Britnerhof 50,00

Fuchs-Liska, Robert
1937 Tod im Nadelöhr 50,00
1937 Um ein blondes Frauenhaar 50,00

Giersche, Bruno
1938 Die schwarze Margret

Heidsiek, Hanns
Drei Tropfen Gift 50,00
1938 Das kreisende Licht 50,00

Heuer, Hanns
1934 Der falsche Claus Hartmann 50,00

Hintz, Werner
1935 Die letzte Seite fehlt 50,00
Sturm über Norderhöft 50,00

Jordan, Paul
Der Erbe eines Kampfes 50,00

Kuhle, Wolfgang
Panik im Diamantendistrikt 50,00

Londres, Albert
1928 Der Weg nach Buenos Aires 50,00

Lynch, Lawrence
Was in der Ballnacht geschah 50,00

Piet von Eyk
Alarmbereit 50,00
Das Geisterschiff 50,00
Das gläserne Auge 50,00
Das Halsband seiner Hoheit 50,00
1938 Inspektor Barbetts letzter Erfolg 50,00
1937 Meilenstein 2,3 50,00
1936 Die Nacht zum 7.April 50,00
1935 Der nickende Buddha 50,00
Schwarze Dreizehn 50,00
1938 Smaragd-Eidechsen 50,00
Die stählernde Faust 50,00
Die Todbringende Spinne 50,00

Reinhard, Hanns
Der Chef im Dunkeln 50,00

Rerkenwald, W.
Die schwarze Perle 50,00

Revor, John
Das Geheimnis der weissen Dame 50,00

Schulze, Hanns
Der Pakt mit dem Tode 50,00

Treuenfels, Werner
1935 Die Tragödie des Major Reimer 50,00

Vogt, K.H.
1936 Der Schuss in der Generalprobe 50,00
Walshe, D.
Der Sturz aus dem Flugzeug 50,00

Wolfram, Hanns E.
1941 Der pfeifende Tod 50,00

Schutzumschläge: 50,00

Percy Brook
Leipzig: Lipsia-Verlag 1938-39
A: Hermann Hilgendorff
Alarm in Dartmoor 40,00
Scotland Yards letztes Argument 40,00
Der Bettler vom St. James-Park 40,00
Whitechapels bester Mann 40,00
Der Maskenmacher von Piccadilly 40,00
Das Rätsel von Soho 40,00
Die Themsehaie 40,00
Der Fall Westminster Abbey 40,00
Die Bande der Nebelbrüder 40,00
Percy contra Percy 40,00
Schutzumschlag 30,00
Hinweis: Siehe auch NK-Serie

Sun Koh
Leipzig: Bergmann Verlag 1937-39
A: Lok Myler (Zweitauflage meistens: P.A. Müller)
1 Ein Mann fällt vom Himmel 80,00
2 Kampf um die Sonnenstadt 80,00
3 Die schwebende Burg 80,00
4 Der fressende Kreis 80,00
5 Die Tarnkappe 80,00
6 Atlantis steigt auf 80,00
o.Nr. Turm der Stürme 80,00
o.Nr. Die Krone der Khmer 80,00
o.Nr. Trommeln der Hölle 80,00
o.Nr.4000 Meter unterm Meeresspiegel 80,00
Schutzumschlag 60,00
Hinweis: Nr. 2, 4-5 mit 2 verschiedenen Umschlagbildern. Siehe NK-Bücher.

Rekord Verlag, Leipzig
Abenteuer – Bücher 1937-39
Andersen
1938 Der Crack von Rocky Fellow (W) 40,00

Behm, Bill
1938 Die Stadt der Verlorenen (Ab) 40,00

Brandler, W.K.
1938 Fred Perry, der reitende Tod (W) 40,00
Die Hölle im Tal der Hoffnung (W) 40,00

Buehler, E.K.
1937 Das Blockhaus am Arkansas (W) 40,00
1937 Die Todeskurve am Pilsea-Pik (W) 40,00

Colter, Jack
1936 Auf der Flucht vor R.C.M.P. (W) 40,00
Die Gespenster Ranch (W) 40,00
Hände hoch Frank Seattle (W) 40,00
1937 Der Teufel vom Utah – See (W) 40,00
Die verrufene Farm (W) 40,00

Demel, Edwin
1937 Die Hacienda des Wilm Cornut (Ab) 40,00

Ewes, Fritz
1938 Ting, der „Nur flüsternd genannte“(Ab) ... 40,00

Frebel, Ernst
1938 Ein geheimnisvoller Auftrag (Ab) 40,00

Gebauer, W. Ludolf
Im Kampf um Liebe und Gold (Ab) 40,00

George, William
1938 Die Bande der Goldenen Fünf (W) 40,00
1939 In der Schlucht der Rocky Mountains (W) 40,00
Der Geier der roten Berge (W) 40,00
1939 Das Gesetz der Berge (W) 40,00
1938 Das Gespenst der Wüste (W) 40,00
1938 Pete der Spieler (W) 40,00
1939 Petes grosse Hetze (W) 40,00
1938 Sheriff Grant´s Meisterstück (W) 40,00
1938 Über den Abgründen des Rio Colorado(W) 40,00
1939 Die verräterische Spur (W) 40,00
1939 Der Weisskopf (W) 40,00

Gerstmayer, Herman
1937 Der blaue Bär von Yakutau (W) 40,00
1937 Colt gegen Colt (W) 40,00
Ein Lasso schwirrt durch die Luft (W) 40,00

Greggersen, Karl H.
1939 Eine handvoll Vagabunden (Ab) 40,00

Hagen, Rolf
1939 Der Tote auf Urlaub (Ab) 40,00

Hilgendorff, Hermann
1939 Das Blumenmädchen von Hawai (Ab) 40,00
1937 Die Macht im Dunkeln (Ab) 40,00

Hintz, Werne
1938 Am Rande der Welt (Ab) 40,00

Jacoby, George
1938 Der falsche Castro (Ab) 40,00

Krahner, Karl
1939 Die Blockhütte im Totenwald-Tal (W) 40,00

Lerch, Hanns
Der rasende Tod (u-p) 100,00

Loregan, Bradu
1938 Der Postreiter von Big Hill (W) 40,00
Der Postflieger von Fort Worth (Ab) 40,00

Lux, Maria
1938 Tanzmädchen Tanja (Ab) 40,00

Maly, Anton
1939 Die Abtrünnigen (W) 40,00
1937 Bessy, die Tochter des Banditen (W) 40,00
1938 Charly Soltons Sensationen (W) 40,00
1939 Corliss zählt bis drei (W) 40,00
1938 Eddy King schiesst scharf (W) 40,00
1939 Endlose Fährte (W) 40,00
1939 Feuer auf der Ranch (W) 40,00
1939 Der Flüchtling von Nevada (W) 40,00
Fremde Zeichen (W) 40,00
Im Tal der sieben Flüsse (W) 40,00
1938 Jack Kays grosser Coup (W) 40,00
James Fox verspielt (W) 40,00
Kampf in der Silver Bar (W) 40,00
1938 Kid rettet die Situation (W) 40,00
1937 Kid, der Abenteurer (W) 40,00
1938 Lester der Vagabund (W) 40,00
Die letzte Kugel im Colt (W) 40,00

1938 Der letzte Mann (W) 40,00
1939 Das Rätsel der grünen Drei (W) 40,00
1937 Ritt ins Verderben (W).............................. 40,00
1938 Der rote Teufel von Giltown (W) 40,00
1939 Sheriff ohne Trumpf (W) 40,00
Der Spieler von Santa Rosa (W) 40,00
1938 Der unheimliche Pass (W) 40,00
Verhängnis um Klaus Marten (Ab) 40,00
1938 Zwischen Gesetz und Banditen (W) 40,00

Mueller, H.C.
1939 Raue Welt (Ab) 40,00

Reinhard, Hans
Tepa, die Fürstin der Tropeninsel (Ab) 50,00

Schmant, E.A.
Die Höllenfahrt nach der Insel
Marjorie (Ab) 40,00
Lockruf der Wildnis (W) 40,00

Schutzumschläge: 40,00
Hinweis: sehe auch William Tex

Rekord Verlag, Leipzig
Kriminal – Bücher 1937-40
Becker-Trier, H.
1938 Ball bei Kolossers.................................... 40,00
1938 Wenn einer zuviel Geld hat 40,00

Hay, Stephan
Brand im Moor 40,00

Heidsiek, Hanns
Der Schuss auf den Schatten................... 40,00
Hilgendorff, Hermann
1939 Die missverstandene Chiffre 40,00
1937 Strolch aus Germany............................... 40,00

Kretzer, Max
Der Rückfall des Dr. Horatius 40,00

Lemke, K.
1940 Dity und die Vier 40,00

Piet von Eyk
1937 Mister Sheridans Patentschloss.............. 40,00
Ein rätselhafter Fall................................. 40,00
1938 Was geht vor in Hardford Castle 40,00

Suschall, R.O.
1937 Alarm in der Boston-Street...................... 40,00
Johannesburg steht Kopf........................ 40,00

van der Hurk, Paul
Zwischen 7 und 9.................................... 40,00

von Hoven, E.Best
1939 Wer ist X 40,00

von Sazenhofen, A.
Das geheimnisvolle Atelier 40,00

Wenz, Richard
1937 Sturm und Stille 40,00
Schutzumschläg... 40,00
Hinweis: sehe auch G-Man Jack Kelly

Tarzan
Stuttgart: Dieck-Verlag
1924-27
A: Edgar Rice Burroughs
Tarzan bei den Affen (1. Auflage)...................... 350,00
(höhere Auflagen) 45,00
Tarzans Rückkehr (1. Auflage) 300,00
(höhere Auflagen) 30,00
Tarzans Tiere (1. Auflage) 300,00
(höhere Auflagen) 45,00
Tarzans Sohn (1. Auflage)................................ 200,00
(höhere Auflagen) 50,00
Tarzans Dschungelgeschichten (1. Auflage)..... 200,00
(höhere Auflagen) 80,00
Tarzans Schatz von Opar (1. Auflage) 150,00
(höhere Auflagen) 100,00
Tarzan und der goldene Löwe 270,00
Tarzan und die Ameisenmenschen................... 400,00
Hinweis: Siehe auch NK-Bücher. Es gibt auch Schutzumschläge.

Tarzan hat geträumt
Die Tarzan Parodie
Leipzig-Wien: Carl Stephenson-Verlag, 1924
A: Stefan Sorel
Tarzan hat geträumt.. 200,00
Hinweis: Weitere Tarzan-Parodien (Broschur):
1) Mynona: „Tarzianade" 1924 400,00
2) Stefan Sorel: „Tarzan der Deutschenfresser" 1925.. 300,00

Texas Bill
Leipzig: Lipsia Verlag, 1938-39
A: P.H. Schubert
Colorado-Express stop! 30,00
Die Gangsterfarm 30,00
Jack, der Schimmelhengst................................ 30,00
Der Kampf um die Ranch 30,00
Der Postreiter von Eldorado 30,00
Die Schmuggler vom Mingu-Pass..................... 30,00
Spuren am Salzsee... 30,00
Die Stadt der Vergessenen 30,00
Das Tal der roten Nebel 30,00
Tom, der Würger... 30,00
Überfall am Teufelsfluss 30,00
Der weisse Tod am Rio Pecos........................... 30,00
Schutzumschlag.. 20,00
Hinweis: Siehe auch NK-Buchserien TEXAS BILL, TEXAS JACK.

Tom Mix
Leipzig: Verlag Grethlein & Co. Nachf., 1934
A: „Bearbeitet von M.N. van Gelder"
Mein Leben – meine Abenteuer im Wilden Westen.. 75,00
Neue Abenteuer im Wilden Westen................... 75,00
Schutzumschlag.. 200,00
Hinweis: Siehe NK-Serie.

William Tex
Leipzig: Rekord-Verlag, 1937-39
A: H.C. Mueller
1 Banditenfarm.. 40,00
2 Wen der Teufel jagt.. 40,00
3 Zwischen Leben und Tod 40,00
4 Die Todesfährte 40,00
5 Männer ohne Gnade....................................... 40,00
6 Der Ruf der Wildnis 40,00
7 Wo der Colt regiert 40,00
8 Der letzte Ritt.. 40,00
9 In den toten Bergen.. 40,00
10 Mann gegen Mann 40,00
11 Der Schreckenspaß.. 40,00
12 Den Colt im Gürtel.. 40,00
13 Schuß auf Schuß 40,00
14 Tex greift ein 40,00
15 Farm ohne Menschen..................................... 40,00
16 Der tolle Jack.. 40,00
17 Gefährliche Freundschaft 40,00
18 In jeder Hand den Colt 40,00
19 König der Wildnis 40,00
20 Die gefährliche Spur...................................... 40,00
21 Das einsame Blockhaus.................................. 40,00
22 Das Lasso kreist... 40,00
23 Sheriff schweigt... 40,00
24 Kampf ohne Ende... 40,00
25 Der Präriewolf.. 40,00
26 Gesetz gegen Gewalt 40,00
27 Sheriff Broco Bill... 40,00

28 Die Schlinge des Todes 40,00
29 Die Teufelsfarm... 40,00
30 Sandovar, der Spieler 40,00
o.Nr. Vogelfrei 40,00
o.Nr. Die letzte Kugel....................................... 40,00
o.Nr. Der Teufel der Green Mesa 40,00
Schutzumschlag.. 40,00
Hinweis: Numerierung nur auf dem Schutzumschlag. Siehe auch NK-Bücher.

Willy Sauerberg Verlag
Abenteuer – Bücher Hamburg 1935 – 1939

Andresen-Bundesgardner
1936 Das Rätsel der Pride of Florida (Ab) 60,00
1936 Seemann sein…(Ab) 60,00

Barring, Geo
1935 Der Kugar (Ab) 60,00

Behm, Bill
1936 Das Geheimnis der Oase (Ab) 60,00

Berk, Joachim
Katastrophe (Ab) 60,00

Blasius, Richard
1937 Kampf um Bobby (W) 60,00
1937 Das unmögliche Greenhorn (W) 60,00

Daum, Fritz
1936 Kampf um Red Pin Valley(W).................... 60,00

Förster, Richard
1939 Banditen in Texas (W) 60,00
1939 E-Mann Nr. 13 (W) 60,00
1938 Kampf im Todessumpf (W) 60,00
1938 Der Satansreiter (W) 60,00
1937 Der Schrecken der Sheriffs (W) 60,00
1938 Sein letzter Trumpf (W) 60,00
1937 Sheriff Lash große Tat (W) 60,00
1938 Tornado (W) 60,00
1938 Ein Tramp mischt sich ein (W) 60,00

Frank, E.Philipp
1937 Die Craddock Bande (W) 60,00
1938 E-Männer reiten in den Tod (W) 60,00

1937 Lester enthüllt ein Geheimnis (W) 60,00
1938 Wehre dich Shorty (W) 60,00

Frebel, Ernst
? Mowgli der Inder (Ab) 60,00

Freidonn, Fritz
1938 Colonel Brasso (W) 60,00

Grenzer, Harry
? Ölpiraten (W) 60,00
1939 Rebellen im Kupfergrund (W) 60,00
? Die rote Spur (W) 60,00

Gülcher, Edwin
1938 Blaufeuer (Ab) 60,00
1938 Der Goldberg der Kalahari (Ab) 60,00
1938 Der Zauberstein (Ab) 60,00

Harthenau-Thiel
Im Schatten indische Zaubermächte(Ab) .. 60,00

Hay, Stephen
1938 Dr. Wu Tschan Fu (Ab) 60,00
1939 Perlen aus Java (Ab) 60,00
Spuren nach Übersee (Ab) 60,00

Hoffman - Steglitz
1938 Öl ins Feuer von Sumatra (Ab) 60,00
Hofmann, Brünnhilde
1935 Der Ring des Abuk-Khan (Ab) 60,00

Jens, Conny
1939 Das Tal der Rechtlosen (W) 60,00
1939 Der vergessene Fluss (W) 60,00

Kapler, Hans
1937 Drei am Tapez (Ab) 60,00
1936 Das Wrack im Süden (Ab) 60,00

Kott, Robert
? Grenzwölfe (W) 60,00
1938 Schmuggler im Wilden Westen (W) 60,00

Krause, Erich R.
1937 Die Stadt auf Dynamit (W) 60,00

Küas, Richard
1935 Der Zauberer und die Amazone (Ab) 60,00

Langhanki, Viktor
1937 Urkraft (u-p) 120,00

Mascherek, M.V.
1937 Sid-To-San (Ab) 60,00

Oprée, Arthur
1937 Der Unirdische (u-p) 120,00
1938 Unter glühender Doppelsonne (u-p) 120,00

Piet von Eyk
1936 Abenteuer in Algier (Ab) 60,00
1936 Die goldene Fliege (Ab) 60,00
1937 Die indischen Abenteuer des Jonkheern Van Helder (Ab) 60,00
1937 Mylord reist nach Afrika (Ab) 60,00
1935 Der silberne Blitz (Ab) 60,00
1938 Der Überfall auf Sakramento-Post (W) 65,00
1937 Unter den Wellen des Atlantik (u-p) 150,00

Rautenberg, Peter
1935 Das Tal der grauen Wölfe (W) 60,00

Recken, Wilhelm
? Schatzjäger in Caracas (Ab) 60,00

Piet Renner (Willy Resse)
1937 Chinin im Gepäck (Ab)............................. 60,00
1936 Der Mann auf der Tigerkanzel (Ab)........... 60,00

Rock, C.V.
1936 Der Räuber vom Libanon (Ab) 60,00

Schiemann, Gottfried
1936 Die Yacht Ophier (Ab) 60,00

Sunderland, Norbert
1938 Der Advokat von Forest-Hill (W) 60,00
1936 Die Cliff-Dwellers (W) 60,00
1939 Die Cowboys von Sweet-Water (W) 60,00
1939 Die Enkelin des grauen Wolfes (W) 60,00
1939 Das Gold vom Beaver-Creek (W) 60,00

1936 Im Banne des grünen Götze (Ab) 60,00
1937 Männer im Frack (Ab) 60,00
1938 Strasse des Todes (Ab) 60,00

von Plehwe, H. Joachim
1937 Dr. Peregrins Experiment (u-p) 120,00

Warren, Hans
? Jim Corry´s Kopfpreis (W) 60,00

Westerlind, Marian
1936 Buschgift (Ab) 60,00
1937 Diamantenfieber (Ab) 60,00
1937 Schicksal im Osten (Ab) 60,00

Schutzumschläge 50,00

Willy Sauerberg Verlag Hamburg
Kriminal – Bücher 1936-1939

Blasius, Richard:
1936 Heinz Normanns große Chance 50,00

Bouterweck, Olaf
? Apotheke zur goldenen Gans 50,00
? Zwischen leben und Lüge 50,00

Carno, A.:
1937 Rechtsanwalt Dr. Edith Brandt 50,00

Egbert, Jürgen:
1936 Herr Olissen wird lebendig 50,00

Hay, Stephan:
1939 Ein gefährlicher Besitz 50,00
1938 Ein großer Fang 50,00
? Ein heimtückischer Find 50,00

Heuer, Hans:
1935 Herr Pachinger flieht 50,00

Hintz, Werner E.:
1937 Der Tod lauert im Moor 50,00

Kappler, Heinz
? Flucht in die Dämmerung 50,00

Lassen, Hans:
1938 Mord auf der „Swallow“ 50,00
1938 Die Wette mit dem Tod 50,00

Mascherek, M.V.
1938 Gentleman und Würger 50,00

Mielke, Otto:
1938 Bestie im Frack 50,00
1937 Die goldene Natter 50,00
1937 Der Habicht 50,00
1938 Die Ratte 50,00
1936 Der Schuß aus dem Jenseits 50,00
1937 Die Spinne 50,00

Piet von Eyk:
1938 Das Andreaskreuz 50,00
? Die grauen Männchen 50,00
1939 Ein Hund bellt in der Nacht 50,00
1937 Der letzte Schuß 50,00

1937 Der Schofför der Frau Herzogin 50,00
1936 Schritte um Mitternacht 50,00
1936 Zirkus Horvard brennt 50,00

Reeken, Wilhelm:
1935 Das Gespenster Auto 50,00
? Die schwarze Jeanne 50,00

Reese, Willy:
? Comotillo 50,00
? Das Experiment des Dr. Bunge 50,00
? Der Fall Surbiton 50,00
1938 Der goldene Kopf 50,00
? Die grauen Männchen 50,00
1939 Die grüne Sphinx 50,00
? Heisse Spur 50,00
? Im Fahrstuhl abwärts 50,00
1939 Ein Kabel an Scotland Yard 50,00
? Leere Patronen 50,00
1938 Die Lücke im Hirn 50,00
? Die Nachricht aus Sydney 50,00
1939 Organisation Gussy 50,00
? Raffal 50,00
? Das Rätsel um von Urck 50,00
? Staatsfeind Nr. 1 50,00
? Unfall im Nebel 50,00
1937 Der Unsichtbare 50,00
? Versiegelte Türen 50,00

Reinartz, Wilhelm
1937 Wer kennt Dr. Parker 50,00

Stilke, Walter
1937 Scotland Yard in Nöten 50,00
Thanes, Raymond M.
1937 Der Fall Berndahl 50,00

Troppez, Walter
? Der Krebs von New York 50,00

Voigt, Karl Heinz
1935 Der Stein der Weisen 50,00

Volbehr, Lu
1937 Verwirrung im Jagdhaus 50,00

Werner - Thanes, R.
? Der Fall Berndahl 50,00

Wolfram, Hans E.
1936 Der Blütenmacher von Amsterdam 50,00

Zech, Alfons
1935 Die Flucht 50,00
1936 Rätsel um Colette 50,00
1935 Sein größter Fall 50,00
1937 St. Pauli Davidwache 50,00

Zimmer – Wendelmuth
? Der dunkelgrüne Hut 50,00
1938 Feuerkröten 50,00
1937 Die geheimnisvolle Frau Pikkasser 50,00
1938 Der Ruf des Nebelhorns 50,00
1938 Die Schlangenhaut-Schuhe 50,00

Schutzumschläge 50,00

KAPITEL **8**

Leihbücher seit 1945

VORWORT

Das Format ist nur dann angegeben, wenn es vom Standardmaß (12 x 17,5 cm bis 13 x 19 cm) abweicht.

Auf die Angabe des Originalpreises (meist zwischen 5,30 DM und 6,80 DM) wird verzichtet.

Da die meisten Serien ohne Nummernangabe erschienen sind, wird auf den Zusatz „o. Nr.“ verzichtet. Nummernangaben bei Autorennamen usw. sind intern und dienen der Vereinfachung (z.B. bei „Jonny Reck“). Konnte die Reihenfolge nummerierter Serien ermittelt werden, dann sind die Nummern nach dem Titel in Klammern aufgeführt.

Bei sehr langen und preiswerten Serien wird nur die Anzahl der herausgekommenen Bücher erwähnt. **Titellisten** zu vielen Serien wurden im letzten Roman-Preiskatalog (2007) aufgeführt.

Die Auflistung der Serien erfolgt in alphabetischer Reihenfolge nach den Nachnamen der Autoren (z.B. Clure, Clifford). Ist der Autor gleichzeitig auch die Serienfigur einer Reihe, dann wird er unter dem Vornamen einsortiert (z.B. Cliff Clure). Das hat den Vorteil, dass man sofort erkennen kann, ob es sich bei dem Namen der Reihe um eine Serienfigur handelt oder nicht.

Sind Serientitel und Autorenname identisch, entfällt die Rubrik „Autor“.
Ist eine Serie bei mehreren Verlagen erschienen (z.B. „Percy Brook“), werden die Titel nicht mehr nach Verlagen getrennt, sondern zusammengefasst - der besseren alphabetischen Übersicht wegen. Um auch weiterhin jeden Titel einem Verlag zuordnen zu können, wird wie folgt verfahren: In der Zeile unter dem Serientitel wird derjenige Verlag genannt, bei dem die meisten Titel erschienen sind. Alle anderen Verlage werden mit einer in Klammern gesetzten Abkürzung hinter dem Buchtitel ausgewiesen.
Hat eine Serie mehrere Genres, wird jeder Titel mit einer in Klammern gesetzten Abkürzung seinem Genre zugeordnet. Indizierte Titel sind mit (x) gekennzeichnet.
Fast alle Bücher wurden mit einem bebilderten **Schutzumschlag** ausgeliefert. Er ist dann von Bedeutung, wenn hier die Illustration vom Bild des Buchdeckels abweicht oder wenn der Buchdeckel kein Bild hat. Je nach Serie wird der Schutzumschlag in diesen Fällen zwischen 40 bis 60 Prozent des Buchpreises gehandelt.
Bei Bildgleichheit sollte der Schutzumschlag mit etwa 10% des Buchpreises bewertet werden. Ausnahmen sind seltene oder gesuchte Serien („Billy Jenkins“, „Tom Prox“, „Caramba“).

Für die Leihbuch-Verlage werden folgende Abkürzungen benutzt:

(Alk)	Alka-Verlag, Köln
(Alt)	Cuno Altendorf-Verlag, Bad Godesberg-Bonn
(And)	Andra-Verlag, Ratingen
(Ank)	Anker-Roman-Verlag, Eulenthal
(Arg)	Argus-Roman-Verlag, München
(Asta)	Asta-Verlag, Düsseldorf
(Ast)	Astoria-Verlag, Düsseldorf
(Au)	Auffenberg Verlagsges., Düsseldorf
(Awa)	AWA-Verlag, München
(Ba)	August Bach-Verlag, Düsseldorf
(Bä)	Bären Verlag, Düsseldorf
(Bal)	Balowa-Verlag, Balve
(Bau)	Ludwig Baur-Verlag, München
(Bay)	Bayerische Verlagsanstalt, Bamberg
(Bet)	Verlagsbuchhandlung H. Bethke, Eschwege
(Bew)	Bewin-Verlag, Menden
(Bib)	Biber-Verlag, Osnabrück
(Bok)	Verlag Dr. Fritz Bokämper, Rastatt
(Bor)	Verlag Hermann Borgsmüller, Münster
(Br)	Brunnen-Verlag, Wiesbaden
(BP)	Verlag Buch & Presse, Castrop-Rauxel
(Bü)	Büffel-Verlag, Schwabach
(Bu)	Henry Burmester-Verlag, Wildeshausen
(Co)	Commedia Verlag, Berlin
(Con)	Concentra-Verlag, Scheinfeld
(Da)	Dankwart-Verlag, Rheydt
(DL)	Drei Lampen Verlag, Bonn
(Doell)	Verlag Heinrich Doell, Bremen
(Dö)	Verlag C.S. Dörner, Düsseldorf
(DF)	Drei Fichten-Verlag, o.O.
(DR)	Drei Raben-Verlag, Stuttgart
(Dre)	Verlag Hermann Drewes, Tauberbischofsheim
(Drei)	Drei Verlag, Düsseldorf
(Dro)	Droemersche Verlagsanstalt, München
(Dz)	Die Dreizehn-Verlag
(Ed)	Eden-Verlag, Berlin
(Edi)	Edition Trois Points, Lausanne
(El	Eika Verlag, Augsburg
(EZ)	EZ-Verlag Theodor Rosell, Papenburg
(Fa)	Falter-Verlag, Viersen
(Fe)	Paul Feldmann-Verlag, Marl-Hüls
(Go)	Goldring-Verlag, Papenburg
(Hal)	Hallberg-Verlag (Schälter & Co.), Hemer
(Hel)	Helena-Verlag, Mannheim
(Hes)	Hestia-Verlag, Bayreuth
(HK)	Helikon Verlag
(Hls)	Helios-Verlag, Bayreuth
(Hro)	Heros-Verlag, Eschwege (Bayreuth)
(Hru)	Heru-Verlag, Düsseldorf
(Hi)	Hermann Hilgendorff-Verlag, Bayreuth (Offenbach)
(Hil)	Hilda-Verlag, Osnabrück
(Hö)	Hönne-Verlag, Balve
(Ho)	Paul Georg Hopfer-Verlag, Norden
(Hun)	Hundt-Verlag, Hattingen
(Ik)	Ikarus-Verlag, Andernach
(Il)	Iltis-Verlag, Düsseldorf
(Im)	Imma-Verlag, Hattingen
(Ir)	Iris-Verlag, Iserlohn (Oberhausen, Regensburg)
(Ka)	Karo-Verlag, Düsseldorf (Feucht)
(Ko)	Komet-Verlag, Frankfurt
(Lam)	Verlag Die Lampions, Wuppertal
(Lei)	Verlag Das Leihbuch, Rheydt (Mönchengladbach)
(Lid)	Lido-Verlag, Kassel (Bramsche)
(Lie)	Verlagsbuchhandlung Ludwig Liebel, Nürnberg
(Lö)	Löwenburg-Verlag, Oberpleis b. Köln
(Lug)	Lugana-Verlag, Zürich
(Lur)	Luro-Verlag, Köln
(Ma)	Fritz Mardicke-Verlag, Hamburg
(Mar)	Mars-Verlag, Frankfurt (Solingen)
(Mei)	Meister-Verlag, Rosenheim
(Mer)	Merceda-Verlag, Albachten
(Mi)	Miram-Verlag, Rheydt
(Mk)	Merkur-Verlag, Düsseldorf
(Möl)	Verlag Möller & Co., Düsseldorf
(Mü)	Verlag Alfred Mülbüsch, Castrop-Rauxel
(Mün)	Buchverlag Münchmeyer, München
(Net)	Günter Netsch-Verlag, Osnabrück
(Pan)	Panther-Verlag, Menden
(Pe)	Pegasus-Verlag, Wetzlar
(Pet)	Friedrich Petersen-Verlag, Hamburg
(Pf)	Pfeil-Verlag, Schwabach
(Pfr)	Engelbert Pfriem-Verlag, Wuppertal
(Pig)	Pinguin-Verlag, Berlin (Hamburg)
(Pu)	Puck-Verlag, Duisburg (Iserlohn)
(Ra)	Rappen-Verlag, Goslar
(Rav)	Ravena-Verlag, Basel
(Re)	Reihenbuch-Verlag, Frankfurt am Main
(Rek)	Rekord-Verlag, Viersen
(Ren)	Renaissance-Verlag, Düsseldorf
(Roy)	Royal-Verlag, Regensburg
(Sab)	Saba-Verlag (Schmidt & Co.), Hemer (Rheydt)
(Scb)	Roman-Verlag P.H. Schubert, Nürnberg
(Sch)	Verlag Schälter & Co., Hemer
(Sdt)	Verlag Schmidt, Iserlohn
(SES)	Sesam Verlag, Ravensbrück
(Sk)	Skorpion-Verlag, Kaiserslautern
(St)	Paul Steinebach-Verlag, Köln
(Sta)	Starlet-Verlag, Lichtenfels
(Te)	Teutonia-Verlag, Osnabrück
(Th)	Theissen-Verlag, Rheydt
(Ur)	Ursus-Verlag, Düsseldorf
(Vi)	Vickus-Verlag, Köln
(We)	Gebr. Weiss Verlag
(Wid)	Widukind-Verlag, Balve
(Wis)	Verlagsbuchhandlung Georg Wiesemann, Wuppertal
(Zi)	Gebr. Zimmermann-Verlag, Balve
(Zw)	Zwei Schwalben-Verlag, Hann.-Münden (Marl)

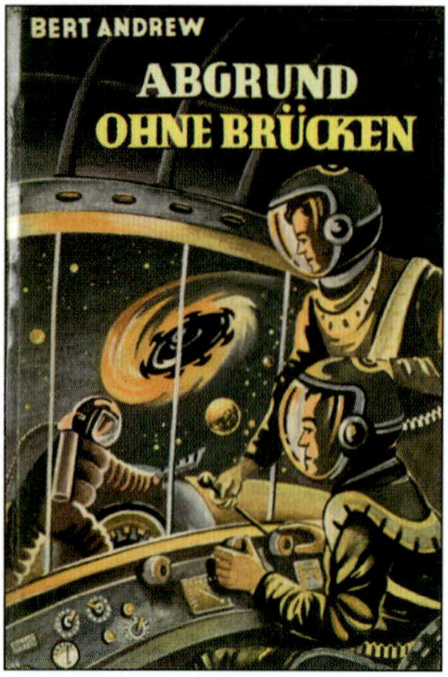

Achtung: Zu vielen Serien existieren Titellisten. Diese wurde im Preiskatalog Nr. 9 aus dem Jahr 2007 abgedruckt. Wer diesen Katalog nicht hat und die entfernten Titellisten haben möchte, kann den Roman Preiskatalog Nr. 9 als Neuware für 19,95 beim jetzigen Herausgeber (Comicladen-Kollektiv) Portofrei bestellen.

Acton, John D. Siehe BUTLER PARKER

Aldiss, Brian
Balve: Balowa Verlag 1962
Unter dem Terror fremder Sterne (SU, u-p) 10,00

Allons... ihr Kinder fremder Völker
Wuppertal: Engelbert Pfriem Verlag ca. 1954
A: o.A. (d.i. wahrscheinlich Hellmut-H. Münch)
Allons... ihr Kinder fremder Völker 160,00
Hinweis: Fremdenlegionärs-Roman.

Anderson, Poul
Menden: Bewin Verlag und
Balve: Balowa- und Widukind Verlag
1956-61
Die fremden Sterne (u-p.). 10,00
Unter kosmischen Nebeln (u-p.) 10,00
Die Wing-Dynastie (u-p.) 10,00

André, Herbert
Marl-Hüls: Paul Feldmann Verlag ab 1950
62 verschiedene Titel (W) 10,00
4 verschiedene Titel (Ab) 12,00
8 verschiedene Titel (P) 18,00
Bis zum letzten Kugel (W) 10,00
Ein Mann aus Texas (W) 10,00
Die goldene Spur (W) 10,00
Mein Freund der Tod (W) 10,00
Nächtliche Schatten (W) 10,00
Panik auf der L-Ranch (W) 10,00
Der Rächer von Montana (W) 10,00
Die Reiter vom Roten Fluß (W) 10,00
Sheriff gegen Sheriff (W) 10,00
Spiel mit dem Tode (W) 10,00
Tod dem Verräter (W) 10,00
Todesschatten über Texas (W) 10,00
Verdammte der schwarzen Berge (W) 10,00
Die Verschwörer von Texas (W) 10,00
Die Vogelfreien (W) 10,00
Hinweis:
Siehe BURMESTER'S ABENTEUER-SERIE (VK).

Andrew, Bert
Marl-Hüls: Paul Feldmann Verlag 1950-61
Abgrund ohne Brücken 10,00
Alpha Centauri 10,00
Auf den Spuren der Ewigkeit 10,00
Begegnung im Äther 10,00
Dolores und ihre Kapitäne (L) 3,50
Duell im Kosmos 10,00
Experiment mit dem Leben (A: Bert Andreas) 10,00
Feuerströme über Utopia 10,00
Das Gold der Uraniden 10,00
Das Gold der weißen Berge (Ab) 13,00
Kampf im All 10,00
Der kosmische Tod 10,00
Der Mann aus den Sternen 10,00
Menschen im Kosmos 10,00
Millionen im Äther 10,00
Mord auf Station XB 15 10,00
RF 10 überfällig... 10,00
Schattenlichter der Unendlichkeit 10,00
Silberne Nächte 10,00
SOS aus der Tiefsee 10,00
Spekulation im Atlantik 10,00
Spionage über den Tod 10,00
Substanzen der Galaxis 10,00
Tödliche Strahlen 10,00
Treibstoff HDH 599 10,00
Weltbrand vom Sirius 10,00
Hinweis: u-p.

Antares, Enrico
Balve: Balowa Verlag 1962
Mensch oder Roboter (u-p) 10,00

Arden, Robert
Düsseldorf: Astoria Verlag und August Bach Verlag 1953-58
104 verschiedene Titel (K) 12,00
9 verschiedene Titel (L) 6,00
3 verschiedene Titel (W) 15,00
1 verschiedene Titel (Ab) 15,00
Hinweis: Einige Titel auch beim Karl May-Verlag Bamberg. Es gibt auch VK-Bücher.
Siehe auch Heftserien CONSTANTIN KRIMINAL-ROMAN, ERDBALL-ROMANE,SILBER KRIMINAL.

Arizona Tiger
Kaiserslautern: Verlag Georg Schäfer und Skorpion Verlag 1951 (1),1954 (2-4)
A: Oscar Herbert Breucker (1),
Uwe Breck Larret (2), Ray Hale (3-4)
1 Der schwarze Reiter von Big Spring 130,00
o.Nr. Drei gegen Dreihundert 100,00
o.Nr. Der Tiger von Arizona 100,00
o.Nr. Das Gesetz des Westens 100,00
Hinweis: „Der Tiger von Arizona“ hat den Inhalt von Nr. 1-3 der gleichnamigen Heftserie.

Armand, Claudette
Frankfurt am Main: Rio-Verlag ca. 1952
Blanche (S) 20,00
Die Legende von Sumpf und Seide (S) (x) 20,00

Asimov, Isaac
München: Awa-Verlag ?
Astron-Bücherei:
Der Mann von drüben (u-p.) 15,00
Die nackte Sonne (u-p.) 15,00

Astor, Frank
Wuppertal: Verlag „Die Lampions“ und
Castrop-Rauxel: Bruchmüller & Mülbüsch Verlag/
Alfred Mülbüsch Verlag 1949-1950
El Ogro, der Werwolf
(Liebe, Kampf und Tod) 65,00
Der Ruf des Spottvogels
(Schieber, Frauen und Banditen) 65,00
Das Feuer Montezumas (Die Würger) 65,00
Reiter unter den Sternen
(Don Panchos wilde Reiter) 65,00
Die Reiter der Rache (Indianer am Kreuz) 65,00
Der weiße Wolf der Tundra
(In nordischer Wildnis) 65,00
Schutzumschlag 35,00
Hinweis:
Serienheld von Band 1-2 ist Billy Jenkins. Serienheld von Band 3-6 ist Wolf Morland. Band 1-5 sind Neuausgaben der VK-Serie BILLY JENKINS, Band 6 ist eine Neuausgabe des VK-Wolfhardt Gran-Textes. In Klammern die Titel der VK-Ausgaben.

Augustin, Frank
München: Manz Verlag ?
Der Ruf aus der Ferne (Le) 13,00
Und zum Tag ward die Nacht (?) (Le) 13,00

Ballew, Charles
Berlin: Commedia Verlag ?
Das Geheimnis von Arizona 15,00
Hinweis: Titelbild von Heinrich Berends.

Balten, Eric - Balten/Stein
Wuppertal: Engelbert Pfriem Verlag ca. 1956
Am Ende lauert der Tod (x) 25,00
Flammen über Maracaibo (x) 25,00
Der gelbe Satan 25,00
Glitzernde Steine (x) 25,00
Heisses Tanger (x) 25,00
Kein Pardon der Unterwelt (x) 25,00
Oase des Schweigens 25,00
Die unheimliche Insel 25,00

Barran, Rolf
Deilinghofen/Hemer/Rheydt: Hallberg- und Saba Verlag ab 1953
18 verschiedene Titel (W) 7,00
2 verschiedene Titel (K) 10,00
2 verschiedene Titel (Ab) 18,00
Im Jahre 2100 (u-p) (Hel) 18,00
Hinweis: Siehe GREG BAXTER.

Barring, (Geo)
Castrop Rauxel: Verlag Alfred Mülbüsch
ab 1950
82 verschiedene Titel (W) 7,50
Hinweis: Einige Titel vom Widukind-Verlag sind Neuauflagen von TEXAS-RANGER. Viele Titel sind auch als AXEL BERGER-Bücher erschienen.

Barrinkh, Lentz de
Düsseldorf: August Bach Verlag 1959
Karibische Nächte (x) 15,00
Louisiana Rhapsodie 15,00
Nacht über dem Mississippi 15,00

Bart Carson
Balve: Hönne-Verlag 1953
Das Grab in Havanna 10,00
Jagd auf Eddie Mallion 10,00
Mord an Dr. Sirucek (x) 13,00

Mordfall Patsy O'Rourke 10,00
Reisender in Schwefel 10,00
Rotkopf Rhapsodie 10,00
Spuk im Elysium 10,00
Der Tempel des Verbrechens 10,00
Traumhandel in Barts Nachtklub 10,00
Hinweis:
Siehe auch Heftserie LUNA KRIMINAL ROMAN.

Baruch-Lean
Osnabück: Möwe Verlag 1954
Formel X (u-p) 15,00

Baumann, Otto
Marl-Hüls: Paul Feldmann Verlag 1951
Mitlatan... die vergessene Stadt (u-p) 18,00

Baxter, Glenn
Münster: Hermann Borgsmüller Verlag 1956
Dreck unterm Hut (x) 10,00
Begräbnis ohne Blumen (x) 10,00
Eins auf die Antenne (x) 10,00
Die grosse Wut (x) 10,00
Kopf unterm Arm (x) 10,00
Noch einmal davongekommen 6,50
Nun reicht's mir aber 6,50
Über die Tonne gebügelt (x) 10,00
Unruhige Zeiten (x) 10,00
Vom Affen gebissen (x) 10,00
Was halten Sie von Propinulla? (x) 10,00

Baxter, Ned
Hattingen: Imma Verlag ?
Das geheimnisvolle Testament (u-p) 13,00
Wer ist Norman Gilligan? (u-p) 13,00

Becker, Rolf O.
Balve: Widukind-Verlag ?
Im Rahmen des Kampfauftrages 15,00
Sturm zwischen Felsen und Feuer 15,00
Trotzdem 15,00
Hinweis: Landser-Romane.

Bennet, Douglas
Balve: Hönne Verlag 1955
Menschen vom Himmel (u-p) 10,00
Gestern ging die Welt unter (u-p) 10,00

Berger, Axel
Castrop-Rauxel: Verlag Alfred Mülbüsch und Indra-Verlag ab 1949
296 verschiedene Titel (W) 7,50
Liebel – Verlag Ausgaben 11,00
Schutzumschlag (Liebel-Verlag) 7,00
Hinweis: Einige Titel des Mülbüsch-Verlages sind in Zweitauflage mit neuem Bild erschienen. Einige Titel des Liebel-Verlages sind ohne Vollbild, dafür mit bebildertem Schutzumschlag erschienen. Viele Titel sind auch als GEO BARRING-Bücher erschienen. Siehe auch BURMESTER' ABENTEUER-SERIE (VK) und NK-Heftserie AXEL BERGER.

Berger, Jürgen
Die Schlacht um Orel (Bet) 20,00
Sie zogen gen Westen (Wis) 20,00
Hinweis: Landser-Romane.

Berges, Max L.
Rosenheim: Meister Verlag ?
Das Girl von Shanghai (Ab) 15,00

Bernard, Carl
Frankfurt am Main: Lucina-Verlag ?
Tahiti ohne Palmen (Ab) (x) 20,00

Berndt, K.H.
Eulenthal: Anker-Verlag 1950
Der Texas-Reiter 15,00
Schutzumschlag 10,00

Berndt-Guben
Frankfurt am Main: Reihenbuch-Verlag (1-3)/
Rheydt: Dankwart-Verlag (4)
1953 (1-3),1957 (4)
Hinter Palisaden (Manitoba I) 50,00

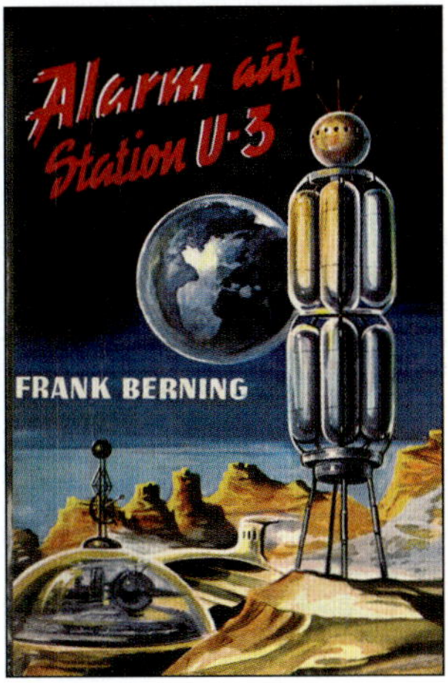

Die Wagenkastenschlacht (Manitoba II) 60,00
Der Mann ohne Furcht (Manitoba III) 60,00
Beim Barte des Propheten 110,00
Hinweis:
Band 4 ist ein neuer „Pfeifer"-Roman unter teilweiser Verwendung alter Texte.
Siehe auch Heftserie WESTERN (Pabel-Verlag).

Bernig, Heinrich H.
Balve: Gebr. Zimmermann-Verlag 1961
Duell der Giganten (La) 15,00
Hinweis:
Weitere Titel bei WTB-Verlagsges. (Elt-ville, 1975).

Berning, Frank
Menden: Bewin Verlag 1960-64
18 verschieden Titel u-p. 10,00

Berriff, Ben
Wuppertal: Wiesemann Verlag 1958-59
Kampf um die Weltrauminsel (u-p) 15,00
Sie starteten in San Remincona (u-p) 15,00

Berry, Bryan
Menden: Bewin Verlag und Riedel Verlag/
Balve: Hönne Verlag 1954-57
Flucht in das Weltall (u-p) 12,00
In der Ewigkeit verschollen (u-p) 12,00
Tödliche Grenze im All (u-p) 12,00
Weltraumspione am Werk? (u-p) 12,00

Beverly, Edgar
Hamburg: Friedrich Petersen Verlag, ?
Die Straße nach Hanoi (Le) 15,00

Biegel, U.
Menden: Bewin Verlag, 1968-71
Dämon der Sterne 10,00
Diese Welt gehört euch... 10,00
30000 Jahre nach Atlantis 10,00
Das Ende der Technokraten 10,00
Fluch der Unsterblichkeit 10,00

Galaxis ohne Morgen 10,00
Gestrandet im All 10,00
Inspektor der Galaxis 10,00
Kosmische Saat 10,00
Der Suggestor von Archimedes 10,00
Hinweis: u-p.

Billy Jenkins
Essen und Uelzen: Uta-Verlag (1-17)/Sinzig und Köln (später nur Sinzig): Uta-Verlag (ab 18)
1950-55
5,30 bis 5,80, 256-272 Seiten
A: Rolf Randall (2, 4-5, 7, 9, 11, 13, 15, 17, 19, 21, 23, 25, 29, 31, 35, 45, 50, 60, 81, 92),
Gerhard Carsjens, Nils Krüger, Mac Onward,
Gert H.F. Unger u.a.
1 370,00
2 470,00
3 270,00
4 320,00
5 270,00
6-9 150,00
10-15 85,00
16-23 65,00
24 50,00
25 65,00
26-68 45,00
69-73 48,00
74-100 55,00
101-110 80,00
111-112 85,00
113-116 110,00
Schutzumschläge 1-15 60,00
Schutzumschläge 16-100 30,00
Schutzumschläge 101-116 40,00
Nachdrucke: 24, 39 8,00
Hinweis:
Zahlreiche ND im höheren Nummernbereich der gleichnamigen Heftserie, auch in TOLLKÜHNER WESTEN u.a. Heftserien (mit Namensänderung). Von Nr. 24, 39 gibt es einen ND vom Melzer Verlag.

Billy Perkins
München: Münchner Kindl Verlag und Ludwig Baur Verlag 1949
A: Paul O. Erttmann
Der bleiche Reiter 110,00
Der Springer 110,00
Schutzumschläge 40,00
Hinweis: Neuausgabe der BILLY JENKINS VK-Bücher gleichen Titels.

Bings, Henry/Bings und Darlton
Balve: Hönne Verlag und Balowa Verlag
Menden: Bewin Verlag 1956-57
Lockende Zukunft (u-p) 45,00
Der Sprung ins Nichts (u-p) 12,00
Welten im Brand (u-p) 12,00

Blanchflower, Bill
Bad Godesberg: Uta-Verlag 1959
Club der 40 (K) 130,00

Blau, Erich
Rheydt: Verlag Das Leihbuch ?
Die Löwen von Kreta (La) 15,00
Die rote Sonne (La) 15,00

Blish, James
Balve: Balowa Verlag 1962
Terras letzte Chance (u-p) 33,00

Blitz-Terry
Kaiserslautern: Skorpion Verlag 1954
A: Ray Hale
Mann ohne Namen 15,00

Der blonde Panther
Wuppertal: Engelbert Pfriem Verlag (ab 2) 1950-54
A: Gunter Kappel
Fred Patrik, der blonde Panther (Lei) 40,00
Amada, schieß! 25,00
Aug' um Auge 25,00
Der brennende Fluß 25,00
Der buckelige Scharlatan 25,00
City des Teufels 25,00
Colt weg, Teddy 25,00
Flammen in Camano 25,00
Flucht in den Tod 25,00
Geschenk des Grauens 25,00
Gold in Lamendo 25,00
Der grosse Killer 25,00
Hands up, Sheriff 25,00
Kugeln für Jimmy 25,00
Der leuchtende Boss 25,00
Mannetou lebt 25,00
Die Masken fallen 25,00
Menschen ohne Gnade 25,00
Mord am Abrill 25,00
Mörder im Sattel 25,00
Nebel am Paß 25,00
Rache für Lesta 25,00
Der reitende Blitz 25,00
Reiter der Nacht 25,00
Schrei der Nacht 25,00
Schüsse im Geistertal 25,00
Der schwarze Boss von Silver City (Ank) 25,00
Der Täuscher 25,00
Tempel des Satans 25,00
Die Todesfaust 25,00
Tramps aus Arizona 25,00
Waffen für Transville 25,00
Zeichen des Todes 25,00
Schutzumschläge 25,00
Hinweis:
Siehe auch Heftserien DER BLONDE PANTHER, LUNA-WESTERN.

Blysh, Joker ca. 1954-56
Bombe in Nylon (Lug) (x) 22,00
Gangster haben kurze Beine (Lug) (x) 22,00
Gas Gangster 1 x 1 (Bor) 20,00
Gestatten - der Teufel und ich! (Fe) (x) 22,00
Idiot aus Hobby (Bor) 20,00
Messer aus Mexiko (Lug) (x) 22,00

Nußknacker und Rattenkönig (Fe) (x) 22,00
Spaziergang durch die Hölle (Lug) (x)................ 22,00

Boldrewood, Rolf
München: Awa-Verlag ?
Die Buschreiter 1. Teil.. 15,00
Die Buschpiraten 2. Teil..................................... 15,00
Hinweis: Auch in Ganzleinen ohne Vollbild erschienen, Schutzumschlag mit Bild.

Bomba
München: Awa-Verlag ?
A: Roy Rockwood
1 Der Dschungelboy.. 28,00
2 Im Berg der Feuerhöhlen............................. 28,00
3 Am großen Katarakt 28,00
4 Auf der Jaguar-Insel 28,00
5 In der versunkenen Stadt 28,00
6 Auf düsterer Fährte...................................... 28,00
7 Im Sumpf des Todes 28,00
8 Im Tal der Schädel... 28,00
9 Am Ende einer Spur 28,00
10 In einem fremden Land................................. 28,00
11 Bei den Pygmäen 28,00
12 Im Herzen Afrikas 30,00
13 Auf dem Heimkehrpfad 30,00
o.Nr. Im Wirbelsturm gestrandet 260,00
Schutzumschlag.. 30,00
Hinweis: Vom Schutzumschlag gibt es 2 Versionen mit unterschiedlichen Motiven, einmal schwarz und einmal farbig (vom letzten Band nur eine Version in rot). Es gibt auch TB.

Bömke, Bernhard A.H.
Kaiserslautern: Skorpion-VeHag (1),
Wuppertal: Engelbert Pfriem-Verlag (2),
Rheydt: Miram Verlag (3) 1954-55
Letzte Hoffnung - die schwarze Flagge (Sk) 15,00
Admiral das Teufels (Pfr)................................... 15,00
Caramba, ein Whisky! (Mi).................................. 8,00
Hinweis:
Serienfigur von Nr.1 und 2 ist Riegos del Bernis.

Boerns, William
Stuttgart: Masken Verlag 1949
...hallo Westbahn 23... (K)................................. 20,00

Boom, Peter van
Münster: Hermann Borgsmüller Verlag ?
Waffen, Gangster, harte Fäuste (Ab).................. 13,00

Brand, Kurt 1951-62
Am Ende der Ewigkeit (Dö)............................... 15,00
Aus Weltraumtiefen (St) 15,00
Aussenstation VII explodiert (Alk) 15,00
Die geheimnisvolle Formel (Dö)........................ 15,00
Milchstrasse M 1 (Alk) 15,00
Raum der schwarzen Sonne (St)....................... 15,00
Trans-Universum (St).. 15,00
Treibsand zwischen den Sternen (Bal) 15,00
Türme in der Sahara (Ank)................................ 15,00
Das unmögliche Weltall (St).............................. 15,00
Weltraum Zwo Fünf (St).................................... 15,00
Die Zeitspirale (St) 15,00
Die Zukunft war gestern (Dö)............................ 15,00
Hinweis: u-p.

Brand, Max
München: Awa-Verlag 1949-61
45 verschiedene Titel (W) 25,00
Schutzumschlag 10,00
Schutzumschlag (Dro) 30,00
Hinweis:
" Der Mann ohne Freunde" ist identisch mit dem Titel:"Jack hält eine Stadt in Atem". Letzteres ist zuerst erschienen.
Die meisten Bände vom Awa-Verlag sind auch in Ganzleinenausgaben ohne Vollbild, aber mit bebildertem Schutzumschlag, erschienen. Diese Bilder sind meistens identisch mit denen der Leihbuchausgabe. Siehe auch VK-Serie, LOCKENDER WESTEN, und Heftserie PABEL WILDWESTROMAN. Es gibt auch TB.

Brando, Arlon
Albachten/Münster: Merceda-Verlag
Heinz Borgsmüller ca.1957-59
75 verschiedene Titel (Ab) 14,00

Brandt, Rolf
Goslar: Rappen-Verlag ca. 1954
Der Fürst von Tervueren (Ab)............................ 18,00

Breda, Ans van
Menden: Bewin-Verlag ?
Drei Tage in Bangkok (Ab) 13,00
Jenseits vom Jordan (Ab).................................. 13,00
Keine Flitterwochen (Ab-K)................................ 13,00
Die Reistafel (Ab-K) 13,00

Breucker, Oskar Herbert/O.H.
Kaiserslautern: Verlag Georg Schäfer 1952
Cora Barani (S) 35,00
Hyazinthen in schwarzen Gläsern (S) (x) 35,00
Moral nach Mitternacht (S) (x) 35,00
Narkose (S)... 35,00
Tanz der Kannibalen (Pet) (Ab) 30,00
Hinweis: Siehe auch FRANK WOLTER.

Briester, Jeff (als Autor) ca. 1955-58
Bestie in Blond (Pu) 8,00
Buck sucht ein Photo (Pu) 8,00
Der Henker hat das letzte Wort (Pu) 20,00
Highway-Gangster (Pu) 8,00
Die Hölle von Chinatown
(Buchrücken Dö, innen Pu)) 8,00
In der Nacht sind alle Mörder grau (Pu) 8,00
Johnny hiess das Biest (Pu) 8,00
Mit einem Bein im Sarg (St) 8,00
Mord in der Zentralbank (St) 8,00
Story des Grauens (Pu) 8,00
Der Tod wohnt nebenan (Pu) 8,00
Der Unheimliche (St) 8,00
Vom Henker wurde nicht gesprochen (Pu) 8,00
Wodka ist kein Whisky (Innentitel:
Whisky ist kein Wodka) 8,00
Hinweis:
Band. 1 entspricht JERRY COTTON-Heft Nr. 21 (aus JC wurde Ted Buster). Siehe JEFF BRIESTER.

Bröll, W.W.
Balve: Hönne Verlag/Balowa-Verlag/
Engelbert-Verlag 1948-81
Alarm in Zone X (u-p) 25,00
Atomstadt UTO 2 (u-p) 10,00
Black Panther (W) 8,00
Ein Mann kam aus Texas (W) 8,00
Ein Mann kommt zurück (Pan) (K-L) 8,00
Flammende Grenzen (W) 8,00
Geheimexperiment A 13 (u-p) 12,00
Geheimnis am Nebelsee (K) 8,00
Das Geheimnis der White Mountains (W) 8,00
Geisterfluß (W) 8,00
Die gläsernen Türme (u-p) 12,00
Hallo, Westbahn 23... (Pan) (K) 10,00
Das Haus in den blauen Sümpfen (Hal) (K) 8,50
Der Herr der vierten Dimension (u-p) 12,00
Der Herrscher von Suent-Ling (u-p) 12,00
Die Hexe von Brooklyn (K) 8,00
Im Banne der Stählernen (u-p) 12,00
Im Raum der roten Monde (u-p) 12,00
Im Vorhof der Hölle (u-p) 12,00
Im Zeichen des Dreiecks (u-p) 12,00
Koordinaten des Todes (u-p) 12,00
Das Laboratorium des Satans (u-p) 15,00
Der magische Strahl (u-p) 12,00
Melodie des Todes (K) 8,00
Das Monstrum (u-p) 12,00
Mörder an Bord (K) 8,00
Die mordende Blume (K) 8,00
Pegasus und das Testament (BP) (K) 12,00
Das Phantom des grauen Hauses (K) 8,00
Phantome unter uns (u-p) 12,00
Rauchzeichen über dem Eagle-Pass (W) 8,00
Satan Gold (W) 8,00
Die schwarze Viper (W) 8,00
Sennor Linares hat ausgespielt (Lie) (W) 8,00
Sensation in Red Star (Pan) (K) 10,00
Der silberne Wolf (Pan) (K) 10,00
Spione aus dem All (u-p) 12,00
Die Stadt der toten Seelen (u-p) 12,00
Die Stadt der Unsichtbaren (u-p) 15,00
Das Tal der grünen Nebel (mit Buffalo Bill) 15,00
Der Teufel von San Franzisko (Lam) (K) 12,00
Tod aus dem All (u-p) 12,00
Todesfalter (K) 8,00
Die Todesspringer (BP) (K) 10,00
Die tödlichen Nebel (u-p) 12,00
Das tönende Licht (u-p) 12,00
Und die Uhren standen still (u-p) 15,00
Der Unheimliche (K) 8,00
Unternehmen Atlantis (u-p) 15,00
Der Vampir von London (K) 8,00
Die weissen Masken (Pan) (K) 10,00
Die Wölfe vom Straits-Paß (Lie) (W) 8,00
Schutzumschlag (Lam, BP, Pan-Verlag) 10,00

Bronte, M.
Regensburg: Royal Verlag 1954
Wenn Sterne fallen (S) (x) 15,00

Brown, William/W.
Menden: Bewin Verlag 1955-71
47 verschiedene Titel (u-p.) 12,00

Brown, Winston
Frankfurt: Fresco Verlag 1955-56
Der Friedensdikator greift ein (u-p) 20,00
Der silberne Schatten (u-p) 20,00

Browning, Will
Köln: Alka ca. 1956
Der Tod stellt Rätsel (x) 13,00

Brugg, Erwin van
Eulenthal: Anker Verlag 1950
Raketenfahrt in die Urzeit (u-p) 15,00

Bucket, G.F.
Castrop-Rauxel: Alfred Mülbüsch und Indra Verlag 1954-72
54 verschiedene Titel (W) 6,50
Hinweis: Einige Titel erschienen auch als G.F. UNGER Leihbücher.

Buffalo Bill
Goslar: Rappen-Verlag 1953
A: o.A.
Red Cloud der Schrecken von Montana 75,00
Hinweis: Siehe auch Heftserien.

Buffalo Jack
Nürnberg: Verlagsbuchhandlung Ludwig Liebel
1952
A: o.A.
13 verschiedene Titel (W) 15,00

Bulmer. Kenneth (H.K.)
Menden: Bewin Verlag/
Balve: Hönne Verlag und Widukind Verlag
1957-60
Welt des Schreckens (u-p) 13,00
Sklaven der Tiefe (u-p) 13,00
Verbotene Welten (u-p) 13,00

Burke, Jonathan (J.)
Menden: Bewin Verlag/Balve: Widukind Verlag
1954 (1-3), 1960 (4)
Die letzte Schlacht (u-p) 15,00
Tor der Dämonen (u-p) 15,00
Die weissen Adepten (u-p) 15,00
Hotel Cosmos (u-p) 12,00

Burmeister, Walter
Düsseldorf: August Bach-Verlag
ab 1950
Blitzgreifer (Lie) 15,00
Der Blitzgreifer rechnet ab (Lie) 15,00
Ed Toggard, der König des Colts 15,00
Ein Fremder mischt sich ein (Hö)........................ 15,00
Entlarvt 15,00
Der Kampf im Felsennest (Lie) 15,00
Der Vergelter.. 15,00
Schutzumschlag... 13,00

Burmester, Albert K.
Osnabrück: Netsch Verlag (1-4)
Castrop-Rauxel: Mülbüsch Verlag (5)
Eulenthal: Anker-Roman-Verlag (6)
1951-52 (1-4, 6), 1954 (5)
Der Damm von Amazonis (u-p) 18,00
Sonne Sixa (u-p).. 18,00
Die Stadt im Krater (u-p).................................... 18,00
Die Erde reisst (u-p) 18,00
Rohrbahn Nord (u-p) 18,00
Freunde der Nacht (K) 12,00
Hinweis:
Siehe BURMESTER'S ABENTEUER-SERIE (VK).

Burnet, Robby
Hann. Münden: Zwei Schwalben Verlag
ca. ab 1954-56
Blitzende Steine – brennender Durst................. 15,00
Heisse Sonne – kalter Tod 15,00
Heisse Tage – dunkle Nacht 15,00
Waffen für Algier (Lid) 13,00
Hinweis: (Ab-K).

Burns, Robby
Eschwege: Verlagsbuchhandlung H. Bethke ?
Weisse Schiffe - schwarze Schatten (Ab)........... 13,00

Butler Parker
ab 1953
A: John D. Acton (6-8), Glenn Larring (1-5, 9)
Blut-Gang (Hal).. 50,00
Butler Parker geht auf's Eis (And) 50,00
Die Gesellschaft der Mörder (Hal) 50,00
...inklusive Blei und Tod (Sab) 50,00
Rache schmeckt wie Gift (Sab) 50,00
Parker blufft den Ku-Klux-Klan (Rek) 58,00
Parker spielt mit seinem Leben (Rek)................. 58,00
Parker zähmt die Mord-Agenten (Rek)............... 58,00
...wer einmal schießt! (And) 50,00

Calhoun, Alexander
Münster: Borgsmüller Verlag
1960-62
Android's Planet 10,00

Empire Terra 10,00
Die Fomalhaut-Passage 10,00
Der grosse Plan 10,00
Der Philosoph von Caranac 10,00
Die 6. Dimension 10,00
Treffpunkt Aiino Two 10,00
Verbotene Fracht 10,00
Hinweis: u-p.

Camm, W.S.
Hattingen: Imma-Verlag ?
Obergefreiter Passmann (La) 20,00

Campbell, H.J.
Goslar: Rappen Verlag, 1953
Die unsichtbare Gefahr (u-p) 18,00
Ein anderer Raum, eine andere Zeit (u-p) 18,00

Campbell, John W.
Balve: Balowa Verlag, 1959-60
Kosmische Kreuzfahrt (u-p) 10,00
Das unglaubliche System (u-p) 10,00
Gebr. Weiss:
Der unglaubliche Planet (u-p) 10,00
Schutzumschlag 6,50

Caine, Jeff
Basel (Düsseldorf): Ravena Verlag 1956-1957
Bleib so wie Du bist (x) 15,00
Der Boß bleibt im Dunkeln (x) 15,00
Die Hyazinthe in ihrer Hand (x) 15,00
Mädchen, die vom Himmel fallen (x) 15,00
Mein Weg führt zum Galgen (x) 15,00
10000 Dollar für Gwendolyn (x) 15,00

Cane, Berry
Blitz Wildwester
Eschwege: Verlagsbuchhandlung H. Bethke
ca.1958
Die blaue Feder 13,00
Duell mit dem Teufel 20,00
Das Kreuz in der Gilawüste 13,00
Lydell Moore 13,00
Die Mitternachtsbrüder 13,00
Two-Gun-Jack 13,00
Hinweis Nr. 2 = Neuausgabe des BILLY JENKINS-VK-Buches „Von der Hüfte aus".

Cane, Hurry
Blitz Abenteuer
Eschwege: Verlagsbuchhandlung H. Bethke
ca.1959
A: siehe Hinweis
Atoll Zero 26,00
Der Fluch des Dr. Mason 22,00
Fünf rote Siegel 26,00
Gespenster am Nil 26,00
Herr des Dschungels 22,00
Die Hölle ruft 26,00
Insel der Rechtlosen 22,00
Kongo-Thrill 26,00
Professor Hobsons Rache 22,00
Die Seidenschlinge 26,00
Der Unheimliche 22,00
Unternehmen Morgenröte 22,00
Hinweis: Autor mehrerer Bände (1,3-4,6,8,10) ist Joachim Rennau. Bände 3, 6 nicht als „Blitz Abenteuer" erschienen. Bände 2,11-12 mit Serienfigur Hurry Cane.

Caramba Bücherei
Sinzig: Uta-Verlag, 1950-55
5,80, 254-288 Seiten
A: Joachim Rennau (2, 4, 11), Rolf Randall (16), Gert H.F. Unger u.a.
1 Caramba 35,00
2 Die unsichtbare Fessel 60,00
3 Gold aus der Hölle 50,00
4 Der gestohlene Tod (u-p) 60,00
5 Jagd ohne Gnade 50,00
6 Zu Tode gehetzt 50,00
7 Das wilde Lied des Westens 50,00
8 Grand gewinnt das Spiel 50,00
9 Der Mann im Dunkeln 50,00

10 Auf des Messers Schneide........................... 50,00
11 Die Perlen der Medusa................................ 65,00
12 Pantherblut.. 45,00
13 Die rasende Herde...................................... 45,00
14 Die Stimme der weißen Wälder..................... 45,00
15 Das Greenhorn 45,00
16 55,00
17-30 45,00
31-40 50,00
41-48 75,00
49.. 70,00
50.. 100,00
Schutzumschläge.. 35,00
Hinweis:
1, 3, 6-7, 9-10, 12-50 = Wildwestromane. 2, 4-5, 8, 11 = Kriminalromane.
Serienfigur Jonny Weston 7, 9-10, 12-50 (ND in TOLLKÜHNER WESTEN u.a. Heftserien).

Caroll, Mario
Hattingen: Imma-Verlag ca.1955
Es lebe die Königin.. 30,00

Carrol, Mario
Bayreuth: Heros-Verlag 1953-58
Der Brite (Hö).. 30,00
Im Namen des Königs....................................... 30,00
Die Insel der Verdammten 30,00
Korsar der Königin.. 30,00
Maracaibo 30,00
Pest an Bord (Hö) 30,00
Der rote Adler 30,00
Die rote Hexe von Messina (x).......................... 30,00
Der silberne Degen... 30,00
Die Todesgaleere (x) 30,00
Weisse Segel am Horizont (x)........................... 30,00
Wider Tod und Teufel.. 30,00
Wölfe im Karibischen Meer (x).......................... 30,00
Hinweis:
Einige Bände als TB-Neuauflage im Kelter Verlag, 1974. Siehe Heftserie WILLIAM TEX.

Carsjens, Gerhard
Hamburg: GE CA-Verlag Jahr ?
Die siebente Runde (Boxroman)........................ 45,00

Cassidy, Slade
Hemer: Saba Verlag Jahr ?
Zwei Texaner 20,00
Hinweis: Mit Wyatt Earp und Doc Holliday.

Carstens, Bernd
Liebl Verlag 1949 – 1950
Horoskop des Todes 18,00
Im Morgengrauen lauert der Tod....................... 18,00
Der Mann, den niemand kannte........................ 18,00
Mister Burton hat Gäste 18,00
Mordverdacht.. 18,00
Triumph des Todes 18,00
Schutzumschlag (Halbleinen) 12,00

Cavendish, Marc
Menden: Bewin Verlag 1967-68
Das Erbe der Lavuaner (u-p) 13,00
Grauen auf Palla (u-p)....................................... 13,00
Ginger - Der Fremde von den Sternen (u-p)....... 13,00

Chetwynd-Hayes, R.
Balve: Widukind Verlag 1961
Der ewige Kreis (u-p) 13,00

Cheyney, Peter
Wetzlar: Pegasus Verlag
1952-56
Dieser Mann ist gefährlich................................ 18,00
Eine Dame stiehlt man nicht............................. 18,00
1 : 0 für Lemmy 18,00
Hiebe auf den ersten Blick 18,00
Im Banne der grünen Augen 18,00
Rote Lippen - Blaue Bohnen............................ 18,00
Serenade für 2 Pistolen 18,00
Tanz ohne Musik (DR)...................................... 30,00
Schutzumschlag.. 10,00
Wer Lemmy eine Grube gräbt 18,00

Hinweis: Serienfigur ist Lemmy Caution (Ausnahme: DR-Verlag).

Chicago 3139
Eschwege: Verlagsbuchhandlung H. Bethke
ca.1956
A: o.A.
26 verschiedene Titel 8,00

(Choise), Conny
Ratingen: Andra Verlag 1958
Das Geheimnis des Schneemenschen (u-p) 13,00
Die Körperlosen (u-p) 13,00

Christoph, Hans
Berlin: Delta-Verlag, 1951
Die Rache des Molochs (u-p) 30,00

Christopher, John
Berlin: Gebr. Weiss Verlag Jahr ?
Das Tal des Lebens (u-p) 13,00
Schutzumschlag 6,50

Cim Coole
Blitz Abenteuer
Eschwege: Verlagsbuchhandlung H. Bethke
ca.1958
Am Ende der Welt 20,00
Die Schattenmänner 22,00
Der silberne Shiva 22,00
Tempel des Grauens 20,00
Tödliche Schatten 20,00
Weg der Verzweiflung 22,00
Hinweis: Der letzte Band erschien nicht als Blitz Abenteuer.

Clarke, Arthur C.
München: Awa-Verlag Jahr ?
Astron-Bücherei:
Inseln im All (u-p) 13,00
Gebr. Weiss Verlag:
In den Tiefen des Meeres (u-p) 13,00
Die letzte Generation (u-p) 10,00
Um die Macht auf dem Mond (u-p) 13,00
Schutzumschläge 8,00

Clarke, Bud W.
Köln: Alka 1955-1957
Banjo-Benny (x) 13,00
Durchlöchert wie'n Sieb (x) 13,00
...'ne ehrliche Chance (x) (Weka) 13,00

Clayton, Chester C.
Menden: Bewin Verlag 1960
Mutanten im Kosmos (u-p) 10,00

Clear, Ralph
Menden: Bewin Verlag 1966
Unbekannte Galaxis (u-p) 10,00
Zwischen zwei Imperien (u-p) 10,00

Clement, Hal
Balve: Balowa Verlag 1960
Symbiose (u-p) 10,00

Cliff Clure
Abenteuer in fünf Erdteilen (1-8)
Kaiserslautern: Skorpion-Verlag 1953 - ca.1955
A: Ray Hale (1-7), Joe Reuter (8),
Ralph Garby (ab 9)
Männer gegen Tod und Teufel 28,00
Der diamantene Regenbogen 28,00
Brandmale des Satans 28,00
Der Schatten des Dämons 28,00
Die silberne Schlange (u-p) 28,00
Mächte der Tiefe 28,00
Fackeln am Eismeer 25,00
Heißes Spiel um kalte Steine 25,00
Die enffesselte Bestie 25,00
Der Henker von Marabosso 25,00
Jenseits der Todeslinie (u-p) 25,00
Treff As! Ich bin der Tod! 25,00
Hinweis: Bände 1-4, 6 erschienen auch als REX YALE mit anderem Titel. Band 7 erschien auch als TOM

PROX Nr. 45 mit anderem Titel. Siehe auch Heftserie UTOPIA KRIMINAL ROMAN.

Clure, Clifford
Kaiserslautern: Skorpion-Verlag ca.1957-58
A: Clifford Clure, Ronny Hardon

Abenteurer ohne Gnade (P)	20,00
Bestie Juanita (P) (x)	20,00
Blutende Orchideen (P)	20,00
Brandfackel über Indien	20,00
Der flammende Fels (u-p)	20,00
Freiheit für Trinidad (P)	20,00
Der Herr des Korallen Meeres (P)	20,00
Malaita - Bills Erbe	20,00
Mazeppa, die Tochter des Nena Sahib	20,00
Perlen-Königin	20,00
Söhne des Teufels (P)	20,00
Susu - die Dschungelprinzessin	20,00
Unter falscher Flagge (P)	20,00

Collmary, Frederick F. ?

A 32 übernimmt den Fall (Ba) (K)	12,00
Alarm im Haus des Schweigens (Ba) (K)	12,00
Auftrag T für Burns (Ba) (K)	12,00
Bomben auf Bahrein (Heru) (Ab)	15,00
Ekrasit auf allen Wegen (Heru) (Ab)	15,00
Kennen Sie Kornilew? (Ba) (K)	12,00
Menschenfalle Marokko (Asta) (K)	12,00
Operation „Roter Mohn" (Heru) (Ab)	15,00
Die Schlangen von Zypern (Heru) (Ab)	15,00
Der tanzende Frosch (Heru) (K)	12,00
Tim Burns in 1000 Nöten (Heru) (K)	12,00
Zum Teufel mit Tampico (Heru) (Ab)	15,00

Hinweis: Serienheld ist Geheimagent Tim Burns (Nr.3-4, 11, ?).

Colonel Brasso
Düsseldorf und Berlin: Auffenberg Verlag 1951-52
A: Frederik Freidam

Bill Jones härtester Kampf (W)	13,00
Castell Amorado (W)	13,00
Die Sonne von Nevada (W)	13,00
Der Mann den keiner kannte (W)	13,00

Colonel, Don C.
Iserlohn: Puck-Verlag Jahr ?

Wer sich in Gefahr begibt... (Ab-K)	13,00

Colt Stone
Düsseldorf und Berlin: Auffenberg Verlag 1952-53
A: Edwin Thomas Hoefer

Der letzte Schuß	13,00
Whisky und Banditen	13,00

Conny Cöll
Buch (1-19), München (ab 20): Conny Cöll-Verlag 1952-60
A: Konrad Kölbl

Der alte Jim	33,00
Am Ende der Welt	33,00
Der andere Trixi	35,00
Die Arizona Story	40,00
Der Aztekengott	35,00
Das Baby	33,00
Bestie Wolf	33,00
Black Gun	33,00
Blitz Sunny	33,00
Blondy	33,00
Bring ihn lebend, Conny	33,00
Bruder Colt	33,00
Bunny Ney	33,00
Die Cajuns	33,00
Cat	33,00
Colorado Jim	45,00
Colt König	33,00
Dann schoß Conny	33,00
Die von der Waffe leben	40,00
Dixieland	33,00
Die 13. Kerbe	33,00
Eine Kugel für 5 Cent	45,00
Er	33,00
Es begann in Kenedy	45,00

Faustrecht	33,00
Feuerland	33,00
Der freiwillige Lump	35,00
Der Gentleman	33,00
Der Gigant	33,00
Das Grab der Maya	33,00
Grauwolf	33,00
Der graue Held	33,00
Das Greenhom	33,00
Der Große	30,00
Der große Kampf (Trixi)	130,00
Die große Zeit	33,00
Die großen Drei	33,00
Harte Schule	35,00
Helden der Wildnis	33,00
Inferno	33,00
Iximaya	35,00
Der kleine Benjamin	33,00
Der kleine Cowboy	40,00
König der Spieler	33,00
Marjou	33,00
Die Mitternachtsfarm	33,00
Der müde Bill	33,00
Nacht über Texas	33,00
Der Neue	40,00
Nordlicht	33,00
Norton II	35,00
Die Nummer Zwei	35,00
Nur ein Cowboy	33,00
Ohne Gnade	33,00
Old Hickory	33,00
Der Prärie-Lord	33,00
Rache für Ed Springs	33,00
Raubtier Mensch	33,00
Samuel Colt	33,00
San Franzisko 1906	33,00
Die sanfte Miss	33,00
Satica	35,00
Schimpa	35,00
Schlauköpfchen	100,00
Der Schläfer	33,00
Der schnitzende Sheriff	33,00
Sein größtes Spiel	33,00
Sieben tote Hügel	33,00
So long	33,00
Die sterbende Stadt	35,00
Strandgut des Westens	33,00
Tausend helle Lichter	33,00
Terror	35,00
Teufel in Schwarz	33,00
Der Teufel selber	33,00
Texanerblut	33,00
Tipply Greek	33,00
Tolle Kerle	33,00
Der törichte Sheriff	33,00
Tornado	33,00
Trapper Conny	40,00
Der Traurige	33,00
Treffpunkt Utah	40,00
Treu bis in den Tod	33,00
Trixi (1)	50,00
Die Unbezwingbaren	33,00
Und der trifft immer	40,00
Der Unglückscowboy	35,00
Die Wasser Manitus	33,00
Zion	33,00
Zwei bernsteingelbe Augen	35,00

Hinweis: „Schlauköpfchen“ und „Der Gentleman“ haben gleichen Text, aber verschiedene Titelbilder. Als „Reprint bei Kölbl“ (Grünwald, 1973) viele ND mit neuen, weißen Titelbildern. Zahlreiche ND in Heftserien wie NEUZEIT-WILDWEST u.a. Siehe auch gleichnamige Heftserie. Es gibt mehrere TB-Serien.

Conny Cöll
München: Verlag Konrad Kölbl
1962
A: Konrad Kölbl

Rhett Steve - Symbol einer Zeit	35,00

Constant, Claude
Berlin: Eden Verlag, ?

Agnes Imbach (S)	13,00
Tagebuch eines Frauenarztes	5,00

Coover, Wayne
Düsseldorf: Dörner Verlag 1955-60
17 verschiedene Titel (u-p.) 12,00

Corbett, Harry
Menden: Bewin-Verlag ca. 1956-59
36 verschiedene Titel (P) 20,00
Hinweis: Serienfiguren: Bloody Kid, Gerald Storck

Cornett, Pierre Siehe DER LEGIONÄR

Constant, Claude
Berlin: Eden-Verlag 1952
Agnes Imbach (S) 26,00
Hotel de L'Europe (S) 26,00
Tagebuch eines Frauenarztes (S) 26,00

Corsia, Henri de
Lausanne: Edition Trois Points ?
Hemmungslose Liebe (S) (x) 26,00

Cousins, Sheila
Berlin: Amsel Verlag 1954
Ich schäme mich nicht (S) 15,00

Coyote
Frankfurt am Main: Deutscher Reihenbuch-Verlag (1-4)/Hamburg: Verlag Friedrich Petersen (ab 5)
1951-52
14,5 x 21,5 cm (1-2)
A: José Mallorqui
1 Coyote reitet 45,00
2 Tal des Todes 45,00
3 Coyote greift ein 50,00
4 Der falsche Coyote 50,00
5 Zu früh gelacht 50,00
o.Nr. Kampf um die „Todo-Ranch“ 65,00
o.Nr. Diener des grünen Kreises 65,00
Hinweis:
Neuauflage von je 2 Nummern der Heft-ausgabe (Nr. 1-10, 45-48), teilweise mit neuen Titeln und Titelbildern.

Croix, Roul de la
Mönchen Gladbach: Linden-Verlag ?
Blutrache 35,00
Piratenehre (Pfr) 35,00
Die Piratin des Teufels 35,00
Der Satan von Martinique 35,00
Der Schwarze Adler 35,00

Culman, Ralph H.
Goslar: Rappen-Verlag 1953
Ein Dieb geht um die Welt (Manolescu) 25,00
Der Forst von Tervueren 13,00
Die Jacht der sieben Sünden (Ab) 22,00
Das Schicksal geht seltsame Wege (2) 13,00
Und sie fanden das Glück (1) 13,00

Cummings, Ray
Balve: Widukind Verlag 1961
Raub auf Sternenstrassen (u-p) 10,00

Curry, Harry B. Siehe VOLK IM ALL

Dahlen, Gerd
Osnabrück: Möwe-Verlag 1954
Alles nur Routine (S) (x) 22,00
Kleines Geschäft mit der Liebe (S) (x) 22,00
Kostet Liebe Geld? (S) (x) 22,00

Darlan, Rene
Menden (Sauerland): Bewin-Verlag ca.1957-59
73 verschiedene Titel 25,00
Hinweis: Legionärsromane. Siehe auch Heftserie SOLDATENGESCHICHTEN.

Darlton, Clark 1955-64
Experiment gelungen (Dö) 25,00
Der fremde Zwang (Bal) 25,00
Die letzte Zeitmaschine (Bal) 25,00
Raumschiff der toten Seelen (Dö) 25,00
Der Sprung ins Ungewisse (Dö) 25,00
Die strahlenden Städte (Dö) 25,00
Der Tod kam von den Sternen (Dö) 25,00

Überfall aus dem Nichts (Zw) 28,00
Wanderer zwischen drei Ewigkeiten (Dö) 25,00
Welt ohne Schleier (Bal) 25,00
Die Zeit ist gegen uns (Bal) 25,00
Die Zeitlosen (Bal) 25,00
Hinweis: u-p.

Darlton/Puttkamer
Balve: Balowa Verlag 1959
Das unsterbliche Universum (u-p) 20,00

Daum, Fritz
Balve: Gebr. Zimmermann Verlag und
Hönne-Verlag ab 1950
36 verschiedene Titel (W) 20,00
Hinweis: Es gibt auch VK-Bücher.

Dee, Roger
Balve: Hönne Verlag 1957
Das Geheimnis der Würfel (u-p) 10,00

Deegan, Jon J.
Balve: Balowa Verlag 1960
Lockung der Khama (u-p) 10,00

Delmont, Joseph
Marl-Hüls: Paul Feldmann-Verlag ?
Hölle auf Erden (Ab) 13,00
Erdbeben (Ab) 13,00
Gaukler und Bestien (Ab) 13,00
Hinweis: Neuausgabe der VK-Ausgabe.

Delward, Fred
Balve: Widukind Verlag 1962
Alarm für System Capella (u-p) 13,00

Denger, Fred
Menden: Bewin-Verlag 1955
Ultimo 13,00

Detektiv Peter Braun
- stop - berichtet: -
Frankfurt am Main: Primus-Verlag ca. 1954
A: Walter L. Gebauer
Hotel zur grünen Laterne 75,00
Der Dämon 75,00
Meister der Maske 75,00
Hinweis: Band 1 = JOHN KLING VK-Buch „Der gefilmte Tod“, Band 2-3 = JOHN KLINGS ERINNERUNGEN 164, 176.
Aus John Kling wurde Peter Braun.

Devau, Henri
Böblingen: Germania-Verlag ?
13 Zimmer der Liebe (S) (x) 22,00
Liebe mal vier (S) (x) 22,00
Lockendes Laster (S) (x) 22,00

Dick, Philip K.
Balve: Balowa Verlag, 1962
Zeit ohne Grenzen (u-p) 50,00

Dickson, Dick ca.1955
Das Geheimnis der schwarzen Maske (Sk) 15,00

Ohne Gnade (Sk) 15,00
Das Geheimnis des goldenen Buddha (Pfr) 15,00
Das Haus des Dr. Tshang Lien (Pfr) 15,00
Hinweis:
Serienfigur von Band 1-2 ist Blacky Blount, der schwarze Korsar.

Doc Holliday
Hemer: Hallberg- und Saba Verlag, ?
A: Frank Laramy
22 verschiedene Titel (W) 25,00
Hinweis: Siehe Heftserie.

Dominik, Hans
Berlin: Gebr. Weiss Verlag ?
Atlantis 13,00
Atomgewicht 500 13,00
Der Befehl aus dem Dunkel 10,00
Das Erbe der Uraniden 13,00
Flug in den Weltenraum 10,00
Himmelskraft 13,00
Kautschuk 10,00
Lebensstrahlen 10,00
Die Macht der Drei 10,00
Moderne Piraten 13,00
Das stählernde Geheimnis 13,00
Treibstoff SR 10,00
Unsichtbare Kräfte 10,00
Schutzumschläge 8,00
Hinweis: u-p.

Doyan, Ralph
Menden: Bewin Verlag und Verlag W. Riedel, ?
Alarm auf Neu-Guinea 13,00
Geheimbund Dr. Chan Kai 13,00
Der gelbe Vamp 13,00
Goldrausch in Australien (Frei erzählt nach
Fr. Gerstäcker) 13,00
Der Mann aus Saigon 13,00
Die schwarze Königin 13,00
Die Spur führt nach Borneo 13,00
Das tote Wrack 13,00

Dr. Duncan/D.R. Duncan/
Robert Duncan/Dr. R. Duncan
Frankfurt am Main: Reihenbuch-Verlag,
Mars-Verlag /Wuppertal: Engelbert Pfriem Verlag Marl
Hüls: Paul Feldmann Verlag ca.1954-60
20 verschiedene Titel 12,00
Das Geheimnis a. Chucabamba (u-p) 18,00
Der Yogi von Aranyaka (u-p) 18,00
Hinweis:
„Die Glut eines Lebens“ und „Katjas Traum von der Liebe“ sind textgleich. Ab, K und Arzt-Krimis.

Driving, Mac
Düsseldorf: Iltis-Verlag ca. 1954-55
83 verschiedene Titel (K) 6,00
Hinweis: Einige Titel mit der Serienfigur Mac Driving.

Duke, Hobby
Düsseldorf: Iltis-Verlag ?
Es begann mit Drimmers Tod (Lug) (W) 13,00
Der Herr von Santa Domino (W) 13,00
Das letzte As – der Colt (W) 13,00
Sattel, Blei und Wüstensand (W) 13,00
Sonderauftrag Anakonda (Ab) 13,00
Teufelstanz in Mexiko (Ab) 13,00

Dux, Dennis
Ratingen: Andra-Verlag 1955
Korsarengold für Gloria 20,00
Der Tiger von Tschapai (x) 20,00

Dwynn, J.C. 1958-63
Die Flucht aus dem All (Wis) 10,00
Gehirne, Geister und Gewalten (Bew) 10,00
Menschen, Mächte und Mutanten (Wis) 10,00
Rangers, Roboter und Raketen (Wis) 10,00
Sie wollten die Erde (Wis) 10,00
Die Stimme aus dem All (Bew) 10,00
Das Zeitphantom (Bew) 10,00
Hinweis: u-p.

Eddy Brix Abenteuer Siehe DUKE, HOBBY

Eden, Henri
Düsseldorf: Astoria-Verlag ?
Fegefeuer der Liebe (S) (x) 32,00

Eigk, Claus
Berlin-Hamburg: Pinguin-Verlag 1950
Der Tag Null (u-p) 25,00
Schutzumschlag 10,00
Gebr. Weiss:
Das rote Rätsel (u-p) 13,00
Ufer im Weltraum (u-p) 13,00
Schutzumschläge 6,00

Ellermann, Rolf
Berlin: Eden-Verlag ?
Kennwort Oleander (Spionage) 13,00
Schutzumschlag 8,00

Ernenwein, Leslie
München: Ludwig Baur Verlag 1952
Rauchende Colts (W) 13,00
Schutzumschlag 10,00

Erningham, H.F.
Hamburg: Friedrich Petersen Verlag 1953
Zwei goldene Stäbe (Ab) 15,00

Evans, Everett E.
Balve: Widukind Verlag, 1960
Gefahr von Simonides IV (u-p) 10,00

Fabius, Cäsar
Hattingen: Imma Verlag 1955
Sklaven des Kaisers 40,00

Falkner, John
Balve: Hönne Verlag 1959
Die Ketten der Galaxis (u-p) 15,00

Fantasy Crime
Balve: Widukind Verlag ca. 1957
A: diverse
Entscheidung 25,00
Hotel Cosmos 25,00
Raub auf Sternenstraßen 25,00
Verbotene Welten 25,00
Verschwörung gegen die Erde 25,00
Hinweis: u-p.

Fanthorpe, R.L.
Balve: Balowa Verlag 1962
Welt des Verderbens (u-p) 10,00

Farrell, Alexander
Albachten: Merceda-Verlag ?
9 verschiedene Titel 12,00
Hinweis: Abenteuer-Arzt Romane.

F.B.I. Leutnant Al Borden
Eschwege: Heros Verlag und Verlagsbuchhandlung H. Bethke ca.1956-57
A: Eddy Carson
34 verschiedene Titel (K) 8,00

Federico de Arroyo
Düsseldorf: Iltis Verlag
1954
A: F.W. Brook
Sklavenschiffe im Karibischen Meer 25,00
Die Korsaren vom Roten Riff 25,00
Schwarze Segel am Horizont 25,00
Korsarenrache 25,00
Fahr zur Hölle, Ninguno! 25,00
Die Insel der Dämonen 25,00
Klar zum Entern, Capitán 25,00

Fernand, Claude
Frankfurt am Main: Domo-Verlag, ca. 1952
Kokotte (S) (x) 35,00

Ferrand, Claude
Osnabrück: Möwe Verlag, 1954
Die Dame mit dem Schleier (S) (x) 32,00
Leidenschaft an der Seine (S) (x) 32,00
...und die Tränen versiegten (L) 22,00

Ferrand, Pierre
Rheydt: Triga- und Michell Verlag 1955
Frauen am Thron des Inka (Ab) 20,00
Im Schatten der Götter (Ab) 20,00
Nacht über Timbuktu (Ab) 20,00

Ferrer, Jo (Joe)
Ratingen: Andra-Verlag ?
Der grüne Tempel (Ab) 18,00
Schiwa lächelt (Ab) 18,00
Tränen für Basabascha (Ab)
(Innentitel: Taifun über Mabini) 18,00
Hinweis: Band 3 mit Mr. Wu (siehe GARBY, RALF).

Field, Peter
Düsseldorf: Classic-Westerns-Company 1950
Im Schatten des Nadelfelsens (W) 15,00

Fleyer, John
Wuppertal: Wiesemann Verlag 1958
Die neue Macht (u-p) 30,00

Flying Jack
Bayreuth: Helios- und Heros Verlag 1951-53
A: Kurt Selter
Bard Fox wird gehetzt (Lie) 25,00
Big Joes Todesritt 25,00
Das Blockhaus in der Teufelsschlucht (Lie) 25,00
Dakota Duff 25,00
Desperados am Rimrock Valley 25,00
Eulengesicht (Hö) 25,00
Felsenburg am Rio Grande 25,00
Die Finsternis Bande (Lie) 25,00
Das Geheimnis des Süßwassertales (Lie) 25,00
Das Gold der Mina Isabel (Lie) 25,00
Grenzhaie 25,00
Die Hölle ist los in Bakersfield (Lie) 25,00
Joe Thurber der Lyncher (Lie) 25,00
Lasso-Jim 25,00
Long, der Tiger (Hö) 25,00
Mister Geierfeder 25,00
Der Nachtschatten 25,00
Der Pakt mit dem Satan 25,00
Der Pfahlmann 25,00
Red Toms letzte Chance 25,00
Der Reiter des Todes (Lie) 25,00
Satans Ende 25,00
Der Schrecken von San Saba (Lie) 25,00
Schüsse am Blackfoot River 25,00
Der schwarze Bogenschütze 25,00
Schwarzhaar Tom (Hö) 25,00
Das Tal im Marble-Canyon (Lie) 25,00
Der tolle Hal 25,00
Wölfe der Nacht (Lie) 25,00
Zwischen Banditen und Pfahlmännern (Lie) 25,00
Schutzumschlag (Liebel Verlag) 25,00
Hinweis: Siehe Heftserie. Es gibt auch TB.

Flynn, Carol
Köln: Paul Steinebach Verlag ca. 1955-58

3 Frauen für Guatasalla (x) 22,00
Giftige Schlange (x) 22,00
Ich blieb auf Java (Pu) 22,00
Nur noch Haut und Knochen (Br) (x) 22,00
Unter Südseehaien 22,00

Flynt, Gordon
Frankfurt am Main: Reihenbuch Verlag 1954
Der schwarze Ritter 25,00

Fontenay, Charles
Balve: Balowa Verlag 1962
Legion der Zeitlosen (u-p) 13,00

Forrest, Nic - Blitz Abenteuer
Eschwege: Verlagsbuchhandlung H. Bethke
ca. 1958
Schreckenstage auf Perth 25,00

Frank Stuart
Rheydt: Triga Verlag 1951-54
A: James Robertson, Stephan Hansen
12 verschiedene Titel 28,00
Hinweis:
Fast alle (u-p). Siehe Heftserien SILBER-KRIMINAL-ROMAN, BASTEI-KRIMINALROMAN, LUNA-KRIMINAL-ROMAN.

Frank Wolter (interner Serientitel)
Hamburg: Friedrich Petersen Verlag 1953
A: O.H. Breucker
Netz über Europa 30,00
Ratingen: Andra Verlag ca. 1957
A: Ralph Garby
Ratten im Haus.. 45,00
Düsseldorf: Storch Verlag ca.1957
A: Udo Ypsen
Die Gruft des blauen Kaisers............................ 35,00
Hinweis:
Band 2 = umgeschriebene Ausgabe von VK-BILLY JENKINS-Heft Nr. 240. Siehe GARBY, RALPH.

Frebel, Ernst
Mönchen-Gladbach: Linden-Verlag 1952
Mowgli, der Fakir (u-p) 45,00

Fred Hunter
Siehe PRIVATDETEKTIV FRED HUNTER

Freuler, Kaspar
Goslar: Rappen-Verlag 1953
Anna Goeldi (Hexen).. 15,00

Friderici, John
Die unheimlichen Bücher
Frankfurt am Main: Reihenbuch-Verlag 1952-53
Der Blutsauger (u-p) 75,00
Kuss der Toten (u-p) 75,00
Wolfsmensch Jean (u-p)................................. 120,00

Die 5 Uhr-Bücher
Berlin, Rudolf Walter Verlagsbuchhandlung
1951
A: Rolf Stitz-Ulrici
Die Zöglinge von Abbot-Castle (K) 15,00
Schutzumschlag.. 25,00
Hinweis: Nur dieses Buch aus der Reihe aufgenommen, da der Zeichner des SU Willy Kohlhoff ist

Gabbert. Erich F.
Kaiserslautern: Skorpion-Verlag 1952-54
Die goldene Schlange (x).................................. 15,00
Der rote Sturmadler.. 15,00
Unter Karibischer Sonne 15,00
Schleier und Degen (x) 15,00
Frauen, Freibeuter, Fregatten 15,00
Henker, Frauen und Piraten.............................. 15,00
Das Schiff der Verdammten (x)......................... 15,00
Hinweis: Serienfigur Band 2-4 ist Francis Drake.

Gall, Robert
Rheydt: Triga Verlag und Theissen Vlg ca. 1958
14 verschiedene Titel 13,00
Hinweis: Alles (S) (x)

Gallun, Raymond Z.
Düsseldorf: Dörner Verlag 1959
Menschen minus X (u-p) 10,00

Garay, Frank
Balve: Balowa Verlag ?
Treffpunkt Cap Canaveral (u-p) 9,00

Garby, Ralph
Hattingen: Imma Verlag
ca. 1955
Das Brandmal des Tong 25,00
Ein Sarg für... 25,00
Gespenster am Mississippi (And) (Ab-W) 25,00
Der Gott vom linken Kolibri (And) 25,00
Der tötende Buddha 25,00
Hinweis: Nr. 1-2, 5 = „Kriminal-Abenteuer des Mr. Wu". Siehe auch FRANK WOLTER, JOE FERRER.

Gardener, Rolf
Köln: Luro Verlag ca. 1955-58
Explosion um Mitternacht (u-p) 13,00
Raumschiff Beteigeuze (Ra) (u-p) 13,00
Skymaster II/XI 3 antwortet nicht (u-p) 13,00
Sternenpest (u-p) 13,00
Treibjagd in Chicago (K) 9,00

Garry Jack
Düsseldorf: August Bach Verlag
1949-51
A: Henry Smith
Garry Jack im Angriff 13,00
Garry Jack jagt Sullivan 13,00
Garry Jack räumt auf 13,00
Garry Jack schlägt zu 13,00
Garry Jack stoppt Menschenjäger 13,00
Garry Jacks großer Bluff 13,00
Henker Tom 13,00
Tausend Dollar auf Garry Jack 13,00
Wo ist Garry Jack? 13,00
Schutzumschlag 6,00
Hinweis: Es gibt auch VK-Bücher.

Gaston, Frederic
Regensburg: Royal Verlag und Fox Verlag
Ca. 1954-57
16 verschiedene Titel 22,00
Hinweis: (S-K). Viele x

Die Gefährlichen
München: Buchverlag Münchmeyer 1951-53
A: Hermann Hilgendorff
24 verschiedene Titel (W) 20,00
Hinweis:
Siehe HILGENDORFF, HERMANN. Es gibt auch eine VK-Ausgabe (Leipzig, Verlag Wehnert & Co.).

George, William
Düsseldorf: Regina Verlag 1949-50
9 verschiedene Titel (W) 20,00
Schutzumschlag 13,00
Ein Cowboy, ein weißer Hengst,
ein Millionär (Mü) 1950 20,00
Gewitter über der Dickens Farm (Drei)1951 20,00
In den Conons von Neumexiko (Hö)1951 20,00
Kapuzenmänner (Fe) 1951 20,00
Männer, Weiber, Whisky (Ank) 1950 20,00
Mario Boone, der Pistolenkönig von
Arizona (Fe) 1951 20,00
Sheriff Grants Meisterstück (Ka) 20,00
Hinweis: Alles (W). Es gibt auch eine VK-Ausgabe (Leipzig, Rekord-Verlag,1938). siehe da.

German Dick
Balve: Hönne-Verlag 1953
A: H.F. Weissfeld
Der Cowboykönig 9,00
Der Geier der Rocky Mountains 9,00
Hinweis: Siehe WEISSFELD, H.F.

Das Gespensterschiff
Blitz Abenteuer
Eschwege: Verlagsbuchhandlung H. Bethke
ca.1955-56
A.: Percy Black

16 verschiedene Titel 20,00
Hinweis: Serienfigur ist Percy Black.

Gilmore, Anthony
München: Awa Verlag ?
Der unsichtbare Asteroid (u-p) 12,00
Rivalen im All (u-p).. 12,00

Gitter, Gunnar von
Albachten: Merceda-Verlag ?
Brauneraia – Roter Mohn (Ab)........................... 13,00

Glenn Stanley
Düsseldorf: Iltis Verlag, 1954-63
Aasgeier und Hyänen (Re) (x)............................ 32,00
Am Ende die Hölle (Re) (x)................................ 32,00
Begräbnis vierter Klasse (Bor) (x) 15,00
Benehmen Sie sich anständig (Bor) (x) 15,00
Der werfe den ersten Stein (Bor) (x) 15,00
Ein Dollar fünfzig (Re) (x) 35,00
Einheirat (Bor)... 15,00
Er lachte und starb 13,00
Ete Petete (Bor) (x).. 15,00
Fahrstuhl ins Jenseits.. 15,00
5. Stock 3 x klingeln (Bor) (x)............................. 15,00
Ganovenzivil (Re) (x) 35,00
Geld stinkt nicht (Re) (x) 35,00
Das Gesindel (Re) (x) 35,00
Gewalt geht vor Gehirn (Bor) (x) 15,00
Hallo... hier leben Menschen (Bor) (x)................ 15,00
Der Heilige aus New York (Re) (x)...................... 35,00
Jetzt bist Du dran (Bor) (x).................................. 15,00
Kain, wo ist dein Bruder (Bor) (x)........................ 15,00
Kein Penny für mein Leben (Bor) (x)................... 15,00
Ladys and Gentleman (Bor) (x)............................ 15,00
Luzifers Kinder (Bor) (x) 15,00
Mein Compagnon der Trottel! (Re) 32,00
Premiere übermorgen (Bor) (x) 15,00
Restlos aufgeschmissen (Bor) (x) 15,00
Rezept ohne Gnade (Bor) (x) 28,00
Rhapsodie in Wut (Bor) (x).................................. 15,00
Der Tote warst Du (Re) (x).................................. 35,00
Verrückte Idee (Bor).. 15,00
Von Mitternacht bis früh (Bor) (x)........................ 15,00
Zuviel des Guten (Bor)... 15,00
Zwei Pleiten (Bor) (x)... 15,00

Restliche 54 verschiedene Titel............................ 9,00

G.-Man Jack Kelly
Bindlach/Bayreuth/Offenbach:
Hermann Hilgendorff-Verlag
1948-61
A: Hermann Hilgendorff
95 verschiedene Titel (K) 10,00
Hinweis: Siehe VK-Bücher und Heftserie KELTER-KRIMINAL-ROMAN.

G.-Man Jerry Cotton
Hemer: Verlag Schälter & Co. und Hallberg Verlag
ca.1958 A: o.A.
Ich faßte den Eisenbahnmörder (8) 85,00
Ich gewann die letzte Runde (16) 85,00
Ich - gegen alle (10).. 85,00
Ich starb um elf Uhr zwanzig (15) 85,00
Ich und der Mörder ohne Waffen (12)................. 85,00
Der Mord, der mir den Atem nahm (20).............. 85.00
Wir faßten in ein Wespennest (23) 85,00
Wir fingen den roten Delphin (27) 85,00
Hinweis: Die Zahlen in Klammern geben die entsprechenden Bandnummem der Erstausgabe der Heftserie an. Sehe Heftserie Jerry Cotton und Tb.

G-Man John Scott
Münster: Hermann Borgsmüller Verlag ?
A: Hal Melbourn, Robby Hutson, o.A.
51 verschiedene Titel 7,00
Hinweis: Siehe Heftserie.

Gollon, Tex
Dortmund: Verlagsbuchhandlung Heinz Brehm
1950
Anschlag auf den Hengst Satan (Ba) 1949 15,00
Der eiserne Pfad... 15,00

Die Geier der Steppe 1951 15,00
Sheriff Tindal's großer Kampf 15,00
Schutzumschlag 18,00

Gonzales, Y.
Frankfurt am Main: Reihenbuch-Verlag 1954
Der Kavalier der Mirian 25,00
Dolch und Liebe 25,00
Kampf um die Ehre 25,00
Der Scharfrichter des Königs 25,00

Grams,.Jay
Menden: Bewin Verlag
1957-64
18 verschiedene Titel (u-p.) 10,00

Grande, Roberto
Kaiserslautern: Verlag Georg Schäfer 1953
Tropenfieber (Ab) (x) 22,00
Tuana – Das Geheimnis des
Dschungels (Ab) (x) 22,00

Grant, Larry
Wiesbaden: Brunnen-Verlag ?
Caesarengold auf Capri (Ab) 13,00

Gray, George P.
Menden:Bewin Verlag 1958-60
8 verschiedene Titel (u-p.) 9,00

Gray, Jim
Menden: Bewin Verlag 1955
Die weiße Pest (u-p) 10,00

Greg Baxter
Sundwig: Hallberg-Verlag, 1953
A: Rolf Barran
10 verschiedene Titel 13,00

Grey, Charles
Balve: Hönne Verlag, 1958-59
Das Gesetz der Freiheit (u-p) 9,00

Türme strahlen den Tod (u-p) 9,00
Die zweite Macht (u-p) 9,00

Grey, Zane
1951-57
Der Forst Ranger (Arg) 25,00
In Acht und Bann (Dö) 25,00
Das Phantom der Prärie (Pet) 30,00
Der Pumajäger (Arg) 25,00
Die Treppe aus Sand (Ma) 30,00
Wolfsjagd (Dö) 25,00
München: Awa-Verlag
ca. 1951-ca.1960
Arizonamädel 20,00
Betty Zane 20,00
Dem Regenbogen nach 20,00
Desperados 20,00
Die donnernde Herde 20,00
30 000 auf dem Huf 20,00
Der eiserne Weg 20,00
Das Erbe der Wildnis 20,00
Der geheimnisvolle Reiter 20,00
Das Gesetz der Mormonen 20,00
Das Goldgräbertal 20,00
Die Grenzlegion 20,00
Die grosse Schranke 20,00
In der Prärie 20,00
Kämpfende Karawanen 20,00
Ken der Forstranger 26,00
Ken der Pumajäger 26,00
Ken im Dschungel 26,00
Der letzte der Präriejäger 20,00
Die letzte Spur 20,00
Der Löwe von Arizona 20,00
Majesty 20,00
Der Mann aus dem Walde 20,00
Männer aus Texas 20,00
Männer der Grenze 20,00
Die Maverick-Königin 20,00
Nevada 20,00
Ritter der Weide 20,00
Der Ruf des Canyon 20,00

Der Schäfer von Guadeloupe 20,00
Schatten auf der Fährte 20,00
Der singende Draht 20,00
Sunset-Pass 20,00
Tal der Wildpferde 20,00
Der Texasreiter 20,00
Der Treck durch die Wildnis 20,00
Unter dem Licht der westlichen Sterne 20,00
Unter dem Tonto Rim 20,00
Die Unzertrennlichen 20,00
Der verlorene Fluss 20,00
Vollblut 20,00
Der Wanderer in der Wüste 20,00
Wildfeuer 20,00
Wirbelnde Wasser 20,00
Wüstengold 20,00
Zwillings-Sombreros 20,00
Schutzumschläge 10,00
Hinweis:
Die meisten (vielleicht alle) Bände vom Awa-Verlag sind auch in Ganzleinenausgaben ohne Vollbild, aber mit Schutzumschlag, erschienen. Diese Schutzumschlagbilder sind identisch mit den Bildern der Leihbuch-Ausgabe. Siehe auch VK-Serie, LOCKENDER WESTEN, Heftserien PABEL WILDWESTROMAN, PABEL WESTERN GROSSBAND. Es gibt auch TB (Heyne Verlag).

Grinnell, David
Balve: Widukind Verlag 1959
Entscheidung (u-p) 9,00

Grisly-Jim-Reihe
Balve: Hönne-Verlag 1951-53
A: Henry Smith-Jeffers
21 verschiedene Titel 20,00

Grob, Helmut
Menden: Bewin Verlag 1961
Intermezzo im Kosmos (u-p) 13,00

Gröger, William G.
Menden: Bewin Verlag 1967-70
Sonne für Pluto (u-p) 9,00
Die Unbesiegbaren (u-p) 9,00
Das Vermächtnis des Astronauten (u-p) 9,00

Gronau, Helmut
Kaiserslautern: Georg Schäfer Verlag 1953
SOS Überfall im Pazifik (Ab) 25,00

Die grossen 12
Sinzig: Uta-Verlag 1954-55
A: Percey Palmer
1-5 35,00
6 30,00
7-14 35,00
Schutzumschläge 15,00

Gubane, Berny
Düsseldorf: August Bach-Verlag 1954-57
...dass die Knochen krachten! (Re) (x) 25,00
Restliche 13 verschiedene Titel 13,00

Gunn, Williamson
Balve: Widukind Verlag ?
Brücke zwischen den Sternen (u-p) 9,00

Gunner Fred
Bayreuth: Helios Verlag, später Heros Verlag 1951-55...
A: Kurt Selter
27 verschiedene Titel 15,00

Haefte, Hans von
Düsseldorf: Bourg Verlag, ?
Place Pigalle (S) (x) 22,00

Hagen, Rolf ab 1949
Das Brandmal (Mü) (W) 12,00
Schutzumschlag 6,00
Der Tiger von Tampico (Ed) (Ab) 15,00

Hakim-Abbas
Frankfurt am Main: Reihenbuch Verlag 1953
Aufstand im Iran (Ab) 18,00
Von Schiras nach Täbris (Ab) 18,00

Halber Stier
Der grösste Pirat aller Zeiten
Frankfurt am Main: Reihenbuch-Verlag 1953-54
A: J. van Golfen
Gelber Stern in schwarzer Flagge 45,00
Der Henker von Santa Cruz 45,00
Der blinde Kapitän 45,00
Totenvögel am Piratengalgen 45,00
Der fliegende Holländer 45,00
Jagd auf den Schnellen Hai 45,00
Die Brüder der schwarzen Küste 45,00
Die Mumie auf dem Filibuster 45,00
Das Totenlied der wilden Teufel 45,00
Der Freibeuterschwur 45,00

Hale, Jerry Blitz Abenteuer
Eschwege: Verlagsbuchhandlung H. Bethke
ca.1957
Das Dorf der Sklaven 22,00
Gefährlicher Orient 22,00
Die Hölle von Atibuba 22,00
In den Klauen der Thugs 22,00
Insel der Frauen (x) 22,00
Die schwarze Mamba 22,00
Die weisse Königin 22,00
Der weisseSkorpion (x) 22,00
Weisses Gift auf Borneo 22,00

Haller, Hans
Marl-Hüls: Paul Feldmann Verlagsbuchhandlung
1949 - 1955
Arizona-Bill 13,00
Der Alte vom Berg 13,00
Der Banditenjäger 13,00
Der Bergwolf 13,00
Blockhaus in den Bergen 13,00
Cowboy-Ehre 13,00
Eddie findet seinen Meister 13,00
Einauge 13,00
Der einsame Wolf (Ren) 13,00
Der Einzelgänger 13,00
Eisenfaust Jack 13,00
Das Ende der Roten Hand 13,00
Das Erbe der Miss Penfield 13,00
Die Falken 13,00
Das Forsthaus im Walde (Ren) 13,00
Der Fremde aus Arizona 13,00
Eine gefährliche Wette 13,00
Der geheimnisvolle Bote 13,00
Der geheimnisvolle Mister Long (Ren) 13,00
Die Gila-Bande 13,00
Die Goldmine (Ren) 13,00
Goldgräber-Hyäne 13,00
Der Graubart 13,00
Der graue Dämon (Ren) 13,00
Der graue Geier 13,00
Der Greifer 13,00
Grenzreiter Joe (Ren) 13,00
Im Sonnental 13,00
Jack ist unschuldig 13,00
Jim 13,00
Jim der Schweiger (Ren) 13,00
Jim Kellers Rache 13,00
Kampf um Silver Creek 13,00
Little Kid 13,00
Der Mann mit der Narbe 13,00
Der Mestize (Ren) 13,00
Mondscheinreiter 13,00
Der Mustang-Reiter 13,00
Nachtfalter 13,00
Das Nachtgespenst 13,00
Der Nachtreiter (Ren) 13,00
Der Nebelreiter 13,00
Okay, Larry 13,00
Old Sandy 13,00
Der Prärie-Pirat 13,00
Der Prärie-Spuk 13,00
Rabantu 13,00
Ran Huron 13,00

Der Reiter aus dem Bärental 13,00
Der rote Dan 13,00
Die Sandwürger (Ren) 13,00
Die Schlucht der singenden Wasser 13,00
Der schwarze Heinz 13,00
Der schwarze Mustang 13,00
Die schwarze Zehn 13,00
Sheriff Flood (Ren) 13,00
Shorty 13,00
Die Spears Ranch 13,00
Die steinerne Maske 13,00
Der Stiefbruder 13,00
Die Tochter des Sheriffs (Ren) 13,00
Die Todespforte (Ren) 13,00
Die Todesschlucht 13,00
Tom nimmt Rache 13,00
Um Recht und Gesetz 13,00
Der Vampir der verlassenen Ranch 13,00
Das verhängnisvolle Testament 13,00
Vierfinger – Tom (Ren) 13,00
Der Waldwolf 13,00
Der Weidereiter (Ren) 13,00
Der weisse Schatten 13,00
Westernblut (Ren) 13,00
Whisky-Bill 13,00
Der wilde Pat (Ren) 13,00
Der wilde Reiter 13,00
Wir drei 13,00
Die Würger Ranch 13,00
Der Wüstenhabicht 13,00
Die X-Ranch 13,00

Hamilton, Edmond
Berlin: Gebr. Weiss Verlag ?
Herrscher im Weltraum (u-p) 13,00
Schutzumschlag 6,00

Hammer, Fred
Balve: Hönne-Verlag
1951-54, 1956-57
21 verschiedene Titel 10,00

Hanns Hart
Wuppertal: Pfriem Verlag
1954-55
A: Hanns Hart, Reiterlein
Agenten des Lasters (2) (x) 34,00
Asphalttiger (9) (x) 32,00
Atompiraten (6) (x) 32,00
Ein Mädchen namens Conga (13) (x) 26,00
Ich hasse die Unterwelt (10) (x) 32,00
Lotosblume Kal. 7,65 (4) (x) 32,00
Mörder im Frack (7) (x) 32,00
Parade der Gesetzlosen (5) (x) 32,00
Pistolenstaccato (3) (x) 32,00
Rattenjagd in Frisco (8) (x) 32,00
Tuamotu (1) (x) 35,00
Verbrecherlegende(11) (x) 32,00
Weltfeind ohne Maske (12) (x) 32,00

Albachten: Merceda-Verlag
1956-ca. 64
78 verschiedene Titel 10,00
Hinweis: Nr. 1-3, 9-12, 14-55 mit dem Zusatz „Atoll“. Viele ND in KELTER-KRIMINAL-ROMAN und anderen Heftserien. Die Titel „Es juckt in meinen Fingern“, „Kleiner Mord gefällig“, „Sie sagte Liebling zu mir“, „Schlechte Zeiten für schwere Jungs“, als Hanns Hart-Bücher erschienen, sind HELLO AMBOSS-Texte (siehe dort). Viele Titel sind u-p.

Harding, Sven
Mannheim: Helena Verlag ?
Lebende Fracht aus Kapstadt (Ab) 13,00
Spiel um Millionen (Ab) 13,00

Hardon, Ronny
Kaiserslautern: Skorpion-Verlag ?
Aufruhr auf Tortuga 25,00
Blut für Silber 25,00
Der aus dem Bagno (x) 25,00
Die Dschunke mit den drei Augen (x) 25,00
Flammen über Puerto-Rico (x) 25,00
Der gelbe Satan 25,00

Insel des Fluches ... 25,00
Isabelle und ihr Pirat ... 25,00
Die Rose der Karibensee ... 25,00
Schwarze Flagge überall ... 20,00
Der schwarze Korsar ... 20,00
Sheriff und Bandit (W) ... 10,00
Sturm über Virginia ... 25,00
Der tolle Jan ... 25,00

Hardt, Helmut
Goslar: Rappen Verlag 1953
Das Erbe des Dr. Taitsu (Ab) ... 18,00

Hardy, Bert
Marl-Hüls: Paul Feldmann Verlag 1953
Die unheimliche Macht (u-p) ... 25,00

Harry Hall
Rheydt: Miram Verlag ?
Die blutige Milliarde (Ab) ... 15,00
Sohn des Teufels (Ab) ... 15,00

Harten, Kurt
Osnabrück: Möwe-Verlag ?
Der Graf aus der Ackerstrasse (S) ... 26,00
Reporter der Sünde (S) ... 26,00

Hauser, Heinrich
Berlin: Gebr. Weiss Verlag ?
Gigant Hirn (u-p) ... 13,00
Schutzumschlag ... 6,00

Hay, George
Balve: Hönne Verlag 1958
Planet der Tränen (u-p) ... 10,00

Hay, Stephen
Marl-Hüls: Paul Feldmann-Verlag
1952
Dr. Wu Tschang Fu (K) ... 15,00
Im indischen Geheimdienst (K) ... 15,00
Der tötende Buddha (Möl) (K) ... 15,00
Schutzumschlag ... 10,00

Haycox, Ernest
München: Awa- und Argus Verlag ab 1949
Alderschlucht ... 25,00
Ein Kämpfer kehrt zurück ... 20,00
Fiebernde Grenze ... 20,00
Flüsternde Prärie ... 20,00
Goldstaub aus Ophir ... 20,00
In eine neue Zeit ... 20,00
Die letzte Fehde ... 20,00
Der letzte Hügel (Ma) ... 25,00
Mann im Sattel ... 20,00
Der Marshal von River Bend ... 20,00
Rauchende Fährte ... 20,00
Die Reinen und die Sündigen
(Überformat, 440 Seiten) ... 70,00
Reiter im Sternenlicht (Dro) ... 35,00
Sattle und reite ... 20,00
Die Silberwüste ... 20,00
Stadt ohne Gesetz ... 20,00
Das stählerne Band ... 20,00

Tiefer Westen (Dro) ... 35,00
Wells spielt falsch (Go)
(identisch mit „Stadt ohne Gesetz") ... 25,00
Westwärts ... 20,00
Die wilde Horde ... 20,00
Schutzumschlag (Dro) ... 18,00
Hinweis: Die meisten (vielleicht alle) Bände vom Awa-Verlag sind auch in Ganzleinenausgaben ohne Vollbild, aber mit bebildertem Schutzum-schlag erschienen. Diese Bilder sind identisch mit denen der Leihbuchausgabe. Siehe LOCKENDER WESTEN. Es gibt auch TB (Heyne Verlag).

Heinlein, Robert A.
Berlin: Gebr. Weiss Verlag ?
Abenteuer im Sternenreich (u-p) ... 13,00
Endstation Mond (u-p) ... 13,00
Tunnel zu den Sternen (u-p) ... 13,00
Schutzumschlag ... 6,00

Helios, Alexander
Stuttgart: Verlag Dr. Hans Riegler Ca. 1950
Weltraum-Wunder (u-p) ... 40,00

Hello Amboss
Albachten: Merceda Verlag und
Heinz Borgsmüller-Verlag
ca.1956-64
A: Hello Amboss, Hanns Hart,
Hello Amboss und Hanns Hart
102 verschiedene Titel ... 8,00
Hinweis: Viele ND in KELTER-KRIMINAL ROMAN u.a. Heftserien. Die ersten 4 Titel (auch chronolo-gisch die ersten 4) sind als Hanns Hart-Bücher er-schienen.

Hellwig, Ernst
Düsseldorf: Dörner Verlag
Ab 1953
Buchhalter des Todes (Bal) (K) ... 9,00
Der Buchhalter der Hölle (Bew) (K) ... 9,00
Danse Macabre (Bew) (K) ... 9,00
Das lautlose Sterben (Ab) ... 13,00

Der lautlose Tod (K) 9,00
Mord an der Adria (Mar) (K) 9,00
Seidenhemden für Marakesch (Ab) 13,00
Sierra Parima (Ab) 13,00
Stadt der Götter (Ab) 13,00
Tobatinga (Ab) 13,00
Vabanque-Spiel des Teufels (Bew) (K) 9,00
Weg ohne Umkehr (Bew) (K) 9,00

Hengösy, Geza von
Ratingen: Andra-Verlag
Ca. 1957-58
Abseits vom Weg blieb die Liebe (S) (x) 20,00
Doch nie erlischt die Liebe (S) 20,00
Entscheidung im Dschungel (Sab) (Ab) 15,00
Flucht aus dem Gestern (Sab) (S) (x) 20,00
Glanz in den Nächten (Sab) (S) (x) 20,00
Im Bannstrahl der Liebe (L) 6,00
Irrgarten des Glücks (L) 6,00
Liebe – östlich von Suet (S) (x) 20,00
Und dann kommt die Nacht (Sab) (S) (x) 20,00
Und immer führt ein Weg zurück (Sab) (S) (x) 20,00
Wie Bambus im Wind (L) 6,00

Hermes, Rolf
Münster: Hermann Borgsmüller Verlag und
Athos Verlag ca. 1954-ca. 64
A: Rolf Hermes (d.i. Paul Alfred Müller,
Herwig Lieder u.a.)
70 verschiedene Titel 9,00
Hinweis: Abenteuer, einige auch u-p.
Siehe auch Heftserie ABENTEUER ZWISCHEN RIO UND SHANGHAI.

Herr der Meere
Balve: Balowa-Verlag ?
A: Pierre de Chalon
Der Sklave des Königs 75,00
Der Teufel von Tortuga 75,00
Das Totenkopfschiff 75,00
Gejagte Wölfe 75,00
Der Kurier des Sonnenkönigs 75,00
Im Zeichen des Halbmonds 75,00
Seine Majestät befehlen... 75,00
Der Henker von Maracaibo 75,00
Der schwarze Hai 75,00

Der Herr des Degens
Zürich: Lugana-Verlag 1954
A: Henri de Vallon
Der Haudegen von Paris (x) 60,00
Der schwarze Marquis (x) 60,00
Der Henker von Amiens (x) 60,00
Der Verräter des Königs (x) 60,00
Auf der Spitze des Degens (x) 60,00
Die Gefangene der Zitadelle (x) 60,00
Sklaven des Sultans 60,00
Hinweis: Der letzte Band ohne Serientitel. Siehe auch VALLON, HENRI DE.

Hieronymus
Kaiserslautern: Verlag Georg Schäfer 1954
Sklaven-Ketten 55,00
Um ein Weib 55,00
Wenn Astarte befiehlt... 55,00

Hilgendorff, Hermann
Offenbach: Hermann Hilgendorff Verlag
ab 1948
Die Dame und der Abenteurer (Bay) (K) 15,00
Dunkle Mächte (K) 13,00
Ein Mann im Hintergrund (W) 9,00
Ein Schuß fiel... (K) 9,00
Es geht um Evelyne (Ho) (K) 13,00
Geheime Mächte (Ed) (K) 13,00
Geheimnisvolles Grand-Hotel (Lam) (K) 13,00
(Schutzumschlag) 6,00
Gelbgesicht (Bay) (W) 15,00
Gold in Coloma (W) 9,00
Der heimliche Bandit (W) 9,00
Ich oder Ich (Möl) (K) 15,00
Liebe, Gold und Meuterei (Möl) (Ab) 15,00
Die Macht im Dunkeln (Ab-K) 9,00
Menschen ohne Gesicht (K) 9,00

Primeln in der Nacht (EZ) (K) 15,00
Der Ritt nach Westen (DF) (Ab).......................... 13,00
Der Ruf aus dem Nebel (Bay) (K)........................ 15,00
Schatten an der Grenze (W) 9,00
Das seltsame Vermächtnis (DF) (W) 13,00
Der silberne Fisch (Bü) (K).................................. 8,00
Strolch aus Germany (K) 9,00
Das Tal der Träume (Ab-W)................................. 9,00
Der Todestreck (DF) (W).................................... 13,00
Der Tote auf Urlaub (K) 9,00
Verwegenes Spiel (K)... 9,00
Zwischen Zwölf und Zwölf (EZ) (K)..................... 15,00
Schutzumschlag (DF) 6,00
Hinweis: Nr. 3, 10 = Vorläufer von DIE GEFÄHRLICHEN. Siehe auch G.-MAN JACK KELLY, INSPEKTOR PERCY BROOK, MAC CARTER & OLIVIA, WILLIAM TEX und VK-SERIEN.

Hiller, William
1952 – 1955 (W)
Aufruhr in Bagder City (Lie) 18,00
Blutige Prärie (Lie) 15,00
Der Boß der Spaten (Lie) 18,00
Brandmal des Teufels (Lie) 15,00
Charles reitet nach Western (Lie) 18,00
Ein Mann aus Aizona (Lie) 18,00
El Diabolo (Lie) 18,00
Eroberer des Westens (Lie) 15,00
Die Fehde am Snake River (Lie) 18,00
Die Fehde von Thunder Creek (Lie) 18,00
Der Feigling von Arizona (Lie) 18,00
Frischer Wind in Hells Corner (Lie).................... 18,00
Das Geheimnis von Yellow Gulch (Lie) 18,00
Grant Spencer setzt sich durch (Lie) 18,00
Jack Randall kämpft in Fairbanks (Lie) 18,00
Joes Kampf um das Prayer Valley (Lie) 15,00
Der Kampf der Gesetzlosen (Lie) 15,00
Der Killer in Rocky Forge (Lie) 18,00
Der maskierte Reiter (El) 18,00
Die Menschenjäger (Lie) 18,00
Percy reitet wieder (Lie) 18,00
Die Rächer von Silver Gulch (Lie) 18,00
Ranger Billie räumt auf (Lie) 18,00
Der Rancher am Wildcat (Ses) 15,00
Ranger im Sattel (Lie) 18,00
Der Rebell von San Marino (Lie) 18,00
Der Reiter aus Colorado (Lie) 18,00
Der Reiter aus Minnewakka (Lie) 18,00
Der Reiter aus Texas (Lie) 15,00
Der Retter von Baxter (Lie) 18,00
Ritt in die Hölle (Lie) 18,00
Rivalen am Little Bear (Lie) 15,00
Die Roten Reiter im Lincolm Valley (Lie)............ 18,00
Der Sheriff von Caprock (Lie) 18,00
Der Sheriff von Chapparell (Lie)......................... 18,00
Der Sohn des Banditen (Lie) 18,00
Texas – Lobo (Lie) 18,00
Die Todesreiter von Hunchback Valley (Lie) 18,00
Tom Jennifers Schwur (Lie) 18,00
Unter den Sternen von Arizonas (Lie) 18,00
Der Untergang der Deering-Bande (Lie) 18,00
Verwischte Spuren (Lie) 15,00
Wächter der Prärie (Lie) 18,00
Wölfe in Pecos Valley (Lie) 18,00
Schutzumschlag (Halbleinen) 10,00
Hinweis: viele Cover (nur Liebel) sind von Walter Junck

Hilling, O.W.
Menden: Bewin Verlag ca. 1960
Banditen der Pampas (B.J. Lb. VK. = 33) 13,00
Die beiden Sternträger(B.J.Lb.VK.= 02). 13,00
Blaugesicht (B.J. Lb. VK. = 19) 13,00
Greenhorn Kid (B.J. Lb. VK = 03) 13,00
Hobos (B.J. Lb. VK. = 28) 13,00
Kid, der Teufelsreiter (B.J. Lb. VK. = 04) 13,00
König der Cowboys (B.J. Lb. VK. = 31) 13,00
Savannenwölfe (B.J. Lb. VK. = 35) 13,00
Der Todesreiter (B.J. Lb. VK. = 54) 13,00

Baxter kontert.. 9,00
Ich reite weiter... 9,00

Hobein, Eugen
Frankfurt/M.: Herkul GmbH., Verlagsanstalt, Menden:

Bewin-Verlag (2-4) 1951 (1), ?
Das andere Gesicht des Albert Wester (Ab) 13,00
Auch in der Hölle leuchten Sterne (Ab) 13,00
Brücke der Herzen (Ab) 13,00
Dämon Diamant (Ast) (Ab) 13,00
Dämon Diamant (Dro) (Ab) (1949)...................... 15,00
Dämon Diamant (Ab) 13,00
Gnadenlos ist der Urwald (Ab) 13,00
Die Göttin mit dem Kind (?) (Ab)........................ 13,00
Der goldene Drachen Tong (Ab) 13,00
Die grüne Schlange (Ab)..................................... 13,00
Heiss weht der Harmattan (Ab) 13,00
In Kuba wird scharf geschossen (Ab)................. 13,00
Mara (Trouba) (Ab) (1952) 13,00
Mara in Paris (Pfr) (Ab) (1953)........................... 13,00
Singa (Ast) (Ab)... 13,00
Verschollen im Dschungel Guayanas (Ab).......... 13,00
Schutzumschlag (Ast)... 10,00

Holk, Freder van
Münster: Hermann Borgsmüller Verlag, 1962
Abgrund der Versuchung 30,00
Die Geier... 30,00
Der Haijäger.. 30,00
Die tödlichen Träume... 30,00
Hinweis: Abenteuerromane mit Serienfigur Steve Corell. Siehe HERMES, ROLF.

Gebr. Weiss Verlag:
Attentat auf Universum....................................... 13,00
Blaue Kugel 13,00
Das Ende des Golfstroms 13,00
Kosmotron... 13,00
Trauben aus Grönland 13,00
Unter uns die Hölle... 13,00
Vielleicht ist morgen schon der letzte Tag.......... 13,00
Weltuntergang 17,00
Schutzumschläge... 6,00
Hinweis: (u-p.)

Holling, H.P.
Balve: Widukind Verlag 1960
Die Gefahr aus der Zukunft (u-p).......................... 9,00

Holly Holl
Eschwege: Verlagsbuchhandlung H. Bethke ?
14 verschiedene Titel 8,00

Hopalong Cassidy
Düsseldorf: Verlag C.S. Dörner 1953-54
A: Clarence E. Mulford (1-4), Tex Burns (5-8)
1 Der Wolf von Ogalalla.................................... 35,00
2 Der Ritt nach Twin River 35,00
3 Lucky Jenkins.. 35,00
4 In den Schlangenklippen................................ 35,00
o.Nr. Die schwarzen Reiter................................ 35,00
o.Nr. Im Schatten der Schlinge 45,00
o.Nr. Die Reiter von High Rock.......................... 45,00
o.Nr. Die Ranch am West Fork 45,00
Hinweis: Siehe auch Heftserie WILLIAM TEX.

Horla, Alexander
Gütersloh: C. Bertelsmann Verlag 1952
Stafetten des Todes (u-p) 35,00

Hubbard, L. Ron
Balve: Hönne Verlag 1957
Gefangen In Raum und Zeit (u-p)....................... 50,00

Hume, David
Berlin: Eden-Verlag ?
Jagd auf Maddick (K) 13,00
Schutzumschlag.. 8,00

Im Schatten der Unterwelt
Eschwege: Verlagsbuchhandlung H. Bethke
ca. 1958-59
A: Ed Morell (teilweise o.A.)
41 verschiedene Titel (K) 8,00

Im Zeichen des Vampirs
Eschwege: Verlagsbuchhandlung H. Bethke
A: Bulwer-Farley
Das Licht aus dem Jenseits (u-p).................... 100,00

Indra, E.W.
Frankfurt/M.: Buch-Union, Verlagsanstalt ?
Wer ist Firestone? 13,00

Inspektor Collins
Nürnberg: Verlagsbuchhandlung Ludwig Liebel
ca. 1954-58, A: o.A.
33 verschiedene Titel 7,00

Inspektor Douglas
Nürnberg: Verlagsbuchhandlung Ludwig Liebel
ca. 1964-68
A G.E. Smith, o.A.
32 verschiedene Titel 7,00

Inspektor Gordon
Eschwege: Heros- und Bethke Verlag
ca. 1966-62
A: Fred Carstens (Sammelpseudonym)
Club der Toten 15,00
Des Teufels Küche 15,00
Das elfte Gebot 15,00
Fury geht um 15,00
Der lange Arm 15,00
Die letzte Chance 15,00
Der rote Skorpion 10,00
Der schwarze Vampir 15,00
Der Teufel von Manhattan (x) 15,00
Die unteren Zehntausend 15,00
27 restliche verschiedene Titel 7,00
Hinweis: einige Nr. wahrscheinlich von J. Rennau.

Inspektor Percy Brook
Balve: Balowa-Verlag
1948-ca. 61
A: Hermann Hilgendorff
Alarm in Dartmoor (Hi) 15,00
Die Augen des Todes (Hi) 15,00
Die Bande der Nebelbrüder (Hi) 15,00
Der Bettler von St. James-Park (Hi) 15,00
Brillanten-Mary (Hi) 15,00
Ein Mann schießt scharf (Hi) 15,00
Der Fall Westminster Abbey (Hi) 15,00
Falschgeldbanditen (Hi) 15,00
Gefährliche Fracht (Hi) 15,00
Intermezzo (Hi) 15,00
Der Maskenmacher von Piccadilly (DF) 15,00
Der Menschenfänger (Hi) 15,00
Die Nacht des Henkers (Hi) 15,00
Percy contra Percy (DF) 15,00
Percys letzte Chance (Hi) 15,00
Das Rätsel von Soho (Hi) 15,00
Scotland Yards letztes Argument (Hi) 15,00
Die Themse-Haie (Hi) 15,00
Die Tigerin (Hi) 15,00
Der Töter (Hi) 15,00
Whitechapel‘s bester Mann (DF) 15,00
Die Yacht des Todes (Hi) 15,00

95 weitere verschiedene Titel 8,00

Hinweis: Siehe VK-Serie und Heftserien INSPEKTOR PERCY BROOK, KELTER-KRIMINAL-RO-MAN.

Interpol – Mike berichtet
Eschwege: Verlagsbuchhandlung H. Bethke ?
A: Mike Parker
11 vrschiedene Titel 8,00

Jack Kelly Siehe G.-MAN JACK KELLY

Jack Morlan
Berlin-Darmstadt: Jupiter-Verlag 1949-51
2,85 (1)/2,20 (2-3)
216 Seiten (1)/192 Seiten (2)/160 Seiten (3)
14 x 20 cm
A: Freddy Weller
Der Unheimliche 200,00
-Schutzumschlag- 90,00
Jack Morlans Erinnerungen 65,00
-Schutzumschlag- 120,00
Der grosse Boss 200,00
Schutzumschlag 450,00
Nachdrucke 15,00

Hinweis: Band 1 mit Jack Morlan-Kopfbild auf dem Einbanddeckel. Band 2-3 sind Broschüren ohne Bild.

Janson, R.
ca. 1956
Die Katze zeigt die Spur (Lur) (K) 6,00
Menschen aus Agarta (Dz) (u-p) 26,00

Janus, Marco
Düsseldorf: Iltis Verlag 1958-59
Gangster im Weltraum (u-p) 15,00
Höhere Gewalt (u-p) 15,00
Der Kosmos ruft (u-p) 15,00
Der Stern der Väter (u-p) 15,00

Jeff Briester (als Privat-Detektiv)
Düsseldorf: Verlag C.S. Dörner ca. 1955-58
27 verschiedene Titel 13,00
Hinweis: Siehe BRIESTER, JEFF.

Jeffers, Axel
Balve: Hönne Verlag, 1953-56
1 (u-p) 25,00

Jensen, Uwe
Regensburg: Fox-Verlag ?
Wilde Orchideen (Ab) 13,00

Jerry Clifford
Wuppertal: Engelbert Pfriem Verlag ca. 1957
7 verschiedene Titel 13,00

Jerry Cotton - Siehe G.-MAN JERRY COTTON

Jerusalem, Else
Berlin: Amsel Verlag 1953
Der heilige Skarabäus (S) 20,00

Jibaro
Hamburg: Friedrich Petersen Verlag 1952
A: J. Mallorqui
Herz oder Hass 40,00

Hinweis: Entspricht Heft 1 und 2 der österreichischen Heftserie. Siehe MALLORQUI.

Jim Cactus Clancy
Düsseldorf: Verlag C.S. Dörner ca. 1952
A: Lester Gregory
1 Cactus Clancy reitet 15,00
2 Das Geheimnis der Conestoga 15,00
Hinweis: Sie auch KID CYCLONE STORY.

Jim Cross
Frankfurt a.M.: Buch Union GmbH 1951
A: Hannes Kempp
Auf der Fährte des Puma
(Im Tal des Silberlöwen) 50,00
Aufstand in Morelia (Der Rebell von Zamora) 50,00
Die roten Rächer (Männer aus Stahl) 50,00
Der Ruf der Prärie (Die Silberräuber) 50,00
Todesritt in der Mapimi
(Das Geheimnis der Salzsümpfe) 50,00
Unter der Wildnissonne
(Trommeln im Urwald) 50,00
Schutzumschläge 25,00
Hinweis:
Neuauflage von Billy Jenkins-VK-Büchern (in Klammem die Originaltitel).

Jim Jerry
Düsseldorf: Iltis-Verlag 1951-52
A: Hans Heinz Parry
1 Präriepiraten 13,00
2 Der Wolf von Arizona 13,00
3 In den Krallen des Todes 13,00
4 Spuk in der Goldmine 13,00

Jira, Johann Siehe DER MAGISCHE ROMAN

Joe, Bob
Andernach: Ikarus-Verlag 1954
Abenteuer in Frisco (Ab) 13,00
Nulo (Ab) 13,00

Joe Brand
Frankfurt am Main: Reihenbuch-Verlag 1951-54
A: W.L. Gebauer, K.H. Scheer, H.G. Zahlten, Ralph Serra.
Atomtod für alle 30,00
Carrigan kassiert 40,00
Meister über Leben und Tod 40,00
Der Puppenspieler 40,00
6 müssen sterben 40,00

27 weitere verschiedene Titel 25,00
Hinweis: Siehe auch DETEKTIV FRANK und Heftserie JOE BRAND.

John Bull - Blitz Abenteuer
Eschwege: Verlagsbuchhandlung H. Bethke ca.1957
Die Fracht des Grauens (5)................................ 22,00
Der Herr der grünen Hölle (6) 22,00
Der lange Schlaf (4) 26,00
Der schwarze Spiegel (1).................................. 22,00
Der Sohn des Satans (2).................................. 22,00
Tränen der Dämonen (3) 22,00
Hinweis: Nr. 4 = Neuausgabe der VK-Heftserie JOHN KLINGS ERINNERUNGEN Nr.191.

John-Ferrer, F.
Rosenheim: Meister Verlag 1959-61
2 verschiedene Titel 15,00
Hinweis: Landser-Romane.

John Kling
Düsseldorf: Iltis-Verlag ca.1951-53
A: Heinz Krafft (1-3), Dan Kennan (4, 7), Curt Riedel (5-6), Gerhard Carsjens (8)
Der Nacht-Dämon (Der schwarze Blitz).............. 50,00
Satans Maske (Die Maske des Teufels) 50,00
Der Fluch des Inders 50,00
Der Tote im Rosengarten.................................... 50,00
Mörder um Thorne.. 50,00
Der schwarze Vogel... 50,00
Der Schrecken von Eringdale
(Der grüne Kobold) 50,00
Die tödliche Diagnose 40,00
Nachdrucke 12,00
Hinweis: Bände 1-7 sind ND der VK-Ausgabe, teilweise mit neuen Titeln (in Klammem der alte Titel). Band 8 ist ein neuer Text.

John Parker
Der König der Detektive
Düsseldorf: C.S. Dörner Verlag ca. 1954-56
A: Leonard Gribble
8 verschiedene Titel 13,00

John Raffles
Frankfurt a.M.: Mars Verlag 1954
A: o.A.
Er starb zweimal.. 75,00
Der blinde Mörder 75,00
Hinweis: Band 1-2 haben eine durchgehende Handlung.

John Taggert
Siehe SPECIAL-AGENT JOHN TAGGERT

John Tiger
Albachten: Merceda-Verlag ?
23 verschiedene Titel 6,00
Hinweis: Siehe SPECIAL-AGENT JOHN TIGER.

Jones, Raymond
München: Awa Verlag ?
Astron-Bücherei:
Sohn der Sterne (u-p)... 13,00

Jonny Reck (teilweise ohne Titel)
Berlin-Darmstadt: Drei-Kronen-Verlag (1-2)/
Darmstadt: Service-Verlag (3-7) 1952-54
A: Kassi Stone (1-2, 6-7), Jonny Reck (3), James Braddock (4-6)
Land ohne Erbarmen... 120,00
Tal des Grauens.. 120,00
Jonny greift ein 90,00

Ein eisenharter Kerl 120,00
Entlarvt 120,00
Die Ranch des blonden Engel 120,00
Der bleiche Cowboy 120,00
Entlarvt (Maxim Verlag) 70,00
Hinweis: Leicht geänderte Jonny Reck- und Tom Brack-Hefttexte. Siehe auch ROY, GORDON.

Jonny Weston Siehe CARAMBA Bücherei

Jordan, Eva
Wuppertal: Engelbert Pfriem Verlag 1951-54
Bolero 25,00
Exotische Romanze (x) 25,00
Feuerwerk (x) 25,00
Madame Dumenil (x) 25,00
Romantische Rhapsodie (x) 25,00
Suite D'amor 25,00
Tango doloroso (x) 25,00
Tapia (x) 25,00
Tarantella 25,00
Teufelstrillersonate (x) 25,00
Valse musette (x) 25,00
Valse triste (x) 25,00
Variationen des Satans (x) 25,00
Yvonne (x) 25,00
Zingaresca (x) 25,00
Weitere verschiedene 9 Titel (Re) 6,00
Hinweis: Pfriem Verlag = Sittenromane. Reihen-buch Verlag = Arzt- und Liebesromane. „Tapia" erschien auch als Heft in der Serie SITTEN-ROMAN (Verlag Dr. Frank).

Joyston, Ralf
Menden: Bewin Verlag 1958-59
Licht aus der Tiefe (u-p) 10,00
Verräter der Galaxis (u-p) 10,00

Jung, Hermann
Frankfurt am Main: Buch-Union 1950
„Mein Chef der Abenteurer":
1 Vabanque zu Viert 24,00
2 Dschungel, Dschunken, Menschenjäger 24,00
3 Vampire des Urwalds 24,00
Schutzumschlag 15,00

Kansas Jack
Düsseldorf: Merkur Verlag ?
Jack Thompson, der Rächer von Arkansas 13,00
Hinweis:
Kein Zusammenhang mit der gleichnamigen Heftserie. Das Buch ist identisch mit Heft Nr. 324 von KELTER WILDWEST-ROMAN.

Kapitän Bay
Münster: Borgsmüller-Verlag ?
Am Mast die schwarze Flagge 25,00
Westward ho 25,00

Kapitän des Präsidenten
Frankfurt am Main: Reihenbuch-Verlag (1-3)/
Menden (Sauerland): Verlag W. Riedel 1954
A: Berndt Guben
Kapitän Thomas 55,00
Die Spionin 55,00
Es lebe die Republik! 55,00
Banditen, Schieber, Deserteure 55,00

Kapitän Skuller
Nürnberg: Verlagsbuchhandlung Ludwig Liebel ca.1954
A: William Hiller
Piraten der Meere 22,00
Der Piratenschatz von Trinidad 22,00
Die Schiffbrüchigen der Makassar 22,00

Keene, King
Castrop-Rauxel: Verlag Alfred Mülbüsch ?
45 verschiedene Titel (W) 6,00

Kegel, Walther
Bonn: Verlag Kurt Schroeder ?
Windräder über Santa Maria (Ab) 15,00

Kell, H.R.
Schwabach: Pfeil-Verlag 1950
Ein Mann wird gejagt.. 15,00
Um die Prescott Ranch 15,00
Schutzumschlag.. 8,00

Kelland, C.B.
München: Awa-Verlag ?
Arizona Melodie.. 13,00
Schutzumschlag.. 6,00
Hinweis: Siehe auch LOCKENDER WESTEN.

Kellock, William
Menden: Bewin Verlag 1958-61
Als der DODOR brannte (u-p)............................ 10,00
Das Rätsel der Sia (u-p) 10,00
Treffpunkt Ewigkeit (u-p)................................... 10,00
Unternehmen Teleportation (u-p) 10,00

Kellog, Jim
Marl-Hüls: Paul-Feldmann-Verlag ?
Im Namen des Gesetzes (K)............................... 9,00

Kempp, Hannes
Goslar: Rappen-Verlag 1953
Unter den Trappern Alaskas.............................. 85,00
Hinweis:
Neuausgabe des BILLY JENKINS VK-Titels „Bestien im Goldland“. Siehe NEVADA-GILL, TEXAS-KID.

Keyen, Werner
Münster: BorgsmüllerVerlag
1958-60
Jenseits vom Licht (u-p).................................... 15,00
Menschen im Mond (u-p) 15,00
Die Minusmaterie.. 15,00
Sprung über die Zeit (u-p) 15,00

Khuon, Ernst von
München: Hanns Reich Verlag 1949
Helium (u-p).. 35,00

Kid Cyclone Story
Düsseldorf: Verlag C.S. Dörner Ca. 1952
A: Lester Gregory
1 10 000 Dollar auf Kid's Kopf........................... 15,00
2 Wer auf den Sheriff schiesst........................... 15,00
3 Verfemt 15,00
Hinweis: Sie auch JIM CACTUS CLANCY.

King, John B.
Frankfurt am Main: Reihenbuch-Verlag 1952-53
Der Herrscher 15,00
Präriemord.. 15,00
Hinweis: Nr. 2 = bearbeitete Neuauflage von „Der Texasreiter“ (K.H. Berndt, Anker Verlag).

Kinley, Roy D.
Eschwege: Verlagsbuchhandlung H. Bethke ?
Giftpfeilmörder (K) 9,00

Kirst, Hans Hellmut
Wien/München/Basel: Verlag Kurt Desch 1953
Aufruhr in einer kleinen Stadt 15,00

Klaus Tannert
Wuppertal: Engelbert Pfriem Verlag 1954-57
A: Klaus Tannert, Klaus Tannert und Rolf Torak
Alarm in Thule (11).. 35,00
Am Ende des Weges (12) 35,00
Brennpunkt Algier (9) (x) 35,00
In den Fängen der Hydra (2) (x) 35,00
Kampf um GE-83 (1) (x)..................................... 35,00
Schatten am Horizont (7) (x) 35,00
Schwarzer Erdteil Weisse Frau (5) (x) 35,00
Der 6. Kontinent (6) (x)...................................... 35,00
SOS Südpol (4) (x) 35,00
Verkappte Gewalt (10) (x) 35,00
Die weiße Hölle (8) (x) 35,00
Wer kauft den Tod (3) (x)................................... 35,00

Kneifel, Hans
München: Awa Verlag ?
Astron-Bücherei:

Ferner als du ahnst (u-p) 18,00
Oasis (u-p) 18,00
Uns riefen die Sterne (u-p) 18,00

Knox, Calvin M. Siehe FANTASY CRIME

Koch, Richard
München: Awa-Verlag 1950-59
Anti Atom D 172 (Pf)... 12,00
Der drohende Stern... 9,00
Flammende Erde 9,00
Macht aus fernen Welten..................................... 9,00
Plan von Polaris (Pf) 12,00
Das Reich in der Tiefe (Dö)................................ 9,00
Sonnenfeuer 9,00
Spuk auf dem roten Planeten.............................. 9,00
Überfall aus dem Weltraum (Bau)...................... 13,00
Unlöschbare Feuer (Im) 9,00
Weltraum-Gespenster 9,00
Hinweis: Bände 2-3,7-8,11 = Astron-Bücherei. Siehe auch ROMANE AUS DEM JAHRE 2200.
Gebr. Weiss:
Der heruntergeholte Stern (u-p)......................... 13,00
Ozeano, der Wasserplanet (u-p)......................... 13,00
Der Ring der sechs Welten (u-p) 13,00
Schutzumschläge... 7,00

Köhr, Dietrich
Wuppertal: Verlagsbuchhandlung Georg Wiesemann ?
Besatzung Charlton überfällig 15,00
Fackeln zwischen den Wolken (Bew) 15,00
Hunger, Durst und Stacheldraht......................... 15,00
Der Ruhm war für die anderen 15,00
...und kämpfen bis zum letzten Tag.................... 15,00
Vom Feindflug nicht zurück 15,00
Hinweis: Landser-FRomane.

König der Meere
Frankfurt am Main: Reihenbuch-Verlag (1-13)/ Mars-Verlag (14) 1953-54
A: Diego el Santo
Die Bestie (9) 35,00
Bluthunde (8) 35,00
Ernte des Satans (11) 35,00
Fregatte des Königs (6) 35,00
Gallione des Teufels (2)...................................... 35,00
Glocke des Todes (3)... 35,00
Korsarenparadies (5) 35,00
Menschen in Ketten (1)....................................... 35,00
Rache in Westindien (12)..................................... 35,00
Schiff ohne Gnade (14).. 35,00
Der Silberne Pfeil (10)... 35,00
Sklavenschiff mit den drei Köpfen (4)................ 35,00
Der Tod des Piraten (7).. 35,00
Der verfluchte Kommandant (13) 35,00

Koggen, Jan
Castrop-Rauxel: Verlag Moltmann & Co. 1950
Der Cowboy mit der roten Maske 15,00
Gangster über Galveston 15,00
Der gestohlene Express 15,00
Das Lasso mit den 3 Knoten 15,00
Eine Spur führt nach Kalifornien........................ 15,00
Der tolle Cowboy 15,00
Schutzumschlag.. 7,00
Hinweis: Serienheld ist Texasranger John Milford.

Kommissar Burkley
Schwabach: Pfeil-Verlag 1951-52
A: G.E. Smith
Burkley jagt den Tiger 15,00
Der Dämon von Catford 15,00
Du lebst noch eine Nacht.................................... 15,00
Flucht vor dem Galgen.. 15,00
Das Geisterschiff 15,00
Mord im Chinesenviertel..................................... 15,00
Der Mörder Ken-Lee.. 15,00
Nürnberg: Verlagsbuchhandlung Ludwig Liebel 1951-64
A: G.E. Smith, meistens o.A.
(Gerhard Wilhelm Wolf, Gustav E. Schmidt)
Die Schenke an der Themse 15,00

140 verschiedene Titel 8,00
Hinweis: Siehe auch Heftserie.

Kommissar Morry
Albachten: Merceda-Verlag 1954-57
A: G.E. Morry
25 verschiedene Titel 6,00

Kommissar X
Viersen: Rekord-Verlag
ca.1961-ca.1969
Abendstund hat Blei im Mund........................... 15,00
Aber die Nacht ist mein.................................... 15,00
Agentenkiller... 15,00
Am Gaspedal des Todes 15,00
Auch Tote können sprechen............................. 15,00
Auf Wiedersehen im Schauhaus 15,00
Das Auge des Khan.. 15,00
Die Bande der zwanzig Barone......................... 15,00
Bei Mord hört der Spaß auf.............................. 15,00
Das böse Wochenende 15,00
Der Boss ist unauffindbar................................. 15,00
Die brennende Spur 15,00
Dem Satan ins Gesicht gespuckt...................... 15,00
Drei gelbe Katzen 15,00
Die drei Gesichter desTodes 15,00
Drei goldene Schlangen 15,00
Drei Kugeln für den Chef.................................. 15,00
Der dreifache Tote 15,00
Du sollst mein Mörder sein............................... 15,00
Einer weiß alles.. 15,00
Ein Mann - ein Mord... 15,00
Ein Posten in der Hölle..................................... 15,00
Ein Sarg aus Zuckerguß 15,00
Ein Toter wird gejagt.. 15,00
Eiskalt unter heißer Sonne............................... 15,00
Endstation Todeszelle...................................... 15,00
Explosiv wie Dynamit 15,00
Export in Gift 15,00
Der falsche Tote... 15,00
Flucht in den Tod... 15,00
Die gestohlene Gang.. 15,00
Gestorben lebt sich's leichter............................ 15,00
Gift in falschen Händen.................................... 15,00
Gleich wenn Du stirbst 15,00
Die Gnadenlosen 15,00
Goldnase 15,00
Großer böser Bill 15,00
Die grünen Hunde 15,00
Die heiße Straße 15,00
Der Henker verschmäht keinen 15,00
Insel der Laster.. 15,00
Die Jury hat gesprochen: schuldig.................... 15,00
Kaliber 6.35 15,00
Kampf der Syndikate... 15,00
Keinen Cent für Mr. Riley.................................. 15,00
Der Killer mit der weichen Tour 15,00
Die Kleinen hängt man auf 15,00
Der Knochen-Buddha aus Korea 15,00
Der Krieg des Chefs 12,00
Lieben Sie Mord? 12,00
Liebesbriefe aus der Hölle................................. 15,00
Der Lift ins Jenseits.. 15,00
Manche mögen's kalt.. 15,00
Der Mann im Dunkeln....................................... 15,00
Der Mann im Schatten...................................... 15,00
Meuterei in Block C 15,00
Mord auf Highway 40 15,00
Mord in Dosen.. 15,00
Mord nach System Callighan 15,00
Morde, die der Teufel plant............................... 15,00
Der Mörder des Mörders................................... 15,00
Mörderischer Urlaub... 15,00
Morgen fressen dich die Geier 15,00
1212 Jahre Zuchthaus...................................... 15,00
Nur ein Blatt Papier 15,00
Orchideen für Scotland Yard 15,00
Die Pause bis zum Sterben 15,00
Die Ratten gehen in die Falle............................ 15,00
Der Rattenfänger mit dem Cadillac 15,00
Rätsel um Rho Puma.. 15,00
Raubmord verjährt nie...................................... 15,00
Rausch plus Gift = Mord 15,00
Der schleichende Tod....................................... 15,00

Der schwarze Tod 15,00
Der Sohn des Gangsters 15,00
Steh - oder stirb, Caballero! 15,00
Stirb mit Tante Polly 15,00
Der Strick zum Hängen 15,00
Sumpf des Grauens 15,00
Terror in Managua 15,00
Tod bei Dreiviertelmond 15,00
Der Tod bevorzugt blond 15,00
Tod für einen Dollar 15,00
Die Tote aus Rio 15,00
Tote Frauen morden nicht 15,00
Tote tanzen keinen Twist 15,00
Die toten Frauen von London 15,00
Totentanz auf Stafford Castle 15,00
Das unsichtbare Netz 15,00
Der weiße Wahnsinn 15,00
Wendekreis des Todes 15,00
Wer zuerst schießt 15,00
Hinweis: Siehe auch Heftserie + Tb.

Konsalik, Heinz Günther
Balve: Hönne- und Zimmermann Verlag 1952-58
Die Sterne sollen weiterleuchten (Dre) 20,00
Warum hast du das getan, Manon? (S) (x) 22,00
9 verschiedene Titel 13,00

Korten, Hanno
Rheydt: Triga Verlag (1-7)/Dankwart Verlag (8)/
Miram Verlag (9) 1953-57
Blutroter Rubin (8) 15,00
Die Elenden (9) 15,00
Flammende Rose (2) 15,00
Geächtet (1) 15,00
Das Geheimnis des Glöckners (7) 15,00
Der pfeifende Bettler (4) 15,00
Die Rache des Dr. Penestro (6) 15,00
Der rote Cornett (3) 15,00
Schwarzer Wolf auf gelbem Grund (5) 15,00
Hinweis: Serienfigur „Luzer Veen" (1-4).

Koweit, Freddy
Menden (Sauerland): Bewin-Verlag und
Riedel-Verlag ca.1957-58
31 verschiedene Titel 13,00
Hinweis: Freddy Koweit-Texte auch in den Heftserien BASTEI ABENTEUER-ROMAN, KELTER ABENTEUER-ROMAN.

Kraft, Robert
Marl-Hüls: Paul Feldmann-Verlag, ?
Die Weissagung von Plassy 100,00
Unter den Thags 100,00
Die Begum von Dschansi 100,00
Der Froschmensch von Delhi 100,00
Um die indische Kaiserkrone 100,00
Frauenrache 100,00
Hinweis: Neuauflagen älterer Texte des Autors.

Kral, Werner A.
Menden: Bewin Verlag 1963-64
6 verschiedene Titel (u-p.) 10,00

Krapp, Rudolf
Krefeld: Verlag Das Leihbuch
1959-60
M 1 antwortet nicht (u-p) 15,00
Relaisstation Mond (u-p) 15,00

Kriminal-Abenteuer des Mr. Wu
Siehe GARBY, RALF

Kurin, A.M.
Düsseldorf: Iltis Verlag ?
Fluss der Verdammten (Ab) 13,00
Hyänen der Macht (Ab) 13,00

Lacour, Jeanne de
Frankfurt am Main: Reihenbuchverlag
1952
Die Verhexten (S) (x) 50,00

L'Amour, Louis
Balve: Balowa-Verlag
Sein Name war Flint (W) (x) 55,00

Landy, Webb
Münster: Hansa- und Hermann Borgsmüller Verlag
?
23 verschiedene Titel 12,00
Hinweis: Serienheld ist „Cornelius Knox".

Larry Cook
Hemer: Verlag Schälter & Co. ?
Einer gegen die Kopfjäger 15,00
Trommeln und Dämonen 15,00

Larsen, Tom
Frankfurt am Main: Reihenbuch-Verlag 1953
8 verschiedene Titel 15,00

Lash, Larry
Castrop-Rauxel: Verlag Alfred Mülbüsch und
Indra-Verlag ?
139 verschiedene Titel (W) 6,00

Lasseau, Frank
Düsseldorf: Merkur-Verlag, ?
Das verkaufte Kind (S) 22,00

Lasswitz, Kurd
Berlin: Gebr. Weiss Verlag ?
Auf zwei Planeten (u-p) 12,00
Schutzumschlag 6,00

Latham, Philip
München: Awa-Verlag ?
Herausgeber: Robin Astron
Irrfahrt zur Venus (u-p) 13,00

Lazare, Renée
Düsseldorf: Ursus-Verlag 1952
Paris frivol (S) (x) 25,00

Leander, Iris
Hamburg: Friedrich Petersen Verlag 1953
Abenteurer wider Willen (Ab) 15,00

Lebert, Norbert
Bayreuth: Hestia-Verlag 1958
Bordarzt Steffens II (La) 15,00
Sterben war ihr täglich Brot (La) 15,00

Der Legionär
Eschwege: Heros-Verlag ca. 1955-58
A: Pierre Cornett
Das Felsennest von Omar 40,00
Der Hölle entgegen 40,00
Sklavin der Legion 40,00
Verlorene (Te) (x) 50,00
Verrat in der Casbah 40,00

Lehr, Hans
Eulenthal: Anker-Roman-Verlag, 1951-1953
Die Affäre Dahlskop (K) 15,00
Der Fall Baker (Linden) (K) 15,00
Der grüne Buddha (?) (Ab) 15,00
Jagd nach dem Geheimplan (Pf) (Ab) 15,00
Meuterei vor Tahiti (Bounty) (Hoch) (P) 15,00
Spiel um Erdöl und Liebe (Hö) (Ab) 15,00

Leinster, Murray
Balve: Widukind Verlag 1962
Piratenflotte über Darth (u-p) 9,00

Lem, Stanislaw
Balve: Balowa Verlag 1960
Eden (u-p) 60,00

Lester Brent
„Tod und Teufel und ...Lester Brent..."
Zürich: Lugana Verlag ca.1954-55
Rebellen-Fronherrn-Adelsknechte 30,00
Die Rotte der Rechtlosen 30,00
Geteert und gefedert 30,00
Der Blutgraf 30,00

Roter Ritter - Weisse Lilie 30,00
Hinweis: Nr. 5 ohne Untertitel.

Leukel, Rainer
Rheydt: Verlag Ernst U. Evertz ?
Verrat um die Coventry (La) 20,00

Levine, James
Stuttgart: Transit-Verlag ?
Das Modell (S) (x) 25,00
Die Strasse (S) (x) 25,00

Lhin, Erik van
München: Awa-Verlag ?
Astron-Bücherei:
Die Elektriden des Merkur (u-p) 13,00

Liane
Bayreuth: Heros-Verlag 1958
A: Anne Day-Helveg
Liane - das Mädchen aus dem Urwald
Band 1 150,00
Liane - das Mädchen aus dem Urwald
Band 2 150,00
Liane zwischen zwei Welten 250,00
Hinweis: Siehe auch Heftserie UTA-ROMAN.

Lion-Sitten-Romane
Tauberbischofsheim: Lion-Verlag Hermann Müller 1952
A: Julia Vadocz
Achtzehn Mädchen (x) 22,00
Es gibt ein Mädchen, das heißt... 22,00
Das grausame Leben (x) 22,00
Nacht über Venedig (x) 22,00
Die Sünden der Kleopatra (x) 22,00
Das Testament des Satans 22,00

Lisenius, Michael
Eulenthal: Anker-Romanvertrieb 1951
Magie (u-p) 60,00
Schutzumschlag 15,00

Lockender Westen
München: Awa-Verlag 1951 - ca. 1960
Verschiedene Autoren u.a. Grey Zane, Adams Clifton, Halleran, Eugene (E.)
252 verschiedene Titel 13,00
Schutzumschlag 10,00
Hinweis:
Die meisten (vielleicht alle) Bände sind auch in Ganzleinenausgaben ohne Vollbild, aber mit bebildertem Schutzumschlag, erschienen. Diese Schutzumschlagbilder sind identisch mit den Bildern der Leihbuch-Supronyl-Ausgaben. Siehe auch AWA-Verlag.

Lohmann, H.
Siehe ROMANE AUS DEM JAHRE 2200

Loo, Frank van
Rosenheim: Meister Verlag, 1959
Im Westen geht die Sonne unter (La) 15,00

Look, Pieter van
Marl-Hüls: Paul Feldmann-Verlag, ?
A: Peter van Look
13 verschiedene Titel 15,00

Low, Hanns
Ohne Ortsangabe: Drei Fichten Verlag, 1949
Die beiden Elikotts (K) 30,00
Die Stadt im Dschungel (Ab) 30,00
Wind aus Alaska (K) 30,00
Schutzumschlag 10,00

Lucky Hello
Albachten: Merceda-Verlag, ?
37 verschiedene Titel 6,00
Hinweis:
Siehe Heftserie KELTER-KRIMINAL-ROMAN.

Ludwig, Ferdinand
Balve: Widukind-Verlag ?
Der Himmel in Flammen (La) 20,00

Lukens, Adam
Balve: Balowa Verlag 1961
Die Anderen (u-p) 9,00

Maar, Ludwig ter
Rheydt: Miram-Verlag 1953-57
...als der Spiegel nicht mehr log 25,00
...als wäre nichts geschehen 25,00
Auch bittere Frucht muß reifen 25,00
Herz voll dunkler Gewalten 25,00
Rote Rose - Silberner Tau 25,00
Schuld wirft lange Schatten 25,00
Stern über lockendem Abgrund 25,00
Und am Ende deiner Träume 25,00
Und hinter der Fassade...? 25,00
...und stürzen blind in ihr Schicksal 25,00
Wenn Angst die Herzen jagt 25,00
Wer ohne Schuld ist 25,00
Hinweis: alle (S) (x).

Mac Carter & Olivia
Balve: Balowa-Verlag ?
A: Hermann Hilgendorff
Bevor Nacht und Tod kamen 9,00
Die Frau mit dem Goldenen Arm 9,00
Olivia in Gefahr 9,00
Die Puppe und der Detektiv 9,00
Die rote Spur 9,00
Unter dem Todesstern 9,00
Würfelbecher des Grauens 9,00

Macdonald erzählt aus Wildwest/ Macdonald Wildwest Roman/Macdonald
Bayreuth: Helios-Verlag
1951
A: William Colt MacDonald
Der Bluff des Blinden 9,00
Der Brief des Toten 20,00
Die drei Mesquitiere 20,00
Die Falle der Mesquitiere 20,00
Der Fluch des Goldes 9,00
Der galoppierende Geist 20,00
Das Geheimnis von Jackpot 20,00
Die Geisterstadt 20,00
Die Gespensterherde 9,00
Das Haus der Schlangen 20,00
Jenkins räumt auf 9,00
Die Kaktusfährte 9,00
Die Mesquitiere greifen ein 20,00
Mesquitiere im Pulverrauch 20,00
Der pfeifende Totenkopf 20,00
Die Ranch der Mesquitiere 20,00
Rauchende Revolver 20,00
Die rote Peitsche 9,00
Der schwarze Sombrero 9,00
Der singende Skorpion 20,00
Sturm über Carabina 9,00
Der verschwundene Revolvermann 9,00
Der Wüstentyrann 9,00
Hinweis:
Nr. 2-4, 6-8, 10, 13-17, 20 mit „3 Mesquitiere".

Mac Madison Siehe BARRAN, ROLF

Madame Yvette
Rheydt: Triga-Verlag, 1952
Im Licht der Nacht (S) (x) 32,00
Verratene Leidenschaft (S) (x) 32,00
Zur Liebe verdammt (S) (x) 32,00

Madelon, Marie
Berlin: Commedia-Verlag ?
Die Urwald-Lady (S) (x) 35,00

Der magische Roman
Goslar: Rappen Verlag 1953
A: Johann Jira
1 Nur wer die Hölle kennt... (u-p) 150,00
2 Der große Schönheitszauber (u-p) 200,00

Maine, Charles Eric
Berlin: Gebr. Weiss Verlag ?
Krise im Jahr 2000 (u-p) 13,00
Schutzumschlag 6,00

Mallieux, Holm
Kaiserslautern: Georg Schäfer Verlag 1952
Lola Esqualez (S) (x) 25,00

Mallorqui
Frankfurt am Main: Reihenbuch-Verlag/
Hamburg: Verlag Friedrich Petersen 1953-54
Die Gejagten 45,00
Gerechtigkeit 45,00
Das Gesetz des wilden Westens 45,00
Kriegsrecht 45,00
Die Rache 45,00
Silberlöwe greift ein 45,00
Die Vergeltung 45,00
Wolf der Prärie 45,00
Hinweis: Erste Hälfte von Nr. 2 = öster. Heftserie „Jibaro“ Nr. 5. Nr. 5 = „Jibaro“ Nr. 3-4. Nr. 6 = COYOTE Heftserie Nr. 14-15.

Maly, Anton
Schwabach: 1950-1951
Der goldene Tod (W) (Mü) 15,00
Der Reiter ohne Kopf (W) (Pf) 15,00
Bill, der Posträuber - Band 1 (W) (Ka).1951 15,00
Bill, der Büffeljäger - Band 2 (W) (Ka) 1951 15,00
Bill, der Kundschafter – Band 3 (W) (Ka)1951 15,00
Charly Soltons Sensationen (W) (Dl)
(Kid Gurney Band 1) 1952 20,00
Die Drei-Männer-Ranch (W) (Mü) 1951 15,00
Ein Mann besiegt die Wüste (W) (Lie) 15,00
Ein Ritt auf Leben und Tod (W) (Net) 1952 15,00
Die Flamme von Moreni (K) (Fe) 1950 12,00
Flucht in die Prärie (W) (Lei) 1950 15,00
Geister des Goldes (W) (Pf) 1951 15,00
Die grüne Hölle in Flammen (Ab) (Hk) 1953 15,00
Der Herr von Nevada (W) (Ka) 1951 15,00
John Gary der Rächer (W) (Lei) 1949 15,00
Kampf in der Silver-Bar (W) (Lei) 1951 15,00
Mord in der Sylvesternacht (K) (Hk) 1953 15,00
Das Perlenband des Maharadschas (K)
(Lei) 1950 15,00
Der Ritt ins Abenteuer (W) (Hk) 1953 15,00
Ritt ins Verderben (W) (Dl)
(Kid Gurney Band 2) 1952 20,00
Tod im Kamp (W) (Mü) 1950 15,00
Was der Totenkopf erzählt (W) (Hk) 15,00
Schutzumschläge (Ganzleinen) 12,00
Hinweis: Cover des Liebl Verlages von W. Junck

Manitoba Siehe BERNDT-GUBEN

Mark, William
Hemer (Rheydt): Saba-Verlag ?
Colorado-Man 20,00
Winchester-Song 20,00
Hinweis: Autor von Wyatt Earp, diese beiden Romane erschienen aber vor Wyatt Earp.

Marken, Wolfgang
Rosenheim: Meister Verlag 1955-56
Das grosse Australien-Geheimnis (u-p) 35,00
Die grosse Flut (u-p) 35,00
Hinweis: Siehe auch Heftserie GÜLDENSEE.

Maronde, Curt
Hamburg: Friedrich Petersen Verlag ca. 1954
Das Geheimnis vom Bibersee (Ab) 15,00

Marriott, Crittenden
Berlin: Eden-Verlag ?
Die Insel der verlorenen Schiffe (u-p) 50,00

Marrytt. Rod K. St.
Menden: Bewin Verlag 1966
Teufel zwischen den Sternen (u-p) 9,00

Marshall, Fred
Menden: Bewin Verlag ?
Meilen der Gerechtigkeit 9,00

Marsten, Richard
München: Awa-Verlag ?
Astron-Bücherei:
Rakete ab- zum Mond (u-p) 15,00

Martin, H.
Silber-Sonderreihe
Marl-Hüls: Paul Feldmann Verlag ?
Jagdflieger am Feind (La) 20,00

Martini, Jean ?
Mein Herz ruft (Vi) (S) (x) 22,00
Der Scheintote (Fe) (K) 10,00
Über den Arzt zur Liebe (St) (L) 3,00

Die Maske
Balve: Balowa-Verlag ca.1956-ca.1958
A: H.C. Mueller
A.B. und die Macht 38,00
Aufruhr im Pazifik 18,00
Bei Kap Hoorn lauert der Tod 18,00
Der Berg der roten Götter 18,00
Dort wo die Hölle tobt 18,00
Dynamit unter Deck 18,00
Eine unheimliche Fracht 18,00
Eisberge am Horizont 18,00
Es begann in San Franzisko 18,00
Die Frau mit dem Todesring 18,00
Gold am Lemmengoki 18,00
Der Hafen des Todes 18,00
Im Schatten der Bohrtürme 18,00
Inferno, die Insel des Grauens 28,00
Kein Tag ohne Angst 18,00
Kennwort Taifun 18,00
Die Maske kennt kein Erbammen 18,00
Mr. Miltons Millionen Orchidee 18,00
Das Rettungsboot der „Queen Lamotte“ 18,00
Die roten Wagen des Todes 18,00
Schiff der verlorenen Seelen 18,00
Sein letztes Duell 18,00
Spuren im Wüstensand 18,00
Die Stadt auf dem Vulkan 18,00
Sümpfe des Vergessens 18,00
Teehaus in Chinatown 18,00
Teufelssand 18,00
Todeszone im Pazifik 18,00
Tödliche Morsezeichen 18,00
Waffen für Namgallaland 18,00
Weisse Frau am schwarzen Fluss 18,00
Weisse Frau und schwarze Perlen 18,00

Mason, Allan P.
Düsseldorf: Heru Verlag, 1959
Goldene Roboter (u-p) 35,00
Legionäre im All (u-p) 20,00

Melinda, Jane
Wuppertal: Troubadour-Verlag, ?
Sieben Frauen beim Cocktail (S) (x) 30,00

Melton, George
Kaiserslautern: Verlag Georg Schäfer 1953
Der blaue Teufel (u-p) 70,00
Hinweis: Inhaltlicher Zusammenhang mit der VK-Heftserie HANS STARK der Fliegerteufel.

Merak, A.J.
Menden: Bewin Verlag 1957
Geheimauftrag Andromeda (u-p) 10,00

Merten, K. Siehe: ROMANE AUS DEM JAHRE 2200, WILL FOX

Mills, Eddie Blitz Abenteuer
Eschwege: Heros-Verlag ca.1955
Bande des Todes 20,00
Blizzard kommt um Mittemacht 20,00
Leuchtfeuer der Hölle 20,00
Das Pentagramm des Teufels 20,00
Die Rache der Göttin 20,00
Das Rätsel des schwarzen Turmes 20,00
Der Schattenkönig 20,00
Der schwarze Drachen 20,00
Sturmvogel auf Menschenjagd 20,00
Die weisse Kralle 20,00

Mimby, Fred Siehe SÜDSEE ROMAN PERLEN

Mingon, Cara
Osnabrück: Möwe-Verlag 1954
Die Hexe vom Monte Enrice (S) (x) 30,00

Mister Dynamit
Viersen: Rekord-Verlag ca.1967-69
A: C.H Guenter
Bis uns der Teufel holt 18,00
Captain Monte Christo 35,00
Code 18 jagt Grauauge 35,00
3000 Särge 35,00
Die grausamen Tage 35,00
In Moskau ist es aus mit dir 35,00
Mein Grab in Marokko 35,00
Mein Tod auf Jamaika 35,00
Morgen küßt euch der Tod 35,00
Stahlhand 35,00
Stirb mit mir heute Nacht 35,00
Die unsichtbare Truppe 35,00
Verrat am Nil 35,00
Hinweis: Es gibt auch TB.

Moeller. Edwin E.
Frankfurt a.M.:Reihenbuch Verlag ?
Mein Frieden (u-p) 150,00
Hinweis: Adolf Hitler-Parodie.

Moellwitz, Gino F. von
Marl-Hüls: Paul Feldmann-Verlag ?
Bettinas Abenteuer 15,00
Blonder Januskopf am Djebel Fatireh 15,00
Die Frau, die vom Himmel fiel 15,00
Die Frau im goldenen Käfig 15,00
Das Gesetz des Ismails 15,00
Gift in der Sonne 15,00
Der Händler von Tiburi 15,00
Die Heldenfahrt der Arawa 15,00
Isibunu das Gift der Malaien 15,00
Das Lächeln des Tuan 15,00
Lockvogel der Südsee 15,00
Die Lotosblume der Vindhyaberge 15,00
Die Opferstadt des Schlangengottes 15,00
Piraten-Jolly und ihre Getreuen 15,00
Rauschgift-Patrouille 15,00
Skandal um Evelyne 15,00
„Squab" Weiberfang in der Südsee 15,00
Stürme um Kap Marga 15,00
Der Tempel der Kala Bagh 15,00
Tragödie auf Aku-Kilip 15,00
Der Tyrann von Manyara 15,00
Die Vier der Troja 15,00
Der Weg zum Maesei 15,00
Weggefährten des Todes 15,00
Weib in der Wildnis 15,00
Die Weiber-Insel 15,00
Der weisse Engel von Tschapei 15,00
Weisse Frau auf Borneo 15,00
Die weisse Rose von Fangaloa-Bai 15,00
Der Wüstenflieger 15,00
Hinweis: Neuausgabe der VK-Serie TROPEN-GLUT UND LEIDENSCHAFT. Nr. 2, 12, 14-15, 18-19 sind von Walter Kabel.

Morand, Eric
Hamburg: Friedr. Petersen Verlag ?
Ein Strick für Rivera (W) 13,00

Morgan, Dan
Balve: Hönne Verlag und Widukind Verlag 1958, 1960
AT-Kraft über Terra (u-p) 10,00
Hetzjagd der Telepathen (u-p) 10,00

Morgan, Ike
Albachten: Merceda-Verlag ca. 1955
Die Todesgöttin (Ab) 18,00

Morin, René
Frankfurt am Main: Ferenz-Verlag ?
Inseln der Sünde (S) (x) 30,00

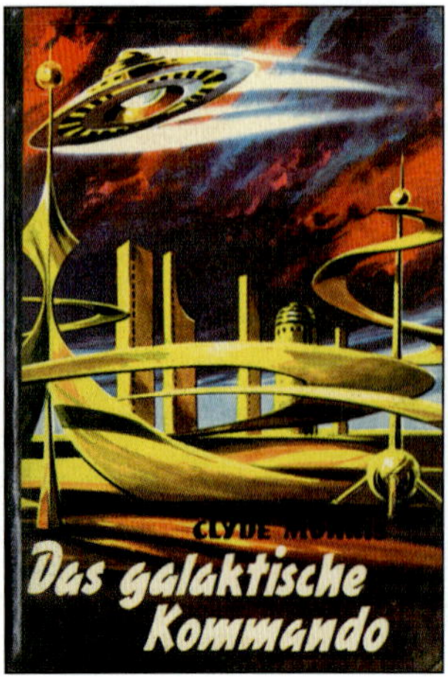

Morris, Clyde
Menden: Bewin Verlag 1957-62
Das galaktische Kommando (u-p) 9,00
Gesetz zwischen den Sternen (u-p) 9,00
Gnosis II (u-p) 9,00
Jenseits Sol (u-p) 9,00
Der Ring der Planetoiden (u-p) 9,00
Taygete, Planet des Unheils (u-p) 9,00

Morris, Edward
Schwabach: Büffel-Verlag 1952
Die Grotten des Grauens (Ab) 30,00

Morton, Ed
Hemer (Rheydt): Saba-Verlag ?
Tonga-Tonga 13,00

Münchhausen
Solingen: Mars Verlag 1955-56
Wie ich einen Dunkelstern erhellte (u-p) 90,00
Wie ich mich selbst ins All schleuderte (u-p) 90,00

Multon, Edward
Siehe ROMANE AUS DEM JAHRE 2200

Mueller, Ralph K.
Schwabach: Büffel-Verlag 1952
Der Gorilla Mann 15,00
Abrechnung mit Dick Trake 15,00
Kampf mit Dick Trake 15,00
Hinweis: Wildwest-Trilogie.

Munro, C.R.
Köln: Steinebach Verlag
1958-59
Ein Tag wie der andere 9,00
Er nahm die Erde mit 9,00
Die ewigkeit ist voller Sterne 9,00
Gefesselte Planeten 9,00
Phänomen Galaxis (And) 9,00
Raum hinter der Zeit 9,00
Sie kamen nie an... 9,00
Stern ohne Wiederkehr (And) 9,00
Das Sternenschiff (And) 9,00
Hinweis: (u-p).

Mykle, Agnar
Heidelberg: Skulima-Verlag ?
Das Lied vom roten Rubin (Ab) (x) 20,00

Myler, Lok
Wuppertal: Verlag Die Lampions 1948
Die Diamantenklippe (Ab) 45,00

Nagel, H.C.
Castrop-Rauxel: Alfred Mülbüsch Verlag ?
109 verschiedene Titel (W) 6,00

Negri, Gitta
Osnabrück: Möwe-Verlag ?
Heißes Blut (S) (x) 35,00
Zwischen Algier und Paris (S) (x) 35,00

Neue Reg Chappell-Serie
Osnabrück: Günter Netsch Verlag 1951
A: C.V. Rock
1 Mord auf Zelluloid 10,00
2 Die 3 Teufel 10,00
Hinweis: Siehe ROCK, C.V.

Nevada-Gill
Das Buch vom Todesreiter
Goslar: Rappen-Verlag 1953
A: Hannes Kempp
Der Fluch des roten Goldes
(Das Gold der Hölle) 85,00
Schüsse in der Sierra Blanca
(Die schwarzen Ratten) 85,00
Hinweis: Neuausgaben von VK-BILLY JENKINS-Büchern, in Klammern die Originaltitel. Siehe KEMPP, HANNES.

Newhome, William
Menden: Bewin Verlag 1966-68

Die Aera des Friedens (u-p) 9,00
Der Befehl (u-p) 9,00
Der Feigling (u-p) 9,00
Problem Starara (u-p) 9,00

Newman, Richard
Berlin: Gebr. Weiss Verlag ?
Drei Mann und ein Planet (u-p) 13,00
Schutzumschlag 6,00

Nickel, Roland
Goslar: Rappen-Verlag 1954
Der Ruf der Sahara (Tropen) 13,00

Norrland, Björn
Kaiserslautern: Verlag Georg Schäfer 1952
Die Tänzerin vom Montparnasse (S) (x) 35,00

North, Andrew
Balve: Hönne Verlag 1956
Die Raumschiff-Falle (u-p) 15,00

Nourse. Alan E. (A.E.) ?
Astron-Bücherei:
Der sechste Mond (u-p) 15,00
Wenn das Grauen kommt (Bal) (u-p) 15,00

Nulpe, H.C.
Siehe ROMANE AUS DEM JAHRE 2200

Oertel, Ferdinand
Rosenheim: Meister Verlag ?
Weit war der Weg (La) 20,00

Ohlsen, Ralph
Marl-Hüls: Paul Feldmann Verlag ?
Panzer rollen vor (La) 25,00
Partisanen (La) 25,00
Rivalen der Lüfte (La) 25,00
Sturm auf Kiew (La) 25,00
Trommeln am Tapaua (Ab) 25,00

Olaf K. Abelsen
Tauberbischofsheim: Drewes-Verlag (1-5)/
Regensburg: Royal-Verlag (6-16)/
Lichtenfels: Starlet-Verlag (17)
1952-ca. 54
Am Ende der Welt 60,00
Das Loch im Ozean 50,00
Mein Freund Coy 50,00
Das Kreuz in der Steppe 60,00
Amazone der Wildnis 60,00
Chi Api, der Tote 60,00
Yacht der Toten 60,00
Der 13. Wang 60,00
Mein Feind Cordy 60,00
Oase der Toten 60,00
Herrin der Unterwelt 60,00
Die Geheimnisse von Malmotta 60,00
Meuterei auf Francislan 60,00
Mein Bruder Simisatto 60,00
Die Wand der Gossli 60,00
Die Fackel des Südpols 60,00
Der Mann von drüben 60,00
Hinweis: Neuausgabe der broschierten VK-Ausga-be mit z.T. neuen Titeln.

Old Jerry
Bad Godesberg: Uta-Verlag, 1957-58
A: Rolf Randall (1-20), Fred John (Sonderband)
1-20 55,00
Sonderband: Gold für General Clee 70,00
Schutzumschläge 25,00

Oliver Quinn Reihe
Düsseldorf: Illtis Verlag, um 1953
A: Walter L. Gebauer
Der gläserne Tod 15,00
Mister Milton schweigt 15,00
Und Buddha lacht 15,00
Notiz des Teufels 15,00
Der silberne Drache 15,00
Mörder im Spiegel 15,00
Todesengel der Maxwellstreet 15,00

Ongra y Duerto, José
Köln: Alka-Verlag und Weka-Verlag, ?
Blut auf der „Flying Flame" 35,00
Blut für Wasser 35,00
Satan „Rote Hexe" (x) 35,00
Schwarzer Teufel unter
weißen Sklavinnen (x) 35,00
Der Tod jagt über das Meer (x) 35,00
Die Totenflottille 35,00
Hinweis: Serienfigur der Bände 1,3-4,6 ist James Mitchell.

Orlando, Chris
Iserlohn: Puck-Verlag, ?
Geheimnis des Atoll (Ab) 20,00

Orlando, Enrico
Sundwig: Hallberg-Verlag 1953-54
Der Tiger der Südsee 22,00
Juana und der Pirat 22,00
Meuterer und Piraten (x) 25,00

Osten, Ludwig
Marl-Hüls: Paul Feldmann Verlag Ca. 1952
Barbara entdeckt ihr Herz (Pfr) (L) 10,00
Jaup erbt eine Insel (Müller Vlg.) (L) 10,00
Liebe am blauen Meer (L) 10,00
Der Mann auf dem Seil (Zirkus) 15,00
Die von Lindenhofen (L) 10,00

Overlack, James
Marl-Hüls: Paul Feldmann Verlag ca. 1956
Die Gefangene des Maharadscha (Ab) 15,00
Licht und Schatten 15,00

Pablo, P.
Andernach: Ikarus-Verlag 1953-54
El Capitan 30,00
Das Gericht von Sacramento 30,00
Die Rote Schlange von Jamaica 30,00
Der Sohn des Piraten 30,00
Der Tyrann von Syracus 30,00

Paduas, Francisco
Andernach: Drei Sterne Verlag 1954
Vom Tode verfolgt (P) 30,00

Parnell, Mike
Balve: Widukind Verlag 1961
Unternehmen Dämmerung (u-p) 9,00

Pat Wilding
Rheydt: Saba-Verlag
1953-56...
Drei für einen Dollar (Net) (x) 12,00
Der Elfenbein-Affe (Re) (x) 15,00
Er greift ein (Re) 13,00
500 000 für ein Mädchen (Re) 13,00
Die Goldfisch-A.G. (Net) 12,00
Handgranaten am Weihnachtsbaum (Re) (x) 13,00
Katzen und Orchideen (Re) (x) 15,00
Luftgangster (Net) 12,00
Pat Wilding wird gesucht (Net) 12,00
Propheten und Athleten (Mar) (x) 15,00
Rache für Muriel (Re) (x) 13,00
77 Swatlo Street (Re) (x) 13,00
So'n Biest (Mar) 13,00
Das Staatsgeheimnis (Re) (x) 13,00
Stichwort Haiti (Re) 13,00
...und plötzlich war ich tot (Re) (x) 15,00
Restliche 38 verschiedene Titel 9,00
Hinweis: Siehe Heftserien ERDBALL ROMANE, LUNA KRIMINAL ROMAN, SILBER KRIMI, SILBER-KRIMINALROMAN.

Pauly, Nick
Nürnberg: Verlagsbuchhandlung Ludwig Liebel
?
Der Bankraub in Salt Lake City (W) 13,00
Conny greift ein (W) 13,00
Die Erben der Donkey-Farm (W) 13,00
Das Geheimnis des grünen Kaisers (Sk) (P) 15,00
Der Mann mit den Röntgenaugen
(u-p.) (Ank) 1950 25,00
Der schwarze Panther (Sk) (P) 15,00

Sheriff Jack greift ein (W)................................ 13,00
Schutzumschlag: Halbleinen-Ausgabe 8,00
Hinweis:
Cover aus dem Liebel Verlag von Walter Junck

Peccar, Alf
Münster: Borgsmüller Verlag 1960
Invasion der Unsichtbaren (u-p) 10,00

Percy Brook Siehe INSPEKTOR PERCY BROOK

Pernod, Denise
Düsseldorf: Iltis-Verlag ca. 1952
9 verschiedene Titel 25,00
Hinweis: Alle (S) (x).

Perry Rhodan
Der Erbe des Universums
Balve: Widukind-Verlag (1-7)/Balowa-Verlag (ab 8)
1962-68
A: K.H. Scheer (außen), diverse (innen)
Der Anti (36).. 65,00
Atombrand auf Mechanica (47) 65,00
Die Atomhölle von Gray Beast (31) 65,00
Attacke aus dem Unsichtbaren (24) 65,00
Auf den Spuren der Antis (50) 65,00
Das blaue System (38)....................................... 65,00
Blockadering um Lepso (39) 65,00
Duell unter der Doppelsonne (42)....................... 65,00
Der Einsame der Zeit (22)................................... 65,00
Eiswelt in Flammen (13)..................................... 65,00
Der Fall Kolumbus (34) 65,00
Festung Atlantis (25)... 65,00
Festung der sechs Monde (6)............................. 70,00
Freiwillige für Frago (48) 65,00
Für Menschen verboten (53) 65,00
Das galaktische Rätsel (7) 70,00
Der galaktische Schachzug (14)......................... 65,00
Geheimmission Moluk (35) 65,00
Gom antwortet nicht (20)..................................... 65,00
Götterdämmerung (2) 70,00
Hetzjagd durch die Dimensionen (28) 65,00
Der Kaiser von New York (12)............................. 65,00
Kampf um die Hundertsonnenwelt (55)............. 65,00
Die Kanonen von Everblack (49) 65,00
Der kosmische Lockvogel (11) 65,00
Der Mensch und das Monster (19)..................... 65,00
Das Mutantenkorps (3) 70,00
Operation Stein der Weisen (8)........................... 70,00
Der Overhead (10) 70,00
Der Partner des Giganten (17)............................ 65,00
Der Planet Mechanica (44) 65,00
Raumschiff Titan funkt SOS (18) 65,00
Raumschlacht im Wega-Sektor(5)...................... 70,00
Rekruten für Arkon (32) 65,00
Retter des Imperiums (46) 65,00
Risiko unendlich gross (51) 65,00
Roboter lassen bitten (54) 65,00
Der Robotspion (26) 65,00
Das rote Universum (29)..................................... 65,00
Rotes Auge Beteigeuze (21)................................ 65,00
Rufer aus der Ewigkeit (41) 65,00
Saat des Verderbens (43) 65,00
Saboteure in A-1 65,00
Der Schlüssel zur Macht (33).............................. 65,00
Die Seuche des Vergessens (15) 65,00
Die Spezialisten der USO (56) 70,00
Station der Unsichtbaren (52).............................. 65,00
Die Toten leben (23).. 65,00
Der Unsterbliche (9)... 70,00
Unter den Sternen von Druufon (30) 65,00
Unternehmen Stardust (1) 90,00
Die Venusbasis (4) 65,00
Vorstoß nach Arkon (16) 65,00
Wächter in der Einsamkeit (50)........................... 65,00
Der Zielstem (37) 65,00
Zwischenspiel auf Siliko (5) 70,00
Schutzumschläge.. 25,00
Hinweis:
Etwas gekürzte Neuausgabe der Heftserie, pro Buch 2 Texte. Reihenfolge entspricht der Heftserie, jedoch mit Auslassungen.

Das Pete-Buch
Sinzig (später Bad Godesberg): Uta-Verlag
1953-59
A: Rolf Randall (1-4), Frank Dalton,
George Berings, Will Parker u.a.
1 30,00
2-3 20,00
4 30,00
5-30 25,00
31-38 30,00
39-48 40,00
49 50,00
50 80,00
Schutzumschläge 12,00
Hinweis: Siehe auch Heftserie.

Der Pfeifer
Frankfurt am Main: Reihenbuch-Verlag (1-23)/
Menden (Sauerland): Verlag W. Riedel (ab 24)
1952-54
A: Berndt-Guben
1 Liebe, Rum und Pulverfaß 65,00
2 Korsaren - Knuten - Kapitäne 65,00
3 Diebe - Dolche - Diamanten 60,00
4 Musketen - Mädchen – Menschenhändler 60,00
5 Bengali - Bambus – Brahmanen 60,00
6 Soldaten - Strolche - Spießgesellen 60,00
7 Kanonen - Knüppel - Konkurrenten 60,00
8 Sümpfe - Steine - Sklavenhändler 60,00
9 Säufer - Satan - Sansibar 60,00
10 Dukaten - Degen - Denunzianten 60,00
11 Berge - Bären - Biberjäger 60,00
12 Flüche - Flammen - Flintenschüsse 60,00
13 Räuber - Rancher - Revolverschützen 60,00
14 Freunde - Feuer - Fährtensucher 60,00
15 Marina - Morénos - Marodeure 60,00
16 Piraten - Prügel - Pulverdampf 60,00
o.Nr. Peseten - Pest - Piratentreue 60,00
o.Nr. Rebellen - Ratten - Raubgesellen 60,00
o.Nr. Tyrannen - Teufel - Trinidad 60,00
o.Nr. Alarm - Agenten - Afrika 65,00
o.Nr.Taue - Terror - Totengräber 65,00
o.Nr. Hölle - Helden - Harakiri 65,00
o.Nr. Himmel - Hölle - Heldentod 65,00
Hinweis:
Nr.1-10 als Neuauflage in 6 Bänden beim Karl-May Verlag, Bamberg, 1965-68. Siehe auch BERNDT-GUBEN.

Peters, A.F.
Düsseldorf: Verlag C.S. Dörner ?
20 verschiedene Titel 6,00
Neuauflagen Karo Verlag mit anderen Titelbild 4,00

Peters, A.F. jun.
Düsseldorf: Verlag C.S. Dörner ?
18 verschiedene Titel 6,00
.

Petersen, Knut
Regensburg: Royal-Verlag, ?
Brazilianisches Intermezzo (S) (x) 30,00

Phillips, Rog
Balve: Hönne Verlag und Borgsmüller Verlag
1958, 1960
Die Zeitfalle (u-p) 10,00
Welten der Wahrscheinlichkeit (u-p) 10,00

Pierre le Duc - der Rächer
Eschwege: Verlagsbuchhandlung H. Bethke,
ca.1960 A: Henri de la Motte
Die blaue Maske (8) 30,00
Blinder Haß (7) 30,00
Die dem Satan dienen (11) 30,00
Gebrandmarkt (4) (x) 30,00
Herr über tausend Leben (2) (x) 30,00
In die Spieße gejagt (3) (x) 30,00
Kochendes Blut (12) 30,00
Der rote Teufel (9) 30,00
Die schwarze Gräfin (6) 30,00
Sklavin des Fürsten (1) (x) 30,00
Todfeinde (10) 30,00
Das Vermächtnis des Gerichteten (5) (x) 30,00

Pierrot, Claude
Osnabrück: Möwe-Verlag, ?
Gefahr für Cyd (S) (x) 30,00

Pit Comber
Düsseldorf: Iltis-Verlag ?
43 verschiedene Titel 9,00

Pitigrilli
Berlin: Commedia-Verlag 1951
Ein Mensch jagt nach Liebe 30,00
Der falsche Weg (x).. 30,00
Die Jungfrau von 18 Karat (x) 30,00
Der Keuschheitsgürtel (x) 30,00
Kokain (x)... 30,00
Luxusweibchen 30,00
Yvette gibt französischen Unterricht 30,00
Hinweis: Alle (S).

Pohl/Kornbluth
Balve: Balowa Verlag 1960, 1962
Die letzte Antwort (u-p).. 9,00
Gladiator des Rechts (u-p) 9,00

Poldi, Franz de
Iserlohn: Puck-Verlag ?
Die weiße Fessel (Ab) 13,00

Powers, J.L.
Balve: Balowa Verlag 1962
Vorstoss in die Galaxis (u-p)............................... 9,00

Pragnell, Festus
Bayreuth: Helios Verlag 1952
Kampf im Atom (u-p) 40,00

Presto, C.
Hamburg: Friedrich Petersen Verlag, 1953
Staatsfeind Nr. 2 (K).. 50,00

Preston, Fred
Castrop-Rauxel: Alfred Mülbüsch Verlag ab 1953
Der Geächtete vom Rio Grande (W)................... 10,00
Gefährliches Erbe (W)....................................... 10,00
Die Haie der Karibensee (P) 25,00
Der Herr des Karibischen Meeres (Fe) (P) 25,00
Die Hölle von Maracaibo (P).............................. 25,00
Die Insel der gelben Götter (Fe) (P) 25,00
Der Rebell von Haiti (Fe) (P)............................... 25,00
Hinweis: Serienfiguren von Band 3-6 sind Pietro Armandola und Kit Douglas.

Privatdetektiv Fred Hunter
Eschwege: Verlagsbuchhandlung H. Bethke und Heros-Verlag ca. 1956-59
A: Fred Hunter
Achtung Giftgas (VK-KE „Die gelben Kugeln“)... 15,00
Blutige Erbschaft 8,00
Das Buch der 7 Siegel (NK-K 14 + 7)................. 12,00
Die Erpresser 8,00
Die falsche Miss (VK-KE 172)............................ 15,00
Der Fehler des Banditen (NK-KE 2).................... 13,00
Fliegende Messer (NK-KE 7) 13,00
Gift vom Amazonas (VK-B „Ein Tropfen Blut“) ... 15,00
Das Grauen von Morringhouse-Castle................. 8,00
Der grosse Bluff
(VK-B „Der Meister des Bluffs“)......................... 15,00
Das Haus des Schreckens
(VK-B „Im Banne des Grauens“) 15,00
Das Höhlenungeheuer.. 15,00
Der lautlose Schatten
(VK-B „Die Nacht der Vergeltung“) 15,00
Mister Unbekannt lebt gefährlich 8,00
Das rätselhafte Verbrechen
(VK-KE „Die verräterische Melodie“) 15,00
Schach dem Tod (VK-KE 159)........................... 15,00
Schneller als der Tod (NK-K 25 + 26) 12,00
Der Schrecken von Chicago................................ 8,00
Der siebente Sarg 8,00
Hinweis: Viele Titel sind umgeschriebene und z.T. erweiterte JOHN KLING-Texte. VK-B = JOHN KLING VK-Buch, VK-KE = VK-Heftserie JOHN KLINGS ERINNERUNGEN. NK-K = NK-Heftserie JOHN KLING, NK-KE = NK-Heftserie JOHN KLINGS ERINNERUNGEN.

Puttkamer, Jesco von
Düsseldorf: Dörner Verlag 1957-61
Galaxis ahoi! (u-p)... 25,00
Die sechste Phase (Bal) (u-p) 25,00
Der Unheimliche vom anderen Stern (u-p)......... 25,00
Das Zeitmanuskript (Bal) (u-p)........................... 25,00

Quinlain, Daniel
Ratingen: Andra Verlag/Köln: Luro Verlag, 1958-59
Antimaterie (u-p).. 20,00
Gett und Dugga, die Planeten (u-p)................... 20,00
Panther 3 verschollen (u-p) 20,00
Planet B-A-C (u-p)... 20,00
Planet des Todes (u-p)....................................... 20,00
Schatten über New York (u-p) 20,00

Quint, Thomas
München: Manz Verlag Ca. 1950
Das Gift der Millarayum (K)................................ 13,00
Die Otterinsel (Ab) 13,00

Randall, Rolf
Castrop-Rauxel: Alfred Mülbüsch-Verlag ca.1954
Trommeln der Rache 90,00
Der Geisterreiter 90,00

Randall, Rolf
Sinzig: Uta-Verlag 1954
1 Die Hölle kann warten 65,00
2 Jenny die Wildkatze 65,00
3 Ein Mann gegen Texas 65,00
4 Urlaub vom Galgen 65,00

Ranger, L.S.
Castrop-Rauxel: Verlag Alfred Mülbüsch ?
54 verschiedene Titel 6,00

Ray, A.A.
Zürich: Lugana-Verlag ca. 1955-57
13 verschiedene Titel 10,00
Hinweis: Serienheld ist Sam O'Connor, genannt „Shorty".
Siehe Heftserie SILBER-KRIMINALROMAN.

Rebb, John
Menden: Bewin-Verlag ?
Drei Kreuze im Rif 26,00
Entscheidung um Mitternacht 26,00
Es geschah am 1. November 26,00
Frontsoldaten 26,00
Hafen der Gezeichneten.................................... 26,00
Helden ohne Namen.. 26,00
Stunde der Bewährung 26,00
Hinweis: Legionärs-Romane.

Ray Radagan
Balve: Hönne-Verlag 1951-53
A: Ralph Thomas
10 verschiedene Titel 15,00
Hinweis: Siehe auch Heftserie ERDBALL ROMANE, LUNA WESTERN.

Reed, Allan
Basel: Ravena Verlag 1954-1957
10 verschiedene Titel 15,00
Hinweis: Serienuntertitel „Kriminalroman aus der Welt von Morgen"; Serienfigur Duke Gilberth; es gibt z.T. auch Taschenbuch- (Steffek Verlag, Wien) und Heftausgaben (Lehning Verlag, Hannover).

Reese, Willy ab 1948
Camotillo (K) (Fe, auch Sesam 1951) 15,00
Das Experiment des Dr. Bunge (K)
(Ir, auch bei Ren 1948))..................................... 15,00
Die Falle (K) (EZ/Papenburg) 15,00
Im Fahrstuhl abwärts (K) (Fe)............................. 15,00
Heiße Spuren (K) (Go 1952)............................... 15,00
Ein Kabel an Scotland Yard (K) (EZ) 15,00
Der Mann vom anderen Ende (K) (Go 1954)....... 15,00
Die Nachricht aus Sidney (K) (Go 1952) 15,00
Raffal (Fe) 10,00
Der Ruf aus Puri (K) (Ir, auch bei Ren 1948) 15,00
Rutsch über den Ozean (Fe) (u-p) 25,00
Der schwarze Stern (K)
(Ir, auch bei Ren 1948)....................................... 15,00
Tiger, Jäger und Piraten (Ab)

(Ank, auch bei Jost 1949) 15,00
Unfall im Nebel (K) (Go 1953) 15,00
Verriegelte Türen (K) (EZ) 15,00

Reg Chappell Siehe ROCK, C.V.

Reiners, Chris
Menden: Bewin Verlag 1966-67
Experiment mit Alf (u-p) 9,00
Sklaven der Roboter (u-p) 9,00
Vermächtnis im All (u-p) 9,00

Reiterlein
Kaiserslautern: Georg Schäfer-Verlag und Wuppertal: Engelbert Pfriem Verlag 1952-54
A: (Hannes) Reiterlein
Autobahn-Vamp (x) 70,00
Die schwarze Geisha (x) 70,00
Gier (x) 70,00
Hallo Blondie (x) 70,00
Unter der roten Laterne (x) 70,00
Rote Lippen (x) 70,00
Frauen im Zwielicht (x) 70,00
Die Frauengaleere 45,00
Piraten Palmen Prostituierte (x) 45,00
Weißes Fleisch unter schwarzen Segeln 45,00
Heißer Himmel über Casablanca (x) 45,00
Korsar der Hölle 45,00
Zehn Mann auf des Toten Kiste 45,00
Pirat und Prinzessin 45,00
Samoa-Madonna (x) 45,00
Geliebter Seeräuber (x) 45,00
Freiwild der Meere 45,00
Mein Kopf für Master Devil (x) 45,00
Riffpiraten 45,00
Hinweis: Band 1-7 sind Sittenromane.

Renard, Gaston
Nürnberg: Verlag P.H. Schubert, ca. 1952
Corinne 20,00
Denise (Ur) 20,00
Diana 20,00
Eufemia 20,00
Olivia 20,00
Pamela 20,00
Schutzumschlag 6,00
Hinweis: Alle (S) (x).

Rennau, Rolf
Düsseldorf: Verlag C.S. Dörner 1956
Die Bande 45,00
Das Geheimnis der Vier 45,00
Jenseits des Rio Grande 45,00
Todfeinde 45,00
Unter den Sternen 45,00
Zwischen den Feuern 45,00

Retcliffe, Sir John
Tauberbischofsheim: Blaustern Verlag ?
Die Abenteurer der Sonora 120,00
Goldfieber 120,00
Zu den Quellen des Buenaventura 120,00

Reubel-Ciani, Theo
Tauberbischofsheim: Hermann Müller-Verlag ca. 1953
Aufruhr am Rio Yalde (Ab) 13,00

Reuter, Jo (Joe/Joseph)
ab 1952
Hola Senorita (Ik) (Ab) 13,00
Die Insel Corinna (Sk) (Ab) 13,00
Jahr des Teufels (Ik) (Ab) 13,00
Der Narr von Perugia (Ik) (Ab) 22,00
Rächer von Alcantara (Sk) (P) (x) 15,00
Ruhelose Ranch (Hö) (W) 8,00
Der schwarze Barry (Mü) (W) 8,00
Teufel der Meere (Sk) (P) (x) 15,00

Rex Carter
Düsseldorf: Verlag C.S. Dörner 1951-52...
A: Claude Morris, Hans Heinz Parry
1-19 15,00
Hinweis: Siehe Heftserie LUNA WESTERN.

Rex Yale Blitz Abenteuer
Eschwege: Verlagsbuchhandlung H. Bethke 1957-59
32 verschiedene Titel 26,00
Albachten: Merceda-Verlag ca. 1961
5 verschiedene Titel 26,00

Ray, Lester del
München: Awa-Verlag ?
Herausgeber: Robin Astron
Im Banne der Marswelt (u-p) 12,00

Reinhard, Hans
Goslar: Rappen-Verlag 1953
Diamanten, Gaukler und Dämonen (Ab) 15,00

Ribeira, Alfonsa de
Hattingen (Ruhr): Imma Verlag 1955
Der Pirat von Kap Antonio 20,00

Richter, Ernst H.
Balve: Hönne Verlag 1953
Die Unverwundbaren (u-p) 9,00
Die Vulkane brechen auf (u-p) 9,00

Richter-Tersik, Oswald
Albachten: Merceda-Verlag, ?
Lady Hamilton – Zauberin der Liebe 35,00
Tänzerin der Liebe 35,00
Die Weiberinsel (Con) 55,00
Hinweis: Alle (S) (x).

Robb, John
Menden: Bewin-Verlag ?
7 verschiedene Titel 22,00
Hinweis: Abenteuer- und Legionärs-Romane.

Roberts, Frank L.
Viechtach: Fichten-Verlag ca. 1949
Der Bandit aus Texas (W) 40,00
Die Ranch am Arkansas (W) 40,00
Der weisse Häuptling (W) 40,00
Hinweis: Im Anhang das „Stimson L. Greenwood-Western-Dictionary".

Roberts, Fred
München: Buchverlag Münchmeyer ?
12 verschiedene Titel 13,00

Roberts, Ray
Siehe UTOPIA KRIMINAL-ROMAN

Robertson, James Siehe FRANK STUART

Robin, Fred
Münster, Borgsmüller Verlag 1960
Solar ruft Basic I (u-p) 13,00

Robin Hood
Darmstadt: Jupiter Verlag 1953
A: J.W. Trake
Der Herr von Sherwood 160,00
Schutzumschlag 70,00
Hinweis: Siehe auch Heftserie.

Rock, C.V.
Osnabrück: Günter Netsch Verlag 1949 - ca. 1958
Die beiden Marshalls (W) 15,00
Der schwarze Rancher (W) 15,00
Senor Sonne (W) 15,00
70 verschiedene Titel 7,50
...
Serienfigur REG CHAPPELL:
Atom-Mord Nr. 1 (Dö) 13,00
45 verschiedene Titel 7,50
...
Serienfigur GEHEIMAGENT BILLY BILKEN (u-p), Verlag C.S. Dörner
Das kalte Licht 20,00
Letzte Warnung 20,00
Mord im Planquadrat F 19 20,00
Die Radar-Dschunke 20,00
Stahlherz versagte 20,00
Die Vulkan-Bombe 20,00

Die Yoshiwara-Bar 20,00
....
Serienfigur BOB BABB, Helios-Verlag:
Die stählerne Stimme 6,00
Die Toten von Kai 11 6,00
Der Ruf aus dem Jenseits 6,00
Der leuchtende Tod 6,00
Schutzumschlag (Net) 7,50
Hinweis: Siehe NEUE REG CHAPPELL-SERIE, BURMESTER'S ABENTEUER-SERIE (VK), Heftserien BASTEI-KRIMINAL-ROMAN, SILBER-KRIMINALROMAN.

Roger Kersten
Balve: Balowa-Verlag ?
6 verschiedene Titel 20,00

Rogge, K.
Menden: Bewin Verlag ?
Blutiger Reis (Legionärsroman) 26,00
Gluthölle Sahara 20,00

Rohde, Klaus
Wuppertal: Verlagsbuchhandlung Georg Wiesemann ?
Fahnenjunker v. Schorin (La) 20,00
Kampfgruppe Lehmann (La)............................... 20,00

Rohr, Wolf Detlef
Düsseldorf: Dörner Verlag 1951-58
24 verschiedene Titel (u-p.) 13,00

Romane aus dem Jahre 2200
Frankfurt a.M.: Reihenbuch Verlag, 1952-54
Koch, Richard:
Die Erde geht nicht unter.................................. 30,00

Lohmann, H.:
Die dritte Macht.. 30,00

Merten, K.:
B 13 greift ein 30,00
Griff nach der Sonne 30,00
Time-Radar.. 30,00

Multon, Edward:
Geheimnis der O-Strahlen................................. 30,00
Planet der Verdammten..................................... 30,00

Nulpe, H.C.:
Absolut Null 30,00
Lebende Zukunft 30,00

Scheer, K.H.:
Brennpunkt Venus 45,00
Das große Projekt.. 45,00
Kampf um den Mond 45,00
Macht der Ahnen... 45,00
Piraten zwischen Mars und Erde....................... 45,00
Der rätselhafte Planet....................................... 45,00
Ruf der Erde 45,00
Sprung ins All 45,00
Stern „A" funkt Hilfe 50,00
Stern der Rätsel.. 45,00
Und die Sterne bersten 45,00
Weltraumstation 1 45,00

Smith, Alan D.:
Atomexplosion Kobalt 30,00
Die Botschaft des Panergon 30,00
Sonnenkraft... 30,00

Zanta, C.C.:
Treffpunkt Mond 50,00

Ronsard, Armand
Bremen: Kond or-Verlag 1952
Vom Blute getrieben (S) (x) 30,00

Rosière, Rosette
Kaiserslautern: Verlag Georg Schäfer ca. 1954
Courtisane des Teufels (S) (x) 30,00
Gehetzte des Satans (S).................................... 30,00
Tanz am Abgrund (S) (x) 30,00

Rote Schlange
(interner Serientitel)
Hamburg: Friedrich Petersen Verlag 1952-53
A: G.L. Hipkiss
Der gestohlene Millionär 65,00
Skandal im Piccadilly Club 65,00
Im Netz der Tarantel 90,00
Unter falschem Verdacht 90,00
Hinweis:
Band 1 = etwas erweiterte Neuausgabe von Nr. 1-2 der Heftserie.

Der Rotrock
Eschwege: Heros-Verlag ca. 1957
A: o.A.
Alaska-Jim 40,00
Der Fall Johnson 40,00
Der falsche Rotrock 40,00
Der schwarze Wolf 40,00
Der Todesposten 40,00
Hinweis: Serienfigur ist Leutnant James Garrett von der Royal Canadian Mounted Police.
Siehe Heftserien BASTEI ABENTEUER-ROMAN, CONSTANTIN WILDWEST-ROMAN.

Rox, Ronny
Wiesbaden: Delphi-Verlag ?
Sündige Nächte (S) (x) 30,00

Roy, Gordon
Darmstadt: Service-Verlag ?
Sheriff Jerry Jackson 40,00
Hinweis:
Mit der KG „Hilfeschrei aus der Prärie“ (=Heftserie TOM BRACK 2. Serie Nr. 24).

Royan, Roy
Rheydt: Triga-Verlag 1954
Gelbe Rose von Singapur (x) 15,00
Kalte Nächte – heisser Sand (Ab) 12,00
Wege im Zwielicht (L-Ab) 13,00

Rudolf, Gerhard H. ?
„Achtung Feind fliegt mit“ (Wid) (La) 20,00
Jagd auf Rote Sterne (Zi) (La) 20,00

Russel, Eric Frank
Bischofswiesen: Delta Verlag 1953
Die Todesschranke (u-p) 26,00

Sabatini, Rafael
München: Droemersche Verlagsanstalt ca. 1950
Der schwarze Schwan (P) 25,00

Sacramento, W.W.
Mönchengladbach: Linden-Verlag ?
Der Galgen auf Jamaika (P) 22,00
Pirat unter blutigem Segel (P) 22,00

Salgari, Emilio
Tauberbischofsheim: Blaustern Verlag ca. 1954
Geheimnisse der schwarzen Dschungel 110,00
Karthago in Flammen 95,00

Sander, Frank
Wildeshausen: Henry Burmester Verlag, 1949-50
34 verschiedene Titel 32,00
Schutzumschläge 24,00
Hinweis:
Siehe BURMESTER'S ABENTEUER-SERIE, VK.
Titelbilder von Heinrich Berends.

Münchmeyer:
13 verschiedene Titel 65,00

Sandow, G./Gerd/Gert/J.G.
Menden: Bewin Verlag 1963-69
51 verschiedene Titel (u-P.) 9,00

Schachner, Nat
Balve: Balowa Verlag 1961
Der Weltraumanwalt (u-p) 15,00

Scheer, K.H.
Balve: Balowa Verlag 1955-65
Amok 30,00
Corps der Verzweifelten 30,00
Expedition 30,00
Flucht in den Raum 30,00
Die Fremden 30,00
Galaxis ohne Menschheit 30,00
Der gelbe Block (Pfr) 35,00
Grenzen der Macht 30,00
Die Großen in der Tiefe 30,00
Hölle auf Erden (Pfr) 35,00
Die kosmische Fackel 30,00
Die lange Reise 30,00
Der Mann von Oros 50,00
Die Männer der Pyrrhus 30,00
Nichts ausser uns 30,00
Octavian III 30,00
Pronto 1318 30,00
Revolte der Toten 30,00
Sie kamen von der Erde 30,00
Der Stern der Gewalt 30,00
Über uns das Nichts 30,00
Und sie lernen es nie 30,00
Der unendliche Raum 30,00
Unternehmen Diskus (Pfr) 35,00
Der Verbannte von Asyth 30,00
Verdammt für alle Zeiten 30,00
Vergessen 50,00
Verweht im Weltenraum 30,00
Vorposten Jupitermond 30,00

ZBV-Titel:
Zur besonderen Verwendung 25,00
Kommandosache HC-9 25,00
Ordnungszahl 120 25,00
Unternehmen Pegasus 25,00
CC5 - streng geheim 25,00
Hölle unter null Grad 25,00
Großeinsatz Morgenröte 25,00
Eliteeinheit Luna-Port 25,00
Überfällig 25,00
Vollmachten unbegrenzt 25,00
Zutritt verboten 25,00
Fähigkeiten unbekannt 25,00
Vorsicht Niemandsland 25,00
Diagnose negativ 25,00
Kodezeichen Großer Bär 25,00
Raumpatrouille Nebelwelt 35,00
Offensive Minotaurus 25,00
Gegenschlagsprogramm Kopernikus 25,00
Hinweis: ND und Fortsetzung der ZBV-Titel als TB beim Pabel Verlag. Siehe auch Buchserien JOE BRAND, PERRY RHODAN, ROMANE AUS DEM JAHRE 2200.

Scheidt, Jürgen vom 1958-62
Männer gegen Raum und Zeit (Wis) (u-p) 9,00
Sternvogel (Bew)(u-p) 9,00

Schilt, Otto
Wuppertal: Engelbert Pfriem Verlag 1951
Die Königin der Tigermenschen I (Ab) 45,00
Die Königin der Tigermenschen II (Ab) 45,00

Schopen, Edmund
Berlin: Gebr. Weiss Verlag ?
Jenseits der Milchstraße (u-p) 13,00
Der Kanzler von Afrika (u-p) 13,00
Schutzumschläge 6,00

Schulz, Joh.
Balve: Gebr. Zimmermann Verlag ?
12 verschiedene Titel 40,00
Hinweis: Alles (La). Weitere Texte im WTB-Verlag, Eltville 1975.

Die schwarze Fledermaus
Balve: Balowa- und Widukind-Verlag ca.1959
A: G.W. Jones
Nicht alles was glänzt 95,00
Der Mann im Schatten 95,00
Das Bettlersyndikat 95,00
Der Schatten des Unbekannten 95,00

Des Mörders Geheimnis 95,00
Der Mörder schlug zu... 95,00
Hinweis: Bände 2-5 auch als FLEDERMAUS-Hefte Nr. 210, 125, 119, 166. Es gibt auch TB.

Schwarzer Pirat
Hamburg: Friedrich Petersen Verlag 1952
A: Arnaldo Visconti
Die schöne Korsarin 100,00
Hinweis: Erweiterte Ausgabe von Nr. 2 der Heftse-rie. Siehe auch ARNALDO VISCONTI.

Scott, Allan
Menden (Sauerland): Bewin-Verlag ?
Auf den Spuren des Puma 40,00
Der Rebell von Zamora..................................... 40,00
Die Verlorenen der grünen Hölle (u-p) 40,00
31 verschiedene Titel 13,00
Hinweis:Teilweise mit Serienfigur Bloody Kid „Auf den Spuren des Puma" = Neuausgabe des BILLY JENKINS VK-Buches „Im Tal des Silberlöwen". „Der Rebell von Zamora" = Neuausgabe des BILLY JENKINS VK-Buches. „Die Verlorenen der grünen Hölle" = Neuausgabe des BILLY JENKINS VK-Buches „Trommeln der Hölle".

Scott, Tom
Bad Godesberg und Bonn: Cuno Altendorf Verlag 1951-53
24 verschiedene Titel 13,00

Scott, Washington
Menden (Sauerland): Bewin-Verlag ca. 1957
9 verschiedene Titel 13,00

Seitz, Eberhard
Balve: Hönne-Verlag 1953-1954
Entscheidung in den Bergen 8,00
Esther läuft Weltrekord (Sportroman) 8,00
Hell Jonathans 14 Kreuze (Ab) 13,00
Heute läuft Pitt (Sportroman)............................... 8,00
Die Hütte unter dem Grat 8,00

Lockender Urwald (Ab)...................................... 13,00
Das Mädchen mit den goldenen Augen (Ab)...... 13,00
Nachthorn... 8,00
Sturm über den Inseln (Ab)................................ 13,00

Shocker, Dan
Viersen: Rekord-Verlag 1974-75
Die Bestie mit den Bluthänden (11)................... 50,00
Bis die Ratten dich zerfetzen (4)........................ 50,00
Dämonenbrut (7).. 50,00
Draculas Liebesbiß (12)..................................... 50,00
Das Grauen von Blackwood Castle (9).............. 50,00
Das Höllenbiest (8) 50,00
Im Kabinett des Grauens (3).............................. 50,00
Im Todesgriff der Schreckensmumie (15) 50,00
Im Würgegriff das Nachtmahrs (6)..................... 50,00
Marotsch der Vampir-Killer (10) 50,00
Die Müll-Monster (13).. 50,00
Das Sanatorium der Toten (1)............................ 50,00
Das Totenhaus der Lady Florence (5)................ 50,00
Die Treppe ins Jenseits (14).............................. 50,00
Zur Herberge der tausend Schrecken (2) 50,00
Hinweis:
Neuausgabe der TB vom Zauberkreis Verlag. Serienfigur ist Larry Brent, siehe auch LARRY BRENT-Heftserie.

Shols, W.W.
Menden: Bewin Verlag 1958-67
29 verschiedene Titel (u-p.)................................ 9,00
Hinweis: Siehe UTO-SPION.

Sieg, Paul Eugen
Berlin: Gebr. Weiss Verlag ?
Angolesa (u-p) 13,00
Detaton (u-p) 13,00
Insula (u-p).. 13,00
Schutzumschläge 6,00

Silvester, Claus
Düsseldorf: Dörnersche Verlagsges. 1958
Steine waren ihr Bett (La) 20,00

Simak, Clifford D.
Balve: Widukind Verlag 1961-62
Tod aus der Zukunft (u-p) 13,00
Ring um die Sonne (u-p).................................... 13,00

Sissy
Osnabrück: Möwe Verlag Ca. 1954-60
Endstation 25,00
Liebesträume... 25,00
Nachtfalter (Bib).. 25,00
Hinweis: Alle (S) (x).

Sivo, Jonny
Menden: Bewin Verlag, 1960
Der rettende Strahl (u-p)...................................... 9,00

Smith, Alan D.
Frankfurt a.M.: Reihenbuch Verlag 1953 - ca.1957
Die blutrote Fährte (WW) 15,00
Der grüne Strom (Ab)... 18,00
Südsee-Traum (Mer) (Ab).................................. 18,00
Tiger 500 (Ab) 18,00
Urschrei des Dschungels (Mer) (u-p) 18,00
Der weisse Häuptling (WW) 15,00
Hinweis:
Siehe auch ROMANE AUS DEM JAHRE 2200.

Smith,E.E.
Balve: Balowa Verlag 1960-62
7 verschiedene Titel (u-p.) 20,00

Special-Agent John Taggert
Eschwege: Verlagsbuchhandlung H. Bethke und Hattingen: Imma-Verlag ?
Brooklyn 007 Uhr... 8,00
Geheimloge „Brüder des Zorns“ (u-p)................ 10,00
Die Göttin von Manhattan 8,00
Ratten auf Dock 34.. 8,00
Der Tod des Giganten.. 8,00

Special Agent John Tiger/John Tiger
Eschwege: Verlagsbuchhandlung H. Bethke ?
17 verschiedene Titel 8,00

Spencer, Charles
Menden: Bewin Verlag 1959-60
4 verschiedene Titel (u-p.) 9,00

Spencer, James
Menden: Bewin Verlag 1965-71
34 verschiedene Titel (u-p.) 9,00

Spillane, Mickey
Berlin: Amsel-Verlag 1953-54
Die Rache ist mein 75,00
Der große Schlag... 60,00
Die verlorenen Schlüssel 50,00
Ich, der Richter.. 65,00
Mein Revolver sitzt locker 50,00
In einsamer Nacht 50,00
Das lange Warten 50,00
Hinweis: Alle (x). Hauptfigur der Bände 1-6 ist Mike Hammer. Gekürzte Neuauflagen als Heyne-TB. Ungekürzte Neuauflage als Rotbuch-Tb, Hamburg, 1996-heute.

Spionage Sabotage Verrat
Siehe DIE UNSICHTBARE FRONT

St. John, Philip
München: Awa-Verlag ?
Astron-Bücherei:
Jagd der Stronauten (u-p) 13,00

Stahl, Achim
Düsseldorf: Storch Verlag ?
Im Höllenfeuer des roten Sterns (La).................. 20,00

Steffen, Robert
Balve: Hönne-Verlag 1954-56
11 verschiedene Titel (P) 28,00
Hinweis:„Die vier Musketiere der Meere“in Nr.1-3,5

Stein, Herbert von
Wolfshagen-Scharbeutz: Verlag Franz Westphal 1951
Fahrt ans Ende der Welt (u-p)............................ 30,00
.

Steinbegk, Eric
Mannheim: Helena Verlag 1959
Macht der Strahlen (u-p) 15,00

Steiner, Robert O.
Berlin: Commedia Verlag 1952-53
Es geschah am dritten Tag (u-p) 110,00
Eron (u-p) (x) 160,00
Die Herren der anderen Erde (Br) (u-p).............. 15,00
Hinweis: „Eron“ erschien auch als Heft: LUNA UTOPIA-Roman Nr. 9.

Stolp, Hannes Peter
Hamburg: Fritz Mardicke Verlag ca. 1951
Die Sache mit dem Koffer 45,00
Düsseldorf: Verlag C.S. Dörner ca. 1951-61
48 verschiedene Titel 38,00
Hinweis: Es gibt auch VK-Ausgaben (Hamburg und Leipzig: Hans Müller Verlag). Siehe auch NK-Heftserien LORE-ROMANE, DER LUSTIGE KELTER-

ROMAN, HUMOR INS HAUS, DER HUMORISTISCHE ROMAN und VK-Heftserie KELTER ROMANE.

Stone, Henry
Goslar: Rappen-Verlag 1953-54
Raubritter des Meeres 22,00
Der rote Teufel 22,00
Sklaven, Sturm und Pulverdampf 22,00
Die Tote im Schaufenster (Pfr) (K) 11,00

Stone, Kassi
Berlin-Hamburg: Pinguin Verlag 1949
Zu Tode gehetzt 90,00
Schutzumschlag 90,00
Hinweis: Siehe auch TOM BRACK.

Störtebeker, Jan
Balve Hönne-Verlag 1954
Purpursegel 40,00
Die unsichtbare Krone 40,00
Brackwasser 40,00
Der rote Erik 40,00
Der Seekönig 40,00
Vergeltung 40,00

The Story of Wyatt Earp
Hemer: Saba-Verlag ?
A: William Mark
35 verschiedene Titel 20,00
Hinweis: Siehe auch WYATT EARP STORY und Heftserie WYATT EARP.

Südsee Roman Perlen
Kaiserslautern: Skorpion-Verlag ?
A: Fred Mimby
Südsee-Fieber 30,00
Tropen-Glut und Leidenschaft 30,00
Vampyr Orchidee 30,00

Sun Koh
Münster: Hermann Borgsmüller Verlag 1958-61
A: Freder van Holk
Ein Mann fällt vom Himmel 32,00
Kampf um die Sonnenstadt 32,00
Die schwebende Burg 32,00
Die Krone der Khmer 32,00
Turm der Stürme 32,00
Der fressende Kreis 32,00
Trommeln der Hölle 32,00
4000 Meter unterm Meeresspiegel 32,00
Attentat auf den Südpol 32,00
Das Tal der Abenteurer 32,00
Die flüsternden Knoten 32,00
Die Faust der Erde 32,00
Die weisse Hölle 32,00
Die goldene Kassette 32,00
Fesseln der Tuareg 32,00
Die Tarnkappe 32,00
Der Kaiser von Afrika 32,00
Der steinerne Wald 32,00
Teleenergie 32,00
Die Diamantenklippe 32,00
Männer unter dem Eis 32,00
Die Rache Tibets 32,00
Die schwarze Schnur 32,00
Gold in den Katakomben 32,00
Die brennenden Tempel 32,00
Die Spur des Teufels 32,00
Der Atlantikpirat 32,00
Die Räuber vom Pfirsichblütenberg 32,00
Gefangene der Pharaonen 32,00
Fahrt in die Hölle 32,00
Die steinerne Ellipse 32,00
Vorhof der Unterwelt 32,00
Mordpalaver 32,00
Tillyt 32,00
Der singende Gaucho 32,00
Violan 32,00
Atlantis steigt auf 32,00
Hinweis:
ND der Heftserie und einiger JAN MAYEN und RAH NORTEN-Texte. Siehe VK-Bücher. Es gibt auch eine Ausgabe ohne Bild.

Tabu
Bad Godesberg: Uta-Verlag 1959
A: Jean Miroir (d.i. Joachim Rennau)
1 Die rote Nacht (S) 150,00

Tanner, Stephen
München: Argus- und Awa-Verlag 1951
Mokassins und Lederhemden 120,00
Der Palisadenbrecher 120,00

Tarzan
Wetzlar: Pegasus Verlag 1950-55
A: Edgar Rice Burroughs
Tarzan bei den Affen 50,00
Tarzans Rückkehr 50,00
Tarzans Tiere 50,00
Tarzans Sohn 50,00
Tarzans Dschungelgeschichten 65,00
Tarzans Schatz von Opar 65,00
Tarzan und der goldene Löwe 65,00
Tarzan und die Ameisenmenschen 135,00
Tarzans Rache 95,00
Tarzan in Gefahr 135,00
Tarzan im Land das Schreckens 135,00
Tarzan in der Welt des Wunders 135,00
Tarzan in der goldenen Stadt 135,00
Tarzan der Unbesiegbare 135,00
Tarzan und die Leopardenmenschen 135,00
Tarzan und der Löwenmensch 135,00
Schutzumschlag 30,00
Hinweis: Es gibt auch TB. Siehe auch VK-Bücher.

Taut, Franz
Rosenheim: Meister Verlag 1953-68
15 verschiedene Titel (La) 12,00

Terridge, Ernest
Balve: Hönne Verlag 1956-57
Die Eroberung der Erde (u-p) 9,00
Tödliche Schwarzwolken (u-p) 9,00
...und sie kamen vom Sirius (u-p) 9,00

Tessler, Frank
Köln: Luro Verlag 1958
Planetoid Herkules (u-p) 13,00

Der Texaner
Berlin-Darmstadt: Jupiter-Verlag
1950-51
1,85 (1)/2,20 (2), 176 Seiten (1)/192 Seiten (2)
15 x 20 cm
A: Tumleh Etlon
Die Teufel vom Arkansas 85,00
Gefährliches Spiel 85,00
Schutzumschlag:
Die Teufel vom Arkansas 120,00
Gefährliches Spiel 120,00
Nachdrucke: 12,00
Hinweis: Broschüren ohne Bild.

Der Texaner
(Titel nur innen)
Berlin-Darmstadt: Drei-Kronen-Verlag 1952
A: Tumleh Etlon
Gefährliches Spiel 200,00
Hinweis: Neuausgabe des Textes vom Jupiter-Vlg.

Texas Bill
Nürnberg: Verlagsbuchhandlung Ludwig Liebel
1949-54
A: Paul H. Schubert
21 verschiedene Titel (W) 18,00
Schutzumschlag (Lie) 12,00
Hinweis: Neuausgabe der VK-Bücher mit teilweise neuen Titeln.

Texas Jack
Schwabach: Pfeil-Verlag 1950-52
A: P.H. Schubert
8 verschiedene Titel (W) 18,00
Hinweis: Neuauflage der VK-Serie TEXAS BILL mit neuen Titeln. Nr.1, 5 siehe Heftserie DIE GELBEN WILD-WEST ROMANE.

Texas-Kid
Tauberbischofsheim: Lion-Verlag,
später Drewes-Verlag 1952.
A: Hannes Kempp
Es liegt Gold in den Bergen
(Der Teufelsreiter von Kanada) 65,00
Grenzreiter im Kampf (Die Schmuggler) 65,00
Spuren im Teufelsgrund 65,00
Der Tod reitet über die Prärie
(Der Präriewolf) 65,00
Hinweis:
Nr.1-2, 4 sind Neuausgaben von VK-BILLY JENKINS-Büchern, in Klammem die Originaltitel. Siehe KEMPP, HANNES.

Texas-Ranger
Castrop-Rauxel: Verlag Alfred Mülbüsch
1950-53
A: Geo Barring
o.Nr. Texas-Ranger 20,00
1 – 19 (W) 12,00
Hinweis: Siehe BARRING, GEO.

Texas-Ranger Kid Hollister
Düsseldorf: Astoria-Verlag ca. 1958-62
A: Tex Mason, o.A.
Letzte Zuflucht (1) 80,00
24 verschiedene Tiel (W) 32,00
Hinweis: Siehe Heftserie ERDBALL-ROMANE.

Der Texas-Reiter
Nürnberg: Verlagsbuchhandlung Ludwig Liebel
1953
A: o.A.
59 verschiedene Titel (W) 18,00
Hinweis: Siehe auch Heftserie.

Texas-Tiger
Balve: Hönne-Verlag 1951-53
A: Fred Preston
11 verschiedene Titel (W) 18,00

Thieme, J.G.
Menden: Bewin Verlag 1957
Die Ipsoiden (u-p) 9,00

Thürnau, Hagen
Menden: Bewin-Verlag ?
Kräne für Südamerika 13,00

Tiaden, Heinrich
Kaiserslautern: Verlag Georg Schäfer 1953
Das Gold der Maya (Ab) 22,00
Orgie in Gold (Ab) 22,00
Rauschgift (Ab) 22,00
Spuk auf Java (Ab) 22,00

Tiersholm, Birger
Wiesbaden: Brunnen Verlag, 1958
Sylvester 2000 (u-p) 30,00
Ta-Rana (u-p) 30,00

Tiger Tom
Nürnberg: Verlagsbuchhandlung Ludwig Liebel
1951-52
A: o.A.
9 verschiedene Titel 15,00

Tim Rex
Osnabrück: Günter Netsch Verlag 1952
A: Ted Miller
Gauchos unter den Sternen 50,00
Die Mine des Schreckens 20,00
Sheridan spielt zu hoch 20,00
Hinweis:
Band 1 ist eine Neuausgabe des VK-BILLY JENKINS-Buches „Die Herren der Pampa". Titelbilder von Heinrich Berends.

Tirossi, Th.
Regensburg: Royal Verlag 1953
Endstation Saturn (u-p) 26,00
Olympia 2000 (u-p) 20,00

Tobos, A
München: Tobos-Selbstverlag
ca. 1948
Die Ratten von London (K) 35,00

Tom Brack
Berlin-Hamburg: Pinguin-Verlag 1950
A: Kassi Stone
Hämmernde Colts 100,00
Schutzumschlag 130,00

Tom Brack
der Grenzreiter
Berlin: Pinguin-Verlag 1951
1,85, 160 Seiten, 15 x 20 cm
A: Kassi Stone
Tom Brack im Angriff 70,00
Schutzumschlag 70,00

Tom Fox
Düsseldorf und Berlin: Auffenberg
Verlagsgesellschaft 1949-54
A: Hasso Plötze („Colorado Geier"),
Frank H. Wells (alle anderen)
34 verschiedene Titel (W) 18,00
Hinweis: Siehe auch Heftserien ERDBALL-ROMANE, LUNA WESTERN-ROMAN.

Tom Mix
Goslar: Volksbücherei-Verlag, später
Rappen-Verlag 1953
„Der Texas Vampir" im Format etwas größer
A: o.A.
Erbschleicher am Columbia River 65,00
In letzter Sekunde 65,00
Die Teufelsranch 65,00
Der Texas Vampir 80,00
Todesfahrt nach Kansas City 65,00
Wuppertal: Verlagsbuchhandlung Georg
Wiesemann
A: Percy Parry
Der Colt verriet ihn 65,00
Der glitzernde Tod 65,00
Der Einsiedler von Sherman 65,00
Der Gespensterreiter 65,00
Der Killer von Texas 65,00
Blutige Abrechnung 65,00
Hinweis: Rappen-Verlag: Nr. 2 = SILBER WW Nr. 114, Nr. 4 = LUNA WW Nr. 54, Nr. 5 = SILBER WW Nr. 116. Siehe VK-Bücher und Heftserie.

Tom Prox
Sinzig (später Bad Godesberg): Uta-Verlag
1951-58
A: Rolf Randall (1-2, 4, 6-7, 9, 11, 16, 18, 22, 24, 27, 31, 33, 35, 38, 42, 49, 58, 123, 125, 127, 129), Frank Dalton, Alex Robby, Gert H. F. Unger u.a.
1 200,00
2 140,00
3 100,00
4-8 85,00
9-14 65,00
15-25 45,00
26-93 40,00
94-129 48,00
130-132,134-140 80,00
141-148 90,00
149,150 110,00
Die Sache sieht mulmig aus 100,00
Schutzumschläge 1-14 32,00
Schutzumschläge 15-129 15,00
Schutzumschläge 130-150 26,00
Nachdrucke Melzer Verlag 11,129 10,00
Hinweis: Nr. 133 ist nicht erschienen, dafür Nr. 132 mit 2 Titeln: „Die Sache sieht mulmig aus", „Der Mann, dem das Town gehörte". Zahlreiche ND im höheren Nummernbereich der gleichnamigen Heftserie, auch in TOLLKÜHNER WESTEN u.a. Heftserien (mit Namensänderung). Siehe auch CLIFF CLURE.

Tom Seybeth
(eventuell Helmut Nolte)
Maxim Verlag ca.: 1951
Verfemt (W) 25,00

Toras, Frank
Rheydt: Verlag Das Leihbuch ?
Das feurige Grabmal (Ab) 13,00
Waffen für die Rebellen (Ab) 13,00

Torgas, Gene
Köln: Luro Verlag 1959
Nach 250 Jahren zurück (u-p) 15,00

Torsholm, Birger
Menden: Bewin Verlag 1958-59
Geheimnis um IRA IX (u-p) 9,00
Invasion der Sky-Men (u-p) 9,00

Torsten, Lars
Köln: Steinebach Verlag 1959
Der Gral-Mutant (u-p) 15,00

Tournet, Jean Jaques
Rheydt: Triga Verlag 1954
Das Katzenmädchen (S) 30,00
Pfui, Herr Marquis! (S) 30,00
Satan im Blut (S) (x) 30,00

Trebonius, R.
Berlin: Deutsche Buchvertriebsges. 1954
Auf gefährlichen Pfaden (Ab) (Bä) 1961 25,00
Der Diamantensucher (Ab) 25,00
Durch die Tropenhölle (Ab) 25,00
Ins gefahrvolle Australien (Ab) 25,00
Gold in Alaska (Ab) 25,00
Kampf um die Ölquellen (Ab) 25,00
Die Pirateninsel (Ab) 25,00

Tubb, E.C.
Balve: Hönne Verlag 1957-59
Die goldene Pyramide (u-p) 9,00
Hölle im Zwielicht (u-p) 9,00
Unter den Sternen (u-p) 9,00

Turbojew, Alexej
Düsseldorf: Iltis Verlag
1958-60
Antares II (u-p) 30,00
Rak-1212 überfällig (u-p) 30,00
Welt ohne Ende (u-p) 30,00

Turek, Will
Frankfurt am Main: Reihenbuch Verlag ca. 1953
Die Mißbrauchten (S) (x) 100,00

Ullman, Robert
Castrop-Rauxel: Verlag Alfred Mülbüsch ?
134 verschiedene Titel (W) 9,00
Hinweis: Siehe auch Heftserie

Unger, G.F.
Castrop-Rauxel: Verlag Alfred Mülbüsch und
Indra-Verlag ab 1953
242 verschiedene Titel 13,00
Hinweis: Siehe Heftserie

Die unsichtbare Front
Spionage Sabotage Verrat
Eschwege: Verlagsbuchhandlung H. Bethke und
Heros-Verlag ca. 1957-60
A: K.W. Browne, Ed Molton, Ed Morell,
Chris Stamper
Agentin Ilona 26,00
Der Fall 7 A 9 35,00
Geheimprojekt Mars 22,00
Labor Z 17 22,00
Madame O'Hara (x) 20,00
Testmaschine X F 3 D 22,00
Transuran Tornado 45,00
13 weitere verschiedene Titel 15,00
Hinweis: siehe UV TATSACHEN. Hauptfigur der
meisten Ed Molton Texte ist Chris Stamper

Upton, Munro R.
Menden: Bewin Verlag 1963
Das unlöschbare Feuer (u-p) 9,00

Die unheimlichen Bücher
Siehe FRIDERICI, JOHN

Uto-Spion
Menden/Sauerland: Bewin-Verlag
1963-66
A: W.W. Shols
12 verschiedene Titel (u-p.) 9,00
Hinweis: Serienfigur: Jim Haynes.

Utopia Kriminal-Roman
Eschwege: Heros Verlag ca. 1960
A: Ray Roberts
Duell der Giganten.. 35,00
Die Schlangenbrüder... 40,00
Hinweis: Nr. 2 ist identisch mit CLIFF CLURE „Die silberne Schlange".

Vadocz,Julia Siehe LION-SITTEN-ROMANE

Vallon, Henri de (Vallon, de)
Duisburg: Puck-Verlag ab 1954
Agentin der Unterwelt (And) (K)......................... 25,00
Auf eigene Rechnung und Gefahr (St) (K) (x)...... 25,00
Blutnacht (Ab).. 40,00
Die Blutnacht von Paris (Lug) (Ab)..................... 40,00
Die Braut des Rebellen (Ab) 40,00
Colette lebt gefährlich (St) (K) (x)...................... 25,00
Einer Katze traut man nicht (St) (K) 25,00
Die erste Geige spielt der Tod (K)...................... 25,00
Feuer unter den Sohlen (St) (K) 25,00
Der Gaukler von Montmartre (And) (K) 25,00
Das Gift der Borgia (Ab) (x)............................... 40,00
Im Banne des Henkers (Ab)............................... 40,00
Der Kavalier mit der Maske (Lug) (Ab)............... 40,00
Der Kurier des Königs (Ab)................................ 40,00
Mit Kanonen spielt man nicht (St) (K) (x) 25,00
Mord auf Montmartre (K) (x) 25,00
Mord unter falscher Flagge (K)........................... 25,00
Mord zahlt sich nie aus (And) (K)....................... 25,00
Phantom von Paris (And) (K) 25,00
Sie war nicht von gestern (St) (K) (x) 25,00
Der Vamp mit der 08 (K) (x) 25,00
Visitenkarte des Todes (And) (K)........................ 25,00
Weiße Ware für Beirut (St) (K) (x) 25,00
Zwickmühle des Todes (And) (K) 25,00
Hinweis: Siehe DER HERR DES DEGENS.

Vance, Jack
Balve: Widukind Verlag, 1960
Magarak - Planet der Hölle (u-p) 15,00

Vandel, Jean Gaston
Berlin: Gebr. Weiss Verlag ?
4 verschiedene Titel (u-p.) 13,00
Schutzumschläge.. 6,00

Vasto, Go
Rheydt: Ernst & Evertz Verlag ?
Den Haien zum Fraß (P).................................... 30,00

Verbeet, Albert ?
Freiwillige in den Tod (Wid) (Le) 26,00
Die Legion der Verdammten (Zi) (La) 90,00
Unter Helden, Wüstenmenschen und
Rebellen (Wid) (Le).. 26,00

Veris, Marco
Frankfurt am Main: Reihenbuch Verlag 1952
Pyrallis (S) (x) 30,00
Taia (S) (x) 30,00

Verner, Gerald
Berlin. Eden-Verlag 1952 - 1954
Black Skull.. 15,00
Blitzkolonne... 15,00
Der Dämon von Denneswood 15,00
Devil's Brew 15,00
Die Dose aus Markasit 15,00
Das Geheimnis von Captain Blood 15,00
Das Geheimzeichen 15,00
Der Henker 15,00
Der Jockei 15,00
Der Mann mit der weißen Perücke..................... 15,00

Mord in Regency 15,00
Mr. Rivington räumt auf 15,00
Der Schlüssel des Abtes 15,00
Die sieben Lampen 15,00
Strompiraten von der Themse 15,00
Der Tipster 15,00
Das Todesblatt 15,00
Totomörder 15,00
Der unheimliche Joker 15,00
Schutzumschläge: Ganzleinen 12,00

Vicky Busom
Köln: Paul Steinebach- und Alka Verlag
ca. 1954-58
22 verschiedene Titel 20,00

Visconti, Arnaldo
Hamburg: Friedrich Petersen Verlag 1953
A: Arnaldo Viscontl (Übersetzung aus dem Spanischen und Überarbeitung von Fred Allan, Eric Morand u.a.)
27 verschiedene Titel 35,00
Hinweis: Die meisten (vielleicht alle) Bände sind umgeschriebene Texte aus der Heftserie SCHWARZER PIRAT. Siehe auch SCHWARZER PIRAT-Buch.

Vogg, Karl
Stuttgart: Dr. Hans Bolten Verlag 1948
Menschen um 2000 (u-p) 50,00

Vogt, A.E. van
Balve: Balowa Verlag
ca. 1954-60
5 verschiedene Titel (u-p.) 9,00
Astron-Bücherei:
Weltraum-Expedition der
Space Beagle (Awa) (u-p.) 13,00

Volk im All (1-2)/
Volk im Raum (ab 3)
Wuppertal: Engelbert Pfriem Verlag, 1959
A: Harry B. Curry

Operation Sol 35,00
Venutia 35,00
Die eisernen Gräber des Mars 35,00
Glitzernde Nacht auf Ganymed 35,00
Drei Punkte im Raum 35,00
Gläserne Meteore 35,00
Hinweis: u-p.

Voltz, William Ch.
Wuppertal: Wiesemann Verlag, 1958
Sternenkämpfer (u-p) 30,00

Wallisfurth, R.M.
Hattingen: Hundt Verlag 1952
...SOS... Fliegende Untertassen (u-p) 50,00
Schutzumschlag 30,00

Ward, Brad
Düsseldorf: Classic-Westerns-Company 1950
Regenbogenranch (W) 13,00
Seine letzte Chance (W) 13,00

Weirauch, Anna Elisabet
Lichtenfels (OFR): Verlag Heinrich Yersin ca. 1953
Schicksale in der Coco-Bar (K-S) 15,00

Weissfeld, H.F.
Balve: Hönne-Verlag 1953
Als Pelztierjäger in Alaska und
auf Labrador (Ab) 15,00
Der Hölle entronnen (Ab) 15,00
Ein Mann ging in den Urwald (Ab) 15,00
Blut und Gold in Venezuela (Ab) 15,00
In den Klauen des Satans (Ab) 15,00
Hinweis: Siehe GERMAN DICK.

Weller, Freddy
Goslar: Rappen Verlag 1953
Die Perle von Tanah-Abang 100,00

Wells, J.E.
Balve: Hönne- und Widukind Verlag 1955-71

51 verschiedene Titel (u-p.) 9,00
Treffpunkt Pitto (x) 40,00

Weltraumpiraten
Siehe WILL FOX Der Weltraumpirat

Werny, Mc.
Albachten: Merceda Verlag ?
Das Stundenhotel (K-S) (x) 30,00

West, James
Marl-Hüls: Feldmann Verlag ?
14 verschiedene Titel (u-p.) 9,00

Wiesen, Wolfgang
Bonn: Kurt Schroeder Verlag 1950
Das entfesselte Heer (u-p)................................. 55,00
Schutzumschlag.. 18,00

Wild Bill Hickok
Münster: Hermann Borgsmüller Verlag ?
A: Mark Hagen, Robert Starr
(innen immer Mark Hagen)
13 verschiedene Titel 20,00
Hinweis: Siehe auch Heftserie.

Die wilde Zeit
München: Conny Cöll-Verlag 1954-56
A: Diverse
23 verschiedene Titel 12,00

Wilkins, F.G.
Bayreuth: Heros Verlag ca.1953
Der grüne Regen (u-p)...................................... 18,00

Will Fox Der Weltraumpirat/
Weltraumpiraten (11-18)
Frankfurt am Main: Reihenbuch-Verlag 1952-54
A: K. Merten, Mac Keen
18 verschiedene Titel (u-p.) 26,00
Hinweis: Serienfiguren: Will Fox, James Hunt.

William Tex
Bayreuth/Offenbach: Hermann Hilgendorff-Verlag
1948 - ca. 55
A: Hermann Hilgendorff
58 verschiedene Titel 19,00
Schutzumschlag (DF) 10,00
Hinweis: Siehe VK-Serie und NK-Heftserie

Williams, Robert M.
Balve: Balowa Verlag 1963-64
Am Rande der großen Leere (u-p)........................ 7,50
Die Rasse von den Sternen (u-p) 7,50

Williamson, Jack
Balve: Balowa Verlag 1959-63
Der einsame Weg (u-p)....................................... 9,00
Der Geist der Legion (u-p).................................. 9,00
Schutzfeld über Amerika (u-p)............................. 9,00

Williamson, Jack/Gunn, James E.
Balve: Balowa Verlag 1960
Brücke zwischen den Sternen (u-p) 9,00

Wolter, Chris
Wuppertal: Verlagsbuchhandlung Georg
Wiesemann ?
Eine harte Jagd (K) 75,00
Hinweis: G-Man Jerry Cotton-Roman.

Worth, John
Dortmund: Verlagsbuchhandlung Heinz Brehm
1950
Das Gold im Matchi-Manitou-See...................... 14,00
Omaney, der Mann mit den tätowierten
Augen 14,00
Pit Hill der Geister-Cowboy................................ 14,00
Rodeo Jim´s letzter Ritt 14,00
Der Schrecken der „Heulenden Nächte“............ 14,00
Das Vermächtnis des großen Geist 14,00
Schutzumschlag... 10,00
Hinweis: Serienheld ist „Joe Redd“.

Wright, Kenneth
München: Awa-Verlag ?
Herausgeber: Robin Astron
Der rätselhafte Planet X (u-p) 13,00

Wright, Lan
Balve: Balowa Verlag, 1958
Menschheit im Aufbruch (u-p) 9,00

Wyatt Earp
Siehe THE STORY OF WYATT EARP

Die Wyatt Earp Story
Marl-Hüls: Paul Feldmann Verlag, ca.1965
A: William Mark
Eisenweg nach Santa Fe 32,00
Er kam vom Missouri 32,00
Das Grab am Arkansas 32,00
Rinder für Dodge City 32,00
Hinweis: ....Siehe a. THE STORY OF WYATT EARP.

Zahlten, Horst
Bayreuth: Heros Verlag 1958
Ultimatum vom Himmel (u-p) 18,00

Zanta, C.C.
Oberhausen: Iris Verlag, 1948-49
Der Gedankenticker (u-p) 40,00
Der Geheimagent von Planet X (u-p) 40,00
Die lebende Feuerkugel (u-p) 40,00
Der Mann auf dem Lichtstrahl (u-p) 40,00
Der Tote in der Rikscha (Ren) (K) 15,00
Schutzumschlag 30,00
Hinweis: Siehe auch ROMANE AUS DEM JAHRE 2200.

Zeno, Alph
Köln: Luro Verlag 1959
Die Katastrophe (u-p) 15,00
Die letzte Waffe (u-p) 15,00
Die neue Sonne (u-p) 15,00
Die Raumstation (u-p) 15,00

Zimmer Bradley, Marion
Balve: Hönne Verlag 1959
Raubvogel der Sterne (u-p) 35,00

2 Texas Ranger
Bayreuth: Helios-Verlag
1951-52
A: Caddo Cameron („bearbeitet von R.C. Mueller")
1 Der Banditenkönig 13,00
2 Die Hölle in Wirbelwind 13,00
3 Der Meisterdesperado 13,00
4 Der Schmuggelboss 13,00
5 Geister der Nacht 13,00
6 ?
7 Texasfehde 13,00

KAPITEL 9

Jugendzeitschriften

Vorwort

Von den vielen Fragezeichen, von denen im letzten Katalog im Zusammenhang mit den Jugendzeitschriften die Rede war, konnten in der Zwischenzeit zumindest einige geklärt werden. So wurde z.B. der ursprünglich rudimentäre Eintrag für „Das Füllhorn" vervollständigt, ebenso der zu „Jugend und Motor". „Die bunte Feder" und „Das Steckenpferd" erschienen, wie sich an neu aufgetauchten späteren Nummer zeigte, etwas länger als bisher angenommen und auch von der sehr reizvollen, aber gleichzeitig sehr empfindlichen Zeitschrift „Ins neue Leben" wurde eine vorher nicht verzeichnete Nr. 14 des Jahrgangs 1950 nachgewiesen sowie eine Beilage für Abonnenten in der 13. Daneben gab es manche weitere Korrekturen und Ergänzungen im Detail. Mit einem sehr umfangreichen Eintrag ganz neu aufgenommen wurde diesmal „Halbzeit", zum einen, weil ein fast kompletter Satz vorlag, zum anderen, weil diese Zeitschrift keineswegs nur für Fußballfans interessant ist. Leider ist die Materiallage gerade für die ersten Jahre nach Kriegsende bis weit hinein in die 50er Jahre nach wie vor sehr dürftig. So kann man nur wiederholen, dass auch die Bestände der großen Bibliotheken meist nur lückenhaft bzw. nicht ausreichend aufgearbeitet sind. Hier hoffen wir weiterhin auf ergänzende (und ggf. korrigierende) Informationen aus Sammlerkreisen.
Die Seltenheit vieler Titel führt auch dazu, dass sie nur sporadisch oder gar nicht angeboten werden (und wenn, dann überwiegend in schlechtem Zustand), sodass oft keine repräsentativen Aussagen über eine Preisentwicklung getroffen werden können. Daher wurden die Preisangaben nur in begründeten Einzelfällen aktualisiert bzw. ausdifferenziert, z.B. bei den sehr gesuchten kleinen Heften der DDR-Reihe „Unser Robinson".
Die z.T. sehr hohen Auflagen der Zeitschriften dürfen nicht täuschen: Von Kriegsende bis Mitte 1948 war Druckpapier nicht frei käuflich, sondern wurde zugeteilt. Dabei wurden Zeitungen und Zeitschriften grundsätzlich bevorzugt, während die Auflage von Büchern in der Regel stark begrenzt war (zeitweise auf 5.000 Ex.). Unter den Periodika wiederum erhielten natürlich diejenigen das meiste Papier, die der Re-education, also der Umerziehung im Sinne der Siegermächte, dienten. Mit der Währungsreform endete diese offizielle Förderung und die Verlage mussten sich auf dem freien Markt behaupten, was schnell zu frühen Einstellungen führte. Nur Zeitschriften, die sich sehr nach den Wünschen ihrer Leser richteten (oder in anderer Form weiter gefördert wurden, etwa durch die Kirchen), hatten länger Erfolg – bei den im Folgenden aufgeführten Jugendzeitschriften vor allem Rasselbande, Liliput und Stafette.

Heiner Jahncke

Benjamin
bis 11/48: Zeitschrift für junge Menschen
Hamburg:
Benjamin-Verlag (= Verlag Hermann Laatzen)
März(?) 1947-48
0,50 RM/DM, 32 Seiten (ab 14/48 weniger),
22,5 x 30 cm
1947: 1 15,00
2-20(?) 9,00
1948: 1-24 6,00
Hinweis:
Engagierte Zeitschrift, eher für junge Erwachsene, unter dem Lizenzträger Kurt Marek, der später als Sachbuchautor C.W. Ceram berühmt wurde. Auflage anfangs 80.000. Ab 12/48 allmähliche Wandlung zur allgemeinen Illustrierten, ab 25/48 entsprechende Umbenennung in „Illustrierte", ab 6/49 „Nord-West-Illustrierte", eingestellt mit Nr. 49. Wert dieser Nummern je ca. 5,00 Euro.

Berliner Kindermagazin
Siehe DER KLEINE BÄR

Buchfink
Schaubogen, ab 1/51(?): Die Illustrierte für Jungen und Mädchen
Freiburg i. Br.: Herder-Verlag
0,20, ab 1/51(?): 0,50, 6 Seiten, ab 1/51: 24 Seiten (zuerst eventuell weniger),
29,5 x 41,5 cm, ab 1/51(?): 21 x 30 cm
1951: Schaubogen 1 32,00
Beilage „Buchfink-Sparkarte" 13,00
1951/52: 1 (Okt.)-12 (Sept.) 13,00
1952/53: 1-12 9,00
1953/54: 1-12 6,00
1954/55: 1-12 6,00
1955/56: 1-12 6,00
1956/57: 1-? 6,00
Hinweis:
Die Zeitschrift erschien anfangs als großformatiger „Schaubogen" (gefaltet) mit 6 Seiten, von denen die erste und letzte comicartige Geschichten brachte. Die übrigen bezogen sich vor allem auf Bücher des Verlages, die mit einer Sparkarte verbilligt bezogen werden sollten. Bekannt ist nur die Nr. 1. Noch 1951 wurde das Konzept zur regulären Zeitschrift geändert, deren Jahrgänge jeweils von Oktober bis September liefen. Die vorliegenden Nummern haben 20 gezählte Seiten sowie in der Mitte 4 ungezählte „Der Tummelplatz". Auch diese Hefte enthalten (alle?) comicartige Fortsetzungsgeschichten. Für 2,– DM konnten Jahrgangseinbandmappen bezogen werden.

Die bunte Feder
Jugendzeitschrift für lebendiges Wissen
Hamburg: Verlag für lebendiges Wissen
ca. 1950/51
0,20, 16 Seiten, 21,5 x 29,5 cm
1-10 20,00
Hinweis: Überwiegend an Schulen vertriebenes Magazin mit vielfältigen Sachbeiträgen. Zusätzlich enthält jedes Heft eine Fortsetzung des SF-Romans „Wettflug der Nationen" von Hans Dominik und des Disney-Comics „Bambi" (je 2 Seiten im englischen Original mit deutschen Untertexten). Achtung: Die Zeitschrift hat keinen Bezug zur Illustrierten „Bunte Federn", die bis 1946 erschien.

Famulus
Schüler-Magazin
Hamburg: Franke, Schütt & Co.
Mai 1948...
o.P., 28 Seiten, 14,5 x 20 cm
1. Jg. Nr. 1 9,00
Hinweis: Von Oberstufenschülern, Abiturienten, Studenten usw. gestaltetes Magazin mit 5000 Ex. Auflage, dass an Schulen vertrieben werden sollte.

Feierabend
Monatsschrift für werktätige Jungen aller Berufe
Lemgo: F.L. Wagener (Hrsg.: Gewerbeoberlehrer Otto Heurs, Farmbeck), ab ?: Tübingen: Impuls-Verlag
1950-59...
0,30 (später teurer), 36 Seiten (alle?), 15 x 21,5 cm
1950: 1-? 3,00
1951-1959: je 1-12 3,00
...
Hinweis: Auflage anfangs 12.000 Exemplare.

Das Füllhorn
ab ?: **Füllhorn**
Zeitschrift für die Jugend
Stuttgart, ab ?: Pähl: Verlag Hohe Warte Franz von Bebenburg
Juni 1951-Sept. 68
1,00, 36 Seiten (Nr. 2), 14,5 x 21 cm
1951: 1 9,00
1951: 2-7 7,00
1952-59: je 1-12 4,00
1960-67: je 1-12 2,00
1968: 1-9 3,00
Hinweis: Enthält Märchen, Sagen, Sachberichte u.ä.

Goldene Jupiter Bilderbuchreihe
Darmstadt: Jupiter Verlag
1955
o.P., 28 Seiten, 11,5 x 17,5 cm
A: Ursula Malin
1 Der kleine Büffel I 50,00
2 Der kleine Büffel II 50,00
...
Hinweis: Titelbilder und Innenillustrationen von Willi Kohlhoff. Die Innenillustrationen stammen aus der Comicserie „Wildtöter Großband" Nr. 11-12.

Halbzeit
Die Zeitschrift der Sportjugend (1)/
Die neue Zeitschrift der Jugend (2-23)/
Zeitschrift für alle Freunde des Sports (24-31)/
Halbzeit
Sportbücherei (1/57)
Hamburg: Martin Kelter Verlag, ab 8: Deutscher Literatur-Verlag Otto Melchert
März 1956-Mai 1957 und Juni 1957
0,40, ab 26: 0,50, 36 Seiten, 15 x 22,5 cm
1 6,00
2-21 4,00
22/1-31/10 3,00
1(1957) Fritz Walter – ein Leben für den Fußball 8,00
angekündigt:
2: Paul Janes – 71 mal für Deutschland
Werbefaltblatt (4 Seiten, mit vielen Leserzuschriften) 10,00
1 6,00
Hinweis: Der gesamte 1. Jahrgang (Nr. 1-21) enthält den Roman „Peng – Die Geschichte eines Fußballhelden" von Arno Beckmann (Pseudonym für Hubert Südekum), der 2. Jahrgang (Nr. 22-31) die Dokumentation „König Fußball – Die Geschichte unseres Volkssports" vom selben Verfasser. Darüber hinaus enthält jede Ausgabe vermischte Beiträge zu Fußball und anderen Themen, darunter in Nr. 2-7, 9-10 den Gag-Strip „Plücks Abenteuer beim Ausgleichssport".
Nach Nr. 31 sollte das Konzept geändert werden und statt eines Magazins pro Ausgabe das Porträt eines populären Sportlers erscheinen, außerdem nicht mehr 14-täglich, sondern nur noch monatlich. Hiervon ist aber nur das erste, Fritz Walter gewidmete Heft bekannt.
Im Impressum der Hefte steht irrtümlich bis zur letzten Ausgabe immer 1956!
Das Werbefaltblatt lag frühen Nummern bei, die mit einem Stempelaufdruck „Unverkäufliches Werbeexemplar" verteilt wurden, bekannt: 2, 2. Auflage.
Mehrere Nummern wurden nachgedruckt, bekannt:
2: 1. Auflage: kleine Angabe auf Titelseite unten „Postversandort" mit hochgestelltem zweitem o,
2. Auflage mit korrigiertem Stand)
7: 1. (?) Auflage: Angabe auf Titelseite unten: Postversandort Hamburg I 11.6.1956, Rückseite oben mit Bild „Rollschuhlauf vor fünfzig Jahren" (evtl. wegen des etwas verfänglichen Kommentars ausgetauscht, der das damalige Treiben als „eine Art Heiratsmarkt" bezeichnet)
2. (?) Auflage: Postversandort Hamburg 11. 6. 56, Rückseite oben mit Bild „Die „Ahnherren" unserer Leichtathleten"
13: 1. (?) Auflage: Bildunterschriften der unteren Fotos auf den inneren Umschlagseiten zweispaltig
2 (?) Auflage: einspaltig
Nr. 5-23 (außer 12-14 o.15, 20, 22) enthalten Sammelmarken („Gutscheine"), für die es Sam-

melmappen, Fahrradwimpel und Abzeichen gab. Die Teile konnten aber auch käuflich erworben werden.
Nr. 1-12 gibt es auch in drei Sammelbänden mit je 4 Heften.
Der Roman aus Nr. 1-21 erschien 1957 (wohl in überarbeiteter Fassung) auch in 4 Büchern beim Hans-Günther Ziegler Verlag, Schwenningen am Neckar. Titel der Bände:
1: Torjäger Peng
2: Peng in großer Form
3: Peng erntet Fußballruhm
4: Peng als Ligaspieler

Horizont
Halbmonatsschrift für junge Menschen
Berlin: Horizont-Verlag, Dez. 1945-Sept. 48
0,60 RM/DM (alle?)
1945: 1 20,00
2 13,00
1946: 3-28 9,00
1947: 1-26 6,00
1948: 1-18 6,00
Hinweis: Die Zeitschrift mit einer anfänglichen Auflage von 150.000 Ex. wandte sich eher an gebildete junge Erwachsene. Manche Nummern sind Themenhefte.

Ins neue Leben
Illustrierte Jugendzeitschrift, ab 27/46: Zeitschrift für Jungen und Mädchen (nicht auf 23/24 von 1947), ab 13/50 unter dem Titel: Bunter Globus von Ländern, Tieren, Menschen
Berlin: Minerva-Verlag, ab 10/50: Charlottenburger Verlagsgesellschaft
Okt.(?) 1945-Sept. 50
0,25 RM/DM, 23/24 von 1947: 0,50, auswärts 0,60, 16 Seiten, 23/24 von 1947: 36 Seiten, ab 10/50: 24 Seiten, 20,5 x 29,5 cm, ab 10/50: 14,5 x 20,5 cm
1945: 1 32,00
2-6 26,00
1946: 7-30 20,00
1947: 1 (mit Micky Maus-Comic) 32,00
2 (mit SF-Titel) 15,00
3-22 9,00
23/24 13,00
1948: 1-18, 19/24 9,00
1949: 1/2-17/18, 19-22(?) 9,00
3/4 (2 S. zu Disney) 15,00
Beilage zu 17/18 9,00
Beilage zu 19 6,00
1950: 1-2/3, 4-7 9,00
8 (Fliegende Untertassen) 13,00
9 9,00
10, 11/12 13,00
13 20,00
Beilage zu 13 8,00
14 20,00
Hinweis: Zu ihrer Zeit sehr beliebte, abwechslungsreiche Zeitschrift mit meist 100.000 Ex. Auflage. Bis auf 23/24 von 1947 haben alle Mehrfachnummern, auch die nach längerer Pause erschienene Fünffachnummer 19/24 von 1948 den regulären Umfang! Bekannte Comics und Bildergeschichten: Zirkus Humsti-Bumsti (ab 21/46 - Ende 46?), Fitz und Finchen (46 - 7/8 von 49, Folge 1-60, nicht in jeder Nr. – hierzu gibt es auch zwei Comichefte), Micky Maus (1/47, evtl. auch schon 46?), Onkel Pitt erzählt aus Afrika (4/50 - Ende?) sowie diverse Einzelstrips. Bekannte Beilagen: in 17/18 von 49 ein Blatt „Unsere neue Regierung" und ein Blatt mit Bestellscheinen, in 19 von 49 ein Blatt für Preisausschreiben-Lösung, in 13 von 50 ein Hinweiszettel für Abonnenten zu Titeländerung, neuer monatlicher Erscheinungsweise usw.

Jugend
Zeitschrift für die Jugend von 14 bis 18 Jahren, ab 2/46: Jugendzeitschrift für die Jugend von 14 bis 20 Jahren in den Ländern und Provinzen der britischen Zone Deutschlands (ab 7/48 ohne „und Provinzen")
Hannover: Verlag der „Jugend", Fritz Küster
Juli 1946-Nov. 48
0,40 RM/DM, 44 Seiten, 6 und 7/47 je 36 Seiten, 9/48: 48 Seiten, 10/48: 40 Seiten,
ca. 15-15,5 x 20,5-21 cm
1946: 1-6 6,00
1947: 1, 2/3, 4-12 6,00
1948: 1-11 6,00
Hinweis: Stark der Re-education (Umerziehung der Deutschen nach dem Krieg) verpflichtetes Magazin

mit Sachbeiträgen zu den verschiedensten Themen, Geschichten u.ä. (6/47 mit SF-Kurzgeschichte „Der Mars antwortet nicht“, 9/47 mit Beitrag zur Raumfahrt); Auflage zumindest anfangs 150.000 Ex.

Jugend-Film Club
Berlin: U. Gerstmayer Druck- u. Verlagsanstalt
um 1957
0,60, 32 Seiten, 17 x 24 cm
1 40,00
2-7 26,00
8-9... 40,00
Hinweis: Magazin mit illustrierten Nacherzählungen damals aktueller Filme, Starberichten u.ä. Zumindest anfangs mit jeweils mehreren Comicseiten „Dennis“. Nr 1 mit Susi und Strolch (12 Seiten plus Titelbild, kein Comic).

Jugend und Motor/Ju-Mo
Hamburg: Verlag Presse-Buch W. Hermann
1951-59
0,50, 1: 20 Seiten, 2, 3: 28 Seiten, ab 4: 32 Seiten (durchgehende Seitennummerierung)
14,5 x 20,5 cm
A: Hans Kilian u.a.
1 15,00
2-9, 11 9,00
Beilagen aus 2 je 8,00
Beilagen aus 3-6 je.. 9,00
10, 12-15 12,00
16-26, 27/28, 29-34, 35/36, 37-65 9,00
Hinweis: Magazin, 2-7 mit Roman „Frank und Ellen“ von Hans Kilian. Auch mehrere Comics, darunter in 10, 12-15 „Ronny und die Rauschgiftschmuggler“ von Bob Heinz (abgebrochen). Titelbilder von 1 und 2: Günther Rohde. 2 mit loser Abo-Karte und Bücherwerbung, 3-6 mit losem Bogen Sammelbilder (ab 7 ins Heft integriert).

Junior
Bremen: Paul-Meyer-Verlag
Mai 1947- April 48...
1,00 RM, 36 Seiten, ab ?: 32 Seiten,
20,5-21 x 27-30 cm (schwankend)
1947: 1-9(?) 9,00
1948: 1-4... 9,00
Hinweis: Zeitschrift mit überwiegend Sachbeiträgen für ältere Jugendliche, offenbar nur wenig verbreitet (Auflage z.T. 75.000 Ex.). 4/47 mit Titelbild von F.W. Richter-Johnsen, Zeichner der Comicserien Taró und Detektiv Schmidtchen.

Junior Magazin
Internationaler Jugenddigest (nur bei 1-3)
Aschaffenburg: Paul Pattloch Verlag
Okt. 1951-Dez. 53
0,60, ab 9/52: 0,50, 52 S., 14,5-15 x 20,5-21 cm
1951: 1.. 13,00
2-3 9,00
1952: 4-6, 7/8, 9-14... 9,00
Beilage aus 5 9,00
15.. 15,00
1953: 1-12 13,00
Sonderhefte (u.a. „Europa“ / 1953) 9,00
Hinweis: Breit gefächerte Mischung aus Sach- und Unterhaltungsbeiträgen, darunter der leicht utopische Roman „Atomspion X“ (9-12/52), ein 5seitiger Beitrag zur Weltraumfahrt von Heinz Gartmann (3/51), frühe Veröffentlichungen von H.G. Konsalik (Der Wigwam Winnetous, 5/52, Die heiligen Städte der Mayas, 6/52), die „Ballade vom Kriminalroman“ (7/8/52), ein Beitrag zum Karl-May-Museum von Patty Frank (11/52) sowie die Comics „Tante Eulalia“ (d.i. „Grandma“ von Chas. Kuhn, 14/52-Ende) und „Gert Kemps Abenteuer“ (SF-Fortsetzungscomic von Eugen Semitjov, je 1 Seite von 15/52-Ende, mit Abschluss in Textform). Nr. 5/52 mit 4seitiger Beilage zur Leserwerbung. Mit der offiziellen Abschlussnummer 12/53 erhielten die Leser ein kostenloses Probeexemplar der Rasselbande, s.d. Der Verlag bewarb drei Sonderhefte, von denen bisher nur eines nachgewiesen wurde. Es gab Sammelmappen für 2,50 DM.

Jupiter Jugendreihe
Berlin/Traisa: Jupiter Verlag
1949
o.P., ca. 90 Seiten, 11 x 18,8 cm,
mit Schutzumschlag

A: Hans Gordon
Titelbilder: Willi Kohlhoff
1 Der Schatz des Bata 32,00
2 3 Jungen stellen einen Dieb 32,00
Schutzumschläge 13,00

Jupiter Jugendreihe
Darmstadt: Jupiter Verlag
1952-55
o.P. (0,95), 64 Seiten, 12,5 x 18,5 cm,
(Gold- und Silber-Ausgaben: 12 x 17,5 cm)
A: Freddy Weller (3, 9, 14), H. Gordon (4, 11, 25), Friedrich Gerstäcker (5-6), Hal Brendt (13, 15-16, 21, 24, 27), H. Gerstmayer (17, 23) u.a.
1-2 15,00
3 22,00
4-6 20,00
7-8 15,00
9 22,00
10 6,00
11 20,00
12 6,00
13 20,00
14 22,00
15-16 9,00
17 20,00
18-20 6,00
21 9,00
22 6,00
23-25 9,00
26 6,00
27 9,00
28 6,00
28 2. Auflage (neues, goldfarbenes Bild) 20,00
29-30 20,00
31-32 noch nicht nachgewiesen
33 32,00
34 20,00
...
Hinweis: Titelbilder und Innenillustrationen von Nr.1-9, 11, 13-14, 17, 33 sind von Willi Kohlhoff. Nr. 3, 14, 33-34 sind auch als Buch erschienen mit neuem Titelbild (Berlin: Verlag Neues Werden, 1948). Nr. 11 in Buchform als Jupiter Jugendreihe Nr. 1 (1949), s.d.

Der kleine Bär
Jugend Magazin
Nr. 1: Berliner Kindermagazin
Berlin: Chronos Verlag
Aug. 1947-Dez. 47, April 1948-Ende 48,
ca. Dez. 1949-März 50...
1-5 und 2. Jg. Nr. 1: 1,50 RM,
2.Jg. Nr. 2-3: Berlin 1,50 RM,
auswärts: 1,65 RM,
2. Jg. Nr. 4: Berlin 1,50 RM, auswärts 1,65 M mit Überklebern: a) 1,00 DM, darüber kleinerer Aufkleber: Berlin 1,20 DM, auswärts 1,35 DM Ostwährung, b) nur der kleinere Aufkleber,
2. Jg. Nr. 5: a) 1,00 DM West,
b) 1,20 DM, auswärts 1,35 DM (Ost),
2. Jg. Nr. 6: a) 1,00 DM,
b) 1,20 DM (Ost), auswärts 1,35,
3. Jg. Nr. 1-5...: 0,30 DM
36 Seiten 2. Jg. Nr. 6: 44 Seiten,
3. Jg. Nr. 1-Ende: 32 Seiten,
17 x 24 cm
1 32,00
2-5 22,00
2. Jg. 1948: 1-6 15,00
3. Jg. 1950: 1-5... 22,00
Beilagen aus 1 und 4 15,00
Hinweis:
Farbenfrohes Magazin mit relativ breitem Themen - spektrum, u.a. (Pseudo-) SF-Geschichte in Nr. 3 und futuristisch illustriertem Beitrag zur friedlichen Nutzung der Atomkraft in Nr. 6/48. Auf der Rückseite jeweils ein Comic: „Kalle Kessback"(1.-2. Jg. Nr. 6, 8. Folge u-p, 10. und 11. mit Zeit-bezug), „Tedd und Fett" (3. Jg. Nr. 1-5..., 4. und 5. Folge u-p). Die Preiskonfusion war durch die gerade in Berlin besonders konkurrierenden Währungsreformen in West- und Ostdeutschland bedingt. Beim Neustart der Zeitschrift nach etwa einjähriger Pause wurden dringend Leser gesucht. Daher lag den Nr. 1 und 4 (evtl. auch anderen) des 3. Jg. jeweils ein (identisches) 4seitiges Faltblatt zur Abonnentenwerbung sowie eine Zahlkarte bei.

Liliput
Das fröhliche Jugendmagazin
ab ?: Die fröhliche Jugendzeitschrift
ab ca. 1961/62: Die weltweite Jugendzeitschrift
Nürnberg: Sebaldus-Verlag
Okt. 1946-Aug. 1967
0,40, ab 3 oder 4/54: 0,50, ab ca. 1961/62: 0,60, 32 Seiten, 12/52 und 9/53 (u.a.?): 36 Seiten, ab 1/54: 48 Seiten, 14,5-15 x 21 cm
1946/47: 1 26,00
2-12 15,00
1947/48: 1-12 12,00
1948/49: 1-12 12,00
1949/50: 1-12 8,00
1950/51: 1-15 8,00
1952-53: je 1-12 6,00
1954: 1-12 4,50
1955-66: je 1-12 3,00
1967: 1-8 4,00
Beilagen, soweit bekannt:
Der Kiebitz / Liliput-Lesebogen (4 S.)
1-3 (in 10-12/53) 8,00
Aufforderungen zur Leserwerbung
bekannt aus 4/53 (Thema Wimpel,
4 S. mit 2 Bestellkarten für 1 Jahr und
2 S. mit 2 Bestellkarten für 6 Monate) 8,00
10/53 (Thema Wertmarken, 4 S. mit 2
Bestellkarten für 1 Jahr...?) 6,00
6/54 (auf S. 3 eingeklebtes Blatt
der Fa. Usenbenz, Ansbach –
vermutlich nur in Teilauflage 15,00
6/59 („Halt! Hier werden Preise verteilt!“, A3-Bogen, 2x gefaltet, mit Infos und diversen Bestellkarten, auch für den „Gong“) 8,00
Hinweis: Liliput gehört zu den langlebigsten Jugendzeitschriften. Als stark an Re-education orientiertes, kleines Heft gestartet, wurde es den Leserwünschen folgend schrittweise erweitert und zum unterhaltenden Magazin mit Bildungsanspruch entwickelt. Ab Nr. 9/67 wurde es in die Neue Stafette, s. „Stafette“, integriert. Fast bis zum Schluss war in jeder Nr. der Comic „Valentin“ vertreten. Vermutlich gab es eine ganze Reihe weiterer Beilagen, vor allen zur Leserwerbung. Es gibt Sammelmappen.

Lux-Jugend-Lesebogen (1-44...)
Lux-Lesebogen (ab ...48)
Murnau: Verlag Sebastian Lux, ?
0,20/0,25/0,30,
32 Seiten,
10,5 x 15 cm
A: Diverse
1-45 3,00
46-410 2,00
1-45 2. Auflage 2,00
Hinweis:
Die 2. Auflage hat teilweise neue Titelbilder, Preis 0,25. Nr. 63, 160, 370 mit utopisch-phantastischen Themen.

Ping-Pong
Untertitel sporadisch: Kinderzeitschrift
ab ?: Schülerzeitschrift
München: Verlag „Ping-Pong“ (Freitag-Verlag),
ab ?: Hieronymus Mühlberger
Juli 1946-54
0,50 RM/DM, ab ?: 0,40, ab ?: 0,45, von 16 auf 36 Seiten steigend, 18 x 24,5-25 cm, ab ?: 15 x 21 cm
1946: 1-6 17,00
1947: 1-12 14,00
1948: 1-12 10,00
4a 10,00
1949-50: je 1-12 10,00
1951-53: je 1-12 7,00
1954: 1 7,00
Beilage (Thema Oster-Geschenk-Abo,
4 S., A6 quer, aus Nr. ?) 14,00
Hinweis: Für 8-12jährige Kinder gedachtes Magazin mit breitem Themenspektrum. Es gibt mehrere Themenhefte, so zu Ludwig Richter (2/47), Wilhelm Busch (1/48) und Humor (8/48) und diverse Comics. Nr. 3/47 mit Beitrag zum Zeichentrickfilm und entsprechendem Cover.

Pinguin
bis 7/48: Für junge Leute (von 3-7/48
nur im Impressum)
Stuttgart: Rowohlt-Verlag, ab 7/49: Carl E. Schwab
Jan. 1946-Okt. 51

1,00 RM, ab 11/46: 0,50 RM/DM,
Doppelheft 10/11/47: 1,00 RM, 36 Seiten, 10/47: 20 Seiten, Doppelheft 10/11/47: 52 Seiten,
22,5 x 30,5 cm (ab 7/49 größer)

1946: 1 32,00
 2-12 26,00
1947: 1-12 22,00
 Doppelheft 10/11 32,00
1948: 1, 2/3, 4, 5/6, 7-12 22,00
1949: 1-6 22,00
 7-19 15,00
1950: 1-26 13,00
1951: 1-10 13,00

Hinweis: Noch vor den berühmten „Rowohlts Rotations-Romanen“ (RoRoRo), Weltliteratur im Zeitungsdruck, und den weniger bekannten „story“-Heften in gleicher Aufmachung, brachte Rowohlt diese ebenfalls im Billigdruckverfahren hergestellte Jugendzeitschrift heraus. Gestützt vom Verlag machten der Herausgeber Erich Kästner und sein Team daraus eine der engagiertesten und anspruchsvollsten Publikationen ihrer Art. Die Auflage betrug zumindest anfangs 100.000 Ex., doch sind gut erhaltene Ausgaben aufgrund des schlechten Papiers (bei dieser Zeitschrift vor allem der Umschläge!) nur schwer zu finden. Die Nr. 10 und 11 von 1947 erschienen auch als Doppelheft. Es besteht aus den beiden losen Inhalten der Einzelausgaben und einem Umschlag, dessen 1., 3. und 4. Seite denen von Nr. 11, die 2. der von Nr. 10 entsprechen, wobei auf dem Titel der Hinweis „Doppelheft 1,– Mk.“ steht. 1949 verkaufte Rowohlt die Zeitschrift an den Verlag Carl E. Schwab, der daraus eine der damals aufkommenden Illustrierten machte, gegen die bessere Konkurrenz aber nicht bestehen konnte.

Rasselbande
Hamburg: Heinrich Bauer
Juli 1953 - Okt. 65
0,50, ab 25 (?)/54: 0,60, ab 1/60: 0,50, ab ?: 1,00,
48 Seiten, ab 25 (?)/54: 64 Seiten, ab 10 (?)/55: 56 Seiten (26/55: 64 Seiten), ab ?: 48 Seiten (6/58: 64 Seiten), ab 1/60: 24 Seiten, ab ?: 64 Seiten,
18,5 x 26,5 cm, von 1- ca. 15 (?)/60: 26,5 x 36 cm, danach 19,5 x 26 cm

1953: 1 30,00
 2-9 20,00
1954: 1-26 12,00
1955-59: je 1-26 3,50
 18/55 mit zusätzlichem „Zelt“-Umschlag 20,00
 6/58 „Weltraumheft“ 12,00
1960: 1-22 12,00
 23-52 5,50
1961: 1-53 3,50
1962-64: je 1-26 3,50
1965: 1-3 8,00
 4 (Pierre Brice-Titelbild / Winnetou) 15,00
 5-8 8,00
 9-10 12,00
 11 (Pierre Brice-Titelbild) 15,00
 12 (Beatles auf Rückseite) 15,00
 13-19 12,00
 20 (Roy Black-Titelbild) 15,00
 21 15,00

Hinweis: Rasselbande war die erfolgreichste kommerzielle Jugendzeitschrift der 50er und frühen 60er Jahre. Mit großem Werbeaufwand und offizieller Unterstützung gestartet, musste das Konzept allerdings schon im ersten Jahrgang aufgrund der damals gerade besonders heftigen „Schund-und-Schmutz“-Diskussion modifiziert werden. So waren z.B. die anfangs 5-6 Seiten Fortsetzungscomics bereits in Nr. 8 nicht mehr enthalten. Dafür gab es ab 18/54 den Gag-Strip „Anton“, später ergänzt um „Antonia“ (nicht in jedem Heft) sowie ab 10/59 „Mumin“. Viele Hefte enthielten Beiträge zu Weltraumfahrt, Fliegenden Untertassen, sonstige SF – auch Romane – sowie zu anderen interessanten Themen. Nachdem schon Ende 1953 das Junior Magazin (s.d.) in der Rasselbande aufgegangen war, wurde im August 1955 auch „das Zelt“ (s. „Romanhefte seit 1945“) übernommen. Dabei erhielten die Zelt-Leser statt der Nr. 15 ihrer Zeitschrift die Rasselbande Nr. 18 mit Stempelaufdruck „das Zelt“ und zusätzlichem Zelt-Umschlag, auf dessen 2. Seite über das Zusammengehen informiert wurde. 1960 probierte man ein Großformat aus, doch

gab man dieses formale Experiment bald wieder zugunsten einer inhaltlichen Umstrukturierung auf. Ab 1965 erfolgte dann die langsame Umwandlung in eine Art Bravo-Konkurrenz mit zunehmenden Berichten über Stars aus Film, Fernsehen und Musik. Sie war mit der Umbenennung in „Wir", s.d., weitgehend abgeschlossen. Die höchste Auflage wurde Mitte der 50er Jahre mit 300.000 Ex. erreicht. Neben den Heften selbst gab es Sammelmappen (für halbe Jahrgänge), einen Schutzumschlag (zur Schonung des gerade gele-senen Heftes), Abzeichen, Wimpel sowie Jahrbücher unter dem Titel „Männer – Fahrten – Abenteuer" (1953-mindestens 1955). Übrigens begann das Kulturamt der Stadt Saarbrücken Anfang der 90er mit der Herausgabe einer Zeitschrift, die ebenfalls „Rasselbande" heißt!

Stafette
von 10/61 bis 7/83: **Neue Stafette**
Die moderne Bildungszeitschrift für junge Menschen (zeitweilig)
Freiburg i. Br.: Hans Witte, ab ?: Nürnberg: Sebaldus-Verlag, ab ?: Augsburg: Verlag Winfried-Wark / Nürnberg: J.M. Sailer Verlag
Sept. 1957-heute
1,50, ab ?: 1,20, in den 80er: 2,20, 100 Seiten, ab 10/61 (?): 84 Seiten, später schrittweise Reduzierung, 16 x 22,5 cm, ab 10/61 (?): 17 x 25 cm, ab ?: 20 x 27 cm

1957/58: 1 20,00
2-24 12,00
Beilage gelb 8,00
Beilage weiß 8,00
1958/59: 1-24 10,00
1959/60: 1-24 8,00
1960/61: 1-24 (?) 5,50
1962-64: je 1-12 3,50
Beilagen „Olympia Bild Kassette"
1 (4/64)-mind. 7 (10/64) 8,00
1965-69: je 1-12 3,50
1970-79: je 1-12 2,50
1980-heute: je 1-12 2,00

Hinweis: Neben ihrer älteren Schwesterzeitschrift „Liliput", s.d., die mit Nr. 9/67 in die Neue Stafette integriert wurde, und natürlich neben der Rasselbande gehört die Stafette zu den erfolgreichsten Publikationen ihrer Art. Als umfangreiche Bildungszeitschrift mit betont gediegener Aufmachung (und entsprechendem Preis) konnte sie sich von Anfang an offizieller Unterstützung sicher sein. Nach mehrfachen Veränderungen wurde die Stafette zu einem katholisch orientierten Magazin in bunter Heftform. Den Ausgaben des 1. Jahrgangs (evtl. nur kostenlos verteilten Werbeexemplaren) lagen 6seitige Faltblätter an die Eltern bei, erst auf gelbem Papier mit Schreibweise „Stafette" und eingeklebter blauer Abo-Postkarte,später auf weißem Papier mit Schreibweise STAFETTE, überarbeitetem Text usw. sowie eingeklebter orangegelber Doppelkarte zur Abowerbung gegen Prämien. Im Olympiajahr 1964 lagen zeitweise Sammelblätter in Din A5 bei (parallel evtl. auch in Liliput). Zumindest anfangs konnte man sich halbe Jahrgänge vom Verlag einbinden lassen.

Das Steckenpferd
Münchener Schülerzeitschrift
München: Klaus Heller
Jan. 1947-mind. Jan./Febr. 1948
0,50 RM, Doppelnummern 0,80 RM, im Buchhan-del 0,70 RM/1,00 RM, 20 Seiten, Doppelnummern 36 Seiten, 15 x 20 cm

1947: 1-5, 6/7, 8/9, 10-12 13,00
1948: 1/2... 13,00

Hinweis: Von Oberstufenschülern und Abiturienten gestaltete und produzierte Zeitschrift, für die der damals 16-jährige Klaus Heller im August 1946 nach Vorlage einer Probenummer eine offizielle Lizenz der Amerikaner erhielt. Dieses auch von der Qualität der Beiträge her ungewöhnliche Projekt erregte die Aufmerksamkeit Erich Kästners, der darüber nicht nur im Pinguin (4/47) berichtete, sondern auch für die Nr. 12 zum einjährigen Jubiläum ein originelles Grußwort beisteuerte. Die Auflage betrug 5.000-10.000 Exemplare. Mindestens vier Ausgaben, darunter 1947: 8/9 und 1948: 1/2, enthalten den Comic „OY, der Überschüler".

Tintenfisch
Schüler Magazin
Kempten im Allgäu: Werner Hofmann, Hugo Lohmeyer, Gerhard Potyka (Hrsg.)
ohne Jahr (2. Hälfte 40er)
0,15 RM, auswärts 0,20 RM, 15 x 21 cm
1. Jg.: 1 9,00
2. Jg.: ...4 9,00
Hinweis:
Zur Zeit liegt nur Nr. 4 des 2. Jg. vor, doch ist unklar, ob die Ausgaben jahrgangsweise oder durchgehend nummeriert wurden. Das Themenspektrum war offenbar relativ weit gespannt und wandte sich an ältere Schüler (z.B. mit einem Beitrag zu Nachwuch sschauspielerinnen wie Hildegard Knef, Ilse Steppat, Gisela Trowe u.a.).

Unser Robinson
Kleines Blatt für junge Bücherfreunde
Berlin: Der Kinderbuchverlag, Feb. 1956-Okt. 60
0,10 M, 14 x 20,5 cm
1956: 1-11 25,00
1957-59: je 1-12 20,00
1960: 1-10 15,00
Hinweis: Mit Auszügen aus Büchern, durchgängig je 2 Comics und weiteren unterhaltsamen Beiträgen sollte diese selbst für DDR-Verhältnisse sehr preiswerte Zeitschrift das Lesen fördern.

Verlag „Neues Werden“
1948
4,20/4,80, ca. 115 Seiten, 11,5 x 19 cm, mit Schutzumschlag
o.Nr. Spuk in Klein Wussow (Hans Eckedül) 26,00
o.Nr. Jutta will ein Junge sein (Käte Lüdecke, Innen-Illustrationen: Willi Kohlhoff) 26,00
o.Nr. Der Gletschergeist (Freddy Weller, Innen-Illustrationen: Willi Kohlhoff 26,00
o.Nr. Der Sohn des Urwalds (Freddy Weller) 26,00

Das Zelt
Siehe „Romanhefte seit 1945“

Zick Zack
bis 12/47 (?): für Junge Menschen
Bad Pyrmont: Zick-Zack-Verlag (Gerhard Ritter, Franz Otterpohl, ab 1/48: Franz Otterpohl, ab 10/48: Henri Nannen), ab 11/48: Hannover: Verlag Henri Nannen
1,00 RM/DM,
32 Seiten, 22-22,5 x 30-30,5 cm
1947: 1 32,00
2-12 26,00
1948: 1-13 26,00
Hinweis: Für ältere Jugendliche und junge Erwachsene gedachte, von der Aufmachung her fast schon illustriertenartige Zeitschrift mit breitem Themenspektrum. Da den britischen Lizenzgebern die Richtung nicht gefiel, übertrugen sie Zick Zack Henri Nannen, der damals schon Zeitungen herausgab. Er machte daraus – anders, als von den Briten geplant – seinen „Stern“, dessen erste Ausgabe am 1.8.48 erschien! 4/47 mit SF-Story „Todesnebel über New York“ zu Atombombenexplosion, 7/48 mit „Menschheits-Geschichte“ (Rede aus dem Jahr 2452), 5/48 mit Beitrag zu Karl May „Grenzfall Old Shatterhand“. – Zu Henri Nannen s.a. „Die bunten Hefte“ im Teil „Romanhefte seit 1945“.

Das Ziel
Zeitschrift der jungen Generation
Mainz: Mainzer Verlagsanstalt
und Druckerei Witt & Rothe
April 1946-48
0,40 RM
1946/47: 1-23/24 9,00
1948: 1 9,00
Hinweis: Zeitschrift der französischen Zone mit 100.000-200.000 Ex. Auflage.

Das Ziel
Zeitschrift für die Jugend
Oldenburg, ab 16: Braunschweig: Britische Militärbehörde
1946-48
0,40 RM, ab 16: 24 S. (vorher weniger),
ab 16: 15 x 21 cm (vorher größer)
1946: 1-15 9,00
1947: 16 9,00
1948: ...37 9,00
Hinweis: Eher einfach aufgemachte Zeitschrift, die direkt von den Briten herausgegeben wurde.

Zukunft
Unabhängige Zeitschrift junger Menschen
Reutlingen: Verlag „Die Zukunft“, ab 1948: Futurum-Verlag
Mitte 1946-Sept. 48
0,30 RM, ab ?: 0,20RM/DM
1946: 1 20,00
2-13 13,00
1947: 1-23/24 9,00
1948: 1-10 9,00
Hinweis: Sozialistisch orientierte, engagierte Zeitschrift der französischen Zone für ältere Jugendliche und junge Erwachsene mit bis zu 100.000 Ex. Auflage. Zumindest bis 1947 gab es 6 regionale Nebenausgaben: für Mainz, Stuttgart, die nordfranzösische, südfranzösische, britische und amerikanische Zone.

Abb. der Zeitschrift „Rasselbande“, 1954

Comic aus „Der kleine Bär“

Beilage der Zeitschrift „Ping-Pong“

KAPITEL **10**

Musikzeitschriften

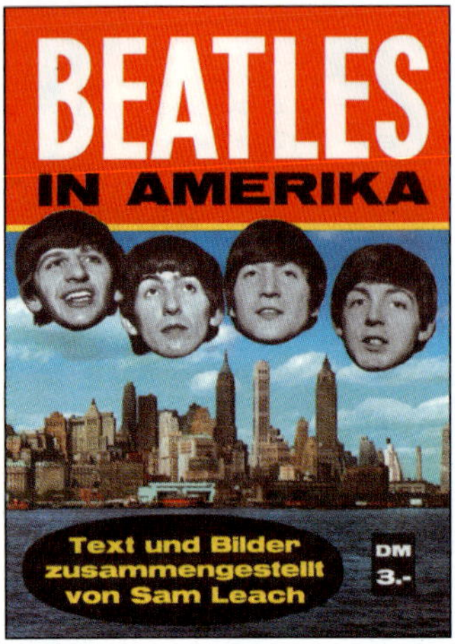

MUSIKZEITSCHRIFTEN 1945-1980

Auch in den letzten Jahren ist die Nachfrage nach den Musikzeitschriften stark angestiegen. Vor allem betrifft das den Zeitraum 1966-1980. Bei den älteren Heften werden vor allem die frühen Sounds, POP, Popfoto und Musikexpress gesucht, bei den späteren vor allem Ausgaben der POP mit allen Beilagen.
Wer sich für die Geschichte der Musikzeitschriften interessiert, sollte das ausführliche Vorwort im Romanpreiskatalog Nr. 9 (2007) lesen. Die unten aufgeführten Sammlerpreise gelten nur für vollständige Hefte im sehr guten Zustand.

ARCADIA-STARPARADE
Kleinformatige Hefte, in denen die Geschichte der jeweiligen Stars auf 32 Seiten erzählt werden. Oft mit Fotos und Verweis auf die erschienenen Schallplatten.
Arcadia-Verlag, Hamburg
1954-1955
12 x 17 cm
VP: 0,60 DM
1 Friedel Hensch und die Cyprys 5,00
2 Vico Torriani 8,00
3 Bully Buhlan 8,00
4 Gerhard Wendland 8,00
5 René Carol... 5,00
6 Cornelia 5,00
7 Hildegard Knef.. 8,00
8 Sonja Ziemann 5,00
9 Dieter Borsche... 5,00
Hinweis: Nicht zu verwechseln mit den „Arcadia Liederheft" der Reihe „Dein schönstes Lied" aus der gleichen Zeit (Schlagertexthefte)

BEATLES IN AMERIKA
Neuer Tessloff-Verlag, Hamburg
1964
21 cm x 29,5 cm
VP 3,00 DM
(1)... 60,00

BLUES NOTES
Einziges deutschsprachiges Blues- & Jazzmagazin
Trübswasser, Linz
1969-1979?
20,5 x 24 cm
1-5... 10,00
6-37 6,00

BRAVO
von Nr. 15/1967-40/1970: BRAVO OK
Bekannteste Zeitschrift mit der höchsten Auflage. Die Zeitschrift wandelte sich Anfang der 60iger Jahre von einer Film/TV-Zeitschrift zur einer Jugendzeitschrift mit einem hohen Anteil an Berichten über Musik und Musiker.
Seitdem die BRAVO-Redaktion 1964 nicht mehr an der Beatmusik vorbeigehen konnte, gab es in dieser Zeitschrift ein Nebeneinander von Rock, Popmusik und deutschem Schlager.
Es hat sich gezeigt, daß zur Zeit die Ausgaben der Jahre von 1964-1975 am gesuchtesten sind.
Da die Jahrgänge vor 1964 seltener sind (kleinere Auflage), gibt es für die Hefte der 60er Jahre keine großen Preisunterschiede.

Kindler und Schiermeyer Verlag, München
(Juli 1965-Juni 1968 zum Axel Springer-Verlag gehörend)/danach: Heinrich Bauer-Verlag, Hamburg
1956-Serie erscheint noch
21,5 x 28,5 cm

1956: 1-19
1 Brigitte Bardot-Titelbild
(Achtung: Nachdruck!)............................ 600,00

2 130,00
3-10 70,00
11-14 50,00
15 James Dean-Titelbild........ 70,00
16-18 50,00
19 Elivs Presley-Titelbild 90,00

Hinweis: von Heft 1/1956 gibt es einen Nachdruck: Erkennbar am weißen Papier im Innenteil (im Original eher grau/beige) und am glatten Papier (im Original eher rauh). Außerdem ist der vorliegende Nachdruck (28,1 x 21,0 cm) etwas kleiner als das Original (28,5 x 21,7 cm).

1957: 1-53

1, 4-7, 10-14, 16-22, 23/24, 25/26, 27-31, 34-53 22,00
3, 9, 15, 33 James Dean-Titelbild........ 50,00
7 Elvis Presley-Titelbild 60,00
2, 8, 32 Brigitte Bardot-Titelbild 30,00

Hinweis: 1-28 James Dean-Story,
7-18 Elvis Presley-Story

1958: 1-52

1-24, 26-39, 41-42, 44-46, 49, 51-52........ 20,00
3-4, 5 mit loser Wahlkarte 24,00
43, 48 Elvis Presley-Titelbild 40,00
40 James Dean-Titelbild........ 30,00
47 Bill Haley-Titelbild........ 35,00
25, 50 Brigitte Bardot-Titelbild 30,00

Hinweis: Elvis Presley-Foto auf den Rückseiten von Heft 4, 25, 40.

1959: 1-52

1-15, 17-20, 22-36, 38-39, 41, 43-48, 50-51 20,00
5-6, 7 mit loser Wahlkarte zur Bravo-Wahl........ 22,00
16, 42, 49 Elvis Presley-Titelbild 40,00
52 Elvis Presley-Starschnitt (Teil 1)........ 22,00
21, 40 James Dean-Titelbild........ 25,00
28 mit losem Peter Kraus-Poster 70,00

Hinweis: Heft 28 wurde ein loses Starschnittposter mit Peter Kraus beigefügt, das alle 4 Teile umfasst (vorher fester Bestandteil).

1959 gab es die ersten Starschnitte:
13-23 Brigit Bardot
24-38 Peter Kraus
40-51 Cornelia Froboess

1960: 1-52

1-22 22,00
23-28, 30-50, 52........ 20,00
3-6 mit loser Bravo-Wahlkarte 23,00
29 Marilyn Monroe-Titelbild........ 25,00
51 Elvis Presley-Titelbild 35,00

Hinweis:
Heft 12 Elvis Presley-Foto auf der Rückseite.
Nr. 1-22 Elvis Presley-Starschnitt (Teil 2-23)

1961: 1-53

1-28, 30-37, 39-53 18,00
3-5 mit loser Otto-Wahl-Karte 1960........ 20,00
29 Louis Armstrong-Titelbild 25,00
38 Elvis Presley-Titelbild 35,00

1962: 1-52

1-4, 6-35, 37-52 18,00
4-5 mit loser Otto-Wahl-Karte 1961 20,00
5, 36 Elvis Presley-Titelbild 35,00

Hinweis: Nr. 39 James Dean-Foto auf der Rückseite

1963: 1-52

1, 3-23, 25-34, 36-44, 46-48, 50-52........ 20,00
2 Pat Boone-Titelbild........ 24,00
6-7 mit loser Otto-Wahl-Karte 1962 22,00
24 1. Lex Barker-Titelbild 28,00
35 Elvis-Presley-Titelbild 35,00
45 1. Pierre Brice-Titelbild 28,00
49 Erstes Foto und Bericht in BRAVO über The Beatles........ 35,00

1964: 1-52

1-11 20,00
6-7 mit loser Otto-Wahl-Karte 1963 22,00

12-21, 25-30, 32-33 22,00
22 Erstes The Beatles-Titelbild 40,00
23 The Beatles-Titelbild (John) und
Rückseite (Ringo) 35,00
24 The Beatles-Titelbild (George) und
Rückseite (Paul).. 35,00
31, 45 The Beatles-Titelbild............................ 32,00
34 Pierre Brice-Titelbild................................ 25,00
35.. 20,00
36 Erster Bericht über die The Rolling Stones
und Titelbild Lex Barker 28,00
37-40 22,00
41 Elvis Presley-Titelbild 30,00
42-44, 46-50, 52.. 22,00
51 Lex Barker-Titelbild 24,00

Hinweis:
Nr. 12-34 Starschnitt Pierre Brice (Winnetou),
Nr. 36-52 Starschnitt Lex Barker (Old Shatterhand).
Berichte über The Beatles in den Heften
6, 8, 10, 16-52 und 1965-69 in fast jedem Heft.

1965: 1-52

1, 3-9, 11-16, 18, 20-24, 27-31, 33-34,
41, 43... 22,00
45,48,51,52... 24,00
3-5 mit loser Otto-Wahl-Karte 1964 24,00
17, 32, 42, 47, 49: The Beatles-Titelbild.......... 30,00
26 The Rolling Stones-Titelbild..(das 1.)......... 35,00
37-38 The Rolling Stones-Titelbild 30.00
19 Lex Barker-Titelbild 24,00
2, 10, 25, 39 Pierre Brice-Titelbild.................. 24,00
46 Pierre Brice-Titelbild................................. 26,00
35, 40 James Dean-Titelbild.......................... 25,00
36 Roy Black-Titelbild 24,00
50 Roy Black-Titelbild 26,00

Hinweis: Nr. 1-10 Starschnitt Lex Barker
Nr. 45-52 Starschnitt The Beatles.
Aufklappbare Poster (Star des Monats), ab Heft 18:
18 Thomas Fritsch
23 Sean Connery
27 Pierre Brice (Winnetou)
31 Lex Barker (Old Shatterhand)
36 Cliff Richard
(danach monatlich)

Heft 22-24 Werbung für die Comicserie LUPO MODERN (Kauka)

1966: 1-52

1-2, 6-7, 9, 11, 13-17, 19, 22, 31 22,00
13 mit Schallfolie Danksagung der
6 Goldenen Otto-Sieger 38,00
27 The Beatles-Poster
(Star des Monats) 30,00
28 ohne Schallfolie... 22,00
28 mit Schallfolie: Naemi und
die Campinos (Werbung, S. 21)............... 26,00
34, 36-36 20,00
39-41, 43-45, 47-49, 51 20,00
1-4 mit loser Otto-Wahl-Karte 1965.............. + 2,00
14 mit lose Werbekarte:
Osterüberraschung................................ + 2,00
5, 8, 12, 18, 20-21, 23, 26-27, 29-30,
37-38, 42 The Beatles-Titelbild 30,00
38 mit Winnetou-Mobilee (fest) 35,00
3, 32 The Rolling Stones-Titelbild 28,00
10, 25, 33, 46, 52 Pierre Brice-Titelbild.......... 22,00
22, 35 Lex Barker-Titelbild 25,00
4, 24, 34, 50 Roy Black-Titelbild 25,00

Hinweis: Nr. 1-32 The Beatles-Starschnitt Nr. 34-49 Roy Black-Starschnitt. Nr. 28-30 Berichte über die „BRAVO-Beatles-Blitz-Tournee“ durch Deutschland (24.-26. Juni 1966). Vorher in mehreren Heften Vorberichte und Ankündigungen (22-27).

1967: 1-53

1-4, 6, 8-12, 14-15, 17-24, 27-29, 31-32,
34, 36-43, 45-46, 48-53 18,00
16 mit Otto-Sieger-Mobilee (fest).................... 25,00
33 mit Sean Connery-Titelbild......................... 22,00
33, 45 mit eingeklebtem Vliesstoff
(Muster für Popkleid) 25,00
46 mit loser Leseprobe (acht Seiten) für
Super Tip Top (Kauka) 80,00
5, 25, 35 The Beatles-Titelbild........................ 28,00

16, 26 Pierre Brice-Titelbild 20,00
47 Elvis Presley-Titelbild 24,00
7, 13, 30, 44 Roy Black-Titelbild 20,00
2-5 mit loser Otto-Wahl-Karte .... + 2,00

Hinweis: Interessante Starschnitte:
Nr. 25-40 Pierre Brice (Winnetou),
ab Nr. 44 Diana Rigg (Emma Peel).
Interessante Poster (Star des Monats):
Nr. 37 Sean Connery (James Bond), Nr. 41 Roy Black

1968: 1-52

1, 3-4, 6-10, 12-13, 15-22, 24-29,
32-38, 40, 43-46, 48-51 16,00
12 mit loser Beilage Grundig 20,00
15 mit Schallfolie: Danksagung der
11 Otto-Sieger 30,00
2 The Beatles-Titelbild 26,00
5, 11, 23, 30, 39, 42, 47, 52
Roy Black-Titelbild 18,00
14, 31, 41 Pierre Brice-Titelbild 18,00
44 George Nader-Titelbild 18,00
mit loser Otto-Wahl-Karte .... + 2,50

Hinweis: The Beatles-Story in Heft 35-39

1969: 1-52

2, 4, 6-10, 12-17, 19-24, 26-29, 31,
33-37, 39-43, 45, 47-49, 51 16,00
1, 5 The Beatles-Titelbild 26,00
3, 18, 30, 38, 52 Pierre Brice-Titelbild 18,00
11, 25, 32, 46, 50 Roy Black-Titelbild 18,00
44 Elvis Presley-Titelbild 20,00

Hefte mit Beilagen:

17 mit Schallfolie (Danksagung der
Otto-Sieger) 30,00
52 mit Mobilee Westernhelden (fest) 24,00
mit loser Otto-Wahl-Karte .... + 2,00

1970: 1-52

1-5, 7-9, 11-15, 17-27, 29-32, 34-37,
39-41, 45-52 12,00
6, 28, 44 The Beatles-Titelbild 18,00
10, 38 The Rolling Stones-Titelbild 18,00
16, 33, 43 Roy Black-Titelbild 14,00
42 Pierre Brice-Titelbild 14,00
47 mit loser Beilage „Non-Smoker-
Club-News“ 13,00
mit loser Otto-Wahl-Karte .... + 2,00

Hinweis: The Beatles-Poster in Nr. 16-19.
The Rolling Stones-Poster in Nr. 42-45.
The Rolling Stones-Artikel in Nr. 38-41.

1971: 1-52

1-2, 4-5, 7-8, 10-21, 23-24, 26-28, 30,
32-50, 52 12,00
3 Elvis Presley-Titelbild 18,00
6, 25 Pierre Brice-Titelbild 12,00
9, 22 George Harrison-Titelbild 16,00
29 The Rolling Stones-Titelbild 15,00
31, 51 Roy Black-Titelbild 12,00

Hinweis: Rolling Stones-Superplakat in Heft 30-32.

1972: 1-53

1-3,5-20, 22-28, 30-33, 35-37, 39-42, 44-48,
50-53 10,00
4 Pierre Brice-Titelbild 12,00
38 Paul Mc Cartney-Titelbild 16,00
29, 49 The Rolling Stones-Titelbild 15,00
18, 24, 34 Marc Bolan-Titelbild 16,00
21 Roy Black-Titelbild 12,00
43 Alice Cooper-Titelbild 14,00

Hinweis: Deep Purple-Superplakat in Heft 42-45.

1973: 1-52

1-6, 9-52 10,00
7 Alice Cooper-Titelbild 12,00
8 T-Rex-Titelbild 14,00

1974: 1-52

1-16, 18-27, 29-42, 44-52 10,00
17 Alice Cooper-Titelbild 12,00
28 Erstes Abba-Titelbild 15,00
43 Abba-Titelbild 12,00

1975: 1-52

1-6, 8-18, 20-24, 26-35, 37-50, 52 9,00
7, 25 Bruce Lee-Titelbild 12,00
19, 36 Alice Cooper-Titelbild 12,00
51 Abba-Titelbild 12,00

Hefte mit Beilagen:

4 mit losem Beatles-Plakat 20,00
21 mit losem Alice Cooper/Suzi Quatro-Plakat 18,00
36 mit losem Poster Bay City Rollers/Jimi Hendrix 18,00
40 mit losem Poster James Dean/The Sweet 18,00
16, 24, 28, 32, 44, 48, 52 mit losen zusätzlichen Postern 16,00

1976: 1-52

1-18, 20, 21/22, 23-28, 30-52 8,00
19, 29 KISS-Titelbild 10,00

Hefte mit Beilagen:

4 mit losem Poster The Beatles 20,00
7 mit Schallfolie 18,00
8 mit losem Poster Abba/King Kong 18,00
12 mit losem Poster Zeppelin/Errol Flynn 16,00
16 mit losem Poster Bay City Rollers/Marlon Brando 18,00
19 mit losem Poster KISS/Harold Lloyd 18,00
24 mit losem Poster Sweet 18,00
28 mit losem Poster Klimbim/Vincent 16,00
32 mit losem Poster Marilyn Monroe/David Cassidy 18,00
36 mit losem Poster ? 16,00
48 mit losem Poster Sex Pistols/Mitchell 18,00

1977: 1-53

1-4, 6-25, 28-34, 37-52 6,00
5, 27 Pierre Brice-Titelbild 9,00
26 The Beatles-Titelbild 10,00
35 Sex Pistols-Titelbild 10,00
36 Abba-Titelbild 9,00

Hefte mit Beilagen:

4 mit losem Poster The Sweet/BRC 16,00
8 mit losem Poster S. Cassidy/King Kong 14,00
12 mit losem Poster Elvis/Abba 18,00
16 mit losem Poster Smokie/Runaways 16,00
20 mit losem Poster Sweet/Bud & Hill 16,00
22 mit losem Poster Rex/Drews 14,00
24 mit losem Poster Buster/J.-M. Vincent 14,00
26 mit losem Poster The Beatles 20,00
28 mit losem Poster Bay City Rollers/Status Quo/Travolta 16,00
32 mit losem Poster Chris Norman 14,00
34 mit losem Poster Smokie/Smiley 16,00
40 mit losem Poster Rollers/Baccara/James Dean 16,00
42 mit losem Poster Status Quo/Ramones/Elvis 18,00
44 mit losem Poster Sweet/Spencer & Hill 16,00
52 mit losem Poster Smokie/Amanda Lear/Lex Barker 16,00

1978: 1-52

1-3, 5-11, 12/13, 14/15, 17-23, 25-32, 34-39, 42-48, 50-51 6,00
4, 16, 33, 41, 49 Elivis Presley-Titelbild 10,00
24 Marilyn Monroe-Titelbild 9,00
40 James Dean-Titelbild 9,00
52 The Beatles-Titelbild 10,00

Hefte mit Beilagen:

lose zusätzliche Poster:

3 Elvis Presley etc. 18,00
5 BCR/Rod Stewart 16,00
7 KISS 16,00
9 „Star Wars“ 16,00
12/13 Status Quo/Spiderman 16,00
14/15 Sweet/Cassidy 16,00
19 Queen etc. 16,00
21 Rollers/Travolta 16,00
29 Abba/Beatles 18,00
33 Elvis Presley 18,00
23, 25, 27, 31, 35, 37, 39, 41, 43, 45,

47, 49, 51 mit losem Poster 14,00
ab Heft 16/1978 in jeder 2. Ausgabe mit zusätzlicher Autogrammkarte:
16 Elvis Presley 14,00
18 S. Cassidy 10,00
20 Bonnie Tyler... 10,00
22 Chris Norman 10,00
24 Paul Mc Cartney.. 12,00
26 James Dean.. 12,00
36 Abba.. 12,00
38 Marilyn Monroe... 12,00
44 The Beatles... 12,00
28, 30, 32, 34, 40, 42, 46, 48, 50, 52
mit Autogrammkarten.................................. 10,00

1979: 1-52
1, 3-10, 12-13, 16, 18-28, 30-36,
38-46, 50, 52 6,00
2, 17, 29, 49 Elvis Presley-Titelbild 10,00
11 James Dean-Titelbild.................................. 9,00
14 Pierre Brice-Titelbild.................................. 9,00
15, 47 Marilyn Monroe-Titelbild........................ 9,00
37 The Beatles-Titelbild.................................. 10,00
48 KISS-Titelbild... 9,00
51 Abba-Titelbild 9,00
Hefte mit Beilagen:
lose zusätzliche Poster:
1 John Travolta/J. Foster............................... 16,00
3 Superman.. 16,00
7 Village People.. 16,00
11 James Dean/Udo Lindenberg 18,00
15 Marilyn Monroe.. 20,00
23 Blondie 16,00
35 Queen 18,00
andere Hefte mit losem Poster......................... 14,00
mit zusätzlicher Autogrammkarte:
4 Pierre Brice.. 12,00
6 Status Quo 12,00
26 Mick Jagger... 15,00
30 John Wayne... 12,00
46 James Bond 14,00
50 KISS... 12,00

2, 8, 10, 12, 14, 16, 18, 20, 22, 24, 28,
32, 34, 36, 38, 40, 42, 44, 48, 52
mit Autogrammkarte... 10,00

1980: 1-52 5,00
1981: 1-53... 4,00
1982-1986: 1-52.. 4,00
1987: 1-53... 3,00
1988-1989: 1-52.. 3,00
1990-1991: 1-52.. 2,00
1992: 1-53 2,00
1993-1996: 1-52.. 1,00
1997: Nr. 1-53... 1,00
1998-2003: 1-52 1,00
2004: 1-53 1,00
2005-2008: 1-52 1,00
2009: 1-53 1,00
2010: 1-52 1,00
2011: 1- 1,00

1980-2011 mit Beilagen wie Autogrammkarten, Tattoos, zusätzliche Poster, CDs usw. Aufpreis!

Hinweis:
BRAVO ist aus der Romanheftreihe FARBIGE ROMANE hervorgegangen.
(Daher 1/1956 mit zusätzlichem Aufdruck Nr. 270).
Seit 1967, Heft 15 vereinigt mit der Zeitschrift **OK**.
Von Nr. 15/1967-40/1967 mit zusätzlichen Logo OK auf dem Titelbild.
Es gibt viele BRAVO-Werbeartikel (Motiv: Indianer-Junge) wie Figuren, Postkarten, Aufkleber, Bleistifte etc.
Vermutlich verkaufte 1968 Axel Springer die BRAVO wegen der damaligen Diskussion um die Pressekonzentration.

1966 erschien das Sonderheft **DAS SIND DIE BEATLES** zur Blitztournee.
Die „Ausgaben 1" einiger Jahrgänge erschien bereits im Dezember des jeweiligen Vorjahres (Datum auf Titelseite beachten).

CRASH
0,50
Die deutsche Pop-Zeitung
Prügelei mit den Small Faces
Englische Popgruppe enttäuschte Fans
Zwei Stunden Warten für ein paar Minuten Show
Auf Arbeitssuche mit Po und Busen
Beat – Pop – News

BRAVO - DAS SIND DIE BEATLES
Ein Bravo-Bildband
Sonderheft der Bravo zur Blitztournee 1966.
Kindler & Schiermeyer Verlag, München
24 x 18,5 cm, Broschüre
mit Farbposter (44 x 66cm) 60,00
ohne Farbposter 40,00
Hinweis: Das Beatles-Poster beinhaltet am rechten Rand die Horoskope und die gedruckten Unterschriften der Beatles. Der farbige Umschlag liegt lose ums Heft. Das Heft erschien vor der Blitztournee.

BRAVO-POSTER
Poster-Zeitschrift, hatte jedoch neben Musik-Postern auch andere Motive. Vergleichsweise wenig Textanteil. Teilweise mit Comics (Vampirella, Kung Fu).
Heinrich Bauer Verlag, München
Sept. 1973-1976
31,3 x 44,5 cm
VP: 2,50 DM
1973: 9-12 10,00
1974: 1-12 8,00
1975: 1-12 8,00
1976: 1-11 8,00
Hinweis:
Großformat, nicht geheftet. Gefaltet ausgeliefert.

BUNTE REIHE VON A-Z
Ein Schlagermagazin mit Berichten über DDR-Interpreten und Lieder.
Verlag Junge Welt, Berlin
1956-57
1, 2, 6 6,00
Hinweis: Andere Nummern der Reihe sind ohne Musikbezug.

CHATTERBOX
siehe OLDIE MARKT
COUNTRY CORNER
Musikzeitschrift für Folk und Countrymusik
1965-1981?
mehr zurzeit nicht bekannt
1965-1970 6,00
1971-1981 3,00

CRASH
Die deutsche Pop-Zeitung
Später: Zeitung für junge Leute
Zeitungsformart, ähnliche Aufmachung wie **SING-SING**
Prüter, Düsseldorf
1968-1974?
31,5 x 47 cm
1968: 1- ? 30,00
1969: 1-15? 25,00
1970: 1-12? 20,00
1971: 1-12 15,00
1972: 1-12 15,00
1973: 1-12 15,00
1974: 1-? 12,00
Hinweis:
In den letzten Jahren laut Impressum nur in Schallplattenläden, Diskotheken (0,30 / 0,50 DM) oder im Abo (7,- DM im Jahr) erhältlich.

CRAZY
Pop Rock Show
Magazin mit Poster
1982-?
mehr zurzeit nicht bekannt
1-2? 3,00

DAS DING
Internationales Musikmagazin
Kein Fachblatt, sondern Berichte über Rock- und Jazzgruppen, sowie Vorstellung neuer Platten.
Verlag „Question & Answers", Rückersdorf
1977-1980...?
21 x 29,5 cm
1977: 1-6 6,00
1978: 7-18 5,00
1979: 19-30 5,00
1980: 1(31)-8 4,00

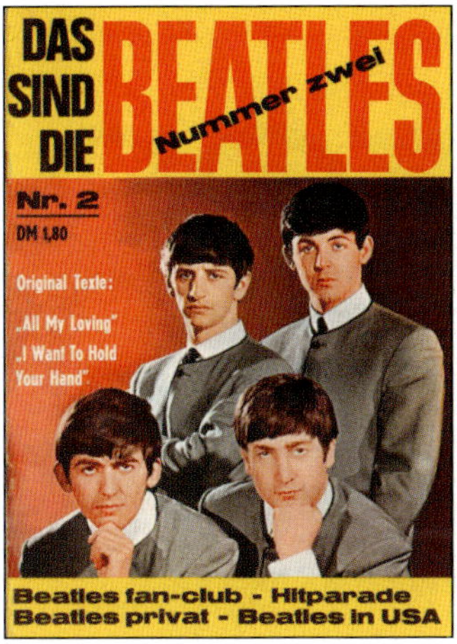

DAS SIND DIE BEATLES
Nicht identisch mit der BRAVO-Ausgabe
Neuer Tessloff Verlag, Hamburg
1965?
17,5 x 25 cm
(1) 50,00
2 40,00

DISCO NEWS
Untertitel:
Zeitschrift für Freunde der Musik, des Films und der Schlagerbranche
Disco-Verlag, Karlsruhe
1973
1973: 1-2 3,00

ECLIPSED
Rock Magazin
Mit Berichten über „Rockgrößen der 60er/70er“ u.a.
Sysyphus Verlags GmbH, Aschaffenburg
1992-erscheint noch
1 10,00
2-4 8,00
5-10 6,00
11-50 3,00
51-130... 1,00

FAB
Untertitel: das Musikmagazin für Fans
Berichte über die Musikszene, neue Platten und Tourneen (vgl. Roman-Preiskatalog 2001).
Zeitschriftenverlag Requard, Wesseln
1972-1975
20 x 28 cm
VP: DM 1,-
1972: 1-12 5,00
1973: 1-12 4,00
1974: 1-12 4,00
1975: 1-12 3,00
Hinweis: Weitergeführt als Schriftenreihe unter den Titel FAB SPEZIAL.

FACHBLATT MUSIC-MAGAZIN
auch: FACHBLATT MUSIK-MAGAZIN
siehe **RIEBE`S FACHBLATT FÜR DIE MUSIKERSZENE**

FAN MAGAZIN
Drei Sterne Verlagsanstalt, Schaan/FL
1975-1978?
21 x 29,3 cm
1-3 Bay City Rollers (BCR) 20,00
4 Smokie 18,00
5-11 15,00
Teilweise mit losem Poster .... +10,00
Hinweis:
Zuerst beschränkte sich das Magazin auf eine Band. Ab Heft 5 gruppenübergreifend.

FANS
bis 1972, Nr. 9, danach **MUSIK FANS**
Nicht so häufige Musikzeitschrift. Ähnlich wie Pop oder Bravo.
Sigert, Braunschweig
später ab 6/73: Willms, Hamburg
1972-1974
21 x 30 cm
1972: 1-12 30,00
1973: 1-12 25,00
1974: 1-10 20,00

FLASH
Die Discothekenhauszeitschrift
Vorläufer der Rockzeitschrift **„FLASH“**
Kluge u.a., Unterlüß
1970
20 x 28 cm
1-4 12,00

FLASH
Untertitel: Zeitschrift für progressive Musik/später Zeitschrift für Rockmusik

Der Inhalt erinnert an die frühen SOUNDS
S. Kluge (Selbstverlag), Unterlüß
Zuerst etwa DIN A 4, später Zeitungsformat
20 x 28 cm, geheftet, später: 28 x 39 cm lose
1971?-1974
1-12 12,00
13-23 10,00
Hinweis: Durchlaufende Numerierung.
Es gibt eine Nullnummer.

FOLK MAGAZIN
Magazin, das ein Überblick über die meist linke Musik-Szene gibt: Franz Josef Degenhart usw.
Untertitel: Zeitschrift für Folk, Song, Kabarett
Rüsselsheim, Edition Venceremos,
1974-1982
1974: 1-? 10,00
1975: 1-7 8,00
1976-1981: 1-? 6,00
1982: 1-? 5,00
Hinweis: Mit Comic von Burkhard Ihme (Reino) (1975-1976).

FONGI
Der wilde Jazzgeist
Jazz-Zeitschrift
H.E. Visser Verlag, Duisburg
1958-1959?
(21,3 x 28,0 cm)
1958: 1-5 30,00
1959: 1-2? 18,00

DAS FREIZEITMAGAZIN
1972-Nr. 40/1974: DAS BUNTE FREIZEITMAGAZIN
ab 16/1976: DAS FREIZEITMAGAZIN FÜR JUNGE LEUTE
Der Schwerpunkt liegt bei Pop und Schlager. Ähnlicher Inhalt wie BRAVO (Aufklärungsseiten, Klatsch etc.)
Burda-Verl., Offenburg
1972-1979
22 x 29 cm
Erscheinungsweise: wöchentlich
1972: 40 15,00
1972: 41-52 8,00
1973-1978: 1-52 5,00
1979: 1-39 4,00
Hinweis: Danach Zusammenschluß mit
ROCKY zu **ROCKY DAS FREIZEITMAGAZIN**

FROM ME TO YOU
Das Magazin über die Beatles
Ein Fan-Magazin der 70iger Jahre
Schuster, Bad Hersfeld
1978-?
1-4... 4,00

GOOD NEWS
das Konzertmagazin
Zürich, Good News
1970-1992
1970-1979 4,00
1980-1992 2,00

GOODTIMES
„GoodTimes berichtet über die Musik der Sechziger, Siebziger und Achtziger Jahre und bietet Aktuelles aus der Szene".
GoodTimes-Verlag, Darmstadt später
NikMa-Musikbuchverlag, Vaihingen/Enze
1992-erscheint noch
1 10,00
2 4,00
3-7 6,00
8 4,00
9 6,00
10-14 4,00
1995: 1-20 3,00
1996: 1-10 3,00
1997-2010: 1-6 2,00
2011: 1- 2,00
Hinweis: Von 1992 bis 1994 wurden die Hefte durchnummeriert. Es gibt eine Nullnummer.

Seit 2010 gibt es Sonderausgaben vom NikMa-Verlag: „KULT!" (GoodTimes kult!) mit populären Themen wie Musik, Comics, Film usw. Bisher erschienen: Ausgabe 1/2010 und 2/2011; 1/2011und 2/2011.

DER GUTE TON
Unterhaltende Zeitschrift für den Schallplattenfreund
Verlag: Der Gute Ton, Köln
?1954-1955?
20,8 x 30 cm
1954: (?)- (Dezember) 15,00
1955: (1) Januar-10 (Dezember) 15,00
Verkaufspreis: 20 Pf
Hinweis:
Berichte um die Schallplatte und Vorstellung neuer Schallplatten. „Erhältlich im Schallplatten-Fachgeschäft" 1955: August/September und Oktober/November sind als Doppelhefte erschienen.

HALLO
Untertitel:
Die Zeitschrift mit Pfiff
Zwar wie die BRAVO keine reine Musikzeitschrift, jedoch immer wieder Artikel über bestimmte Interpreten. Durch die nachcolorierten Fotos hat die Zeitschrift noch den Flair der 50iger Jahre. Wesentlich seltener als BRAVO.
Zauberkreis Verlag, Rastatt
3. Januar 1960-21. August.1960
19 x 27 cm
Verkaufspreis: 0,60 DM
1 50,00
2-9 30,00
10-11 40,00
12 Elvis Presley-Titelbild 60,00
13-15 40,00
16-34 30,00
Hinweis:
5-26 Comicseite „Teena". 10-15 Elvis-Presley-Story.
4 + 33 Marion Michael-Titelbild (Das Mädchen aus dem Dschungel).
Es gab viel Werbung für die Comicserie KASPERLE.

HALLO – Junge Leute
Herausgeber: Prüter, Wolf; Düsseldorf
1966-1967?
21 x 29,5 cm
VP: 0,50 DM
Halbprofessionelle Musikzeitschrift für Beat und Schlager.
1966: 1-4 20,00
1967: 1-? 20,00
Hinweis: Gesamtauflage von Nr. 3/1966: 25000. In verschiedenen Regionen erschienen (Düsseldorf, Duisburg, Norddeutschland). Gleichzeitig auch als Mitgliederzeitung der Europa-Musikstar-Club (EMC) erschienen. Vorliegendes Heft: „Hallo junge Leute in Storman". Regionaler Bezug außer bei Geschäftsanzeigen jedoch nicht erkennbar.

HILLBILLY
Anfangs ausschließlich Berichte über Country und Western-Musik,seit Ende der 60er Jahre Erweiterung zu „Country, Western, Folk, Old-Time & Bluegrass". Berichte über Musiker, Konzerte und Platten.
Ole Hillbilly Drifters, später Steiner und Billbilly Productions, Basel, Schweiz
1962-1980
15 x 21 cm
1962-1965: 1-16 15,00
1966-1970: 17-36 10,00
1971-1980: 37-61 4,00
Hinweis: Heftserie ist durchgehend numeriert. Jedes Jahr sind nur etwa 4 Ausgaben erschienen.

HIT
Untertitel: das internationale Magazin für moderne junge Leute. *Ähnliches Konzept wie die BRAVO. Berichte über Pop und Schlager, aber auch Aufklärung und Freizeittips.*
Beig.-Verlag, Pinneberg, 1968-1970
21 x 30 cm
VP: 1,50 DM
1968: 4-12 30,00
1969: 1-12 25,00

1970: 1-7 20,00
Hinweis: Nr. 1-3 von 1968 sind nicht erschienen.

HIT
Für junge Leute
?...1973-1979...?
Österreich
1973-1975: 1-12 10,00
1976-1977: 1-12 8,00
1978: 1-12 6,00
1979: 1-12 6,00
10 mit ABBA-Aufbügler 10,00
Hinweis: Mehr Daten zurzeit nicht bekannt

IMAGE
Das Magazin für Pop-Blues-Soul-Jazz
Setzt sich von Bravo/Pop/Hit ab: „in deutschen Musikzeitschriften wird lappidarer Schund und progressive Musik auf einen Nenner gebracht".
Ähnlich wie die frühen Sounds-Hefte
Kostka Verlag KG, Hamburg
1969-1970
3/1969: 15 x 21 cm, danach: 21 x 30 cm
1. Jg. (1969): 3 30,00
1. Jg. (1969): 4-9 25,00
2. Jg. (1970): 1/2, 2/3, 3/4, 4/5, 5/6 20,00

INTERNATIONAL MUSICIAN AND RECORDING WORLD
Untertitel: Magazin für die Musikwelt
Deutschsprachige Ausgabe. Berichte über Rockmusik und Tontechnik
Badger Publications, Fribourg, Schweiz
Sept. 1979-?
21 x 29,8 cm
1979: 1-4 3,00
1980: 1 2,00

JAZZ BAZAAR
1969-1972
1969: 1-4 10,00
1970: 5-8 5,00
1971: 9-11 5,00
1972: 12/13 5,00

JAZZ-PODIUM
1952-54 DAS INTERNATIONALE JAZZ-PODIUM
Langlebige Zeitschrift mit interessanten Artikeln über bekannte und unbekanntere Größen des Jazz wie Duke Ellington, Herbie Hancock Chick Corea etc.
Metropol-Vlg, Wien, später Zimmerle & Weis, Stuttgart. Heute: Jazz Podium Verlags GmbH, Stuttgart
1952-erscheint noch
(10x jährlich)
21 x 30 cm
1952: 1-? 15,00
1953-1959: 1-12 10,00
1960-1969: 1-12 8,00
1970-1975: 1-12 5,00
1976-1979: 1-12 4,00
1980-2010: 1-12/1 1,00
2011: 2- 1,00
Hinweis:
Entstanden aus dem Mitteilungsblatt der Deutschen Jazzförderation. In den letzten Jahren sind Doppelnummern erschienen: 7/8 und 12/1.

JAZZ ZEITUNG
1976 - erscheint noch
München, Sepp Dachsel
seit 1982: Hans Ruland
seit 1997: ConBrio-Verlag, Regensburg
20,9 x 29,5 cm
1976-1979: 1-12 4,00
1980-1989: 1-12 3,00
1990-1997: 1-12 2,00
1998- 2006: 1-12 1,00
2007- 2010: 1-5 1,00
2011: 1- 1,00
Hinweis:
Vertrieb zuerst vor allem wohl im Münchner Raum. Seit ca. 1991 gab es auch eine norddeutsche Ausgabe.

JUNGE ZEIT
Untertitel: Magazin für junge Leute
Katholische Jugendzeitschrift, vorliegende Ausgaben (1978) ähnlich wie „Bravo" aufgemacht.
Junge Zeit Verlags GmbH, München
1975 -1979?
21,7 x 28,0 cm
1975 -1979: 1-12 5,00

KLEINES POP-JOURNAL
Musikverl. Lied der Zeit, Berlin (DDR)
1983-1990
15 cm x ? cm
VP: M 0,90
1-17 4,00

LEG AUF
später: LEG AUF + SIEH FERN
teilweise Untertitel:
Die große deutsche Schallplatten-Illustrierte
Vorstellung von Schallplatten aller Schallplattenfirmen und Berichte über Interpreten. Später auch über Tontechnik. Die ersten Ausgaben waren umfangreicher, da sie verkauft wurden.
Seit 1963 neben der deutschen Hitparade auch eine Auflistung der US-Hitparade und der Top-Ten in England (nach MELODIE MAKER), z. B. werden die The Beatles im Heft 6/1963 hier mit Ihrem Hit „From me to you" auf Platz 1 geführt.
Bielefelder Verlagsanstalt KG, Bielefeld
1959-1982
22,8 x 31 cm
Zuerst 0,30 DM, später gratis.
1959: 1-12 15,00
1960-1965: 1-12 10,00
1966-1969: 1-12 8,00
1970-1975: 1-12 6,00
1976-1982: 1-12 3,00
Hinweis:
Aufgegangen in FUNK- UND FERNSEHJOURNAL.
Monatliches Erscheinen.

LET IT ROCK-MAGAZIN
Kinney Music GmbH, Hamburg
1971
23 x 30 cm
(1) 12,00
Hinweis: Musikzeitung mit Werbung für LP „Let ist Rock" (Release) und Artikel über die Rockgruppen der LP sowie Berichte gegen den Drogenkonsum.
Ohne Nummer.

LUPO/LUPO MODERN
siehe Comic-Preiskatalog (Hethke)
Comicserie vom Kauka-Verlag mit Artikeln über Musikgruppen und Stars. Jedoch nur im 1. Jahrgang (1964/65) und Anfang des 2. Jahrganges, Nr. 1-33 (1966/67).

MELANIE POPCORN
siehe **POPCORN**

MELODIE UND RHYTHMUS
Ab Heft 1/1988 mit zusätzlichem großem Schriftzug: **m + r** auf dem Titelbild. Größer als der Schriftzug „melodie und rhythmus".
DDR-Zeitschrift für Unterhaltungsmusik, Jazz etc. In den 60iger Jahren Berichte über Louis Armstrong, Glenn Miller und Django Reinhardt, aber auch über ostdeutsche Beatgruppen wie die Sputniks. Seit 1964 auch Berichte über The Beatles. Seit den 70er Jahren verstärkt Artikel zu DDR-Rockbands und westlichen Musikgruppen. Die Zeitschrift wird von vielen Amiga-Fans gesammelt, weil hier viele Schallplatten vorgestellt werden.
Berlin, Henschel-Verlag
1957-1991
16 x 22,5 cm, ab 7/1971: 20,5 x 29 cm, seit ca. 1979: 23 x 33,5 cm, ab 1/1988: 21,5 x 29,7 cm
1957: 1 60,00
1957: 2-4 25,00
1958: 1-24 15,00
1959: 1-24 10,00
1960-63: 1-24 7,00

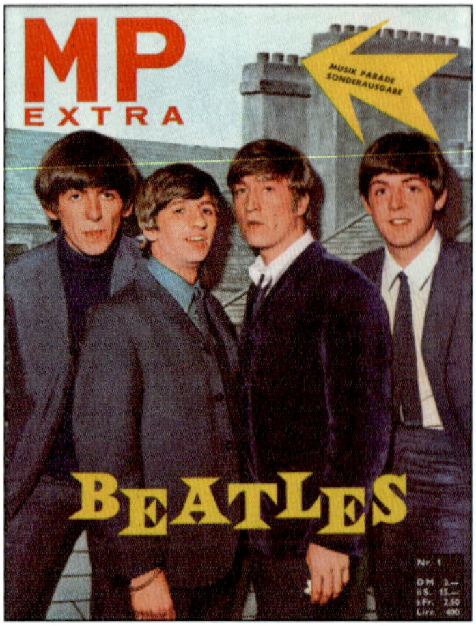

FREE
MUSIC NOW
HERE, THERE AND EVERYWHERE
Deutschland-Ausgabe I/1973
Schon mit 3 Richtigen groß gewinnen (Siehe letzte Seite).
Eric Clapton is Back! (Alles über ihn Seite 5).
...und immer noch keine Neue von THE WHO
Slade: Einsame Spitze
Das Osmond-Fieber grassiert.
„Hamburg ist meine zweite Heimat."
Weiterlesen S.2

1964-70: 1-24 8,00
1971: 1-6 6,00
7 8,00
8-16 7,00
1972-79: 1-12 6,00
1980-90: 1-12 4,00
1991: 1-3 5,00
Hinweis: Erscheinung erst vierzehntäglich, seit April 1971 (ab Nr. 7) monatlich im größeren Format.

MELODIE UND RHYTHMUS
Eine gesamtdeutsche Musikzeitschrift, die auch nach Richtung Osten schaut. Neugründung in der Tradition der alten M & R.
Verlag Melodie & Rhythmus GbR, seit Juni 2006: Heimat Verlag GmbH, Berlin, seit Dezember 2008: Verlag 8. Mai GmbH Berlin
2004-erscheint noch
21 x 29,7 cm
2004: 1 5,00
2-3 3,00
2005: 1 (4) 3,00
5-9 3,00
2006: (10) Juli 2,00
11-15 2,00
2007-2008: 1-12 2,00
2009: 1-10 2,00
2010: 1-5 1,00
2011: 1- 1,00
Hinweis: Zuerst vierteljährlich, seit 2005 jeden 2. Monat erschienen. Im Zeitraum Feb. 2006-Mai 2006 erschien keine Ausgabe. Seit Juni 2006 monatlich im anderen Verlag. Erneuter Verlagswechsel Ende Dezember 2008. Seit 2010 wieder alle zwei Monate.

MP
Siehe **MUSIKPRESSE**

MP EXTRA BEATLES
Musik Parade Sonderausgabe
Ohne Verlagsangabe
21,5 x 28,5 cm
1965
VP: 1,00 DM
Nr. 1 100,00

MUSIC JOURNAL
Die Redaktion hatte den Anspruch „hinter die Kulissen der Branche zu leuchten und Kritik an(zu)bringen, wann immer sie notwendig erscheint". Die Zeitung hatte jedoch kein eigenes Profil: der Inhalt geht von Klassik und Schlager bis Rock und Jazz.
Nabima Verlagsgesellschaft, Berlin
April 1977-?
21 x 29,8 cm
VP 2,50 DM
1977: 1-2? 3,00

MUSIC MAN
1986-1993
Österreich
1986-1989:1-12 4,00
1990-1993: 1-12 2,00
Mehr Daten zur Zeit nicht bekannt.

MUSIC NOW
Untertitel: here, there and everywhere
Deutschsprachige kostenlose („free") Zeitung mit Plattenkritik.
Deutsche Grammophon Gesellschaft, Hamburg
?1972 -1973?
31,5 x 47 cm
1972: Herbst 8,00
1973: 1-2 ? 8,00
1974: Herbst 8,00
Hinweis: Zwar von der Deutschen Grammophon-Gesellschaft herausgegeben, doch mit ausführlichen Plattenkritiken, Fotos und Interviews. Erweckt den Eindruck eines neutralen Blattes. Bisher sind nur die oben aufgeführten Ausgaben bekannt.

MUSIC REVUE
Wie der Titel andeutet, wird ein breites Gebiet abgedeckt: Von Pop und Rock bis Folk und Jazz. Der

Schwerpunkt liegt aber bei der Rockmusik.
Music-Revue-Verlag, Hamburg
Oktober 1973-?
22 x 30,3 cm
VP: 2,00 DM
1973: 1-3...? 6,00
Hinweis: Bei der Nummerierung steht erst der Monat, dann das Jahr und zuletzt die Nummer: z.B. 12.73/3 = Nr. 3.

MUSIC SCENE
Untertitel: In Zusammenarbeit mit SOUNDS England
Zeitungsformat. Schweizer Musikzeitung mit vielen Berichten auch über unbekanntere Gruppen. Schwerpunkt liegt auf Berichten über Rock-Bands aus England und den USA. Daneben auch ein Überblick über die Schweizer Szene. Außerdem Konzertberichte und Interviews.
Music Scene AG, Olten/Basel
1972?-1974?
Zeitungsformat: 33 x 49 cm
1972: 1-? 12,00
1973: 1-26 10,00
1974: 1-? 8,00

MUSIC SCENE
Das Schweizer Musikmagazin
auch: Music scene Suisse
Juni 1979-Nov. 1993
1979-Dez. 1981: 1-28 5,00
1982-1989: 1-12 2,00
1990-1992: 1-12 1,00
1993: 1-11 1,00
Hinweis: Monatliches Erscheinen 1979-1981 durchnumeriert.

MUSIK-BOUTIQUE
Vorstellung von neuen Schallplatten, aber auch Berichte über Bands und Interpreten. Gratiszeitung im Schallplattenhandel und zumindest zeitweise Bezug im Abo (6,00 DM) möglich
1968-Nr. 1/1972: Gerhard Kaiser, Buchdruckerei und VerlagsGmbH, Esssen/Ab 2/1972: Deutsche Grammophon Ges.mbH, Hamburg
1968-1974
21 x 30 cm
1968: 1-9 10,00
1969: 1-9 8,00
1970-1971: 1-9 5,00
1972: 1-9 4,00
1973: 1-7 4,00
1974: 1-3... 3,00
Hinweis: Mit farbigem Poster in der Heftmitte. Viele BRAVO-Anzeigen. Viele Titelbilder mit Roy Black. Nr. 1-6 im ersten Jahrgang waren nicht geklammert.

DER MUSIKANT
Untertitel: „Zeitschrift für den Berufsmusiker"
„Informationen und Nachrichten für den Musikinteressierten"
Mitteilungsblatt des Verlagshauses Gerig für Musiker mit Tipps der aktuellen Hits (der Verlag bot auch aktuelle Notenhefte an).
Gerig-Verlag, Köln
1954 -1967...?
20,8 x 29,7 cm
1954: 1? 16,00
1955: 2-3 14,00
1956-1959: 4-19 12,00
1960-1963: 20-35 10,00
1964-1966: 36-47 12,00
1967: 48-51 10,00
Hinweis: Erschien nur viermal im Jahr. Ab Nr. 31 mit Jahresangabe.

MUSIKER
Teilweise mit Untertitel: „& Tontechnik",
später: „MUSIKER MUSIC NEWS",
zum Schluß: „MUSIK NEWS"
Zeitschrift für (Rock-) Musiker mit Berichten über Bands und Interpreten. Daneben Berichte und Tests zur Tontechnik: „Eine Zeitschrift von Musikern für Musiker". Später Übergang zur Musikzeitschrift.
Verlag U. Wiehagen, Köln, Düsseldorf, Krefeld

später MM-Musik-Media-Verlag Augsburg
August 1976-?
21,5 x 28,0 cm (1976)
20,8 x 29,7 cm (1976/77)
21,5 x 28,7 cm (1980)
24,0 x 34,3 cm (1983)
1976: 1-4 3,00
1977: 5-16 2,00
1978: 17-28 2,00
1979: 1-12? 2,00
1980-85: 1-12? 3,00
1986: 1-? 3,00
Hinweis: In den 80iger Jahren Verwendung von Zeitungspapier auf größerem Format. Seit ca. 1986 dann wieder als Hochglanzmagazin im anderen Verlag

MUSIK EXPRESS
bis Juni 1969: MUZIEK EXPRES
Interessant gestaltete Musikzeitschrift, die im Unterschied zu BRAVO weitgehend und am Anfang ganz auf den deutschen Schlager verzichtete. Schwerpunkt internationale Rockmusik.
Seit 1968 gab es die niederländische Ausgabe mit einer deutschen Übersetzungsbeilage (erst lose, dann feste Beilage): MUZIEK EXPRES.
Seit Anfang 1969 erschien sie mit deutschen und holländischen Beiträgen.
Die MUZIEK EXPRES wurde im deutschsprachigen Raum vertrieben.
Die Nr. 162 war die erste vollständig in deutscher Sprache geschriebene Ausgabe (Ausnahme: Anzeigen teilweise auf holländisch). Die Nr. 162 hieß zwar noch MUZIEK EXPRES, hatte aber schon deutsche und holländische Artikel mit einer festen deutschen Übersetzung. Die Nr. 163 war die erste vollständig in deutscher Sprache geschriebene Ausgabe (Ausnahme: Anzeigen teilweise auf niederländisch). Nr. 163 erstmals auch mit deutschen Namen MUSIK EXPRESS.
Muziek Expres-Verlag, Den Haag, später: M + P Zeitschriften Verlag, Hamburg
1968?-1983
25,5 x 31 cm, später: 22,0 x 30,5 cm

MUZIEK EXPRES:
Nr. 145 (Januar 1968)-161 (Mai 1969)
145 30,00
145 mit loser deutschsprachiger Beilage 60,00
146-149 25,00
146-149 mit loser deutschspr. Beilage 50,00
150-161 25,00
150-161 mit fester deutschsprachiger Beilage in der Heftmitte 50,00
162 mit deutschsprachigen Artikeln 35,00
162 mit zusätzlicher fester Beilage mit der Übersetzung einiger Artikel 50,00
MUSIK EXPRESS:
163 (Juli 1969)
Erste deutsche Ausgabe 60,00
164-168 (August-Dezember 1969)
164 40,00
165 Titelbild: Mick Jagger 50,00
166 Titelbild: Keith Richard 50,00
167-168 40,00
169-180 (Jan.-Dez. 1970)
169 25,00
170 Titelbild: Mick Jagger 30,00
171-172 25,00
173 Titelbild: Ringo Starr 30,00
174 25,00
175 Titelbild: Paul Mc Cartney 30,00
176 Titelbild: Georg Harrison 30,00
177 25,00
178 Titelbild: Mick Jagger 30,00
179 Titelbild: Charlie Watts 30,00
180 25,00
181-192 (Jan.-Dez.1971)
181 20,00
182 Titelbild: Mick Jagger 25,00
183 20,00
184 Titelbild: John Lennon 25,00
185 Titelbild: Paul Mc Cartney 25,00
186 20,00
187 Titelbild: Ringo Starr 25,00

mit deutscher Beilage
muziek expres
KEITH RICHARD

Nr 173 MAI '70
musik express
DM 1.50 ÖS 12 sfr 1.50
MEHR ALS 2 MILLIONEN LESER
RINGO STARR
Creedence Clearwater Revival
José Feliciano
Traffic wieder zurück
the Nice

pop
Doors-Leader
JIM MORRISON
beichtet seine Todsünden
HORROR-TRIP:
Einbahnstrasse zur Hölle

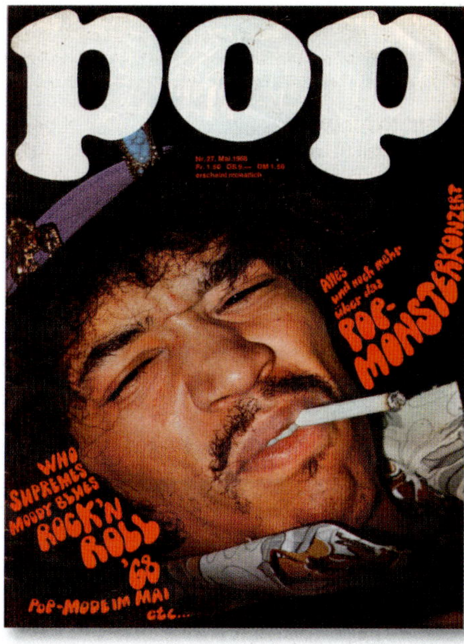
pop
Alles und noch mehr über das POP-MONSTERKONZERT
WHO
SUPREMES
MOODY BLUES
ROCK'N ROLL '68
POP-MODE IM MAI
etc...

188-190 ... 20,00
191 Titelbild: Georg Harrison ... 25,00
192 Titelbild: Mick Jagger ... 25,00
193-204 (Jan.-Dez. 1972)
193-199 ... 20,00
200 Titelbild: Mick Jagger ... 25,00
201-202 ... 20,00
203 Titelbild: Paul Mc Cartney ... 25,00
204 ... 20,00
Hefte mit Sticker-Beilage (fest)
(ab Heft 196, April-204 Dez.): ... 23,00
1973: 1-12 ... 18,00
1-12 mit Sticker ... 20,00
11 Titelbild: Mick Jagger
1974: 1-12 ... 15,00
1 mit Beilage Superposter
Rolling Stones ... 25,00
2-6 mit Sticker ... 18,00
1975: 1-12 ... 8,00
1976-1978: 1-12 ... 4,00
1979: 1-12 ... 3,00
8 mit Schallfolie Peter Tosh ... 8,00
1980-1982: 1-12 ... 2,00
1983: 1 ... 2,00

Hinweis: Bisher ist nicht ganz sicher, ab welcher Ausgabe die MUZIEK EXPRES eine deutsche Übersetzungsbeilage hatte. Zu Beginn wurde die niederländische Nummerierung beibehalten. Zum Schluß vom SOUNDS-Verlag übernommen. Dann zusammen an die Jürg Marquard-Verlagsgruppe verkauft. Es gibt einen Nachdruck von Heft 164 in einem kleineren Format (2009) als angeblich erste deutsche Ausgabe.

Siehe **MUSIK EXPRESS/SOUNDS**

MUSIK EXPRESS/SOUNDS

später nur MUSIK EXPRESS
Brisas Verlag, Glarus (Verlagsgruppe Jürg Marquard), seit Januar 2000: Young Mediahouse, München (Axel Springer Verlag), Juli 2006 Axel Springer Mediahouse GmbH, München seit 2009 Berlin.
1983-erscheint noch
21 x 28,6 cm

1983: 2 ... 5,00
3-12 ... 4,00
1984-1989: 1-12 ... 3,00
1990-1995: 1-12 ... 2,50
1996-1999: 1-12 ... 2,00
2000-2010: 1-12 ... 1,50
2011: 1-.. ... 1,50
mit CD-Beilage ... +2,00
Beilage: Reprint von Heft 164 (1969) ... 2,00

Hinweis: Weiterführung von **MUSIK EXPRESS** und **SOUNDS** in einer Zeitschrift durch einen neuen Verlag. Es gibt mindestens 2 Sonderhefte: The Beatles, Led Zeppelin.

MUSIK-FANS

Siehe **FANS**

MUSIK-JOKER

Untertitel: Zeitung für Musik und Freizeit; später mit Untertitel „Rolling Stone"
Gründung unter Mitwirkung der Redaktion von „Bild am Sonntag". Zuerst großformatige Zeitung, nicht geheftet.
Ab Nr. 21/1976 kleineres Format als Zeitschrift.
Axel-Springer-Verlag, Hamburg
Jan. 1976-Dez. 1979
Erschien monatlich, seit Okt. 1976 14tägig!
1976: 2-9: 28,5 x 40,0 cm,
1976: 21-26, 1977, 1978, 1979: 1-8:
21,8 x 31,0 cm
später: 21,5 x 28,3 cm

1976: 2 ... 16,00
3 Beatles-Titelbild ... 12,00
4-9 ... 10,00
Nr. 10-20 nicht erschienen!
21 mit Elvis Presly-Titelbild ... 8,00
22-26 ... 5,00
1977: 1-20 ... 4,00
18 mit loser Beilage:
„So starb Elvis Presley" ... 12,00
21 The Beatles-Cover ... 6,00

21 mit loser Beilage:
Sonderheft The Beatles 12,00
22-26 4,00
1978: 1-9 4,00
10 Abba Titelbild 6,00
11-21 4,00
18 mit loser Beilage Sonderheft
Elvis Presley 12,00
22-24 4,00
25 Abba Titelbild 6,00
25 mit loser Beilage Sonderheft
John Travolta 10,00
26-27 4,00

1979: 1-26
1,2,4-7,11-15,17-19,22, 24-26 4,00
3+16 Elvis Presley Titelbild 6,00
8+23 Abba Titelbild 6,00
9 Paul McCartney Titelbild 6,00
10+20 Mick Jagger Titelbild 6,00
21 Beatles Titelbild 6,00

mit Zusatzposter (Heftmitte):
5 John Denver 8,00
9 Paul McCartney 10,00
10 Peter Maffay 8,00
11 Truck Stop 8,00
12 Mick Jagger 10,00
13 Udo Lindenberg 8,00
14 Village People 10,00
15 Ian Dury 10,00
16 Elvis Presley 12,00
17 Ritchie Family 8,00
18 Chilly 8,00
19 Boston 8,00
22 AC / DC 10,00
23 Fleetwood Mac 8,00

Hinweis: Heft 1 und 11-20 von 1976 sind nicht erschienen. Seit 1979 Zusammenarbeit mit der US-Zeitschrift ROLLING STONE. Das Oktoberheft von 1977 hatte eine lose Sonderbeilage „15 Jahre Beatles“ mit 32 Seiten. Weitere Sonderbeilagen folgten. Teilweise mit Lokalteil (Hamburg) z.B. in 11/1978 als Sonderheft in der Heftmitte. Seit 1979, Heft 9 mit Zusatzteil **„Rolling Stone“** (8 -16 Seiten).

DER MUSIKMARKT
Die Fachzeitschrift für das Musikgeschäft
Nur im Abo erhältlich. Zielgruppe Musikgeschäfte, Redakteure usw.
Keller-Verlag, Starnberg, München, später Musikmarkt GmbH & Co. KG, München
1959-erscheint noch
1959: 1 30,00
2-? 10,00
1960-1963: 1-52 6,00
1964-1970: 1-52 8,00
1971-1980: 1-52 5,00
1981-1990: 1-52 3,00
1991-2010: 1-52 2,00
2011: 1-.. 2,00
Teilweise mit Beilage „Hit-Parade“ (Poster), „TOP“ usw.
Hinweis: Erscheint jede Woche im deutsch-sprachigen Raum. Gesammelt werden vor allem die älteren Poster mit den Hit-Paraden.

MUSIK NEWS
Siehe **MUSIKER**

MUSIK PARADE
Besonders die ersten 21 Hefte sind aufgrund ihres Großformates schwer zu bekommen. Gründung durch einen niederländischen Verlag. Die gleiche Zeitschrift erschien auch in den Niederlanden (dort Muziek Parade). Teilweise zeitversetzte Übernahme der holländischen Titelbilder. Im Vergleich zur BRAVO mehr Infos über unbekanntere Bands. Aber auch Berichte über „The Beatles“ und „The Rolling Stones“ nehmen breiten Raum ein. Wer sich für die Zeit der „Beat-Musik“ interessiert liegt hier richtig.
Sept. 1962-Mai 1967
Guus Jansen, Hilversum/Jansen, Hamburg/seit Herbst 1965: Heinrich Bauer-Verlag, Hamburg

Heft 1-21: 24,2 x 32,0 cm,
ab Heft 22: 21,5 x 28,5 cm.
Verkaufspreis: 1,00 DM, Nr. 1-31 monatlich, danach 14-tägig.
1962-1965: Nr. 1-52 (durchgehend numeriert)
1966: Nr. 1-26, 1967: Nr. 1-11
1962: 1 Elvis Presley-Titelbild 100,00
2-4 60,00
1963-1965: 5-7, 9-14, 16-17,20 50,00
8, 15, 18 Elvis-PresleyTitelbild 70,00
19, 21, 26 The Beatles-Titelbild...................... 60,00
22, 24-25, 27-28, 32, 39, 41-46, 48-50, 52..... 25,00
29-30, 33-35, 37-38 The Beatles-Titelbild 35,00
23 Elvis Presley-Titelbild 30,00
31, 36, 40, 47, 51
The Rolling Stones-Titelbild 30,00
1966: 1-3, 5, 16-20, 23-24, 26 20,00
6, 8, 10, 21The Rolling Stones-Titelbild 28,00
4, 9, 11-14, 22 The Beatles-Titelbild 30,00
7, 15, 25 Roy Black-Titelbild 22,00
26 mit loser Beilage: Plakat The Lords........... 80,00
1967: 1, 3-10 20,00
11 Endnummer.. 25,00
2 Pierre Brice-Titelbild 30,00
2 mit loser Beilage: Plakat Roy Black 80,00
Hinweis: Es existiert eine Musik-Parade-Sonderausgabe **MP EXTRA BEATLES** (1965) und mehrere Wandkalender. Fast alle Ausgaben haben Poster in der Heftmitte.Seit 1967 geringere Auflage. 11/1967 (letzte Nummer) wurde schon von der Bravo-Redaktion gestaltet: auf mehreren Seiten wird im redaktionellen Teil Werbung für die nächste Ausgabe der BRAVO gemacht.

MUSIKPRESSE (MP)
Das internationale Jugendmagazin
U.a. in Deutschland und Österreich erschienen.
Schwerpunkt: Rock und Pop
Musikpresse GmbH & Co. KG, Usingen
1968-1970?
20,5 x 28,3 cm
VP: 1,50 DM, 9,00 öS
1968: 10-12 30,00
1969: 1-12 25,00
1970: 1-? 15,00

MUSIK SZENE
DIWA-Zeitschiften-Verlag, Frankfurt
Sept. 1982-1987
22 x 31 cm, VP: 2,50 DM
1982: 1-4 3,00
1983-1986: 1-12.. 3,00
1987: 1-11 2,00
Hinweis:
Aufgegangen in **MUSIKEXPRESS/ SOUNDS**

NEUE DEUTSCHE WELLE SPECIAL
Drei Sterne Verlag, Schaan in Zusammenarbeit mit Musik Express.
1982
22 x 30 cm, VP: 7,80 DM 6,00

OK
Heft 30/66-40/66 WIR OK
*Zuerst Konkurrenzblatt zu **BRAVO** und **MUSIK-PARADE**. Später Übernahme durch **BRAVO**.*
*Seltener als **BRAVO**, da **OK** eine geringere Auflage hatte. Besonders die Ausgaben mit den Schallfolien sind schwer zu bekommen.*
Heinrich Bauer-Verlag, Hamburg/ab Nr. 32, 1966:
Kindler und Schiermeyer Verlag, München
(damals Teil des Axel-Springer-Verlages)
Nov. 1965-April 1967
Verkaufspreis: 1,00 DM
Nr. 1/1965-Nr. 34/1966: 22,5 x 30,2 cm;
ab 35/1966: 21,5 x 27,9 cm,
ab Heft 30/1966: vereinigt mit **WIR** zu WIR OK (siehe auch „Rasselbande“, Jugendmagazin).
Ab Nr. 41/1966 nur noch OK.
Nach Heft 15/1967 vereint mit **BRAVO**, siehe dort.
1965: 1 The Beatles-Titelbild (Paul)
mit Schallfolie 70,00
3 Pierre Brice-Titelbild 40,00
2, 4-5 35,00

1966: 1 The Rolling Stones-Titelbild
mit Schallfolie ... 70,00
2, 4, 6, 9-10-12, 14 ... 28,00
3 The Rolling Stones-Titelbild (Mick Jagger) .. 35,00
5 The Beatles-Titelbild mit Schallfolie ... 70,00
7 Lex Barker-Titelbild ... 30,00
8 Elvis Presley-Titelbild ... 35,00
10 Roy Black-Titelbild ... 30,00
13 The Beatles-Titelbild ... 35,00
15-29 nicht erschienen!
30 Pierre Brice-Titelbild (Winnetou) ... 30,00
31-36 ... 28,00
33 Roy Black-Titelbild ... 30,00
37 The Beatles-Titelbild ... 35,00
38-41 ... 28,00
42 The Rolling Stones-Titelbild
(Mick Jagger) ... 35,00
43-46 ... 28,00
47 Roy Black-Titelbild ... 30,00
48 The Rolling Stones-Titelbild
(Brian Jones) ... 35,00
49-52 ... 28,00
1967: 1-5 ... 28,00
6 Elvis Presley-Titelbild ... 35,00
7-15 ... 28,00

Hinweis: Nach Heft 15 /1967 Zusammenschluß mit **BRAVO**. Nach der Zusammenlegung von OK und **WIR** standen zeitweise beide Namen auf dem Titelbild (30/1966-40/1966). Die Schallfolien waren fest mit dem Heft verbunden (zum Abspielen müssen sie ausgeschnitten werden)! Nr. 1/1965 mit Schallfolie: The Beatles-Interview (deutsch). Nr. 1/1966 mit Schallfolie James Bond-Interview (Sean Connery). Nr. 5/1966 mit Schallfolie: Cliff Richard-Interview (deutsch). Heft 7/1966-13/1966 mit Berichten über The Beatles-Tournee in Deutschland

OLDIE-MARKT

1977: Ringtausch, seit 1978: umbenannt in Chatterbox, ab 26/1982: umbenannt in Oldie-Markt
Untertitel Europas größter Plattenmarkt, teilweise: (ab 1/1980) Das alternative Rockblatt
Frank M. Goldmann Verlags und Vertriebs GmbH, Mannheim, später Eberdingen-Hochdorf, ab 1/1984: Vereinigte Motor Verlage GmbH & Co. KG, Stuttgart, später New Media Verlag GmbH, Nürnberg
1977-erscheint noch
1977: 14,5 x 21 cm, seit 1978: 21 x 29,7 cm
Im Verhältnis zum Umfang oft mit geringen redaktionellen Teil.Besteht vorwiegend aus Schallplatten-Auktionsangeboten und Verkaufslisten.
1977: 1-? ... 12,00
1978: 1-? ... 10,00
1979: 1/2, 3/4, 5/6, 7/8, 9/10, 11/12 ... 10,00
1980-1982: 1-29 ... 10,00
1983: 1-12 ... 8,00
1984-1989: 1-12 ... 5,00
1990-1999: 1-12 ... 2,00
2000-2010: 1-12 ... 1,00
2011: 1-... ... 1,00
Hinweis:
1980-1982 wurde durchgehend nummeriert.

PARTY

Untertitel: Die Zeitschrift für junge Leute von heute ab Nr. 63: Schlager Fernsehen Film
Am Anfang ähnlich aufgemacht wie die BRAVO. Wird auch von Sammlern gesucht, die Comics aus den Lehning-Verlag (Sigurd etc.) sammeln. Enthält unter anderen auch Berichte zu Musikstars. Flair der 50iger und 60iger Jahre.
Walter Lehning-Verlag, Hannover
November 1959-1963
Nr. 1-102...
Nr. 1-62: 16,5 x 24 cm, Nr. 63-102: 23 x 29,5 cm
VP: Nr. 1-10: 0,30 DM, Nr. 11-62: 0,50 DM,
Nr. 63-102: 1,00 DM
Nr. 1-50 wöchentlich, Nr. 51-102 vierzehntäglich
1 ... 50,00
2-10 ... 35,00
11-30 ... 30,00
31-55 ... 28,00
56-62 ... 28,00
63-90... ... 30,00

91-102 40,00
Hinweis: Die letzten Titelbilder sind nur schwarz-weiß gedruckt worden. Mitte der 60er Jahre Neubeginn als Herrenmagazin.

POP
Musikzeitschrift die seit 1968 auch in Deutschland vertrieben wurde. Schwerpunkt Rock und Pop. In der Anfangszeit mit vielen poppigen oder psychedelischen Titelbildern, Unvergessen die persönlichen Worte vom Herausgeber Jürg Marquard an die Leser am Beginn des Heftes.
Pop Verlag AG, Zürich, später Zeitschriften-Verlags-AG, Zürich
1966-1980, seit 1968 Vertrieb nach Deutschland
21 cm x 28,5 cm, monatlich, seit Oktober 1972 vierzehntägig
Oktober 1974 Übernahme von **POSTER PRESS**
Mit Heft 5/1980 vereinigt mit **POPFOTO**
Nach Heft 8/1980 vereinigt mit **ROCKY, DAS FREIZEIT-MAGAZIN** zu **POP, ROCKY** siehe dort.

1966: 1 180,00
2-5 100,00
6-10 80,00

1967: 11-22 60,00
1968: 23-34 50,00
1969: 1-11 40,00
12 mit MP: verbotene Plattenhülle von „Blind Faith“ 45,00
4 mit fester Beilage „POP-Extrablatt“ zur Hochzeit von Paul Mc Cartney 45,00
1970 (5. Jahrgang):
1-2, 4-9, 11-12 30,00
3, 10 Titelbild: Mick Jagger 35,00
ab 10/1970 mit Superposter:
10 Mick Jagger 40,00
11 Led Zeppelin 40,00
12 Jimi Hendrix 40,00
1971 (6. Jahrgang):
2, 4-12 25,00
1 Titelbild: Paul Mc Cartney 30,00
3 Titelbild: George Harrison 30,00
mit Superposter:
1 Paul Mc Cartney 40,00
2 Ten Years After 35,00
3 George Harrison 40,00
4 ?
5 The Rolling Stones 35,00
6 Jethro Tull 35,00
7 Deep Purple 35,00
8 Melanie 30,00
9 Creedence Clearwater Revival 35,00
10 Emerson, Lake & Palmer 35,00
11 John Mayall 35,00
12 T. Rex 35,00
1972: (7. Jahrgang):
1-15 20,00
16 TB: The Beatles 35,00
mit Superposter:
1 Jimi Hendrix 30,00
2 Eric Clapton 30,00
3 Janis Joplin 30,00
4 Dylan, Harrison etc. 30,00
5 Led Zeppelin 30,00
6 Uriah Heep 30,00
7 Pink Floyd 30,00
8 Deep Purple 30,00
9 Grand Funk Railroad 30,00
10 Jethro Tull Teil 1 30,00
11 Jethro Tull Teil 2 30,00
12 The Who 30,00
13 Santana 30,00
14 Alice Cooper 30,00
15 Ian Anderson (Jethro Tull) 30,00
16 The Beatles 35,00
1973 (8. Jahrgang):
1-26 20,00
mit Superposter:
1 Black Sabbath 30,00
2 Alvin Lee (Ten Years After) 30,00
3 Rory Gallager 30,00
4 Slade 30,00

5 Uriah Heep 20,00
6 Deep Purple 20,00
7 Alice Cooper 30,00
8 Emerson, Lake & Palmer 30,00
9 David Cassidy 30,00
10 T. Rex 30,00
11 Led Zeppelin 30,00
12 Jimi Hendrix Teil 1 30,00
13 Jimi Hendrix Teil 2 30,00
14 The Sweet 30,00
15 The Osmonds 30,00
16 Gilbert O'Sullivan 30,00
17 Pink Floyd 30,00
18 Ian Anderson (Jethro Tull) 30,00
19 Emerson, Lake & Palmer/ David Cassidy 30,00

Ab Nr. 20 mit drei Superpostern:

20 Alice Cooper, Bernd Clüver, Jackie Stewart 30,00
21 ....?
22 David Bowie, Slade, James Bond 30,00
23 Gary Glitter / Uriah Heep /Motorrad 30,00
24 Deep Purple / Marc Bolan (T. Rex)/ Laurel & Hardy 30,00
25-26 ? 30,00

1974: 1-17, 19-26 18,00
18 Beatles-Titelbild 22,00
1 mit SP UFO/ Alice Cooper/ Kalender 28,00
2 mit SP Status Quo/ Alvin Lee´s Guitar/ Osmonds 26,00
3 mit SP 26,00
4 mit SP Rocky/ Bonanza (Karikatur)/ Deep Purple 28,00
5 mit SP Golden Earring/David Cassidy 26,00

Ab Nr. 6 nur noch ein Poster (beidseitig gedruckt):

6 mit SP Nazareth/ Jesus Christ Superstar 25,00
7 mit SP Slade 1. Teil/ Susan Dey 25,00
8 mit SP Slade 2. Teil/ Keith Emerson 25,00
10 mit SP Yes/ Chris Roberts 25,00
11 mit SP Pink Floyd/ Bernd Klüver 25,00

Ab Nr 12 mit „Post Express" (12 Seiten) in der Heftmitte

12 mit SP Alice Cooper Teil 1/ Emerson, Lake & Palmer 25,00
13........... ?............
14........... ?............
15 mit SP Alice Cooper Teil 2/ Uriah Heep 25,00
16 mit SP Chi Coltraine/ Klassik Rock Poster 23,00
17 mit SP Grand Funk Railroad/Otto 25,00
18 mit SP Deep Purple/ Udo Lindenberg 25,00
19 mit SP Nazareth/ Alvin Stardust 25,00
20 mit SP Nektar/ Rolling Stones 26,00
21-26 ....?

1975: 1-12, 13/14, 15-19 12,00
12 mit Horror-Spezial 16,00
12 mit Superposter 25,00
20, 21/22, 23-24, 25/26 12,00
mit Superposter 20,00

1976: 1-4 8,00
mit Superposter 16,00
5-12, 13/14, 15-19, 20, 21/22, 23-24, 25/26 8,00
5-8, 13-26 mit Superposter 15,00
9-12 mit Superposter 18,00
13-20, 23, 24 mit Superposter + Stickerbeilage 20,00
21/22 mit Zusatzposter+ Elton-John-Brille 22,00
25/26 mit Zusatzposter + Memory-Spiel 20,00

Hinweis: Nr. 1-26 mit MELODY MAKER (16 Seiten) in der Heftmitte

1 mit SP The Beatles , Udo Lindenberg, Silver Convention 15,00
2, 3 ....?............
4 mit SP The Beatles, Chi Coltrane, "I love Music" 15,00
5 mit SP Bay City Roller, Uriah Heep, "Sonnenuntergang" 15,00
6 mit SP Queen, Harpo, „Urlaubsgirl" 15,00

7 mit SP Kenny, Inga Rumpf, „Traumboy" 15,00
8 mit SP „Hello", Kung Fu (David Carradine), Bettina (Girl) 15,00
9 mit SP Sweet (lebensgroß) Teil1, The Who, „Maggie" (Girl) 18,00
10 mit SP Sweet (lebensgroß) Teil 2, Cat Stevens, „Mystic Eye" 18,00
11 mit SP Sweet (lebensgroß) Teil 3, Paul McCartney, „Anna + Babs" (Girls) ... 18,00
12 mit SP Sweet (lebensgroß) Teil 4, Rolling Stones, „Sailor" 18,00

Ab Nr. wieder nur 2 Zusatzposter, aber dafür Stcker

13/14 Bay City Rollers, Niki Lauda (Mittelposter Abba) + 5 Sticker 20,00
15 mit SP Kiss, Fiffi + 5 Sticker 20,00
16 mit SP „Hello", Olympia 1976 + 5 Sticker 20,00
17, 18, 19 .....? ....
20 mit SP Status Quo, Löwenbaby + 5 Sticker 20,00
21/22 ....? + Elton-John-Brille 22,00
23 ....? ....
24 mit SP Bay City Roller Teil 2, Elton John + 5 Sticker 20,00
25/26 mit SP Bay City Roller Teil 3, Beatles + Star Memory Spiel (Pappe) 22,00

1977: **1-3, 4/5, 6-7, 8/9, 10-12, 13/14, 15-16, 17/18, 19-20, 21/22, 23-24, 25/26** 5,00
mit Superposter 12,00
mit Superposter + Sticker 15,00
4/5 mit SP + Bügelbild 15,00
8/9 mit Sp + Erdbeerplastk-Tüte 16,00

1978: **1-3, 4/5, 6-12, 13/14, 15-16, 17/18, 19-26** 4,00
mit Superposter? 10,00

1979: **1-12, 13/14, 15-26** 3,00
Ausgaben mit Autogrammkarten 6,00

1980: **1-8** 2,00

Hinweis: 1966-1968 durchgehende Nummerierung (1-34). In den 70iger Jahren sind viele Doppelnummern erschienen.

Die Superposter (seit 1971) und Titelbilder zeigen meistens dieselben Musikgruppen.
POP 1975 Nr. 20-1976 Nr. 4 mit The Beatles-Poster (The Beatles lebensgroß).
Seit Mitte der 70er Jahre Zusammenarbeit mit der englischen Musikzeitschrift MELODY MAKER.
Es gibt Sonderveröffentlichungen der POP-Redaktion, z.B. das Bay City Rollers Fan-Magazin (ca. 1977).
Es gibt eine Nullnummer von 1965. Vermutlich wurde die Zeitschrift erst seit 1968 auch in Deutschland vertrieben. Es gibt Unterschiede zwischen der deutschen und der schweizerischen Ausgabe (Artikel, Werbung, Nummerierung).

POPCORN

1977: 8-9: MELANIE POP-CLUB
1977/10-1988/3: MELANIE POPCORN
ab 1988, Nr. 4 nur POPCORN
Jugendzeitschrift mit vielen Musikbeiträgen. Entstand aus der Comic-Serie MELANIE (1974-77)
Gevacur-AG, Zug/später Verlagsgruppe Jürg Marquard: Zeitschriften Verlag AG, Zug/seit Januar 2000: Axel Springer, Young Mediahouse, München, später: Axel Springer Mediahouse München GmbH, München, dann Vision Media GmbH, München
1977-erscheint noch
20,5 x 28,5 cm

1977: 8 8,00
9 6,00
10-12 4,00
1978-1979: 1-12 3,00
1980-1989: 1-12 1,50
1990-2010: 1-12 1,00
2011: 1 0,50

Hinweis: Darin aufgegangen: **POP ROCKY** (1998).

POPFOTO

zeitweise Untertitel: Teenbeat
Interessante, weniger bekanntere Musikzeitschrift. Anfangs aufgemacht wie MUSIK EXPRESS aber kaum Textbeiträge. Weitgehender Verzicht auf deutsche Schlagerstars, stattdessen internationale Pop-

Comics, Winnetou und mehr ...

Nr. 1 Nr. 2 Nr. 3

Nr. 4 erscheint am 15.4.2011!

Leseprobe: www.goodtimes-magazin.de

Wir können auch Musik

60s ... 70s ... 80s ... Holen Sie sich MUSIC AT ITS BEST!

goodtimes@nikma.de · Telefon: 0 70 42/37660-160 · Fax: 0 70 42/37660-188
NikMa Musikbuch-Verlag · Eberdinger Straße 37 · 71665 Vaihingen

musik. POPFOTO und MUSIK EXPRESS kamen aus dem gleichen Verlag. Muziek Expres, Den Haag u. Köln/später: Acket, Köln/Krümmer, Hamburg/M + P Zeitschr. Verl., Hamburg
1967-1980
zuerst: 21,5 x 28,3 cm, später: 20,8 x 26,0 cm
1967: ? 60,00
1968: 287 (Januar)-298 (Dezember) 50,00
1969: 299 (Januar)-310 (Dezember) 40,00
1970: 311 (Januar)-322 (Dezember) 30,00
1971: 323 (Januar)-334 (Dezember) 25,00
1972: 335 (Januar)-346 (Dezember) 20,00
1973-1975: 1-12 16,00
1976-1979: 1-12 5,00
1980: 1-4 4,00
Hinweis:
Zuerst Übernahme der holländischen Nummerierung. Bis Nr. 397 (März 1977) auf dem Titelbild durchnummeriert.
Achtung! Die Nummer 319 von Oktober 1970 ist eigentlich Nr. 320 (falsche Nummerierung).
Die ersten Hefte in deutscher Sprache von 1968 haben Umschläge in holländischer Sprache!
Besonders in den frühen Ausgaben befinden sich mehrere Comic-Geschichten!
Achtung! Die großen Mittelposter fehlen meistens!
Im März 1980 vereinigt mit **POP**.

POP MUSIKMAGAZIN
VEB Lied der Zeit, Musikverlag, Berlin (DDR)
1984 - ?
Broschur
(1)-? .... á 8,00
Hinweis: Jährlich erscheinender Band.
Vorläufer war bis 1983 das Schlagermagazin

POP ROCKY
teilweise: POP ROCKY YOUNG (1998: Nr. 14-28)
Zeitschriften-Verlags-AG, Zürich
1980-1998
21 x 29 cm, zuerst 14täglich, später wöchentlich
Hervorgegangen aus der Vereinigung von **POP** und **ROCKY, DAS FREIZEITMAGAZIN**
1980: 9-26 3,00
1981-1989: 1-26 2,00
1990-1994: 1-26 1,00
1995-1997: 1-52 0,50
1998: 1-28 0,50
Hinweis: Zu Beginn teilweise mit vier Namen von ehemals eigenständigen Zeitschriften auf dem Titelbild: „POP Popfoto ROCKY das Freizeitmagazin".
1998 aufgegangen in **POPCORN**.

POPULAR 1
Sonderheft über das Life-Konzert von Bob Dylan in Paris 1978 mit Biografie und Diskografie
Frias, Barcelona
1978
20,5 x 27,5 cm
Sonderheft Bob Dylan 6,00
Hinweis: mit Poster in Heftmitte.

POSTER PRESS
Großformatige Zeitschrift mit vielen Postern von Musikgruppen, und Artikeln über sie. Teilweise mit Werbung zur Comicserie „Zack". Das Heft mußte zum Lesen aufgeklappt werden und hatte dadurch ein größeres Format. Nicht geheftet.
Koralle-Verlag (Springer), Hamburg
Sept. 1973-August 1974
25,7 x 33,3 cm
VP: 1,80 DM
Probenummer (Leseprobe) 18,00
1973: 19 15,00
20-21 10,00
22 Elvis Presley-Poster 15,00
23 Mick Jagger-Poster 15,00
24-26 10,00
1974: 1-17 10,00
Hinweis:
Es gibt mindestens eine Ausgabe mit einer Schallfolie. Eine Schallfolie mit Jimi Hendrix (seine Freundin erzählt) ist bekannt.
Im Oktober 1974 an die Jean Frey AG, Zürich verkauft.

Der Name POSTER PRESS wurde seit Oktober 1974 auf dem Titelbild der **POP** weitergeführt.

PRESS
Die Hamburger Press digest und Organ mit Presseschau teils: „Hamburger Jugendzeitschrift Press“
„Der Ton, den Zeitschriften wie OK, Bravo oder wie sie heißen mögen der Jugend gegenüber anschlagen ist einfach demütigend und letztlich eine Beleidigung für jeden der des Lesens mächtig ist. PRESS hat es nicht nötig, seine Leser für dumm zu verkaufen. Denn es gibt noch genügend Leute, die eine gute Reportage einem Starschnitt vorziehen“.
Aus Press Heft 44, 1966
Press, Hamburg
1953?-1969?...
21,2 x 29,5 cm
VP: 0,80 DM
1953-1969:1-52? 20,00
Hinweis:
Es liegen uns nur Heft 44-48 von 1966 vor (14. Jahrgang). Mehr Informationen liegen nicht vor.

PROFIL-EXTRA
Alles was Du brauchst ist Liebe
John Lennon zwischen 1967 und 1980
Sonderheft der Reihe PROFIL, der Reihe für den Tanzmusiker.
Zentralhaus-Publikation, Leipzig
1987
15 x 21 cm 5,00

RB MAGAZIN
Das Magazin für den Rock 'n' Roll – und Beatsammler
Peter Paetzold und Guenther Voss
Hamburg
1980-?
21 x 29 cm
VP: 3,50 DM
1980: 1-6 4,00
1981: 1-6 3,00

RENNBAHN EXPRESS
seit 2000: RENNBAHN-XPRESS.
seit 2006: XPRESS
Österreichische Musikzeitschrift. Ähnlich wie die deutsche Bravo, anfangs kritischer.
Salzburg, später Wien, REV-Zeitschriften-Verlags GmbH u.a.
Aktueller Herausgeber: Verlagsgruppe NEWS Gesellschaft m.b.H., Wien
1968-erscheint noch
1968-1969: 1-? 25,00
1970-1975: 1-? 20,00
1976-1979: 1-? 10,00
1980-1989: 1-12 4,00
1990-2010: 1-12 1,50
2011: 1-... 1,00
Hinweis:
Gegründet bereits 1968 als Schülerzeitung in Salzburg (im Salzburger Wohngebiet: Rennbahnsiedlung). Später Vertrieb in ganz Österreich.

REVOLVER
Untertitel: Zeitschrift für junge Leute, das aktuelle Jugendmagazin
Mehr ein Fan-Magazin als ein Musikmagazin
Stommel, Michelstadt
1968-1970
15 x 21 cm
1-25 2,00
Hinweis:
Vereinigt mit **STAR-JOURNAL** zu **REVOLVER, STAR-JOURNAL**

REVOLVER, STAR-JOURNAL
Untertitel: das aktuelle Jugendmagazin, die Zeitschrift für Fans
Diena-Verlag, Plaidt
1970
15 x 21 cm
26 4,00
Hinweis: Hervorgegangen aus **STAR-JOURNAL** und **REVOLVER.** Vermutlich nur eine Ausgabe erschienen.

RIEBE´S FACHBLATT FÜR DIE MUSIKERSZENE
Auch RIEBE´S FACHBLATT MUSIC-MAGAZIN (1977-82);
FACHBLATT MUSIC-MAGAZIN (1982-1984);
FACHBLATT MUSIK-MAGAZIN (1984-1997);
FACHBLATT MUSIKER-MAGAZIN (1997-1998)
D. NEUE FACHBLATT MUSIKER-SZENE (1999)
Die allererste Musikzeitschrift, die sich vor allem an Rockmusiker wendete: Testberichte zum Equipment, Tourneedaten, Interviews mit Musiker, aber auch Berichte über Musikgruppen und Platten.
Relativ viele Anzeigen des Musikfachhandels.
Eigenverlag, später: Verlag Klaus Böhler, Köln/Journal-Vlg., München, Köln/SZV Spezial-Zeitschriftenverl.-Ges., München/Nitschke, Euskirchen
Mai 1972-1999
21 x 30 cm
1972: 1-7? 6,00
1973: 1,2,3/4,5,6/7,8/9,10,11 5,00
1974: 1/2, 3,4,5/6, 7 - 10? 4,00
1975: 1-12 4,00
1977-1980: 1-12 3,00
1981-1985: 1-12 3,00
1986-1998: 1-12 1,50
1999: 1-? 1,50
Hinweis: 1999 aufgegangen in SOUND CHECK.
In den ersten Jahren sind nur 10 Hefte pro Jahr erschienen.
Es gibt eine 0-Nummer vom April 1972.

ROCK DREAMS
Verlag Walther H. Schünemann, München
1973
22 x 30 cm
1 mit Bestellschein Sammelordner (lose) 10,00
1 ohne Bestellschein 6,00
2-10 5,00
11 6,00
4, 7 mit Bestellschein Ordner (lose) 9,00
5, 8-9 mit Bestellschein (fest) 6,00
Hinweis: Angekündigt waren 10 Hefte (vierzehntägig erschienen). Erschienen sind jedoch 11 Hefte (ab Heft 9 angekündigt). Inhalt: Geschichte der Popmusik von Nik Cohn und Bildern von Guy Peellaert (Schöpfer vom Comic „Jodelle") sowie dem Rocklexikon von Ingeborg Schober. Es gibt einen gelben Sammelordner für die 11 Hefte. Später erschien eine Gesamtausgabe als Broschüre.

ROCK NEWS
Magazin der Mitglieder des German Rock e.V.
Schwerpunkt „Krautrock" sowie die deutsche Rock-Szene.
1998-erscheint noch
1-34 2,00

ROCKN`ROLL MUSIKMAGAZIN
Nr. 1-7? nur ROCK
„Unabhängige Musikzeitschrift für Freunde der Rock ,n' Roll Musik der 50er und frühen 60er Jahre"
Berichte über klassische und heutige Rock ,n' Roll-Interpreten, Discographien, Plattentips und Konzertberichte.
Convent Verlag
1977-erscheint noch (alle 2 Monate)
15 x 21 cm
1 15,00
2 5,00
3-50 4,00
51-79 3,00
80-100 2,00
101-147,149-158,160-195... 1,50
148,159 3,00
Sonderheft zum 25. Jubiläum (Mai 2002) 2,00

ROCKY
Burda-Verlag, Offenburg
1977-1979
22 x 29 cm
1977: 47-53 6,00
1978: 1-52 5,00
1979: 1-39 5,00
Hinweis: Danach ab Heft 40/1979 Vereinigung mit

FREIZEIT-MAGAZIN zu **ROCKY, DAS FREIZEIT-MAGAZIN**

ROCKY, DAS FREIZEIT-MAGAZIN
Burda-Verlag, Offenburg
1979-80
22 x 29 cm
1979: 40-52 4,00
1980: 1-11 3,00
12 Elvis Presly Titelbild 5,00
13-24 3,00
Hinweis: Entstanden aus der Vereinigung von **ROCKY** mit dem **FREIZEIT-MAGAZIN**. Danach Vereinigung mit **POP** zu **POP ROCKY.**

ROLLING STONE
Deutsche Ausgabe
Verlag Klaus Böhler, Köln
Dezember 1981-Mai 1982
23 x 30 cm
1981: 0-Nr. Yoko Ono-Titelbild (128 Seiten) 40,00
1 Yoko Ono-Titelbild (96 Seiten) 12,00
1982: 1 Keith Richards-Titelbild 9,00
2-5 6,00
Hinweis:
Nachdem Teile der englischen Ausgabe in deutscher Übersetzung in Musikzeitschriften erschienen sind (MUSIK JOKER), war dies der erste Versuch eine deutsche Version von „Rolling Stone“ zu etablieren. Herausgeber war Klaus Böhler, der vorher RIEBE´S FACHBLATT MUSIC-MAGAZIN verlegt hatte. Die Zeitschrift wurde jedoch bereits nach sechs Ausgaben eingestellt.
Erst 1994 gab es den bisher erfolgreichen zweiten Anlauf eines anderen Verlages.

ROLLING STONE
Deutsche Ausgabe
DRS-Verlag Hamburg, seit 2003: Young Mediahouse, München (Axel Springer Verlag), dann Axel Springer Mediahouse GmbH, München später Berlin.
November 1994-erscheint noch
1994: 11 3,00
12 2,00
1995-2000: 1-12 2,00
2001-2010: 1-12 1,50
2011: 1-. 1,50
mit CD .... +1,50

RUND
Magazin für Musik und Medien
CONTACT-Verlag GmbH, Nordenstadt bei Wiesbaden
1975 - ?
1975: 1/2, 3, 4 10,00
Hinweis:
Originelles Musikmagazin in fast runder Form; ähnlich einer Schallplatte (linke Seite gerade).

SCHALLPLATTE
Untertitel: Das deutsche Musikmagazin
Vorstellung von neuen Platten, Musiker-Portraits, News und Auflistung von Hitparaden
Ptach, Hamburg/später Girardet, Hamburg
1965-1976
21 x 29,5 cm
1965: 1-? 10,00
1966-1969: 1-12 9,00
1970-1972: 1-12 6,00
1973-1975: 1-12 3,00
1976: 1-10 2,50

SCHLAGER FÜR DICH
Das Beste von Funk, Fernsehen, Schallplatte.
Verlag Lied der Zeit, Berlin (Ost)
1955-1975?
VP: 0,40 M
1 15,00
2-30, 32-48, 50, 52 8,00
55-80? 5,00
31 Der Calypso und Harry Belafonte (1961) 12,00
49 Die Beatles (1964) 20,00
51 Starfotos The Beatles (1965) 20,00
53 Starfoto Louis Armstrong 15,00
54 Starfoto Peter Kraus (1965) 12,00

Hinweis: Seit 1964/1965 gab es eine neue Taschenbuchreihe des Verlages „Das Schlagermagazin" Berlin, Lied der Zeit, 1965-1983, danach als Buch „POP-Musikmagazin", Berlin, Lied der Zeit, 1984-1988?

DAS SCHLAGER MAGAZIN
Ein Taschenbuch um die Tanzmusik (innen)
VEB Lied der Zeit, Berlin
1964 – 1982
11,5 x 16,0 cm
1965 12,00
1966-1969 10,00
1970-1975 8,00
1976-1983 5,00
Hinweis:
Jahresband mit jeweiliger Jahreszahl auf dem Titelbild. Magazinartig. Jeweils im Vorjahr erschienen.

SCHLAGER MAGAZIN
Die Zeitschrift für alle Schlagerfreunde
Nordwestdeutsche Verlags- und Druckerei-Gesellschaft m.b.H., Zeven
1953
VP: 0,50 DM
1-5... 10,00

SCHLAGZEUG
Das Jazz-Magazin
ab 14/1958 mit Untertitel:
Jazz in Wort und Bild
Äquator-Verlag GmbH, Berlin
15,5 x 21,5 cm
1957 – 1960?
1957: 1-4 25,00
1958: 5-7 25,00
8-16 (Dez.) 20,00
1959: 1 (17)-12(28) 15,00
1960: 1(29)-? 10,00
Hinweis:
Die ersten 7 Hefte waren nicht geheftet!
Ab Nr. 1958 mit Comicstrip „Dizzy".

SING SING
Musikzeitschrift im Zeitungsformat
Pool-Verlag, München
1968-1969?
31,5 x 46,5 cm
1968: 1?-26? 25,00
1969: 1-26? 25,00

SONG
Untertitel: Zeitschrift für Chanson, Folklore, Bänkelsang, später: deutsche Underground-Zeitschrift; Zeitschrift für progressive Subkultur
Bericht und Texte über Theodorakis, Franz Josef Degenhardt u. a. und neue Platten. Später Blues, Folk etc.
Schwerpunkt der Zeitschrift liegt bei Protestsongs. In den ersten Jahren einfache Aufmachung.
Verlag Rolf Gekeler, Erlangen; Mainz
1966-1969?
16 x 23 cm, später: 21 x 28,5 cm
1966-1968: 1-8 15,00
1969: 1-6 20,00
1970: 1 22,00
Hinweis: 1966-1968 durchgehend nummeriert.

SOUNDS
Untertitel zeitweise: Die Zeitschrift für Popmusik
Musikzeitschrift, die Schallplatten, Musikgruppen aber auch gesellschaftliche Verhältnisse kritisch begleitete. Schwerpunkt Rock. SOUNDS setzte sich bewußt von BRAVO ab. Titelbilder von Roy Black wird man hier vergebens suchen. Die Zeitschrift berichtete auch über unbekanntere Bands und über die damals neuen Trends: Punk, Neue Deutsche Welle etc. Wer sich für die Musik der 70iger Jahre interessiert liegt hier richtig!
Blome, Köln/Azderball, München/Ihre Kinder, Nürnberg/Sounds-Verlag, Hamburg: IPV-Presse-Vertriebs-GmbH
1967-1983
20, 5 x 28,5; 21 x 30 cm; 21 x 28 cm
1967: 1 250,00

2-3 150,00
1968: 4-5 100,00
6-9 80,00
1969: 10-14 60,00
1970: 15-24 20,00
1971: 25-34 15,00
1972: 1-12 (35-46) 8,00
1973: 1 (47)-3 (49) 6,00
4-12 5,00
1974-1979: 1-12 4,00
1980-1982: 1-12 3,00
1983: 1 3,00
Hinweis: Zweimonatliches, seit 1970 monatliches Erscheinen.
1967-1973 (März) durchgängige Numerierung: Nr. 1-49.
Ende der 70er kaufte der SOUNDS-Verlag die beiden Zeitschriften eines holländischen Verlags: **MUSIK EXPRESS** und **POPFOTO**. MUSIK EXPRESS sollte für Mainstream stehen. POPFOTO für die Zielgruppe Teenie. POPFOTO wurde aber bereits 1980 an die **POP** verkauft. 1983 mußten MUSIK EXPRESS und SOUNDS eingestellt und die Rechte verkauft werden. Ein Teil der Redakteure wechselten 1983 zu **SPEX**. Die Marquard-Verlagsgruppe (POP) brachte dann die Zeitschrift **MUSIK EXPRESS/SOUNDS** neu heraus.

SOUNDS
Axel Springer Mediahouse Berlin GmbH, Berlin
August 2008- November 2009
1-7 1,00
CD-Beilage 1,50
Hinweis:
Kurze Wiedererweckung eines Musikmagazins. Jeweils Themenhefte wie z. B. „Soul“ oder „Black Musik“ (Painted Black!) mit passender CD als Beilage.

SPEX
Musik zur Zeit
Spex-Verlagsgemeinschaft, Köln, später Piranha Media GmbH, Köln, seit 2007: Piranha Media GmbH, Berlin
1980-erscheint noch
22 x 30 cm. Zuerst (1980-82) größer!
1980: 9-12 18,00
1981: 1-6, 7/8, 9-12 12,00
1982: 1-2, 3/4, 5-12 8,00
1983: 1-7, 8/9, 10-12 5,00
1984-1989: 1-12 3,00
1990-1998: 1-12 2,00
1999: 1-11, 12/1 2,00
2000: 2-6, 7/8, 9-12 2,00
2001: 1/2, 3-6, 7/8, 9-12 2,00
2002-2005: 1/2, 3-12 2,00
2006: 1/2, 3-12 1,50
2007-2010: 1/2, 3/4-11/12 1,00
2011: 1/2 - 1,00
XXV Sonderheft zum 25. Jubiläum 2,00
mit Beilage CD .... +2,00
Hinweis: Seit 2007 nur 6 Hefte pro Jahr!

SPOTLIGHT
Fitraco AG, Liechtenstein
1977-1980...?
22 x 28,5 cm
Berichte über Spieltechnik der Musiker, Konzerte und technische Ausstattung sowie Musikerportraits.
1977: 1 4,00
1978: 2-13 3,00
1979: 1-12? 3,00
1980: 1-11 3,00

STAR-CLUB NEWS
Musikzeitschrift, die vom Star Club (Hamburg) herausgegeben wurde. Schwerpunkt Beatmusik.
Nr. (2)-5: ASTRA-Verlag, Lichtenfels. Ab Nr. 6: Verlag der Star-Club Film-, Ton- und Veranstaltungs GmbH, Hamburg
1965
Heft 2-5, 11-12: 21 x 29,7 cm,
Heft 6-10: 19 x 28 cm
Heft 2-4 von 1965: 0,30 DM, Heft 5-12: 0,50 DM
1965: (2) Februar 70,00
(3) März 30,00

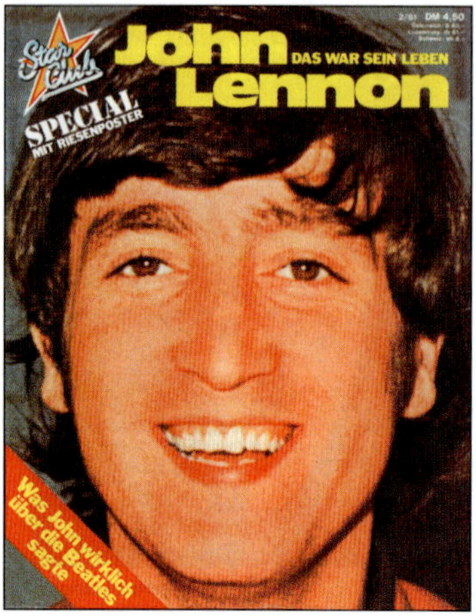

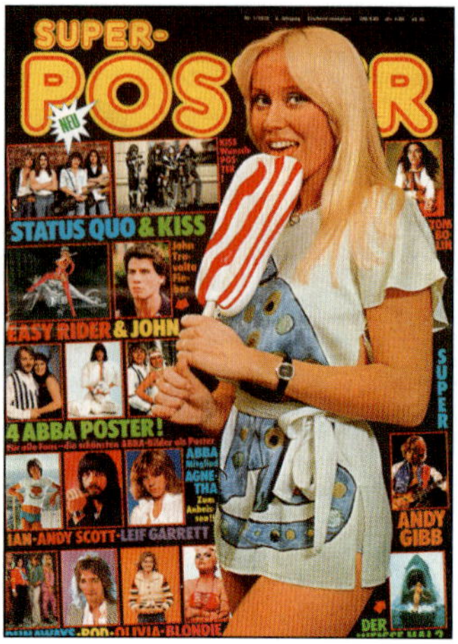

4-5 20,00
6-7 6,00
8 9,00
9 Titelbild Mick Jagger
(The Rolling Stones) 28,00
10-11 22,00
12 Titelbild John Lennon
(The Beatles) 30,00

Hinweis: 1964 gab es zwei einfach gehaltene Vorläufer der Hefte, die nur im Star Club erhältlich waren.
Heft 1 von 1965 ist nicht erschienen. Heft 2-3 sind ohne Nummer. Im Heft 12 wird von der Redaktion behauptet, daß der Bauer-Verlag seit Sommer 1965 plante, die STAR-CLUB NEWS zu übernehmen, dann aber doch lieber das Projekt **OK** startete.

STAR CLUB
Entertainment Verlag GmbH, Hamburg
1980-1981?
21,5 x 28 cm
1980: 1 Abba 8,00
2 Elvis 10,00
3 Beatles 10,00
4 Marylin Monroe 5,00
1981: 1 ? 5,00
2 John Lennon 10,00

STAR-JOURNAL
Diena-Verlag, Plaidt
1968-Januar 1970
15 x 21 cm
1-16? 3,00
Hinweis: Februar 1970 vereinigt mit **REVOLVER**.

STAR PRIVAT
Untertitel: Peters Geheimtagebuch
Kleines Klatschblatt mit dem Tagebuch von Peter Palmer mit Berichten über die damaligen Film- und Musikstars.
Parnass-Verlag, München
1959-1960 ...
14,5 x 20,8 cm
Verkaufspreis: 60 Pf.
1959: 1-? 15,00
1960: 1-9 10,00
Hinweis:
Vorliegendes Heft 9/1960 (Mai, 2. Jg.) mit einer Mittelseite aus besserem Papier mit vier Musikstars zum Sammeln. Wohl alle 2 Wochen erschienen.

STAR REVUE
Ähnlich aufgemacht wie die Bravo. Berichte über Film- und Musikstars. Viele Fotos. Berichte über Peter Kraus, Ted Herold, Rex Gildo etc..
Spiegel-Verlag Rudolf Augstein, Hamburg
1948-1961
26,5 x 36,5 cm
1948: 1-? 18,00
1949-1950: 1-? 15,00
1951-1960: 1-? 12,00
1961: 1-10 12,00
11 18,00
Hinweis:
Danach in der Zeitschrift „BRIGITTE“ aufgegangen.

STARS
Film, Rockmusik; Comics und andere Themen der populären Kultur
Verlag: Programm Roloff & Seeßlen, Schondorf/Ammersee
1978-?
20,8 x 29,5 cm
1978: 1-? 8,00
Hinweis:
Eventuell ist nur eine Ausgabe erschienen.

SUPER-POSTER
Geringer Textanteil.
Besteht überwiegend aus Postern.
Universaltryck Grafiska AB, Stockholm
1978-1979?
29 x 42 cm
1978: ? 4,00
1979: 1-? 4,00

TOP
Jugendmagazin mit Musikberichten, ähnlich wie BRAVO oder HIT, jedoch von katholischen Verbänden herausgegeben. Meistens mit geringem religiösen Anteil..
Verlag Haus Altenberg, Düsseldorf
April 1966-Sept. 1972
20,5 cm x 27 cm
1966: 1 30,00
2-9 25,00
1967: 1-12 18,00
1968-69: 1-12 15,00
1970-71: 1-12 9,00
1972: 1-9 6,00

TOP POPS
deutsche Ausgabe
Wöchentliche Musikzeitschrift im Zeitungsformat.
Ableger der gleichnamigen englischen Zeitung.
Dadurch hauptsächlich Artikel über das britische Musikgeschehen.
TOP POPS-Verlag,
London und Saarbach GmbH, Köln
29 x 42 cm
1968: ...23-43...? 35,00
Hinweis:
Meistens mit zwei Titelbilder: DIN A 4 und DIN A 3.

UNDERGROUND
Untertitel: Das deutsche Schülermagazin
Zeitweise auch „Anderground“
Progressive Jugendzeitschrift mit vielen Berichten über Musikgruppen und Schallplatten.
Bärmeier & Nikel, Frankfurt
November 1968-1970
21 cm x 27,5 cm
1968: 1 35,00
2 30,00
1969: 1-12 25,00
1970: 1-7 20,00

UNTERHALTUNGSKUNST
Zeitschrift für Bühne, Podium und Manege
Neben Zirkus und Kabarett auch immer wieder Artikel zu dem Musikgeschehen in der DDR.
Henschel-Verlag, Berlin
1969-?
21 x 29 cm
1969: ? 10,00
1970-1974: 1-12 6,00
1975-?: 1-? 4,00

WELCOME
Das Rock-Magazin
Ulf G. Fahr
1973
29,5 x 41,0 cm
1973: 10,00
Hinweis: kostenloses Magazin im Zeitungsformat. Zur Zeit nur eine Ausgabe bekannt. Herausgeber war vermutlich die Plattenfirma CBS, da fast nur Platten dieser Firma vorgestellt werden.

WEST COAST
West-Coast Verlags GmbH, Hamburg
Später: Birgit Puzik, Hamburg
1977-?
21 x 29,8 cm
VP: 1,60 DM
1977: 1-4 10,00

WIR
Nr. 22/1965-26/1965: WIR RASSELBANDE
Hervorgegangen aus der Jugendzeitschrift RASSELBANDE.
Ab Nr. 1/1966-14/1966 nur WIR
Danach Zusammenschluß mit OK
Heinrich Bauer Verlag, Hamburg
1965-1966
22/1965-26/1965: 19,3 x 26,0 cm,
ab Heft 1/1966: 21,0 x 28,0 cm
1965: 22 The Beatles-Titelbild (Ringo) 35,00
23-26 20,00

1966: 1 The Beatles-Titelbild (Ringo) 35,00
2 Elvis Presley-Foto auf der Rückseite........... 25,00
3-8 20,00
9 Roy Black-Titelbild 22,00
10 The Beatles-Titelbild (John Lennon).......... 35,00
11 Pierre Brice-Titelbild (Winnetou)................ 30,00
12-14 20,00
13 Bob Dylan-Titelbild.................................. 30,00
Hinweis:
Danach Zusammenschluß mit OK, siehe dort

WIR OK
siehe **OK**

XPRESS
Siehe **RENNBAHN EXPRESS**

ZUGABE
Das Magazin von SoliBeat
Solidaritätsaktion der DDR-Rock und Popgruppen. Ein Rockmagazin, dessen Erscheinen vermutlich nicht fortgesetzt wurde.
NBI/ Aktion SoliBeat
Berlin
1982
16,5 x 24 cm
Nr. 1 (Nummer innen)... 5,00

Wir suchen noch detaillierte Informationen über die aufgeführten und weitere deutschsprachige Musikzeitschriften von 1946-1980: Titelbilder, Beilagen, Poster, besondere Artikel, Doppelnummern etc. Auch aus der DDR, Österreich, Schweiz usw,

Informationen und Angebote
(Einzelhefte, Jahrgänge und Sammlungen)
schickt bitte an das
Comicladen Kollektiv
Fruchtallee 130, 20259 Hamburg
Tel. 040-407781
info@comicladen-kollektiv.de

Autorenpseudonyme
(ohne Karl May)

Folgende Aufstellung ist ein kleiner Auszug aus „Schmidtkes Pseudonym-Spiegel“ (Ronacher Verlag, München 1984) mit Ergänzungen. Der „Pseudonym-Spiegel“ enthält etwa 300 Autoren der deutschsprachigen Unterhaltungsliteratur der letzten hundert Jahre. Autoren von Liebesromanen und österreichischen Serien blieben unberücksichtigt.

Die 1. Aufstellung ist in alphabetischer Reihenfolge nach Pseudonymen geordnet.

Die 2. Aufstellung ist in alphabetischer Reihenfolge nach Autoren geordnet.

Abelsen, Olaf K. .... Walter Kabel
Acton, John D. .... Günter Dönges
Allan, Georg .... Gerhard Achterberg
Amboss, Hello .... Hellmut-Hubertus Münch,
.... Hans E. Ködelpeter
Arden, Robert .... Robert Heymann junior
Arroyo, Federico de .... Friedhelm Volbach
Astor, Frank .... Hans Ludwig Günther
Barner, G.F. .... G. Basner
Barring, Geo .... Albert Karl Burmester
Barrinkh, Lentz de .... Karl-Heinz Berndt
Barwin, F.L. .... Fritz und Lisa Barthel-Winkler
Bary, A.F. de .... Fritz Steuben
Belka, W. .... Walter Kabel
Ben, Big .... Willy Richard Sachse
Berger, Axel .... Albert Karl Burmester
Brand, Max .... Frederick Faust
Briester, Jeff .... Günter Dönges,
.... Wilhelm Marzinek
Browne, K.W. .... Joachim Rennau
Bucket, G.F. .... Gert Fritz Unger
Burns, Tex .... Louis L'Amour
Busum, Vicky .... Günter Dönges u.a.
Caine, Jeff .... Wolf Detlef Rohr
Cane, Hurry .... Joachim Rennau u.a.
Cann, Al .... Albrecht Peter Kann
Carr, Peter .... Wilhelm Reinhard
Carrol, Mario .... Theodor Horschelt
Carstens, Fred .... Erwin Banzhaf,
.... Joachim Rennau
Chalon, Pierre de .... Karl Herbert Scheer
Cillingh, Dan .... Günter Dönges
Colorado, Riv .... Hanns Walter Kappler
Coover, Wayne .... Wolf Detlef Rohr
Dalton, Frank .... Hermann Falk
Dando, Peter .... Ernst Friedrich Löhndorff
Dark, Jason .... Helmut Rellergerd
Day, Derrick .... Dietrich Köhr
Delft, Walter .... Walter L. Gebauer
Darlton, Clark .... Walter Ernsting
Denver, Daniel .... Paul Oskar Erttmann
Doyan, Ralph .... Hermann Gerstmayer
Driving, Mac .... Günter Dönges
Dwen, Karl .... Paul Oskar Erttmann
Elin, Fred K. .... Fritz Klein
Erningham, H.F. .... Wilhelm Christian Harmening
Etlon, Tumleh .... Helmut Nolte
Ever, Mac .... Max Everwien
Eyll, Orge .... Hermann Falk
Falker, James .... Heinz Werner Höber
Falkland, Fred .... Hans Ludwig Günther
Fernand, Claude .... Joachim Rennau
Ferrand, Claude .... Joachim Rennau
Foster, John .... Heinz Werner Höber
Franz, Wilhelm .... Nikolaus von Dreyse
Garby, Ralph .... Oscar Herbert Breucker
Garden, John .... Manfred Swoboda
Gibson, Ben .... Hans Hugo Grossmann
Gordon, Hans .... Hans Reinhard
Grant, Charly .... Joachim Rennau
Gray, Jim .... Joachim Rennau
Gray, John .... Dietmar Kügler
Gronau, Helmut .... Helmut Millies
Gubane, Berny .... Karl Heinz Berndt
Guben, Berndt .... Karl Heinz Berndt
Hain, Paul .... Paul Timpe
Hardon, Ronny .... Oscar Herbert Breucker
Hart, Hanns (Bücher) .... Hellmut-Hubertus Münch,
.... Hans E. Ködelpeter
Hart, Heinz Bruno .... Heinz Bruno Decker
Hein, Günther .... Heinz Günther
Hilgendorff, Herrmann .... Hans Curt Mueller
Holk, Freder van .... Paul Alfred Müller
Island, Bert F. .... K.H. Guenter, Winfried Scholz u.a.
Jira, Johann .... Hans Geisler
Johst, J.J. van .... Karl-Heinz Berndt
Käbler, William .... Walter Kabel
Kempp, Hannes .... Hanns Walter Kappler
Kenneth, Gordon .... Erwin Banzhaf
Kent, Jonny .... Albrecht Peter Kann
Kersten, Roger .... Karl Herbert Scheer
Kessel, Rolf van .... Günter Dönges
Keyen, Werner .... Paul Alfred Müller
Kilian, Hans .... Eduard Wildhagen
King, John B. .... Karl-Heinz Berndt
Kolin, Gunnar .... Hans-Joachim von Koblinski
Konsalik, H.G. .... Heinz Günther
Koweit, Freddy .... Hans Peter Weissfeld
Krafft, Heinz .... Heinz Bruno Decker
Krüger, Nils .... Edgar Strobel
-ky .... Horst Bosetzky
Lacour, Jeanne de .... Karl Heinz Berndt
Ladenburg, Max .... Robert Heymann
Lander, Hanns .... Albert Karl Burmester
Laramy, Frank .... Albrecht Peter Kann
Larring, Glenn .... Günter Dönges
Lash, Larry .... Bernhard Böhmke
Lienhart, Hermann .... Hermann Gerstmayer
Lonsdale, Jerry .... Günter Dönges
Mark, William .... Albrecht Peter Kann
Marken, Wolfgang .... Fritz Mardicke
Marl, Walter den .... Walter Madel
Miles, Hugh .... Heinz Müller
Morand, Eric .... Oscar Herbert Breucker
Morell, Ed .... Erwin Banzhaf
Morland, A.F. .... Fritz Tenkrat
Morris, Claude .... Walther Ilmer
Motte, Henri de la .... Dr. Herbert Gleichmann
Müller-Murnau, A. .... Paul Alfred Müller

Myler, Lok .... Paul Alfred Müller
Neuschub, Walther .... Walter Kabel
Ney, E. .... Elisabeth von Aspern
Old, Broderick .... Gert Fritz Unger
Onward, Mac .... Albin W. Hauschild
Parry, Hans Heinz .... Willy Parry-Drixner
Parry, Percy .... Willy Parry-Drixner
Patton, Glenn .... Hermann Falk u.a.
Pentland, Frank .... Rudolph D. Habisreutinger
Peters, A.F. .... Gert Fritz Unger
Pitt, Paul .... Paul Oskar Erttmann
Posse, G. Peter .... Meischke
Presto, C. .... Gerhard Carsjens
Preston, Fred .... Alfred Probst
Puck, Peter .... Wilhelm Reinhard
Ramin, Monika .... Joachim Rennau
Randall, Rolf .... Joachim Rennau
Rauenberg, Peter .... Alfons Zech
Ray, A.A. .... Günter Netsch
Reed, Allan .... Wolf Detlef Rohr
Reiterlein, (Hannes) .... Hellmut-Hubertus Münch
Rennau, Rolf .... Joachim Rennau
Reuter, Jo .... Josef Reuter
Richard, Karl .... Richard Blasius
Richter, Oswald .... Oswald Richter-Tersik
Rissow, Nils .... Rudolf Nehls
Robby, Alex .... Günther Kallähne
Roberts, Fred .... Robert Heymann
Robertson, James .... Hans Geisler
Rock, C.V. .... Kurt Walter Roecken
Rohmer, Sax .... Arthur Sarsfield Ward
Russ, Harry .... Heinz Selter
Sander, Frank .... Otto Neitsch
Sanders, Phil E. .... Dietrich Köhr
Santo, Diego el .... Karl Herbert Scheer
Schraut, Max .... Walter Kabel
Scott, Allan .... Hanns Walter Kappler
Serra, Ralph .... Wolfgang Illgner
Setter, Stan .... Jürgen List
Sherwood, Henry .... Eberhard Seitz
Shocker, Dan .... Jürgen Grasmück
Shols, W.W. .... Winfried Scholz
Smith, G.E. .... Gustav E. Schmidt
Snut, Hein .... Willy Richard Sachse
Steen, Ive .... Helmut K. Schmidt
Stirling, Glenn .... Werner Dietsch junior
Stocket(t), Paul .... Paul Alfred Müller
Stolp, Hannes Peter .... Wilhelm Hermann Loeb
Stone, Kassi .... Oswald Richter-Tersik
Störtebeker, Jan .... Paul Hermann Schubert
Strong, Pitt .... Elisabeth von Aspern
Strunz, P. .... Elisabeth von Aspern
Tanner, Stephen .... Rudolph D. Habisreutinger
Tannert, Klaus .... Karl Herbert Scheer
Tartaruga, U. .... Edmund Otto Ehrenfreund
Taylor, John .... Horst Bosetzky
Temborn, Klaus .... Paul Oskar Erttmann
Tiger, John .... Hans E. Ködelpeter u.a.
Tobos, A. .... Kurt Sobota
Tournet, Jean Jaques .... Hans Geisler
Trey, Stephan .... Hans Geisler
Turbojew, Alexej .... Karl Herbert Scheer
Turek, Will .... Karl Heinz Berndt
Turrek, Sam .... Hermann Falk
Ullman, Robert .... Heinz J. Stammel
Vallon, Henri de .... Günter Dönges
Visconti, Arnaldo .... Pedro Debrigode
Volker, Heinz .... Hermann Falk
Waco, G.F. .... G. Basner
Warren (-Holm), Hans .... Rolf O. Becker,
.... Hans Hartig,
.... Willy Parry-Drixner
.... Hans Reinhard,
.... Wilhelm Reinhard
Wayne, J.H. .... Hans-Joachim von Koblinski
Weller, Freddy .... Otto Bruno Burkhardt,
.... Alfred Gerstmayer,
.... Hermann Gerstmayer,
.... Fritz Klein,
.... Helmut Nolte
Wells, J.E. .... Eberhard Seitz
West, Harald .... Elisabeth von Aspern
West, Leslie .... Ludwig Webel
Whymer, Mac .... Max Wimmer
Wilding, Pat .... Günter Dönges,
.... Günter Netsch
Williams, Tex .... Albrecht Peter Kann
Wing, Max .... Ernst J.F. Weber
Yale, Rex .... Erwin Banzhaf (Joachim Rennau?) u.a.

Autoren von Serien/Serienfiguren, die ganz oder teilweise anonym erschienen sind:

Bill Alamo .... Michael Molsner u.a.
Captain Morris .... Peter Dubina u.a.
Jerry Cotton .... Heinz Werner Höber (Hauptautor)
.... und ca. 50 weitere Autoren
Lassiter .... Günter Bajog,
.... Jürgen Duensing,
.... Rolf Mauerhardt u.a.

Die Aufstellung ist in alphabetischer Reihenfolge nach Autoren geordnet.

Achterberg, Gerhard .... Georg Allan
Aspern, Elisabeth von .... E. Ney
.... Pitt Strong
.... P. Strunz
.... Harald West
Banzhaf, Erwin (Joachim Rennau?) u.a. .... Rex Yale
Banzhaf, Erwin .... Fred Carstens
.... Gordon Kenneth
.... Ed Morell
Barthel-Winkler, Fritz und Lisa .... F.L. Barwin
Basner, G. .... G.F. Barner
.... G.F. Waco
Becker, Rolf O. .... Hans (-Holm) Warren
Berndt, Karl Heinz .... Berny Gubane
.... Berndt Guben
.... Jeanne de Lacour
.... Will Turek
.... Lentz de Barrinkh
.... J.J. van Johst
.... John B. King
Blasius, Richard .... Karl Richard
Böhmke, Bernhard .... Larry Lash
Bosetzky, Horst .... -ky
.... John Taylor
Breucker, Oscar Herbert .... Ralph Garby
.... Ronny Hardon
.... Eric Morand
Burkhardt, Otto Bruno .... Freddy Weller
Burmester, Albert Karl .... Geo Barring
.... Axel Berger
.... Hanns Lander
Carsjens, Gerhard .... C. Presto
Debrigode, Pedro .... Arnaldo Visconti
Decker, Heinz Bruno .... Heinz Bruno Hart
.... Heinz Krafft
Dietsch junior, Werner .... Glenn Stirling
Dönges, Günter u.a., ... Vicky Busum
Dönges, Günter .... John D. Acton
.... Jeff Briester
.... Dan Cillingh
.... Mac Driving
.... Rolf van Kessel
.... Glenn Larring
.... Jerry Lonsdale
.... Henri de Vallon
.... Pat Wilding
Dreyse, Nikolaus von .... Wilhelm Franz
Ehrenfreund, Edmund Otto .... U. Tartaruga
Ernsting, Walter .... Clark Darlton
Erttmann, Paul Oskar .... Daniel Denver
.... Karl Dwen
.... Paul Pitt
.... Klaus Temborn
Everwien, Max .... Mac Ever
Falk, Hermann u.a. .... Glenn Patton
Falk, Hermann .... Frank Dalton
.... Orge Eyll
.... Heinz Volker
.... Sam Turrek
Faust, Frederick .... Max Brand
Gebauer, Walter L. .... Walter Delft
Geisler, Hans .... Johann Jira
.... James Robertson
.... Jean Jaques Tournet
.... Stephan Trey
Gerstmayer, Alfred .... Freddy Weller
Gerstmayer, Hermann .... Ralph Doyan
.... Hermann Lienhart
.... Freddy Weller
Gleichmann, Dr. Herbert .... Henri de la Motte
Grasmück, Jürgen .... Dan Shocker
Grossmann, Hans Hugo .... Ben Gibson
Guenter, K.H. .... Bert F. Island
Günther, Hans Ludwig .... Frank Astor
.... Fred Falkland
Günther, Heinz .... Günther Hein
.... H.G. Konsalik
Habisreutinger, Rudolph D. .... Frank Pentland
.... Stephen Tanner
Harmening, Wilhelm Christian .... H.F. Erningham
Hartig, Hans .... Hans (-Holm) Warren
Hauschild, Albin W. .... Mac Onward
Heymann junior, Robert .... Robert Arden
Heymann, Robert .... Max Ladenburg
.... Fred Roberts
Höber, Heinz Werner .... James Falker
.... John Foster
Horschelt, Theodor .... Mario Carrol
Illgner, Wolfgang .... Ralph Serra
Ilmer, Walther .... Claude Morris
Kabel, Walter .... Olaf K. Abelsen
.... W. Belka
.... William Käbler
.... Walther Neuschub
.... Max Schraut
Kallähne, Günther .... Alex Robby
Kann, Albrecht Peter .... Al Cann
.... Jonny Kent
.... Frank Laramy
.... William Mark
.... Tex Williams
Kappler, Hanns Walter .... Riv Colorado
.... Hannes Kempp
.... Allan Scott
Klein, Fritz .... Fred K. Elin
.... Freddy Weller
Koblinski, Hans-Joachim von .... Gunnar Kolin
.... J.H. Wayne
Ködelpeter, Hans E. u.a. .... John Tiger

Ködelpeter, Hans E. .... Hello Amboss
.... Hanns Hart
Köhr, Dietrich .... Derrick Day
.... Phil E. Sanders
Kügler, Dietmar .... John Gray
L'Amour, Louis .... Tex Burns
List, Jürgen .... Stan Setter
Loeb, Wilhelm Hermann .... Hannes Peter Stolp
Löhndorff, Ernst Friedrich .... Peter Dando
Madel, Walter .... Walter den Marl
Mardicke, Fritz .... Wolfgang Marken
Marzinek, Wilhelm .... Jeff Briester
Meischke .... G. Peter Posse

Millies, Helmut .... Helmut Gronau
Mueller, Hans Curt .... Herrmann Hilgendorff
Müller, Heinz .... Hugh Miles
.... Freder van Holk
.... Werner Keyen
Müller, Paul Alfred .... A. Müller-Murnau
.... Lok Myler
.... Paul Stocket(t)
Münch, Hellmut-Hubertus .... Hello Amboss
.... Hanns Hart (Bücher)
.... (Hannes) Reiterlein
Nehl, Rudolf .... Nils Rissow
Neitsch, Otto .... Frank Sander
Netsch, Günter .... A.A. Ray
.... Pat Wilding
Nolte, Helmut .... Tumleh Etlon
.... Freddy Weller
Parry-Drixner, Willy .... Hans Heinz Parry
.... Percy Parry
.... Hans (-Holm) Warren
Probst, Alfred .... Fred Preston
Reinhard, Hans .... Hans Gordon
.... Hans (-Holm) Warren
Reinhard, Wilhelm .... Peter Carr
.... Peter Puck
.... Hans (-Holm) Warren
Rellergerd, Helmut .... Jason Dark

Rennau, Joachim u.a. .... Hurry Cane
Rennau, Joachim .... K.W. Browne
.... Fred Carstens
.... Claude Fernand
.... Claude Ferrand
.... Charly Grant
.... Jim Gray
.... Monika Ramin
.... Rolf Randall
.... Rolf Rennau
Reuter, Josef .... Jo Reuter
Richter-Tersik, Oswald .... Oswald Richter
.... Kassi Stone
Roecken, Kurt Walter .... C.V. Rock
Rohr, Wolf Detlef .... Jeff Caine
.... Wayne Coover
.... Allan Reed
Sachse, Willy Richard .... Big Ben
.... Hein Snut
Scheer, Karl Herbert .... Pierre de Chalon
.... Roger Kersten
.... Diego el Santo
.... Klaus Tannert
.... Alexej Turbojew
Schmidt, Helmut K. .... Ive Steen
Schmidt,Gustav E. .... G.E. Smith
Scholz, Winfried u.a. .... Bert F. Island
Scholz, Winfried .... W.W. Shols
Schubert, Paul Hermann .... Jan Störtebeker
Seitz, Eberhard .... Henry Sherwood
.... J.E. Wells
Selter, Heinz .... Harry Russ
Sobota, Kurt .... A. Tobos
Stammel, Heinz J. .... Robert Ullman
Steuben, Fritz .... A.F. de Bary
Strobel, Edgar .... Nils Krüger

Swoboda, Manfred .... John Garden
Tenkrat,Fritz .... A.F. Morland
Timpe, Paul .... Paul Hain
Unger, Gert Fritz .... G.F. Bucket
.... Old Broderick
.... A.F. Peters
Volbach, Friedhelm .... Federico de Arroyo
Ward, Arthur Sarsfield .... Sax Rohmer
Webel, Ludwig .... Leslie West
Weber, Ernst J.F. .... Max Wing
Weissfeld, Hans Peter .... Freddy Koweit
Wildhagen, Eduard .... Hans Kilian
Wimmer, Max .... Mac Whymer
Zech, Alfons .... Peter Rauenberg

Autoren von Serien/Serienfiguren, die ganz oder teilweise anonym erschienen sind:

Bajog, Günter .... Lassiter
Dubina, Peter u.a. .... Captain Morris
Duensing, Jürgen .... Lassiter
Höber, Heinz Werner (Hauptautor) .... Jerry Cotton
Mauerhardt, Rolf u.a. .... Lassiter
Molsner, Michael u.a. .... Bill Alamo